马克思主义理论研究和建设工程重点教材

国际共产主义运动史

（第二版）

《国际共产主义运动史》编写组

人民出版社
高等教育出版社

•马克思主义理论研究和建设工程重点教材•

马克思主义理论研究和建设工程咨询委员会委员、审议专家

（以姓氏笔画为序）

《国际共产主义运动史》教材编写课题组

首席专家	吴恩远	吴家庆	柴尚金	俞思念
主要成员	（以姓氏笔画为序）			
	刘宋斌	刘海涛	李　燕	李世安
	张全新	张树华	张顺洪	宋贵伦
	庞晓明	祝黄河	姜　辉	蒲国良

《国际共产主义运动史》教材修订课题组（第二版）

首席专家	吴恩远	柴尚金	吴家庆	
主要成员	（以姓氏笔画为序）			
	吕薇洲	严文波	张顺洪	林建华
	金　鑫	姜　辉		

目　录

绪　论

国际共产主义运动以 1847 年共产主义者同盟的建立和 1848 年《共产党宣言》的发表为开端。170 多年前在欧洲游荡的共产主义“幽灵”，随着科学社会主义理论的广泛传播，如今已磅礴于全球；作为一种理论预见的科学社会主义，今天已发展为现实的社会制度。一部国际共产主义运动史，是一代又一代无产阶级及其政党领导为实现共产主义远大理想战胜重重困难，经历曲折考验，取得辉煌成就的历史，是科学社会主义理论与实践在探索中前进，逐步成熟与不断发展的历史。深入学习和研究国际共产主义运动史，对于深刻认识这一伟大运动的重大成就、丰富经验和历史地位，对于不断促进世界社会主义发展和人类进步事业，对于年轻一代树立共产主义必然实现的远大理想，不断推进新时代中国特色社会主义伟大事业，都具有十分重要的意义。

一、国际共产主义运动史的研究对象

任何一门学科，都有其特定的研究对象。国际共产主义运动史的研究对象是：马克思主义诞生后，在马克思主义指引下，在无产阶级政党领导下，全世界无产阶级及广大人民群众反对资本主义和一切剥削制度，进行无产阶级革命、民族民主革命和社会主义建设，争取无产阶级解放和全人类的解放，为最终实现共产主义而奋斗的历史及其基本经验和规律。这一研究包括以下三个主要方面。

（一）研究无产阶级和广大劳动人民反对资本主义、开展无产阶级革命和夺取政权的历史进程及其基本规律

国际共产主义运动的目标是要推翻资本主义，消灭一切形式的剥削和压迫，建立社会主义制度，最终实现共产主义。为实现这一目标，无产阶级和广大劳动人民必须开展以夺取政权为核心的无产阶级革命。无产阶级革命是人类历史上最广泛、最深刻的革命，具有不同于以往革命的复杂性、艰巨性和长期性。列宁指出：“一切民族都将走向社会主义，这是不可避免的，但是一切民族的走法却不会完全一样，在民主的这种或那种形式上，在无产阶级专政的这种或那种形态上，在社会生活各方面的社会主义改造的速度上，每个民族都会

有自己的特点。”[①] 因此，国际共产主义运动史既要研究这一伟大革命的一般进程和基本规律，也要研究革命在不同国家和地区呈现的不同特点和特殊性，即革命的性质、目标、任务、条件、阶段、形式以及战略策略等。

当今人类社会依然处于马克思主义所指明的历史时代，即由资本主义向社会主义过渡的历史时代。但是，当今资本主义也出现了许多新变化，因此，无产阶级反对资产阶级的斗争出现了许多新特点。深入研究当今无产阶级反对资产阶级斗争的新特点和新趋势，也是国际共产主义运动史研究的重要内容。

（二）研究社会主义国家进行社会主义建设和改革的历史进程及其基本规律

无产阶级政党领导广大劳动人民取得政权以后，就要进行社会主义革命和建设，大力发展生产力，发展各项社会事业，大力促进从经济基础到上层建筑的深刻变革，为最终过渡到共产主义创造条件。十月革命胜利后，苏维埃俄国成为世界上第一个社会主义国家。第二次世界大战后，欧洲、亚洲、拉丁美洲又有十几个国家先后走上了社会主义道路。各国共产党取得政权后，迅速恢复国民经济，发展社会生产力，不断提高人民物质文化生活水平，初步显示了社会主义制度的优越性。但是，由于马克思和恩格斯没有也不可能对如何建设社会主义提出具体的方案，加之各个社会主义国家国情不同，各国只能把马克思主义基本原理与本国实际结合起来，探索适合本国国情的社会主义建设道路。由于种种原因，各国的探索虽然积累了宝贵经验，但也都经历了曲折。国际共产主义运动史研究就是要充分认识社会主义革命和建设的历史进程，既要总结实践中积累的宝贵经验，又要总结探索中留下的深刻教训，不断深化对社会主义建设和改革的规律性认识，使社会主义事业永葆生机和活力。

（三）研究各国无产阶级政党和国际组织建立、发展的历史进程及其基本规律

无产阶级政党是在无产阶级反对资产阶级的斗争过程中产生和发展起来的，是马克思主义与工人运动相结合的产物。无产阶级只有组织起自己的政党，并通过政党才能代表整个阶级来行动。正如恩格斯指出的：“无产阶级要在决定关头强大到足以取得胜利，就必须（马克思和我从 1847 年以来就坚持这种立场）组成一个不同于其他所有政党并与它们对立的特殊政党，一个自觉

---

① 《列宁全集》第 28 卷，人民出版社 2017 年版，第 163 页。

的阶级政党。”① 无产阶级政党是无产阶级解放事业胜利的根本保证，是推动各国无产阶级革命不断发展，促进社会主义国家建设和改革不断深入的领导核心。国际共产主义运动史研究就是要认识无产阶级政党的发展历程，探索无产阶级政党创立创建、发展壮大、执政兴国等的一般规律，更好地发挥无产阶级政党推动共产主义事业的重要作用。

无产阶级的国际联合，是国际共产主义运动胜利发展的重要条件。在国际共产主义运动史上，先后出现了共产主义者同盟、第一国际、第二国际、第三国际（即共产国际）等无产阶级政党的国际组织。无产阶级在开展国际联合的过程中，尽管也出现过一些失误和问题，但总体上对国际共产主义运动的发展起了重要的促进作用。研究无产阶级政党和无产阶级的国际组织也是国际共产主义运动史的重要内容。

二、国际共产主义运动史的学科特点

“国际共产主义”的概念，最早出现在 1884 年 10 月 29 日恩格斯《致奥·倍倍尔》的信中。他在信中称第一国际时期爆发的巴黎公社革命是“国际共产主义的摇篮”。1920 年，列宁在共产国际第二次代表大会上第一次明确使用了“国际共产主义运动”的概念。此后这一概念被广为使用。

各国无产阶级政党都很重视对国际共产主义运动历史的研究，并在此基础上形成了国际共产主义运动史这一学科。中华人民共和国成立至 1956 年，国际共产主义运动史在我国尚未形成一门独立的学科，有关国际共产主义运动史的内容主要在《联共（布）党史简明教程》和世界史等课程中讲述。1956 年秋，全国部分重点高校开设国际共产主义运动史课程，并逐渐取代了《联共（布）党史简明教程》课程，许多院校还把国际共产主义运动史作为政治教育专业的基础课。中共十一届三中全会以后，许多高等学校开设了国际共产主义运动史课程，由此带动了国际共产主义运动史的教材建设和学科建设。

国际共产主义运动史既是一门历史学科，又是一门政治学科。作为研究国际共产主义运动史进程及其规律的学科，具有如下特点。

政治性。国际共产主义运动史学科的政治性是由其功能定位所决定的，一是为党的意识形态服务。研究国际共产主义运动并从中吸取经验，既坚持马

① 《马克思恩格斯选集》第 4 卷，人民出版社 2012 年版，第 592 页。

克思主义的指导地位不动摇，又不断开拓马克思主义新境界，从而为继承无产阶级革命先辈为实现人类崇高理想前仆后继奋斗的伟大事业提供历史镜鉴。二是为资政育人服务，国际共产主义运动史首先就是作为思想政治理论课在高校和党校开设的，之后无论作为专业设置还是学科设置都是为了发挥其在马克思主义理论教育、爱国主义思想教育和共产主义理想信念教育方面的独特作用。

综合性。国际共产主义运动史研究不是把各国无产阶级政党发展、国际工人运动和各种具体事件逐一罗列和简单组合，也不是只研究和总结某一阶段的历史进程、某些国家和地区社会主义发展的经验和规律，而是将国际共产主义运动作为一个有机的整体加以综合考察，从个别中抽象出一般，从特殊性中概括出普遍性，是典型研究与全面研究、重点研究与广泛研究的结合。

实践性。这种实践性集中体现在以实现社会主义和共产主义为最终目的的运动中，因而这种以“运动”为核心脉络的实践性是国际共产主义运动史学科最明显的特点。它包括无产阶级反对资产阶级、夺取政权的实践以及社会主义革命、建设和改革等实践。因此，国际共产主义运动史是一门实践性很强的学科。

现实性。学习研究历史是为了更好地以史鉴今。国际共产主义运动史记录了国际共产主义运动伟大而曲折的发展历程。研究国际共产主义运动史，总结其中的经验教训，对于深化认识人类社会发展规律，更好地推进新时代中国特色社会主义伟大事业，具有十分重要的理论和实践意义。

学习国际共产主义运动史，要注意它与相关领域学科的区别和联系。

一是同科学社会主义的关系。科学社会主义是指导国际共产主义运动发展的科学理论，国际共产主义运动是科学社会主义的具体实践，二者紧密联系、相辅相成，不可分割。但其研究对象、方法是不同的。科学社会主义主要研究无产阶级解放的性质、条件和一般目的，以理论发展为主要线索；国际共产主义运动史则主要研究无产阶级解放的历史进程和基本规律，以实践运动发展为主要线索。

二是同马克思主义发展史的关系。马克思主义发展史把马克思主义产生、发展的过程及其规律作为主要研究内容，国际共产主义运动史则主要研究在马克思主义指导下的无产阶级解放运动的历史及其规律。马克思主义作为国际共产主义运动的指导思想，随着国际共产主义运动的推进而不断丰富发展。马克思主义发展史侧重于理论发展的历史，而国际共产主义运动史则侧重于运动发展的历史。

三是同国际工人运动史的关系。国际工人运动史研究的是世界各国工人阶级为改善自己的经济、政治和社会地位而开展的有组织的斗争的历史。国际工人运动史既包括马克思主义政党领导的工人运动史，也包括非马克思主义政党领导的工人运动史。国际工人运动是国际共产主义运动的基础，而国际共产主义运动是国际工人运动的高级阶段。

四是同世界社会主义的关系。两者虽然密切相关，甚至部分内容相互重合，但是它们的研究对象和研究范围也有显著区别。国际共产主义运动史是与科学社会主义理论指导和共产主义奋斗目标紧密联系在一起的，其研究对象主要是全世界无产阶级为实现共产主义而奋斗的历史。世界社会主义的研究对象和研究范围则要宽泛得多。它以世界范围内各种类型的社会主义的产生、发展、变化及其规律为研究对象。比如，西方民主社会主义、亚非拉民族社会主义以及其他一些社会主义流派等都是世界社会主义的研究对象。当然，它也研究国际共产主义运动。

三、国际共产主义运动的发展阶段

学习国际共产主义运动史，首先要对国际共产主义运动发展的历史进程和阶段有一个初步了解。国际共产主义运动大致经历了四个发展阶段。

（一）第一阶段：国际共产主义运动的兴起（19 世纪 40 年代至 20 世纪初）

当时，资本主义处于由自由竞争向垄断过渡的阶段，资本主义基本矛盾及其他矛盾日益显露。此时无产阶级和资产阶级的斗争不断发展，工人运动开始与马克思主义相结合发展成为共产主义运动；无产阶级政党及其国际组织纷纷建立，工人阶级在实践中开展了夺取政权的尝试。这一时期，马克思主义在工人运动中得到广泛传播，并开始了由理论到实践，又由实践到理论的转变和不断丰富发展的过程。

1847 年 6 月，共产主义者同盟成立；1848 年 2 月，马克思和恩格斯为共产主义者同盟起草的纲领《共产党宣言》发表，标志着国际共产主义运动的兴起。1848 年爆发了欧洲革命，国际共产主义运动史上无产阶级反对资产阶级的革命斗争出现第一次高潮，但革命很快遭到欧洲反动势力镇压，工人运动和社会主义运动也由此走向低潮。马克思和恩格斯认真总结欧洲革命的经验，进一步丰富发展了无产阶级革命的理论。

19世纪60年代，随着无产阶级力量的日益壮大，工人运动重新走向高涨。在马克思和恩格斯的指导下，国际工人协会于1864年成立，史称第一国际。在第一国际期间，无产阶级的觉悟水平和斗争水平不断提高，各国无产阶级在更广泛的范围实现联合，共产主义运动的影响从西欧扩展到东欧、美洲的十几个国家。同时，第一国际内部还开展了反对蒲鲁东主义、工联主义和巴枯宁主义等各种非马克思主义思潮的斗争。

1871年，巴黎公社革命爆发。这是人类历史上无产阶级推翻资产阶级统治、创立新型民主国家、实行无产阶级专政的第一次英勇尝试。马克思和恩格斯深刻总结巴黎公社革命的经验教训，进一步发展了无产阶级革命和无产阶级专政的学说。

19世纪70年代，资本主义由自由竞争开始向垄断过渡，进入相对“和平发展”时期。这一时期的资本主义迅速发展，垄断趋势不断加强，资本主义基本矛盾进一步激化，社会阶级关系剧烈变化。各国工人运动在巴黎公社失败后一度陷入消沉，但此时又迅速高涨并蓬勃发展起来。工人运动的发展促使马克思主义广泛传播，并在工人运动中确立了主导地位，还使无产阶级政党在欧美各国广泛建立。

随着欧美工人运动的迅猛发展和无产阶级政党的纷纷建立，无产阶级新的国际组织即第二国际于1889年7月应运而生。第二国际前期在捍卫与传播马克思主义，组织、积聚革命力量，团结教育工人阶级，开展反对资本主义和军国主义斗争，加强无产阶级的国际主义团结等方面都做了大量工作，有力推动了国际工人运动和共产主义运动的发展。第二国际确立的“五一”国际劳动节、“三八”国际妇女节和《国际歌》是留给世人的三大宝贵精神遗产。在第二国际后期，由于对时代和无产阶级革命道路等重大问题的认识发生分歧，第二国际内部出现了伯恩施坦修正主义，并逐渐占据主导地位。1914年7月，第一次世界大战爆发，第二国际各党大多数右派领导人蜕化为社会沙文主义者，站在本国政府立场上支持帝国主义战争，第二国际政治上破产。

（二）第二阶段：国际共产主义运动的高涨（20世纪初至20世纪50年代）

这一阶段，世界历史进入帝国主义和无产阶级革命时代，帝国主义使资本主义的各种矛盾进一步激化，战争与革命成为时代主题。无产阶级革命的重心从西欧发达国家转移到经济文化比较落后的东方国家。俄国十月革命后社会主义由理论和实践运动变为现实的社会制度，把马克思主义与本国实践相结合，丰富并发展了马克思主义。社会主义从一国扩展到多国，形成强大的社会主义阵营，极大地改变了世界政治格局，标志国际共产主义运动进入新阶段。20世纪初，俄国首先成为资本主义统治链条上最“薄弱环节”和各种矛盾的焦点。以列宁为代表的俄国马克思主义者，把马克思主义同俄国工人运动结合起来，创立了不同于第二国际各党的新型无产阶级政党——布尔什维克党。列宁根据时代特点和俄国革命实际，创造性地提出了帝国主义论和社会主义“一国胜利论”，为俄国无产阶级革命指明了方向。1917年俄国二月革命爆发，沙皇统治被推翻，布尔什维克党适时推动资产阶级民主革命向社会主义革命转变，发动了震撼世界的伟大的俄国十月社会主义革命，在世界上建立起第一个无产阶级专政的社会主义国家，使社会主义由理想变成了现实。十月革命的胜利，是国际共产主义运动历史上取得的伟大成果，也是世界近代历史上的重大事件，开辟了人类历史的新纪元。

在十月革命的推动下，各国共产党纷纷建立，成为国际共产主义运动新的力量，共产主义运动扩展到亚非拉等地区。1919年3月，无产阶级政党的国际性组织——共产国际成立，被称为第三国际。作为国际共产主义运动的组织者和领导者，第三国际为世界被压迫阶级和被压迫人民的解放事业作出了重大贡献。它提出建立工人阶级统一战线以及“全世界无产者和被压迫民族联合起来”的战斗口号，有力地推动了国际共产主义运动和民族解放运动的发展。

受十月革命的影响，欧洲各国无产阶级于1918—1923年掀起强大的革命风暴。其中德国革命和匈牙利革命把这场革命推向了高潮。但不久这场革命就被反动势力镇压下去。此后，资本主义进入相对稳定时期。

十月革命胜利后，列宁、斯大林领导苏联党和人民艰苦奋斗，探索建设社会主义的道路，先后实行了“战时共产主义”政策、新经济政策以及社会主义工业化和农业集体化，逐步建立起社会主义制度。苏联社会主义建设取得了巨大成就。这些成就对比1929—1933年资本主义世界爆发的经济危机，充分显示了社会主义制度的优越性，极大地鼓舞和推动了国际共产主义运动的发展。

帝国主义国家为摆脱经济危机、争夺世界霸权发动了第二次世界大战。共产国际和各国共产党积极投入反法西斯斗争。到1945年，世界人民终于取得了反法西斯战争的伟大胜利。世界社会主义影响日益扩大，欧洲和亚洲新建立了

11 个社会主义国家。以毛泽东同志为主要代表的中国共产党人，把马克思列宁主义的基本原理同中国革命的具体实践相结合，领导中国各族人民经过艰苦卓绝的奋斗，取得了新民主主义革命的胜利，建立了中华人民共和国。这是继俄国十月革命之后国际共产主义运动史上的又一重大事件。新中国的成立大大增强了社会主义的力量，为国际共产主义运动提供了新的经验，并与先前的社会主义国家形成了与资本主义抗衡的社会主义阵营。

在社会主义和世界进步力量的影响和推动下，殖民地、半殖民地国家普遍爆发了民族解放运动。民族解放运动和国际共产主义运动相互支持，共同反对帝国主义。第二次世界大战后亚非拉一大批国家先后获得独立，帝国主义的殖民体系土崩瓦解，世界社会主义与资本主义力量对比发生了巨大变化。

（三）第三阶段：国际共产主义运动的曲折与探索（20 世纪 50 年代至 20 世纪 90 年代初）

这一时期，世界处于资本主义阵营与社会主义阵营对峙的“冷战”阶段。资本主义经过战后危机进入一个相对稳定的发展阶段，特别是 20 世纪中叶开始在西方资本主义国家兴起的第三次科技革命，给发达资本主义国家经济、政治和社会发展带来了很大的变化。社会主义各国积极探索适合本国国情的社会主义道路，取得了很多重要成就，但也遇到新的难题和挑战。到 20 世纪 80 年代末 90 年代初，苏联解体、东欧社会主义国家发生剧变，世界社会主义、国际共产主义运动遭遇最大的一次挫折而陷入低潮。在总的低潮形势下，社会主义仍有局部发展，中国特色社会主义的成功实践是最突出的亮点。

第二次世界大战后，以美国为首的西方资本主义国家成立了军事合作的北约组织，并发动了针对社会主义阵营的“冷战”。为了应对威胁，以苏联为首的社会主义国家先后成立了欧洲共产党和工人党情报局、经济互助委员会和华约组织，加强政治、经济和军事等联系，形成了社会主义阵营。

两大阵营对立竞争，是这一时期的显著特点。

从 20 世纪 50 年代开始，社会主义国家进入全面建设的新时期。苏联、东欧等国家和地区的社会主义建设取得巨大成就，综合国力迅速增强，人民群众生活水平不断提高，社会主义在世界范围的影响不断扩大。但是，由于不能随着新技术革命时代发展及时推进社会主义理论和实践的变革，一些社会主义国家的领导层思想逐渐僵化，突出表现就是不能正确认识社会主义社会是一个需要不断改革的社会，把苏联的社会主义模式特别是以高度集中的计划经济为特征的经济模式作为社会主义唯一可能、一成不变的模式，否定不同国家发展社会主义的道路应当是不同的。虽然一些社会主义国家在实践中逐步认识到进行改革的必要性，但是没有处理好改革僵化的体制模式与坚持社会主义基本制度的关系，加上其他一些工作上的失误，一些国家的社会主义建设和改革出现了不同程度的曲折。

1956年召开的苏共二十大全盘否定斯大林，使国际共产主义运动发生分裂，给社会主义国家带来了思想上的混乱。苏联推行大党主义和大国沙文主义，严重破坏了社会主义阵营内部的和谐关系。60年代中苏论战恶化了中苏两党两国关系，影响了社会主义阵营的团结。各国共产党要求摆脱苏共控制、独立自主地探索社会主义建设道路的呼声也同时高涨起来。各国共产党人在探索具有本国特色的社会主义建设道路上作出不同尝试，东欧社会主义国家形成了南斯拉夫社会主义自治制度，波兰、匈牙利、捷克斯洛伐克对计划经济模式的改革等，苏联在不同阶段也尝试进行了一些改革。但这些改革始终没有从根本上革除原有体制的弊端，加上受到国际国内各种复杂因素的影响，特别是西方资本主义国家对社会主义国家“和平演变”的影响，使一些改革受到严重干扰，大多未达到预期效果，有的甚至偏离了社会主义方向，最后都没有成功。

中国共产党人在完成社会主义改造后，带领全国人民积极探索适合本国国情的社会主义建设道路，既取得了重要成就也遭受了严重曲折，特别是出现了十年“文化大革命”的严重失误。中共十一届三中全会实现了伟大的转折。以邓小平同志为主要代表的中国共产党人，总结新中国成立以来正反两方面的经验，解放思想，实事求是，实现党和国家工作重心向经济建设的转移，实行改革开放，成功走出一条中国特色社会主义道路。

这一时期，发达资本主义国家和发展中国家的共产主义运动也在曲折中前进。战后，一些主要发达国家的共产党，根据国际形势和国内条件的变化，努力寻求符合本国国情的通向社会主义的道路。西欧国家共产党进行了影响较大的“欧洲共产主义”理论与实践探索。发展中国家的民族解放运动空前高涨，一批殖民地、半殖民地国家赢得了政治独立。各国共产党高举反帝、反殖民主义旗帜，在争取民族独立、人民解放和走向社会主义的斗争中发挥了中流砥柱的作用。

20世纪80年代末90年代初，在短短的两三年间，相继发生了苏联共产党解散、苏联解体，东欧社会主义国家政权更替的剧变。苏东剧变，使国际共产主义运动遭受重大挫折。其原因复杂，教训深刻，值得认真思考和研究。但是，苏东剧变并没有改变人类社会发展的历史趋势。

（四）第四阶段：国际共产主义运动的深化与创新（20 世纪 90 年代初至今）

在此时期，“社会主义失败论”“历史终结论”一度甚嚣尘上。各国共产党人在新的历史条件下积极探索建设社会主义的道路。特别是中国共产党顶住了巨大压力和挑战，领导中国人民开创了中国特色社会主义道路，不仅深刻改变了中国，也深刻影响了世界。中国特色社会主义成为世界社会主义高扬的一面旗帜。中国特色社会主义进入新时代，国际共产主义运动走向新阶段。在原苏联东欧地区，一些国家共产党和左翼组织开始恢复，并逐步在各国政治舞台上发挥重要作用。西欧、北美、日本等一些发达国家和地区的共产党和左翼力量逐步走出困境，得到了新的发展。亚非拉地区许多国家的共产党不仅没有瓦解，而且其实力和影响还有所扩大。

中国共产党等社会主义国家执政的共产党，顶住了苏东剧变带来的冲击，积极稳妥地推进改革，建设和发展适合本国国情的社会主义，在经济社会发展方面不断迈出新步伐。

中共十八大以来，以习近平同志为核心的党中央总结各国社会主义建设的经验教训，丰富和发展了中国特色社会主义理论，带领全国各族人民沿着中国特色社会主义道路不懈奋斗，使我国经济实力、科技实力、国防实力、综合国力进入世界前列，国际地位实现极大的提升，党的面貌、国家的面貌、人民的面貌、军队的面貌、中华民族的面貌发生了前所未有的变化，中华民族正以崭新姿态屹立于世界的东方。科学社会主义在 21 世纪的中国和世界焕发出强大生机与活力，展现了国际共产主义运动的光明前景。

四、学习国际共产主义运动史的意义和方法

（一）学习国际共产主义运动史的意义

学习国际共产主义运动史，有助于继承和弘扬共产党人与无产阶级革命者为共产主义事业前仆后继、英勇奋斗的革命精神和优良传统。国际共产主义运动是人类文明进程的一个重要组成部分，代表了人类社会历史发展的前进方向。国际共产主义运动由小到大、由弱到强的发展壮大，是无数仁人志士为之奋斗献身，人民群众为之前仆后继、百折不挠、英勇斗争的结果。在中国革命史上，有一大批先进分子，在共产主义精神的激励下，为了中华民族的解放事

业，抛头颅，洒热血，前仆后继，矢志不渝，为我们树立了光辉的榜样。青年学生要学习革命先辈的光辉业绩和高尚情操，珍惜来之不易的美好生活，把个人理想与国家、民族和人类的发展结合起来，勇于担当创造未来的历史重任。

学习国际共产主义运动史，有助于深化对共产党执政规律、社会主义建设规律、人类社会发展规律的认识，坚定共产主义最高理想和中国特色社会主义共同理想。理想信念是激励人们不断进取的动力。马克思和恩格斯对社会主义社会曾作过科学的预测和设想，描绘了一幅共产主义社会大致的理想蓝图。共产主义理想不是乌托邦，不是凭空猜测，而是建立在对人类社会历史发展规律的科学分析的基础之上的，揭示了不以人们的意志为转移的客观历史发展趋势。共产主义社会这一崇高理想的确立，为无产阶级明确了前进的方向，激励无产阶级为实现这一伟大理想而奋斗。中国特色社会主义共同理想是共产主义最高理想在中国社会主义初级阶段的现实体现，是实现共产主义最高理想的必经阶段，需要一代又一代共产党人和革命者为实现伟大理想不懈奋斗。在实现中华民族伟大复兴的征程中，自觉做共产主义最高理想和中国特色社会主义共同理想的坚定信仰者和忠实实践者，既要树立共产主义最高理想，坚定信念，以高尚的思想道德要求鞭策自己，更要从社会主义初级阶段的实际出发，脚踏实地为实现中国特色社会主义共同理想而努力。

学习国际共产主义运动史，有助于总结和吸取国际共产主义运动的经验教训，积极投身于中国特色社会主义建设。170 多年来，国际共产主义运动走过了一条曲折而又不平凡的道路，其间有凯歌高奏的高潮发展阶段，也有迂回低落的艰难前进时期，留下了丰富的经验和教训。这些都是共产党人的宝贵精神财富。一代代共产党人正是在总结经验、吸取教训的过程中，不断深化对无产阶级革命和社会主义建设规律的认识，推动社会主义和共产主义事业向前发展。中国特色社会主义正是在总结世界各国社会主义革命、建设经验教训的基础上，立足中国国情开创的。青年学生要了解和研究世界各国社会主义发展的经验教训，从更广阔的视角，深刻认识中国特色社会主义是历史和人民的必然选择，是实现中华民族伟大复兴的中国梦的必由之路，进一步深化对社会主义发展规律的认识，积极投身新时代中国特色社会主义伟大事业，勇做时代的弄潮儿，在实现中国梦的生动实践中放飞青春梦想，在为国家、民族和人民利益的不懈奋斗中书写人生华章。

（二）学习国际共产主义运动史的方法

首先，要学习和运用辩证唯物主义和历史唯物主义的方法。辩证唯物主义与历史唯物主义是无产阶级的世界观和方法论，是我们认识世界和改造世界的锐利武器。要坚持实事求是，尊重历史，用发展的观点，全面地看待历史。具体来说，对历史事件和历史人物要从具体的历史条件出发，进行科学分析，力戒片面性和绝对化；在运用历史经验、历史规律来观察现实问题时，不能作简单的历史类比，更不能歪曲历史、裁剪历史；在分析国际共产主义运动中的高潮与低潮、进攻与退却时，要坚持全面的、发展的辩证观点，认识到其背后的主客观因素与发展规律；在评价历史事件与历史人物时，要坚持具体的、历史的观点，将其放到特定的历史背景下考察，既要看到其积极贡献，又要看到由于主客观条件制约而存在的不足，反对历史虚无主义。

其次，要运用阶级分析的方法。马克思主义的阶级分析方法建立在历史唯物主义的理论基础上，不仅对于认识阶级社会、认识革命战争年代出现的各种复杂问题是必要的，而且在和平与发展成为时代主题的今天，这一方法也没有过时，是认识世界和改造世界的重要方法。当今世界，总体上仍然是由西方各国垄断资产阶级主导的阶级社会，国际范围的工人阶级与资产阶级、资本主义与社会主义的矛盾和斗争从来就没有停止过。因此，马克思主义的阶级观点和阶级分析方法，对于分析、观察和研究当今时代的各种复杂现象，仍然具有重要的现实意义。当然，阶级分析不是简单地贴标签，而是站在无产阶级和广大劳动人民的立场上科学认识问题，明辨是非，从而得出正确的结论。

最后，要运用理论联系实际的方法。理论联系实际是中国共产党一贯倡导并长期坚持的优良学风，也是学习研究国际共产主义运动史的重要方法。理论联系实际，就是以马克思主义理论为指导，联系历史发展的客观实际，观察和分析问题。在国际共产主义运动发展史上，在处理理论与实践的关系上既有许多成功经验，也有不少深刻教训。在教训方面，教条主义危害极大。教条主义割裂理论与实践的联系，把马克思主义教条化，用抽象的理论裁剪活生生的实践，否认马克思主义必须随着实践的发展而发展。坚持理论与实际相结合的方法，就要坚持实践是检验真理的唯一标准，一切从实际出发，在实践中检验真理和发展真理。坚持理论联系实际，就要坚持学以致用，不是把理论束之高阁，为研究而研究，而是要针对当今时代发展变化的新实际，针对中国特色社会主义建设的实际，从 170 多年国际共产主义运动史中认真总结有益的经验和启示。

思考题：

1. 国际共产主义运动史的研究对象和学科特点是什么？
2. 论述学习国际共产主义运动史的意义。

第一章　国际共产主义运动的兴起

国际共产主义运动是伴随着马克思主义与工人运动相结合而产生的。共产主义者同盟在成立后经受了1848年欧洲革命的战斗洗礼。马克思和恩格斯总结了1848年欧洲革命的经验，丰富了科学社会主义理论，推动了国际共产主义运动的发展。

第一节　国际共产主义运动产生的历史背景

国际共产主义运动是马克思主义指导下的无产阶级解放运动。它的产生有深刻的社会历史背景。

一、社会化大生产的发展与无产阶级的形成

14世纪末15世纪初，地中海沿岸的某些城市已经出现了资本主义生产关系的萌芽。从16世纪起，资本主义生产方式在西欧各国逐步发展起来。特别是在1789年法国资产阶级革命后，资本主义迅速发展。

西方资本主义的发展经历了家庭手工业、工场手工业和机器大工业三个阶段。18世纪60年代，以珍妮纺纱机和瓦特蒸汽机的发明改良为标志，工业革命首先在英国兴起，资本主义开始由工场手工业向机器大工业转变。工业革命是以机器为主体的工厂制度代替以手工业技术为基础的手工工场的革命，也被称为产业革命。工业革命的过程，是各工业部门、各产业环节互相联系、互相推动的过程，从轻工业到重工业，从工作机到发动机再到工作母机，进而形成机器生产的完整体系。工业革命用复杂的机器代替手工，为科学技术应用于生产开辟了广阔的空间和途径，使整个社会的生产力得到了过去任何历史时期都没有的新发展。工业革命的标志是纺织机及蒸汽机的发明、完善和推广应用；而机器制造业的形成和发展，则标志着工业革命的完成。自18世纪中期英国的工业革命开始后，1770—1840年的70年间，工人的平均劳动生产率提高了大约20倍。英国成为世界上资本主义工业最先进的国家。美国、法国、德国等也先后进行工业革命。工业革命显示了资本主义生产方式相对于封建主义生产

方式的优越性，从而巩固了从封建社会废墟上建立起来的资本主义制度。随着工业革命的完成，资本主义已经建立在机器大工业的基础上，并且成为占统治地位的生产方式。

社会化大生产，指的是在分工与协作基础上进行社会劳动所形成的组织化、规模化的生产。相对于中世纪分散的、落后的个体小生产，社会化大生产具有明显不同的特点。原来的作坊工场变成了机械化生产的工厂；生产过程不是取决于工人的技术熟练程度，而是越来越依靠科学技术在生产中的应用；劳动力和生产资料、生产过程以及产品的消费，呈现出明显的社会化特征。

工业革命不仅仅是生产技术和社会生产的革命，同时也是生产关系的重大变革。其重要表现之一就是雇佣劳动者即无产阶级的人数激增。正如恩格斯所说："工业革命创造了一个大工业资本家的阶级，但是也创造了一个人数远远超过前者的产业工人的阶级。随着工业革命逐步波及各个工业部门，这个阶级在人数上不断增加；随着人数的增加，它的力量也增强了。"① 现代无产阶级是社会化大生产的产物，尤其是机器大生产的出现，对现代无产阶级的形成起了决定性作用，从根本上改变了工人与生产资料的关系。在工场手工业中，工人可以支配生产资料，而在现代化工厂中，工人则要受生产资料的支配，成为机器的简单附属品。机器大生产本来为工人的解放提供了有利条件，但资本家通过使用机器大幅度降低工资，尽量延长劳动时间，不断增加劳动强度，廉价雇佣童工、女工等办法榨取广大工人的剩余价值。正如马克思深刻揭露的："资本来到世间，从头到脚，每个毛孔都滴着血和肮脏的东西。"②

二、资本主义社会矛盾的激化与欧洲工人运动的蓬勃发展

资本主义生产方式的确立，极大地推动了社会生产力的发展。马克思和恩格斯对此给予充分肯定，认为："资产阶级在它的不到一百年的阶级统治中所创造的生产力，比过去一切世代创造的全部生产力还要多，还要大。"③

但是，社会化劳动使用的生产资料和生产的产品，不是为使用生产资料和生产这些产品的无产阶级所占有，而是为资本家所占有。这就出现了一个根本性的矛盾，即社会化生产和资本主义私人占有制之间的矛盾。

① 《马克思恩格斯文集》第 3 卷，人民出版社 2009 年版，第 516 页。
② 《马克思恩格斯文集》第 5 卷，人民出版社 2009 年版，第 871 页。
③ 《马克思恩格斯文集》第 2 卷，人民出版社 2009 年版，第 36 页。

工业革命前，由于社会化大生产尚处在形成时期，生产的社会化程度还比较低，这一基本矛盾表现得还不明显。但随着资本主义的发展，特别是英国工业革命的完成，建立在机器大工业基础上的社会化大生产和资本主义私人占有之间的矛盾逐渐暴露并不断加深，最终引发了资本主义的经济危机。1825 年，英国爆发了第一次全国性的经济危机，即生产过剩危机，以后大约每隔 8—10 年经济危机重复一次。1836 年，英国再次爆发经济危机并波及美国。1847 年的经济危机席卷整个欧洲，形成了世界性的周期经济危机。经济危机使社会生产力遭到极大破坏，给无产阶级和劳动人民带来了深重灾难，也使无产阶级和资产阶级的矛盾更加尖锐，无产阶级反抗资产阶级的斗争日益激烈。

无产阶级反对资产阶级的斗争，经过了从以自发形式出现到自觉联合起来保卫工人阶级权益的过程。最初，工人面对劳动强度加大、工作条件恶劣、工资收入低微、生活极其贫困的状况，把不满意的原因归咎于机器，便起来捣毁机器、烧毁厂房、毁坏商品。这种活动的参与者起先是一部分工人，然后是某一工厂的工人，再后来是某一地方的某一劳动部门的工人，同直接剥削他们的个别资产者作斗争。这种斗争形式在 18 世纪 70—80 年代的英国盛极一时，形成了所谓“卢德运动”①。这虽是一种工人的自发斗争，但性质是反抗资本家的剥削。恩格斯指出：“工人阶级第一次反抗资产阶级是在工业运动初期，即工人用暴力来反对使用机器的时候。”② 随着无产阶级队伍的扩大及其受资本家剥削程度的日益深重，工人开始成立反对资本家的联合组织，组成工会，争取自己的基本权益。这种斗争比破坏机器的斗争前进了一大步，但当时还只限于为提高工资抗争。而后来在有些地方，抗争转变成起义。工人阶级在斗争中受到锻炼，逐步成熟起来。到了 19 世纪 30—40 年代，西欧的工人运动发展成为有组织的、大规模的政治罢工和武装起义。其中，最著名的是 1831 年和 1834 年法国里昂丝织工人起义、1836—1848 年英国工人的宪章运动以及 1844 年德国西里西亚纺织工人起义。这三大工人运动标志着欧洲的工人阶级作为独立的政治力量登上历史舞台。

法国的里昂丝织工人起义是工人阶级开始直接反对资产阶级和争取民主共和国的武装斗争。里昂是法国丝织业中心，19 世纪 30 年代初，这里的丝织工

① 英国早期自发的工人运动，据说由工人卢德发起，1811—1812 年达到高潮。此后人们便把工人破坏机器的运动，统称为“卢德运动”。

② 《马克思恩格斯文集》第 1 卷，人民出版社 2009 年版，第 450 页。

人已达9万人。在工场主和包买商残酷剥削下，丝织工人和手工业者生活极为困苦，每天工作15—18小时，得到的工资只够买一磅面包。女工和童工的境遇更加悲惨。1831年年初，里昂丝织工人掀起一场以要求提高工价为主要内容的运动，资本家和地方当局不仅对工人的要求加以拒绝，而且还向工人发出解雇的威胁。11月，里昂丝织工人举行罢工，其他部门的工人和手工业者积极支援。当局派出军警镇压，工人便以武装起义回击。起义工人夺取武器、修筑街垒，提出了“工作不能生活，毋宁战斗而死”的口号。经过3天战斗，工人一度占领里昂城。起义很快被七月王朝政府调来的军队所镇压。里昂丝织工人于1834年4月再度举行武装起义，反对政府逮捕工人领袖，反对政府禁止工人集会、结社的法令。这次起义明确提出了“不共和，毋宁死”的口号和争取民主共和国的要求。起义群众同军警展开巷战达6天之久，终因力量悬殊而被政府军镇压。里昂丝织工人起义在巴黎和法国许多地区引起强烈反响，推动了法国工人运动的发展。里昂丝织工人的两次起义是法国无产阶级作为独立的政治力量登上历史舞台的重要标志之一。马克思指出：“里昂的工人以为自己追求的只是政治的目的，以为自己只是共和国的战士，而事实上他们是社会主义的战士。”①

英国的宪章运动从整体上看是一场工人阶级争取政治权利的运动。英国作为第一个发生资产阶级革命和进行工业革命的国家，19世纪时被称为“世界工厂”。在以实行“议会民主”而闻名的英国，只有缴纳高额所得税的人才有选举权，广大工人被排斥在议会大门之外。1836年6月，伦敦工人协会成立。次年6月，协会拟定一个争取普选权的纲领性文件，提出年满21岁的男子拥有普选权、秘密投票、废除议员候选人的财产资格、废除议员支薪、设立平等的选区、国会每年改选一次六项要求，并于1838年5月8日以《人民宪章》为名公布，号召人民签名。宪章拥护者在全国各地集会、游行，要求实现宪章，“宪章运动”由此得名。运动达到三次高潮。在第三次高潮中宪章派除争取普选权外，还提出废除新济贫法、限制工时和实行政教分离等要求。1840年7月，全国宪章派协会成立，也称“宪章党”，它被恩格斯誉为“近代第一个工人政党”②。宪章运动采取了多种斗争形式，持续了十几年。1848年，在欧洲大陆革命风暴的推动下，宪章运动再度高涨。4月10日，全国宪章派协会第3次代

---

① 《马克思恩格斯全集》第3卷，人民出版社2002年版，第393页。

② 《马克思恩格斯文集》第3卷，人民出版社2009年版，第517页。

表大会的代表把请愿书装在四套华丽的马车上向国会驶去，途中遭到宪兵的镇压。国会拒绝接受请愿书。接着，政府下令解散全国宪章派协会。对于宪章运动，列宁称它是“世界上第一次广泛的、真正群众性的、政治上已经成型的无产阶级革命运动”①。宪章运动标志着英国无产阶级开始作为独立的政治力量登上了历史舞台，揭开了同资产阶级争夺政治权力的斗争的序幕。

1844 年，德国纺织业中心西里西亚纺织工人起义。这里的纺织工人当时受到资本主义和封建主义的双重压榨。1844 年 6 月，西里西亚 3000 多名纺织工人不堪忍受资本家的残酷剥削，举行起义。他们捣毁了若干家工厂和工厂主的住宅，烧掉了资本家的账簿和财务契据，并与前来镇压的军队展开血战。普鲁士政府调来大批军队，镇压了起义。这次起义的规模虽然比不上法国里昂丝织工人起义和英国宪章运动，但它是德国无产阶级觉醒的重要标志。它十分明确地提出反对资本主义私有制的要求。马克思认为：“法国和英国的工人起义没有一次像西里西亚织工起义那样具有如此的理论性和自觉性”②，“西里西亚起义恰恰在开始时就具有了法国和英国的工人起义在结束时才具有的东西，那就是对无产阶级本质的意识”③。

以这三大工人运动为标志的欧洲产业工人运动，与早期的工人运动相比，表现出了新的特点。

首先，抛弃了破坏机器等原始的抗争手段，转而采取罢工、游行示威直至武装起义与资产阶级进行争取经济利益的斗争。工人在反抗资本家剥削和压迫的长期斗争中，认识到针对大机器和单个资本家的斗争的局限性，在斗争中逐渐从自在阶级走向自为阶级，工人阶级和资产阶级的斗争进入新的更高阶段。正如马克思和恩格斯所说，这一时期，“斗争的真正成果并不是直接取得的成功，而是工人的越来越扩大的联合。这种联合……把各地的工人彼此联系起来。只要有了这种联系，就能把许多性质相同的地方性的斗争汇合成全国性的斗争，汇合成阶级斗争。而一切阶级斗争都是政治斗争”④。

其次，公开提出自己的政治主张和政治要求，把斗争的矛头直接指向整个资产阶级和资本主义制度，从而使这一时期的工人运动具有了明确的政治性

---

① 《列宁选集》第 3 卷，人民出版社 2012 年版，第 792 页。
② 《马克思恩格斯全集》第 3 卷，人民出版社 2002 年版，第 389—390 页。
③ 《马克思恩格斯全集》第 3 卷，人民出版社 2002 年版，第 390 页。
④ 《马克思恩格斯文集》第 2 卷，人民出版社 2009 年版，第 40 页。

质。法国里昂工人在起义中提出了争取民主共和国、维护无产阶级利益的要求，英国无产阶级要求普选权和管理国家的政治权利，德国西里西亚工人则十分明确地反对私有制和资本主义剥削。

最后，组织性有了明显提高。早期无产者反抗资产者的斗争力量相当分散，而且反抗斗争也多带有突发性、短暂性。随着无产者反抗资产者斗争的深度和广度不断发展，冲突的阶级性也越来越鲜明。为了适应斗争的需要，无产阶级开始建立起自己的工会组织，进而建立了许多带有鲜明政治色彩的组织。如 1834 年建立的德国的流亡者同盟，1836 年建立的德国的正义者同盟，1837 年建立的法国四季社，1840 年建立的英国的全国宪章派协会，等等。

欧洲三大工人运动标志着无产阶级反对资产阶级的斗争进入新阶段。西欧各国先进的无产阶级在政治上已不再是资产阶级反对封建制度的附庸，而是作为独立的政治力量登上历史舞台；无产阶级开始了直接反对资产阶级的斗争，矛头直指资本主义剥削制度，不仅进行经济斗争，而且进行政治斗争；无产阶级的斗争已经由分散的、个别的斗争形式，转变为有组织的、大规模的斗争。

三大工人运动的失败，主要原因是由于当时的无产阶级还没有真正认清资本主义的本质，没有明确意识到自身的历史地位和历史使命，没有组织起无产阶级先进政党，因而无法找到无产阶级解放的正确道路。这表明，工人运动要健康发展并取得胜利，就必须有科学理论和先进政党的指导。

三、19 世纪空想社会主义新成就

在工人运动发展过程中，出现过各种各样的思想和学说。其中最有代表性的是空想社会主义。空想社会主义产生于 16 世纪初期。当时，资本主义原始积累加速推进，早期无产者不堪忍受资本主义的剥削和压迫，不断进行反抗和斗争。在此背景下，产生了反映早期无产者要求摆脱资本主义剥削和压迫、追求理想社会愿望的空想社会主义。最早的空想社会主义者是英国的托马斯·莫尔，其代表作《乌托邦》是空想社会主义的开山之作。18 世纪又出现了德国的闵采尔、意大利的康帕内拉、英国的温斯坦莱，以及法国的梅叶、摩莱里、马布利和巴贝夫等空想社会主义者、空想共产主义者。

进入 19 世纪以后，随着工业革命的迅速发展，社会化大生产的不断推进，资本主义社会的矛盾日益尖锐，加之法国大革命的影响，空想社会主义的发展进入一个新时期。1789 年的法国大革命，虽然唤起民众对理想社会的期望，但

革命后的现实是：他们刚刚从中世纪封建制度的野蛮统治下解放出来，却又深深地陷入了资产阶级的血腥剥削中，继续挣扎在饥寒交迫的死亡线上。这样的社会历史条件促使一些思想家认真地思考劳动群众贫困的根源，严肃地探索变革现存社会制度的途径，在批判资本主义制度的同时，细致地描述未来理想社会的蓝图。无产阶级和广大劳动群众的苦难和斗争，引起了一些先进思想家的关注和同情。于是，在法国和英国出现了以圣西门、傅立叶和欧文为代表的“批判的空想的社会主义和共产主义”，即 19 世纪初的空想社会主义。

这一时期空想社会主义的主要特点：一是不再采用虚幻的文学描写形式，抛弃了刻板的法律条文形式，更着重于理论论证；不仅克服了莫尔时期更多着墨于对未来制度的空想描写，而且基本剔除了 18 世纪空想家所普遍倡导的禁欲主义和平均主义。二是其理论有的如傅立叶基本上是倾向于把人类社会的历史看成一个连续的、上升的和进步的过程，并以此证明资本主义必定被他们描绘的理想社会所代替。三是有的如欧文把批判的矛头直接指向资产阶级，指向资本主义社会的基础，即资本主义私有制。就其批判的深刻程度而言，他们远远超过了自莫尔以来的所有空想社会主义者。因此，马克思和恩格斯把这一时期的空想社会主义称为“批判的空想的社会主义和共产主义”①。

三大空想社会主义者对资本主义进行尖锐批判，提出了改造资本主义社会、建设未来美好社会的各种理论和方案，形成历史上形态最完备的空想社会主义理论。

空想社会主义深刻揭露了资本主义制度的不合理性。圣西门认为，资本主义是新的奴役形式，是本末倒置的世界。傅立叶认为，资本主义雇佣劳动实际上是恢复了奴隶制度，资本主义工厂是温和的监狱，是贫困的温床。他指出，自由仅仅是少数人享有，对于贫困阶级来说，自由是完全被剥夺了的。他们还把批判的锋芒直接指向资本主义社会的经济基础。圣西门指出资本主义已经被无政府状态所控制。傅立叶认为资本主义经济危机是生产过剩引起的危机，将在恶性循环中运动。欧文对资本主义制度的批判直接指向私有制，认为私有制、宗教和资产阶级婚姻制度是资本主义制度“三位一体”的祸害，为首的是私有制，并认为只有消灭私有制，才能使社会从资本主义这个“疯人院”变成理智的世界。

---

① 《马克思恩格斯文集》第 2 卷，人民出版社 2009 年版，第 62 页。

同时，他们提出未来理想社会的设想。他们主张消灭剥削和压迫，改变资本主义不合理的分配制度，建立一个以公有制为基础的，人人都参加劳动，实行按劳分配或按需分配，平等、幸福、和谐的理想社会。在这个社会中有计划地组织社会生产，促进社会生产力的发展；妥善地组织社会生活，实行生活的社会化；消灭旧式的分工，消灭城乡差别、工农差别、体力劳动和脑力劳动之间的差别；等等。为了实现他们的理想，欧文在自己创办的纺织厂中进行了一系列社会主义的试验，并且在美国购买了土地，建立了共产主义劳动公社，称之为“新和谐公社”；傅立叶在美国也创办了许多他称为“法朗吉”的共产主义新村，从而实现自己心目中的理想社会——“和谐制度”。但是，这些探索都因为脱离实际而以失败告终。

三大空想社会主义者还提出一些具有独立见解的卓越思想。圣西门认为，国家将成为生产组织，将对人的政治统治变成对物的管理和对生产过程的指导。傅立叶明确提出了劳动已不再是谋生的手段，而成为乐生的要素，以及妇女解放是社会解放的天然尺度。欧文则提倡教育和生产劳动相结合，提出了关于工业革命为共产主义社会提供客观条件的重要思想。

19 世纪的三大空想社会主义者以敏锐的眼光透视到资本主义阴暗面，予以无情抨击，并以丰富的想象力描绘出一幅幅未来理想社会的蓝图，反映了人类追求理想社会的愿望。马克思和恩格斯认为，空想社会主义者的学说提出了许多“天才的思想萌芽和天才的思想”①。但是，他们的空想社会主义学说也存在着根本缺陷。

其一，他们不是从实际出发，而是从抽象的理性出发，不是研究社会生产方式的辩证运动，而是以理性为准则。空想社会主义学说建立在所谓的理性、正义、平等、和谐等“永恒真理”的思想基础上。他们认为，资本主义社会违背人类的理性，所以是不合理的、罪恶的，而社会主义之所以是理想社会，是因为它符合人类的理性。说到底，他们的学说是建立在唯心史观基础上的。

其二，他们没有也不可能找到实现社会变革的社会力量和现实道路。空想社会主义者提出改造资本主义社会，建设未来社会的天才设想，但由于解决资本主义社会问题的物质条件和社会力量还不够成熟，认识不到无产阶级的伟大力量和历史使命，而是把希望寄托在少数天才人物身上。因此，他们反对阶级

---

①《马克思恩格斯文集》第 3 卷，人民出版社 2009 年版，第 529 页。

斗争、暴力革命，提倡阶级合作，走和平改良的道路。

19 世纪的空想社会主义是无产阶级理想追求的先声，在历史上曾经起过进步作用。这是因为空想社会主义者揭露资本主义社会的罪恶，批判资本主义制度的全部基础，论证未来社会代替资本主义的必然性和合理性，对未来社会提出一些积极主张和有价值的猜测，并且为日后科学社会主义的形成提供了许多有益的思想材料。但是，他们的共同局限是唯心史观，无法找到实现其社会理想的正确道路和社会力量。正是由于空想社会主义在理论上存在缺陷，使其越来越不适应无产阶级革命运动的需要。随着历史车轮的前进，无产阶级已经作为一支独立的政治力量登上历史舞台，迫切需要科学的革命理论指导自己的革命斗争，空想社会主义就逐渐变成了社会主义运动的障碍。把社会主义学说从空想发展为科学，成为工人运动的客观要求。

第二节 马克思主义的创立与国际共产主义运动的兴起

马克思和恩格斯积极参加工人运动，并结合实际进行科学研究，在革命斗争实践中领导创建了共产主义者同盟，发表了《共产党宣言》，使工人阶级有了科学的行动指南。

一、马克思和恩格斯早期的理论与实践活动

卡尔·马克思（1818—1883）出生于普鲁士莱茵省特里尔城的一个律师家庭。在接受高等教育之前，马克思受到自由主义、人道主义和理性主义等思想的教育和熏陶，最初形成的是资产阶级民主主义思想。

1835 年 10 月，马克思进入波恩大学法律系，一年后转入柏林大学法律系。大学期间，马克思对德国古典哲学特别是黑格尔哲学产生了浓厚的兴趣，参加了青年黑格尔派，并接受了黑格尔唯心主义辩证法的观点。在政治上，马克思基本上是一个革命民主主义者。然而，马克思主张联系实际进行革命的变革，这与青年黑格尔派有着明显区别，并最终导致他与青年黑格尔派决裂。

1841 年大学毕业后，马克思放弃了在大学任教的计划，转而从事政论写作和报刊工作，积极投身于实际的政治斗争。1842 年 4 月，马克思开始为激进的

资产阶级报纸《莱茵报》撰稿，同年10月成为该报主笔。由于普鲁士政府的迫害，马克思于1843年3月17日离开了《莱茵报》。这一时期，马克思逐步认识到黑格尔的思想同客观现实的矛盾，开始研究社会经济关系。此时，费尔巴哈的唯物主义思想为马克思提供了批判黑格尔的思想武器，加速了他向唯物主义的转化过程。1843年3月中旬至9月底，马克思撰写了《黑格尔法哲学批判》的草稿，并得出结论：不是国家决定市民社会，而是市民社会决定国家。这表明了马克思的思想开始转向唯物史观。

1843年10月底，马克思迁居巴黎。在巴黎，他经常深入工人群众，与他们彻夜交谈，倾听他们的呼声，了解无产阶级及劳动群众的生活状况、社会需求。马克思积极参加工人群众反对资本家的斗争，参加一些社会主义团体的活动。为了更好地指导工人阶级的斗争，他进行了大量科学研究工作，特别是研究了法国大革命的历史、英国古典政治经济学、黑格尔和费尔巴哈的哲学以及空想社会主义学说等。

1844年2月，马克思在他本人和卢格主编的《德法年鉴》第1期、第2期合刊上发表了《论犹太人问题》和《〈黑格尔法哲学批判〉导言》。在《论犹太人问题》一文中，马克思阐述了"政治解放"与"人类解放"的区别。他指出，"政治解放"即资产阶级革命，虽有进步意义，但也有其局限性；只有把人类从一切社会压迫和政治压迫下解放出来，从私有制的束缚下解放出来，才能使人类获得真正的自由，即人类解放。在《〈黑格尔法哲学批判〉导言》中，马克思第一次阐述了人类解放和无产阶级作用的关系，并公开申明自己的哲学是为无产阶级服务的。"哲学把无产阶级当做自己的物质武器，同样，无产阶级也把哲学当做自己的精神武器"①。正是这些实践活动和理论活动，促使马克思完成了政治立场和世界观的根本转变。《论犹太人问题》和《〈黑格尔法哲学批判〉导言》是马克思的立场从唯心主义转变为唯物主义、从革命民主主义转变为共产主义的重要标志。

弗里德里希·恩格斯（1820—1895）出生于普鲁士莱茵省巴门市（今伍珀塔尔市）的一个工厂主家庭。1838年，中学尚未毕业的恩格斯就被父亲送到不来梅一家商行当实习生。但他无意于做生意和进行各种应酬，而是关心社会政治，主动了解工人阶级的疾苦、斗争和愿望，并对黑格尔哲学产生了

---

① 《马克思恩格斯文集》第1卷，人民出版社2009年版，第17页。

浓厚的兴趣。

1839 年恩格斯发表《乌培河谷来信》，描写了巴门市和埃尔伯费尔德工人、手工业者的悲惨遭遇，揭露了工厂主的贪婪和宗教的伪善。1841 年，恩格斯到柏林服兵役，同时在柏林大学旁听哲学课程，并和青年黑格尔派交往，受到青年黑格尔运动的影响。在此期间，他撰写了《谢林论黑格尔》《谢林和启示》等小册子，阅读了费尔巴哈的《基督教的本质》。他一方面维护黑格尔的辩证法；另一方面也开始认识到黑格尔哲学的不彻底性，并在费尔巴哈的影响下于 1842 年年中开始转向唯物主义。

1842 年冬，恩格斯根据父亲的安排，到英国曼彻斯特的欧门-恩格斯公司工作。当时的英国是世界上资本主义最发达的国家，曼彻斯特是反抗资产阶级的宪章派的活动中心之一。恩格斯对英国的经济与政治状况进行了深入调查。他放弃了资产阶级的社交活动，亲自观察和体验工人的苦难，并参加各种工人集会，从而加深了对工人阶级的了解，对无产阶级的力量和作用有了更深刻的认识。他在给英国工人的信中说："我很想在你们家中看到你们，观察你们的日常生活，同你们谈谈你们的状况和你们的疾苦，亲眼看看你们为反抗你们的压迫者的社会统治和政治统治而进行的斗争。我是这样做的……把自己的空闲时间几乎全部用来和普通工人交往；这样做，我感到既高兴又骄傲。"① 恩格斯还经常同英国社会主义者与宪章运动的活动家交往，同流亡在英国的德国正义者同盟的领导人密切联系。同时，他还广泛搜集英国资本主义经济发展和政治斗争的资料，研究了英国古典政治经济学、英法空想社会主义的大量著作。

1844 年 2 月，恩格斯在《德法年鉴》第 1 期、第 2 期合刊上发表了《政治经济学批判大纲》和《英国状况——评托马斯·卡莱尔的〈过去和现在〉》。恩格斯考察了当时的资本主义经济制度，认为私有制是一切矛盾和弊端的根源。他通过对资产阶级政治经济学的批判，论述了废除私有制的必要性；通过分析英国社会各阶级状况，得出了只有无产阶级才是代表未来社会的阶级的结论。这两部著作是恩格斯的立场从唯心主义转变为唯物主义、从革命民主主义转变为共产主义的重要标志。

马克思主要通过政治—哲学的批判、恩格斯主要通过社会—经济的批判，几乎同时完成了各自政治立场和世界观的转变。1844 年 8 月，马克思和恩格斯

---

① 《马克思恩格斯文集》第 1 卷，人民出版社 2009 年版，第 382 页。

在巴黎会见，共同的事业和一致的理论观点把他们紧密地联系在一起。从此，他们建立了伟大的革命友谊，共同进行了大量的理论研究工作并积极参加工人运动，完成了创立科学社会主义的历史任务。列宁在描述马克思和恩格斯 40 年如一日的这种旷古罕见的友谊时指出："古老传说中有各种非常动人的友谊故事。欧洲无产阶级可以说，它的科学是由这两位学者和战士创造的，他们的关系超过了古人关于人类友谊的一切最动人的传说。"①

二、马克思主义与工人运动的结合

马克思和恩格斯在完成政治立场和世界观的转变之后，就开始进一步清算形形色色反动的、保守的或空想的社会思潮，并梳理自己的思想，完善自己的理论体系，将其与工人运动相结合，为着手建立国际无产阶级的革命政党做准备。

1844 年 6—8 月间，马克思所写的《1844 年经济学哲学手稿》，通过对私有制问题的分析和对资产阶级经济学的批判，分析了资本和资本主义经济关系的实质，揭示了无产阶级与资产阶级的对抗关系。马克思和恩格斯在巴黎会见后，开始系统清理黑格尔的唯心主义、费尔巴哈的机械唯物主义和资产阶级人本主义。1845 年，他们合写了第一部著作《神圣家族，或对批判的批判所做的批判》，对青年黑格尔派的唯心主义哲学进行了全面批判。在这部著作中，马克思和恩格斯提出了唯物史观的许多原理，强调了物质资料生产在整个社会发展中的决定性作用。马克思和恩格斯还特别指出："无产阶级在获得胜利时，无论如何决不会因此成为社会的绝对方面，因为它只有消灭自己本身和自己的对立面才能获得胜利。"②

继《神圣家族》之后，马克思、恩格斯合作或分别撰写了《英国工人阶级状况》《关于费尔巴哈的提纲》《德意志意识形态》《哲学的贫困》《雇佣劳动与资本》等著作。在《英国工人阶级状况》中，恩格斯分析了无产阶级同资产阶级矛盾的形成和发展过程，指出无产阶级肩负着推翻资本主义的历史使命，无产阶级对资产阶级的斗争是历史发展的强大动力。在《关于费尔巴哈的提纲》中，马克思阐明了科学的实践观，揭示了实践的革命本质、认识对实践的

---

① 《列宁选集》第 1 卷，人民出版社 2012 年版，第 95 页。
② 《马克思恩格斯文集》第 1 卷，人民出版社 2009 年版，第 261 页。

依赖关系，同时批判了费尔巴哈把人看作抽象的人的观点，指出人的本质“是一切社会关系的总和”①。在《德意志意识形态》中，马克思和恩格斯阐述了以实践为基础的唯物主义历史观的基本原理。马克思在唯物主义历史观方面的成就，为他在政治经济学领域的革命，奠定了世界观和方法论的基础。在《哲学的贫困》中，马克思对共产主义理论的主要原理作了科学的表述，同时在批判蒲鲁东的价值理论时对剩余价值的起源问题作了一定的考察。在此后的《雇佣劳动与资本》中马克思阐述了自己的经济学观点，初步探讨了剩余价值问题。在此期间，马克思、恩格斯通过揭示生产力和生产关系发展的客观规律，描绘了人类社会发展历史的大体轮廓，指出物质生产活动是人类社会存在的基础，私有制是生产发展到一定阶段的必然产物，而只有在大工业条件下才有可能消灭私有制。他们围绕无产阶级的历史使命以及无产阶级解放的道路论述了资本主义必然灭亡、共产主义必然胜利等一系列科学社会主义原理。

在对工人运动经验教训进行科学总结的同时，马克思、恩格斯深入考察资本主义经济、政治、社会状况，批判继承德国古典哲学、英国古典政治经济学和法国、英国空想社会主义的合理成分，创立了唯物史观和剩余价值学说，并把社会主义思想置于这两大理论基石之上，从而使社会主义实现了从空想到科学的伟大飞跃。恩格斯也曾指出，正是“由于这两个发现，社会主义变成了科学”②。

马克思和恩格斯在创立科学社会主义理论的过程中，同各种资产阶级、小资产阶级的思潮进行了斗争，更彻底、直接和公开地批判了形形色色的空想社会主义。他们批判了空想共产主义者魏特林的错误，明确提出无产阶级应当而且必须首先和资产阶级一起参加资产阶级民主革命，为无产阶级革命创造条件；批判了德国小资产阶级社会主义流派“真正的社会主义”，阐明了科学社会主义的宗旨是维护无产阶级的利益、通过社会革命废除私有制而代之以公有制的思想；批判了蒲鲁东和海因岑的小资产阶级思想，论证了无产阶级革命的必然性，从而进一步向前推进并传播了自己的思想和理论。

马克思和恩格斯在创立科学社会主义理论的同时，还努力推进科学社会主义理论与工人运动相结合，积极开展建立革命的无产阶级政党的活动。当时西

① 《马克思恩格斯文集》第 1 卷，人民出版社 2009 年版，第 505 页。
② 《马克思恩格斯文集》第 9 卷，人民出版社 2009 年版，第 30 页。

欧国家一些主要的工人组织，还难以担负起传播科学社会主义、正确领导工人运动的历史重任。恩格斯指出：“无产阶级要在决定关头强大到足以取得胜利”，必须“组成一个不同于其他所有政党并与它们对立的特殊政党，一个自觉的阶级政党”。① 恩格斯认为，这个特殊政党的独特之处在于：它应当以先进的理论武装起来，团结工人阶级，使无产阶级认识到自己的历史使命。从19世纪40年代中期起，马克思和恩格斯就开始进行建党的思想和组织准备工作。具有决定意义的步骤是，1846年2月，他们在布鲁塞尔创建了共产主义通讯委员会，宣传共产主义，加强同英、法、德等国各社会主义团体之间的联系。布鲁塞尔共产主义通讯委员会的主要成员，有德国革命者威廉·沃尔弗、约·魏德迈、格·维尔特、斐·沃尔弗、埃·威斯特华伦和比利时的社会主义者日果。马克思、恩格斯和日果三人组成常务委员会。不久，伦敦、巴黎、科隆、埃尔伯费尔德、汉堡、莱比锡、马德堡、柏林等城市也建立了共产主义通讯委员会。布鲁塞尔共产主义通讯委员会为共产主义政党的建立创造了思想和组织条件。

考虑到工人运动的实际情况，马克思和恩格斯决定从改造现有的工人政治组织入手开始建党工作。当时，影响比较大的工人政治组织主要有德国的正义者同盟、英国的全国宪章派协会和法国的四季社。通过比较，马克思和恩格斯把注意力集中到了正义者同盟身上。

正义者同盟是德国无产阶级第一个独立的政治组织，由原德国流亡者同盟分化出来的激进分子于1836年在巴黎建立，后来发展成为以工人、手工业者为主的半秘密性质的团体。这个组织主张空想的平均共产主义，企图依靠少数人的密谋活动来实现自己的目标，并为团结和争取群众提出了“人人皆兄弟”的口号。正义者同盟建立后，在法国、瑞士和德国等地组织工人罢工。1839年5月，正义者同盟成员在巴黎参加了四季社领导的武装起义。起义失败后，正义者同盟的领导人沙佩尔、鲍威尔等迁居到伦敦，继续开展正义者同盟的组织活动。此后，它的组织成员、指导思想和活动方式都有较大改变。除德国人外，它还吸收法国人、英国人、波兰人、瑞士人加入，并在巴黎、瑞士和德国的一些地方建立了支部，从而成为一个带有国际色彩的组织。该同盟领导人总结了以往失败的教训，同时，英国发达的资本主义工业带来的新变化和强大工人运

---

① 《马克思恩格斯选集》第4卷，人民出版社2012年版，第592页。

动的影响，也使他们逐步克服了手工业者的狭隘性，在一定程度上改变了仅限于密谋活动的方式。为了从思想上实现对正义者同盟的改造，马克思和恩格斯对魏特林主义和“真正的社会主义”及其宗派主义的、密谋活动的方式进行了批判，阐明了组织无产阶级革命政党领导工人斗争的必要性。正义者同盟接受了马克思恩格斯的思想，声明抛弃原来的观点和密谋策略。1847 年年初，约瑟夫·莫尔前往布鲁塞尔和巴黎，邀请马克思和恩格斯参加改组正义者同盟，马克思和恩格斯接受了这一邀请。这样，一个以科学社会主义为指导的无产阶级性质的政党呼之欲出。

三、共产主义者同盟的建立与《共产党宣言》的发表

在建立无产阶级政党的过程中，正义者同盟曾先后发出过两个关于召开共产主义者代表大会的倡议，即 1846 年的“十一月通告”和 1847 年的“二月通告”。

“十一月通告”发出时，由于没有征求马克思和恩格斯的意见，没能反映马克思和恩格斯对当时工人运动提出的主要任务和革命策略的态度，缺乏对各国工人阶级的吸引力，其关于召开共产主义者代表大会的倡议没有引起预期的反响。

因此，正义者同盟在征得马克思和恩格斯的同意后，又发表了“二月通告”，公布了大会将讨论的几个问题：（1）正义者同盟人民院的总结报告和选举同盟的新的领导机关，并决定未来中央委员会的驻地。（2）彻底改组同盟，修改同盟的章程。（3）通过同盟的纲领——《共产主义信条草案》，同时提出三个问题供全体盟员讨论：a. 什么是共产主义，共产主义者的愿望是什么？b. 什么是社会主义，社会主义者的愿望是什么？c. 通过什么途径才能最快地、最忠实地实行集体的生活方式？（4）创办同盟的中央机关报。（5）组织和宣传问题。

经过 3 个多月的酝酿和准备，1847 年 6 月 2—9 日，正义者同盟的改组大会在伦敦秘密举行，参加大会的盟员约 300 人。根据会前马克思和恩格斯的提议，大会决定把正义者同盟改名为共产主义者同盟，以实现把正义者同盟改造成真正的无产阶级政党的任务。因此，这次大会也是共产主义者同盟的第一次代表大会。马克思由于经济困难未能参加这次代表大会，派战友威廉·沃尔弗代表布鲁塞尔支部出席。恩格斯代表巴黎支部出席。大会选举产生了由沙佩尔

任主席，莫尔、沙佩尔、鲍威尔等组成的中央委员会。沃尔弗被推选为大会的秘书长，具体负责大会会务的组织工作。恩格斯主持或参加了大会所有文件的起草和审议工作。这保证了大会的正确方向，并在重要问题上按照马克思和恩格斯所主张的原则和精神形成正确的决议。

大会讨论并初步通过了主要由恩格斯和沃尔弗参与拟定的章程草案。章程草案第一条规定："同盟的目的：通过传播财产公有的理论并尽快地求其实现，使人类得到解放"①。这种表述方法虽然只是一般地说明了同盟的政治方向，没有准确地以共产主义的科学概念把无产阶级的当前任务和终极目标说清楚，但是已抛弃了以往那种抹杀阶级差别而奢谈"正义"的提法。

大会讨论了恩格斯起草的同盟纲领《共产主义信条草案》。这一草案共有22个问题，指出了无产阶级产生、发展及其创立共产主义社会的历史使命，阐明了实现共产主义社会的基本条件、步骤和手段。大会认为，讨论《共产主义信条草案》、确立同盟的原则，是极其重要的步骤，不应操之过急。因此，大会决定把《共产主义信条草案》提交各支部进行充分讨论，并要求各支部把讨论、修订和补充的意见寄给同盟中央委员会。

大会还发表了致同盟盟员的通告信，对更改名称的原因专门作了两点说明："第一，由于前面提到的那个门特尔的无耻叛变，旧的名称已被政府知道，因此改变名称是适宜的。第二，而且也是主要的一点，因为旧的名称是在特殊的情况下，并考虑到一些特殊的事件才采用的，这些事件与同盟的当前目的不再有任何关系。因此这个名称已不合时宜，丝毫不能表达我们的意愿。许多人要正义，即要他们称为正义的东西，但他们并不因此就是共产主义者。而我们的特点不在于我们一般地要正义——每个人都能宣称自己要正义——，而在于我们向现存的社会制度和私有制进攻，在于我们要财产公有，在于我们是共产主义者。"② 大会根据马克思和恩格斯的建议，用"全世界无产者，联合起来！"这一新口号取代了"人人皆兄弟"的旧口号。

共产主义者同盟是科学社会主义理论与国际工人运动相结合的产物，是世界上第一个国际性的无产阶级政党。

1847年9月，共产主义者同盟机关刊物《共产主义杂志》试刊号出版。其

---

① 《马克思恩格斯全集》第42卷，人民出版社1979年版，第419页。
② 《马克思恩格斯全集》第42卷，人民出版社1979年版，第430—431页。

发刊词指出，杂志的宗旨是为无产阶级的解放而斗争，促使无产阶级的解放尽快实现，鼓舞一切被压迫者联合起来。发刊词还提出，共产主义者同盟的成员，不是某一臆想出来的思想体系的兜售者，不是沉湎于爱的梦想的共产主义者，也不是在磨刀霍霍的敌人面前来奢谈永久和平的共产主义者，而是主张对现存的所有制关系实行彻底改革，建立一个公有制社会。

1847 年 11 月 29 日至 12 月 8 日，共产主义者同盟第二次代表大会在同盟中央委员会驻地伦敦举行。马克思和恩格斯分别代表布鲁塞尔和巴黎的组织出席了大会。大会最后批准了经过马克思修改的新章程。章程第一条规定："同盟的目的：推翻资产阶级，建立无产阶级统治，消灭旧的以阶级对立为基础的资产阶级社会和建立没有阶级、没有私有制的新社会。"① 章程第二条规定了盟员的条件：（1）生活方式和活动必须符合同盟的目的；（2）具有革命毅力并努力进行宣传工作；（3）承认共产主义；（4）不得参加任何反共产主义的（政治的或民族的）团体并且必须把参加某团体的情况报告有关的领导机关；（5）服从同盟的一切决议；（6）保守同盟的一切秘密；（7）必须获得一致通过，才能被接收入某一支部。章程规定"所有盟员都一律平等"②，要求盟员"始终力求做到以原则为准绳，而不是以这个人或那个人为准绳"③。章程规定了同盟的组织结构：同盟设有支部、区部、总区部、中央委员会和代表大会。代表大会定于每年 8 月举行，它是同盟的立法机关。章程体现了科学社会主义的指导思想和建党原则。恩格斯指出，同盟"组织本身是完全民主的，它的各委员会由选举产生并随时可以罢免，仅这一点就已堵塞了任何要求独裁的密谋狂的道路"④。

共产主义者同盟第二次代表大会除批准同盟章程外，主要讨论了纲领制定问题。在此之前，马克思、恩格斯先后在伦敦和布鲁塞尔就纲领的指导思想、主要内容和逻辑体系进行了充分的研究。1847 年 10 月底至 11 月，恩格斯受共产主义者同盟巴黎区部委员会的委托，写成《共产主义原理》。《共产主义原理》也是采用当时工人团体中惯用的问答形式写成的。后来恩格斯讲到，他对这种问答形式并不满意。他在 1847 年 11 月 23—24 日致马克思的信中说："请

① 《马克思恩格斯文集》第 4 卷，人民出版社 2009 年版，第 236 页。
② 《马克思恩格斯全集》第 42 卷，人民出版社 1979 年版，第 419 页。
③ 《马克思恩格斯全集》第 42 卷，人民出版社 1979 年版，第 420 页。
④ 《马克思恩格斯文集》第 4 卷，人民出版社 2009 年版，第 236 页。

你把《信条》考虑一下。我想，我们最好是抛弃那种教义问答形式，把这个东西叫做《共产主义宣言》。”①

马克思和恩格斯在共产主义者同盟第二次代表大会上，阐述了他们关于科学社会主义的基本观点，并获得了大会赞许，于是，大会委托他们起草同盟纲领。1848 年 2 月，此纲领以《共产党宣言》为名首先用德文在伦敦发表。马克思和恩格斯在起草《共产党宣言》时，充分考虑《共产主义信条草案》和《共产主义原理》两个重要文献的内容和观点，第一次全面系统地阐述了科学社会主义的基本原理。

1.《共产党宣言》阐述了资本主义必然灭亡、社会主义必然胜利的人类历史发展规律。《共产党宣言》运用历史唯物主义原理，对资本主义产生和发展的过程作了历史考察。肯定了资产阶级在历史上曾经起过的非常革命的作用，指出它在不到 100 年的统治中所创造的生产力，比过去一切世代创造的全部生产力还要多，还要大。同时还指出，随着社会生产力的迅猛发展，当社会所拥有的生产力已经不能再促进资产阶级文明和资产阶级所有制关系的发展，当生产力已经强大到这种关系所不能适应的地步，生产力就受到这种关系的阻碍。资本主义的生产关系日益成为束缚生产力发展的桎梏，于是，资产阶级曾经用来推翻封建制度的这一武器已经开始对准资产阶级自己了。资本主义社会基本矛盾运动的结果，必然导致资本主义制度的灭亡。据此，《共产党宣言》坚定地宣告：“资产阶级的灭亡和无产阶级的胜利是同样不可避免的”②，揭示了人类社会最终走向共产主义的必然趋势。

2.《共产党宣言》指明了用暴力推翻资产阶级统治、建立无产阶级的政治统治，消灭资本主义占有方式，是无产阶级获得解放的根本道路。《共产党宣言》分析了资产阶级和无产阶级的产生、发展及其斗争过程，论述了无产阶级是资本主义社会的掘墓人。《共产党宣言》指出：“资产阶级不仅锻造了置自身于死地的武器；它还产生了将要运用这种武器的人——现代的工人，即无产者。”③ 无产阶级是大工业本身的产物，是先进生产力和生产方式的代表；他们处于社会最底层，代表最广大民众的利益，必然得到绝大多数人的拥护；只有消灭现存的资本主义占有方式，摧毁资本主义社会的上层建筑，无产阶级自己

---

① 《马克思恩格斯全集》第 47 卷，人民出版社 2004 年版，第 502 页。
② 《马克思恩格斯文集》第 2 卷，人民出版社 2009 年版，第 43 页。
③ 《马克思恩格斯文集》第 2 卷，人民出版社 2009 年版，第 38 页。

才能得到解放。因此，在推翻资产阶级的斗争中，无产阶级是最革命的阶级。《共产党宣言》指出，革命工人的第一步就是使无产阶级上升为统治阶级，争得民主，而这一目的只有用暴力推翻全部现存的社会制度才能达到。在推翻资产阶级的统治之后，必须建立起无产阶级的政治统治，剥夺资产阶级的全部资本，并尽可能快地发展生产力。

3.《共产党宣言》论述了共产党的性质、特点、纲领、目标和策略原则，奠定了无产阶级政党学说的理论基础。《共产党宣言》强调，共产党是无产阶级的政党，是无产阶级的先锋队组织，它始终代表整个工人运动的利益，“没有任何同整个无产阶级的利益不同的利益”；共产党人胜过其他无产阶级群众的地方在于他们了解无产阶级运动的条件、进程和一般结果。《共产党宣言》指出，共产党人的最近目标是“使无产阶级形成为阶级，推翻资产阶级的统治，由无产阶级夺取政权”①；最终目标是消灭私有制，建立共产主义社会。“共产主义的特征并不是要废除一般的所有制，而是要废除资产阶级的所有制。”②《共产党宣言》所表述的一个重要思想是：“共产主义革命就是同传统的所有制关系实行最彻底的决裂；毫不奇怪，它在自己的发展进程中要同传统的观念实行最彻底的决裂。”③ 共产党人为了完成不同历史阶段的革命任务，反对当前的主要敌人，联合一切可能的同盟者，必须具有先进品格、政治立场、崇高理想，采取正确的策略原则。这就是，要从当时当地的条件出发，依据各国的具体情况，把无产阶级的长远利益与当前利益结合起来。

4.《共产党宣言》对当时流行于欧洲各国的形形色色的社会主义思潮与流派进行了分析和批判，揭露了它们的阶级实质和错误根源，划清了科学社会主义与其他社会主义的界限。《共产党宣言》批判了“反动的社会主义”“保守的或资产阶级的社会主义”“批判的空想的社会主义和共产主义”，从各个方面阐明了科学社会主义和共产党是什么和不是什么、主张什么和反对什么。在这个意义上，《共产党宣言》是共产主义和共产党的一篇公开的宣言书。

5.《共产党宣言》提出了关于未来共产主义新社会建设的基本观点。《共产党宣言》指出，无产阶级革命成功的标志是无产阶级取得政权，并特别强调，必须要改造旧的资产阶级生产关系、建立新的共产主义生产关系，但这是

---

①《马克思恩格斯文集》第 2 卷，人民出版社 2009 年版，第 44 页。
②《马克思恩格斯文集》第 2 卷，人民出版社 2009 年版，第 45 页。
③《马克思恩格斯文集》第 2 卷，人民出版社 2009 年版，第 52 页。

一个过程，不能一下子完成；对资产阶级的所有权和生产关系要实行强制性的干涉，采取一系列过渡性措施，这些措施在不同的国家里会有所不同。关于未来共产主义新社会，《共产党宣言》还指出："代替那存在着阶级和阶级对立的资产阶级旧社会的，将是这样一个联合体，在那里，每个人的自由发展是一切人的自由发展的条件。"①

6.《共产党宣言》阐述了无产阶级斗争的国际联合思想和国际主义精神，指出无产阶级国际团结的重要性。各国无产阶级反对资产阶级的斗争，首先是一国范围内的斗争，但是，无产阶级革命从来就是国际性的。这是因为："现代的工业劳动，现代的资本压迫，无论在英国或法国，无论在美国或德国，都是一样的，都使无产者失去了任何民族性。"② 这就是说，各国无产阶级有着共同的敌人、共同的命运、共同的要求和共同的斗争目标，这就决定了他们要团结战斗，相互支援，坚持国际主义原则。共产主义者同盟的成立，就是无产阶级国际联合的体现，使资产阶级感到恐惧和害怕。正如《共产党宣言》指出："让统治阶级在共产主义革命面前发抖吧。无产者在这个革命中失去的只是锁链。他们获得的将是整个世界。"在《共产党宣言》的结尾，马克思和恩格斯号召："全世界无产者，联合起来！"③

《共产党宣言》不仅是共产主义者同盟的纲领，而且是无产阶级政党的"详细的理论和实践的党纲"④，是国际共产主义运动的第一个纲领性文献。虽然它篇幅不长，但价值却相当于多部巨著，凝聚着马克思和恩格斯的光辉思想。它的发表标志科学社会主义的诞生，是全世界无产阶级和共产党人认识世界和改造世界的强大思想武器。恩格斯指出："《宣言》的历史在很大程度上反映着现代工人阶级运动的历史；现在，它无疑是全部社会主义文献中传播最广和最具有国际性的著作，是从西伯利亚到加利福尼亚的千百万工人公认的共同纲领。"⑤ 列宁也曾指出："这部著作以天才的透彻而鲜明的语言描述了新的世界观，即把社会生活领域也包括在内的彻底的唯物主义、作为最全面最深刻的发展学说的辩证法以及关于阶级斗争和共产主义新社会创造者无产阶级肩负的

① 《马克思恩格斯文集》第 2 卷，人民出版社 2009 年版，第 53 页。
② 《马克思恩格斯文集》第 2 卷，人民出版社 2009 年版，第 42 页。
③ 《马克思恩格斯文集》第 2 卷，人民出版社 2009 年版，第 66 页。
④ 《马克思恩格斯文集》第 2 卷，人民出版社 2009 年版，第 5 页。
⑤ 《马克思恩格斯文集》第 2 卷，人民出版社 2009 年版，第 13 页。

世界历史性的革命使命的理论”①，对马克思主义学说“作了完整的、系统的、至今仍然是最好的阐述”②。

《共产党宣言》是一部科学洞察人类社会发展规律的经典著作，是一部充满斗争精神、批判精神、革命精神的经典著作，是一部秉持人民立场、为人民大众谋利益、为全人类谋解放的经典著作。《共产党宣言》在实践上推动了世界社会主义发展，深刻改变了人类历史进程。这部著作出版后，先后被译成200多种文字发表，在全世界广泛传播。20世纪初，《共产党宣言》被介绍到中国。1920年，陈望道翻译的《共产党宣言》中文全译本出版。这是中国第一个公开正式出版的《共产党宣言》全译本。在《共产党宣言》精神的指引下，国际共产主义运动蓬勃发展，全世界无产阶级和被压迫民族的解放事业不断取得新胜利。

第三节 1848年欧洲革命与国际共产主义运动的初期发展

1848年欧洲革命的爆发，使刚刚成立的共产主义者同盟经受了战斗洗礼和严峻考验。马克思和恩格斯通过总结1848年欧洲革命的经验教训，为国际共产主义运动的初期发展提供了重要的理论指导和思想武器。

一、1848年欧洲革命与共产主义者同盟的活动

（一）1848年欧洲革命

19世纪初，资本主义在欧洲虽然得到很大发展，但封建势力仍然非常强大，阻碍着资本主义的进一步发展。为了扫除资本主义发展的障碍，彻底完成资产阶级革命任务，1848年爆发了席卷全欧洲的革命。由于各国的情况不同，1848年欧洲革命在各国的具体目标和任务也不尽相同。在法国，革命的任务是铲除封建残余，进一步发展资本主义；在德国，革命的任务是推翻封建专制制度，实现国家的统一；在意大利，革命的任务是结束国家的分裂状态，建立统

① 《列宁专题文集 论马克思主义》，人民出版社2009年版，第5页。
② 《列宁专题文集 论马克思主义》，人民出版社2009年版，第61页。

一的民族国家；在匈牙利、波兰和捷克等国，革命的任务则是反对民族压迫，实现民族独立。

1848 年欧洲革命属于资产阶级革命的范畴，是资产阶级性质的革命，是为资本主义发展扫清障碍而进行的革命。在 1848 年欧洲革命中，资产阶级因为反封建的任务还没有完全完成，为了掌握政权，暂时联合了包括无产阶级在内的其他阶级；但当资产阶级获得政权后，就开始了反对工人阶级的活动，迫使工人阶级起来进行革命斗争，使这次革命打上了无产阶级的烙印。

1848 年革命肇始于意大利的“一月革命”，后扩展于欧洲大陆，终于德国“三月革命”失败。这场革命尤其以法国的“二月革命”“六月起义”和德国的“三月革命”影响最大。

法国“二月革命”前，统治法国的是七月王朝，亦称奥尔良王朝。七月王朝是代表金融贵族利益的政权，掌握国家政权的只是银行家、交易所大王、铁路大王、煤矿和森林的所有者，以及和他们有联系的土地所有者。广大工人、农民、小资产阶级和部分工业资产阶级都被剥夺了选举权。在七月王朝统治下，工人阶级和劳动人民的处境非常艰难，工业资产阶级的发展也受到限制。随着工业资产阶级力量增强，他们对金融贵族掌握政权不满，要求进行选举改革，实行共和，参与执掌国家政权。于是在法国出现“王朝反对派”，也称“共和派”。在 1848 年革命前，王朝反对派与工人、农民和小资产阶级一起，都开展了反对七月王朝的斗争。在斗争中，工人阶级发挥了巨大作用。

革命群众原定在 1848 年 2 月 22 日举行政治活动，但资产阶级共和派屈服于政府的禁令，不敢行动。而以工人为主体的巴黎人民坚定地在 22 日走上街头举行游行示威，并发展为起义。24 日，起义取得胜利，七月王朝被推翻。但是起义胜利后，资产阶级共和派掌握了政权，成立了以拉马丁为首的临时政府，宣布建立法兰西第二共和国。临时政府有 11 名成员，其中 7 人属于资产阶级共和派，2 人属于小资产阶级民主派，工人代表只有 2 名，即工人代表阿尔伯和另一名小资产阶级社会主义者路易·勃朗。临时政府成立后，立即宣布实行普选制。在工人的压力下，临时政府被迫进行了一系列社会改革，诸如宣布工人享有劳动权、工作日缩短 1 小时等。但是，临时政府坚决反对工人阶级关于成立劳动部的要求。为了安抚愤怒的工人阶级，临时政府于 2 月 26 日设立了劳动委员会，由路易·勃朗领导这个委员会。由于这个委员会设在卢森堡宫，所以被称为“卢森堡委员会”。但是这个机构没有任何权力，是一个空谈社会主义的摆设机构。

同时，临时政府建立了国家工场，收容了十余万失业工人。工人在其中从事繁重的劳动，工资极其低微，仅能维持生存。临时政府举办国家工场的目的是：利用国家工场把随时可能点燃革命烈火的工人看管束缚起来；故意把国家工场的劳动组织得很差、劳动效率低下，鼓吹这就是“社会主义”，借以诋毁“社会主义”的声誉。同时，临时政府又以养活国家工场的工人为借口，强行向农民征收每法郎 45 生丁的附加税，大肆宣扬国家工场养活了工人，并向农民挑拨：“工人还要夺取你们的土地，实行社会主义！”以引起农民对工人的不满，离间农民与工人的关系。

5 月 4 日，经过充分准备，资产阶级召开国民议会，宣布解散临时政府。5 月 10 日，国民议会选出一个 5 人执行委员会，组成共和国政府。阿尔伯和路易·勃朗都被排挤出共和国政府。然后，国民议会和 5 人执行委员会否决了工人设立劳动部的提案。6 月 21 日，5 人执行委员会下令解散“卢森堡委员会”，封闭革命俱乐部，禁止工人集会，同时宣布了解散国家工场的法令。该法令规定：凡年满 18—25 周岁的国家工场的男工一律编入军队，其他工人送到奈隆做土木工事或到外省开荒。

解散国家工场的法令，成为工人起义的导火线。在国家工场中，虽然工人的工资低微，但是工人还能勉强度日。国家工场的废除，使巴黎工人阶级别无选择，如果不被饿死，就只有举行起义。6 月 22 日巴黎工人上街游行，23 日开始起义，要求解散立宪会议，在人民参加下制定宪法，并提出了建立“民主的社会共和国”的要求。4 万名极端缺少武器的起义者面对着 20 万名装备精良的政府军，表现出了无比的英雄气概。他们视死如归，浴血奋战，到 26 日，起义遭到失败，1 万多人被杀，2 万多人被判刑或流放。这次起义，就是著名的“六月起义”，具有明确的无产阶级性质。马克思指出：“这是分裂现代社会的两个阶级之间的第一次大规模的战斗。这是保存还是消灭资产阶级制度的斗争。”① 马克思还指出：“资产阶级第一次表明了，一旦无产阶级敢于作为一个具有自身利益和要求的单独阶级来同它相对抗，它会以何等疯狂的残暴手段来进行报复。”② 列宁则指出，“六月起义”是“无产阶级和资产阶级之间的第一

---

① 《马克思恩格斯文集》第 2 卷，人民出版社 2009 年版，第 101 页。

② 《马克思恩格斯文集》第 3 卷，人民出版社 2009 年版，第 102 页。

次伟大的国内战争”①。“六月起义”表明，无产阶级要获得解放，就必须推翻资产阶级统治，建立无产阶级专政的国家机器。

在法国革命的影响下，1848 年，德国也爆发了大规模的革命运动。革命前夕的德国，资本主义工业虽已有了较大的发展，但是，德意志国家由几十个小邦分治的局面和封建专制制度的统治，严重妨碍了德国资本主义的更大发展，损害了资产阶级的利益。实现德国的统一，已经成为各方面的强烈要求。1847 年的饥荒和经济危机，进一步激发了这种早已酝酿的革命情绪，德国各地开始发生零星的罢工和骚乱。1848 年 2 月底 3 月初，在德国临近法国的南部诸邦，如巴登、符腾堡、巴伐利亚等地首先爆发了人民革命运动。3 月中旬，维也纳和柏林等地也先后爆发武装起义。上台不久的普鲁士国王威廉四世被迫同意承担统一德国的事业和实行出版自由的要求，并于 3 月 29 日任命自由派首领康普浩森组阁，大资产阶级取得了政权，史称“三月革命”。5 月，在法兰克福召开了全德国民议会。1849 年 3 月，法兰克福议会通过了全德意志帝国宪法，选举普鲁士国王为统一的德意志皇帝。由于该宪法反映了资产阶级和人民群众的某些要求，普鲁士国王拒绝接受皇位，并向各邦发出拒绝承认宪法的通告，由此引发全德的护宪运动。到 1849 年 7 月底，各地的护宪运动先后遭到镇压，法兰克福议会被解散，各邦又恢复了封建统治。由于德国工业资产阶级力量薄弱，农民人数众多，无产阶级的力量不够强大，觉悟程度和组织程度还不够高，难以担当起领导革命的历史重任，德国“三月革命”以失败告终。

在 1848 年法国、德国革命的影响和推动下，东欧的波兰、捷克、匈牙利、罗马尼亚等国也爆发了被压迫民族和人民的起义斗争，反对沙皇俄国、普鲁士和奥地利等国的残酷统治，争取民族独立和民主权利。这些斗争成为 1848 年欧洲革命的重要组成部分。

（二）共产主义者同盟的活动

共产主义者同盟对 1848 年欧洲革命给予了积极支持。法国“二月革命”刚刚爆发不久，2 月 27 日，恩格斯就发表了《巴黎的革命》一文，赞扬光荣的巴黎“二月革命”使“法国的无产阶级又成了欧洲运动的领袖。……在土伊勒里宫和皇家之宫燃起的火焰，是无产阶级的朝霞”②。3 月 3 日，共产主义者同

---

① 《列宁选集》第 3 卷，人民出版社 2012 年版，第 792 页。
② 《马克思恩格斯全集》第 4 卷，人民出版社 1958 年版，第 548 页。

盟中央委员会作出决定，将中央委员会的驻地从伦敦迁到巴黎，授权马克思在巴黎组成新的中央委员会。这时，刚成立的法兰西第二共和国政府撤销了前基佐政府对马克思的驱逐令，主动邀请马克思去法国。3 月 5 日，马克思来到巴黎，共产主义者同盟的其他著名活动家也先后到达巴黎。3 月 11 日，同盟新的中央委员会在巴黎成立，马克思当选为主席，沙佩尔当选为书记，恩格斯、鲍威尔、莫尔、威廉·沃尔弗等人为委员。新的中央委员会成立后，立即投身于革命活动之中。

德国"三月革命"爆发后，马克思和恩格斯认真研究德国革命的一些重大问题，把共产主义者同盟工作的注意力转到了德国。3 月下旬，马克思和恩格斯为同盟起草了《共产党在德国的要求》，经同盟中央委员会通过，成为同盟指导德国革命的纲领性文件。其基本精神是从德国当前的政治、经济状况出发，阐明在德国进行资产阶级民主革命、实现国家统一并将资产阶级民主革命引向社会主义革命的任务和政策。4 月 1 日，同盟将《共产党在德国的要求》与《共产党宣言》一同分发给回德国参加革命的工人和盟员。3 月下旬到 4 月初，马克思和恩格斯同 300 多名德国工人（其中多数是同盟盟员）分散地秘密返回德国参加革命，并反对盟员伯恩施太德等人主张组成义军浩浩荡荡回国的计划。在 1848 年德国革命中，恩格斯和同盟的其他成员还参与了埃尔伯费尔德、巴登、普法尔茨等地的起义，莫尔等盟员在起义中牺牲。为了指导革命，马克思和恩格斯创办了大型日报《新莱茵报》，副标题为"民主派机关报"，1848 年 5 月 31 日正式出版，6 月 1 日正式发行。该报的 7 个编委全是同盟的成员，马克思担任主编。《新莱茵报》是团结各民主派、组织动员群众进行斗争的舆论阵地。《新莱茵报》的政治立场，就是宣传《共产党宣言》与《共产党在德国的要求》的基本精神，为贯彻同盟的革命策略服务；它不仅关注德国的革命，而且关注欧洲其他国家的革命运动。"'新莱茵报'不仅是德国民主派的，而且是欧洲民主派的机关报。"① 在 1848 年欧洲革命中，《新莱茵报》编辑部实际上发挥了同盟中央委员会的领导作用，成为无产阶级革命斗争的"直接指挥者"。由于德国当局的迫害，马克思、恩格斯和编辑部其他成员被迫离开。《新莱茵报》于 1849 年 5 月 19 日停刊，停刊号指出：无论何时何地，《新莱茵

① 《马克思恩格斯全集》第 6 卷，人民出版社 1961 年版，第 683 页。

报》编辑们的“最后一句话将始终是：工人阶级的解放”①。

在 1848 年欧洲革命中，共产主义者同盟“经受了双重的考验。第一重考验是，它的成员在各地积极参加了运动，不论在报刊上、街垒中还是在战场上，都站在唯一坚决革命的阶级即无产阶级的最前列。同盟经受的另一重考验是，1847 年各次代表大会和中央委员会的通告以及《共产主义宣言》中阐述的同盟关于运动的观点，都已被证明是唯一正确的观点，这些文件中的各种预见都已完全被证实”②。

（三）共产主义者同盟的解散和影响

1848 年欧洲革命后，德国和欧洲其他国家的政府，一直没有停止对共产主义者同盟成员、革命者和民主人士的“围剿”和攻击。共产主义者同盟的组织遭到了破坏，力量受到很大的削弱。各国反动势力到处抓捕革命者，给同盟的活动造成了极大的困难。从此，同盟的发展进入了恢复力量、改组组织、总结经验和统一思想认识的阶段。在马克思、恩格斯的领导和推动下，同盟很快恢复了已经中断的组织联系，并主要开展了三项重要工作：一是救济同盟盟员，二是创办同盟中央《新莱茵报·政治经济评论》，三是改组和重建同盟的组织。

1850 年夏天，共产主义者同盟进行改组和重建时，其内部出现了以维利希和沙佩尔为代表的“左派”集团。他们与以马克思和恩格斯为代表的同盟中央委员会发生了分歧和矛盾，焦点集中在两个问题上：一是对革命形势的估计不同，二是对资产阶级的态度和政策不同。这种分歧和矛盾最终导致了共产主义者同盟的分裂。

1850 年 11 月，德国政府迫使《新莱茵报·政治经济评论》停刊，并大肆搜捕同盟成员。1851 年 5 月 11 日，普鲁士警察当局蓄意制造了“科隆共产党人案”。同盟已很难再存在下去。此后不久，基于当时的复杂情况，根据马克思的提议，共产主义者同盟于 1852 年 11 月 17 日宣布解散。

共产主义者同盟虽然存在时间不长，但它在国际共产主义运动史上具有重要的历史地位，产生了深远的影响。事实表明，共产主义者同盟作为世界上第一个以科学社会主义理论为指导的无产阶级政党，是培养工人阶级革命活动家、影响和教育群众的学校，是第一国际的先驱。1885 年，恩格斯在《关于共

---

① 《马克思恩格斯文集》第 4 卷，人民出版社 2009 年版，第 12 页。
② 《马克思恩格斯文集》第 2 卷，人民出版社 2009 年版，第 188 页。

产主义者同盟的历史》一文中，把共产主义者同盟的历史称为“国际工人运动这一光辉青年时代的历史”①。

二、马克思和恩格斯对 1848 年欧洲革命的总结

马克思和恩格斯积极投入并指导了 1848 年欧洲革命。1848 年欧洲革命虽然失败了，但是在不同程度上打击和动摇了封建制度及其残余势力的统治，为资本主义在欧洲大陆的进一步发展创造了条件，为以后的无产阶级革命扫清了道路和准备了基础。“革命失败后，马克思深刻总结革命教训，力求通过系统研究政治经济学，揭示资本主义的本质和规律。”② 从 1850 年至 1852 年，马克思和恩格斯先后撰写了《中央委员会告共产主义者同盟书》《1848 年至 1850 年的法兰西阶级斗争》《德国的革命和反革命》《路易·波拿巴的雾月十八日》等著作，阐明了一系列新的思想观点，丰富和发展了科学社会主义理论。

（一）革命是历史的火车头，是社会进步和政治进步的强大推动力

1848 年发生欧洲革命之后，一些人称 1848 年为“疯狂的一年”，认为这是一些饥饿的“暴徒”破坏欧洲社会的正常秩序而引起的一次动荡。马克思和恩格斯严厉批判了这种错误观点，充分肯定了革命对社会发展的巨大作用。马克思和恩格斯强调，在一般情况下，人类社会的发展表现为缓慢渐进，而在革命的日子里，各种矛盾充分暴露和激化，社会力量迅速分化和重新组合，人民大众的思想以平时不可想象的速度觉醒起来。恩格斯在总结 1848 年革命的规律性时指出，“不同阶级的这种联合，虽然在某种程度上向来是一切革命的必要条件”，而“在战胜共同的敌人之后，战胜者之间就要分成不同的营垒，彼此兵戎相见。正是旧的复杂的社会机体中阶级对抗的这种迅速而剧烈的发展，使革命成为社会进步和政治进步的强大推动力”，“使一个民族在这种剧烈的动荡时期 5 年就走完在普通环境下 100 年还走不完的途程”。③ 由此，马克思和恩格斯形象地提出“革命是历史的火车头”④。这集中表现在它是社会基本矛盾和阶级斗争发展的必然结果和最高形式，是扫除历史进步的障碍而推动社会发展的强大动力。

---

① 《马克思恩格斯文集》第 4 卷，人民出版社 2009 年版，第 227 页。

② 习近平：《在纪念马克思诞辰 200 周年大会上的讲话》，人民出版社 2018 年版，第 3 页。

③ 《马克思恩格斯文集》第 2 卷，人民出版社 2009 年版，第 383 页。

④ 《马克思恩格斯文集》第 2 卷，人民出版社 2009 年版，第 161 页。

（二）无产阶级革命必须打碎旧的国家机器，建立无产阶级专政的国家政权

马克思得出结论：曾经在摧毁封建制方面具有进步意义的资产阶级国家，不论其形式如何，都已变成镇压无产阶级和劳动人民的反动机器，不能幻想可以利用它来为无产阶级服务。“法国革命的下一次尝试不应该再像以前那样把官僚军事机器从一些人的手里转到另一些人的手里，而应该把它打碎，这正是大陆上任何一次真正的人民革命的先决条件。”① 无产阶级要想获得解放，就应当“由一个大胆的革命战斗口号取而代之，这个口号就是：推翻资产阶级！工人阶级专政！”② 1852年3月5日，马克思在致约瑟夫·魏德迈的信中，对无产阶级专政的必要性和必然性作了进一步的阐述，向无产阶级指明了建立无产阶级专政的伟大历史任务和意义。马克思指出：“无论是发现现代社会中有阶级存在或发现各阶级间的斗争，都不是我的功劳。”“我所加上的新内容就是证明了下列几点：（1）阶级的存在仅仅同生产发展的一定历史阶段相联系；（2）阶级斗争必然导致无产阶级专政；（3）这个专政不过是达到消灭一切阶级和进入无阶级社会的过渡……”③

（三）无产阶级领导的工农联盟是夺取革命胜利的基本力量和基本条件

1848年欧洲革命前夕，马克思和恩格斯已经提出无产阶级必须把劳动人民中的一切阶层都吸引到自己方面来。1848年欧洲革命为马克思和恩格斯剖析农民阶级提供了一个契机，他们对农民问题进行了系统、深入的论述，并把无产阶级领导的工农联盟提高到决定无产阶级革命能否取得胜利的重要地位。马克思和恩格斯首先阐明了工农联盟的必要性。马克思指出：“在革命进程把站在无产阶级与资产阶级之间的国民大众即农民和小资产者发动起来反对资产阶级制度，反对资本统治以前，在革命进程迫使他们承认无产阶级是自己的先锋队而靠拢它以前，法国的工人们是不能前进一步，不能丝毫触动资产阶级制度的。”④ 在总结德国“三月革命”的经验教训时，马克思在1856年致恩格斯的信中，同样深刻地指出：“德国的全部问题将取决于是否有可能由某种再版的农民战争来支持无产阶级革命。如果那样就太好了……”⑤ 马克思还论述了工人阶级和农民阶级经济地位与政治要求的根本一致，这是工农联盟的坚实基

① 《马克思恩格斯选集》第4卷，人民出版社2012年版，第493页。
② 《马克思恩格斯文集》第2卷，人民出版社2009年版，第104页。
③ 《马克思恩格斯选集》第4卷，人民出版社2012年版，第425—426页。
④ 《马克思恩格斯文集》第2卷，人民出版社2009年版，第89页。
⑤ 《马克思恩格斯选集》第4卷，人民出版社2012年版，第427页。

础。他指出："农民所受的剥削和工业无产阶级所受的剥削，只是在形式上不同罢了。剥削者是同一个：资本。"因此，"只有资本的瓦解，才能使农民地位提高；只有反资本主义的无产阶级的政府，才能结束农民经济上的贫困和社会地位的低落"。[①] 因此，当农民"把负有推翻资产阶级制度使命的城市无产阶级看做自己的天然同盟者和领导者"，"无产阶级革命就会形成一种合唱，若没有这种合唱，它在一切农民国度中的独唱是不免要变成孤鸿哀鸣的"。[②]

（四）无产阶级必须广泛支持和联合被压迫民族的解放运动

1847 年年底，恩格斯在关于波兰问题的演说中就已明确指出："一个民族当它还在压迫其他民族的时候，是不可能获得自由的。因此，只要波兰没有从德国人的压迫下解放出来，德国就不可能获得解放。"[③] 因为，被压迫民族的解放，是对国际反动势力和压迫民族统治阶级的沉重打击。马克思和恩格斯同时强调，工人阶级对资产阶级的胜利同时也就是一切被压迫民族获得解放的信号。在 1848 年欧洲革命中，马克思和恩格斯始终关心、支持各被压迫民族的解放运动，并提出了无产阶级对于民族解放运动的方针。他们十分重视匈牙利革命战争所起到的重要作用，认为在革命浪潮低落的时刻，能够从外面给德国革命以支持的大事件是匈牙利和法国的革命。无产阶级必须重视支持和联合各国的民族解放运动，这是马克思主义的一项重要原则，这也成为无产阶级国际主义的重要内容。

1848 年欧洲革命是国际共产主义运动史上一个重大事件，它检验和传播了马克思主义学说。马克思和恩格斯通过对 1848 年欧洲革命的总结，丰富和发展了科学社会主义，给无产阶级革命斗争提供了重要的理论指导，为国际共产主义运动的发展指明了方向。

思考题：

1. 怎样认识国际共产主义运动兴起的历史背景？
2. 怎样理解《共产党宣言》阐明的重要原理及其当代意义？
3. 马克思和恩格斯总结 1848 年欧洲革命的主要经验、教训有哪些？

---

① 《马克思恩格斯文集》第 2 卷，人民出版社 2009 年版，第 160、160—161 页。
② 《马克思恩格斯文集》第 2 卷，人民出版社 2009 年版，第 570、573 页。
③ 《马克思恩格斯文集》第 1 卷，人民出版社 2009 年版，第 696 页。

第二章　第一国际与巴黎公社革命

1848 年欧洲革命进一步打击了封建势力，资本主义在各国得到了迅速发展，无产阶级力量不断壮大。到 19 世纪 50 年代末 60 年代初，各国工人运动重新活跃起来，并提出了建立自己的独立组织、加强国际合作和联合行动的要求。1864 年，国际工人协会（即“第一国际”）应运而生。第一国际大力支援各国的工人运动，支持反封建的民主运动和民族解放运动，影响日益扩大。通过内部斗争，第一国际促进了马克思主义的传播及其与国际工人运动的结合，初步确立了马克思主义在工人运动中的指导地位。1871 年爆发的巴黎公社革命，是第一国际精神的产儿，是无产阶级夺取政权的第一次伟大尝试。

第一节　第一国际登上历史的舞台

适应欧美各国工人运动重新高涨和走向国际联合的需要，在马克思和恩格斯的指导下，第一国际大步走上了历史的舞台。

一、国际工人运动的高涨与第一国际的建立

尽管 1848 年欧洲范围的资产阶级民主革命失败了，但它仍然动摇了封建制度的基础，促进了欧美各国资本主义的发展。欧洲各国经济迅速增长，市场继续扩张，机器大生产达到了空前水平。与之相伴随的是，无产阶级队伍不断发展壮大。到 19 世纪 60 年代，欧洲产业工人达 874 万人，手工业工人达 1123 万人。但是，资本主义工业和贸易的迅速发展只是增加了资产阶级的财富，工人群众的贫困并没有减轻。譬如，英国的劳动生产率从 19 世纪 40 年代至 60 年代提高了数倍，但工人的实际工资只增加了 19%。特别是 1857 年始于美国并席卷欧洲的世界性经济危机，加深了无产阶级和殖民地人民的苦难，激起了工人阶级和其他人民群众反对资产阶级剥削的斗争。

19 世纪 50 年代末，欧美国家的工人运动在经过了 10 年的低落后重新高涨起来。在英国，1859 年 7 月伦敦建筑工人为争取 9 小时工作制举行罢工，打破了宪章运动失败以来的沉寂局面；1860 年，伦敦各行业工人组成职工委员会，

在英国建立了工人运动的领导中心。在法国，1864 年工人群众的数次罢工斗争，迫使波拿巴政府废除了禁止工人罢工、集会和结社的反动法令。在德国，工人群众经过斗争也获得了罢工和建立组织的权利，各种工人组织如雨后春笋般建立起来，其中，1863 年 5 月在莱比锡建立的全德工人联合会是德国无产阶级的独立政治组织。意大利、比利时、瑞士、西班牙等国的工人群众也相继建立了自己的组织，开展了相应的斗争。在美国，1857 年建立了“美国共产主义者俱乐部”，1863 年年初又建立了全国性的工人联合会。

与此同时，世界各国的民族民主运动也高涨起来。在欧美，1859 年，德国和意大利重新兴起了民族统一运动；1863 年，波兰人民发动了反抗沙皇俄国奴役的起义；1861—1865 年，美国爆发了反对奴隶制的南北战争。在亚洲，中国、印度、缅甸、朝鲜、波斯（今伊朗）等国人民也掀起了反对殖民主义和封建主义的革命风暴。其中，1857—1859 年，为争取民族独立，印度人民发动了反对英国殖民统治的武装起义；1851—1864 年，中国爆发了反对封建压迫和西方列强侵略的太平天国农民运动，规模之大、持续之久和影响之深都是前所未有的。

随着工人运动的深入发展，欧洲各国工人相互支持，并与民族解放运动遥相呼应，形成了与资本主义斗争的新局面。伦敦建筑工人的罢工得到了多国工人的支持和帮助，德国和法国工人还寄去了捐款。美国北方反对南方奴隶主的斗争，得到欧洲国家工人的支持，英国工人坚决阻止了英国政府援助南方奴隶主的计划。英、法等国工人广泛同情波兰起义，他们多次召开群众大会，谴责沙俄的残酷镇压，赞扬波兰人民的正义斗争。可见，联合行动已成为这一时期国际工人运动发展的新特点，并为国际性工人组织的建立奠定了政治基础。

这一时期，马克思和恩格斯密切关注欧美工人运动，为维护各国工人阶级的利益和促进工人阶级的国际团结做了大量工作。从 19 世纪 50 年代起，马克思、恩格斯为美国进步报纸《纽约每日论坛报》和其他报刊撰写了大量文章，就德国和意大利的民族统一运动、美国国内战争、波兰人民起义、中国太平天国运动以及印度人民的反英斗争等，表明了他们的态度和观点。他们支持用革命方法实现德国和意大利的统一，声援美国北方军民反对南方奴隶制的斗争，斥责法国波拿巴政府阻挠德、意统一的政策，揭露沙皇俄国充当欧洲反动势力的堡垒，抨击英国政府对中国、印度的殖民政策，称颂中国人民、印度人民反对殖民主义的英勇斗争，从而为欧洲工人运动和世界各国人民的斗争指明了方向，促进了欧洲工人运动的国际联合。

波兰人民反抗沙俄压迫的民族起义直接促成了第一国际的成立。当时的波兰处于俄国、普鲁士、奥地利三国奴役之下，并遭三次瓜分。1863 年 1 月，沙俄占领区的波兰人民举行了震动全欧洲的大规模民族武装起义，但遭到沙俄和普鲁士的联合镇压。7 月 22 日，英国工人在伦敦举行群众大会声援波兰人民的正义斗争。法国工人代表团参加了大会。会上，英、法两国工人代表就建立无产阶级国际组织达成协议，选出英国工联首领乔治·奥哲尔、威廉·克里默等人组成筹备委员会。会后，筹备委员会委托奥哲尔起草了英国工人致法国工人的《呼吁书》。《呼吁书》建议召开各国工人代表会议，“扩大各国人民之间的团结”，加强共同反对资本的斗争。

1864 年 9 月 28 日，英国工人为加强国际联系和进一步声援波兰起义，再次在伦敦圣马丁堂举行大会。法国工人代表以及侨居英国的德国、意大利、波兰、爱尔兰工人代表参加了大会，参加大会的工人至少有 2000 名。会前，英国工联领袖克里默专门向马克思发出了邀请。马克思得知参加这次会议的代表主要是真正的工人运动的领导者，认为“这是一桩可以取得显著成效的事业”①，于是决定参加大会，并被选入大会主席团。大会由英国激进的慈善事业家、伦敦大学历史学家爱德华·斯宾塞·比斯利教授主持，奥哲尔代表英国工人宣读了《呼吁书》，托伦代表法国工人宣读了答词。这两个文件表达了国际无产阶级为反对资产阶级而加强国际团结和联合斗争的共同愿望，受到大会的欢迎。经大会讨论，决定成立国际性工人组织，并选出了一个由英、法、德、意等国 30 多名工人代表组成的临时中央委员会（后改称为“总委员会”）作为领导机构。奥哲尔和克里默分别被选为主席和总书记，埃卡留斯为副主席，马克思为委员兼德国通讯书记。在 10 月 11 日的中央委员会全会上，正式确定国际性工人组织的名称为国际工人协会，简称“国际”（第二国际成立之后，史称“第一国际”）。马克思在谈到该组织建立的条件和特点时说：“国际工人协会并不是某一个宗派或某一种理论的温室中的产物。它是无产阶级运动自然发展的结果”②，“国际的新颖之点就在于它是工人们自己为自己建立的”③。

第一国际成立后的首要任务是制定协会的纲领和章程。中央委员会推选包括马克思在内的 9 人组成起草委员会。10 月 18 日，马克思抱病参加了中央委

---

① 《马克思恩格斯全集》第 31 卷，人民出版社 1972 年版，第 435 页。
② 《马克思恩格斯全集》第 21 卷，人民出版社 2003 年版，第 466 页。
③ 《马克思恩格斯文集》第 3 卷，人民出版社 2009 年版，第 618 页。

员会会议，并接受起草委员会的委托担负修改章程草案的任务。马克思在一周之内草拟出《国际工人协会成立宣言》（以下简称《成立宣言》）和《国际工人协会临时章程》（以下简称《临时章程》）。在11月1日召开的中央委员会会议上，《成立宣言》和《临时章程》受到高度赞扬，获得一致通过。这两个文件体现了坚定的原则性与策略的灵活性的高度统一，它“实质上坚决，形式上温和”，既考虑到工人运动的实际水平和工人群众的接受能力，又贯穿了《共产党宣言》早已宣布的科学社会主义基本原则。

《成立宣言》提出，无产阶级利益同资产阶级利益是根本对立的，欧美各资本主义国家财富和实力的巨大增长，完全属于有产阶级，工人必须为争取改善自己的生存条件而斗争。在无产阶级反对资产阶级的斗争中，必须把经济斗争和政治斗争结合起来。英国工人经过斗争，争得了10小时工作制立法，各国的合作运动也有了发展。但资产阶级仍然掌握着政权，并且总是用它来维护雇佣劳动制度。因此，“夺取政权已成为工人阶级的伟大使命”①。马克思还强调了各国工人之间的团结是革命胜利的重要条件，认为如果忽视这种兄弟团结，那么，他们分散的努力势必遭到共同的失败。因此，工人阶级必须反对和揭露本国资产阶级政府的对外侵略政策，“努力做到使私人关系间应该遵循的那种简单的道德和正义的准则，成为各民族之间的关系中的至高无上的准则”，这是“争取工人阶级解放的总斗争的一部分”②。《成立宣言》和《共产党宣言》一样，最后发出了“全世界无产者，联合起来！”的号召。

《临时章程》规定了协会的性质、组织结构和活动方式，确定协会要成为追求共同目标即追求工人阶级的保护、发展和彻底解放的各国工人团体进行联络和合作的中心，体现了民主集中制的组织原则。《临时章程》强调，工人阶级的解放应该由工人阶级自己去争取，工人阶级不仅要争取平等的权利和义务，而且要消灭任何阶级统治，使本阶级在经济上获得彻底解放。后来《临时章程》变为《共同章程》，其中明确指出：“无产阶级在反对有产阶级联合力量的斗争中，只有把自身组织成为与有产阶级建立的一切旧政党不同的、相对立的政党，才能作为一个阶级来行动。”③ 在《临时章程》的组织条例部分，马克思根据民主制的原则，规定国际工人协会的最高权力机关是各支部或联合会

① 《马克思恩格斯文集》第3卷，人民出版社2009年版，第13页。
② 《马克思恩格斯文集》第3卷，人民出版社2009年版，第14页。
③ 《马克思恩格斯文集》第3卷，人民出版社2009年版，第228页。

选派代表参加的代表大会。代表大会每年召开一次，研讨工人阶级共同关心的问题，选举总委员会成员。总委员会是沟通协调各种全国性组织和地方性组织之间联系的国际机关，负责对各国工人运动的状况进行调查研究，建议和指导各支部的活动。但是，协会只是国际工人联络和合作的中心，而不是领导和指挥中心，各国支部拥有独立自主决定自己方针政策的自治权力。

马克思起草的国际工人协会《成立宣言》和《临时章程》是指导第一国际的纲领性文献，它使国际无产阶级的第一个组织摆脱了资产阶级民主派的影响，为它的存在和发展奠定了牢固的基石。

二、第一国际的重要活动

第一国际成立后，在马克思和临时中央委员会（后改称“总委员会”）的领导下，积极开展各种活动，把国际工人运动引向了联合斗争的新阶段，在工人运动中产生了巨大影响。

（一）促进和推动工人阶级反对资产阶级的斗争

首先，第一国际多次召开代表大会、代表会议，通过了一系列关于工人阶级开展经济斗争和政治斗争的决议，对各国工人群众的斗争给予了明确有力的指导。特别是马克思为1866年日内瓦代表大会起草的《临时中央委员会就若干问题给代表的指示》，成为第一国际指导工人阶级斗争的具体行动纲领。该指示强调，要把至今仍然分散的各国工人阶级争取自身解放的斗争联合起来，把它们纳入共同的轨道。

其次，第一国际通过大量的联络和组织工作，具体帮助各国工人开展运动。

在英国，针对资本家经常以雇佣外国工人来阻碍本国工人斗争的情况，第一国际在各国工人群众中广泛宣传无产阶级国际主义，有效地抵制了英国资本家对工人运动的破坏。如1866年3月26日，爱丁堡1000多名缝纫工人发起罢工，要求增加工资和缩短工时，企业主暗中从德国和丹麦招募工人以破坏罢工。总委员会委托马克思写了《警告》一文，揭露英国企业主的阴谋，告诫德国工人不要上当受骗。总委员会还派出2名代表前往爱丁堡，说服德国工人废除合同，并筹措经费送他们返家。爱丁堡缝纫工人的罢工终于取得了胜利。

在法国，第一国际也对工人斗争给予强有力的支持。1867年1月，巴黎铜器工人互助会领导了巴尔吉伯安铜器厂工人的罢工。在不到一个月的时间里，发展成震动欧洲的巴黎铜器工人大罢工。为破坏罢工，120 多家铜业企业主联合起来实行同盟歇业，大量解雇工人。在这紧急时刻，第一国际挺身而出，各支部纷纷捐款，支援巴黎工人，从而大大鼓舞了罢工工人的斗志，迫使企业主不得不同意工人提出的条件。

在瑞士，第一国际的活动也显示出工人阶级国际支援的作用。1868 年 1 月，瑞士日内瓦建筑工人举行集会，要求实行 10 小时工作制，并增加工资。由于企业主拒绝谈判，工人组织宣布罢工。企业主以同盟歇业相要挟，关闭了建筑工场，使 3000 多名工人连同家属陷入饥饿境地。第一国际日内瓦罗曼语区联合会委员会立即派人去伦敦的总委员会求助。在总委员会的帮助下，各国工人纷纷寄来捐款。仅法国工人就寄给日内瓦工人 1 万多法郎。罢工期间，总委员会每月从英国寄来 4 万法郎。各国工人的坚强团结和日内瓦工人的顽强斗争，迫使企业主缩短了工作时间，增加了工人要求的一半工资。罢工不仅达到了部分目的，而且教育了工人群众。

在德国，第一国际与工人组织建立秘密联系，并利用各种合法的工人组织和民主派组织，如教育协会、读书会、全德工人联合会分会等，宣传马克思的理论，宣传第一国际的原则，发展第一国际的组织。到 1869 年，至少在 15 个城市里有第一国际支部的积极活动。在各种工会组织内，许多人以个人身份参加第一国际，并在这些组织内积极扩大第一国际的影响，促进了德国工人运动的发展。

第一国际的活动提高了工人的觉悟，加强了各国工人之间的团结，促进了工人斗争的发展。在这一过程中，第一国际的组织也得到加强和发展，扩大了自己的队伍，提高了自己的威信。

（二）支持被压迫民族争取民族解放的斗争

第一国际在成立时就宣布，要揭露和抵制统治阶级的对外侵略扩张政策，支持被压迫民族的解放运动。此后，它始终把支持被压迫民族的斗争作为自己的重要职责。这突出表现在对波兰和爱尔兰人民争取民族独立斗争的支援上。

1863 年，波兰人民反抗沙俄统治、争取民族独立的大规模起义，在沙俄军队的镇压下遭到失败。“抵抗俄国对欧洲的威胁——恢复波兰”，成为第一国际关注的一件大事。马克思和恩格斯认为，波兰问题不仅关系到波兰民族的解放，也关系到欧洲革命运动的发展。波兰争取民族独立的斗争，不仅能使波兰人民摆脱民族压迫，而且可以沉重打击沙俄这个欧洲的反动堡垒，扫除欧洲民族民主运动和工人运动发展的障碍。马克思明确指出："'国际工人协会'的口号正相反：自由欧洲要靠自由和独立的波兰来支撑。"① 第一国际 1865 年的伦敦代表会议和 1866 年的日内瓦代表大会都表明了自己站在波兰人民一边的立场，日内瓦代表大会还专门通过了《关于消除俄国的帝国主义影响和复兴波兰的决议》。

总委员会为支援波兰人民采取了一系列行动。1867 年 1 月，根据马克思的建议，总委员会与波兰流亡者联合举行了纪念波兰起义 4 周年的群众大会，马克思和埃卡留斯等发表演说。大会决议指出，没有波兰的独立，欧洲的自由就不能确立。1867 年，法国巴黎的工人和学生在沙皇亚历山大二世访问巴黎之际，举行了反对沙皇、声援波兰人民的示威游行，高呼"波兰万岁"等口号。对此，总委员会通过决议，赞扬巴黎人民的革命行动。1868 年，沙俄为在波兰推行俄罗斯化，企图废除波兰王国。不久，英国政府便取消了在政府文件中用"波兰"一词。总委员会立即谴责了英国政府对沙俄奴颜婢膝的举动。第一国际的大力支持，鼓舞了波兰人民反抗外来压迫的革命斗争。

对于爱尔兰的民族解放运动，第一国际也给予了大力支持。爱尔兰是英国最早的殖民地。早在 12 世纪时，爱尔兰人民就同入侵的英国殖民者进行了顽强的斗争，举行了多次民族起义，但都遭到英国统治者的镇压。1801 年，英国政府用武力强迫爱尔兰和英国合并，爱尔兰完全成为英国的殖民地。爱尔兰人民从来没有停止过反抗。到 19 世纪 60 年代，争取爱尔兰民族解放的斗争进入了新的高潮。由爱尔兰爱国者组成的芬尼社于 1867 年 2—3 月间发动了起义。英国当局镇压了起义，逮捕了芬尼社领导人。9 月，芬尼社成员为营救被捕者，武装袭击了囚车，几名成员被逮捕，并被判处死刑。爱尔兰事件在当时英国政治生活中激起层层波澜。

马克思明确要求总委员会及英国工联坚持国际主义，支持爱尔兰人民反抗英国殖民主义统治，号召英国工人阶级为爱尔兰的民族独立自由而斗争。他在为总委员会起草并获得一致通过的一份文件中指出："奴役其他民族的民族是在为自身锻造镣铐。因此，国际协会在爱尔兰问题上的立场是十分明确的。它的主要任务是加速英国的社会革命。为了达到这个目的，必须在爱尔兰进行决

① 《马克思恩格斯全集》第 21 卷，人民出版社 2003 年版，第 148 页。

定性的打击。”① 总委员会多次通过决议，声讨英国政府对爱尔兰人民的残暴统治，支持爱尔兰人民的民族解放运动。为抗议英国政府对芬尼社的迫害，营救被捕的芬尼社成员，1867年11月，总委员会发表了由马克思起草的《总委员会致英国内务大臣格桑—哈第的意见书》，揭露英国政府对芬尼社成员判决的依据是捏造的虚假证词，是无理的政治报复，戳穿了英国政府关于芬尼社是刑事问题而不是政治问题的谎言。在马克思的倡议下，总委员会还组织了谴责英国政府镇压爱尔兰人民的群众集会。1869—1870年年初，爱尔兰人民和英国各地群众进一步掀起了要求赦免芬尼社成员的示威运动。1869年10月24日，在总委员会的参与下，20万人举行抗议示威游行，马克思偕同两个女儿一起参加了游行。后来，总委员会又连续几次召开会议，讨论爱尔兰问题，谴责沙文主义，通过了抗议英国政府继续违背民意、迫害芬尼社的决议。第一国际的活动，特别是总委员会发动英国工人声援爱尔兰人民的斗争，使英国政府大为恐慌。

同时，第一国际还领导和组织各国工人参加一切有助于无产阶级解放的民主运动，如支持和指导英国无产阶级要求改革议会选举制度的运动，关心德国民族统一运动的发展，支持法国人民反对波拿巴专制制度的斗争等。第一国际还声援了美国北方人民反对南方奴隶主的斗争，并关心东方民族解放运动，同情和支持中国人民、印度人民的反帝斗争。这些活动，促进了各国工人积极参加政治斗争，提高了工人阶级的阶级觉悟，扩大了第一国际的影响，从而使国际主义精神广为传扬。

（三）促进了《资本论》在欧洲工人中的传播

1848年革命失败后，马克思流亡伦敦，从1850年秋起重新致力于政治经济学研究和写作。他写了《1857—1858年经济学手稿》，并于1859年出版了《政治经济学批判。第一分册》。这是马克思系统批判资产阶级政治经济学、创立无产阶级政治经济学的新起点，是《资本论》的前篇。1861—1863年，马克思又以惊人的毅力写出了23本政治经济学手稿。1863—1865年年底完成了长达200万字的三卷《资本论》草稿。经过整理和修改，1867年9月4日，《资本论》德文第一版第一卷在德国汉堡出版，这是人类思想史和国际共产主义运动史上划时代的事件。

---

① 《马克思恩格斯全集》第16卷，人民出版社1964年版，第440页。

在《资本论》第一卷中，马克思从分析商品入手，详尽地阐明了劳动价值理论和剩余价值学说，揭露了资本主义剥削的本质和根源。通过对资本主义生产总过程的剖析，马克思揭示了资本主义的基本矛盾在于生产的社会性和资本主义私人占有之间的矛盾，论证了这一矛盾必然导致周期性的资本主义经济危机，并在无产阶级和资产阶级阶级斗争的不断发展中，走向资本主义的灭亡和未来共产主义的胜利。马克思精辟地指出："资本的垄断成了与这种垄断一起并在这种垄断之下繁盛起来的生产方式的桎梏。生产资料的集中和劳动的社会化，达到了同它们的资本主义外壳不能相容的地步。这个外壳就要炸毁了。资本主义私有制的丧钟就要响了。剥夺者就要被剥夺了。"①

《资本论》在政治经济学上实现了伟大的革命，是对《共产党宣言》基本思想的全面系统的科学论证，为国际共产主义运动的进一步发展奠定了科学的理论基础，是无产阶级推翻资本主义、建立新社会的思想武器。

《资本论》第一卷出版后不久，1868 年第一国际布鲁塞尔代表大会就通过了由德国代表团提出的"建议所有国家的工人都来学习去年出版的卡尔·马克思的《资本论》"决议案，号召更多的先进工人学习《资本论》。在第一国际的倡导下，《资本论》成为在欧洲工人中传播最广的著作之一，打破了反动阶级"用沉默置《资本论》于死地"的阴谋。《资本论》在工人中的传播，推动马克思主义与工人运动的结合。当时侨居伦敦的列斯纳在读了《资本论》后，立即写信给马克思说，他甚至为失业而感到高兴，因为这使他有时间阅读《资本论》。第一国际瑞士支部创始人贝克尔收到马克思寄的《资本论》和马克思夫人燕妮关于学习这本书的方法建议后，立即回信说，对我来说，这是一件宝物，对世界来说，这是一个宝库，我满怀热望，想把它整个吞下去。他还写信给列斯纳说，这是我们的剑，我们的铠甲，是进攻和防守的武器。19 世纪 60 年代涌现出来的新一代工人领袖，如拉法格、倍倍尔等都受到这一光辉著作的熏陶。可以说，《资本论》教育和培养了一批批先进的工人战士。

三、马克思主义指导地位初步确立

筹建第一国际时，马克思主义者、工联主义者、蒲鲁东主义者虽然具有团结一致的愿望，但对建立"国际"的目的和宗旨等方面都有各自的想法和主

① 《马克思恩格斯文集》第 5 卷，人民出版社 2009 年版，第 874 页。

张。第一国际成立后，工人阶级反对资产阶级的革命斗争，不断受到各种非马克思主义思想和派别的干扰。为了工人运动的健康发展，在马克思和恩格斯的指导下，第一国际内部在不同时期开展了反对有重大影响和危害的蒲鲁东主义、工联主义和巴枯宁主义的斗争。通过斗争，马克思主义赢得了越来越多的工人群众的拥护，初步确立了其在工人运动中的指导地位。

（一）反对蒲鲁东主义的斗争

蒲鲁东主义是19世纪中期欧洲工人运动中有较大影响的小资产阶级社会主义思潮。早在19世纪40年代后期，马克思就批判了蒲鲁东主义的错误理论。第一国际初期，马克思主义反对蒲鲁东主义的斗争成为第一国际内部斗争的主要内容。

比·约·蒲鲁东（1809—1865）早年当过排字工，迁居巴黎后开始著书立说，先后发表了《什么是财产》《贫困的哲学》《社会问题的解决》《一个革命家的自白》等著作。这些著作虽对资本主义进行了尖锐批判，但不主张用革命手段推翻资本主义，而是想用“文火”烧烤资本主义，实质上是想通过“和平的改良方法”建立一个小生产者组成的无政府社会。他主张以小生产者为基础，各自生产，独立经营，平等交换，即用小私有制来代替资本主义私有制，用小生产来代替社会化大生产；认为资本主义的交换形式破坏了社会的“公平”，劳动者不能得到劳动应得的全部收入，因而要建立由劳动者持股组成的“人民银行”，向生产者发放无息贷款，从而摆脱资本家的剥削，这样工人群众也就不必进行经济斗争和政治斗争了；主张未来社会将没有任何形式的统治和服从，并提出“打倒政党，打倒政权，一切人和公民绝对自由”的口号，主张无产阶级不要组织政党，不要进行夺取政权的斗争。蒲鲁东是无政府主义的始作俑者。

蒲鲁东主义的出现有深刻的经济和阶级根源。它反映了在资本主义急剧发展中濒于破产的小资产者的心理和愿望，在意大利、西班牙、瑞士、比利时，尤其是法国等小生产者占优势的国家比较盛行，对工人运动危害极大。在第一国际内部，马克思主义同蒲鲁东主义的斗争主要围绕以下问题展开。

第一，关于第一国际的性质和组织原则问题。蒲鲁东主义者所希望建立的第一国际并不是真正的无产阶级战斗组织，而是一种以蒲鲁东主义为指导思想的国际信贷组织或合作社之类的团体，在组织上实行各支部分散自治。第一国际中央委员会通过了马克思起草的《成立宣言》和《临时章程》，规定了第一国际的无产阶级革命性质和无产阶级第一国际的组织原则，实际上形成了马克思主义在第一国际内部的主导地位。蒲鲁东主义者为了改变第一国际的组织原则并达到控制第一国际的目的，在1865年伦敦代表会议和1866年日内瓦代表大会上，提出所谓的脑力劳动者不能成为第一国际负责人的提案，极力排斥马克思和恩格斯对第一国际的影响。经过与会工人代表的斗争，会议否决了蒲鲁东主义者的提案。在1867年洛桑代表大会上，蒲鲁东主义者企图把总委员会迁往他们势力较大的瑞士的提案也遭到了否决。

第二，关于工人阶级解放的根本道路问题。蒲鲁东主义者在1866年日内瓦代表大会上，抛出了一个《备忘录》，鼓吹通过合作社和组织公平交换的方式来使无产阶级获得解放，反对工人罢工和参加政治斗争。总委员会根据马克思会前写的《临时中央委员会就若干问题给代表的指示》，通过了肯定工人罢工斗争和政治斗争的必要性的决议案。1867年洛桑代表大会通过了《关于工人阶级的政治斗争的决议》。该决议指出，工人的社会解放同他们的政治解放是不可分割的，取得政治自由是首要的和绝对必要的事情，因此必须坚持以政治斗争作为工人阶级解放的根本途径。这是马克思主义反对蒲鲁东主义的重大胜利。

第三，关于如何对待民族解放运动的问题。蒲鲁东主义者认为民族问题是与无产阶级无关的纯粹政治问题，反对支持波兰人民争取民族独立的斗争，在伦敦代表会议和日内瓦代表大会上阻挠讨论波兰问题，反对通过支持波兰民族解放斗争的决议。经过马克思战友们的努力，大会最终通过了恢复波兰独立的有关决议，确立了第一国际对波兰等被压迫民族争取民族解放斗争的原则立场。

第四，关于所有制问题。蒲鲁东主义者反对实行公有制，主张维护小生产者私有制，并力图把他们这种观点强加于第一国际。在1867年洛桑代表大会和1868年布鲁塞尔代表大会上，他们力争通过符合其观点的决议。由于马克思主义者的斗争，在洛桑代表大会上没有形成决议，在布鲁塞尔代表大会上通过了《关于实行土地和生产资料公有制》的决议，其中指出，经济的发展将使土地公有制成为社会的必需，一切生产资料、森林、土地以及交通运输业都应归全社会所有。布鲁塞尔代表大会在第一国际内部确立了关于生产资料公有制的原则，从根本上否定了蒲鲁东主义，从而标志着第一国际时期马克思主义完全战胜了蒲鲁东主义。

（二）反对工联主义的斗争

工联主义形成于 19 世纪 50—60 年代的英国，是当时英国工会联合会（以下简称“工联”）的领导层所推行的改良主义路线和政策。工联的出现，最初也体现了英国工人运动的进步。工联领导人如奥哲尔、克里默等为反对统治阶级的压迫，反对英国政府从国外输入工人来破坏本国工人的罢工，曾呼吁各国工人加强团结，积极参与筹备和创建第一国际。第一国际建立后，他们担负着总委员会的主要领导职务。他们曾经团结在马克思周围，在许多问题上不同程度地支持了马克思主义反对蒲鲁东主义的斗争。马克思对工联领导人的错误进行耐心的说服教育，促使他们转化和进步。但在事关无产阶级革命斗争的重大理论和实践问题上，工联领袖们却坚持工联主义的错误路线和政策，阻碍英国工人运动和国际共产主义运动向正确方向发展。工联主义的特点是崇拜工人运动的自发性，主张劳资合作和阶级调和，只在经济斗争范围内谋求改善工人受奴役的条件，反对进行政治斗争和推翻资本主义制度，不想最终改变工人阶级受奴役的地位，是工人运动中工人贵族的改良主义思潮。

在第一国际内部，马克思主义对工联领袖的改良主义与对外沙文主义的立场进行了严肃的批判和斗争。

第一，关于工人运动的道路问题。工联主义者反对工人参加政治斗争，反对推翻资本主义制度，有时甚至否定争取提高工资的罢工斗争。在 1865 年 5 月召开的总委员会会议上，工联领袖韦斯顿公开提出，工人工资率的普遍提高就会引起物价上涨，因而工人为提高工资而举行的罢工是没有意义的。对此，马克思于 1865 年 6 月 20 日和 27 日在总委员会作了题为《工资、价格和利润》的报告。在报告中，马克思充分肯定了工人为提高工资所进行的罢工斗争的重要性，因为“他们在和资本的日常冲突中如果畏缩让步，他们就没有资格发动更大的运动”①。同时，他也指出不能夸大经济斗争的作用，因为“他们反对的只是结果，而不是产生这种结果的原因”②。马克思指出，工人应当摒弃“做一天公平的工作，得一天公平的工资！”这种保守的格言，要在自己的旗帜上写上革命的口号：“消灭雇佣劳动制度！”③

第二，关于参加英国选举法改革问题。1865—1867 年，英国再次掀起了群

---

① 《马克思恩格斯选集》第 2 卷，人民出版社 2012 年版，第 68 页。
② 《马克思恩格斯选集》第 2 卷，人民出版社 2012 年版，第 68 页。
③ 《马克思恩格斯选集》第 2 卷，人民出版社 2012 年版，第 69 页。

众性的选举改革运动的高潮。奥哲尔、克里默等人受总委员会之托，参加了选举改革同盟。英国政府迫于社会压力，降低了选举法案对财产资格的限制，但无产者仍然没有获得普选权。正当广大工人准备为争取普选权而斗争时，工联领袖竟然背叛选举改革同盟的纲领，拒不执行总委员会的指示，签名同意选举法案，导致选举改革运动半途而废。马克思严厉斥责了奥哲尔等人出卖工人利益、同资产阶级妥协的行为。1867 年 9 月 24 日，总委员会根据马克思的建议，撤销了奥哲尔的总委员会主席职务。

第三，关于爱尔兰民族解放运动问题。英国工联领导人站在民族沙文主义立场上，反对支持爱尔兰民族解放斗争。他们攻击芬尼社是破坏英国与爱尔兰联盟的"叛乱者"，并在其控制的国际机关报《蜂房报》上公布所谓"芬尼社罪行材料"，还发表攻击爱尔兰人民斗争的文章。马克思和恩格斯对工联领袖的资产阶级民族主义立场进行了坚决斗争。在总委员会会议上，马克思作长篇发言，揭露了英国政府的殖民主义政策以及镇压芬尼社的暴行，尖锐批评了工联领袖在爱尔兰问题上的立场。经过马克思及其拥护者的坚决斗争，总委员会通过了多个决议，抨击英国政府对爱尔兰人民的镇压，支持爱尔兰民族解放斗争。

1871 年巴黎公社失败后，总委员会中的工联领导人走上了背叛第一国际的道路，工联主义者逐步脱离了第一国际。在马克思领导下，总委员会决定与奥哲尔等公开决裂，开除了曾担任总委员会总书记的工联领导人赫尔斯。马克思主义反对工联主义的斗争取得了重大胜利。

（三）反对巴枯宁主义的斗争

巴枯宁主义继承和发展了蒲鲁东主义，它在理论上对抗马克思主义，在行动上组织阴谋集团，妄图分裂和瓦解第一国际，从而成了第一国际后期活动的主要阻碍。反对巴枯宁主义的斗争成为当时国际工人运动的首要任务。

米哈伊尔·亚历山大罗维奇·巴枯宁（1814—1876）出身于俄国一个贵族家庭。1840 年后，巴枯宁到德国、法国和瑞士留学，深受蒲鲁东的无政府主义和魏特林密谋活动思想的影响。在欧洲 1848 年革命中，巴枯宁参加过德国和奥地利起义，失败后被德国引渡给沙皇政府。1857 年 2 月，巴枯宁被判流放西伯利亚。1861 年逃离，辗转来到意大利。其间，巴枯宁创立了无政府主义思想体系，并于 1866 年建立了一个叫作国际革命协会的无政府主义组织，为这个组织拟定了《国际革命协会的原则和组织》的纲领性文件。

巴枯宁主义的理论基础是人性论，认为人性的基本要求是自由与团结，而剥削社会则是对人类自由与团结的破坏，这就造成了社会的不人道。为了使社会人道化，实现人性的要求，就必须进行社会革命；而社会革命最重要的目标，就是要摧毁以国家为中心的任何统治和一切权力。巴枯宁认为国家是对人类的彻底否定，既是对人类自由和正义的否定，又是对人类普遍团结的暴力破坏。因此，必须废除一切国家。财产也是必须摧毁的主要目标，而为了消灭财产就要废除继承权，并以此作为社会革命的起点。他还认为，社会革命的最终目的是要建立一个无政府状态的新社会。革命必须在一个由少数人组成的秘密团体的指引下，依靠具有“破坏一切”的“革命本能”的群众进行普遍、自发的暴动来实现。他极力反对建立一个由科学理论指导的、有广大群众参加的无产阶级政党，反对依靠工人阶级，反对除了他称之为“社会清算”的暴动之外的一切政治运动。

巴枯宁在意大利的活动没有取得什么成果，便转到瑞士，参加了资产阶级和平主义团体——和平和自由同盟，并担任常务委员。巴枯宁企图把这个组织变成宣传无政府主义思想的工具，但没有得逞，于是又退出了这个同盟。他看到了第一国际的巨大影响，于 1868 年 9 月在日内瓦加入了第一国际罗曼语区联合会委员会。

巴枯宁加入第一国际后就开始了阴谋活动，企图窃取第一国际的领导权。他背着总委员会于 1868 年 10 月在瑞士建立了一个秘密的无政府主义组织——社会主义民主同盟，并指使该同盟向总委员会申请加入第一国际。为此，他隐瞒了这个组织的秘密纲领，而只是把它的公开纲领提交给第一国际总委员会，同时给马克思写了一封“热情”的颂扬信。总委员会识破了巴枯宁的阴谋，明确指出，只有解散社会主义民主同盟并放弃其错误纲领之后，才能分别接纳它的成员加入第一国际。巴枯宁表面上答应第一国际的条件，实际上把这个同盟原封不动地保留下来，以欺骗手段混入了第一国际。

关于财产继承权问题，巴枯宁分子在 1869 年巴塞尔代表大会上，抛出了“全面彻底废除继承权”的决议案，想以此改变第一国际的路线。这个决议案遭到马克思主义者的反对。埃卡留斯代表总委员会宣读了马克思起草的《关于继承权问题的报告》，指出继承权是以生产资料私有制为基础的社会经济制度在法律上的反映，它不是产生私有制的根源，恰恰相反，私有制才是产生继承权的根源。宣称废除继承权是社会革命的起点，颠倒了经济基础和上层建筑的关系，“这在理论上是错误的，在实践上是反动的”①，它使工人阶级把主要精力集中于法律问题，而离开消灭生产资料私有制、推翻资本主义的根本方向。经过斗争，大会否决了巴枯宁分子的提案。

在这次会议上，巴枯宁分子为了控制总委员会，力主把总委员会迁到他们势力最大的日内瓦，结果巴枯宁的阴谋遭到挫败。会后，巴枯宁分子加紧了分裂第一国际的活动，导致第一国际在瑞士的组织脱离出去。为此，马克思写了《机密通知》一文，揭露和批判巴枯宁分子的两面派行为及分裂活动。

在关于工人阶级的政治行动和组织问题上，巴枯宁与各国反动派对第一国际的围剿相呼应，诬蔑巴黎公社革命，攻击总委员会对公社的支持。为了回击巴枯宁分子，1871 年 9 月，总委员会在伦敦召开秘密代表会议，揭露巴枯宁派破坏、颠覆第一国际的阴谋，针对巴枯宁反对政治运动的论调，作出了《关于工人阶级的政治行动》的决议，并明确提出了在各国建立无产阶级政党的任务。

伦敦代表会议后，巴枯宁派加紧向第一国际进攻，走上了公开的分裂道路。1871 年 11 月，他们在瑞士桑维尔耶召开有 16 人参加的无政府主义者的“代表大会”，通过了《告各国工人协会各联合会书》，即《桑维尔耶通告》，公然号召推翻总委员会，把攻击的矛头直接指向马克思和恩格斯。1872 年年初，总委员会发布了马克思和恩格斯写的《所谓国际内部的分裂》，批驳了《桑维尔耶通告》，进一步揭露了巴枯宁派分裂主义者的面目。

为了彻底粉碎巴枯宁分子的进攻，第一国际于 1872 年 9 月召开了海牙代表大会。恩格斯代表总委员会作了关于巴枯宁的社会主义民主同盟破坏活动的调查报告，用确凿事实揭露了巴枯宁阴谋集团长期破坏、分裂第一国际的活动。大会审查并通过了这一报告，并作出决议，将巴枯宁及其亲信吉约姆开除出第一国际。

海牙大会后，巴枯宁分子继续顽抗，于 1872 年 9 月在瑞士召开了“反权威主义”的代表大会，成立了“反权威主义”的无政府主义国际。1873 年年初，巴枯宁又抛出了《国家制度和无政府状态》一文，攻击马克思主义和无产阶级专政。1873 年 5 月，总委员会根据各支部的要求，决定将参加所谓“反权威主义”大会或承认它的决议的一切组织和个人开除出第一国际，这就从组织上彻

① 《马克思恩格斯文集》第 3 卷，人民出版社 2009 年版，第 89 页。

底清除了巴枯宁派。

为了从思想上进一步清除巴枯宁主义在国际工人运动中的影响，马克思和恩格斯在1872—1873年间先后撰写了《论权威》《社会主义民主同盟和国际工人协会》《行动中的巴枯宁主义者》《巴枯宁〈国家制度和无政府状态〉一书摘要》等著作，系统而深刻地批判了巴枯宁的无政府主义。恩格斯《论权威》一文，精辟论证了权威在社会经济领域中的必要性，强调了无产阶级革命和无产阶级专政的权威的伟大作用，揭露了反权威主义者背叛工人运动，为反动派效劳的实质。这些论著的发表，对彻底清算巴枯宁主义起了重要作用。巴枯宁主义在实践中不断地碰壁，巴枯宁主义者在工人运动中的分裂行径越来越不得人心，内部不断发生内讧和分化，日益成为脱离工人运动的小宗派。

第二节 巴黎公社革命及其伟大意义

巴黎公社革命是无产阶级的伟大创举，虽然在国内外敌人的联合镇压下只存在了72天，但它为无产阶级革命树立了光辉榜样，具有极其重要的历史意义，是无产阶级第一次把人类从阶级社会中永远解放出来的伟大社会革命的曙光。马克思和恩格斯总结了巴黎公社革命的经验，丰富和发展了科学社会主义学说。

一、巴黎公社革命的主要过程

1871年3月18日，法国巴黎爆发了震惊世界的工人革命，建立起世界上第一个无产阶级性质的国家政权——巴黎公社。巴黎公社革命是在普法战争所导致的民族矛盾和阶级矛盾极端激化的情况下爆发的。

（一）巴黎公社革命的爆发

巴黎公社革命爆发以前，法国的阶级矛盾异常尖锐。

法国1848年革命失败后，路易·波拿巴（即拿破仑三世）在1852年建立了法兰西第二帝国，第二帝国主要代表金融资产阶级和大工业资产阶级的利益。到19世纪60年代，法国已经完成工业革命，成为世界第二工业大国。但是，财富却日益集中到少数人手中，两极分化现象非常严重，人民群众生活贫困。其中，工人阶级的处境最为艰难。资产阶级的骄奢淫逸，政府官员的贪污腐败、贿赂盛行，引起了广大人民的强烈不满。在1857年和1866—1867年的两次经济危机中，工人工资不断下降，食品价格不断上涨，失业工人日益增多，许多城市都发生了大规模罢工，罢工中诞生了一大批工会组织。到1870年，法国成立了67个工人联合会。在工会组织的领导下，工人运动风起云涌。在法兰西第二帝国覆灭前的两年里，法国工人的罢工就达到188次，参加者近13万人，工人的斗争也开始从经济斗争转向政治斗争。

第一国际及其在法国的分支机构积极参与并领导了法国工人阶级的斗争。1864年12月，第一国际巴黎支部成立。1865年巴黎支部改组，建立了由瓦尔兰、马隆、卡梅利纳等17人组成的支部委员会。到1870年春，第一国际在巴黎的支部由先前的13个增加到25个，还建立起国际巴黎支部联合会。此外，还建立了国际里昂联合会、马赛联合会、鲁昂联合会等地区性支部。第一国际的会员和同情者达到24万人。

在法国工人运动中，涌现了许多著名的国际工人运动家，其中包括瓦尔兰、阿姆鲁、里果、费列、莫罗等数十人。他们后来都成为巴黎公社杰出的领导人。在瓦尔兰等人的影响下，法国工人阶级提出了推翻第二帝国的统治、建立“社会民主共和国”的要求。风起云涌的工人运动，为巴黎公社的诞生准备了政治和组织基础。

在阶级对抗不断发展的同时，法国内外民族矛盾也日益尖锐。

1870年7月，路易·波拿巴为了摆脱国内危机、争夺欧洲霸权，发动了对普鲁士的战争，即普法战争。但腐败无能的法国军队节节败退，普鲁士军队则很快进入了法国本土。在色当战役中，10万法军被普军团团包围。9月2日，波拿巴被迫率军投降。当失败的消息传来，被激怒的法国人民纷纷走上街头。9月4日，巴黎工人、士兵和市民包围了政府大厦，驱散了议会，废除了帝制，推翻了法兰西第二帝国，宣布成立法兰西第三共和国。但是资产阶级共和派和君主派政客窃取了革命果实，建立了以反动将领特罗胥为首的临时政府。在普鲁士军队继续向法国内地推进的情况下，为骗取人民信任，临时政府自称“国防政府”。临时政府执行反对无产阶级和出卖民族利益的政策，先后镇压了巴黎人民在1870年10月31日和1871年1月22日举行的两次武装起义，并于1871年1月28日与德意志帝国①签订了《停战和巴黎投降协定》，向德

① 普鲁士国王威廉一世于1871年1月18日加冕为皇帝，成立德意志帝国。

意志帝国投降。

1871 年 2 月 17 日，梯也尔组织新政府。2 月 26 日，梯也尔同德国宰相俾斯麦签订临时和约，把法国的阿尔萨斯和洛林东部割让给德意志帝国，并赔款 50 亿法郎。梯也尔政府丧权辱国的行为激起法国人民群众的极大愤慨，巴黎民众纷纷要求成立公社，以监督政府。梯也尔政府的卖国政策，使德军得以长驱直入，占领了法国 1/3 以上的国土，兵临巴黎城下。为了保卫巴黎，30 万巴黎市民自发组成了“法国国民自卫军”。3 月 15 日，宣布正式成立“国民自卫军中央委员会”。

梯也尔政府把武装的巴黎看作是对他们的威胁，决定解除巴黎国民自卫军的武装。3 月 18 日凌晨 5 时，梯也尔政府派出一个团的军队和警察，企图占领蒙马特尔高地和棱蒙高地国民自卫军的大炮阵地。这一偷袭行动，点燃了巴黎公社革命的导火索。由于国民自卫军的警觉，偷袭的梯也尔政府军队士兵被击溃。面对梯也尔政府军队的反动行径，巴黎人民立即开始了自发的武装起义。在国民自卫军的指挥下，起义者建筑街垒，布置岗哨，派出巡逻队，集中分散的大炮，开始向巴黎市政府进攻。国民自卫军中央委员会很快掌握了巴黎的全部政权，巴黎革命取得了胜利。梯也尔惊慌失措，带领残兵败将逃往凡尔赛。

（二）巴黎公社的成立及其主要社会措施

1871 年 3 月 18 日革命胜利后，巴黎人民立即开始了建立无产阶级政权的伟大尝试。

第一，摧毁资产阶级的国家机构，废除资产阶级议会制，成立新的国家机关——巴黎公社。1871 年 3 月 26 日，巴黎人民以真正民主的直接选举的方式选出了巴黎公社委员会。3 月 28 日，巴黎公社成立大会隆重举行。公社委员会由各区代表组成，其中大多数是工人或者是公认的工人代表，对选民负责。巴黎公社委员会下设执行、财政、军事、司法、治安、粮食、劳动与交换、对外关系、社会服务和教育十个委员会，开始行使具有国家性质的权力。

第二，取消征兵制和废除常备军，以国民自卫军作为唯一的人民武装力量。3 月 29 日，巴黎公社委员会通过了关于废除常备军并以国民自卫军取而代之的法令。这一法令在第二天生效。这是打碎资产阶级国家机器、建立无产阶级专政的具有决定性意义的举措。

第三，镇压反革命。巴黎公社逮捕了忠于凡尔赛政府的官员、军警和反革命分子，查封了 30 家反革命报刊；为了应对凡尔赛政府枪杀被捕的巴黎公社社员，巴黎公社还颁布了《人质法令》。

第四，颁布政教分离法令。巴黎公社宣布了教会与国家分离原则，不许教会干预国家事务；剥夺教会一切财产，以摧毁法国统治阶级精神压迫的工具。这就消除了僧侣势力对国家政治的影响。

第五，防止国家机关工作人员由社会公仆变为社会主人。巴黎公社实行了两项重要措施：一是所有公职人员无论职位高低，实行全面的选举制和撤换制。公社委员会全体委员、下属各委员会委员都由选举产生，国民自卫军各级领导人由选举产生，司法部门各级工作人员也由选举产生。对选举产生的工作人员，选民可以随时撤换他们。二是取消高薪制，规定任何工作人员的年薪不得超过 6000 法郎。这一薪金数目只相当于一个熟练工人一年的工资。

第六，执行灵活的经济政策。巴黎公社积极组织和恢复生产，把逃亡资本家抛弃和停办的工厂、作坊交给工人协作社管理。工人协作社领导人由人民选举产生，可以撤换。巴黎公社禁止工厂主以任何借口克扣工人工资和对工人罚款，并实行 10 小时工作制，废除面包工人夜班制。巴黎公社宣布免除巴黎被围困时期的房租并延长租约。巴黎公社征用了逃亡地主、官僚和资本家的房子，分配给住所受战争破坏的居民和其他贫民使用。巴黎公社禁止当铺出卖过去的典押品，凡是在 20 法郎以内的典押品，无偿退还原主。巴黎公社还采取措施，抚恤烈属和收容伤员。

第七，发展教育和文化事业。巴黎公社把宗教课程从学校清除出去，实现一切学校对人民免费开放。巴黎公社规定小学实行免费义务教育，并开办了各种职业学校，还请来老工人传授技术。广泛设立图书馆、博物馆，成立了艺术家协会和演员协会等团体，恢复了剧院的演出，以活跃社会生活。巴黎公社在文化教育方面采取的最突出的一项措施，是提高教师的社会和经济地位，把教师的工资从法兰西第二帝国时期的 400—500 法郎提高到 1500—2000 法郎。

第八，实行男女平等的社会政策。公社通过法令宣布妇女拥有选举权，男女教师同工同酬。

第九，实行无产阶级国际主义与和平的对外政策。巴黎公社成立后就宣布，公社的旗帜是“世界共和国的旗帜”，反对民族侵略和民族沙文主义。巴黎公社摧毁了 1810 年拿破仑一世为炫耀其战功而竖立在旺多姆广场上高达 44 米的凯旋柱，并将旺多姆广场改名为国际广场。巴黎公社对居住在巴黎的外侨给予法国公民同等的权利，体现了法国工人的国际主义精神。

巴黎公社在历史上第一次制定、实施了一系列代表广大人民群众利益和要求的政策，受到人民群众的欢迎。巴黎公社关于解决债权和债务问题的政策，拯救了巴黎的中产阶级即债务阶级，受到小资产阶级和中产阶级的欢迎。巴黎公社废除了资产阶级政府对农民征收的苛捐杂税以及无止境的压榨，给农民带来了希望。除了富有的大资产阶级，几乎所有的巴黎人，包括小贩、手工业者和商人，都一致拥护巴黎公社的政策。

巴黎公社制定的措施，尽管有的只是初步尝试，有的还来不及实行，但是已经显现出新型无产阶级国家的特点及其社会主义性质。因此，马克思认为公社“实质上是工人阶级的政府”①。巴黎公社也得到了世界无产阶级的支持。德国、英国、意大利、西班牙、瑞士、奥地利、比利时、匈牙利和美国工人都开展了声援巴黎公社的活动。

（三）巴黎公社的失败

梯也尔政府逃到凡尔赛后，与德国军队勾结，出卖民族国家利益，共同镇压巴黎公社。1871 年 5 月 21 日下午，凡尔赛的政府军攻入巴黎，一场残酷的巷战开始了。在力量对比悬殊的情况下，巴黎公社社员为了保卫革命成果，抱着与巴黎共存亡的精神，与敌浴血奋战。

1871 年 5 月 27 日，政府军开始围攻巴黎最后两个工人区。在拉雪兹神甫公墓，200 多名公社战士与 5000 名凡尔赛士兵展开肉搏，大部分公社战士壮烈牺牲，被俘战士全部被枪杀在墓地的一堵墙前。这堵墙后被命名为“公社社员墙”为世界无产阶级所纪念。28 日 16 时，公社战士坚守的最后一个街垒被攻克。英雄的巴黎公社在经过不屈的斗争后，最终被凡尔赛军镇压下去。从 5 月 21 日到 28 日，巴黎人民用鲜血保卫巴黎公社，后被称为震惊世界的五月“流血周”。公社战士共有 7. 29 万人在作战中牺牲。公社失败后，凡尔赛军对起义者进行了疯狂报复，2. 98 万人被枪杀，6 万多人被投入监狱或被流放。

二、第一国际与巴黎公社革命

关怀和指导、支持和捍卫巴黎公社革命，总结和宣传巴黎公社的经验教训，是第一国际史上光辉的一页。巴黎公社失败后，梯也尔之流大肆诽谤第一国际，说第一国际的巴黎支部从一个中心接受命令发动了公社革命。马克思和

① 《马克思恩格斯文集》第 3 卷，人民出版社 2009 年版，第 158 页。

恩格斯反驳了这种阴谋论的谰言，澄清了第一国际与巴黎公社之间的真正关系。马克思指出，总委员会引以为豪的是，第一国际的巴黎各支部在这次巴黎的光辉革命中起了卓越的作用。事实并不是像一些蠢材所想象的那样，仿佛巴黎或任何其他的国际支部从一个中心接受命令。事实是，既然所有文明国家的工人阶级的精华都属于第一国际，而且都浸透了第一国际的思想，他们在各地的工人阶级运动中就必然会走在最前面。1874 年 9 月 12—17 日，恩格斯在给弗·阿·左尔格的信中说："公社无疑是国际的精神产儿，尽管国际没有动一个手指去促使它诞生；要国际在一定程度上对公社负责是完全合理的。"①

（一）第一国际总委员会直接指导和支持巴黎公社革命

巴黎公社革命无疑是普法战争和法国阶级斗争的局势所造成的，但第一国际成立后的整个活动，特别是马克思主义的思想影响，对巴黎公社的产生起了巨大的作用。蒲鲁东主义虽然在法国有很大影响，但随着其在第一国际中与马克思主义较量的失败，本身也发生了分化。瓦尔兰等左派蒲鲁东主义者靠近马克思主义，并积极宣传第一国际的革命思想。

在巴黎公社革命期间，第一国际总委员会把指导和支持公社的革命活动作为中心任务。总委员会曾召开 14 次会议，对第一国际的巴黎支部和巴黎无产阶级就巴黎的革命形势提出建议、作出有关决定。总委员会成员马克思和恩格斯更是非常注意通过各种渠道收集巴黎的消息，密切关注事态的发展，认真研究巴黎公社的各项政策措施。瓦尔兰等人的积极活动使第一国际的巴黎支部异常活跃，有 16 名第一国际成员参加了国民自卫军中央委员会，巴黎公社委员会中也有一些是第一国际成员。为了加强联系和深入了解情况，第一国际在 1870 年 9 月初就派遣总委员会委员奥古斯特·赛拉叶作为代表赴巴黎从事联络。赛拉叶在巴黎曾担任国民自卫军第 121 营营长。1871 年 2 月，他曾回伦敦向总委员会报告法国革命形势。3 月底，他重返巴黎，并当选为巴黎公社委员，一直坚持到巴黎公社最后一天。马克思还通过一位往来于英法之间的德国商人艾劳与巴黎公社保持联系，并同弗兰克尔、瓦尔兰等巴黎公社委员保持书信往来。

对于巴黎的起义，马克思起初并不赞成，他认为主客观条件并不具备，时机也不成熟。但当巴黎人民在忍无可忍的情况下行动起来，一举赶跑了资产阶

① 《马克思恩格斯选集》第 4 卷，人民出版社 2012 年版，第 515 页。

级政府，走到舞台中心的时候，马克思还是毫不犹豫地站到了起义者一边。从斗争策略到军事技术、社会经济措施等，他都给巴黎公社提出极其宝贵的建议。马克思建议巴黎公社把那些能使凡尔赛反动派声名狼藉的档案转移到伦敦公布，从政治上揭露凡尔赛卖国政府；提醒巴黎公社要提高警惕，防止德国给凡尔赛分子占领巴黎提供方便和帮助，并向巴黎公社通报了法夫尔和俾斯麦在法兰克福达成秘密协议的详细情况；建议巴黎公社加强面对德军一侧的蒙马特尔高地的防御工事，提防德军的进攻；建议巴黎公社在巴黎以外甚至在其他国家尽快开展工作，以解除巴黎孤军作战的状况；建议巴黎公社实行有利于农民和小资产阶级的措施，以团结和争取广大劳动群众的支持；建议巴黎公社不要把宝贵的时间浪费在琐碎事务和私人争执上，要求他们弥补失去的时间，赶紧做他们认为需要做的一切事情。可惜的是，这些有益的忠告没有得到采纳。马克思深感遗憾地说："如果公社听从我的警告，那该多好啊！"①

总委员会高度赞扬巴黎工人的革命热情和斗争精神，严厉谴责背叛巴黎公社的行为。由于右派蒲鲁东主义者托伦在巴黎公社成立后继续留在凡尔赛的国民议会，背叛了工人阶级，总委员会根据马克思和恩格斯的建议，将托伦开除出第一国际。

（二）第一国际总委员会动员各国支部和无产阶级支持巴黎公社革命

在第一国际总委员会的号召与动员下，各国的第一国际支部和革命群众纷纷起来，以多种斗争形式声援巴黎公社。第一国际会员、德国社会民主党领导人威·李卜克内西和倍倍尔在德国议会发表赞扬和支持巴黎公社革命的演讲，德国政府以所谓的叛国罪把他们逮捕入狱。德国广大工人在柏林、汉堡、莱比锡、汉诺威等城市，先后举行声援巴黎公社的群众大会。英国伦敦工人和其他劳动群众也举行数万人参加的声援大会。瑞士、意大利、西班牙等国的工人同样进行过类似的声援活动。在巴黎公社革命和巴黎公社存在期间，马克思写了几百封信，号召各国工人起来支持巴黎公社的斗争。马克思和恩格斯还在报刊上介绍巴黎公社的真实情况，批驳资产阶级反动派对巴黎公社的污蔑和攻击。

（三）第一国际总委员会在巴黎公社失败后开展了营救社员的工作

巴黎公社被镇压后，第一国际总委员会做了大量艰巨的工作，帮助和营救

---

① 《马克思恩格斯文集》第 10 卷，人民出版社 2009 年版，第 359 页。

被迫害的巴黎公社社员。马克思千方百计搞到了很多护照，尽力帮助巴黎公社社员逃离法国。马克思和恩格斯还组织了一个专门委员会，帮助流亡国外的巴黎公社社员寻找工作、安排生活。1871 年 6 月，法国反动政府通电欧洲各国，建议组织反对第一国际的统一行动，并要求引渡避难国外的巴黎公社社员。总委员会立即号召各国无产阶级起来反对和制止本国政府附和法国巴黎反动政府的通电，支援流亡国外的巴黎公社社员。第一国际还补选法国的龙格、瓦扬和泰斯等巴黎公社领导人为总委员会委员。这就捍卫了巴黎公社的政治地位，有力地揭露和反击了巴黎反动政府串通各国反动派迫害巴黎公社社员的罪行。①

三、巴黎公社革命的伟大意义

巴黎公社虽然只存在了 72 天，却为无产阶级革命留下了宝贵的精神遗产。巴黎公社失败后的第三天，马克思就起草了总委员会关于巴黎公社的宣言，即著名的《法兰西内战》，对巴黎公社革命事业进行了总结。之后，马克思和恩格斯还发表了一系列书信、文章和演说，进一步总结巴黎公社的经验教训，全面阐明巴黎公社是具有深远历史意义的伟大创举。

（一）巴黎公社是无产阶级推翻资产阶级统治、建立无产阶级专政的第一次伟大尝试

巴黎公社从实践上证明了马克思主义关于无产阶级专政学说的正确性。此前，无产阶级专政还只是一种理论概念，是马克思和恩格斯提出的一个设想。巴黎公社推翻了资产阶级统治，在世界上第一次建立了无产阶级专政的政权，使科学的设想变成了现实。马克思指出："公社的真正秘密就在于：它实质上是工人阶级的政府，是生产者阶级同占有者阶级斗争的产物，是终于发现的可以使劳动在经济上获得解放的政治形式。"② 后来，恩格斯也指出："近来，社会民主党的庸人又是一听到无产阶级专政这个词就吓出一身冷汗。好吧，先生们，你们想知道无产阶级专政是什么样子吗？请看巴黎公社。这就是无产阶级专政。"③

---

① 2016 年是巴黎公社革命爆发 145 周年。2016 年 11 月 29 日，法国国民议会依据《宪法》34—1 条款通过第 907 号决议，宣布"为所有遭镇压的 1871 年巴黎公社社员平反"。

② 《马克思恩格斯文集》第 3 卷，人民出版社 2009 年版，第 158 页。

③ 《马克思恩格斯文集》第 3 卷，人民出版社 2009 年版，第 111—112 页。

（二）巴黎公社革命充分体现了工人阶级的历史首创精神和革命英雄气概，证明了无产阶级是肩负着建立新社会历史使命的伟大阶级

在资本主义社会中，工人阶级通常只是被人们看作一个受苦受难而值得同情的阶级，并不认为这个阶级肩负着怎样的历史使命和具有怎样的历史首创精神。工人阶级在轰轰烈烈的巴黎公社革命中的表现充分展现了这个阶级的革命首创精神，充分证明了马克思主义关于无产阶级肩负着世界历史性伟大使命的原理。巴黎无产阶级在民族危急时刻以主人翁精神登上历史舞台，推翻了资产阶级卖国政府，打碎了旧的旨在压迫人民的国家机器，建立起工人阶级全新的政权。虽然他们在理论上还不成熟，没有掌握科学社会主义的原理，但他们凭借阶级的本能，根据现实的需要，采取了大多是正确的社会主义措施。这就深刻证明，这个阶级具有彻底革命精神和高度的建设能力。马克思得知巴黎起义胜利并成立了巴黎公社的消息后，以异常兴奋的心情写信给他的好友路德维希·库格曼说："这些巴黎人，具有何等的灵活性，何等的历史主动性，何等的自我牺牲精神……历史上还没有过这种英勇奋斗的范例！"① 历史证明，巴黎公社革命是使工人阶级作为唯一具有首创能力的阶级得到公开承认的第一次革命。

巴黎无产阶级的历史首创精神是与其彻底的革命精神联系在一起的。面对杀气腾腾的反革命暴力，巴黎无产阶级毫无惧色，誓死保卫巴黎公社，表现了无产阶级冲天的革命干劲和英勇气概。巴黎公社军队统帅东布罗夫斯基亲临前线，率领国民自卫军英雄奋战，在枪林弹雨中壮烈牺牲。第一国际会员、巴黎公社委员瓦尔兰冲锋在前，被捕后宁死不屈，英勇就义。老人、妇女、儿童齐心参战。老工人奥古斯·茹隆带领三个儿子参军后，还要求批准他的小儿子参加战斗。14 岁的弟弟恩斯特把红旗插上街垒时牺牲了，17 岁的哥哥菲里克斯继续为保卫红旗战斗到最后一息。妇女组织了救护队和医疗队，并建立了一个妇女营，为巴黎公社事业英勇战斗，许多人献出了宝贵的生命。在把巴黎公社检察长里果解往监狱的途中，敌人强迫他喊"打倒公社"，他却高呼："公社万岁！"巴黎公社委员费烈被捕后在法庭上大义凛然地说："我是巴黎公社的委员，现在落入我的战胜者的手中。他们要我的头颅，让他们拿去吧。我永远也不想用卑怯的行为来拯救自己的生命。我曾经自由地生存，也将自由地死去。"

① 《马克思恩格斯文集》第 10 卷，人民出版社 2009 年版，第 352—353 页。

他在临刑前还写信对战友说，不要为我们的失败而悲伤，而要更好地分析失败的后果。你我都要深信：社会主义事业从来都没有像今天这样令人感到必要！

在“巴黎流血周”的第二天，巴黎公社委员、无产阶级诗人欧仁·鲍狄埃在巴黎近郊用气壮山河的诗句写成了《国际歌》歌词。17年后，工人作曲家狄盖特为它谱了曲。列宁指出，它是全世界无产阶级的歌，“公社被镇压了……但是鲍狄埃的《国际歌》却把它的思想传遍了全世界”[①]。雄壮的《国际歌》成为激励全世界无产阶级的战斗号角，鼓舞着他们为实现巴黎公社的革命原则，解放全人类，最终实现共产主义而英勇奋斗。

（三）巴黎公社的革命实践沉重打击了各种非科学社会主义思潮，证明了科学社会主义原理的正确性

巴黎公社的实践宣告了布朗基主义和蒲鲁东主义的破产，证明了科学社会主义是工人阶级解放的理论指南。恩格斯说：“公社是旧的、法国特有的社会主义的坟墓，而同时对法国来说又是新的国际共产主义的摇篮。”[②] 尽管在巴黎公社的领导层中多数是布朗基主义者和蒲鲁东主义者，但他们在革命的进程中所采取的措施，则不自觉地违背了布朗基主义和蒲鲁东主义，而体现了科学社会主义的精神。

按照布朗基的理论，应该由少数革命者去夺取政权，建立少数人的革命专政。而巴黎公社革命的实践，则是根据大多数人的自觉行动来发挥群众的积极性，采取措施充分保证由大多数人来实行公开而直接的统治。蒲鲁东主义反对工人参加政治斗争，否认国家和无产阶级专政的必要性，而巴黎工人恰恰是积极地参加了政治的和军事的斗争，建立起世界上第一个无产阶级专政的国家政权。恩格斯在谈到巴黎公社采取的经济措施时指出：“公社莫大的荣幸，就在于它的一切经济措施的‘激励人心的灵魂’不是由什么原则，而是由简单的实际需要所构成。正因为如此，废除面包工人的夜工、禁止工厂罚款、没收停业工厂和作坊并将其交给工人协作社等这样一些措施，完全不合乎蒲鲁东的精神，而合乎德国科学社会主义的精神。”[③]

之所以会发生这样奇怪的现象，是革命实践的力量起了检验和矫正的作用。革命实践进程中的客观形势，要求革命者采取客观上符合马克思主义原则

---

① 《列宁选集》第2卷，人民出版社2012年版，第303页。
② 《马克思恩格斯全集》第36卷，人民出版社1975年版，第228页。
③ 《马克思恩格斯文集》第3卷，人民出版社2009年版，第310页。

的措施，而巴黎无产者根据自己的阶级本能正确地遵循了这种需要。可以说，巴黎公社的革命实践，使当时各种各样的社会主义思想受到了一次严格的检验，证明了只有科学社会主义才是指导无产阶级解放斗争的科学真理。

（四）巴黎公社为未来的无产阶级革命留下了永恒的革命原则和宝贵的历史经验

巴黎公社失败了，但巴黎公社所体现的原则是永存的。敢于革命、彻底革命的原则，发挥无产阶级首创精神的原则，为人民群众谋利益的原则，以及无产阶级国际主义原则等，都具有永久的价值。在工人阶级得到解放以前，巴黎公社的原则将一再表现出来。正如马克思指出的，即使公社被搞垮了，斗争也只是延期而已。“公社也是 19 世纪社会革命的开端。因此，无论公社在巴黎的命运怎样，它必然将遍立于全世界。”①

巴黎公社作为无产阶级推翻资产阶级统治、建立无产阶级专政的第一次伟大尝试，还为后来的无产阶级革命和无产阶级专政提供了极为丰富和十分难得的历史经验。对于无产阶级的革命斗争来说，无论是它成功的可贵经验，还是失败的惨痛教训，都是一笔具有永久价值的精神遗产。

四、巴黎公社革命的历史经验

马克思和恩格斯关心、支持和高度评价巴黎公社革命，科学总结了这次革命的历史经验，丰富和发展了科学社会主义理论。

（一）必须建立无产阶级的革命武装，为进行无产阶级革命和实现无产阶级专政提供首要条件

巴黎公社的实践证明，无产阶级只有建立革命的武装，才能推翻资产阶级的反动统治，也才能巩固革命的胜利。这次革命的一个特点，就是巴黎工人在起义之前就建立了自己的武装即国民自卫军，而在起义之后也没有交出自己的武装。正是依靠这一武装，巴黎工人才顺利地推翻了资产阶级卖国政府，为建立无产阶级自己的政权准备了前提条件。马克思指出：“其首要条件就是无产阶级的大军。工人阶级必须在战场上赢得自身解放的权利。”② 而当凡尔赛反革命势力疯狂反扑的时候，也只能依靠这一武装来保持自己的公社。如果没有这

---

① 《马克思恩格斯文集》第 3 卷，人民出版社 2009 年版，第 194 页。
② 《马克思恩格斯文集》第 3 卷，人民出版社 2009 年版，第 619 页。

支人民武装，在强大的反革命势力面前，巴黎公社一天都不能维持。而巴黎公社领导们所犯的一个致命错误，就是没有在刚取得并需要巩固政权时，利用革命武装继续向凡尔赛乘胜追击，一举消灭梯也尔反革命势力，从而使反革命势力得到喘息机会并得以重新纠集卷土重来，最后导致了革命失败。

（二）必须打碎旧的国家机器，建立无产阶级专政的国家机器

巴黎公社革命爆发后，马克思在评论巴黎国民自卫军中央委员会1871年3月18日宣言时就明确指出，必须摧毁旧的国家机器，建立无产阶级自己的国家机器。马克思在《法兰西内战》中，详细阐述了这一观点。他认为无产阶级掌握政权的第一个条件就是打碎旧的国家机器。他强调说："工人阶级不能简单地掌握现成的国家机器，并运用它来达到自己的目的。奴役他们的政治工具不能当成解放他们的政治工具来使用。"① 在总结巴黎公社失败的经验教训时，他又把这一观点写在《共产党宣言》的1872年德文版"序言"中，从而丰富和发展了马克思主义的国家学说。

巴黎公社革命抛弃了资产阶级的议会制和三权分立的政体，建立起同时兼管立法和行政的机关——公社，从而创造性地建立了议行合一的无产阶级国家的新型政体。马克思在第一国际总委员会关于巴黎公社的宣言《法兰西内战》中，对此作了深刻总结和阐述。

巴黎公社失败的原因之一，就是没有充分运用好无产阶级专政机器这个工具。当巴黎公社处于内外敌人的包围和军事进攻之中时，首先需要肃清内部的敌人。但巴黎公社镇压反革命的行动却非常无力，使一些反革命分子能自由活动并充当内应，在关键时刻帮助凡尔赛军队攻入巴黎；巴黎公社中的蒲鲁东派以保证共和国自由为名，反对扣押人质，反对镇压人质，还以出版自由为借口，反对查封反革命报刊，这些也为凡尔赛势力的猖狂反扑创造了机会。此外，巴黎公社既没有没收法兰西银行，又对法兰西银行监管不力，使其得以向凡尔赛输送了2.5亿法郎，为凡尔赛组织镇压巴黎公社的反革命武装提供了资金。这不仅是一个经济错误，也是一个严重的政治错误。

（三）无产阶级专政的国家必须是为人民利益服务的机关，机关工作人员是人民的公仆

在马克思看来，历史上一切剥削阶级政府在本质上都是压迫性的，而巴黎

---

① 《马克思恩格斯文集》第3卷，人民出版社2009年版，第218页。

公社则是代表人民的政权，其工作人员是人民的公仆。巴黎公社一切社会职能都由公社的勤务员负责地执行，这表明它是一个廉洁政府、一个具有广泛代表性的政治形式。马克思据此认为：“公社给共和国奠定了真正民主制度的基础。”①

（四）必须建立无产阶级的革命政党，发挥党的政治领导作用

在巴黎公社的经验教训中，马克思和恩格斯认为最重要的是建立无产阶级革命政党，并发挥党在革命斗争中的领导作用。他们认为，巴黎公社失败的主要原因之一，就是没有一个马克思主义政党的领导核心。革命爆发前，法国工人运动并不成熟，处于布朗基派和蒲鲁东派的影响之下。随着马克思主义的传播，蒲鲁东派内部分化为两派。尽管左派日趋靠拢马克思主义，其代表瓦尔兰成为法国工人运动的杰出活动家，但马克思主义在法国工人运动中还不占主导地位。巴黎公社领导阶层大多是布朗基主义者和蒲鲁东主义者。其中，布朗基派占多数，蒲鲁东派占少数。而且两派彼此进行着无谓的争论，致使巴黎公社精力分散。马克思和恩格斯根据巴黎公社的经验，在第一国际伦敦代表会议和海牙代表大会上发表了讲话，并推动大会作出专门决议，把建立独立的无产阶级政党的任务提到各国工人运动的议事日程上。

第三节 第一国际的解散

巴黎公社革命失败后，第一国际进入处境艰难的时期。在马克思和恩格斯领导下，第一国际取得了反对巴枯宁分裂阴谋的决定性胜利。为适应工人运动面临的新形势，第一国际先是把总部移到美洲，后于1876年宣布解散。

一、第一国际解散的原因

巴黎公社失败后，各国反动派加紧对工人运动的围剿，对第一国际会员进行迫害，第一国际生存发展的外部环境空前恶化。

法国外交部长法尔夫于1871年6月向欧洲各国政府发出通知，号召共同对第一国际进行讨伐。法国政府还通过一项法律，规定凡加入第一国际者就要处

---

① 《马克思恩格斯文集》第3卷，人民出版社2009年版，第157页。

以两个月至两年的监禁和罚款，并剥夺公民权。德国俾斯麦政府积极响应，于1872年5月27日以“图谋叛国”的罪名判处德国社会民主工党的领袖倍倍尔和李卜克内西两年监禁。荷兰、丹麦、比利时、奥匈帝国、意大利、西班牙、俄国和美国的反动统治者，也使用解散组织、逮捕、审讯、监禁、驱逐出境等残暴手段，对第一国际的支部和会员进行迫害。罗马教皇庇护九世甚至号召天主教徒要和所谓“天主和人的死敌”第一国际坚决斗争，叫嚷先将他们绞死，再为他们祈祷。这样，第一国际在险恶的环境下已难以开展正常工作。

外部环境的恶化也加剧了第一国际的内部矛盾和分歧。第一国际成立之时，在路线、政策和策略等重大问题上就存在分歧。随着工人运动的发展和第一国际影响的扩大，第一国际内部也累积了更多分歧和矛盾。特别是巴黎公社革命爆发后，第一国际内部在如何对待巴黎公社的问题上，各派的矛盾趋于激化和表面化。有的人对第一国际的作为不满，有的派别声明退出第一国际，有的另立山头并同总委员会断绝联系。这在一定程度上造成了第一国际在组织上的危机。

在困难的情况下，第一国际总委员会根据恩格斯的建议，于1871年9月在伦敦召开了秘密的代表会议。会议强调了第一国际的组织纪律，加强了总委员会的权力，打击了巴枯宁主义的分裂活动。会议还根据巴黎公社的经验，明确提出在各国建立无产阶级独立政党的任务，并把这个决议补充到《国际工人协会共同章程》中。

1872年9月，第一国际在荷兰的海牙召开第五次代表大会。出席大会的有欧美15个国家的67名代表。马克思也出席了大会。大会讨论了组织问题和无产阶级的政治活动问题。多数代表主张无产阶级必须进行政治斗争，为此必须加强组织领导。大会围绕加强还是取消总委员会的权力展开了激烈斗争。巴枯宁分子企图取消总委员会一切权力，将其变为一个“通讯统计局”或“信箱”。马克思在发言中根据阶级斗争的事实，阐明了加强总委员会权力的极端重要性，揭穿了巴枯宁分子以“反权威主义”为名，行瓦解第一国际之实的阴谋。大会经过激烈争辩，终于以多数通过了加强总委员会权力的决议，并根据恩格斯的报告，审查了巴枯宁集团分裂第一国际的罪恶活动，最后通过决议把巴枯宁和其主要追随者吉约姆开除出第一国际。

在海牙大会上，恩格斯提议把总委员会驻地迁往美国纽约。他之所以提出这个建议，主要是考虑到：在当时反动势力加紧迫害的情况下，总委员会在欧洲开展正常工作有相当困难；驻地继续设在伦敦，领导权有被工联主义者和布朗基主义者篡夺的危险；美国工人正在迅速成长，第一国际必须在这块工人占优势的土地上深深地扎根。经过马克思和恩格斯在会上和会下的说服解释工作，这个提议获得了通过。大会根据总委员会成员必须在美国居住的原则，选出了新的总委员会。左尔格（1828—1906）在纽约被补选为总委员会委员，并当选为总书记。马克思和恩格斯不再参加第一国际的领导工作。马克思在会后的阿姆斯特丹群众大会上动情地说："至于我个人，我将继续自己的事业，为创立这种对未来具有如此良好作用的所有工人的团结而不倦地努力。不，我不会退出国际，我将一如既往，把自己的余生贡献出来，争取我们深信迟早会导致无产阶级在全世界统治的那种社会思想的胜利。"①

总委员会迁往纽约后，与欧洲各国支部的联系几近中断。尽管总委员会领导了美国工人的斗争，使第一国际支部遍布美国各大城市，但难以顾及欧洲的工作。1874 年 8 月，总委员会内部以左尔格为首的马克思主义者和拉萨尔派之间的分歧尖锐化，左尔格辞去总书记职务，退出了总委员会，第一国际的活动名存实亡。1876 年 7 月 15 日，总委员会在美国费城召开最后一次代表会议，正式宣告国际工人协会解散。从此，"旧国际算是完全终结了"②。第一国际解散的深层原因，在于"它的旧形式已经过时了"③。19 世纪 60—70 年代起，自由资本主义开始向垄断资本主义过渡，欧洲工人运动在巴黎公社失败后进入低潮，无产阶级革命的任务转为在工人阶级中进行长期的组织教育工作，为迎接新的革命高潮做准备。为适应新的历史条件，各国无产阶级必须建立自己独立的政党，根据本国的实际情况开展革命斗争。所以，第一国际这种组织形式已不能适应各国革命斗争发展的需要，正如马克思在给左尔格的信中所说，"鉴于欧洲的形势，我认为，暂时让国际这一形式上的组织退到后台去，是绝对有利的"④。

二、第一国际的历史地位

第一国际在其存在的 12 年间，为欧美各国工人阶级的发展和国际团结建

① 《马克思恩格斯全集》第 18 卷，人民出版社 1964 年版，第 180 页。
② 《马克思恩格斯选集》第 4 卷，人民出版社 2012 年版，第 514 页。
③ 《马克思恩格斯选集》第 4 卷，人民出版社 2012 年版，第 515—516 页。
④ 《马克思恩格斯文集》第 10 卷，人民出版社 2009 年版，第 396 页。

立了伟大的功绩，在国际共产主义运动史上占有非常重要的地位。

（一）推动国际工人运动发展

第一国际把各国工人阶级的斗争集合在自己的旗帜下，推动了国际工人运动和民族解放运动的发展，并在斗争中逐步把马克思主义理论同欧美各国的工人运动结合起来。

19 世纪 50—60 年代，面对笼罩着整个欧洲的反动势力，刚刚复苏的工人运动要求实现统一和抛开一切内部争论，把无产阶级共同的世界性的利益提到首位。第一国际成立后，始终把自己同各国工人运动联合在一起。无论是在西欧各国普遍爆发的罢工斗争，还是在欧亚诸国开展的民族解放运动，都得到了第一国际的热情支持和帮助。特别是第一国际为工人阶级制定了政策和策略，使分散的工人斗争逐步走向联合，形成了国际范围内工人阶级的独立运动，使一般工人运动转变为国际共产主义运动。

（二）使马克思主义逐渐成为工人运动的指导思想

第一国际在马克思和恩格斯的指导下，战胜了各种错误思潮和流派，并在斗争中广泛传播科学社会主义，为马克思主义在工人运动中指导地位的确立奠定了基础。

第一国际从成立之日起，在关于工人运动的原则、路线和目标上就存在明显的分歧甚至斗争，这是工人运动初期的必然现象。在同各种流派的斗争中，以马克思为代表的国际派取得了胜利。在第一国际成立之初还有很大影响的各种资产阶级改良主义思潮和流派，到第一国际结束时影响已大大缩小了，有的已经奄奄一息。马克思主义逐渐成为工人运动的指导思想，这是工人运动发展的客观选择，也是马克思主义的重大胜利。

（三）以无产阶级国际主义精神团结教育了各国无产阶级

第一国际是无产阶级国际团结的象征，在第一国际的号召和影响下，各国工人在斗争中互相援助，团结协作，大大增强了各国无产阶级的团结和共同斗争的意识。普法战争时期，当德、法两国统治阶级彼此厮杀时，两国工人却互通和平与友谊的音讯，英国工人阶级也向德、法两国工人伸出了友谊之手。数百名第一国际战士参加了巴黎公社革命，有的在巴黎公社中担任要职，不少人在战斗中献出了宝贵的生命。无产阶级在国际性的联合斗争中根本利益的一致，正是第一国际的精神遗产。

（四）培养了一批工人运动的领袖人物

第一国际在斗争中培养了一批工人运动的优秀人物，为未来斗争的发展和各国无产阶级建立自己的独立政党奠定了组织基础。

第一国际制定的纲领、章程以及一些重大决议，在指导国际工人运动的实践中，也为建立各国无产阶级政党提供了经验。在马克思和恩格斯的培养教育下，从斗争实践中锻炼出了李卜克内西、倍倍尔、左尔格等优秀分子，他们不但具有坚定的无产阶级立场和斗争勇气，而且具有较高的理论素养，是不断推进共产主义运动的中坚力量。

列宁高度评价了第一国际的历史功绩，指出："第一国际（1864—1872年）奠定了工人国际组织的基础，使工人做好向资本进行革命进攻的准备"①，整个"第一国际为国际无产阶级争取社会主义的斗争奠定了基础"②。因此，"第一国际是不会被人遗忘的，它在工人争取自身解放的斗争史上是永存的"③。

思考题：

1. 第一国际的重要活动有哪些？
2. 巴黎公社革命的伟大意义和基本经验是什么？
3. 如何评价第一国际的历史地位？

---

① 《列宁选集》第3卷，人民出版社2012年版，第790页。
② 《列宁选集》第3卷，人民出版社2012年版，第791页。
③ 《列宁全集》第36卷，人民出版社2017年版，第218页。

第三章 第二国际的建立及其演变

第二国际是资本主义从自由竞争向垄断过渡的历史时期各国工人阶级政党和团体的国际联合组织。在其存在期间，推进了马克思主义与工人运动的结合，为各国工人阶级政党进行国际革命斗争和本国革命制定了新的斗争策略，积极开展反对资本主义、军国主义和无政府主义的斗争。在资本主义相对和平发展时期，第二国际内部马克思主义与机会主义和修正主义的斗争虽然取得了一定成效，但未能阻止其泛滥。1914 年第一次世界大战爆发时，大多数右派掌权的政党背叛无产阶级国际主义，转而支持本国资产阶级政府进行的帝国主义战争，这标志着第二国际政治上的破产。但第二国际具有重要的历史地位，对国际共产主义运动产生了深远影响。

第一节 第二国际建立的历史背景

19 世纪 70—80 年代，资本主义制度以不同的方式在欧美各主要资本主义国家完全确立起来，且资本主义垄断趋势显著增强，劳资矛盾不断加剧，工人运动重新高涨，马克思主义得到广泛传播并逐渐在工人运动中取得主导地位，工人阶级政党和团体在欧美各国普遍建立，第二国际应运而生。

一、巴黎公社革命失败后国际工人运动的特点

巴黎公社革命失败后，国际工人运动一度低落。但自 19 世纪 70 年代开始，在第二次科技革命的推动下，资本主义社会生产力迅速发展，企业规模不断扩大，生产和资本日益集中，导致垄断的产生，形成了垄断组织和金融寡头的统治。随着资本主义在欧美各国的迅速发展和垄断趋势的不断加强，资本主义固有的矛盾不断加深，周期性的经济危机频繁发生，无产阶级同资产阶级的矛盾逐渐激化。无产阶级为了捍卫自身利益开展了广泛的斗争，工人运动的内容更加丰富，规模和范围不断扩大，国际工人运动再次蓬勃兴起。

英国在 19 世纪 70 年代前一直是工业化程度最高的国家，并在对外殖民扩张中获得了大量超额利润。为分化工人阶级，减轻工人斗争的压力，英国资产

阶级很早就开始实行收买和培植“工人贵族”的政策，导致以“工人贵族”为核心的英国工联长期推行鼓吹阶级调和与和平改良的工联主义。英国工人运动由于长期受到工联主义的干扰和影响，发展较为缓慢。随着美国、德国、法国等资本主义国家工业生产的快速崛起，英国工业逐渐丧失了在世界上的垄断地位。资产阶级为了维护自己的利益，加紧对无产阶级的压榨和剥削，英国社会阶级矛盾尖锐起来。英国广大工人冲破工联主义的阻挠，摒弃“防卫而不能挑战”的旧口号，积极参加斗争，争取民主权利和改善劳动、生活条件，并建立自己新的工会组织。1880—1890 年，英国工人运动进入新工会运动时期。在新工会领导下，1889 年，伦敦 6 万码头工人为增加工资、争取 8 小时工作制，团结一致地坚持了两个月的罢工斗争，迫使资方让步，终于取得了胜利。恩格斯高度评价了这次罢工斗争：“这是我们近年来最有希望的一次运动，我还能活着看到这次运动，感到很自豪，很高兴。”①

美国作为新兴资本主义国家，在 19 世纪 90 年代初，工业生产已从 60 年代的世界第四位跃居世界首位。工业生产的高速发展使工人阶级队伍迅速壮大，从 50 年代末到 90 年代末的 40 年间，工人人数增加了 6 倍。工人运动蓬勃发展，从 70 年代开始，罢工怒潮连绵不断。1875 年，宾夕法尼亚的无烟煤矿区工人举行了长达半年的罢工；1877 年，爆发了美国历史上第一次全国性的铁路大罢工；1885 年，美国共有 700 次罢工斗争，计 25 万人参加；1886 年 5 月 1 日，美国工人举行了争取 8 小时工作制的全国总罢工，35 万名罢工工人在各城市举行集会和示威游行，芝加哥 4 万多名工人同警察发生激烈冲突，遭到政府残酷镇压。美国工人这次争取缩短工时的罢工斗争，在国际工人运动史上具有重大意义。

巴黎公社失败以后，由于资产阶级的残酷镇压，法国工人运动暂时陷入低谷。但是，法国无产阶级并没有被反动派的屠刀所吓倒，很快又投入新的战斗。工人阶级的组织性逐步加强，工会、合作社等迅速发展。工会数目从 1884 年的 68 个增长到 1890 年的 1006 个，工会会员接近 14 万人。1886 年，在里昂成立了法国全国工会联合会。在工会领导下，19 世纪 80—90 年代，法国工人举行了一系列罢工和示威游行。最有影响的是 1886 年德卡兹维尔煤矿工人大罢工，前后持续了 6 个月。法国众议院为此曾展开激烈辩论，并首次成立了和资

---

① 《马克思恩格斯全集》第 28 卷，人民出版社 2018 年版，第 573 页。

产阶级政党相对立的工人党团。恩格斯认为，这是可以与美国工人“五一”大罢工相比拟的一件大事。

在俄国，1861 年废除农奴制以后，资本主义有了较快发展，工人运动也随之兴起。从 19 世纪 70 年代起，俄国工人罢工和骚动次数大增。到 80 年代，工人队伍进一步成长壮大，工人斗争的形式不断增多，规模不断扩大，特别是 1885 年莫斯科附近奥列霍沃—祖耶沃的莫罗佐夫纺织工人大罢工，参加者达 1.1 万人，斗争持续了 8 天，最终迫使沙皇政府于次年公布了限制资本家向工人征收罚金的法令。莫罗佐夫纺织工人的罢工，标志着俄国有组织的群众性工人运动的开始。

这一时期，国际工人运动表现出以下特点：一是工人运动范围不断扩大，不仅在西欧和美国等主要资本主义国家继续扩展和深入，而且在中东欧和其他地区，如波兰、匈牙利、捷克、塞尔维亚、日本、印度、南非等国，也得到了较快发展。二是工人运动的规模、斗争的激烈程度、斗争的内容和方式都比 19 世纪 50—60 年代有了很大提高。既有分散的地方性罢工，又有全国性的总罢工；既进行经济斗争，又进行政治斗争，有时甚至和军警发生冲突。当时，德国工人运动走在最前列，法、英、美等国次之，俄国的工人运动虽然开始较晚，但 19 世纪 70 年代以后也有了相当的发展。三是各国无产阶级通过罢工斗争显著提高了组织性和团结性。工会运动在很多国家得到发展，逐渐从行业工会发展到产业工会，斗争更易组织和发动。通过斗争，英、美、法等国无产阶级争取到建立全国性的统一的工会组织的权力，美、法两国的男工和英国的部分男工获得了选举权，童工和女工的恶劣待遇有了一些改善。工人运动日益高涨，迫切需要科学理论指导和成立新的国际工人联合组织。

二、马克思主义得到广泛传播

国际工人运动的深入发展促进了马克思主义在欧美各国更为广泛的传播。但是，由于各国的工人运动刚刚开始复苏，各国历史条件也存在差异，加上一批资产阶级和小资产阶级分子也加入无产阶级队伍，各种非无产阶级思潮、非科学社会主义思潮在工人运动中流行起来，以资产阶级世界观和非科学社会主义来对抗科学社会主义，严重影响了工人运动理论水平的提高，使工人运动的发展受到很大干扰。为推动工人运动健康发展，马克思、恩格斯和各国马克思主义者与各种资产阶级、小资产阶级思潮以及其他非科学社会主义进行了坚决斗争，进一步扩大了马克思主义的影响，确立了马克思主义在国际工人运动中的指导地位。

（一）马克思和恩格斯对“哥达纲领”的批判，阐述了科学社会主义的重要原理

19世纪70年代，德国自上而下实现了统一。德国社会民主工党（爱森纳赫派）和全德工人联合会（拉萨尔派）的统一问题也被提上了议事日程。马克思和恩格斯赞同两派统一，但是考虑到两派之间的原则分歧，认为应当在科学社会主义而不是在拉萨尔主义的基础上达到统一，为此要做必要的思想和政治准备。

1875年3月7日，德国工人运动中的爱森纳赫派和拉萨尔派在哥达城经过正式会谈后，分别在《人民国家报》和《新社会民主党人报》上公布了为准备合并而共同拟订的纲领草案。纲领草案渗透了拉萨尔的“铁的工资规律”、依靠国家帮助建立生产合作社、争取普选权、建立“自由人民国家”以及“对工人说来，其他一切阶级都是反动的一帮”等机会主义观点。

马克思和恩格斯特别重视革命纲领对一个革命政党的重要意义。马克思指出，制定一个原则性纲领，“这就是在全世界面前树立起可供人们用来衡量党的运动水平的里程碑”①。恩格斯也指出，党的纲领是“一面公开树立起来的旗帜，而外界就根据它来判断这个党”②。马克思和恩格斯对纲领草案逐条分析后，认为这是一个极其糟糕的、会使党堕落的纲领。针对爱森纳赫派领导人向拉萨尔派的妥协让步，1875年3月中下旬，恩格斯在分别给倍倍尔和李卜克内西的信中，对纲领草案作了初步批评，表明了对待两派合并的态度和必须坚持的原则，反对爱森纳赫派为追求组织的合并而一味向拉萨尔派做原则让步，认为接受这个纲领是党“断然的退步”。为了对恩格斯的信中所阐明的观点作进一步发挥和充实，划清科学社会主义与拉萨尔主义的界限，阐述对两派合并的原则立场，马克思应白拉克的请求，抱病于4月底5月初写了《对德国工人党纲领的几点意见》，即《哥达纲领批判》。

《哥达纲领批判》“第一次明确而有力地表明了马克思对拉萨尔开始从事鼓动工作以来所采取的方针的态度，而且既涉及拉萨尔的经济学原则，也涉及他

---

① 《马克思恩格斯文集》第3卷，人民出版社2009年版，第426页。
② 《马克思恩格斯文集》第3卷，人民出版社2009年版，第415页。

的策略”①。在这部著作中，马克思逐条剖析和批判了纲领草案中的拉萨尔机会主义谬论：批判了他的小资产阶级的分配观点，阐明了社会主义社会总产品的分配原则，第一次明确提出了由资本主义向共产主义过渡时期必须实行无产阶级专政和共产主义社会发展的两个主要阶段的学说，科学地揭示了两个阶段的区别和联系，阐述了它们的各自特征以及实现共产主义的条件；批判了拉萨尔所谓“铁的工资规律”的谬论，指出他的论据是英国反动经济学家马尔萨斯的人口论，掩盖了工资的实质和资本主义剥削关系，指出工人阶级为了求得彻底解放，必须消灭雇佣劳动制度；批判了拉萨尔鼓吹的依据国家帮助建立生产合作社来实现社会主义的机会主义路线，阐述了无产阶级只有通过社会主义革命从根本上推翻资本主义制度才能建立社会主义的原理。马克思还批判了拉萨尔的“自由人民国家”等一系列机会主义观点，阐明了过渡时期理论以及国家性质和形式问题。

《哥达纲领批判》捍卫了马克思主义的基本原理，是继《共产党宣言》之后又一部论述科学社会主义理论的重要文献，对国际工人运动有普遍的指导意义。马克思和恩格斯通过对“哥达纲领”的批判，划清了马克思主义与拉萨尔主义的原则界限。但是，爱森纳赫派的领导人并没有接受马克思和恩格斯的批评，只是对纲领草案做了个别文字上的修改，在 1875 年 5 月哥达城召开的两派合并大会上予以通过。纲领虽有缺陷，但是两派的合并结束了德国工人运动分裂的局面，在一定程度上促进了德国工人运动的发展。

（二）马克思和恩格斯对杜林主义的批判，进一步阐明和发展了马克思主义科学体系

19 世纪 70 年代初，巴黎公社失败后，反动统治阶级在用暴力镇压工人阶级的同时，竭力在思想上利用资产阶级、小资产阶级思潮影响工人运动。德国社会民主工党（爱森纳赫派）和全德工人联合会（拉萨尔派）酝酿合并的过程中受到了影响，合并后的德国社会主义工人党内部对错误思潮的妥协情绪上升。杜林主义正是在这样的历史背景下出现的一种反马克思主义的思潮。欧根·杜林是柏林大学的讲师。19 世纪 70 年代初，他以所谓社会主义行家兼社会主义改革家的面貌出现，先后出版了《国民经济学和社会主义批判史》《国民经济学和社会经济学教程》《哲学教程——严密科学的世界观和人生观》等

① 《马克思恩格斯文集》第 3 卷，人民出版社 2009 年版，第 423 页。

著作，构建了哲学、政治经济学和社会主义的一整套理论，对马克思主义进行全面的攻击。在哲学上，杜林宣扬以庸俗唯物主义为基础的折中主义，反对马克思主义哲学；在经济学上，用资产阶级庸俗经济学反对马克思主义政治经济学；在社会主义理论方面，鼓吹资产阶级改良主义，主张在不改变资本主义生产方式的条件下实行“劳动平等”和“分配平等”，反对科学社会主义。

由于杜林在演说或著作中有时也称赞巴黎公社的革命者，并用激烈词句抨击当时资本主义的某些社会问题，因此他的论述具有很强的蛊惑性，不仅迷惑了许多青年学生，而且在德国社会主义工人党内也出现了一批追捧者。一些人把杜林的观点和主张吹捧为工人阶级的“救世良方”，甚至党的一些主要领导人也发表文章，表示完全赞同杜林的观点。面对杜林主义发起的严重挑战及其造成的思想混乱，德国社会主义工人党领导人李卜克内西等人认识到了问题的严重性。他们给恩格斯写信反映情况，请求恩格斯对杜林观点进行批判。

正是在此情况下，恩格斯写信给马克思商讨批判杜林的对策。马克思一直十分关注德国社会主义工人党的发展，认为及时批判杜林主义，对于提高德国党的理论水平，维护党的团结，指明工人运动的方向，都是十分必要的。他在给恩格斯的复信中，表示坚决支持反击杜林的攻击和歪曲。由于马克思正集中精力从事《资本论》第二、三卷的写作和修改，于是，恩格斯便放下手头繁忙的工作，从 1876 年 9 月底到 1878 年 6 月间，连续写了一系列批判杜林的文章，先后刊登在德国社会主义工人党的中央机关报《前进报》上。1878 年 6 月，恩格斯又把这些文章汇集成书出版，书名为《欧根·杜林先生在科学中实行的变革·哲学·政治经济学·社会主义》（即《反杜林论》）。

《反杜林论》全面深刻地批判了杜林主义，系统阐述了马克思主义理论的三个主要组成部分，即马克思主义哲学、马克思主义政治经济学和科学社会主义。在哲学方面，恩格斯批判了杜林的唯心主义先验论和形而上学，阐述了辩证唯物主义关于物质和意识、物质和运动、时间和空间、相对真理和绝对真理、自由和必然等基本观点，揭示了阶级斗争在社会发展中的作用。在政治经济学方面，恩格斯批判了杜林的庸俗政治经济学观点，阐明了政治经济学的对象和方法，论述了马克思主义政治经济学说特别是剩余价值理论。在科学社会主义方面，恩格斯批判了杜林的小资产阶级社会主义理论，阐明了科学社会主义的历史条件和经济根源，揭示了资本主义必然灭亡和社会主义必然胜利的规律，并对社会主义和共产主义的基本特征作了论述。

《反杜林论》总结了马克思主义诞生以来无产阶级革命的经验和自然科学成就，第一次系统阐述了马克思主义三个组成部分及其内在联系，使马克思主义成为一个不可分割的、严密而完整的科学体系。恩格斯对杜林的批判，捍卫和发展了马克思主义，不仅使德国社会主义工人党摆脱了杜林的影响，而且极大地教育和影响了许多国家的工人阶级政党，促进了这些党理论水平的提高，加强了马克思主义在各国工人阶级中的影响。

（三）马克思和恩格斯对“苏黎世三人团”的批判，阐明了革命斗争的战略策略

德国工人运动的发展和德国社会主义工人党的成就，引起了德国统治阶级的恐慌。1878 年 10 月，德国俾斯麦政府颁布了《反对社会民主党企图危害治安的法令》（即“非常法令”），社会主义工人党被置于非法的地位，全国处于白色恐怖之中。

在斗争条件急剧转变的情势下，德国社会主义工人党的领导人缺乏思想准备，面对暴力镇压不知所措，党内出现了在瑞士苏黎世活动的以赫希伯格、施拉姆和伯恩施坦三人为代表的右倾机会主义，被称为“苏黎世三人团”。他们屈服于反动政府的压力，宣扬投降主义路线，乞求统治阶级的饶恕，主张把党变成一个资产阶级的改良党。1879 年，他们在《德国社会主义运动的回顾》一文里，鼓吹德国社会主义工人党应该服从“非常法令”，放弃阶级斗争，取消革命，成为“一切富有真正仁爱精神的人”的“全面”的党，应当把全部力量用于最近目标，用于议会活动；无产阶级不能靠自身的力量取得解放，而应当服从“有教养的和有财产的”资产者的领导，不应当以暴力吓跑资产者，而应当声明“走合作的，即改良的道路”。他们宣称政府颁布“非常法令”是无产阶级自找的，党应当向政府忏悔，乞求俾斯麦取消这个法令。他们还胁迫党的领导人解散党的组织。“苏黎世三人团”的宣言和主张，给社会主义工人党造成了思想混乱。

为了彻底批判“苏黎世三人团”的右倾机会主义，马克思和恩格斯于 1879 年 9 月写了《给奥·倍倍尔、威·李卜克内西、威·白拉克等人的通告信》（以下简称《通告信》）。《通告信》指出，无产阶级只有通过革命的道路，推翻资产阶级的统治，才能实现自己的解放；社会民主党人并不反对改良和合法的斗争，但绝不能像机会主义者那样，为了走合法的改良主义道路，完全放弃革命，取消革命的党；“苏黎世三人团”的宣言彻底抛弃了阶级斗争学说和无

产阶级历史使命的学说，陷入投降主义的泥坑。《通告信》还阐明了加强无产阶级政党思想建设和组织建设的重要性，并建议把“苏黎世三人团”开除出党，以保持党的纯洁。1880 年 8 月，德国社会主义工人党在瑞士维登召开的秘密代表会议上，撤销了“苏黎世三人团”所担任的党报《社会民主党人报》的编辑职务。

马克思和恩格斯对“苏黎世三人团”的批判，帮助德国社会主义工人党提高了认识，克服了“苏黎世三人团”右倾机会主义给德国党带来的严重危害。

（四）马克思主义在国际工人运动中的影响不断扩大

马克思和恩格斯在同杜林主义、拉萨尔主义和“苏黎世三人团”错误思想的斗争中，不仅捍卫了科学社会主义原则，培养了一大批工人领袖和马克思主义宣传家、理论家，而且促进了马克思主义与工人运动的结合，确立了马克思主义在国际工人运动中的指导地位。

一是马克思主义超越欧美国家向世界各地传播。这一时期，马克思主义不仅在德、法、英、美等工人运动高涨的国家迅速传播，而且随着工人运动的兴起与工人阶级政党的成立，还在意大利、西班牙、荷兰和北欧诸国（瑞典、丹麦、挪威）、奥匈帝国和东欧、俄国等地迅速传播。由于大批第一国际和巴黎公社的政治流亡者移居阿根廷、墨西哥和巴西等国家，马克思主义从 19 世纪 70 年代起也开始在拉美地区传播。

二是涌现了一大批马克思主义宣传家和理论家。在德国有杰出的工人运动领袖李卜克内西、倍倍尔等人，他们从 19 世纪 60 年代起就在工人群众中宣传马克思主义，领导工人运动。在法国，有法国工人党的创始人茹尔·盖得、保尔·拉法格。在英国，有宣传社会主义思想的民主联盟领导人亨·迈·海德门，以及艾威琳、艾琳娜。还有美国工人党的创始人弗·阿·左尔格和俄国的格·瓦·普列汉诺夫等。他们不仅翻译、编辑、出版马克思和恩格斯的许多理论著作，也撰写了大量文章和书籍来宣传、阐释马克思主义。如倍倍尔的《妇女与社会主义》，拉法格的《工人政党和资本主义国家》《法国工人党纲领绪论部分解说》《资本和宗教》，普列汉诺夫的《社会主义与政治斗争》等著作，深受工人群众喜爱。他们还组织工人学习会，向群众作通俗演讲，对提高无产阶级觉悟、教育和组织工人群众、反对资产阶级起了很大作用。

三是创办了大量宣传、普及马克思主义的理论报刊。如德国社会民主工党（爱森纳赫派）中央机关报《人民国家报》（1869—1876 年）和德国社会主义工人党中央机关报《前进报》（1876—1878年），1879年开始出版的德国社会民主党秘密机关报《社会民主党人报》（1888年迁到伦敦），1872年年初美国纽约国际法国人支部的机关报《社会主义者报》，1877年茹尔·盖得在巴黎创办的《平等报》，1879年10月建立的法国工人党先后出版的《平等报》《社会主义者报》《新纪元》等报刊，19世纪80年代初英国民主联盟出版的机关报《正义报》和《今日》杂志，美国工人党的《劳动旗帜报》等。这些刊物刊载马克思主义经典著作，向工人宣传介绍马克思主义；同时，还刊载大量马克思主义理论家的文章，阐述科学社会主义思想，强调工人运动统一的重要意义，对马克思主义的传播和工人运动的发展起到了重要的推动作用。

随着马克思主义在全球的广泛传播，科学社会主义的影响越来越大，特别是各国马克思主义者将科学社会主义理论与本国工人运动相结合，为各国工人阶级政党的建立奠定了思想基础。

三、欧美工人阶级政党的建立

（一）德国社会民主工党的建立和发展

19世纪60年代初，德国工人运动出现新的高涨。1861年，莱比锡的工人首先提出摆脱资产阶级影响、建立独立的无产阶级政治组织的建议，并积极开始行动。1863年5月23日，11个地方的工人代表在莱比锡召开会议，建立了全德工人联合会，拉萨尔当选为主席。他在联合会中大搞个人独裁和个人崇拜，并把自己的一套理论即拉萨尔主义强加于联合会。拉萨尔宣扬国家是超阶级的，工人阶级只要通过合法斗争取得普选权就能获得政治解放；污蔑农民是“反动的一帮”，否定建立工农联盟的必要性；认为工人群众贫困的原因不在于雇佣劳动制，而在于平均工资始终停留在最低的生活限度上这一“铁的工资规律”；鼓吹依靠国家帮助的生产合作社实现社会主义。为了实现他的社会主义计划，拉萨尔不惜与俾斯麦暗中勾结，破坏工人运动，支持普鲁士自上而下地统一德国。1864年拉萨尔死后，其信徒贝克尔、施韦泽等人继续坚持其主张，压制不同意见，造成了全德工人联合会的分裂。贝克尔和施韦泽一派在联合会中被称为拉萨尔派。

在马克思和恩格斯的帮助与指导下，以倍倍尔和李卜克内西等为代表的德国工人运动中的先进分子逐渐觉悟起来，在全德工人联合会内外开展了反对拉萨尔主义和资产阶级自由主义的斗争，并于1869年在爱森纳赫城成立了德国社会民主工党，又称“爱森纳赫派”。这是国际共产主义运动史上第一个在民族国家范围内建立的无产阶级政党。大会经过热烈讨论，一致通过了由倍倍尔起草的德国社会民主工党纲领。这个纲领是按照国际工人协会《成立宣言》和《临时章程》的主要原则制定的，基本上是一个马克思主义的纲领。

为了加强工人运动的统一和团结，爱森纳赫派建议与拉萨尔派联合，但一直遭到拉萨尔派少数领导人的拒绝。1873 年，两派合并的问题再次被提上议事日程。主要原因是：德国实现了国家统一，两派原先在这一问题上的分歧已不存在；此时正逢拉萨尔派的核心人物、全德工人联合会主席施韦泽下台，两派关系日趋缓和；这一年，德国出现了严重的经济危机，工人运动更加高涨，政府加强了对工人运动的镇压，甚至连拉萨尔派也未能幸免。客观形势迫使两派重新考虑联合问题，以便共同反抗资产阶级的进攻。于是，两派领导人开始接触，加紧合并的准备工作。1875 年 5 月 23—27 日，两派在哥达城举行统一的代表大会。大会通过了党的纲领，选举了统一的中央委员会，决定把党的名称改为德国社会主义工人党（1890 年以后改名为德国社会民主党），宣告了统一的德国无产阶级政党的正式建立。两派的合并，使党的力量和影响迅速扩大，有力地推动了工人运动的发展。到 1877 年，德国党建立了 250 多个地方组织，党员发展到 3.3 万多人。在 1876—1877 年的议会选举中，德国党所得选票由 1874 年的 35 万余张增加到 49 万余张，党在群众中的威信和国家政治生活中的地位大大提高。

德国统一的无产阶级政党的建立和工人运动的高涨，引起了德国统治阶级的极大恐慌。为了镇压革命运动，俾斯麦采取了“鞭子加甜面包”的反革命政策。一方面，他把 1878 年 5 月和 6 月两次谋刺德皇事件嫁祸于德国社会主义工人党，并以加强社会治安为借口，迫使帝国议会通过了《反对社会民主党企图危害治安的法令》（即“非常法令”），宣布取缔“社会民主党的、社会主义或共产主义的”团体及其所属各种协会、新闻和出版机构。在 1878—1890 年实施“非常法令”期间，332 个工人组织被解散，1300 多种报纸和其他刊物被查禁，将近 900 名受委托人遭驱逐，1500 多名德国社会主义工人党人被判处监禁和劳役，这就是所谓的“鞭子政策”。另一方面，俾斯麦又采取了“甜面包政策”。帝国议会根据他的建议，先后通过了医疗保险法、工伤事故保险法、残疾和老年保险法，企图争取劳动人民，涣散工人的斗志，使德国社会主义工人党失去群众基础。俾斯麦政府的“鞭子加甜面包”反革命政策严重干扰和破坏了工人运动，并造成了德国社会主义工人党内部的思想混乱。

“非常法令”生效后，德国社会主义工人党被置于非法地位。党的领导人未能及时制定出新的斗争策略来领导全党同俾斯麦政府进行针锋相对的斗争，党内出现了右倾思潮。

在德国党面临严重困难的关键时刻，马克思和恩格斯给予了及时支持和帮助。在马克思和恩格斯指导下，德国党的领导人坚决批判了“左”、右倾机会主义，克服了党内的动摇情绪，确立了正确的斗争策略，领导全党把合法斗争与非法斗争、公开斗争与秘密斗争巧妙地结合起来。一方面，他们充分利用俱乐部、游览协会、储蓄协会、养兔协会、养金丝鸟协会等各种合法的团体，争取和组织群众，掩护党的活动；另一方面，他们不顾“非常法令”的禁止，秘密恢复了党和工会组织，在瑞士创办了党的机关报《社会民主党人报》，并通过由党的忠诚战士组成的“红色战地邮局”，每月把上万份报刊秘密运回德国散发，以揭露俾斯麦政府的罪行，宣传党的方针政策。

1880 年 8 月，德国社会主义工人党在瑞士维登秘密召开代表大会。大会对“非常法令”下党的斗争策略以及党内的争论作了总结，摒弃了“力求用一切合法手段争取自由国家”的拉萨尔主义观点，宣布无产阶级要使用“一切手段”实现自己的目的。大会还决定参加帝国议会及地方议会的选举，并开除了无政府主义代表人物莫斯特、哈赛尔曼。这次大会结束了党内一度出现的动摇和混乱局面，增强了党的团结和统一，确定了反对俾斯麦政府的正确策略方针。

维登大会之后，德国党继续通过合法和非法方式开展政治、经济斗争，并在新的历史条件下丰富了合法斗争的内容和形式。德国党创办了不少公开发行的工人报刊，如哥达的《闹钟》、汉堡的《新木工报》和《造船者信使》、莱比锡的《工会会员》等。在德国党领导下，工会迅速恢复并得以发展，1885 年工会会员达到 8 万余人，由工会领导的自由互助会成员有 84 万人。德国党利用竞选议员、议会辩论、议会投票、议员巡回演讲，公开揭露俾斯麦政府反动的内外政策，启发群众的觉悟，宣传党的主张。它批判了右翼首领们企图使议会党团脱离党中央领导、凌驾于全党之上的错误，保证了议会斗争沿着正确的方向发展。结果，党在“非常法令”生效后的第一次议会选举（1881 年）中，仍获得了 31.2 万张选票、13 个议席，1884 年增至 55 万张选票和 24 个议席，1890 年进一步增加到 142.7 万张选票、35 个议席。1890 年 1 月，俾斯麦要求帝国议会再次延长“非常法令”（原定这一法令有效期为两年半，几经延长已经实行了 12 年），遭到多数议员的否决。3 月 20 日，俾斯麦被迫辞职，“鞭子加甜面包”政策也随之破产。德国社会主义工人党在“非常法令”时期的斗争取得了重大胜利。

德国社会主义工人党的建立与发展及其在斗争中取得的胜利，极大地鼓舞了世界无产阶级的斗志，推动了欧美其他国家无产阶级政党的创建以及国际工人运动的发展，德国社会主义工人党也因此成为推动第二国际建立的中坚力量。

（二）欧美各国社会主义政党的普遍建立和发展

继德国社会主义工人党之后，欧美主要国家先后建立了大批社会主义政党或组织。它们是：丹麦社会民主工人党（1876 年）、美国劳动人民党（1876 年，1877 年改称“美国社会劳工党”）、法国工人党（1879 年）、西班牙社会主义工人党（1879 年）、意大利工党（1882 年）、俄国劳动解放社（1883 年）、英国社会主义同盟（1884 年）、比利时工人党（1885 年）、挪威工人党（1887 年）、奥地利社会民主工党（1888 年）、瑞典社会民主工人党（1889 年）、瑞士社会民主党（1889 年）。

各国社会主义政党建立后，在党纲中都提出了改造资本主义和实现社会主义的积极主张，并组织工会，开展各种斗争，努力使工人阶级摆脱资产阶级控制，走上独立发展的道路。但当时各国刚建立的工人党还不成熟，严格说来有的还不是马克思主义政党，大多数党实际上未能同其他社会主义派别划清界限，未能彻底清除机会主义、改良主义、无政府主义等错误思潮影响。为此，马克思和恩格斯在进行理论著述的同时，花费了巨大精力关注当时各国党的建立和成长，对年轻的各国工人党给予了多方面的指导和帮助。

法国工人党是 1879 年 10 月在马赛召开的社会主义工人代表大会上建立的。马克思和恩格斯与该党的领导人茹尔·盖得、保尔·拉法格等为刚创建的法国工人党拟定政治纲领，在 1880 年 11 月召开的哈佛尔代表大会上获得通过。但是以马隆、布鲁斯为首的机会主义派别和无政府主义者反对这个纲领。1881 年法国工人党在大选中受挫后，布鲁斯等人趁机发表了与哈佛尔代表大会通过的纲领完全对立的机会主义纲领，宣称党的每个地方组织根据可能性自由制定自己的纲领，把党的活动限制在统治阶级可能允许的范围内。“马隆—布鲁斯派”因而被称为“可能派”。他们反对进行革命，主张工人阶级取消社会主义和共产主义的最终奋斗目标，而要把注意力集中在争取城市议会之类的地方自治机关方面，企图把法国工人党变成改良主义的党。在1882年9月召开的圣太田代表大会上，以盖得、拉法格为首的革命派同“可能派”产生了原则分歧。两派由政治上的分歧发展到组织上的分裂。盖得等人退出大会，召开自己的代表大会，保留了法国工人党名称，宣布坚持1880年通过的马克思主义纲领。重建后的法国工人党虽然在人数上减少了，但是在组织上更加纯洁和巩固，战斗力更强，领导了一系列罢工和示威游行，很快成为法国最有影响和最巩固的社会主义组织。

19世纪80年代以前，“工联”是英国唯一的工人组织，参加者主要是熟练工人，而其他多数贫困的无产者则被拒之门外，处于分散状态。工人运动的发展促进了社会主义思想在工人中的传播，工人产生了建立社会主义组织和工人政党的要求。大批工资低、生活困苦的非熟练工人参加工会，组成了“新工联”。1881年后，英国出现了一些社会主义的组织，吸引工人参加有组织的斗争。如1881年亨利·迈尔斯·海德门等成立的民主联盟（1884年改称“社会民主联盟”），1884年艾威琳夫妇成立的社会主义同盟，韦伯夫妇、萧伯纳等人成立的社会主义团体——费边社。这些组织多半主张阶级调和，鼓吹用社会和平和渐进的改良把资本主义社会改造成为社会主义社会，反对无产阶级革命和无产阶级专政。

美国劳动人民党于1876年7月建立，次年改称“美国社会劳工党”。该党在领导1877年的美国铁路大罢工运动中，提出了实行8小时工作制和铁路收归国有的口号。1879年拥有1万名党员，创办了24种报纸，1889年拥有70个支部。但这个党的绝大部分成员都是德国侨民，不愿和当地工人接触，存在教条主义和宗派主义倾向，党的领导人只会照搬马克思主义的词句，而不了解美国工人的实际。马克思和恩格斯曾就此多次进行批评和教育。1889年，新当选的领导人制定了新的纲领，党的力量得到加强。

欧美各国社会主义政党建立后，一方面加强了对本国工人运动的领导；另一方面，在马克思主义的指导下，与党内各种派别集团和错误思潮倾向进行了斗争，在19世纪80—90年代得到了较大的发展，极大地推进了国际共产主义运动，为第二国际的建立奠定了组织基础。

正当国际共产主义运动在欧美广大地区蓬勃发展，马克思主义在国际工人运动和无产阶级政党创建中发挥指导作用的时候，马克思因长期过度劳累、身患疾病，于1883年3月14日在伦敦住所逝世，终年65岁。

作为伟大的无产阶级革命家，马克思一生光明磊落，不谋私利，为无产阶级和全人类的解放百折不挠、不懈奋斗，贡献了毕生精力。他发现了唯物史观和剩余价值学说，使社会主义由空想变成科学，由理论变成与工人阶级解放斗争相结合的现实运动，开创了人类争取美好前景的历史新纪元。他和恩格斯并肩战斗，创立和领导了国际工人协会，亲自指导并参加了国际工人运动，指导和帮助建立工人阶级政党，对国际共产主义运动作出了卓越贡献。马克思是全世界无产阶级和劳动人民的革命导师，是马克思主义的主要创始人，是马克思主义政党的缔造者和国际共产主义运动的开创者，是近代以来最伟大的思想家。一个多世纪过去了，人类社会发生了巨大而深刻的变化，但马克思的名字依然在世界各地受到人们的尊敬，马克思的学说依然闪烁着耀眼的真理光芒，他的英名和事业永垂不朽。

第二节　第二国际的建立及其主要活动

1889年，第二国际建立。在各国党的合法斗争取得较大成效的背景下，第二国际内出现了一股以伯恩施坦为代表的改良主义、修正主义思潮。虽然各国马克思主义者和左派与他们进行了坚决的斗争，但未能阻止其泛滥。

一、第二国际的建立及其特点

（一）第二国际的建立

19世纪70年代末80年代初，国际工人运动迅速发展，一些工人运动活动家倡议重建国际工人组织。但恩格斯认为当时建立新国际的条件并不成熟，因为“下一个国际——在马克思的著作产生了多年的影响以后——将是纯粹共产主义的国际，而且将直截了当地树立起我们的原则”①。19世纪80年代末，随着国际工人运动的重新高涨，马克思主义的广泛传播，工人运动领袖人物的不断涌现，各国社会主义政党和团体的纷纷建立，工人阶级及其政党要求加强国际团结，共同反对资本主义制度的愿望越来越强烈，建立新的无产阶级国际组

① 《马克思恩格斯文集》第10卷，人民出版社2009年版，第399页。

织的条件日趋成熟。

当时，国际工人运动中主要存在两派：马克思主义影响下的德国社会主义工人党和法国工人党盖得派，改良主义影响下的英国工联和法国“可能派”。这两派都试图建立以自己为中心的新的国际组织。1887 年 10 月，德国社会主义工人党在圣加仑代表大会上通过决议，责成党的代表和其他国家的工人组织联合起来，于1888 年秋天召开国际工人代表大会，以实现国际社会主义者的团结与合作。法国工人党也提出了同样的建议。但是，德国党和法国党的领导人筹备新的国际组织的行动相当迟缓。与此相反，国际工人运动中的机会主义派别法国“可能派”却加紧行动起来。“可能派”联合英国“工联”和美国劳动骑士团以及一些国家的无政府主义者，于1888 年在伦敦召开了世界工人代表大会，决定于 1889 年 7 月在巴黎召开国际社会主义者代表大会，抢先建立新的工人国际，意图控制国际工人运动的领导权。

上述动向引起恩格斯的高度关注。为了阻止“可能派”夺取新的无产阶级国际组织的领导权，捍卫马克思主义的基本原则，恩格斯一方面揭露“可能派”的机会主义实质，另一方面敦促德国党和法国党加紧进行新国际的筹备工作。同时，他放下其他一切事务，亲自指导代表大会的筹备工作，确定筹备工作的方针，审阅有关代表大会的全部文件，而且提出一些具体措施。高龄的恩格斯“像一个少年一样投入战斗”①。1889 年 2 月，在恩格斯的指导和帮助下，拥护马克思主义的各党派在海牙召开预备会议，决定同年 7 月在巴黎召开国际社会主义者代表大会，使工人群众在两个大会的对比中识破“可能派”的机会主义阴谋和实质。

在恩格斯领导下，经过各国马克思主义者的努力，1889 年 7 月 14 日，即法国大革命胜利一百周年纪念日，国际社会主义者代表大会在巴黎隆重开幕。会议大厅悬挂着“全世界无产者，联合起来!”“从政治上和经济上剥夺资本家阶级，实行生产资料社会化!”等大幅标语。来自 22 个国家和地区的 407 名代表参加了大会，其中有一批著名的工人领袖。法国工人党的代表唱着《国际歌》进入会场，大会选出李卜克内西、倍倍尔、瓦扬、盖得、拉法格等著名活动家组成主席团，李卜克内西和瓦扬担任主席。大会进程表明，在许多重要问题上，马克思主义者同无政府主义者和改良主义者展开辩论，并取得胜利。代

① 《列宁选集》第 1 卷，人民出版社 2012 年版，第 718 页。

表大会通过的关于国际劳工立法的决议指出："只有作为一个阶级组织起来的无产阶级在国际上的共同努力，只有无产阶级取得政权，剥夺资本家阶级的生产资料并把它变为公有财产之后，劳动和人类才能获得解放。"恩格斯因忙于《资本论》第三卷的整理工作未能出席大会，但他密切关注会议的进行，并热情赞扬大会取得的一些成果。7 月 20 日晚，代表大会在"社会革命万岁!""社会民主国际万岁!"的口号声中胜利闭幕。"可能派"召集的国际代表大会于 7 月 15 日在巴黎举行，出席会议的 10 个国家的 606 名代表中，法国代表占 512 名，其余的主要是英国工联主义者。大会不仅缺乏广泛的国际性，还表现出非社会主义性质。"可能派"夺取国际工人运动领导权的企图彻底破产。

1889 年巴黎国际社会主义者代表大会，是第一国际解散后各国工人阶级政党和工人团体召开的第一次大规模的国际会议。虽然没有通过成立新的无产阶级国际组织的正式文件，但其各项议案表明，它在形式上起到了国际组织的作用，这标志着第二国际的诞生。第二国际的建立，恢复了各国工人之间曾一度中断的国际联合，加强了各国社会主义政党和社会主义者的国际团结，推动国际工人运动进入新的历史时期。

（二）第二国际的特点

第二国际作为第一国际的继续和发展，在组织形式、组织原则、组织成分和活动方式上有着鲜明的特点。

在组织形式上，第二国际比较松散，没有一个高度集中的领导中心。第二国际在刚建立时，没有设立国际性常设机构，仅在每次代表大会上选出一个委员会负责筹备下次代表大会。1900 年，巴黎代表大会决定设立国际常务委员会，由每个国家各派 2 名代表组成，任务是确定下次代表大会的议程，要求参加代表大会的各国党提供报告，编辑历次代表大会的决议汇编，分发关于各国社会主义运动的报告，并采取必要措施促进无产阶级的国际行动。这个常设机构被称为社会党国际局，驻在布鲁塞尔，设有 1 名负责日常事务的书记。由于社会党国际局并不是一个由代表大会选举产生并授予全权的领导机构，它与各成员组织不存在上下级隶属关系，职权受到严格的限制，不能干涉各国党的内部事务，只起通讯和联络作用。

在组织原则上，第二国际强调独立自主，主要依靠道义上的力量促使各国党遵守国际代表大会通过的决议。第二国际建立时，没有发表成立宣言和组织章程等纲领性文件。直到 1907 年的斯图加特代表大会，第二国际才通过《国际代表大会和国际局章程》，规定了参加代表大会的条件以及国际局的组成。第一国际停止活动以后，马克思和恩格斯集中精力从事理论研究活动，出版了大量的著作，科学社会主义得到广泛传播，各国社会主义政党都以马克思主义为指导制定了自己的纲领和章程。各国党以平等的身份参加第二国际代表大会，对国际工人运动中最重大和最迫切的问题进行严肃认真的讨论，通过了基本上符合马克思主义原则的决议，并自觉遵守历次代表大会决议。在前期活动中，列宁指出："国际代表大会的决定在形式上对各国并没有约束力，但在道义上却意义重大，以至不遵守决定的情况实际上可以说是绝无仅有的，恐怕比各国党不遵守本党代表大会决定的情况还要罕见。"①

在组织成分上，第二国际成分庞杂，除各国社会主义政党外，还有无政府主义、改良主义、机会主义等其他的工人组织。第二国际建立时，各国工人运动发展不平衡，除德国党外，欧洲各国社会主义政党还处于初建时期，并不十分强大。因此，参加国际代表大会的除了社会党代表之外，还有工会、合作社、文化团体的代表，甚至还有无政府主义者。随着各社会主义政党的壮大，社会党的代表逐渐占了多数，使第二国际能够通过许多正确的决议。1891 年布鲁塞尔代表大会取消了无政府主义者参加大会的权利。1893 年苏黎世代表大会规定，只有承认建立工人组织和承认政治活动必要性的工会、社会党的社会团体才可以参加代表大会。1896 年伦敦代表大会规定了能参加大会的两类代表：一类是力求以社会主义所有制和生产代替资本主义所有制和生产，并主张通过议会活动达到这一目的的所有集团的代表；另一类是一切纯粹的工会组织，它们虽然并不进行政治活动，但承认政治活动和议会活动的必要性。

在活动方式上，第二国际每隔几年召开一次代表大会，讨论国际工人运动共同关心的重大原则和策略问题，并作出相应的决议。第二国际最初几次代表大会在通过决议时都是按人投票进行表决，参加大会的每个代表都有投票权。1891 年布鲁塞尔代表大会决定，原则性问题要以国家或民族为单位进行表决。1907 年斯图加特代表大会决定，不管任何问题，只要有 3 个支部提出要求，就必须以国家为单位进行表决。各支部根据大小各拥有 2 票至 20 票的表决权。这种表决方法既比较恰当地反映了各国党代表团的力量，也体现了各国党独立自主的原则。从 1889 年成立到 1914 年第一次世界大战爆发，第二国际先后召开

---

① 《列宁全集》第 16 卷，人民出版社 2017 年版，第 64—67 页。

了9次代表大会，指导开展国际工人运动。

第二国际的组织形式、组织原则、组织成分和活动方式，是同当时国际工人运动发展水平相适应的。第二国际建立时，欧美资本主义经济迅速发展并处于和平时期，国际工人运动处于相对宽松的斗争环境中，一个协商讨论而非集中统一的国际组织，更有利于各国工人政党独立自主地开展本国革命运动。恩格斯高度赞扬了第二国际的组织形式和活动方式："每一个国家的无产阶级得到机会以独立自主的形式组织起来。这一点实现了，因而现在国际要比从前强大得多了……我们应当容许讨论，但是共同的原则应当始终不渝地遵守。自由联合和历次代表大会所支持的自愿联系——这就足以保证我们取得胜利"。①

二、第二国际反对资本主义、军国主义和无政府主义的斗争

第二国际建立以后，在组织和积聚革命力量、反对资本主义和军国主义、促进工人运动发展等方面，进行了大量工作，取得了重大成就。同时，在第二国际内部，马克思主义者还同无政府主义进行了不断的斗争。

（一）反对资本主义的斗争

动员和组织各国工人开展反对资本主义的斗争，是第二国际的主要任务。马克思逝世后，恩格斯"继续担任欧洲社会主义者的顾问和领导者"，他是"整个文明世界中最卓越的学者和现代无产阶级的导师"，是指导无产阶级开展反对资本主义斗争的旗手。第二国际建立后，资本主义正处于相对和平发展时期。恩格斯根据新的历史条件的变化，在强调暴力革命重要性的同时，提出无产阶级革命的策略必须进行调整，尽可能地利用普选制为本阶级谋取利益，甚至不排除在一定条件下通过和平合法的途径来实现社会革命并取得政权的可能性。但这种调整，是以坚持科学社会主义的根本原则和共产主义的奋斗目标为前提的。为此，第二国际制定了一系列方针政策，开展了各种形式的斗争。

首先，领导和发动工人阶级开展经济斗争。第二国际代表大会通过了许多指导工人阶级开展反对资本主义的经济斗争的决议。1889年，巴黎代表大会通过了关于国际劳工立法的决议，系统提出了无产阶级在经济方面的要求：实行8小时工作制，规定每周法定休息日；禁止使用童工，限制少年和妇女的劳动；禁止支付实物工资，对工人不分性别、种族实行同工同酬；国家建立工厂巡视

① 《马克思恩格斯全集》第22卷，人民出版社1965年版，第479—480页。

员制度等。巴黎代表大会还通过了关于庆祝“五一”国际劳动节的决议，规定每年5月1日，要在所有国家所有城市同时举行工人示威游行。1890年，欧美各国工人阶级举行了历史上第一次庆祝“五一”国际劳动节的群众性示威游行。恩格斯亲自参加了伦敦20万工人“五一”集会和示威游行，并激动地写道：“欧美无产阶级正在检阅自己第一次动员起来的战斗力量，他们动员起来，组成一支大军，在一个旗帜下……今天的情景将会使全世界的资本家和地主看到：全世界的无产者现在真正联合起来了。”① 这次大示威游行，唤醒了千百万工人群众的阶级觉悟，显示了无产阶级国际团结的巨大战斗威力。

为了争取和捍卫自身利益，各国社会主义政党领导无产阶级不断掀起声势浩大的罢工浪潮。在德国，罢工次数逐年大幅增长，1890—1891年发生226次，参加人数达3.8万人；1895—1899年间共发生3609次，其中仅1896年一年就发生480多次，参加人数达12.8万人。在英国，1897年伦敦机器制造业工人总罢工坚持了30个星期；1898年8月13日，伦敦爆发了6万人参加的码头工人大罢工；1900年，南威尔士铁路工人举行了长达数月的大罢工。在美国，1894年5月1日，发生了第一次失业工人向华盛顿进军事件，还发生了全国10万铁路工人大罢工。在法国，1890—1900年罢工人数达92.4万人，在汹涌的罢工斗争中，工人甚至同军警发生了流血冲突。

随着罢工运动的迅速发展，工人阶级的组织性进一步增强，工会组织的作用迅速扩大，新的工会组织不断涌现。在此基础上，许多国家建立了全国统一的工会组织。在德国，1892年3月，成立了全德工会总委员会，下属62个工会组织，拥有会员30多万人；在英国，1889—1892年，成立了数十个由非熟练工人组成的新工联，工会会员增至150万人；在法国，1890—1894年，工会组织增加了一倍，达2000多个，并于1895年成立了全国总工会；在美国，1900年拥有工会会员80万人。据统计，欧洲12个国家社会主义政党领导下的工会，1894年约有400万会员。在各国工会运动蓬勃发展的基础上，国际工会代表会议于1901年8月在哥本哈根召开。各国工会组织在反对资产阶级压迫、争取工人阶级权利的斗争中发挥了战斗作用。

其次，引导和支持工人阶级进行灵活多样的政治斗争。1889年巴黎代表大会通过的决议强调指出，经济斗争是启发劳动人民觉悟的手段，但只靠经济斗

---

① 《马克思恩格斯文集》第2卷，人民出版社2009年版，第22页。

争是不够的，必须把经济斗争同反对资产阶级统治的政治斗争结合起来；无产阶级只有夺取政权，并且把资本家占有的生产资料变为公有财产之后，才能获得解放。第二国际第三、四次代表大会通过的决议指出，工人阶级应该积极开展政治斗争，包括利用议会选举和议会讲坛，争取劳工立法；但在进行议会斗争时，必须把社会主义运动的革命目标放在第一位。各国社会主义政党和工人群众遵循第二国际的策略方针，利用各种方式积极开展合法斗争，进行议会内外的种种活动，取得了重大成就。德国党在1890年议会选举中获得选票143万张、议席35个，到1898年，选票和议席分别增至210万张、56个；法国工人党在1893年的议会选举中，和其他社会主义者共获得议席49个，盖得、瓦扬等有影响力的社会主义活动家被选为议员；意大利社会党在1892年议会选举中，获得选票27.6万张、议席6个；在英国1892年大选中，15名工人代表被选入议会。据统计，欧洲12个国家的社会主义政党，在1894年的议会中共获得议席134个。各国社会主义政党在利用议会舞台的同时，还把合法斗争和秘密斗争结合起来，宣传无产阶级政党的政治主张，揭露资产阶级政府的反动政策，启发群众的政治觉悟。

最后，领导和开展了妇女解放运动。第二国际曾多次讨论妇女解放问题，认为妇女的解放斗争实质是阶级斗争，妇女运动是整个工人运动的重要组成部分。1907年8月，第二国际妇女运动领导人克拉拉·蔡特金发起召开了第一届国际社会主义妇女代表大会，成立了国际民主妇女联合会。1910年8月，第二届国际社会主义妇女代表大会在哥本哈根召开。在这次会议上，蔡特金提议，为纪念1909年3月8日美国纽约和芝加哥服装业女工为争取选举权和8小时工作制、增加工资而举行的罢工游行，把每年的3月8日作为全世界劳动妇女的战斗日。该提议获得一致通过。从此以后，3月8日就成了全世界劳动妇女反对压迫和剥削、争取自身权益和解放的光辉节日。确立“三八”国际妇女节，是第二国际的一大历史贡献。

（二）反对军国主义的斗争

19世纪末20世纪初，资本主义进入帝国主义阶段。西方列强为重新瓜分势力范围，疯狂扩军备战，战争危险剧增。因此，反对军国主义成为第二国际讨论的中心问题之一。

第二国际最初几次代表大会都曾就这个问题作出决议。第二国际成立大会谴责军国主义，通过了《废除常备军和实行全民武装》的决议。决议指出，军国主义和常备军是为资本家服务的反动工具，是实行反动政变和社会压迫的工具，是发动侵略战争的工具。1891 年布鲁塞尔代表大会通过了题为《关于工人阶级对待军国主义的态度》的决议。这个决议指出，只有建立社会主义制度才能结束军国主义，实现各国人民之间的和平。1893 年苏黎世代表大会进一步提出具体的反战措施，指出议会中的工人党代表有义务投票反对军事贷款，反对常备军和要求裁军。1896 年伦敦代表大会提出，建立国际仲裁法庭解决冲突，并由人民决定战争与和平问题。1900 年巴黎代表大会谴责了帝国主义列强的掠夺政策和殖民政策，号召工人阶级在国际范围内开展群众性的抗议运动，反对帝国主义反动势力的联盟。

针对德、意、奥建立的三国同盟，1907 年，英、法、俄最终成立协约国，两个敌对的军国主义集团彼此对峙，世界大战一触即发。面对日益严重的战争危机，第二国际连续召开三次代表大会，着重讨论反对军国主义和战争问题。1907 年，列宁在斯图加特代表大会上提出，反对军国主义的目的，不仅是防止战争的爆发或在战争爆发时使之尽快结束，而且还要“竭尽全力利用战争所引起的经济危机和政治危机来唤醒人民群众的政治觉悟，加速资本主义阶级统治的崩溃”。他同卢森堡、蔡特金等人一起，对德国党的草案进行修改。修改后的提案，指明了各国党用无产阶级革命反对帝国主义战争的行动路线，被大会作为《关于军国主义和国际冲突的决议》一致通过。1910 年，哥本哈根代表大会再次讨论了反对军国主义的问题。机会主义者企图推翻斯图加特代表大会决议，遭到列宁等各国左派的反击。大会重申斯图加特代表大会决议的基本内容，坚持了反对军国主义战争的正确立场。1912 年 11 月，第二国际在世界大战迫近的形势下召开了巴塞尔代表大会，通过了《关于国际局势和反对战争的统一行动宣言》（即《巴塞尔宣言》），重申反对军国主义的原则，指明帝国主义战争的根源和性质，发出用一切手段反对帝国主义战争的号召。列宁认为，这个宣言“最确切而全面地、最庄严而正式地阐述了社会党人对战争的观点和策略”①。《巴塞尔宣言》对各国人民反对帝国主义战争起了巨大的推动作用。

在第二国际反对帝国主义和军国主义的号召下，各国工人持续不断地开展了反战集会和示威游行，许多社会主义者为反对帝国主义战争英勇战斗。

（三）反对无政府主义的斗争

19 世纪末 20 世纪初，随着资本主义向帝国主义过渡，资本的集中和垄断

---

①《列宁选集》第 2 卷，人民出版社 2012 年版，第 455 页。

使大批小资产者破产而落入无产者队伍中来，以小资产者为阶级基础的无政府主义思潮在工人运动中抬头，出现了法国党内的无政府工团主义、德国党内的青年派、荷兰党内的纽文胡斯分子等。奥地利、意大利、西班牙和瑞士等党内也出现了无政府主义的支持者。这表明，无政府主义已成为一种国际现象。无政府主义者反对无产阶级革命与无产阶级专政，反对建立群众性的政党和工会，主张采用国际总罢工的“直接行动”和盲目暴动甚至个人恐怖手段消灭一切国家机器，成为国际共产主义运动健康发展的逆流。

第二国际前期的历次代表大会都贯穿着马克思主义同无政府主义的斗争。1889 年第二国际成立大会上通过的决议，否定了无政府主义者反对经济斗争的观点，批判了无政府主义者否认建党的意义和政治斗争的错误论调，指出工人阶级要解放，单靠经济斗争是不够的，工人阶级必须组织起来并建立自己的政党，进行政治斗争，夺取政权。针对无政府主义者要求用“直接行动”作为统一的国际策略，1891 年巴塞尔代表大会提出，现阶段社会民主党的策略应该是，把最终推翻资本主义制度同争取民主权利和满足群众经济要求的斗争结合起来。1893 年，苏黎世代表大会通过了关于政治策略的决议，进一步驳斥了无政府主义者否认政治斗争的错误，肯定了政治斗争是无产阶级获得经济解放的手段，强调各国党根据本国的具体情况来决定斗争的方式，无论采取哪种斗争方式，都必须服从社会主义革命运动的最终目的。1896 年伦敦代表大会重申了反对无政府主义的主张，并作出将无政府主义者驱逐出第二国际的决议。至此，第二国际反对无政府主义的斗争取得了决定性的胜利。但在同无政府主义作斗争时，第二国际也存在只利用议会开展合法斗争的倾向。在 1893 年苏黎世代表大会的闭幕词中，恩格斯批判了无政府主义放弃科学的战略和策略，取消党的领导，把工人运动引入歧途的错误，同时也批评了那种相信依靠选票就能进入社会主义的不切实际的幻想。

第二国际同无政府主义的斗争，保证了马克思主义策略方针的贯彻实行。但在批判以无政府主义为代表的“左”倾错误时，迷信议会斗争的右倾情绪开始滋长。

三、第二国际反对伯恩施坦修正主义的斗争

1895 年，恩格斯与世长辞，国际共产主义运动失去了公认的领袖。资本主义进入帝国主义阶段以后，随着客观形势的发展变化，国际工人运动内部出现了

新的分化，渐进的改良主义思潮兴起，右倾机会主义、修正主义开始蔓延，通过议会道路和平过渡到社会主义绝对化，完全抛弃了暴力革命。第二国际开展了反对修正主义的斗争，但最终未能阻止修正主义的泛滥。

(一) 伯恩施坦修正主义的出现

由于第二国际各国党在合法斗争中取得了一定成就，国际工人运动中的机会主义者趁机宣扬社会改良主义，甚至公开要求“修正”马克思主义，由此得名的修正主义开始成为党内的主要危险。伯恩施坦是其突出代表。

爱德华·伯恩施坦（1850—1932），出生于德国工人家庭，1872 年加入德国社会民主工党。1873 年，伯恩施坦同杜林结成反党小宗派。1875 年，他主张同拉萨尔派实行无条件的妥协。1879 年，伯恩施坦伙同赫希伯格、施拉姆组成“苏黎世三人团”，发表《德国社会主义运动的回顾》的右倾机会主义纲领，受到马克思和恩格斯的严厉批评。1880 年年底，伯恩施坦随同倍倍尔去伦敦，向马克思和恩格斯表示“忏悔”。之后，1881—1890 年，他担任《社会民主党人报》主编，在宣传马克思主义方面做了不少工作，成为当时德国党理论宣传中有影响的人物之一，并得到恩格斯的信任。不过，他与机会主义仍然藕断丝连。恩格斯逝世以后，伯恩施坦以《社会主义问题》为总标题发表了 6 篇文章，借口时代变化，打着“发展”马克思主义、反对“教条主义”的旗号，宣称马克思主义已经“过时”，提出要全面“修正”马克思主义。1899 年，伯恩施坦抛出了他的修正主义代表作《社会主义的前提和社会民主党的任务》，从哲学、政治经济学和科学社会主义三个方面提出了“修正”马克思主义的理论。

在哲学方面，伯恩施坦否定马克思的辩证唯物主义和历史唯物主义，以康德的唯心主义代替唯物主义，以庸俗的进化论和折中主义代替革命的辩证法，否认事物发展的质变和飞跃，为反对革命、推行“和平长入社会主义”的改良主义路线制造理论依据。

在政治经济学方面，伯恩施坦借口资本主义经济发展中出现了新现象，攻击和否定马克思关于价值、剩余价值和经济危机的理论，认为资本主义具有自我约束的能力，垄断组织可以从根本上消解资本主义危机，从而否认资本主义必然灭亡的客观规律。

在科学社会主义方面，伯恩施坦反对和攻击马克思的阶级斗争学说，宣扬阶级合作，美化资产阶级国家制度，鼓吹政治自由、民主和普选制；否认无产阶级革命和无产阶级专政的必要性，诬蔑马克思主义的暴力革命理论是“布朗基主义”，攻击无产阶级专政是“低级文化”和政治上的“返祖现象”，主张渐进的、和平改革的策略，促使资本主义自然地“和平长入社会主义”；否认无产阶级政党的革命性质，要求把德国社会主义政党变成“改良的党”“和平的党”，并要求党放弃共产主义的奋斗目标；要求党放弃无产阶级国际主义，宣称“工人无祖国”已经过时，现在应支持本国政府的扩张主义政策；提出了“社会主义的最终目的是微不足道的，运动就是一切”的修正主义公式。

《社会主义的前提和社会民主党的任务》的发表，标志着伯恩施坦修正主义思想体系的完成。因为“伯恩施坦叫嚣得最厉害，最完整地表达了对马克思学说的修正，对马克思学说的修改，即修正主义”①，伯恩施坦便成为修正主义的鼻祖。

伯恩施坦修正主义思想体系出笼后，第二国际各国党内的机会主义者如获至宝，大肆宣扬。伯恩施坦的代表作在短期内几乎被译成欧洲的所有文字，甚至还有日文，并且一再重版。法国的入阁派、英国的费边派、俄国的经济派、意大利的改良派、保加利亚的宽广派，以及美国、比利时、荷兰、瑞士、瑞典等国的机会主义派别，归附在伯恩施坦的旗帜下，“都成了一家弟兄，他们互相吹捧，彼此学习，一起攻击‘教条式的’马克思主义”②。1899 年 6 月，法国独立社会党人米勒兰把伯恩施坦主义付诸实践，未经党的同意就加入资产阶级内阁担任工商部部长，同镇压巴黎公社的刽子手加里费（陆军部部长）合作共事，成了实践伯恩施坦主义的先例，“在实行这种实践的伯恩施坦主义方面作出了一个极好的榜样”③。随后，英国、意大利相继出现入阁事件，再次引起右倾机会主义者的喧嚣，修正主义开始泛滥起来，成了一种“时髦的”国际思潮。

伯恩施坦修正主义的出现和泛滥，是自由资本主义过渡到帝国主义阶段的产物，它的出现“不是个别人物的罪孽、过错和叛变，而是整个历史时代的社会产物”④。首先，1871 年巴黎公社失败后，欧美长期处于相对和平发展时期，没有发生重大的革命风暴，资产阶级政府更多地从暴力政策转向“收买”政

① 《列宁选集》第 2 卷，人民出版社 2012 年版，第 2 页。
② 《列宁选集》第 1 卷，人民出版社 2012 年版，第 294 页。
③ 《列宁选集》第 1 卷，人民出版社 2012 年版，第 296 页。
④ 《列宁选集》第 2 卷，人民出版社 2012 年版，第 494 页。

策，各国社会主义政党在合法斗争中取得较大成就，从而助长了各国党走议会道路的幻想。这是修正主义产生和泛滥的社会根源。其次，帝国主义垄断资产阶级以高额报酬收买和培植了“工人贵族”阶层，颂扬改良主义和阶级合作思想；在垄断资本形成的过程中，大批破产的小资产阶级涌入工人阶级的队伍，也给修正主义滋生提供了肥沃土壤。这是修正主义产生和泛滥的阶级根源。

（二）各国党左派反对修正主义的斗争

修正主义的出现，在各国党内引起很大震动，引发了马克思主义者反击修正主义的斗争，这使得国际共产主义运动内部两种思想、两条路线的斗争“第一次从一国的现象变成了国际的现象”①。

德国党内对伯恩施坦修正主义的批判，揭开了各国党反击修正主义斗争的序幕。1898—1903 年，德国社会民主党连续召开四次代表大会，开展了对伯恩施坦修正主义的批判，其中三次代表大会都以优势票数通过了谴责修正主义、重申党的基本理论和策略原则的决议。在 1898 年斯图加特代表大会上，德国党内围绕“运动和最终目的”问题爆发了激烈的争论。这是德国社会民主党内就伯恩施坦问题的第一次争论。因大会主席伊格约纳斯·奥艾尔等人对修正主义的袒护，斗争没有深入展开，也没有作出任何决议。在 1899 年汉诺威代表大会上，批判伯恩施坦修正主义成为大会的中心议题。大会通过了根据倍倍尔发言作出的决议，指出党将一如既往坚持阶级斗争的立场，认为工人阶级的解放只能是它本身的事业。这是德国社会民主党通过的第一个反对修正主义的决议。在 1901 年吕贝克代表大会上，通过了倍倍尔提出的谴责伯恩施坦的决议案。在 1903 年德累斯顿代表大会上，针对伯恩施坦争取副议长的主张，倍倍尔指出，这一主张是要把党的革命策略改变为改良策略，进而把革命政党变为改良的政党。经过激烈辩论，大会通过了倍倍尔、考茨基、辛格尔联合提出的谴责修正主义的决议案。然而由于右派的庇护，这几次德国党的代表大会对修正主义分子没有采取组织上的措施，仍把伯恩施坦留在党内。伯恩施坦还被选为议会中代表德国社会民主党议员的候选人，并被选为议员。自德累斯顿代表大会后，德国党再没有在代表大会上批判过修正主义。这反映出德国党对伯恩施坦修正主义的斗争很不彻底，不肯同修正主义者在思想上、组织上实行彻底决裂，为修止主义的泛滥留下了隐患。

---

① 《列宁选集》第 1 卷，人民出版社 2012 年版，第 294 页。

与此同时，其他国家的马克思主义者，如俄国的普列汉诺夫、法国的拉法格、保加利亚的布拉戈也夫、日本的片山潜等也都参加了反对修正主义的斗争。普列汉诺夫于1898年以《伯恩施坦与唯物主义》为题在《新时代》上向伯恩施坦发起论战，系统批判了修正主义的哲学观点，为捍卫马克思主义哲学作出了贡献。拉法格写了《马克思的唯物主义和康德的唯心主义》等论著，斥责伯恩施坦的议会主义谬论和唯心主义实质。保加利亚社会民主党革命派领导人布拉戈也夫于1901年在《新时代》上发表了《马克思主义还是伯恩施坦主义?》一文，尖锐指出伯恩施坦主义无非是集所有一切肤浅而无耻的歪曲马克思主义学说之大成。日本社会党领导人片山潜在1899年东京社会主义政策学会举行的辩论会上也公开批判修正主义。

在第二国际的多次会议上，围绕米勒兰参加资产阶级政府的“入阁事件”，马克思主义者同伯恩施坦主义者进行了激烈的斗争。1900年9月召开的第二国际巴黎代表大会，就米勒兰“入阁事件”展开了争论。以盖得、卢森堡等人为首的一派，坚决批判米勒兰的叛变行为，提议禁止社会主义者参加资产阶级政府，强调只有在资产阶级国家的废墟上，社会民主党才可以成为执政的党。以饶勒斯、安塞尔为代表的一派，竭力为米勒兰入阁进行辩护，认为这是社会主义者利用资产阶级政权的开始，可以逐步改变政府的性质，以便使其和平地过渡到社会主义。米勒兰在会上为自己的背叛行为辩解，说他入阁是社会党强大的表现，而且有助于无产阶级取得政权。考茨基采取调和主义态度，大会通过了他起草的决议，称这不能认为是夺取政权的开端，而是一种暂时性的手段，如果在某种情况下需要做这种尝试，那么“这是一个策略问题，而不是原则问题；国际代表大会不应对此发表意见”。考茨基的这个暧昧的、模棱两可的决议被称为“橡皮性”决议①。这个决议掩盖了米勒兰入阁行为的叛变实质，为修正主义开了绿灯。1904年8月召开的第二国际阿姆斯特丹代表大会，将确定“社会党策略的国际原则”列入中心议程，围绕是否应该制定共同的策略准则、要不要谴责修正主义的企图、社会党人当前面临的主要危险是什么三个方面的问题，第二国际内部进行了激烈的交锋。经过争论，大会通过了谴责入阁主义的决议案，这是马克思主义同修正主义斗争的一个成果。但是，第二国际内部

---

① “橡皮性”决议，是双关语。德文考茨基（Kautsky）正好是橡皮（Kautschuk）的谐音，意大利社会党人费利把巴黎代表大会通过的决议称为“橡皮性”决议，意即暧昧的、调和的决议。

由米勒兰“入阁事件”而引起的社会主义政党斗争策略的争论远未结束。

以列宁为首的俄国无产阶级革命派对伯恩施坦修正主义的批判，是各国党左派批判的继续和发展。一方面，列宁同修正主义在俄国的变种——经济主义和孟什维克主义进行坚决斗争，于1912年把修正主义者清洗出党，使布尔什维克成为独立的、革命的马克思主义政党；另一方面，列宁还在国际舞台上同修正主义者展开针锋相对的斗争，参加了第二国际斯图加特和哥本哈根代表大会，和其他国家的左派社会民主党人提出马克思主义的决议草案，运用正确的斗争策略，给予伯恩施坦修正主义有力的批判和斗争。列宁的批判更加彻底和富有成效，把反对修正主义斗争的理论和实践提到了新的高度。

各国党左派对伯恩施坦修正主义的批判和斗争，捍卫了马克思主义的基本原理，坚持了国际共产主义运动的正确方向。但是，除列宁和布尔什维克党外，各国党左派大都在政治上和理论上不够成熟，对修正主义的阶级根源、实质和危害的认识不够深刻，对新的时代条件下无产阶级反对资本主义的斗争面临的新情况和新问题，缺乏运用马克思主义作出创造性回答的能力，因而没有在捍卫马克思主义的同时，进一步发展马克思主义，也就无法阻止修正主义的泛滥，以致后来修正主义在许多党内逐步占了上风。

第三节　第二国际的破产及其历史地位

在第二国际后期，机会主义和修正主义逐渐取得主导权。第一次世界大战爆发后，第二国际大多数党倒向本国政府一边，支持帝国主义战争，表明机会主义和修正主义在政治上和思想上破产，第二国际也开始瓦解。

一、第二国际的破产及其原因

在第一次世界大战爆发之前的几年里，第二国际和多数国家的社会党进一步滑向机会主义泥潭，在政治上、组织上蜕化变质。

1910—1914年，是第二国际内马克思主义和机会主义的斗争发生转折的时期。这一时期，帝国主义国家间的矛盾明显加剧，帝国主义战争的危险日益增加，革命趋势也在增长，欧美无产阶级的反战运动和罢工运动持续不断。在这种形势下，第二国际各国党内的斗争日趋激烈，机会主义势力不断加强，逐渐居于主导地位。

1910年前后，第二国际内部明显分化，形成了右倾机会主义派、中派和左派三派。中派以正统的马克思主义派自居，否认自己观点的机会主义性质，力图调和左派与右派之间的原则分歧，主张不惜一切代价保持同机会主义者的统一。中派的主要代表考茨基在《新时代》上发表了《现在做什么?》《新战略》《在巴登和卢森堡之间》等文章，同卢森堡进行论战，提出了所谓疲劳战略理论，坚决反对摧毁资产阶级的国家机器，公开宣扬议会和平过渡，主张用议会内的斗争逐步消耗敌人的力量，打着“不偏不倚”的幌子袒护右派。中派实质上是“第二国际各种矛盾的社会产物，是既要在口头上忠实于马克思主义又要在实际上屈服于机会主义的社会产物”①。中派的形成，使革命派与机会主义派的力量对比发生了有利于后者的重大变化，德国社会民主党的蜕化就反映了这种情况。1910—1913年，德国党的最高领导机构——党的执行委员会的成员发生了变化。党的执行委员会主席辛格尔和倍倍尔在1911年、1913年相继逝世，哈阿兹和艾伯特先后上台，党的领导权逐步落到中派和右派手中。议会党团的领导成员也进行了改组。在议会党团中，除了1912年首次进入帝国议会的卡尔·李卜克内西是左派外，中派和右派已经占据主导地位。从此，形势急转直下，党内中派和右派在许多问题上结成了联盟，共同反对和打击左派，不折不扣地执行了一条机会主义路线。

中派的出现、社会民主党的分化，不仅是德国国内社会矛盾的产物，也是一种国际现象。在法国社会党、英国独立工党、美国社会党、奥地利社会民主党、保加利亚社会民主党、瑞典社会民主党、西班牙社会民主党内，中派和右派也结成联盟，机会主义者逐渐掌握了各党的领导权。从整个第二国际来看，在1912年公布的社会党国际局成员名单中，除了列宁、卢森堡等少数几个左派代表以外，中派和右派代表占了压倒性多数。此后，第二国际的领导权为修正主义分子所把持，国际共产主义运动面临严重的危险。

20世纪初，巴尔干地区接连发生了两场战争：1912—1913年，塞尔维亚、黑山、希腊和保加利亚结盟，联合反对奥斯曼帝国的巴尔干战争，即第一次巴尔干战争；1913年，塞尔维亚、黑山、希腊和罗马尼亚一起反对保加利亚的“同盟战争”，即第二次巴尔干战争。接连爆发的巴尔干战争预示世界大战的脚

---

① 《列宁全集》第26卷，人民出版社2017年版，第336页。

步已经迫近。世界大战的阴云和汹涌澎湃的革命浪潮，促使第二国际第九次非常代表大会（即巴塞尔代表大会）通过了反战的《巴塞尔宣言》。然而，第二国际各主要党的领导人，并不准备实行这项决议，而是继续推行投降主义路线，公开反对进行群众性的政治罢工，不主张用革命手段来阻止战争。以德国党为例，1913 年年初，德国社会民主党议会党团以多数票赞成政府扩军备战的军事预算。1914 年 8 月 4 日，已把持议会党团的机会主义者公开投票赞成为军事拨款，公然违反了第二国际代表大会的决议，支持政府参加战争，走上了背叛无产阶级的道路。第二国际的其他大多数政党也与德国党大体相似，开始堕落。

1914 年 7 月，两大帝国主义军事集团之间酝酿已久的第一次世界大战爆发。这场大战不仅暴露出帝国主义争夺世界霸权、重新瓜分世界的非正义性和帝国主义制度的腐朽性，也戳破了第二国际的机会主义脓疮，导致了第二国际的分裂。

第一次世界大战爆发后，第二国际大多数党的机会主义首领背叛了《巴塞尔宣言》，公然支持本国政府进行帝国主义战争，成了社会沙文主义者，也就是口头上的社会主义、实际上的沙文主义即帝国主义。在第二国际具有重要影响的德国社会民主党成了这场叛变的领头羊。1914 年 8 月 4 日，德国议会举行战争预算表决时，德国社会民主党议会党团中的机会主义者以党的纪律为名，胁迫左派同他们一起投了赞成票，并以党的名义发表声明，叫嚷“俄国入侵”，宣称德国人应该“保卫祖国”。德国社会民主党影响下的工会还要求德国工人在战争期间放弃罢工，宣布实行所谓的国内和平政策，驱使 250 万工会会员充当战争炮灰。德国社会民主党右派首领谢德曼之流亲自到瑞士、瑞典、丹麦等中立国游说，为德国政府辩护。为了防止革命，机会主义者还多方破坏左派占优势的地方组织，迫害左派，甚至协助警察把卢森堡、卡尔·李卜克内西、梅林等左派领袖逮捕入狱。在德国社会民主党的带动下，第二国际绝大多数党都开始叛变。法国社会党、英国社会党右翼、比利时社会党和俄国孟什维克党等，都支持对同盟国作战；奥、意、美、荷、丹等国社会党首领，也都无条件地支持本国政府。加入第二国际的来自 22 个国家的 27 个社会民主党中，除了俄国布尔什维克党、塞尔维亚社会民主党、保加利亚社会民主党（紧密派）之外的 24 个党，都背叛了无产阶级革命，站到本国资产阶级政府的立场上，充当了帝国主义侵略战争的帮凶。

在历史发展的紧要关头，第二国际各国党的左派信守《巴塞尔宣言》，坚持无产阶级国际主义，反对帝国主义战争。德国社会民主党内的卡尔·李卜克内西、卢森堡、蔡特金、梅林等人进行了反战革命宣传。1914 年 12 月 2 日，德国议会第二次表决政府军事拨款时，只有卡尔·李卜克内西一人投反对票。保加利亚社会民主党（紧密派）、塞尔维亚社会民主党以及法、英、美、荷等党内左派，也积极开展了反战活动。特别是以列宁为首的布尔什维克党开展了最为坚决的反战斗争。1914 年 11 月，布尔什维克党中央向第二国际社会党执行局和各国党，发出了由列宁起草的《战争和俄国社会民主党》宣言，揭露第一次世界大战的性质，声讨第二国际机会主义首领的叛变行为，提出了“变现时的帝国主义战争为国内战争”的革命口号。但是，各国左派力量由于比较分散、弱小，在理论上、政治上还不够成熟，未能领导和组织群众进行有效斗争。

只有少数左派坚持斗争而多数党发生了叛变，使第二国际名存实亡。第二国际大多数党及其机会主义首领的堕落，意味着第二国际在“思想上政治上的破产”①，不再是国际无产阶级的革命组织，而蜕变为社会沙文主义集团。第一次世界大战期间，第二国际在思想政治方面破产后，作为一个组织，形式上仍然存在。1919 年 2 月，社会党右派在伯尔尼召开了战后第一次国际代表会议，宣布“第二国际的复活”；1919 年 3 月，由左派演变而来的各国共产党组织在莫斯科宣布建立第三国际；1921 年 2 月，原第二国际的中派在维也纳开会，成立国际工人联合会；1923 年 5 月，第二国际社会党的右派和中派在汉堡召开合并大会，正式宣告成立社会主义工人国际。社会主义工人国际的成立，标志着第二国际在组织上的正式终结。

第二国际的破产有深刻、复杂的原因，主要有以下几点。

迷信和固守议会合法斗争是第二国际破产的历史根源。巴黎公社失败后，欧洲资本主义社会长期处于相对和平发展的环境，没有发生大规模的战争和影响较大的革命运动。资产阶级统治由暴力镇压更多地转向经济收买和政治欺骗，它们通过宣扬“劳资合作”，允许社会民主党合法存在，吸收社会党人加入政府，增设工人代表议员席位，用经济、政治方面的改良来麻痹无产阶级的革命意识，加强资产阶级的思想影响。第二国际前期，各国党利用资产阶级的多党议会制、民主制度开展合法斗争，取得了一些成效。这就使第二国际大多

① 《列宁全集》第 26 卷，人民出版社 2017 年版，第 2 页。

数党习惯和迷信合法斗争，幻想不经过革命斗争而通过议会“和平长入社会主义”，把有条件地利用合法的议会斗争策略，变成了合法主义、议会主义。当战争危机加剧和革命时机逼近之际，第二国际主要政党漠视历史条件变化，试图以不变的合法斗争形式应付多变的运动形势，结果造成严重失误。第一次世界大战爆发时，第二国际主要政党害怕失去合法地位，采取与资产阶级政府相一致的行动，背叛了无产阶级革命事业。

“工人贵族”阶层和小资产阶级的侵蚀与破坏是第二国际破产的阶级根源。19世纪末20世纪初，帝国主义国家的垄断资产阶级收买工人中的上层分子，扶植起“工人贵族”阶层，以分化无产阶级及其革命政党。此外，在垄断资本发展的过程中，一批破产的小业主流入无产阶级队伍。第二国际各国党为了适应合法斗争的需要，一味追求党员数量，对“工人贵族”阶层、小资产阶级分子大开方便之门，造成党的组织成分十分复杂。这些人入党后有不少还进入了党的各级领导机构，在工人运动中执行改良主义路线和阶级合作政策，是机会主义在党内的主要代表，加速了这些党的蜕变。

机会主义的滋长和发展是第二国际破产的思想根源。第二国际机会主义的主要内容是阶级合作思想，是向无产阶级“宣传让步的理论，宣传对无产阶级的死敌、对无休止地寻找新花招来迫害社会党人的政府和资产阶级政党实行让步的理论”①。它的实质就是“迁就眼前的事变，迁就微小的政治变动，忘记无产阶级的根本利益……为了实际的或假想的一时的利益而牺牲无产阶级的根本利益”②。第二国际各国党的革命派虽然同机会主义进行过斗争，但有些左派却把马克思主义当作教条，对变化的时代形势、资本主义发展的新特点，没有作出科学的回答，因而最终没能坚守住马克思主义的理论阵地，致使机会主义“起初是作为一种情绪，后来作为一种思潮，最后作为一个工人官僚和小资产阶级同路人的集团或阶层”③，逐步控制了第二国际各国党的主导权。战争把机会主义“发展到了顶点”④。因此，第二国际的破产是机会主义泛滥的结果。

二、第二国际的历史地位和影响

第二国际尽管在思想上、政治上最终破产了，但它在活动进程中特别是在

---

① 《列宁选集》第1卷，人民出版社2012年版，第274页。

② 《列宁选集》第2卷，人民出版社2012年版，第7页。

③ 《列宁全集》第27卷，人民出版社2017年版，第120页。

④ 《列宁选集》第2卷，人民出版社2012年版，第489页。

恩格斯的指导和影响下，对国际共产主义运动的发展作出了积极贡献，有着重要的历史地位。

第一，促进了马克思主义的传播和普及，丰富和发展了马克思主义。第二国际各国党翻译出版了大量马克思和恩格斯的著作，创办了许多党报、党刊和其他各种报刊来登载他们的重要文章，并出版了一批介绍马克思主义的通俗读物；各国社会主义政党还组织了各种报告会和讨论会，向工人宣传马克思主义的学说；德国社会民主党还创办了党校，后来其他一些国家也办过类似的党校。这些都促进了马克思主义的广泛传播，对教育工人、提高工人自觉性起了积极的作用。不仅如此，第二国际的理论家、革命派如列宁、倍倍尔、拉法格、卢森堡、马赫列夫斯基等马克思主义理论家，在同伯恩施坦修正主义的斗争中，对帝国主义阶段的新现象、新问题作了深入的理论分析和科学的回答，从而丰富和发展了马克思主义，在马克思主义发展史上作出了不可磨灭的贡献。

第二，扩大了国际工人运动的范围和规模，推动了各国社会主义政党、工会、合作社以及其他工人阶级群众组织的建立和发展。第二国际期间，欧洲、美洲、大洋洲等许多地区都建立了社会主义政党，国际工人运动的范围和规模大大超过了第一国际时期。第一国际时期，只有一个社会主义政党，即 1869 年建立的德国社会民主工党，拥有 1 万多名党员。1889 年第二国际建立时，世界上有 15 个社会主义工人政党。到 1914 年第一次世界大战爆发前夕，参加第二国际的社会主义政党有 30 多个，党员有 356 万余名，遍布欧洲、美洲、亚洲、大洋洲，选民 1200 万人以上；第二国际各国建立了大批工会组织和合作组织，工会会员 1000 万人以上，合作社社员 700 万人以上。此外，第二国际还成立了国际工会联合会、国际妇女书记处、社会主义青年国际、社会主义新闻工作者组织等群众组织。这样，第二国际在社会主义旗帜下，团结了越来越广泛的人民群众，进一步增强了无产阶级的力量。

第三，领导工人阶级开展反对资本主义制度、维护工人切身利益和政治权利的斗争，丰富了无产阶级的斗争方式和斗争经验。第二国际广泛开展了反对资本主义的斗争，把政治斗争与经济斗争、议会斗争与群众斗争结合起来，充分利用资产阶级普选权开展斗争，丰富了合法斗争的经验。同时，欧美等国的罢工斗争也此起彼伏，公开提出夺取政权的政治目标。第二国际还通过决议，要求实行 8 小时工作制，废除夜班制，限制使用女工和禁止使用童工，实施劳动保护法等。在第二国际的推动下，“五一”国际劳动节、“三八”国际妇女节成为国际无产阶级的共同节日。

第四，积极开展了反对军国主义和帝国主义的斗争。战争与和平问题是第二国际历次代表大会的中心议题之一。历次代表大会通过的决议中都谴责了帝国主义的侵略和掠夺政策，指出资本主义制度是军国主义、殖民主义和战争的根源，提出了反战的基本原则、基本政策和具体措施，要求废除常备军，实行全民武装，建立国际仲裁法庭，并由人民决定战争与和平问题。在第二国际反对军国主义和战争的号召下，各国工人持续不断地开展反战罢工、集会和示威游行，形成了一股巨大的反战力量。

第五，确立了各党之间独立自主、平等协商的关系原则，探索了各国社会主义政党和工人团体间合作的方式。第二国际是各国社会主义政党和工人团体的联合组织，在前期没有设立集中统一的国际性组织机构，也没有纲领和章程，定期举行国际代表大会是它的主要组织形式和活动方式。在国际工人运动和共产主义运动向横广发展的情况下，使各国党有更充分的机会交流经验，互通情报，讨论共同关心的国际问题和斗争策略，拟定指导各国工人运动的决议，同时坚持独立自主和平等协商的原则。

第二国际在其活动期间也存在一些重大缺陷。

第一，没有始终坚持同“左”、右倾错误倾向进行不调和的斗争。第二国际革命派曾经同“左”的无政府主义进行了坚决的斗争，取得了良好效果，也对包括伯恩施坦修正主义和米勒兰主义在内的右倾机会主义进行了批判，但却未能有力地驳斥修正主义对马克思主义的根本歪曲，未能科学地区分真假马克思主义，没有很好地反对教条主义，没有把坚持马克思主义和发展马克思主义相结合，也没有形成一个有组织的坚强的马克思主义左派队伍，导致机会主义逐渐占据上风，并最终夺取了第二国际的领导权。

第二，夸大了合法斗争策略的作用，对其他斗争方式重视不够，滋生了合法主义、议会主义的错误倾向。尤其是第二国际后期，许多国家的工人政党没有根据形势的变化改变斗争策略，过分强调合法斗争，拒绝任何非法斗争，没有做革命的两手准备。

第三，尽管在反对军国主义和战争危险的问题上通过了原则上正确的决议，并进行了一些反战活动，但是没有制定保证这些决议得以贯彻执行的切实措施，没有找到制止战争的有效办法和处理好民族利益与国际主义关系的正确途径，以致战争爆发后大多数党的领导人堕落成支持帝国主义战争的社会沙文主义者，背叛了无产阶级国际主义。

第四，采取比较松散的国际联合形式，固然有利于团结尽可能多的队伍，但是没有在形势变化的情况下对松散的组织形式作出适时的改变，致使党在突发事变面前机构瘫痪，缺乏行动能力和应变能力。尤其在第二国际后期，当战争危机日益临近，客观上要求无产阶级采取迅速、有力行动的时候，这一弱点暴露得更为明显。

总之，第二国际在国际共产主义运动史上具有承前启后的历史地位。第二国际所处的时代是社会主义运动“在许多国家广泛的大规模的开展准备基础的时代”①，是自由资本主义向垄断资本主义过渡、帝国主义形成并确立其统治的时期。各发达资本主义国家均不具备立即进行无产阶级革命的形势和条件。因此，第二国际当时面临的基本历史任务是尽可能联合各国的一切工人运动，广泛传播马克思主义，帮助各国无产阶级利用一切合法斗争的手段发展力量，积累斗争经验，为社会主义革命爆发准备条件。第二国际尽管存在一些缺点和错误，并在后期受到机会主义的侵蚀，以致最终破产，但是总的来看，“第二国际（1889—1914 年）是无产阶级运动的国际组织”②，它基本胜任所担负的历史使命，把国际工人运动推进到了一个新阶段，也是第一国际与第三国际之间继往开来的桥梁。特别是第二国际确立的“五一”国际劳动节、“三八”国际妇女节和《国际歌》，成为永远留给世人的精神遗产。

思考题：

1. 简述第二国际建立的历史背景及特点。
2. 试述伯恩施坦修正主义产生的根源及对无产阶级革命的危害。
3. 简评第二国际的功过。

---

① 《列宁选集》第 3 卷，人民出版社 2012 年版，第 791 页。
② 《列宁选集》第 3 卷，人民出版社 2012 年版，第 790 页。

第四章　俄国新型无产阶级政党的建立与十月革命的胜利

19世纪后半叶，俄国阶级矛盾尖锐，工人运动风起云涌。马克思主义传入俄国并与俄国工人运动相结合，产生了列宁主义，诞生了新型无产阶级政党——布尔什维克党。从此，俄国工人运动面貌焕然一新，走上了社会主义革命的康庄大道。1917年11月7日（俄历10月25日）[①]，列宁和布尔什维克党领导十月革命，武装夺取政权，建立了世界上第一个无产阶级专政的社会主义国家，开辟了人类历史的新纪元，揭开了国际共产主义运动的新篇章。

第一节　俄国新型无产阶级政党的诞生

建立新型无产阶级政党，是俄国工人运动发展的需要。列宁继承了马克思、恩格斯的建党思想，结合俄国工人运动的实际，创立了无产阶级的建党学说，缔造了新型无产阶级政党——布尔什维克党，为俄国工人运动和国际共产主义运动的发展作出了卓越贡献。

一、俄国早期工人运动和马克思主义的传播

俄国早期工人运动，产生于19世纪60年代初。1861年俄国农奴制改革后，俄国资本主义开始发展。由于农奴制改革并不彻底，俄国资本主义的发展带有很多封建残余。在沙皇封建军事专制统治下，俄国资本家对工人的剥削异常残酷。工人劳动条件恶劣，工作时间每天长达13—14小时；工资收入微薄，不足以维持起码的生活，更没有任何福利和政治权利可言，处境十分悲惨。为了生存，俄国工人阶级不得不起来进行斗争。

在封建主义和资本主义的双重压迫下，乌拉尔地区的工人率先进行反抗，揭开了俄国工人运动的序幕。由于当时工人运动还不成熟，乌拉尔地区工人的

① 1918年2月14日，苏俄政府宣布停止使用俄历、采用公历。本书此前涉及俄国的内容中的时间，除专门注释外，均为俄历。

斗争还只是一种自发的经济斗争，主要采取怠工、逃跑和递交抗议书等方式。

19 世纪 70 年代，随着俄国资本主义的发展，俄国工人运动的中心从乌拉尔地区转移到主要的工业城市彼得堡。这一时期，工人运动的规模不断扩大，斗争的水平逐步提高。工人的斗争开始从个别分散的反抗斗争逐步发展为大规模的罢工。1870 年 5 月，彼得堡爆发了涅瓦纺纱厂大罢工，1872 年又爆发了克连戈尔姆纺纱厂大罢工。在这两次罢工中，工人都提出了提高工资、缩短工时、改善工作和生活条件等要求。但这两次罢工基本上局限于经济斗争，没有提出明确的政治诉求，并都因沙皇军警的镇压而失败。

一次次罢工的失败，教育了俄国工人阶级，使他们逐渐认识到，仅仅进行经济斗争，不可能从根本上改善自身的处境，工人阶级必须进行政治斗争才能获得解放。1875 年，叶·奥·扎斯拉夫斯基在奥德萨创立了俄国第一个工人阶级的独立组织——南俄工人协会。该协会明确提出，斗争的政治目标是通过暴力革命，消灭统治阶级的特权，把工人从资本的桎梏中解放出来。南俄工人协会发展迅速，很快就有近 200 名会员。但由于没有革命理论的指导，它内部思想不统一，结构松散，缺乏严格的组织纪律，战斗力不强，不久就遭到沙皇政府的破坏。

南俄工人协会被破坏后，俄国工人的斗争并没有停止。南俄工人协会的领导人维克多·奥布诺尔斯基逃脱了逮捕，流亡西欧。在国外，他参加了第一国际的活动，学习了西欧工人运动的经验，不久后返回国内。1878 年，他在彼得堡组织了俄国北方工人协会，把第一国际的许多原则吸收到自己的纲领中，并明确提出自己的政治目标和任务是“推翻现存的极不公平的政治经济制度”，号召俄国工人在争取解放的斗争中，同西欧工人弟兄们“携手前进”。

俄国北方工人协会做了大量组织和宣传工作，领导罢工，散发传单，准备秘密出版工人革命刊物《工人曙光》。俄国北方工人协会的活动，引起了沙皇政府的注意。不久，沙皇政府查抄了俄国北方工人协会的印刷所，破坏了其领导机关，逮捕、审讯并流放了协会的领导人。

面对沙皇政府的残酷镇压，俄国工人无所畏惧、前仆后继、英勇斗争，工人运动的发展如火如荼。据统计，1881—1886 年间，俄国发生了 48 次工人罢工，参加者达到 8 万人之多。1881 年发生了巴库烟草工人罢工，1882 年又发生了纳瓦尔和克廉哥尔姆等地的纺织工人罢工，1885 年莫罗佐夫纺织厂爆发了 11000 名工人参加的大罢工。由于沙皇军警的镇压，罢工失败，但却鼓舞了俄国工人阶级的斗志，扩大了工人运动的影响。

俄国工人运动不断遭到失败的原因有很多，例如俄国封建残余严重，资产阶级在沙皇专制统治下，对工人特别凶狠等。最重要的原因之一，是俄国工人运动受到各种小资产阶级社会主义和机会主义思想的影响，思想混乱、目标不清楚、步调不统一，这就根本不可能获得胜利。对俄国工人运动影响最大的是民粹派思想。民粹派是当时俄国工人运动中的一种小资产阶级社会主义改良派。民粹派的基本思想是：在俄国，资本主义不可能充分发展，无产阶级不可能发展壮大；依靠农民的力量，推翻沙皇制度，以农村公社（原始共产主义社会遗留下来的社会组织）为基础，可以走向社会主义；俄国不需要无产阶级的力量，仅仅依靠农民的力量，就可以实现社会主义。民粹派的上述错误观点严重干扰了俄国工人运动，使俄国工人运动失去了正确的方向。没有革命的理论，就没有革命的运动。要使俄国工人运动走上正确的轨道，就必须批判民粹派和各种非马克思主义观点。因此，宣传马克思主义，用马克思主义武装俄国工人阶级，就成为俄国马克思主义者的重要任务。首先起来承担这个任务的是普列汉诺夫。

格奥尔基·瓦连廷诺维奇·普列汉诺夫（1856—1918）是在俄国传播马克思主义的第一位革命家，也是对民粹派进行深入批判的革命先驱。普列汉诺夫出生于俄国贵族家庭，曾经是小资产阶级民主主义者、空想社会主义者和民粹派的主要领导者之一。由于从事反对沙皇政府的活动，他遭到沙皇政府通缉，被迫于1880年逃往国外。在流亡国外期间，他认识了恩格斯。在恩格斯的教育和帮助下，他不久就脱离了民粹派，接受了马克思主义，逐步成为一个献身于无产阶级革命的马克思主义者。

1881年年底，普列汉诺夫着手将《共产党宣言》翻译成俄文，并请马克思、恩格斯为其译著写序。1882年在收到马克思、恩格斯所写的“序言”之后，普列汉诺夫立即完成《共产党宣言》俄文版的翻译出版工作，并将其秘密运回俄国。《共产党宣言》传入俄国后，受到俄国工人阶级的热烈欢迎，成为脍炙人口的俄国马克思主义的启蒙名篇。接着，普列汉诺夫先后翻译了马克思的《关于自由贸易的演说》、恩格斯的《路德维希·费尔巴哈和德国古典哲学的终结》等著作，使马克思主义在俄国得到迅速传播。

在宣传马克思主义的过程中，普列汉诺夫对民粹派进行了深刻批判。在《社会主义与政治斗争》《我们的意见分歧》《论个人在历史上的作用问题》等著作中，普列汉诺夫肯定资本主义在俄国正迅速发展的同时，批判了民粹派关于俄国革命依靠“农村公社”才能取得胜利的错误观点。他以大量事实为依据，论证了俄国的“农村公社”已经瓦解，根本不可能成为俄国进入共产主义社会的基础。他明确指出：俄国共产主义的基础，是无产阶级领导的社会主义革命；俄国革命运动只有以科学社会主义为指导，才能取得胜利。

1883年9月，普列汉诺夫与巴·波·阿克雪里罗得（1850—1928）、维拉·伊万诺夫拉·查苏利奇（1849—1919）和列夫·格里哥里也维奇·捷伊奇（1855—1941）等人，在日内瓦创立了俄国第一个马克思主义革命团体劳动解放社。劳动解放社的宗旨是：翻译马克思主义著作，向俄国传播科学社会主义；从马克思主义的立场出发，批判民粹派的观点，回答俄国革命中亟待解决的问题。该社还明确提出，俄国马克思主义者的斗争任务是推翻沙皇专制制度，最终目标是用共产主义制度代替资本主义制度。劳动解放社把马克思、恩格斯的许多著作如《雇佣劳动与资本》《哲学的贫困》《费尔巴哈论》等翻译成俄文，印制成书，送回国内。这些工作，加快了马克思主义向俄国传播的步伐。

普列汉诺夫在其早期活动中，为马克思主义在俄国的传播作出了巨大贡献。但是，随着后来俄国革命形势的发展，特别是俄国无产阶级政党建立后，他夸大了俄国资产阶级的作用，否认俄国资产阶级民主革命必须由无产阶级来领导，否认俄国资产阶级革命转变为无产阶级社会主义革命的可能性和必要性。随着俄国革命形势的变化，这些认识逐渐成为影响革命运动深入发展的阻碍因素。

工人运动的发展，迫切需要精通马克思主义、熟悉俄国革命情况、把马克思主义与俄国革命结合起来、与时俱进、指导工人运动走向胜利的无产阶级革命领袖。

弗拉基米尔·伊里奇·列宁（乌里扬诺夫），1870年出生于伏尔加河畔的辛比尔斯克（现名乌里扬诺夫斯克市）。他的父亲是一位具有民主主义思想的教育活动家，母亲是一位富有学识、性情刚毅的卓越妇女，哥哥亚历山大因为参加反对沙皇政府的革命活动而被判处死刑。列宁在伏尔加河流域度过了童年和少年时期。在那里，他亲眼见到广大工农群众悲惨的处境，在心里产生了对劳苦大众的同情。读中学时，他认真阅读了俄国革命民主主义者的著作，受到革命思想的强烈影响。

1887 年，17 岁的列宁在喀山大学法律系学习时，参加了一个秘密的大学生革命小组，开始学习和宣传马克思主义。不久，列宁因参加学生运动遭逮捕和流放。在流放期间，他进一步研究马克思、恩格斯的著作，并宣传马克思主义。在宣传马克思主义的过程中，列宁深入实际调查研究俄国的政治、经济状况，广泛接触工人、农民等社会各阶层，寻求开展工人运动的方法。

1888 年秋，列宁从流放地回到喀山，参加了费多谢耶夫领导的马克思主义小组，次年迁居萨马拉。1889 年，列宁建立了萨马拉马克思主义小组，积极宣传马克思主义。同时，他与俄国其他一些城市如下新城、弗拉基米尔和彼得堡等地的马克思主义者保持联系，宣传马克思主义和开展革命工作。

1889—1893 年间，列宁认真研究马克思、恩格斯的著作，积极从事翻译和摘录工作。为了钻研马克思、恩格斯的著作和传播马克思主义，他学了几门外语，特别是努力学习了德语，并把德文版的《共产党宣言》翻译成俄文。经他翻译的《共产党宣言》不仅在萨马拉的马克思主义小组中流传，而且也流传到伏尔加河流域的其他城市中，成为当地进步青年学习马克思主义的必读书。

在传播马克思主义的过程中，列宁继普列汉诺夫之后，对民粹主义展开了更有力、更彻底的批判。1893 年，列宁运用马克思主义政治经济学原理，分析俄国社会经济发展状况，写作《农民生活中的新的经济变动》。列宁以农民占有生产资料（土地、耕具）的数量为基础，按经营性质（自给、商业）的差别，将农民分为下等户、中等户和上等户。他分别考察了三类农民的生产和生活状况，指出农民新的经济变动——“经济悬殊”的现象，反映出剥削与被剥削的关系。列宁指出，这种经济变动的根本原因在于资本主义生产关系的发展。列宁的科学论证，彻底粉碎了民粹派关于农村公社未被资本主义触动以及它们可以作为社会主义基础的谬论。

1894 年，列宁写作《什么是“人民之友”以及他们如何攻击社会民主主义者?》，捍卫马克思主义的基本原理。在这本著作中，列宁揭露了民粹派冒充“人民之友”而实为人民之敌的真面目，深刻地批判了民粹派否定马克思主义在工人运动中的作用、阻挠俄国工人运动发展和反对建立无产阶级政党的观点。列宁指出，民粹派打着社会主义旗号，实际上是贩卖小资产阶级的思想。列宁还结合俄国革命的实际情况，批判了民粹派的小资产阶级革命的策略和政治纲领，阐明了俄国社会主义运动的科学原理，论证了无产阶级的历史使命。列宁认为，俄国马克思主义者必须从俄国现实的社会经济关系出发，看待资本主义发展的必然性，构想未来的理想社会。列宁指出："俄国经济制度是资产阶级社会，要摆脱这个社会只能有一条从资产阶级制度本质中必然产生的出路，这就是无产阶级反对资产阶级的阶级斗争。"①

1895年年底至1899年1月，列宁完成了《俄国资本主义的发展》一书。在这部经典著作中，列宁运用马克思主义的阶级方法，系统考察了俄国农业资本主义和工业资本主义形成与发展的过程，揭示了俄国资本主义经济发展的特殊性，充分肯定了俄国资本主义发展的历史进步作用。列宁认为，资本主义的发展，极大地提高了俄国社会生产力。但列宁同时指出，在看到资本主义历史进步作用的同时，也要看到资本主义的消极面与黑暗面，并看到资本主义所带来的各种社会矛盾。列宁这种辩证地认识俄国资本主义的思想方法，提高了俄国工人阶级的觉悟，为经济文化落后国家的无产阶级正确地认识和对待资本主义的发展树立了榜样。

在传播马克思主义的过程中，列宁还批判了"合法马克思主义"的观点。所谓合法马克思主义，是当时产生于俄国的一种资产阶级思潮。"合法马克思主义者"借用马克思反封建专制的词句，在公开的刊物上发表文章，歌颂资本主义，反对马克思主义。1895年，列宁发表了《民粹主义的经济内容及其在司徒卢威先生的书中受到的批评》一文，揭露了"合法马克思主义"代表人物司徒卢威的资产阶级自由派的本质。列宁指出，宣扬"合法马克思主义"的人，是一些巧妙地伪装起来的资产阶级思想家，他们同民粹主义决裂并不意味着转向无产阶级的民主，而是转向资产阶级的自由主义。

列宁对民粹派和"合法马克思主义"的批判，有力地推动了马克思主义在俄国的传播，促进了工人运动的发展。19世纪最后10年，俄国工人罢工的次数增加，规模扩大。1896年发生的彼得堡纺织工人大罢工，参加人数达3万人之多，持续了3周之久。工人明确提出：废除13小时工作制，实行10.5小时工作制，要求从制度上保障缩短工人的工作时间。在罢工中，工人们提出了"打倒沙皇专制制度"的口号，使这次罢工发展为政治运动。但是由于罢工缺乏组织领导，在沙皇军警的镇压下，这次罢工仍然失败了。罢工失败后，大批工人被逮捕或流放。

俄国工人运动屡遭失败的事实，使俄国马克思主义者认识到，没有无产阶

① 《列宁专题文集 论辩证唯物主义和历史唯物主义》，人民出版社2009年版，第180页。

级政党的领导，俄国工人阶级不可能取得无产阶级社会主义革命胜利。因此，俄国无产阶级必须在马克思主义理论的指导下，组织自己的政党。在这种情况下，列宁明确提出，“要把散布在俄国各个地方的工人小组与社会民主主义团体统一成为一个社会民主工党”①，并且发出了必须立即建立俄国无产阶级政党的号召。同时，列宁把马克思主义与俄国革命的实践相结合，提出了无产阶级的建党学说，并为建立新型无产阶级政党进行了不懈的斗争。列宁由于熟悉马克思主义和在俄国工人运动中贡献卓越，被俄国无产阶级公认为伟大的革命导师和领袖。

二、列宁的建党学说与俄国新型无产阶级政党的建立

马克思、恩格斯指出：“无产阶级在反对有产阶级联合力量的斗争中，只有把自身组织成为与有产阶级建立的一切旧政党不同的、相对立的政党，才能作为一个阶级来行动。”② 他们多次强调，为了保证社会主义革命取得胜利，无产阶级必须组织政党。马克思、恩格斯在《共产党宣言》等著作中阐明了共产党的性质和特点，强调它必须以科学社会主义作为理论基础，才能正确领导无产阶级的解放斗争；阐述了共产党的纲领和策略：共产党人在为实现共产主义奋斗的整个过程中，同时也要坚持为工人阶级最近的目的和利益而斗争；确立了共产党的组织活动和党内生活的基本原则：党内要实行民主原则，也要有严格的纪律；等等。马克思、恩格斯关于共产党和党的建设的论述，奠定了工人阶级革命政党发展和建设的理论基础。

列宁继承了马克思、恩格斯的思想。虽然马克思、恩格斯指出无产阶级必须建立自己的政党，却没有也不可能为俄国无产阶级设想出一个现成的建党方案。当时，俄国处于沙皇封建军事专制统治之下，没有任何自由，无产阶级无法开展公开、合法的工人运动。在这种情况下建立西欧那种社会民主党类型的党，根本不可能领导俄国工人阶级取得无产阶级革命的胜利。俄国无产阶级绝不能套用西欧各国无产阶级建党的经验，必须根据俄国的实际情况和俄国革命的特点，来建立一个独立的无产阶级政党。为了解决这个问题，列宁把马克思主义与俄国革命实践相结合，创立了新型无产阶级政党的建党学说，缔造了新

---

① 《列宁专题文集　论无产阶级政党》，人民出版社 2009 年版，第 42 页。

② 《马克思恩格斯文集》第 3 卷，人民出版社 2009 年版，第 228 页。

型无产阶级政党。

1895年12月，列宁起草了《社会民主党纲领草案》。次年6—7月，他又起草了《党纲说明》。这两个文献后来合为《社会民主党纲领草案及其说明》，是俄国无产阶级的第一个建党纲领草案及其说明。在这个纲领草案及其说明中，列宁写道，俄国工人阶级争取自身解放的斗争是政治斗争，其首要任务是争得政治自由。俄国社会民主党的任务是支持和帮助工人阶级争取彻底解放的斗争，方法是提高工人的阶级自觉，促使他们组织起来，把国家政权从资本和土地占有者手中夺过来，转到工人阶级手中。1897年年底，列宁在《俄国社会民主党人的任务》一书中，论述了俄国无产阶级政党的政治纲领和斗争策略。列宁根据对俄国社会状况的分析指出，俄国无产阶级必须开展争取民主主义的斗争和争取社会主义的斗争。这两种斗争既有区别又有联系，只有把两者很好地结合起来，无产阶级政党才能完成自己的历史使命。在其他许多著述中，列宁进一步论述了这些问题，并从不同角度阐述了建立新型无产阶级政党的原则。1901年秋至1902年2月，列宁把这些原则加以总结，写成了《怎么办?》一书。在这部经典著作中，列宁系统阐述了无产阶级的建党学说。

第一，必须建立一个集中统一的无产阶级政党。列宁指出，“经济派”出于对工人运动自发性的崇拜，认为工会组织就可以代替党的领导的观点是错误的。为了取得革命胜利，工人阶级在反对资本主义的斗争中，必须建立自己的坚强组织，必须建立一个战斗的、集中的、革命的马克思主义政党。

第二，党是无产阶级的先锋队。党是由工人阶级中最优秀、最忠于革命事业的人组成的；党是“人民的代言人”，能够对专制制度的黑暗进行全面揭露，善于利用每一件小事来说明自己的社会主义信念，解释无产阶级解放斗争的世界历史意义；它能够密切联系群众，得到广大工人的无限信任；它是由一批忠诚的、经受过考验的、经过长期政治锻炼的职业革命家组成的集体。只有这样的党，才能保证工人运动的健康发展。工人阶级是革命的先锋队，工农联盟是推翻沙皇专制主义的主要力量。

第三，党必须以马克思主义先进理论为指导。列宁认为：“只有以先进理论为指南的党，才能实现先进战士的作用。”① 没有革命理论的指导，工人运动就不可能摆脱自发性而发展成为自觉的革命运动；没有革命理论的武装，就不

---

① 《列宁专题文集　论无产阶级政党》，人民出版社2009年版，第71页。

可能建立起一个先进的无产阶级政党。对于社会民主党来说，理论的意义显得更为重要，只有以马克思主义理论为指导，才能很好地完成党所肩负的伟大任务。

第四，党是工人阶级组织的最高形式。列宁指出，如果没有无产阶级政党的领导，在推翻沙皇专制制度的斗争中，各社会阶层必然各行其是。在俄国工人运动中，无产阶级政党是无产阶级的唯一组织，工会组织、文化教育组织以及其他组织是其外围组织。马克思主义政党作为无产阶级革命运动的最高组织形式，不仅能够领导而且一定要领导无产阶级的一切组织。

第五，党是工人阶级有组织的部队。列宁认为，无产阶级革命政党应该是牢固的、集中统一的、既广大而又严密的组织。党应当有统一意志、统一行动和统一纪律。党组织应由两部分组成：一部分是作为整个党组织核心的、牢固的、集中的、战斗的革命家组织，另一部分则是广泛的地方党组织网。同时，在秘密党组织的外围，建立起各种形式的公开、半公开的群众性组织。由于当时俄国处于沙皇严密的警察制度统治之下，任何组织只要暴露，就都会遭到残酷镇压。根据这种情况，列宁提出了“秘密性和集中制”这两条组织原则。

列宁在《进一步，退两步》（1904 年）等文章中高度强调加强党的纪律性和统一领导的重要性。他说：“无产阶级在争取政权的斗争中，除了组织，没有别的武器”①，“各族无产者反对专制制度、反对日益紧密团结的国际资产阶级的斗争要取得胜利，集中制是必不可少的”②。后来，列宁把党的“秘密性和集中制”这两条组织原则发展为“民主集中制”原则。1906 年 4 月，在俄国社会民主工党第四次代表大会通过的党的组织章程中，第一次将这一原则载入了党章。党章规定：“党的一切组织是按民主集中制的原则建立起来的。”

列宁的建党学说回答了俄国工人政党在建党过程中遇到的许多新问题，批判了“经济派”和孟什维克派在建党问题上的错误思想，论述了为什么要在俄国建立无产阶级革命政党和建党的基本原则，阐明了俄国必须建立一个具有坚强组织纪律的战斗性的无产阶级革命政党，为俄国无产阶级政党的建立奠定了思想理论和组织原则基础。列宁的无产阶级建党学说，丰富和发展了马克思主义关于建立无产阶级政党的思想，适应了帝国主义和无产阶级革命新时代的要

---

① 《列宁选集》第 1 卷，人民出版社 2012 年版，第 526 页。
② 《列宁选集》第 1 卷，人民出版社 2012 年版，第 467 页。

求，把马克思主义建党学说推进到一个新阶段。列宁建党学说的产生，是列宁主义形成的一个极其重要的标志。

列宁在创立无产阶级政党的建党学说的同时，为建立俄国无产阶级政党进行了具体的组织领导工作。1895 年，列宁把分散在彼得堡的 20 多个马克思主义小组统一起来，组成彼得堡工人阶级解放斗争协会作为建党的第一步。该协会的宗旨是：把工人为改善劳动条件、缩短工作日和增加工资等而开展的经济斗争，同反对沙皇专制制度的政治斗争联系起来。列宁向该协会提出了联系群众、开展工人运动并从政治上领导工人运动的任务，还要求将马克思主义宣传从专门针对少数先进工人扩大到面向广大工人群众。这个协会是俄国无产阶级政党的雏形。

1896 年，工人阶级解放斗争协会组织了彼得堡纺织工人总罢工，迫使沙皇政府颁布把工作日定为 11.5 小时的法令。工人阶级解放斗争协会为工人运动指明了方向，提供了帮助，吸引了大批工人参加，受到工人的拥护，从而成为工人运动的核心。接着，在莫斯科、伊万诺沃—沃兹涅先斯克、基辅和叶卡特林诺斯拉夫等地，也分别成立了工人协会或斗争协会。这些协会的成立，为俄国社会民主工党的建立打下了组织基础。

1895 年 12 月，列宁被捕。此后，虽然不可能直接参加党的筹建工作，但他在狱中不断写信给俄国各地马克思主义者，要求他们抓紧时间建党。为此，列宁极力主张筹备召开党的代表大会。在他的催促下，1898 年 3 月，来自彼得堡、莫斯科、基辅等地工人组织的代表 9 人，在明斯克秘密召开了俄国社会民主工党第一次代表大会。大会的召开，宣告了俄国社会民主工党诞生。大会发表宣言宣布：俄国无产阶级将摆脱专制制度的桎梏，而用更大的毅力去继续同资本主义和资产阶级作斗争，直到社会主义完全胜利。但宣言回避了无产阶级夺取政权的任务，也回避了无产阶级在反对沙皇专制制度斗争中的同盟者和领导权问题。

由于列宁和其他一些马克思主义者或被流放或身陷囹圄，未能出席这次会议，因而，大会没有制定出统一的党纲、党章，没有实现思想上和组织上的统一，更没有形成中央的统一领导。

俄国社会民主工党成立后不久，党内出现了一个机会主义派别——“经济派”。这个派别否认政治斗争，片面强调经济斗争的作用，否定无产阶级政党的作用，醉心于社会改良。他们的思想加剧了俄国社会民主工党的涣散和混乱。为了促进统一的无产阶级政党的建立，必须在理论上对“经济派”的思想进行批判。

1899 年 8 月，列宁起草了《俄国社会民主党人抗议书》，批判了“经济派”在其纲领性文件《信条》中鼓吹经济斗争和进行自由主义反对派活动的观点。抗议书指出，无产阶级在斗争中必须把政治斗争和经济斗争结合成不可分割的整体，当无产阶级没有政治自由或者政治权利受到限制的时候，必须把政治斗争提到首位。列宁坚决反对把革命的马克思主义降低为庸俗的改良主义，强调只有革命的马克思主义理论才能成为工人阶级运动的旗帜，无产阶级政党应该努力发展并实现这个理论，同时要保卫它，使它不被曲解和庸俗化。

同时，列宁等人进行了大量思想、政治、组织工作，并筹备召开俄国社会民主工党第二次代表大会，对俄国社会民主工党进行改组。具体举措如下：

第一，对民众进行思想宣传。列宁创办了《火星报》，在思想上团结俄国各地的马克思主义者。1900 年 2 月，列宁结束了 3 年的流放生活，回到彼得堡。鉴于国内恶劣的政治环境，7 月，列宁来到德国。8 月，他到瑞士见到普列汉诺夫等人，协商创办《火星报》的事情。8 月下旬，列宁为《火星报》撰写了《火星报编辑部声明》一文。在这篇声明中，列宁针对俄国工人运动中存在的涣散状态、无政府状态以及各种非马克思主义观点，强调必须在马克思主义的统一旗帜下团结起来，全力以赴地建立一个巩固的党。为此，必须按照马克思主义的方针创办坚持革命原则的刊物，必须坚决反对各种非马克思主义的观点，用党的纲领来巩固思想的一致。

1900 年 12 月，《火星报》问世，创刊号在德国莱比锡出版，报头上写着“星星之火可以燃成熊熊之焰”“全世界无产者，联合起来！”的口号。《火星报》的创办，大大推进了俄国无产阶级的建党工作。

第二，开展政治动员。列宁通过《火星报》发表文章，号召俄国人民进行政治斗争反对沙皇封建专制统治。同时，他还领导了俄国社会民主工党在庆祝 1901 年“五一”国际劳动节时按统一的口号行动的活动。其口号是：为推翻专制制度、为 8 小时工作制、为社会主义而斗争！在“五一”示威游行的影响下，爆发了彼得堡奥布霍夫工厂的罢工，罢工工人与前来镇压的军警进行了激烈搏斗。全国各地工人都支持彼得堡奥布霍夫工厂工人的罢工。1902 年纪念“五一”国际劳动节的示威游行规模更大，各地马克思主义组织印发传单、积极组织动员工人进行斗争。1903 年 7 月，俄国爆发了南方工人总罢工，参加罢工的工人有 20 万之多，沉重打击了沙皇专制制度。为了联合农民、争取军队，《火星报》开辟了《农村生活》栏目，号召农民进行革命，并在军队中宣传鼓动。《火星报》还联合一切争取民主的人士，反对沙皇封建专制统治。上述活动，团结了各方面革命力量，使俄国群众的政治热情空前高涨。

第三，整顿社会民主工党组织工作。为了整顿俄国社会民主工党的地方组织，列宁把最熟悉地方组织工作的《火星报》代办员派往彼得堡、莫斯科等全国各地，帮助统一各地的俄国社会民主工党组织。1902 年 6 月，彼得堡全市各区的代表会议带头拥护《火星报》。同年 7 月，俄国社会民主工党彼得堡委员会发表了《致全体俄国社会民主工党组织》一文，号召俄国各地的社会民主工党结束组织分散、思想混乱和纲领分歧的局面，实现俄国社会民主工党的统一。10 月，彼得堡和莫斯科的社会民主工党组织在《火星报》共同发表声明，承认《火星报》为党的机关报。此后，俄国各地社会民主工党组织纷纷响应号召，向《火星报》靠拢。在列宁和《火星报》的努力下，各地俄国社会民主工党的组织很快向实现统一的方向发展。

第四，改组《火星报》。列宁着手筹备俄国社会民主工党第二次代表大会，对俄国社会民主工党进行改组。1902 年 8 月，列宁在伦敦主持了由《火星报》编辑部、俄国社会民主工党彼得堡委员会、北方工人协会等组织参加的联席会议。会议确定了改组俄国社会民主工党的计划，成立了由《火星报》俄国负责人克拉西科夫等 3 人组成的大会组织委员会。11 月，《火星报》又对大会组织委员会进行了改组，增加了大批《火星报》成员。1903 年 1 月，大会组织委员会发表通告，强调“只有全体俄国社会民主工党人团结成一支集中的、有纪律的队伍所产生的集体力量”，才能领导俄国人民同专制制度斗争。上述工作，为俄国社会民主工党第二次代表大会的顺利召开创造了条件。

1903 年 7 月 17 日，俄国社会民主工党第二次代表大会召开。会议先在布鲁塞尔举行，后因当局警察的干预，转移到伦敦召开。来自俄国 26 个地方组织的 43 名代表出席了大会。这些代表成分比较复杂，其中包括以马尔托夫为首的《火星报》编辑部中反对列宁的温和派和经济派分子及其支持者。

大会确立了党纲的基本原则。在讨论党纲时，马尔托夫等人反对列入无产阶级专政的条文。列宁对此予以驳斥，强调无产阶级革命和无产阶级专政是马克思主义最基本的原则，必须将其写进党纲。列宁的主张赢得了大多数与会代表的支持。大会通过的党纲明确把实现无产阶级专政作为党的基本任务。党纲规定，党的最高纲领是实现社会主义革命，建立无产阶级专政；党的最低纲领即最近的任务，是推翻沙皇专制制度，建立民主共和国，消灭农奴制残余，实行民族自治原则，实行 8 小时工作制。这次大会通过的党纲，是在马克思、恩格斯逝世后，国际工人运动史上第一个通过的以争取无产阶级专政为基本任务的革命纲领。

在讨论党章时，围绕党员的条件问题，大会展开了激烈的争论。列宁提出："凡承认党纲、在物质上支持党并亲自参加党的一个组织的人，可以作为党员。"① 马尔托夫则提出："凡承认党纲、在物质上支持党并在党的一个组织领导下经常亲自协助党的人，可以作为俄国社会民主工党党员。"② 马尔托夫认为，党员只要协助党做一些事情，不一定要亲自加入党的一个组织。列宁坚决反对这种主张，坚持党章必须明确规定党员必须参加党的组织，使党成为有组织、有纪律的队伍，成为集中统一的无产阶级战斗司令部。

选举中央领导机关是此次代表大会的重要议题之一。在表决中央委员会和党中央机关报《火星报》编委会人选时③，以列宁为首的革命派获得多数，被称为布尔什维克（俄文音译，意即多数派）；而马尔托夫一派只占少数，被称为孟什维克（俄文音译，意即少数派）。布尔什维克掌握了俄国社会民主工党中央的领导权，标志着俄国新型无产阶级政党的诞生。列宁明确指出："布尔什维主义作为一种政治思潮，作为一个政党而存在，是从 1903 年开始的。"④ 布尔什维主义诞生，也就是列宁主义诞生。斯大林说："布尔什维主义和列宁主义实质上是一样的。这是同一个东西的两个名称。""列宁主义是一个完整的理论，它产生于一九〇三年"⑤。

俄国社会民主工党第二次代表大会后，孟什维克拒不服从代表大会的决议，继续进行分裂活动。1903 年 9 月，孟什维克在日内瓦召开会议，成立了由

---

① 《列宁全集》第 8 卷，人民出版社 2017 年版，第 238 页。
② 《列宁全集》第 8 卷，人民出版社 2017 年版，第 238 页。
③ 根据俄国当时的具体情况，俄国社会民主工党党章确定实行两个中央机关的制度：中央委员会在实践上领导党，组织各委员会、委员会联盟和党的所有其他机关，并领导它们的活动；中央机关报负责全党的思想领导。此外，还成立了党的总委员会，以协调这两个中央机关的工作并代表党同其他党派进行联系。
④ 《列宁专题文集 论无产阶级政党》，人民出版社 2009 年版，第 245 页。
⑤ 《斯大林全集》第 6 卷，人民出版社 1956 年版，第 306、305 页。

马尔托夫等人组成的秘密反对派的反党中心——少数派常务局。会议要求采取一切手段夺取地方委员会的权力，逐步达到“改组中央机关”的目的。孟什维克设立了自己的“中央会计处”，出版了孟什维克机关报《叛逆报》。为了夺取地方委员会领导权，孟什维克还成立了“流动代办员网”。经过紧锣密鼓的活动，1904 年夏天，孟什维克控制了中央委员会。

为了反击孟什维克的分裂活动，列宁采取了一系列措施。其中最重要的是成立了俄国社会民主工党北方局、南方局和东方局，巩固了布尔什维克党在俄国社会民主工党各地方委员会中的领导地位。1904 年 7 月底 8 月初，布尔什维克在日内瓦召开了自己的代表会议。1904 年年底，成立了布尔什维克的组织中心——多数派委员会常务局，并创办了自己的机关报《前进报》。

1910—1911 年，俄国出现了新的革命高潮，但孟什维克仍然坚持其机会主义的方针，进行分裂活动，阻碍俄国革命的发展。鉴于此，布尔什维克决定与孟什维克决裂。1912 年 1 月，布尔什维克在布拉格召开了俄国社会民主工党第六次代表大会，通过了将孟什维克开除出党的决议。从此，布尔什维克党与孟什维克在组织上彻底决裂，布尔什维克党正式成为独立的马克思主义政党。之后，在列宁和布尔什维克党的领导下，俄国无产阶级充满信心地向社会主义革命的方向昂首阔步前进。

第二节 列宁的帝国主义论与社会主义“一国胜利论”

20 世纪初，自由资本主义完成了向垄断资本主义的过渡。西方主要资本主义国家进入帝国主义阶段，表明世界进入帝国主义时代。它们为争夺世界霸权和重新分割世界展开激烈的争斗，导致第一次世界大战爆发。战争激化了欧洲各国的社会矛盾和阶级矛盾，形成了革命形势。列宁提出了帝国主义论和社会主义“一国胜利论”，为俄国十月革命的胜利和帝国主义时代世界无产阶级革命提供了理论指导。

一、列宁的帝国主义论

19 世纪末 20 世纪初，工业领域掀起以电力的广泛应用、内燃机代替蒸汽机、新的炼钢法迅速推广等为标志的新技术革命浪潮，由此促进了石油开采、化学工业等新兴工业部门的兴起，从而极大地推动了生产力的提高，世界资本主义经济得到很大发展。但各国由于应对新技术革命的措施不一，进一步拉大了资本主义国家已然存在的经济实力的差距。

资本主义发展的不平衡，使资本主义大国之间的力量对比发生了重大变化。德、美等国跳跃式发展，迅速赶上并超过英、法等老牌资本主义国家。从各国工业增长的速度看，1870—1913 年，美国增长 81 倍，德国增长 46 倍，而法国只增长 19 倍，英国只增长 13 倍。就各国工业生产在世界工业生产中的比重而言，1870—1913 年，美国从 23%上升到 38%，德国从 13%上升到 16%，而英国则从 32%下降到 14%，法国从 10%下降到 6%。英国丧失了所谓“世界工厂”的地位，美国的工业总产量已经跃居世界第一位，德国的工业总产量则在欧洲首屈一指。

帝国主义各国之间新的力量对比，同历史上形成的对殖民地的占有状况极不相称。1914 年，英国占有的殖民地面积达 3350 万平方公里，人口达 3. 93 亿多人，是世界上最大的殖民帝国。法国的殖民地面积为 1060 万平方公里，人口为 5550 万人。俄国的殖民地面积则为 1740 万平方公里，人口为 3320 万人。德国的殖民地面积仅为 290 万平方公里，人口仅为 1230 万人。1914 年，德国拥有的殖民地面积只相当于英国的 1/10，法国的 1/3。美国则更少，殖民地面积不到英国的 1/100，不到法国的 1/33。

各国实力与其对殖民地的占有极不相称的状况，使新兴的帝国主义国家极为不满，它们强烈要求重新瓜分世界，而老牌帝国主义国家则竭力维护自己的既得利益和世界霸权。这样，帝国主义国家之间展开了重新瓜分世界和争夺霸权的争斗。德国力图在欧洲扩张，建立“中欧帝国”，将奥匈帝国、巴尔干半岛、西亚、波罗的海沿岸、斯堪的纳维亚半岛、比利时及法国一部分领土纳入自己的版图，同时还要夺取英、法、比、葡等国在海外的殖民地。美国力图首先在西半球确立自己的霸权，然后侵略和掠夺中国和东亚。日本将侵略和扩张的目标定在东亚和太平洋地区。英国力图巩固自己的既得利益，并企图从土耳其手中夺取美索不达米亚和巴勒斯坦。法国积极准备对德国展开“复仇”战争，收复普法战争时被德国抢占的阿尔萨斯和洛林，并且侵占德国的鲁尔矿区，同时夺取德国在非洲的殖民地。沙皇俄国不仅企图夺取加里西亚，把巴尔干纳入自己的势力范围，而且希望控制博斯普鲁斯海峡和达达尼尔海峡，还要控制伊朗，向中亚扩张，瓜分中国。奥匈帝国则要进一步征服塞尔维亚，巩固在巴尔干半岛东部和西部的统治地位。

1900—1903 年间，世界经济危机爆发。各资本主义国家都需要进行海外扩张，掠夺殖民地，满足国内需求，化解国内危机。列宁曾引用英国金融大王塞西尔·罗得斯的话，揭示帝国主义侵略政策的本质。塞西尔·罗得斯宣称："为了使联合王国 4000 万居民免遭流血的内战，我们这些殖民主义政治家应当占领新的土地，来安置过剩的人口，为工厂和矿山生产的商品找到新的销售地区……要是你不希望发生内战，你就应当成为帝国主义者。"① 帝国主义者无耻掠夺的面目暴露无遗。

在帝国主义重新瓜分世界的争斗中，形成了以德国、奥匈帝国、意大利组成的同盟国集团和以英国、法国、俄国组成的协约国集团。这两大集团首先在巴尔干展开争夺。1914 年 6 月 28 日，奥匈帝国皇储斐迪南大公夫妇被塞尔维亚秘密组织成员射杀，被称为萨拉热窝事件，成为第一次世界大战的导火线。随后，两大集团相互宣战，第一次世界大战爆发。

第一次世界大战爆发后，第二国际各国社会民主党大都背叛无产阶级国际主义原则，支持本国政府进行战争。此时，列宁坚持无产阶级国际主义原则，提出了无产阶级政党对待帝国主义战争的正确立场和态度。他提出，各国无产阶级不能支持本国政府的帝国主义战争，而要通过自己的坚决斗争，"变帝国主义战争为国内战争"，发动无产阶级革命，夺取政权，建立无产阶级专政和实现社会主义。他认为，这是无产阶级和广大群众摆脱帝国主义战争的唯一出路。为了实现这个目的，应当采取下列措施：各国无产阶级政党的代表在议会中无条件否决军费预算；党的代表退出资产阶级内阁；坚决拒绝同资产阶级达成协议，拒绝"国内和平"；凡是政府和资产阶级实行戒严、取消宪法规定的自由的地方，都建立秘密组织，进行革命斗争；支持前线交战双方士兵联欢；支持无产阶级的各种群众性的革命活动。他还说，第二国际内大部分社会民主党支持本国政府进行的帝国主义战争，附和本国统治阶级"保卫祖国"的口号，证明他们已经彻底背叛马克思主义和社会主义，证明了第二国际的破产。

战争的进程对俄国极为不利。沙皇俄国参加战争的目的，是从奥匈帝国手

---

① 《列宁专题文集　论资本主义》，人民出版社 2009 年版，第 167 页。

里夺取靠近俄国西南边境的加里西亚，从土耳其手中夺取君士坦丁堡，进而控制博斯普鲁斯海峡和达达尼尔海峡，打通俄国从黑海通往地中海的通道。它还有一个重要的目的，即转移国内民众对其不满的视线。列宁对此尖锐地指出：“沙皇政府把这场战争看做是转移人们对国内日益增长的不满情绪的注意力和镇压日益高涨的革命运动的一种手段。”①

腐朽的沙皇专制制度导致俄国军队在前线接连失利。到1916年，德军占领了曾被俄军控制的波兰全境和波罗的海沿岸的立陶宛、拉脱维亚及白俄罗斯部分地区。俄军伤亡、被俘的人数达到350万。

战争使俄国国内经济陷入崩溃。1500万劳力被抽调上前线，大批工厂停工。运输业陷入瘫痪，燃料和食品无法运进莫斯科和彼得格勒，造成燃料危机和粮食危机，居民惶恐不安。俄国农业也因战争而遭受破坏。牲畜被前线征用而导致播种面积缩小，肥料和农具供应不足，加之大批农民被征调上战场，农村劳动力匮乏，粮食产量下降，加剧了城市食品供应的紧张，同时导致通货膨胀、物价飞涨，工农群众陷入水深火热之中。

工农群众的反战情绪空前高涨。在彼得格勒、莫斯科等大城市里，工人反战的罢工和游行示威连续不断。1916年，参加罢工的人数达100万之多。前线的士兵也展开了频繁的反战活动，甚至同德、奥士兵进行联欢。事态的发展深刻地表明，沙皇政府的战争政策已经遭到工人、农民和部分士兵的强烈反对。人民群众的不满情绪反映和影响到社会上层，在统治阶层中形成了矛盾和分歧，有的政治势力已经在酝酿发动宫廷政变。

由于帝国主义战争和经济破坏，俄国面临严重的经济危机、社会危机和政治危机，革命一触即发。

为了迎接即将到来的革命高潮，列宁对帝国主义的本质、特征及其发展规律进行深入研究，提出了帝国主义论。

随着自由资本主义向垄断资本主义的过渡，许多人使用“帝国主义”一词来描述资本主义的特征或性质。霍布森从经济、政治两方面对帝国主义进行了研究和批判。他在《帝国主义》（1902年）一书中指出了现代帝国主义的两个特点：一是几个帝国主义国家进行竞争，二是金融家控制着商人。希法亭在《金融资本》（1910年）一书中指出，金融资本是“资本主义发展最新阶段”

① 《列宁选集》第2卷，人民出版社2012年版，第517页。

的最重要的现象。布哈林在《世界经济和帝国主义》（1915 年）一书中，分析了各主要资本主义国家垄断组织的发展、金融资本的形成及其在国外的争夺。列宁在为这本书写的“序言”中给予很高评价：“它考察了世界经济中有关帝国主义的基本事实，它把帝国主义看成一个整体，看成最高度发达的资本主义的一定的发展阶段。”① 马克思主义者卢森堡对帝国主义也做了研究，她认为，为了实现资本积累而进行的对外扩张构成了帝国主义。

列宁适应时代发展的要求以及无产阶级革命斗争的需要，研究了西方各国经济社会发展的大量资料，吸收了前人和同时代其他人研究产生的有价值的成果，批判了资产阶级学者和第二国际机会主义者散布的错误观点，于 1916 年完成了《帝国主义是资本主义的最高阶段》（简称《帝国主义论》），系统阐述了关于帝国主义的理论。

关于帝国主义的基本经济特征。列宁运用历史与逻辑相统一的方法，科学考察了资本主义垄断形成和发展的过程，指出，在帝国主义时代，资本主义经济的特征就是自由竞争为垄断所代替，垄断是现代资本主义最深厚的经济基础。列宁概括了垄断资本主义的 5 个基本特征：（1）生产和资本的集中发展到一定程度导致了在经济生活中起决定作用的垄断组织。也就是说，自由竞争产生生产集中，生产集中发展到一定阶段导致垄断。垄断组织不仅能够对本国的而且能够对其他国家的生产原料数额作出大致的估计，不仅能够对市场容量进行大致的估计，而且还能够根据相互间的协议“瓜分”市场。（2）银行资本和工业资本融合起来，形成“金融资本”；在“金融资本”的基础上，产生金融寡头。金融寡头不仅操纵国家经济，还操纵国家政治。（3）资本输出具有特别重要的意义。对于自由竞争占统治地位的自由资本主义来说，对外经济扩张的典型方式是商品输出；对于垄断占统治地位的帝国主义来说，对外经济扩张的典型方式则是资本输出。（4）瓜分世界的资本家国际垄断同盟已经形成。垄断组织将国内市场瓜分完毕之后，必然将剩余资本投向国外市场，进而形成从经济上瓜分世界的国际垄断组织或者说资本家的国际垄断同盟。（5）自由资本主义向垄断资本主义过渡的过程，也是资本主义大国瓜分世界的过程。19 世纪和 20 世纪之交，世界领土已经被大国瓜分完毕。此后，帝国主义各国只能以实力重新瓜分世界，并且以战争的手段达到目的。列宁强调，帝国主义阶段的“资

① 《列宁全集》第 27 卷，人民出版社 2017 年版，第 141 页。

本主义已成为极少数‘先进’国对世界上绝大多数居民实行殖民压迫和金融扼杀的世界体系”①。

关于帝国主义的本质。列宁指出，帝国主义是垄断的资本主义，是寄生的或腐朽的资本主义，是垂死的资本主义。这是帝国主义的本质，也是帝国主义的三大特点。列宁深刻地分析了帝国主义的腐朽性，认为垄断必然产生停滞和腐朽的趋势。一方面，垄断组织规定了一定的价格范围，使得通过技术进步促进生产发展的必要性有可能丧失；另一方面，垄断组织有可能收买技术专利而又束之高阁，人为地阻碍技术进步。这就是所谓的腐朽性。在帝国主义阶段，货币资本大量聚集于少数国家，使得食利者阶层大大增长起来。他们不参与企业经营，游手好闲，靠利息和股息收入为生，体现了帝国主义的寄生性。列宁还深刻地分析了帝国主义的垂死性，认为垄断资本主义使得资本主义的基本矛盾空前激化，从而形成了人类社会从资本主义向社会主义过渡的强大动力，或者说形成了促进资本主义走向死亡的强大动力。列宁由此指出：“帝国主义是过渡的资本主义，或者更确切些说，是垂死的资本主义。”②

关于帝国主义时代无产阶级革命的必然性。列宁提出，在帝国主义时代，资本主义所固有的种种矛盾激化，必然导致无产阶级革命的爆发。第一个矛盾是社会化大生产与生产资料的私人占有的矛盾即资本主义的基本矛盾，它的激化决定了帝国主义时代其他各种矛盾的激化。第二个矛盾是帝国主义国家内无产阶级与资产阶级的矛盾。这个矛盾的激化将导致无产阶级掀起革命，推翻垄断资产阶级的统治，建立无产阶级专政，向社会主义社会过渡。第三个矛盾是被压迫民族和被压迫国家与帝国主义的矛盾。这个矛盾的激化将导致民族解放运动的高涨，从而形成东方民族解放运动与西方无产阶级革命斗争联合进行的局面，产生强大的力量，同帝国主义和资产阶级作斗争。第四个矛盾是帝国主义国家之间的矛盾。这个矛盾的激化将导致帝国主义国家之间发生战争，战争会加速阶级矛盾和民族矛盾的激化，加速无产阶级革命的爆发。根据以上的分析，列宁得出结论：“帝国主义是资本主义发展的最高阶段”③，“帝国主义是无产阶级社会革命的前夜”④。帝国主义时代，无产阶级社会主义革命是其主要

① 《列宁专题文集　论资本主义》，人民出版社 2009 年版，第 102 页。
② 《列宁专题文集　论资本主义》，人民出版社 2009 年版，第 211 页。
③ 《列宁专题文集　论资本主义》，人民出版社 2009 年版，第 286 页。
④ 《列宁专题文集　论资本主义》，人民出版社 2009 年版，第 105 页。

内容和发展方向，社会主义必定代替资本主义。同时，列宁也指出："帝国主义是衰朽的但还没有完全衰朽的资本主义，是垂死的但还没有死亡的资本主义。"①

帝国主义论的提出，是对马克思主义的一个划时代贡献。列宁总结了《资本论》出版后资本主义近半个世纪发展的情况，深刻地分析了帝国主义的特征、本质和矛盾，揭示了帝国主义产生、发展和必然灭亡的规律，阐明了帝国主义时代无产阶级社会主义革命的必然性和社会主义必然胜利的光辉前景，为俄国十月革命取得伟大胜利、为世界各国的无产阶级革命和民族解放运动提供了强大的思想武器。

二、列宁的社会主义"一国胜利论"

马克思、恩格斯曾经根据当时资本主义经济、政治发展状况，认为社会主义革命将在欧洲主要资本主义国家同时发生，而不能单独在某个国家取得胜利。在 19 世纪四五十年代，他们曾经设想，社会主义革命将首先在英国、美国、法国、德国等主要西方资本主义国家取得胜利。1872 年，在谈到巴黎公社的经验教训时，马克思指出："巴黎公社之所以失败，就是因为在一切主要中心，如柏林、马德里以及其他地方，没有同时爆发同巴黎无产阶级斗争的高水平相适应的伟大的革命运动。"② 恩格斯直到晚年还强调："无论是法国人、德国人，还是英国人，都不能单独赢得消灭资本主义的光荣。"③ 他们认为，社会主义胜利的基本条件，一是资本主义生产方式比较发达，二是无产阶级的力量比较强大，三是无产阶级与资产阶级的矛盾比较尖锐。英、法、德等国具备了这些条件，所以，他们在谈到社会主义革命时，往往限于这几个国家。在这个时候，东方国家包括俄国在内，没有资本主义发展，或者资本主义发展处于初始阶段，没有无产阶级，或者无产阶级很弱小，不可能发生无产阶级革命运动。马克思、恩格斯不可能谈到东方国家的社会主义革命。

马克思、恩格斯逝世后，资本主义逐步进入帝国主义阶段。资本主义的发展出现了新情况和新特点，无产阶级革命作为紧迫的实践问题被提上了革命的议事日程。特别是在帝国主义阶段、在第一次世界大战条件下还能不能以及如

---

① 《列宁专题文集　论资本主义》，人民出版社 2009 年版，第 284 页。
② 《马克思恩格斯全集》第 18 卷，人民出版社 1964 年版，第 180 页。
③ 《马克思恩格斯文集》第 10 卷，人民出版社 2009 年版，第 655 页。

何进行社会主义革命的问题，尖锐地摆在马克思主义者面前。

列宁深入、全面地研究了帝国主义阶段资本主义发展的新情况和新特点，发现了资本主义经济、政治发展不平衡的规律，分析了这一规律和社会主义革命之间的联系，结合无产阶级革命斗争的新鲜经验，发展了马克思、恩格斯“社会主义革命将在主要资本主义国家共同胜利”的理论观点，创造性地提出了社会主义将首先在一国或少数几个国家获得胜利的新结论。

1915 年 8 月，列宁在《论欧洲联邦口号》一文中指出：“经济和政治发展的不平衡是资本主义的绝对规律。由此就应得出结论：社会主义可能首先在少数甚至在单独一个资本主义国家内获得胜利。这个国家的获得胜利的无产阶级……会奋起同其余的资本主义世界抗衡，把其他国家的被压迫阶级吸引到自己方面来，在这些国家中发动反对资本家的起义，必要时甚至用武力去反对各剥削阶级及其国家。”① 1916 年 1—6 月，列宁潜心研究帝国主义理论，撰写了《帝国主义论》一书，为社会主义“一国胜利论”奠定了理论基础。同年 8 月，列宁在《无产阶级革命的军事纲领》一文中进一步阐述了自己的观点：“资本主义的发展在各个国家是极不平衡的。而且在商品生产下也只能是这样。由此得出一个必然的结论：社会主义不能在所有国家内同时获得胜利。它将首先在一个或者几个国家内获得胜利，而其余的国家在一段时间内将仍然是资产阶级的或资产阶级以前的国家。”② 他还说：“社会主义革命不是一次行动，不是一条战线上的一次会战，而是充满着激烈的阶级冲突的整整一个时代，是在一切战线上，也就是说，在经济和政治的一切问题上进行的一系列的会战，这些会战只有通过剥夺资产阶级才能完成。”③ 概括来说，列宁的思想是：社会主义革命有可能在一国或几个国家取得胜利，但是，这场革命的任务和要达到的目标不是一次完成的，而可能需要“整整一个时代”。

列宁的社会主义“一国胜利论”，建立在他对帝国主义时代资本主义发展不平衡规律深刻认识的基础上。列宁认为，在帝国主义时代，资本主义发展不平衡的问题表现得十分突出。在一个国家内，企业与企业之间、部门与部门之间，发展的速度有快有慢，这就是发展的不平衡。在同一类国家如帝国主义国

---

① 《列宁专题文集 论社会主义》，人民出版社 2009 年版，第 4 页。
② 《列宁专题文集 论社会主义》，人民出版社 2009 年版，第 8 页。
③ 《列宁选集》第 2 卷，人民出版社 2012 年版，第 562 页。

家之间，发展的速度也是有快有慢，这也是发展的不平衡。从当时的世界看，若干新兴的帝国主义国家跳跃式发展，经济实力超过了老牌帝国主义国家，这就是资本主义发展的不平衡。

列宁分析了资本主义经济政治发展不平衡规律与整个资本主义历史命运的关系。他指出，资本主义发展的不平衡使得帝国主义战争不可避免，战争使帝国主义国家受到严重削弱，在帝国主义的链条上出现了“薄弱环节”。列宁把战争比喻为“一架力量非常巨大的历史发动机”和万能的、强有力的“导演”，认为社会主义革命这场有声有色、威武雄壮的历史剧，就是由战争执导的。战争引起革命，这使社会主义革命在一个国家或几个国家有可能突破帝国主义战线的薄弱环节而取得胜利。

帝国主义链条的“薄弱环节”表现在：在一些国家，资本主义工业有一定的发展，有一定的大生产的基础，统治阶级的统治能力不像发达资本主义国家那样强。在这样的国家里，无产阶级受到沉重剥削，但他们人数比较多，觉悟程度高，敢于开展反封建势力和反资产阶级的斗争。在这样的国家，如果有无产阶级政党的正确领导，最有可能首先发生无产阶级革命。而帝国主义国家之间的矛盾与战争，使得他们不可能联合起来共同镇压革命。因此，一个国家的无产阶级斗争就有可能取得胜利，并成为社会主义革命的突破口。

俄国就是当时帝国主义链条中的“薄弱环节”。19 世纪末 20 世纪初，俄国资本主义的经济发展落后于欧美主要国家，大工业的发展使产业工人集中在大的工业中心和大型企业。俄国幅员辽阔，有进行军事斗争的回旋余地。此外，俄国统治阶级的统治基础和能力比较弱。相反，无产阶级和劳动人民却具有高度的革命热忱，并且还有一个政治上成熟的无产阶级革命政党。所以，俄国可以取得社会主义的胜利。

列宁的社会主义“一国胜利论”极大地武装了无产阶级的革命理论并激发了他们的首创精神，鼓舞无产阶级利用帝国主义战争造成的危机，不失时机地发动革命，夺取胜利。俄国十月社会主义革命，就是在这一理论指导下取得胜利的。这一时期，列宁还就帝国主义条件下的战争与和平、民族与殖民地问题进行了深入的研究，提出了重要的理论。列宁社会主义革命的理论，是对马克思主义关于无产阶级社会主义革命理论的继承、创新与发展，为经济文化比较落后的国家进行社会主义革命提供了科学的理论指导。

第三节　俄国十月革命的胜利

20世纪初，俄国成为帝国主义链条上的“薄弱环节”。1905年革命沉重打击了沙皇体制，1917年二月革命推翻了沙皇专制统治，但革命成果落入资产阶级手中。列宁制定《四月提纲》，提出了继续进行革命、由民主革命向社会主义革命过渡的方针。在布尔什维克党的领导下，十月革命取得胜利，建立了人类历史上第一个社会主义国家。

一、俄国尖锐的社会矛盾与1905年革命

20世纪初的沙皇俄国，是一个落后的军事封建帝国主义国家，资本主义的发展远远落后于美、德、英、法等国。俄国是帝国主义各种矛盾最集中、最尖锐的国家。

（一）俄国社会存在各种尖锐的矛盾

从农业发展看，虽然农奴制废除后俄国农村的生产力得到了一定程度的解放，农业生产有了较快的发展。可是，农奴制残余仍然是生产发展的严重障碍。没有土地或者土地很少的农民，只有用自己的农具和牲畜为地主种地，才能租得地主的土地。他们除了给地主种地以外，还要受地主的驱使从事运输、修房等繁重的劳役。农民还需向国家缴纳沉重的赋税。从工业发展看，俄国工业总产值虽已占欧洲第四位、世界第五位，但发展程度与欧美大国相比还有很大差距。外国资本大量涌入，控制了采矿、冶金、铁路、机器制造等部门。在顿巴斯，有外资的股份公司控制了当地采煤量的70%。在许多大银行中，外国资本占50%—70%。外国资本利用俄国丰富的天然资源、广大的市场和廉价的劳动力，获得比在本国高出4倍至5倍的暴利。沙皇政府还大量借用外债。到1900年，外债增加到40亿卢布，每年仅外债利息就达1亿卢布。外国资本在俄国扩张的结果，使俄国资本主义日益加深了对西方帝国主义的依赖。在俄国资本家和外国资本家的压榨下，俄国无产阶级的命运极为悲惨。他们劳动时间长，劳动条件恶劣，工资收入少，难以养家糊口，挣扎在生死线上。从政治上看，1861年农奴制改革后，俄国仍然实行绝对君主制，沙皇独揽国家的最高权力，不受任何限制。沙皇政府建立起庞大的军队、警察、监狱等暴力机器，以维持其反动统治。在沙皇专制制度下，人民没有任何自由，工人运动和农民斗争遭到反动军警的残酷镇压，许多革命者

被屠杀或流放。

对外政策上，沙俄奉行对外侵略扩张政策。沙俄一直把南下征服奥斯曼土耳其帝国、夺取中东和巴尔干作为实现其世界霸权的目标。19世纪中叶，为争夺巴尔干半岛的控制权而发动了克里米亚战争，出兵镇压了波兰人民争取民族独立的武装起义。在中亚，从彼得一世开始，俄国就开始对这些地区进行军事征服。到19世纪80年代，沙俄占领了中亚地区，把土库曼斯坦、塔吉克斯坦、乌兹别克斯坦、吉尔吉斯斯坦、哈萨克斯坦等国并入了俄国版图。俄国还向远东扩张。1900年，乘八国联军镇压中国义和团运动之机，沙俄又攫取了中国东北的大量特权。1904年2月—1905年1月，沙俄为争夺在中国和朝鲜的利益同日本爆发了战争。沙俄的对外扩张政策，加剧了俄国与其他帝国主义国家的矛盾，也激化了沙俄与被侵略国家人民的矛盾。

沙俄对国内少数民族实行压迫政策。20世纪初，占全国总人口43%的俄罗斯族人享有种种特权；非俄罗斯民族被视为“异族人”，处于无权地位。沙皇强制推行民族同化政策，提出“一个民族、一个国家、一个皇帝、一个宗教、一种语言”的口号，禁止少数民族使用本民族语言，强迫他们改信东正教。列宁把俄国称为“各族人民的监狱”，认为“许多世纪以来大俄罗斯人在地主和资本家的压迫下，养成了一种可耻可憎的大俄罗斯沙文主义偏见”①。

上述政治、经济状况，使俄国成为帝国主义各种矛盾最集中、最尖锐的国家。它存在着垄断资产阶级同无产阶级的矛盾、沙皇专制制度和农奴制残余同人民大众的矛盾、大俄罗斯民族同各少数民族的矛盾、俄国帝国主义同其他帝国主义国家的矛盾，以及它同殖民地、半殖民地国家的矛盾。

（二）俄国1905年革命的爆发

社会矛盾的多重性和复杂性，使俄国成为帝国主义统治链条上的“薄弱环节”，这决定了俄国发生革命的必然性。19世纪初以后，俄国社会不断爆发工人、农民反对沙皇政府的抗议斗争。特别是1904—1905年沙俄在日俄战争中失利，更加显示了专制制度的腐朽，激起人民群众更大的反抗。

1905年1月3日，彼得堡最大的普梯洛夫工厂开始举行罢工，并即刻扩大到彼得堡其他工厂。沙皇政府对工人罢工采取残酷的镇压手段，激起全国民众

---

① 《列宁全集》第38卷，人民出版社2017年版，第49页。

的极大义愤，罢工很快蔓延到各地区，仅仅在1月就有44万人参加。工人的反抗斗争迅速扩展到农村，引发农民夺取土地的骚动。在布尔什维克党等革命政党领导下，俄国工农群众不断发动从经济罢工、政治罢工到武装起义的一次次斗争，革命运动很快席卷俄国各地。

（三）布尔什维克党和孟什维克的两种不同革命策略

面对汹涌澎湃的俄国革命浪潮，在对革命的性质、动力和任务的认识上，孟什维克和布尔什维克党作了截然不同的估计，提出了两种完全对立的应对策略。

孟什维克认为：俄国革命和以往西欧资产阶级革命的性质一样，所以应当由资产阶级领导；无产阶级不要与农民接近，而应该追随资产阶级；不要举行武装起义，应当通过立宪会议等代议机构和平改良沙皇制度。

1905年7月，列宁写作《社会民主党在民主革命中的两种策略》一书，详尽指出布尔什维克党和孟什维克的分歧。布尔什维克党认为：无产阶级应当而且能够做俄国资产阶级民主革命的领导者；无产阶级应当和农民结盟；通过武装起义推翻沙皇专制夺取政权，实现工农民主专政；在取得民主革命胜利后转变到社会主义革命。

列宁的这部著作从思想上粉碎了孟什维克的策略方针，系统阐明了从资产阶级民主革命向社会主义革命过渡时期无产阶级政党的策略原则，丰富了马克思主义，对指导俄国革命和国际无产阶级革命也具有重要意义。

1905—1907年俄国历史上第一次爆发的资产阶级民主革命中，人民群众在斗争中创建了工人、农民、士兵苏维埃等最初的无产阶级专政形式。1905年革命虽然失败了，但锻炼了民众，具有重大的历史影响。列宁因此把它称为1917年十月革命的“总演习”。

正如列宁后来分析的那样：“我们开始这个革命比较容易，有下列几个原因。第一，沙皇君主国在政治上的非常落后（就20世纪的欧洲来说）使得群众的革命冲击力量异常强大。第二，俄国的落后使得无产阶级反对资产阶级的革命与农民反对地主的革命独特地结合了起来。我们在1917年10月就是这样开始革命的，不然，我们就不会那样容易取得胜利。”①

二、二月革命的爆发及其后果

第一次世界大战使俄国国民经济全面崩溃，加快了革命形势的成熟。战

---

①《列宁全集》第36卷，人民出版社2017年版，第294页。

争中，俄国约有40%的工人和农村劳动力被征调入伍，工厂倒闭，农田荒芜。战争造成通货膨胀，民不聊生。前线士兵饥寒交迫，枪炮奇缺，军队节节败退，死亡众多。这一切引起广大工人、农民和士兵对沙皇制度的极度不满。1917年年初，俄国工农群众的反战革命运动空前高涨。城市工人以罢工的方式进行斗争，莫斯科1/3以上的工人参加了罢工斗争。布尔什维克党积极参与革命，并发出号召，鼓动工人罢工和游行示威，反对饥饿，反对战争。

1917年1月9日，发生了为纪念1905年革命的“一九事件”，即沙皇下令枪杀请愿工人的流血事件，俄国许多城市因此爆发了罢工和示威游行。2月18日，彼得格勒普梯洛夫工厂的3万名工人举行罢工，揭开了二月革命的序幕。2月23日，正是公历“三八”国际妇女节。彼得格勒12万多工人罢工，并且发展为政治罢工。罢工群众走向街头，工人们喊出了“打倒沙皇”的口号。2月26日，罢工者同军警发生冲突。涅瓦大街上许多工人遭到枪杀，激起工农群众更大的反抗。2月27日，罢工转变为武装起义，驻守彼得格勒的6万多名士兵也参加了武装起义。布尔什维克党中央发出宣言，号召推翻沙皇专制制度，成立临时革命政府，由临时革命政府成立民主共和国，没收地主的土地分配给农民，并且同全世界工人共同努力，争取立即制止帝国主义战争。起义者占领车站、桥梁和电话局，攻击政府机关，冲进监狱释放政治犯。当天晚上，成立了彼得格勒工兵代表苏维埃。俄国各地纷纷响应，建立苏维埃政权。统治俄国304年的罗曼诺夫王朝终于被推翻，二月革命取得了胜利。二月革命推翻了沙皇专制制度，宣布赦免政治犯，实行言论、出版、结社自由。这使人民获得了一定的政治权利，对俄国历史的发展起了进步作用。二月革命的胜利，标志着俄国资产阶级民主革命的胜利。

1917年3月2日，俄国组成资产阶级临时政府，由李沃夫出任临时政府总理兼内务部部长。由于当时布尔什维克党的力量相对弱小，只有党员2.3万人，而立宪民主党有党员6.6万—8万人，孟什维克有党员20万人，社会革命党有党员50万人，所以，二月革命后建立的临时政府由立宪民主党、十月党、孟什维克、社会革命党等政党所控制。

二月革命过程中俄国各地建立的工兵代表苏维埃，是工农掌握政权的机关。它控制了社会生活与管理的许多权力。这样，俄国出现了资产阶级临时政府和工兵代表苏维埃两个政权并存的局面。列宁在谈到这两个政权的性质和特点时说道："所谓两个政权并存，就是说有两个政府同时存在：一个是主要的、真正的、实际的、掌握全部政权机关的资产阶级政府，即李沃夫之流的'临时政府'；另一个是补充的、附加的、'监督性的'政府，即彼得格勒工兵代表苏维埃，它没有掌握国家政权机关，但是它直接依靠显然是绝大多数的人民，依靠武装的工人和士兵。"① 两个政权共存的局面，反映了二月革命后俄国的阶级力量对比关系，反映了俄国社会主要矛盾的双方无产阶级和资产阶级处于势均力敌的状态，表明俄国革命正处于一个过渡的、发展中的阶段。

资产阶级临时政府以巩固资产阶级统治、制止革命继续发展为目标。这个政府建立初期，掌控权力的是代表大地主、大资产阶级利益的十月党人和立宪民主党人。他们不想根本改变沙皇政府的内外政策，而是代表大资产阶级的利益进行统治。

在战争问题上，临时政府继承沙皇政府参加世界大战的政策。1917 年 4 月 18 日，临时政府给各盟国发出照会，向它们保证，俄国"全体人民愿将世界大战进行到彻底胜利"。同时，临时政府命令前线俄军投入战斗。这就违背了早已厌恶战争的工农群众的意愿。在土地问题上，临时政府维护大地主的利益，反对把土地分给农民。临时政府发布通令，表示采取坚决措施直至"调动军队"镇压农民夺取地主土地的行动，逮捕夺取地主土地的农民。临时政府没有能够解决人民渴求的发展生产、消除饥荒的问题。它反对工人监督生产，反对增加工人工资，对工人实行 8 小时工作制的要求置之不理。它支持资本家关闭工厂和实行同行歇业，致使成千上万的工人因失业被抛向街头。

临时政府的政策激起广大工农群众的强烈反对。农民组织起来，自行夺取地主的土地。到 1917 年秋季，农民起义已经席卷俄国农村 90% 的地区。城市工人、士兵则掀起大规模游行示威活动，反对临时政府的政策。

二月革命使资产阶级及其临时政府上台执政，但临时政府仅仅是对政府组织作了表面的调整，民主改革只是形式上的、不彻底的，具有很大的欺骗性。资产阶级临时政府没能使俄国退出帝国主义战争，没能消除贫困和饥荒，没能解决农民的土地问题。它使俄国继续挣扎在死亡的边缘。列宁指出，二月革命

---

① 《列宁全集》第 29 卷，人民出版社 2017 年版，第 153 页。

“迈出了停止战争的第一步。但是只有迈出第二步，即把国家政权转到无产阶级手中，才能保证停止战争”①。

三、《四月提纲》与布尔什维克党社会主义革命的方针

1917 年二月革命的成果落入资产阶级手中后，远在瑞士的列宁通过《真理报》发表一系列《远方来信》，分析了资产阶级取得政权的原因，指出了资产阶级临时政府实际上不过是拥有亿万资本的“英法公司”的伙计的实质，分析了当时俄国革命发展的动力、性质和前途，鲜明地提出了向社会主义革命过渡的任务。这就完全证实了列宁在 1905 年《社会民主党在民主革命中的两种策略》一书中所预见的革命形势。

1917 年 4 月 3 日晚，列宁回到俄国。在彼得格勒芬兰车站，列宁受到成千上万工人和士兵的欢迎。列宁站在车站广场的装甲车上向群众发表演说，他以“社会主义革命万岁!”的口号向群众发出了号召。4 月 4 日清晨，他又在塔夫利达宫举行的全俄工兵代表苏维埃会议的布尔什维克党代表会议上作了题为《论无产阶级在这次革命中的任务》的报告。这个报告的大纲就是著名的《四月提纲》，它提出了党领导人民从民主革命转变为社会主义革命的行动纲领。

关于革命的任务，列宁明确指出：“俄国当前形势的特点是从革命的第一阶段向革命的第二阶段过渡，第一阶段由于无产阶级的觉悟和组织程度不够，政权落到了资产阶级手中，第二阶段则应当使政权转到无产阶级和贫苦农民手中。”② 应当立即实现由资产阶级革命向社会主义革命的转变，建立无产阶级专政，全部政权归苏维埃。列宁鲜明指出：“不要议会制共和国（从工人代表苏维埃回到议会制共和国是倒退了一步），而要从下到上遍及全国的工人、雇农和农民代表苏维埃的共和国。”③

关于过渡阶段的特点，列宁认为，革命的直接任务并不是立即“实施”社会主义，仅仅是过渡到由“工人代表苏维埃监督社会的产品生产和分配”，首要的是解决资产阶级民主革命的任务。但由于俄国所处的特殊国际环境和国内条件，它可以而且应当越过资产阶级民主革命范围，向社会主义过渡，采取社

---

① 《列宁选集》第 3 卷，人民出版社 2012 年版，第 47 页。

② 《列宁专题文集 论社会主义》，人民出版社 2009 年版，第 19 页。

③ 《列宁专题文集 论社会主义》，人民出版社 2009 年版，第 20 页。

会主义的一些最初步骤。

关于夺取政权的方式，布尔什维克党已经作出了武装斗争夺取政权的决议，但列宁从两个政权并存的局面中看到，有可能通过和平的方式使政权从临时政府转到苏维埃手中。然而，后来由于形势的发展，和平获得政权已无法实现，列宁决定组织和武装群众，通过暴力革命夺取政权。

《四月提纲》还提出了革命胜利后需要采取的具体措施：由无产阶级和贫苦农民掌握政权，建立巴黎公社式的政府，实行土地国有化，对银行进行工人监督以及银行国有化，由工人代表苏维埃对社会的产品生产和分配实行监督，等等。

列宁的《四月提纲》系统阐述了由资产阶级民主革命向社会主义革命过渡的理论，丰富和发展了马克思主义关于无产阶级革命的理论和马克思主义国家学说，为布尔什维克党发动十月革命进行了思想理论上的准备。

四、十月革命的胜利及其伟大意义

根据列宁《四月提纲》的精神和党的有关会议的精神，布尔什维克党把争取群众、发动群众作为中心工作，通过各种形式在苏维埃、工厂委员会，特别是在士兵中进行大量的宣传鼓动工作，使广大工农群众和革命士兵逐步认清了孟什维克和社会革命党人的面目，提高了无产阶级革命觉悟。逐渐地阶级力量对比发生了有利于布尔什维克党的变化。

（一）十月革命的胜利

1917 年 7 月 1 日，临时政府在西南战线发动军事进攻，结果遭到惨败。前线失败的消息传到彼得格勒，引起工人和士兵的无比愤怒。7 月 3 日，彼得格勒出现了声势浩大的群众游行示威。许多革命士兵集会，要求举行武装起义推翻临时政府。布尔什维克党认为，革命时机还不成熟，过早地采取武装行动会带来不应有的损失。但考虑到群众的革命情绪高涨，阻止群众的游行示威已不可能，布尔什维克党决定参加并领导群众的游行示威活动，以便把它变成一次和平的、有组织的运动。

1917 年 7 月 4 日，彼得格勒 50 万工人和士兵举行和平游行示威，提出“全部政权归苏维埃”。游行群众还派出代表，向苏维埃中央执行委员会提出要求，把全部政权掌握到苏维埃手中。可是，把持苏维埃的孟什维克和社会革命党人拒绝工人和革命士兵的要求。他们不仅作出了禁止示威游行的决定，而且同意临时政府从前线调回反动军队镇压工人和革命士兵的运动。临时政府纠集一批反动军官、士官生和哥萨克部队向和平示威的群众开枪，当场打死打伤400多人，这就是七月事变。这一事变改变了俄国国内的状况和阶级力量对比，孟什维克和社会革命党人成了反革命势力的帮凶，两个政权并存的局面结束了。

紧接着，资产阶级临时政府向布尔什维克党和革命力量猖狂进攻，解除了工人的武装，将彼得格勒城内倾向革命的军队调往前线。1917年7月5日，布尔什维克党的《真理报》编辑部和劳动印刷所被捣毁，工作人员遭到殴打和逮捕。同年7月6日，临时政府下令通缉列宁，并且大肆逮捕布尔什维克党的党员和革命群众。

1917年7月24日，成立了以社会革命党人克伦斯基为首的第二届联合临时政府，政权转至代表中小资产阶级的社会革命党和孟什维克手中。

克伦斯基政府仍然执行反动政策，对外继续进行帝国主义战争，对内镇压群众革命运动。在这个反动政府的统治下，俄国国内的阶级矛盾和民族矛盾不仅没有缓和，反而更加尖锐。克伦斯基临时政府的倒行逆施，再次激发了俄国民众的大规模抗议浪潮。1917年8月，工人罢工席卷莫斯科、彼得格勒、乌拉尔、顿巴斯等俄国主要工业基地，矿区工人与临时政府派来的军队进行武装对抗。农民夺取地主土地的运动扩展到俄国91.2%的县，一些地方的农民通过了把全部政权归苏维埃的决议。全国武装起来的工人赤卫队已经有20万人，彼得格勒就有2万人。临时政府的军队情况也发生了根本变化。波罗的海舰队成立了以布尔什维克党为首的革命委员会；在靠近彼得格勒、莫斯科的北方战线和西方战线的170万军队中，大部分士兵接受布尔什维克党的主张。9月，在参加莫斯科杜马选举的1.7万名士兵中，有1.4万名投票支持布尔什维克党。列宁和布尔什维克党根据这种情况，认为革命的和平发展阶段结束，武装起义的时机成熟了。

为迎接新的革命高潮到来做好准备工作，1917年7月26日—8月3日，布尔什维克党在彼得格勒秘密举行第六次代表大会，选举了以列宁为首的中央委员会，并作出了武装起义夺取政权的决定。同年8月底，俄军前线最高总司令科尔尼洛夫调回军队，开进彼得格勒，发动反革命叛乱。彼得格勒的工人在布尔什维克党的领导下，组成工人赤卫队，同叛军作战，几天内就粉碎了科尔尼洛夫叛乱。粉碎科尔尼洛夫叛乱，是一个转折点。布尔什维克党的威信迅速增长，俄国各地的苏维埃迅速布尔什维克化。到9月中旬，包括彼得格勒、莫斯科在内的俄国156个城市的苏维埃都拥护布尔什维克党。

鉴于俄国无产阶级夺取政权的革命任务已被提上日程，必须以正确的理论指导无产阶级的斗争，列宁进行了巨大的理论研究工作，于1917年8—9月间写成了名著《国家与革命》。在这本书中，列宁深刻批判了第二国际机会主义对马克思主义国家学说的歪曲和背离，捍卫和发展了无产阶级革命和无产阶级专政的理论，为俄国十月革命的胜利和世界上第一个社会主义国家的建立提供了直接的思想理论指导，对世界无产阶级革命及国家建设具有普遍的指导意义。

身在国外的列宁及时分析了俄国国内的形势，认为武装起义的时机已经成熟。于是，他在9月给布尔什维克党中央连续写了两封信——《布尔什维克应当夺取政权》《马克思主义和起义》，提出应该举行武装起义，夺取政权。

10月7日，列宁回到俄国，领导武装起义的准备工作。10月10日，列宁领导举行布尔什维克党中央委员会会议，制定了武装起义的计划。10月16日，布尔什维克党中央举行扩大会议，批准了中央委员会关于起义的决议，成立了由布勃诺夫、捷尔任斯基、斯维尔德洛夫、斯大林和乌里茨基组成的五人工作班子，并成立了以托洛茨基为首的彼得格勒苏维埃及其军事革命委员会，具体负责武装起义的组织工作。季诺维也夫和加米涅夫反对起义，并在孟什维克的《新生活报》透露了起义消息，起义不得不提前举行。

10月24日下午，武装起义开始。工人赤卫队占领了中央电报局和涅瓦河上的一些桥梁。当晚，列宁来到斯莫尔尼宫，亲自领导武装起义。10月25日上午，起义者占领了彼得格勒的所有重要据点。下午6点，包围了资产阶级临时政府所在地冬宫。晚上9点40分，根据革命军事委员会的命令，停泊在涅瓦河上的阿芙乐尔号巡洋舰发出了攻打冬宫的炮声。起义群众冒着弹道的火光，冲向冬宫，逮捕了最后一届临时政府的部长。

10月25日（公历11月7日）晚9点40分，全俄工兵代表苏维埃第二次代表大会在斯莫尔尼宫召开。大会宣读了由列宁起草的宣言，即《告工人、士兵和农民书》，庄严宣告：临时政府已经被推翻，“根据绝大多数工人、士兵和农民的意志……代表大会已经把政权掌握在自己手里”，并要求俄国全国各地政权一律转归当地的工农代表苏维埃。彼得格勒武装起义胜利了！这一天作为俄国伟大的十月社会主义革命的胜利日被载入史册。

代表大会选举产生了由布尔什维克党（62 名）、左派社会革命党（29 名）以及其他党派（10 名）代表组成的苏维埃中央执行委员会，并成立人民委员会作为管理国家的政府机关。列宁任人民委员会主席。世界上第一个社会主义国家诞生了。

临时政府的垮台和彼得格勒武装起义胜利的消息迅速传遍俄国。各地苏维埃在布尔什维克党领导下进行了广泛的夺取政权的斗争，开始了史称“苏维埃政权凯歌行进”的时期。1917 年 11 月 3 日，在莫斯科革命军事委员会领导下，工人士兵击退了士官生等反革命军队的进攻，夺取了大部分市区，建立了无产阶级专政的苏维埃政权机关。革命从中心城市逐步扩大到俄国各地。到 1918 年春，俄国大部分地区的政权已经转归苏维埃，十月社会主义革命在俄国取得了决定性胜利。

（二）十月革命的伟大历史意义

十月革命是帝国主义时代世界历史上的一个划时代事件，“列宁把马克思主义基本原理同俄国具体实际相结合，创造性地提出社会主义可能在一国或数国首先取得胜利的理论，领导十月革命取得成功，建立了世界上第一个社会主义国家，使社会主义实现了从理论到实践的伟大飞跃”①。十月革命对于推动俄国和世界历史发展都具有伟大的历史意义。

第一，建立了世界上第一个社会主义国家，开辟了人类历史的新纪元。在十月革命胜利以前，人类社会的变迁始终是由一种剥削制度代替另外一种剥削制度。十月革命的胜利，创建了世界上第一个工人阶级领导的人民当家作主的新政权，建立了一种没有压迫和剥削的社会制度，极大地改变了世界历史的进程。从此以后，社会主义作为一种崭新的制度出现在世界历史舞台，引领着人类社会的发展方向。

第二，把马克思主义关于无产阶级革命的理论变成了现实，开启了无产阶级革命的新时代。十月革命的胜利，实现了科学社会主义从理想到现实、从理论到实践的伟大飞跃，验证了科学社会主义是实现无产阶级解放的科学理论。从此以后，在科学社会主义理论的指导下，各国无产阶级开展了波澜壮阔、前

---

① 中共中央宣传部编：《习近平总书记系列重要讲话读本》，学习出版社、人民出版社 2014 年版，第 7 页。

仆后继的革命斗争，不断掀起革命高潮。

第三，促进了俄国社会经济的发展。人类历史上第一个社会主义国家的诞生，从一开始就显示了其强大的生命力。从电气化到工业化的方针，使俄国工业总产量很快跃居欧洲第一位、世界第二位。社会现代化也取得巨大发展。在世界经济普遍萧条的情况下第一次消灭了失业；免费医疗、退休金制度等社会保障措施提高了劳动人民的福利待遇；国家竭力提高民众文明程度，一个文盲超过 2/3 的国家很快达到全民普遍识字。

第四，沉重打击了帝国主义的统治，鼓舞了资本主义国家的革命运动。十月革命的胜利，在一个帝国主义大国里推翻了资产阶级的统治，建立了无产阶级专政，这不仅是对俄国帝国主义统治者的沉重打击，也是对世界各帝国主义统治者的沉重打击。在十月革命胜利的激励和鼓舞下，各资本主义国家的革命运动蓬蓬勃勃地发展起来。德国 1918 年爆发了十一月革命，建立了工兵代表苏维埃。匈牙利爆发了 1919 年无产阶级革命，建立了匈牙利历史上第一个无产阶级政权。在英国、法国、意大利、奥地利等国，工人运动也不断高涨。

第五，激励了殖民地、半殖民地国家的民族民主革命，开始了被压迫民族解放斗争的新阶段。在十月革命的影响下，很多国家爆发了争取民族解放的革命运动。1919 年，朝鲜爆发了反对日本殖民统治的三一运动，埃及人民展开了反英武装起义，中国爆发了五四运动；1920 年，印度人民展开了非暴力不合作运动。这些运动沉重打击了帝国主义的殖民统治，动摇了帝国主义的殖民体系，有力地支持了各国无产阶级革命运动。

第六，促进了马克思列宁主义的传播，推动了一大批马克思主义新型政党的建立。十月革命胜利后，马克思主义在世界各国广泛传播。正如毛泽东所说，“十月革命一声炮响，给我们送来了马克思列宁主义”①。在十月革命胜利的影响下，世界各地都建立了共产党。中国共产党正是在十月革命的影响下建立的。② 各国共产党建立后，积极宣传马克思主义，开展革命活动，有力地推

① 《毛泽东选集》第四卷，人民出版社 1991 年版，第 1471 页。

② 2019 年 6 月 6 日，习近平在参观阿芙乐尔号巡洋舰时表示，“阿芙乐尔号巡洋舰对中国人民而言意义非凡。当年十月革命一声炮响，给中国送来了马克思主义，为中国共产党的诞生发挥了重要作用。此后，正是在中国共产党的领导下，中国人民前赴后继，取得了中国革命和新中国建设的巨大成就”。参见《人民日报（海外版）》2019 年 6 月 8 日。

动了国际共产主义运动的发展。

思考题：

1. 列宁关于建立新型无产阶级政党理论的主要内容是什么？
2. 怎样理解“俄国是帝国主义一切矛盾的集合点”和俄国革命的必然性？
3. 十月革命胜利的伟大历史意义是什么？

第五章　共产国际与各国革命

共产国际是继第一国际和第二国际之后出现的又一个重要共产主义国际组织，又称第三国际。它是俄国十月革命胜利后，以列宁为首的俄国布尔什维克党根据新的世界革命运动形势，发起和召集各国共产主义组织和革命团体，按照民主集中制原则组织起来的一个国际联合组织。它是20世纪20年代至40年代前期各国共产党的总部和国际共产主义运动的领导中心。在共产国际领导下，国际共产主义运动真正越出欧洲和美洲的范围，扩展至亚洲和非洲乃至全世界。同时，共产国际由于其机制和指导上的失误，也给一些国家的革命运动造成过重大损失。共产国际对各国革命的指导，既为国际共产主义运动积累了宝贵的经验，也留下了深刻的教训。

第一节　共产国际的创建及其初期活动

第一次世界大战结束后，在俄国十月革命的影响和推动下，欧亚出现了风起云涌的革命运动，这需要各国建立起新型的无产阶级政党来领导革命，需要制定正确的战略策略来指导革命。这样，成立一个新的国际组织来推动各国共产党组织的建立，指导各国共产党领导革命斗争，加强对欧亚各国革命运动的统一领导和协调，已成为一个急迫的任务。第二国际的瓦解，国际左派组织的形成，以及一些国家独立的共产党组织的出现，为成立新的国际组织创造了必要条件。正是在这一历史条件下，以列宁为首的俄国布尔什维克党积极开展了创建新的国际组织的工作。

一、共产国际成立的历史背景

第一次世界大战极大地改变了世界的格局，同时也使得西方资本主义制度固有的矛盾和弊端暴露无遗。战争的空前残酷，参战国在战后的种种衰败和混乱景象，人民群众生活的极度痛苦，使得人们对资本主义的前途感到失望。战争所引起的一系列灾难性后果，推动了各国革命运动的迅速高涨。

在俄国十月革命的影响下，战后的欧洲掀起了一场革命风暴。从1917年

11月开始，芬兰、德国、奥地利、匈牙利、捷克斯洛伐克、保加利亚等国相继爆发大规模的工人罢工和武装斗争。其中，芬兰、德国、匈牙利等国的革命运动规模尤为突出，起义的工人还一度建立了工人苏维埃政权。

1917年11月13日，芬兰各大城市工人举行同盟大罢工。罢工很快转变为武装起义。12月6日，芬兰宣布独立。芬兰独立后，资产阶级政府试图解散工人赤卫队的武装，遭到赤卫队的反抗。1918年1月，赤卫队推翻资产阶级政权，成立了人民委员会。革命政权宣布没收资本家的工厂，由工人监督生产；实行银行国有化；把地主的土地交给农民。这些措施都带有一定程度的社会主义性质。但是，逃亡的资产阶级政府在德国军队的帮助下进行了反扑，5月，颠覆了工人革命政权，芬兰革命失败。

1918年1月，柏林爆发50多万人的政治大罢工，汉堡、基尔、科隆、莱比锡等地的工人纷纷响应，参加者逾百万人。1918年秋，德国在军事上接连失败，广大士兵的厌战情绪日益高涨。11月3日，基尔港士兵拒绝开赴前线，并发动武装起义。水兵、士兵和工人联合成立工兵代表苏维埃。11月9日，数十万柏林工人和士兵响应社会民主党左派斯巴达克派的号召举行总罢工。罢工很快转变为武装起义，推翻了霍亨索伦王朝。革命迅速蔓延至全国，汉堡、不来梅、莱比锡、慕尼黑等地都成立了苏维埃政权，但全国政权落入社会民主党右派和由原社会民主党中派组成的独立社会民主党手中。斯巴达克派被排除在右派社会民主党人艾伯特领导的新政府和随后召开的全德苏维埃代表大会之外。斯巴达克派痛切地认识到，必须建立独立的组织，决定成立德国共产党。德国十一月革命是一次以无产阶级为主体的人民大众进行的资产阶级民主革命，由于无产阶级本身的力量还不够强大，革命后建立了资产阶级共和国。

1918年10月，在布达佩斯工人和士兵起义冲击下，奥匈帝国崩溃，匈牙利独立。11月，以卡罗伊为首的资产阶级自由派和社会民主党联合组成临时政府，宣布建立民族独立的共和国。11月20日，革命社会党、社会民主党左翼和从俄国返国的共产主义者成立了以库恩·贝拉为首的匈牙利共产党。匈共确立了把资产阶级民主革命转变为社会主义革命的战略方针，明确提出“解除资产阶级武装，武装无产阶级，建立苏维埃政权”的革命口号。1919年2月，卡罗伊政府镇压了共产党领导的工人示威游行，逮捕了库恩·贝拉等匈共领导人。被迫转入地下的匈共积极发动群众，建立革命武装。3月，首都士兵和工人举行武装起义，占领各战略据点。起义胜利后召开的布达佩斯工人代表苏维埃全体会议宣布建立苏维埃政权，实行无产阶级专政，并组成由原社会民主党人占多数的苏维埃政府。苏维埃政府采取了一系列革命措施，如组建红军和革命法庭，实行工矿企业和交通运输、住宅、银行的国有化，垄断对外贸易，改善劳动人民生活等。匈牙利苏维埃政权的建立引起国际帝国主义的恐慌。协约国调重兵向匈牙利进攻，国内反革命势力则乘势反扑，社会民主党右派妥协退让，匈牙利苏维埃共和国最终在 8 月被国内外反动势力联合绞杀。

与此同时，在罗马尼亚、南斯拉夫、波兰，也爆发了大规模的革命运动。此外，英国、法国和意大利等国家的工人运动迅速高涨。美国、日本等国家的工人罢工运动和人民群众的斗争也蓬勃展开。仅在 1918 年，美国就发生了 1500 多次罢工事件，日本工人进行了 400 多次罢工斗争。同年，因米价暴涨，日本还爆发了一场全国性的群众自发斗争——“米骚动”，持续时间达 50 多天。

在俄国十月革命的影响下，亚洲殖民地、半殖民地国家的民族解放运动和人民革命斗争也迅速高涨起来。朝鲜汉城（今首尔）几十万群众利用参加国王葬礼的机会，于 1919 年 3 月 1 日进行大规模的游行示威，掀起一场规模巨大的反对日本帝国主义的斗争。缅甸、菲律宾、荷属东印度（今印度尼西亚）、印度先后爆发反对西方殖民统治的斗争。阿富汗、叙利亚、黎巴嫩、伊朗、伊拉克等国，也爆发了大规模的反帝斗争。在土耳其，激进的资产阶级民主主义者领导的民族独立斗争在苏维埃俄国的支持下获得成功，赶走外国侵略者，废黜国王，宣告成立土耳其共和国。土耳其革命的胜利，给全世界被压迫民族树立了敢于斗争、以弱胜强的榜样，对殖民地、半殖民地国家的民族解放运动产生了很大影响。

在中国，因巴黎和会上中国外交的失败和北洋军阀政府的卖国行为，1919 年 5 月爆发了五四运动。中国工人阶级作为独立的政治力量登上历史舞台，把中国反帝反封建的革命运动推进到一个新的阶段。

欧亚革命运动的迅速高涨，亟须无产阶级政党加强对革命运动的正确领导。在第一次世界大战中，各社会党内部左派的力量也在成长，形成了独立的团体，并希望不断加强国际联系。

二、列宁和俄共（布）筹建新国际的活动与共产国际的创建

从第二国际后半期开始，列宁在同第二国际修正主义的斗争中就已成为国

际中的著名左派。第一次世界大战爆发后，以列宁为代表的俄国布尔什维克党严厉谴责国际社会党领袖们的背叛行为，为建立新的国际而努力。

1914 年 11 月，俄国社会民主工党中央委员会发表了由列宁起草的《战争和俄国社会民主党》的声明，率先提出了建立新国际的任务。1915 年 9 月，由意大利社会党、瑞士社会民主党和俄国社会民主工党联合发起的国际社会主义者代表会议，在瑞士伯尔尼附近的齐美尔瓦尔得村举行。保加利亚、德国、拉脱维亚、法国、荷兰、意大利、挪威、波兰、罗马尼亚、俄国、瑞典和瑞士 12 个欧洲国家的 37 名代表和 1 名观察员出席会议。不过从政治上看，会议代表参差不齐，只有 7 个国家的 8 名代表坚定采取国际主义立场，在会议上形成了齐美尔瓦尔得左派小组。经过左派的努力和坚持，会议谴责了各国社会民主党和工人组织右派领导人的叛卖行为，不过由于会议的代表多数是右翼，左派试图酝酿建立新国际的努力没能成功。但这次会议促进了各国左派力量的联合，加强了左派的力量，扩大了左派的影响。会上，左派组成了以列宁为首的常务局，并决定用德文出版《先驱者》杂志，以同中派代表考茨基的《新时代》相抗衡。

1916 年春，欧洲大多数国家的阶级矛盾深化，群众性革命运动出现了转折。4 月，在瑞士伯尔尼附近的昆塔尔村举行国际社会主义者第二次代表会议，即第二次齐美尔瓦尔得会议。参加会议的有俄国、英国、意大利、美国、葡萄牙、波兰、罗马尼亚、保加利亚、瑞士、塞尔维亚 10 国的 43 名代表，其中左派 12 人。由于以列宁为首的左派的坚持，会议通过了一个比齐美尔瓦尔得决议更前进了一步的决议，对社会沙文主义进行了尖锐的批评，并谴责了第二国际执行局的机会主义立场，提出了停止战争的要求，但左派关于建立新国际的主张再次被否决。

面对即将到来的革命风暴，必须尽快在各国按照布尔什维主义的原则建立起新的无产阶级革命政党，或者指导已经建立起来的革命政党尽快走向成熟。同时，为使无产阶级的革命斗争能够取得更大的胜利，也迫切需要国际无产阶级相互支持。为此，需要尽快建立一个不同于第二国际的新的国际组织。

两次国际社会主义者会议的召开，国际左派组织即齐美尔瓦尔得集团的形成，为新的无产阶级国际组织的建立创造了条件，奠定了初步的基础。

在齐美尔瓦尔得会议召开前，列宁和布尔什维克党做了大量工作，如在各种国际会议上揭露社会沙文主义者的背叛行为、宣传布尔什维克党“变帝国主义战争为国内战争”的主张，通过布尔什维克党国外支部同各国国际社会主义者建立联系等。由于这些工作，在齐美尔瓦尔得会议一开始，就形成了一个以列宁为核心的左派集团。在会议过程中，左派同考茨基主义者进行了激烈的斗争，迫使对方在一定程度上接受了左派的观点。昆塔尔会议上，列宁在向会议提交的议案中，阐明了“组织第三国际”的基本主张，积极推动建立新国际。俄国二月革命爆发后，齐美尔瓦尔得左派同右派的分歧进一步加深。后来，鉴于齐美尔瓦尔得组织已为考茨基派所控制，列宁认为，革命的国际主义者不能再留在齐美尔瓦尔得组织中，而应该“毫不迟延地建立起革命的无产阶级的新国际”①。

十月革命胜利后，苏俄成为工农民主国家，布尔什维克党担负起了筹建新国际的任务。1918 年 1 月，布尔什维克党召集出席全俄苏维埃第三次代表大会的 8 个左翼政党在彼得格勒举行会议，决定召开一次赞同进行革命斗争、反对本国政府并争取立即缔结和约、支持十月革命和苏维埃政权的左派代表大会。

由于受外国资本主义的包围和封锁，布尔什维克党在无法同外国革命政党建立联系的情况下，首先在俄国战俘中展开工作，由加入布尔什维克党的战俘组成俄共（布）外国小组。1918—1919 年间，在莫斯科先后建立了匈牙利、罗马尼亚、捷克斯洛伐克、德国、南斯拉夫、意大利、法国、英国、巴尔干、芬兰和波兰 11 个直属俄共（布）外国小组。1918 年 5 月，这些小组又联合成立了俄共（布）外国小组联盟，这个联盟为筹建各国新型的无产阶级政党及新的国际做了大量工作。

1918 年以后，一大批国际主义者从俄国回国，促进了各所在国左派社会主义者同右派乃至中派的彻底决裂，组织独立的共产党。一批根本不同于第二国际社会民主党的革命政党即共产党相继建立起来。1918 年 1 月，阿根廷国际社会党成立（1920 年改称“阿根廷共产党”）。8 月，芬兰共产党成立。11 月，奥地利、匈牙利、希腊和荷兰也建立了共产党。12 月，波兰共产党和德国共产党建立。与此同时，瑞士、罗马尼亚、捷克斯洛伐克、法国、英国、土耳其、美国、加拿大、巴西等国先后建立共产主义小组。其中，德国共产党的建立具有特殊意义，这一方面是因为新成立的德国共产党是西欧最大的共产党组织；另一方面，也因为德国共产党是从德国社会民主党这一第二国际欧洲各党中历

① 《列宁选集》第 3 卷，人民出版社 2012 年版，第 62 页。

史最长、影响最大的党分化出来的，其影响非同一般。这些共产党和共产主义小组的建立，为新国际的建立奠定了组织基础。

这时，解体的第二国际各右派党，为了反对十月革命道路，反对布尔什维主义，阻挠新国际的建立，也在谋求重新联合起来，并试图掌握国际工人运动的领导权。在英国工党的倡议下，1918 年 2 月和 9 月，协约国的社会民主党先后两次在伦敦举行会议，酝酿召开世界工人运动代表大会事宜。1919 年 2 月，他们在瑞士伯尔尼召开社会民主党会议，成立了伯尔尼国际，企图复活第二国际。

为了继续同修正主义进行斗争，推进无产阶级革命运动的发展，也迫切需要建立新的无产阶级革命国际组织。

1918 年 12 月 24 日，俄共（布）中央委员会发出建议成立共产国际的电报，得到了各国共产党的积极响应。1919 年 1 月，列宁和俄共（布）召集在莫斯科的波兰、匈牙利、奥地利、拉脱维亚、芬兰等国共产党的代表，以及巴尔干革命社会民主联盟执行委员会、美国社会工党的代表举行筹备会，讨论召开新国际第一次代表大会问题。会议通过了俄共（布）中央根据列宁建议起草并经列宁亲自修改的《共产国际第一次代表大会的邀请信》，决定于 1919 年 3 月初在莫斯科召开共产国际的成立大会，号召德国共产党等 39 个共产党、左翼社会党以及革命团体和组织参加会议。

在列宁和俄国布尔什维克党的艰苦努力下，经过一个时期的酝酿和准备，召开新的国际代表大会的条件终于成熟了。

1919 年 3 月 2 日至 6 日，由欧洲、美洲和亚洲 21 个国家的 35 个政党和组织的 52 名代表出席的国际共产主义代表会议在莫斯科召开。经过与会代表反复讨论，会议从 3 月 4 日起改为共产国际即第三国际的成立大会。列宁在会上宣读了《关于资产阶级民主和无产阶级专政的提纲》，并就提纲的内容作了报告。列宁的这个提纲成了共产国际的理论纲领。代表大会通过了《共产国际行动纲领》《共产国际对全世界无产者的宣言》《告世界工人书》《关于组织问题的决议》等重要文件。

《共产国际行动纲领》是共产国际第一次代表大会通过的最重要的一个文件。它集中表达了列宁关于帝国主义和社会主义革命的学说，明确指出了无产阶级必须夺取政权和建立无产阶级专政的历史任务，明确了无产阶级专政的经济任务就是把大工业、大银行、运输业、商业、矿山、土地、房产等转归国家所有，并通过吸引其参加社会主义经济组织的方式把小私有者联合起来。这个行动纲领还总结了无产阶级的斗争策略，强调了无产阶级的国际主义原则。

这次代表大会成立了共产国际执行委员会，并选举列宁等 5 人组成执行局。季诺维也夫当选为共产国际执行委员会主席。

共产国际第一次代表大会宣告了共产国际的成立。从此，国际共产主义运动开始进入了一个新的发展时期。

三、共产国际创建初期的活动

共产国际成立后，为了适应欧亚革命运动急剧高涨的形势，很快开展了以下几个方面的工作。

（一）发动“不许干涉苏维埃俄国”运动，指导和支援欧洲革命

共产国际成立时，刚刚建立的俄国苏维埃政权尚处于帝国主义和国内反革命势力联合进攻的危急关头。因此，共产国际一成立，就发出了《告世界工人书》，号召各国无产者行动起来，保卫苏维埃俄国。共产国际还发动了一个几乎席卷欧美的“不许干涉苏维埃俄国”运动。在共产国际的直接推动或影响下，各国工人阶级和劳动人民为保卫俄国苏维埃政权的生存作出了重大的牺牲和贡献。

共产国际成立时，匈牙利无产阶级革命正处于高潮中。1919 年 3 月 22 日，共产国际向各国工人、士兵发出了《共产国际执行委员会就匈牙利革命告各国工人士兵书》，号召各国工人和士兵积极行动起来，援助匈牙利革命政权。在匈牙利革命的各个阶段，共产国际都给予及时支援。匈牙利革命失败后，共产国际又高度赞扬匈牙利工人阶级建立政权的尝试，还帮助匈牙利共产党总结经验教训。德国十一月革命失败后，1919 年 4 月，巴伐利亚地区工人阶级在德国共产党领导下建立了巴伐利亚苏维埃共和国。共产国际执委会发电报表示热烈祝贺。后来，列宁又亲自发了贺电，并就如何巩固政权问题提出了具体的指导性意见。此后发生的一些重大革命事件，如 1920 年 9 月意大利工人占领工厂的斗争，1921 年德国中部工人的总罢工，以及 1923 年波兰、保加利亚和德国工人武装斗争等，都得到了共产国际的指导和帮助，有的甚至是共产国际直接领导和策划的。

（二）推动和指导各国革命者建立无产阶级政党

共产国际成立之后，把帮助各国无产阶级建立共产党组织作为一项重要任

务，在各大洲许多国家相继建立起了一批共产党组织。

在欧洲，先后建立的共产党组织有南斯拉夫共产党（1919 年）、保加利亚共产党（1919 年）、丹麦共产党（1919 年）、西班牙共产党（1920 年）、瑞典共产党（1920 年）、英国共产党（1920 年）、法国共产党（1920 年）、卢森堡共产党（1921 年）、意大利共产党（1921 年）、罗马尼亚共产党（1921 年）、捷克斯洛伐克共产党（1921 年）、比利时共产党（1921 年）、瑞士共产党（1921 年）、圣马力诺共产党（1921 年）、葡萄牙共产党（1922 年）等。

在美洲，先后建立的共产党组织有美国共产党（1919 年）、墨西哥共产党（1919 年）、乌拉圭共产党（1920 年）、智利共产党（1922 年）、加拿大共产党（1922 年）、巴西共产党（1922 年）等。

在大洋洲，相继建立了澳大利亚共产党（1920 年）和新西兰共产党（1921 年）。

在非洲，建立了埃及共产党（1920 年）、南非共产党（1920 年）。

在亚洲，除日本共产党（1922 年）外，随着广大殖民地、半殖民地国家共产主义运动的开展，马克思主义同这些国家的工人运动相结合，也先后建立起一批共产党组织，主要包括印度尼西亚共产党（1920 年）、伊朗共产党（1920 年）、印度共产党（1920 年）、土耳其共产党（1920 年）、中国共产党（1921 年）。后来，又相继建立了朝鲜共产党（1925 年）、越南共产党（1930 年）、马来亚共产党（1930 年）、菲律宾共产党（1930 年）等。

以上这些国家的共产党大多在共产国际的帮助或者直接指导下建立，建立之后便成为共产国际的一个支部，接受共产国际的领导和指示。这些共产党的建立掀开了各国共产主义运动的序幕。在一些殖民地、半殖民地国家，共产党及其领导的革命势力逐渐发展成为民族解放运动的重要领导力量。

（三）反对国际共产主义运动中的“左派”幼稚病，制定正确的战略策略

共产国际成立后，面临国际共产主义运动内部右的和“左”的两种思潮的干扰和影响。在防止右倾机会主义思潮干扰的同时，共产国际开展了反对“左”倾思潮的斗争。

当时“左”倾思潮的主要表现是：由反对第二国际的合法主义进而否定议会斗争；由反对工会领袖的改良主义进而拒绝参加工会工作，甚至主张退出保守工会，成立新工会，并把承认苏维埃制度和无产阶级专政作为加入新工会的条件；由反对第二国际机会主义领袖对资产阶级妥协进而反对任何妥协，还提

出了“打倒领袖”的口号；等等。列宁把这一思潮称为共产主义运动中的“左派”幼稚病。在共产国际二大召开前，列宁专门写了《共产主义运动中的“左派”幼稚病》一文，对这一思潮进行了批判。

列宁在这篇文章中总结了俄国革命和国际共产主义运动的经验教训，详细分析了“左派”幼稚病的错误及其危害性，阐明了关于无产阶级革命、无产阶级专政、无产阶级政党建设的理论以及无产阶级革命的战略策略思想。无产阶级革命的基本策略是：坚持理论和实际相结合，把马克思主义普遍原理同各民族特点相结合，善于争取群众、组织群众、教育群众和领导群众，壮大革命力量，坚持原则坚定性与策略灵活性相结合；善于利用矛盾，孤立、分化、瓦解敌人，争取更多同盟者。无产阶级政党如果不能得到工人阶级全心全意的拥护，就不能保持政权。列宁还指出：俄国无产阶级专政取得胜利的经验表明，无产阶级实现无条件的集中和极严格的纪律是战胜资产阶级的基本条件之一；无产阶级要取得革命胜利，必须有铁的纪律。① 列宁特别强调：不应把俄国革命经验绝对化，各国党应当把握本民族的特点，创造性地运用俄国经验。

列宁关于战略策略基本原则的论述，丰富和发展了马克思主义的战略策略思想，对于加强各国共产党的建设、促进共产党人的成长发挥了重要作用。

（四）初步制定民族和殖民地问题的战略策略和方针政策

在1920年7月19日至8月7日召开的共产国际二大上，民族和殖民地问题是重要议题之一。列宁为大会起草了《民族和殖民地问题提纲初稿》，并向大会作了相关报告。大会通过了《关于民族和殖民地问题的决议》和《关于民族和殖民地问题的补充提纲》，由此确立了共产国际制定民族和殖民地问题方针政策的理论依据。此后，共产国际历次代表大会都涉及民族和殖民地问题。1920年9月，共产国际召开了东方民族代表大会，来自中国、印度、土耳其、波斯等国的30多个民族的代表出席了大会。共产国际执行委员会主席季诺维也夫在大会开幕词中提出“全世界无产者和全世界被压迫民族联合起来”的口号，号召共同进行反对帝国主义的革命斗争。1922年1—2月，共产国际又召开了远东各国共产党及民族革命团体第一次代表大会，以进一步落实共产国际二大关于民族和殖民地问题的决议，推动建立共产国际与远东国家共产党、革命民主主义政党及团体的联系，加强它们的反帝反封建活动，促进东方被压迫

---

① 参见《列宁选集》第4卷，人民出版社2012年版，第134—137页。

人民同先进国家无产阶级之间的团结以反对国际帝国主义。

共产国际根据列宁关于民族和殖民地问题的思想通过了相关决议，制定了共产党在民族和殖民地问题上的战略策略和方针政策：（1）明确区分压迫民族和被压迫民族，因为只有认清帝国主义同殖民地、被压迫民族之间的尖锐矛盾，才能制定正确的民族和殖民地问题的战略方针；（2）在民族和殖民地问题上全部政策的重点是把全世界无产阶级和被压迫民族联合起来；（3）殖民地、半殖民地国家的共产党人必须担负起民族民主革命的任务，并在领导革命斗争的过程中实行正确的战略和策略；（4）东方被压迫民族的解放斗争应同西方无产阶级的革命斗争结合起来，相互支援，才能加强反帝斗争的力量。共产国际制定的民族和殖民地问题的纲领策略，对加强世界无产阶级和被压迫民族的联合，推动殖民地半殖民地民族解放运动的发展起了重要作用。

（五）加强共产国际的组织建设，制定共产国际的组织原则

为了加强组织建设，健全共产国际的组织机构，共产国际二大讨论并通过了《加入共产国际的条件》和《共产国际章程》。《加入共产国际的条件》也称“二十一条”，明确规定：加入共产国际的政党和组织必须积极宣传无产阶级专政的思想，并在实际活动中承认无产阶级专政；必须揭露和批判改良主义、社会沙文主义和中派主义的策略和政策，同一切机会主义者彻底决裂；必须在工会、合作社以及其他群众性的工人组织中，在农村和军队中，坚持不懈地进行革命宣传和鼓动工作；在共产党不能进行公开活动的国家里，必须把公开工作和秘密工作结合起来；必须全力支持每一个苏维埃共和国同反革命势力进行斗争；必须无情地揭露帝国主义的殖民政策，坚决支持殖民地人民的解放斗争；必须按照民主集中制的原则建党，在党内实行军队纪律那样铁的纪律。上述规定不但严格要求已经加入共产国际的政党承担应有的义务，而且也加强了共产国际自身的组织建设。“二十一条”旨在反对右倾机会主义，防止出现“在一定的情况下，共产国际有被那些还没有摆脱第二国际思想体系的、不坚定和不彻底的集团溶蚀的危险”①。为了加强组织建设，共产国际二大正式制定并通过了《共产国际章程》，阐明了共产国际组织原则的基本内容，规定了共产国际的地位和共产国际的组织性质、组织结构、工作方式及各国党应履行的义务。

---

①《列宁专题文集　论无产阶级政党》，人民出版社2009年版，第270页。

共产国际成立后，陆续建立了一系列相应的组织机构，主要包括：（1）世界代表大会。它由加入共产国际的所有政党组成，是共产国际的最高权力机关，共召开过7次代表大会。（2）共产国际执行委员会。它是共产国际代表大会休会期间的常设机构，由享有表决权的各国党按票数多少组成，对代表大会负责。执行委员会共召开过13次全体会议，其中，前7次为执委会扩大全会，后6次为执委会全会。（3）共产国际执行委员会主席团。它直接领导各支部的工作，下设书记处、地区书记处、组织部、宣传鼓动部、预算委员会等机构。（4）共产国际常设局。共产国际执行委员会及其主席团有权设立常设性地区局，如西欧局、南美局、东方局等，以领导和监督该地区各国党的活动。（5）共产国际监察委员会。其主要任务是审查各有关支部的活动情况、组织处理、政治分歧以及监督共产国际财务执行情况等。（6）出版《共产国际》和《国际新闻通讯》。它们是共产国际执委会主办的两个刊物。

此外，在共产国际活动期间，还先后成立了许多附属性群众组织，如红色工会国际、青年共产国际、农民国际、国际妇女书记处、国际工人救济会、国际合作社工作部等。这些组织分别负责共产国际相关方面的工作。

第二节 共产国际中后期对各国革命运动的指导

20世纪20年代初，欧洲工人运动和革命形势转入低潮，第二国际复活和第二半国际①出现，法西斯势力抬头，需要进一步纠正和克服“左”倾错误，加强工人阶级和其他群众的团结。共产国际根据新的形势，制定了建立工人统一战线和成立工人政府的策略，取得了初步成效。列宁逝世后，共产国际开始把苏联和布尔什维克教条化，采取关门主义和宗派主义的策略，推行“布尔什维克化”运动，出现了把苏联经验神圣化的倾向。共产国际提出的第三时期理论和要求进行的反右倾斗争，使得一些党“左”倾，给这些国家革命运动带来了严重损失。共产国际七大提出的建立反法西斯统一战线的策略，推动了各国反法西斯统一战线的建立和反法西斯斗争的开展，为世界反

① 1921年2月，欧洲13个中派工人政党在维也纳召开代表会议，成立社会党国际工人联合会，自称站在第二国际与第三国际之间，被称为“第二半国际”，也称“维也纳国际”。后于1923年5月与复活的第二国际合并，成立社会主义工人国际。

法西斯斗争作出了重要贡献。

一、共产国际与各国党“建立工人统一战线”的斗争

1921年6月22日至7月12日，共产国际在莫斯科召开第三次代表大会。大会主题是统一对世界革命形势的认识，确定新任务，制定新策略。列宁向大会作了关于俄共（布）策略问题的报告，特别强调了无产阶级政党在领导革命斗争中制定正确的策略方针和具体措施的重要性。实行革命统一战线策略是马克思主义策略方针的重要原则。经过激烈辩论，大会最终通过了争取工人群众大多数的策略方针。8月1日，共产国际执委会发出了《争取世界无产阶级的统一》的号召书，提出“联合一切国家的劳动群众为争取自身解放而进行斗争”。

1921年12月，共产国际执委会制定了《工人统一战线提纲》，即“十二月提纲”，提出采用统一战线的方式去团结广大工人群众的方针。为了推进建立广泛的“工人统一战线”，共产国际接受了第二半国际执行局提出的关于举行三个国际代表会议，以商讨欧洲形势、组织工人阶级反对资本家进攻以及召开世界工人代表大会等问题的建议，并于1922年4月出席了这一会议。

1922年11月5日至12月5日，共产国际先后在彼得格勒和莫斯科举行第四次代表大会，各国共产党在大会上进一步商讨了如何争取工人群众大多数和建立工人统一战线的问题。列宁带病向大会作了《俄国革命的五年和世界革命的前途》的报告，要求各国党利用一切机会相互学习革命经验。

共产国际三大和四大对当时的世界革命形势作出了基本正确的分析和估计，确定了“建立工人统一战线”的策略方针。关于实行工人统一战线的形式，四大还提出了建立“工人政府”的口号。所谓“工人政府”，就是无产阶级和劳动人民中各党派联合的民主政府，它既不是像第二国际那样参加资产阶级的联合政府，也不是社会主义性质的无产阶级专政的政府，而是在资产阶级统治不稳固的国家与社会民主党等建立“工人政府”行动计划，是说服群众接受社会主义革命思想的重要一步。这两次代表大会的召开，在一定程度上纠正了当时国际共产主义运动内部存在的极左倾向，实现了策略的重大转变。

根据共产国际这一新的策略，各国共产党和革命组织积极开展了争取工人群众大多数的工作。

在欧洲，一些国家的共产党贯彻大会的精神，在推行工人统一战线策略方

面迈出了新的步伐。法共中央于1922年12月16日宣布忠实遵守和贯彻共产国际相关决议，执行工人统一战线策略。德国共产党于1923年1—2月间召开八大，制定和通过了《关于工人阶级统一战线和工人政府的提纲》，提出同社会民主党结成统一战线的主张，指出工人政府是争取无产阶级专政的一个过渡性阶段。德共还在萨克森州支持左派社会民主党人蔡格涅尔组成州政府，开始了建立工人联合政府的行动。捷克斯洛伐克共产党于1923年2月上旬在布拉格召开代表大会，宣布接受共产国际四大提出的“建立工人统一战线”策略和“工人政府”口号。

在东方的殖民地、半殖民地国家，共产国际提出了无产阶级联合农民、小手工业者和资产阶级等一切民族力量，共同建立反帝统一战线的方针。1922年1—2月间，共产国际执委会主持召开了远东各国共产党及民族革命团体第一次代表大会。来自中国、日本、朝鲜、蒙古国、印度、印度尼西亚等地的148名代表出席了大会。大会号召这些国家的革命者团结一切反帝民族力量，把被压迫民族的解放斗争与国际无产阶级反对资本主义的斗争结合起来，为建立反帝统一战线而斗争。接着召开的共产国际四大，要求在东方殖民地、半殖民地国家，必须把一切革命因素动员起来，建立反帝国主义统一战线。

在共产国际建立反帝统一战线思想的指导下，东方国家的一些共产党制定了建立革命统一战线的方针。中共二大提出了建立民主联合战线的口号，并在共产国际和苏俄的支持下，实现了与中国国民党的第一次合作，革命运动出现了新的局面。

共产国际关于建立反帝统一战线的主张，得到了东西方国家的共同响应。1926年2月，一些反帝组织的代表在柏林召开大会，组成了反对殖民压迫同盟，并决定召开一次世界被压迫民族大会。1927年2月10日，反对殖民压迫和帝国主义世界代表大会在布鲁塞尔召开。大会决定成立反对帝国主义和殖民压迫并争取民族独立同盟，即反帝同盟。共产国际把它看作各种反帝力量的统一战线组织。

东方国家反殖民统治的斗争时有起伏，各国革命运动发展也不平衡，但总体上是持续高涨的形势。1925—1927年的叙利亚、黎巴嫩人民起义，摩洛哥的里夫人民起义，印度的罢工运动和工农党的革命活动，印度尼西亚共产党领导的1926—1927年民族大起义，中国的大革命运动等一系列斗争，沉重打击了帝国主义、殖民主义，影响了世界政治格局，支援了苏联社会主义建设，推动了整个世界革命运动的发展。

1924 年列宁去世后，共产国际内部“左”倾思想又开始抬头。6—7 月间召开的共产国际五大通过的《策略问题》提纲提出，一个革命浪潮刚过去，新的革命浪潮就要到来。各国党的任务不是退却和防御资本主义的进攻，而是主动出击，主动进攻，党的各项活动都要为准备夺取政权而斗争。大会还把社会民主党不加分析地全部划入资产阶级政治力量的范畴，指出统一战线策略是首先用来反对反革命的社会民主党的叛卖领袖的策略，而绝不是同他们缔结联盟的策略。大会还对 1923 年 6 月共产国际执委会第三次扩大全会提出的把“工人政府”进一步改为“工农政府”的口号作出了新的解释，认为“工农政府”的口号就是用革命的语言，用人民群众的语言，来表达“无产阶级专政”的口号。这样，共产国际实际上抛弃了三大和四大制定的工人统一战线策略的基本点，重演了历史上曾经出现过的“左”倾关门主义、宗派主义错误。

二、共产国际推行的各国党“布尔什维克化”运动

20 世纪 20 年代中后期，共产国际在各国党内推行“布尔什维克化”运动，对各国共产党产生了重大影响。1923 年保加利亚起义和德国十一月革命的失败，主要原因是没有一个思想上坚强、组织上统一的共产党，德共的领导权也掌握在布兰德勒右倾机会主义集团手中，结果造成在决定性关头畏缩不前。而俄国十月革命之所以能取得胜利，就是因为布尔什维克党是一个统一的马克思主义政党。各国党学习借鉴布尔什维克党的经验因此被提上日程。

1924 年 6—7 月召开的共产国际五大提出，共产国际目前最重要的任务是使各支部“布尔什维克化”。大会通过的《策略问题》提纲指出：“党的布尔什维克化就是把俄国布尔什维主义中过去和现在一切具有国际意义、普遍意义的东西，应用到我们的各个支部中去。”据此，提纲把各国支部布尔什维克化归结为五个基本特征：（1）党应该成为真正的群众性的政党，不论在什么环境下，都能和工人群众保持最密切的联系；（2）党应该采取机动灵活的而不是教条主义和宗派主义的策略，善于在任何情况下运用灵活的战术来对付敌人；（3）党应该在马克思主义的指导下，勇往直前，在一切场合，都应力争无产阶级战胜资产阶级的日期及早到来；（4）党应该是集中统一的、有严格纪律的，在党内不容许有派别和集团的存在；（5）党应该在资产阶级军队中进行经常的宣传和组织工作。

为了推动各国党“布尔什维克化”，共产国际于1925年3—4月间在莫斯科举行执委会第五次扩大全会，讨论并通过《共产国际所属各国党的布尔什维克化》提纲。提纲共分7个部分30节，核心内容之一是强调共产国际作为一个建立在民主集中制原则基础上的统一的世界共产党，要鲜明地反对联邦主义、宗派主义倾向，消除各自为政、集团宗派和小组习气等错误思想，维护各国党和世界党的团结和统一。

从字面上看，《策略问题》提纲对各国党布尔什维克化的要求基本上是适当的。共产国际五大特别指出，布尔什维克化绝不应该理解为把俄国布尔什维克党的全部观点机械地应用。不过，共产国际五大也强调，共产国际应该有铁的纪律，根除社会民主主义、联邦主义、“自治制”等残余，无条件地执行共产国际的一切决议。由于共产国际将各国党视为其所属的支部，这种主张实际上是要求各国党无条件地、绝对地服从共产国际，不能有独立自主的精神。由于联共（布）① 在共产国际内具有特殊的地位和影响，各国党布尔什维克化逐渐朝着把苏联经验神圣化、一切听从联共（布）甚至某个个人的指挥这一方向演变。

在推动各国党“布尔什维克化”的过程中，共产国际不是从克服主观主义、教条主义以加强各国党的思想建设入手，而是直接抓党的组织整顿。组织整顿的重点是集中抓各国党领导集团成员的调整和更替。这种调整和更替又以是否忠实于共产国际和联共（布）以至斯大林对待党内的斗争为标准。1924年2月，共产国际执委会第四次扩大全会上，斯大林任执委会主席团委员，他把更换各国党的领导干部作为布尔什维克化的首要内容。同年9月，他在《论国际形势》一文中，提出把“更换右派首领而提拔新的革命领袖”作为实现“布尔什维克化”的根本途径。1925年2月，斯大林在同德共党员海尔佐克的谈话中，进一步提出共产党的领导干部问题是实现布尔什维克化的根本条件之一。

这样，布尔什维克化实际上是运用组织手段，使各国党的领导集团完全听从共产国际执委会和联共（布）的指挥，并且同联共（布）党内反倾向斗争步调一致。1924—1925年间，欧美各国共产党普遍进行了组织整顿。共产国际执委会在莫斯科可以直接干预任何一个党的代表大会的进程并改变其决议，选定它认为合适的人担任党的领导人。联共（布）党内激烈的斗争也波及各国党，

① 在1952年10月联共（布）十九大上，联共（布）改名为苏联共产党，简称“苏共”。

使各国党内的派别斗争和人员更替十分频繁而复杂。组织整顿进一步强化了共产国际本来已经十分严格的集中制。德国、波兰、法国、意大利、中国等的党的领导成员由于与共产国际步调不一致而不断地被更换。20 世纪 20 年代末至 30 年代初，有 50 个共产党的领导人被撤换。在“布尔什维克化”口号下，这些党清除了一批又一批不驯服的领导人，最终确立了完全听命于莫斯科和共产国际的领导机构和领导人。

“布尔什维克化”运动的最初目的，是共产国际为了从组织上保证实施新的进攻策略，克服各国党存在的“左”、右倾错误，加强各国党的建设，健全党的组织、增强党的战斗力，这无疑是正确的。列宁在共产国际三大上就提出了各支部要学习和运用俄国布尔什维克党的经验，但他强调的是要学习俄国经验中主要的和基本的东西，而且这种学习要和本国的具体情况结合起来。但在实际推行过程中，“布尔什维克化”运动从一开始就偏离了正确的道路，最终导致共产国际集中制的进一步强化和把苏联经验神圣化，给各国共产党的建设带来很大负面影响。

三、共产国际的“第三时期”理论和对各国革命“左”的指导

从 1928 年召开共产国际六大开始，共产国际提出了所谓“第三时期”理论，进一步夸大资本主义的危机和世界革命的形势，制定了一套“左”的行动纲领和革命策略，加上联共（布）党内反右倾斗争的影响，共产国际在指导各国共产党的过程中犯了一系列“左”的错误。

1928 年 7 月 17 日至 9 月 1 日，共产国际六大在莫斯科召开。大会根据布哈林代表联共（布）代表团的报告提纲讨论通过《关于国际形势和共产国际的任务的决议》，认为第一次世界大战后，国际工人运动经历了三个发展时期，分别反映了资本主义体系总危机的三个发展阶段。第一个时期是资本主义制度陷入严重危机时期，同时也是无产阶级进行直接的革命发动时期；第二个时期是资本主义体系逐渐形成局部稳定、资本主义经济复兴时期，是资本主义的进攻变本加厉和无产阶级大军由于遭到严重失败而继续进行自卫斗争的时期，同时又是苏联迅速恢复经济并在社会主义建设中取得重大成就的时期；共产国际六大前夕开始的第三个时期，是资本主义总危机急剧发展的时期，是帝国主义矛盾激化和战争的时期，是资本主义体系已经面临全面崩溃的时期，也是世界已经进入革命高潮的时期。“第三时期”理论是斯大林对联共（布）代表团报告

内容所加的重要修改。此后，斯大林把“第三时期”进一步概括为：新的革命高潮的条件日益增长的时期，即工人阶级准备迎接即将到来的阶级斗争的时期，认为所有资本主义国家阶级斗争都在激化，欧洲革命危机在增长，新的革命高潮条件在成熟……世界资本主义脚下的泥土很快就会燃烧起来。1929 年共产国际执委会召开第十次全会，对这一理论作出了更全面的阐述。

“第三时期”理论对世界革命形势估计过于乐观，对资本主义的自我调节能力和发展潜力估计严重不足，对欧洲工人运动“左”倾化过程和革命形势的估计过高，对法西斯主义的危险估计不足。共产国际认定解决资本主义矛盾和危机的唯一出路就是进行无产阶级革命；而革命就是进攻，只有进攻才能体现革命的本质。这一理论严重背离了当时各国革命的客观实际，是斯大林和共产国际对当时国际形势的错误估量得出的“左”的错误结论。

“第三时期”理论是共产国际六大制定的各项方针和策略的理论基础，也是此后一个时期共产国际工作全局“左”倾的指导思想和理论依据。在“第三时期”理论指导下，共产国际提出了东西方国家革命的目标和任务，这就是：世界进入了“大规模阶级搏斗时期”，西方国家“即将为无产阶级专政和社会主义而展开决战”，东方殖民地国家应将资产阶级民主革命立即转变为社会主义革命。1929 年共产国际执委会第十次全会上，把社会民主党直接称为“社会法西斯”，将其当作无产阶级革命打击的对象，而不是联合的对象，实际抛弃了工人统一战线的策略。

与此同时，联共（布）党内开展了反对布哈林右倾的斗争。受此影响，共产国际要求各国共产党进行反对右倾的斗争。

“第三时期”理论提出后的第二年即 1929 年，西方世界爆发了有史以来最大的经济危机，资本主义世界危如累卵，陷入了空前的大灾难。共产国际认为，资产阶级已经陷入绝境，必然要以无产阶级革命胜利而告终。但是，由于大多数国家革命的主客观条件都不成熟，并没有出现革命高潮的形势。共产国际无视这一实际情况，仍推行革命的进攻路线和策略，结果处处碰壁，对西方国家革命造成了严重的负面影响。共产国际执委会第十次全会后，西方各国共产党按照“第三时期”理论和策略的要求，先后把无产阶级专政的任务提上了日程，由于严重地脱离了本国斗争实际而遭受了巨大损失。

英国共产党是最早被共产国际确定为推行新方针的党组织之一。经过共产国际的多次批评、组织处理，英共最终确立了夺取政权的方针。斗争策略的转变使党遭受了极大的损失，英共主要领袖之一波立特在共产国际执委会第十一次全会上不得不承认，党的路线转变，脱离了群众，使得党员人数更加减少，从1926年的1万多人减少到1930年年底的近3000人。

德国共产党不顾法西斯猖獗的事实，把无产阶级专政、打击社会民主党放在第一位，把社会主义革命作为德共的近期任务，结果未能适时地制定出反法西斯和争取社会民主党的斗争纲领，加剧了工人队伍的分裂，使法西斯主义渔利，德共因此遭到毁灭性打击。捷克斯洛伐克共产党是共产国际的“群众化政党”之一，1928年年初曾有15万党员，但到1928年10月下降到4.8万余人，到1929年年底仅剩下了3.8万余人。意大利共产党在1925—1926年曾号召工人队伍建立反法西斯民主统一战线，提出了在工农委员会的基础上建立共和议会的建议。但1929年9月后，意共中央抛弃了这个建议，采取“明确的无产阶级专政口号”，把社会主义革命确定为意大利工人阶级的近期任务。推行“左”倾错误路线，使曾经拥有7万党员的意共到20世纪30年代党员人数急剧减少，变成在社会中完全失去影响力的组织。匈牙利共产党中央放弃原来的革命任务和策略，推行“第三时期”理论，把争取无产阶级专政作为直接的战略目标，并提上党的活动日程，结果损失严重。与各国共产党的力量受到严重削弱的情况相反，在这一时期，德国、捷克斯洛伐克、法国、瑞典、荷兰、奥地利等国的社会民主党和改良主义工会却吸引了大批的工人，成员大量增加。

在“第三时期”理论的影响下，东方许多国家的共产党不顾无产阶级力量的大小和成熟程度，不顾广大群众的觉悟水平，也不顾民主革命和民族革命的迫切要求，实行超越革命阶段的“左”倾冒进政策。印度共产党、埃及共产党、印尼共产党和许多拉美共产党都提出“革命民主专政”和“苏维埃政权”的口号，造成了巨大损失。在处理阶级关系上，许多共产党实行宗派主义和关门主义，把中间势力作为主要敌人。在中国共产党内，相继出现了李立三和王明的“左”倾错误。印度共产党把甘地、尼赫鲁和鲍斯都当作反革命力量进行打击。埃及共产党把华夫脱党作为主要的革命对象。总之，对待民族资产阶级的错误态度导致各国党力量缩小，过“左”的政策使共产党处处受敌，日益陷入艰难境地。

四、共产国际推动建立反法西斯统一战线和各国人民的反法西斯斗争

进入20世纪30年代中期，世界法西斯势力日益猖獗，成为社会发展进步

的重要威胁。共产国际逐步改变斗争策略，强调当前主要的打击对象是法西斯，提出了建立反法西斯统一战线的策略，指导和推动各国共产党开展反法西斯斗争。这一正确策略取得了显著的成效。

1933 年 12 月，共产国际执委会第十三次全会着重讨论了团结国际无产阶级反对法西斯主义、帝国主义和战争问题，号召各国共产党为实现同社会民主党人结成战斗的统一战线而努力。这次会议标志着共产国际策略开始发生重大转变。在这一关键时刻，在国际共产主义运动中享有很高威望并受斯大林尊重的保加利亚共产党领导人季米特洛夫成为共产国际的重要领导人，他对推动共产国际策略转变起了重要作用。在他的领导下，共产国际执委会政治书记处在关于法国、西班牙、奥地利、德国、保加利亚、加拿大等国党的任务的一系列决议中，支持各国党为采取更广泛的工人统一战线策略而斗争，并最终促成了共产国际七大的重大政策转变。

1935 年 7 月 25 日至 8 月 20 日，共产国际七大在莫斯科召开。来自 60 多个国家的 65 个共产党及其他工人组织的 513 名代表出席会议。季米特洛夫代表共产国际执委会向大会作了《法西斯主义的进攻和共产国际在争取工人阶级统一：反对法西斯主义斗争中的任务》的报告，这是此次大会的中心议题。季米特洛夫在报告中重申执委会第十三次全会的观点，指出当权的法西斯是金融资本中最反动、最具有沙文主义和帝国主义思想的分子的赤裸裸的恐怖专政，并强调为了战胜法西斯，必须建立广泛的统一战线；在资本主义国家建立工人阶级反法西斯统一战线，在殖民地、半殖民地国家建立反对帝国主义的民族统一战线。大会批判了“左”倾关门主义，并呼吁在最短时间内铲除关门主义的余毒。大会通过的相关决议还要求把实际工作的领导权集中于各国党。各国党在局势发生变化的关键时刻可以依据共产国际决议的精神，结合本国情况，独立自主地提出政治任务和制定必要的斗争策略。大会宣布，共产国际以后一般不再直接干涉各国党内部的组织事宜。根据这一决议，共产国际七大后停止召开执委会全会，撤销了地区书记处和地区局，把派遣国际代表的制度改为由执委会同各国党最高领导人直接联系。

共产国际七大是共产国际最后一次代表大会，在共产国际历史上具有重要意义。它纠正了长期以来脱离各国实际指导革命的错误路线，实现了共产国际战略策略的转变，确立了建立反法西斯统一战线的方针，开始了一个反对战争、反对法西斯主义斗争的新时期。大会把领导重心集中于各国党的决定以及后来领导方式的改变，对各国党独立自主地解决本国实际问题起了积极作用。

共产国际七大后，共产国际执委会主席团和书记处积极敦促各国党在实践中采取灵活的斗争策略，大胆运用工人统一战线和人民阵线政策。1936 年 3—4 月，共产国际执委会主席团召开会议，讨论了第七次代表大会决议的实施情况。会议详尽地审查了法国、美国、波兰、德国、捷克斯洛伐克和英国共产党在人民阵线方面的成就和困难，指出法西斯已由各国的民族危险变为全世界的危险，必须建立全世界的反法西斯和平统一战线。

在共产国际七大新方针的指导下，各国共产党努力结合本国实际，广泛开展了各种统一战线运动。其中，法国、西班牙、中国等国家的反法西斯统一战线工作都搞得有声有色。

在法国，法共在共产国际七大前就已开始积极从事反法西斯斗争。在共产国际支持下，法共表示愿意同社会党联合行动。1935 年 5 月，法国共产党、社会党、激进社会党等各党派举行会议，共产党关于成立人民阵线的主张得到各党派拥护。7 月，法共同社会党等 84 个党派和团体建立反法西斯人民阵线。在西班牙，共产党于 1936 年年初发起人民阵线运动，同社会党、无政府主义者所属的工人团体及共和党左派、共和同盟等激进派共同建立人民阵线。人民阵线取得议会选举的胜利，组成共和政府。7 月，以佛朗哥为代表的法西斯势力在德、意法西斯政府支持下发动武装叛乱。西班牙共产党人和全国人民一起进行了抗击德、意法西斯武装干涉的斗争。共产国际向世界各国发出支援西班牙的呼吁书，并在世界许多大城市设立招募站。50 多个国家的共产党人、社会党人和其他革命者 3 万多人组成国际纵队，与西班牙人民一起抗击德、意法西斯。西班牙人民的反法西斯斗争一直坚持到 1939 年 3 月底。此外，意大利、捷克斯洛伐克、英国、比利时及其他许多国家的共产党也都为建立反法西斯人民阵线作出了积极贡献。在东方，共产国际七大确定的新方针促进中国抗日民族统一战线形成，为中国全民抗日局面的形成并最终取得抗日战争的胜利奠定了基础。

共产国际在指导和推动各国共产党开展反法西斯斗争的过程中，因受苏联对外政策和外交行动的严重影响，走了一段弯路。第二次世界大战爆发前夕，英、法、美等国家试图把法西斯祸水引向苏联，对德、意法西斯采取了姑息纵容政策。德国法西斯也从其自身战略出发，分别同英、法和苏联进行接触。面对错综复杂的国际局势，苏联在同英、法谈判破裂后，于 1939 年 8 月 23 日同德国签订了《苏德互不侵犯条约》，打破了英、法、美将法西斯祸水东引的企图。9 月 1 日，德国法西斯入侵波兰。9 月 3 日，英法对德宣战。第二次世界大战在欧洲战场全面爆发。受苏联外交政策制约，共产国际执委会在庆祝十月革命胜利 22 周年宣言中称参战双方都是战争祸首，号召各国共产党谴责本国政府和社会民主党人。共产国际要求各支部遵行这一指示，不允许各国党采取自主行动，并对执行不力的党进行强制性干预。

苏德条约的签订和共产国际态度的突然转变，使欧洲许多国家的共产党员和群众茫然无措，陷入思想上的混乱和政治上的窘境。共产党的威信和地位在英、法等国家急剧下降，一些国家的党员大批退党，一些党甚至陷入瘫痪状态。

1941 年 6 月 22 日，苏德战争爆发，德国法西斯向苏联大举进攻。在国际形势和苏联对外政策发生重大变化的情况下，共产国际执委会书记处召开扩大会议，指出保卫苏联与保卫各国人民利益的一致性，并重申建立广泛的反法西斯国际统一战线的必要性和紧迫性；号召各国共产党支援苏联卫国战争，全力进行反法西斯斗争。这表明，共产国际的路线重新回到七大时的正确的立场上。

但是，由于处在反法西斯战争的硝烟弥漫的岁月，共产国际受到种种客观条件的限制，已经不可能像过去那样开展活动了。1941—1943 年，共产国际主要开展了以下几个方面的工作：（1）给英国、保加利亚、瑞典等国家的共产党发出信件，指出保卫苏联人民与保卫其他各国人民利益的一致性。（2）重申建立广泛的反法西斯国际统一战线的策略和方针，明确指出，对一切反法西斯力量，不问其政治倾向和性质，只要反对法西斯主义，就要在保卫民主和国家独立的口号下，同他们一起反对法西斯侵略者。（3）关注各国的统一战线工作，对南斯拉夫共产党、法国共产党和中国共产党如何巩固统一战线给予了指导。（4）积极开展战俘思想政治工作，把他们变成反法西斯战士。1942 年 1 月底，共产国际执委会书记处讨论了在战俘中进行思想政治工作的问题，并作出决议，决定创办反法西斯学校，对战俘进行反法西斯的、民主的教育。在共产国际执委会书记处建议下，举行了德、意、匈、罗战俘代表会议，讨论在反希特勒及其同伙的斗争中的战俘工作问题。通过战俘工作，大量被苏军俘虏的德军官兵变成了积极的反法西斯战士。

但是，共产国际于 1941—1943 年对各国反法西斯斗争的指导也存在某些片面性。表现最突出的是，仍然要求各国共产党的活动都服从于苏联的外交政策，保卫苏联高于一切，忽视了其他国家的民族利益和民族特点。

总的来说，共产国际在 1941 — 1943 年的指导反法西斯斗争中，其策略路线基本是正确的，工作也有一定成效。共产国际方针转变之后，各国共产党人也重新调整自己的政策，自主地把争取本国人民自由和独立的斗争同世界反法西斯解放运动联系在一起，进行了艰苦而英勇的斗争，为反法西斯斗争的最终胜利作出了各自的贡献。

第三节 共产国际与中国革命运动

从 1921 年中国共产党建立到 1943 年共产国际解散，共产国际指导中国革命达 22 年之久，对中国共产党的创立和建设、中国革命运动的兴起和发展，产生过重大的积极作用。但是，共产国际脱离中国实际的指导特别是一些“左”倾理论指导，以及要求中国共产党完全服从共产国际指示的做法，又给中国共产党和中国革命运动造成了严重损失。

一、共产国际指导和推动创建中国共产党

1919 年 5 月，中国爆发了轰轰烈烈的五四运动。这场规模巨大的反帝反封建的斗争，很快引起了共产国际的关注。1920 年春，共产国际批准俄共（布）远东局海参崴（今符拉迪沃斯托克）分局外国处派出全权代表维经斯基等人来中国，了解五四运动后中国革命运动发展的情况，以及能否有条件建立共产党组织。

此时，李大钊、陈独秀等中国接受马克思主义的先进知识分子正在着手筹备建党。维经斯基到中国后，先后在北京和上海会见了李大钊、陈独秀等人，并举行了一系列座谈会，介绍了十月革命后俄国的情况及苏俄的对华政策，以及国际共产主义运动的状况和经验。在了解到中国工人阶级状况和马克思主义在中国传播的情况后，维经斯基认为中国已经具备建立共产党组织的条件，并对李大钊、陈独秀的建党工作给予了指导和帮助。

从 1920 年 6 月开始，陈独秀以上海马克思主义研究会为基础，加快了建党的步伐。经过一番酝酿和准备，中国第一个共产党早期组织于 8 月在上海法租

界老渔阳里 2 号《新青年》编辑部正式成立。当时取名为“中国共产党”，陈独秀为书记。随后，上海共产党早期组织通过多种方式与各地接受马克思主义的先进知识分子进行联系，开展建党工作。1920 年夏，毛泽东先后在北京、上海与李大钊、陈独秀接触和联系，回到长沙后，以新民学会的先进分子为主要力量，与何叔衡等人组建了共产党的早期组织。就这样，在陈独秀、李大钊等人的领导和推动下，从 1920 年秋至 1921 年春，武汉、北京、长沙、广州、济南和日本的东京、法国的巴黎相继成立了中国共产党的早期组织。

1921 年 6 月初，共产国际代表马林和共产国际远东书记处代表尼克尔斯基先后到达上海。他们与上海共产党早期组织负责人李达和李汉俊等人进行了几次交谈后，一致认为应尽快召开中国共产党组织的全国代表大会，正式成立全国统一的共产党。经过充分的准备，中共第一次全国代表大会于 1921 年 7 月 23 日至 8 月初在上海和浙江嘉兴南湖召开。马林和尼克尔斯基列席了大会，马林还在开幕式上发表讲话，对中国共产党表示祝贺。大会通过了中国共产党的第一个纲领和第一个决议，宣告了中国共产党的成立。

中国共产党成立后，积极探索和制定适合中国国情的革命纲领。在这一过程中，列宁的民族和殖民地问题理论和共产国际二大制定的《关于民族和殖民地问题的补充提纲》，发挥了重要的指导作用。1922 年 1 月 21 日至 2 月 2 日，共产国际召开了远东各国共产党及民族革命团体第一次代表大会。会议期间，列宁抱病接见中国共产党代表张国焘、中国国民党代表张秋白和铁路工人代表邓培。列宁十分关心中国革命问题，希望国共两党实现合作，勉励中国工人阶级和革命群众加强团结，推动中国革命向前发展。

1922 年 7 月，中共二大通过了宣言和其他决议案，制定了党在现阶段反帝反封建的民主革命纲领，明确提出了党的最高纲领和最低纲领。大会还通过《中国共产党加入第三国际决议案》，指出中国革命“要和世界无产阶级联合起来，才足以增加革命的效力”。中国共产党加入共产国际，成为共产国际的一个支部。

二、共产国际帮助与推动第一次国共合作和中国大革命

中共二大后，建立国共合作的统一战线成为党的工作重点。孙中山当时只同意共产党员以个人身份加入国民党，实行党内合作。共产国际代表马林认为，应当正视现实，接受孙中山的建议，但这一主张不为大多数党的领导人所

赞同。共产国际在听取马林的汇报以后，批准了他提出的国共两党实行党内合作的建议。1922 年 8 月 29 日至 30 日，中共中央执委会在杭州西湖举行会议。经过马林的解释和说服，会议决定在孙中山改组国民党的条件下，由共产党少数负责人先加入国民党，同时劝说全体共产党员以个人身份加入国民党。这次会议是中国共产党关于国共合作政策由党外合作到党内合作的转折点。

1923 年 1 月 12 日，共产国际执委会作出《关于中国共产党与国民党的关系问题的决议》，指出中国共产党在民主革命中同国民党合作是必要的，它的党员应该“留在国民党内”，但共产党要保持自己在政治上的独立性。这个决议传到中国后，对促进国共合作起了重要的作用。

1923 年 6 月，中共三大在广州举行。在大会召开之前，共产国际就中共中央领导机关是否迁往广州发生分歧，但最终还是决定迁往广州。大会在讨论共产党员加入国民党的问题时，陈独秀、共产国际代表马林与张国焘、蔡和森之间发生了激烈的争论。讨论的结果是，大会正式决定采取共产党员以个人身份加入国民党的方式实现国共合作。在共产国际和苏联的帮助下，孙中山也加快了改组国民党的步伐，并聘请共产国际代表鲍罗廷为政治顾问。1924 年 1 月，改组后的中国国民党一大在广州召开。大会通过的宣言，赋予了三民主义新的内涵。中国国民党一大的召开，标志着第一次国共合作正式形成，国民党联俄、联共和扶助农工的三大政策开始实行。

国共合作实现后，在苏联的支持和中国共产党的帮助下，孙中山创办了黄埔军校，为国共两党培养了大批军事人才。国共合作也促进了工农运动的重新高涨。

随着革命运动的发展，国民党内部的分化加剧，统一战线内部面临极为复杂的局面。1925 年 1 月，中共四大在上海召开。共产国际代表维经斯基出席了大会。大会根据共产国际五大制定的采取自下而上的统一战线的方针，确定党的工作重点是开展工农运动、发展工农力量，并明确提出了无产阶级在民主革命中的领导权和工农联盟问题。

此后不久，五卅运动和省港大罢工相继爆发，标志着大革命高潮的到来。共产国际对此给予了高度重视和精心指导。共产国际执委会和赤色职工国际执行局等共同发表声明，号召全世界的工人与东方被压迫人民全力支持中国工人的斗争。全苏工会中央理事会派代表团来华，向中国工人表示慰问。1926 年 2—3 月间，共产国际执委会第六次扩大全会第一次专门就中国革命问题通过决议，对中国工人运动给予了充分肯定。

在共产国际、苏联的支持下，从 1926 年 7 月正式开始的国共合作的北伐战争一路凯歌，在半年多时间里就消灭了北洋军阀吴佩孚和孙传芳的势力，占领了长江流域大部分省份。全国革命形势特别是湘鄂赣粤等省的工农运动发展得尤为迅猛。中国大革命取得了重大胜利。然而，由于蒋介石、汪精卫等先后叛变革命，轰轰烈烈的大革命不幸夭折，未能完成反帝反封建的任务。

共产国际、联共（布）及其驻华代表在大革命时期对中国革命有过许多正确的指导，但对蒋介石等国民党新右派的反共阴谋和活动采取了妥协退让的政策。面对 1926 年 3 月的“中山舰事件”和 5 月的“整理党务案”，共产国际及其派驻中国的代表和苏联在华顾问都采取了息事宁人的消极态度，致使以蒋介石为代表的国民党新右派的势力急剧膨胀，国共合作统一战线内部的矛盾和分歧随之进一步加剧，革命阵营中潜伏的危机进一步增长。1927 年在中国革命面临失败的紧要关头，在共产国际指导下召开的中共五大，并没有提出挽救中国革命的有效措施。1927 年 5 月，共产国际发出“五月紧急指示”，也未能得到贯彻落实。共产国际和苏联顾问的错误指导和对国民党右派的妥协退让，成为大革命后期产生陈独秀右倾机会主义错误和大革命失败的主要因素之一。

三、共产国际指导中国土地革命战争和苏维埃运动

正当北伐战争顺利进展之际，蒋介石于 1927 年 4 月 12 日在上海发动反革命政变，对中国共产党员和革命群众进行大搜捕、大屠杀；接着，其他多省也发生了对共产党员和革命群众的搜捕、屠杀事件。同年 7 月 15 日，国民党的汪精卫集团在武汉也发动了反革命政变，大肆搜捕、屠杀中国共产党员和革命群众。蒋介石和汪精卫背叛革命后，中国革命形势转入低潮。如何使革命走出低谷，是中国共产党面临的重大问题，也是共产国际极为关注的问题。7 月中旬，当中共中央准备在江西南昌举行武装起义时，共产国际根据联共（布）中央政治局的决定发来电报，指出：起义“如果有成功的把握，我们认为你们的计划是可行的”。中共中央经过分析，认为起义有成功的把握，并决定按计划如期举行南昌起义。这次起义打响了武装反抗国民党反动派的第一枪，标志着中国共产党独立领导革命战争、创建人民军队和武装夺取政权的开始。

1927 年 8 月 7 日，中共中央在汉口召开紧急会议。共产国际新派驻中国代表罗米那兹出席了会议。这次会议确定了土地革命和武装反对国民党反动派的

总方针，为挽救党和革命作出了重要贡献。中国革命从此开始了由大革命失败到土地革命战争兴起的转折。八七会议后，党发动和领导了湘赣边界秋收起义、广州起义和其他一系列武装起义。各地起义保留下来的一部分革命武装，深入农村，开展游击战争，为后来建立红军和开辟农村革命根据地奠定了初步的基础。

大革命失败后，惨痛的教训告诉中国共产党人必须武装起来反抗国民党的反动统治，必须建立人民军队，以武装的革命反对武装的反革命，通过武装斗争夺取政权。南昌起义是中国共产党武装反抗国民党反动统治的开始，也是建立人民军队的开始。但是，开展武装斗争之始，受俄国十月革命和共产国际指示精神的影响，中国共产党领导的南昌起义和相继发动的湘赣边界秋收起义、广州起义等，主要是以进攻城市为目标。初期武装斗争的实践证明，反革命军队的力量还很强大，革命的力量还很弱，难以夺取大城市，攻占的县城也难以坚守，人民军队被迫转战各地。1927 年 10 月，毛泽东率领的工农革命军到达井冈山，开始建立农村革命根据地，以保存和发展革命力量。这是根据中国实际开创的一条以农村包围城市、武装夺取政权的革命道路。这条道路不同于俄国革命的道路，但实践证明，在中国只有这条道路才是走得通的。

在土地革命战争初期，由于中共对领导中国革命缺乏经验，对国民党的屠杀政策极度痛恨，加之共产国际及其驻华代表的“左”的指导，中共内部出现了“左”倾盲动错误。

1928 年 2 月，共产国际执委会召开第九次全会，对中国革命的形势作出基本正确的分析，指导中共纠正了盲动错误。由于当时中国国内白色恐怖十分严重，在共产国际和联共（布）的帮助下，中国共产党于 1928 年 6—7 月在莫斯科召开第六次全国代表大会。斯大林、布哈林等共产国际和联共（布）领导人对大会亲自给予指导。6 月 9 日，斯大林会见瞿秋白、苏兆征、李立三、向忠发、周恩来，解释了对中国革命性质和革命形势的看法。6 月 14、15 日，布哈林以共产国际代表的身份，召集有瞿秋白、周恩来等 21 位党的领导人参加的政治谈话会，就中国革命的性质、任务和当前革命形势，以及党在今后的路线、方针、政策等问题，交换了意见。他们的谈话，对澄清中共党内在革命性质和革命形势问题上的模糊认识和保证中共六大的顺利召开，具有重要的指导意义。

在中共六大上，共产国际负责人布哈林作了《中国革命与中国共产党的任务》的政治报告和关于政治报告的结论。大会明确指出中国仍然是半殖民地半封建社会，中国革命现阶段的性质是资产阶级民主革命，当前的政治形势是处于两个革命高潮之间的低潮时期，党的总路线不是进攻，而是争取群众，并指出："完成中国的真正统一""实行土地革命"；"力争建立工农兵代表会议（苏维埃）的政权"，是当前中国革命的"中心任务"。在共产国际领导人亲临指导下召开的中共六大，是一次具有重要历史意义的会议。这次大会基本上统一了全党的思想，对实现党的工作转变和中国革命的复兴起了积极作用。

中共六大后，党在白区的工作得到了恢复和发展。党在农村开展游击战争，实行土地革命，建立革命政权，红军和根据地不断巩固和扩大，相继建立起了赣南闽西等十几块根据地。到 1930 年夏，全国红军连同地方武装，共发展到约 10 万人。在此基础上，红军和根据地通过粉碎国民党军队的"围剿"，进一步得到了扩大，赣南闽西红色区域发展为中央苏区。1931 年 11 月，中华工农兵苏维埃第一次全国代表大会在江西瑞金召开，成立了中华苏维埃共和国临时中央政府。在此之前，经中共中央政治局提议、共产国际批准，由毛泽东担任中华苏维埃共和国临时中央政府主席。中华苏维埃共和国是全国性的工农民主政权，是中国共产党在局部地区执政的重要尝试。它的建立，开创了土地革命战争新局面。这是中国共产党人积极探索中国革命道路、带领人民进行斗争的结果，也与共产国际的正确指导有着密切的关系。

但是，在土地革命战争的初期特别是中期，共产国际对中国革命的指导出现许多重大失误。受大革命时期共产国际领导人提出的中国革命"三阶段"理论、共产国际六大提出的"第三时期"理论和联共（布）党内斗争的影响，共产国际对中国革命的指导日益"左"倾，严重脱离中国革命实际，以致中国共产党在纠正了"左"倾盲动错误后，又接连出现了李立三"左"倾冒险错误、王明"左"倾教条主义错误。

1929 年 2 月、6 月、8 月和 10 月，共产国际相继就中国革命问题向中共中央发出四封指示信，要求中共加紧反对右倾斗争、在农村反对富农、在白色恐怖极为严重的大城市公开赤色工会等。特别是在十月指示信中，共产国际认为中国"进到了深刻的全国危机的时期"，中共应采取进攻的策略。这时，中苏两国政府就中东铁路问题由外交纠纷发展到军事冲突。所以，共产国际在指示信中要求中共立刻行动起来"武装保卫苏联"，对国民党统治和改组派采取进攻的策略。这封来信，对中共内部出现李立三"左"倾冒险错误产生了直接而重大的影响。

1930 年 2 月，中共中央根据共产国际的十月来信精神，发出了第 70 号通告，提出了党要坚决执行集中进攻的中心策略，要求各地组织工人进行政治罢工、地方暴动、组织兵变、集中红军进攻大城市。接着，主持中央工作的李立三发表了一批文章，提出了一系列“左”的观点。6 月，在李立三的主持下，中央政治局会议通过了《新的革命高潮与一省或几省首先胜利》的决议，提出了“以武汉为中心的附近省区的首先胜利”的总策略路线，标志着“左”倾冒险错误在中共中央占据了统治地位。随后，中央又命令各地党组织进行城市暴动，调动各路红军攻打南昌、长沙和武汉等大城市。“左”倾冒险错误的推动，使白区党的组织受到严重破坏，红军在攻打大城市的过程中，也受到很大损失。

1930 年 7 月 23 日，共产国际执委会政治秘书处专门开会讨论中国形势和中共的任务，正在莫斯科的周恩来和瞿秋白参加了会议。会议通过了《关于中国问题的决议案》，否定了李立三对中国革命形势的夸张估计和一些“左”的主张，指出中国仍处于资产阶级民主革命阶段，“此刻还没有全中国的客观革命形势”，工人运动和农民运动还不能保证必需的力量去袭击帝国主义及国民党的统治。这些分析和观点是正确的，但决议又仍然要求加紧用全部力量去发展政治罢工，加紧反对右倾等。9 月，根据这个决议案的精神，中共中央召开了六届三中全会，纠正了李立三“左”倾冒险错误。不久，共产国际又向中共中央发来指示信，对李立三一意孤行不听共产国际远东局的劝告的态度表示强烈不满，把李立三的错误上升为路线错误，说李立三路线是与共产国际路线原则上根本不同的对立路线。随后，中共中央作出《关于最近国际来信的决议》和其他一系列决议，承认李立三错误是路线错误，中共六届三中全会犯了调和主义错误，表示要“改造”各级党的机构。

1930 年 12 月，共产国际东方部主任米夫来华。他对中共党内组织和人事问题进行干预，于 1931 年 1 月上旬主持召开了中共六届四中全会，把李立三、瞿秋白等一批干部赶出了中央政治局，而把“对共产国际路线百分之百忠实”、与米夫有着特殊关系的王明选进了中央政治局。从此，“左”倾教条主义错误开始了在中共长达 4 年之久的统治。

1931 年 9 月，经共产国际批准，王明赴莫斯科担任中共驻共产国际代表团团长，在上海成立了以博古为首的中共临时中央。临时中央积极推行王明“左”倾教条主义错误，在中央苏区极力排挤以毛泽东为代表的正确领导。特别是 1933 年 1 月临时中央进驻中央苏区后，开展了反邓（小平）、毛（泽覃）、谢（维俊）、古（柏）的斗争，对一批支持毛泽东正确领导的干部给以无情打击，甚至提出让毛泽东离开苏区赴莫斯科治病，以此来消除毛泽东在苏区广大干部群众中的威信和影响力。不过，这一建议遭到共产国际的否决。临时中央推行王明"左"倾教条主义错误，给党领导的国民党统治区工作、土地革命、根据地各项建设、红军反"围剿"战争带来了重大损失，最后导致中央红军第五次反"围剿"战争失败，南方各根据地相继丢失，红军不得不走上极为艰苦的长征之路。

1935 年 1 月召开的遵义会议，结束了"左"倾教条主义错误在中共中央的统治，实际确立了毛泽东在中共中央和红军的领导地位，在极端危急的历史关头，挽救了党，挽救了红军，挽救了中国革命。这些成果是在中国共产党同共产国际中断联系的情况下独立自主地取得的。遵义会议是中国共产党历史上的一个生死攸关的转折点。它在把马克思主义基本原理同中国具体实际相结合等方面留下了宝贵经验，标志着中国共产党在政治上走向成熟，标志着中国共产党开始独立自主地探索中国革命的道路，也标志着中国革命与共产国际的关系开始进入一个新的阶段。

四、共产国际推动建立中国抗日民族统一战线

1931 年，日本帝国主义发动九一八事变，悍然挑起侵华战争，侵占中国东北。国民党对日本帝国主义妥协，执行"不抵抗政策"。蒋介石却积极反共，叫嚷"攘外必先安内"，对红色革命根据地进行"围剿"。中国共产党主张坚决抗战。九一八事变后，中国共产党立即发表了抗战宣言，动员全民抗战。1932 年 4 月 15 日，中国共产党领导的中华苏维埃共和国临时中央政府正式对日宣战。

20 世纪 30 年代中期，随着法西斯势力在世界范围内日益猖獗，共产国际实行了策略的转变。1935 年 7—8 月间，共产国际七大确定把建立最广泛的世界反法西斯统一战线作为各国共产党的基本策略。8 月 1 日，中共驻共产国际代表团草拟了《为抗日救国告全体同胞书》，即《八一宣言》，并在法国巴黎出版的《救国报》上发表。《八一宣言》号召停止内战，强调建立包括上层在内的统一战线，提出了抗日救国十大纲领。《八一宣言》传到国内后，在社会各阶层中引起强烈的反响，有力地推动了全国抗日救亡运动的高涨。

共产国际策略的转变对中国共产党制定抗日民族统一战线策略方针起了积

极的推动作用。1935年12月17日至25日，中共中央政治局召开瓦窑堡会议，张闻天和毛泽东在会上就政治形势、策略问题和军事战略等作了报告。会议根据新的形势，系统地解决了党的政治策略上的问题，提出了关于建立抗日民族统一战线的理论和策略。

1936年8月15日，共产国际致电中共中央，要求转变对国民党和蒋介石的政策："中国共产党和红军首长必须正式向国民党和蒋介石提出立即开始停战谈判和签订共同对日作战协定的建议。"根据形势的变化和共产国际的这一电报精神，8月25日，中共中央发出致中国国民党中央委员会并转全体国民党员的信，倡议在抗日的大目标下，国共两党实行第二次合作。

1936年12月12日，张学良、杨虎城发动西安事变，扣留蒋介石。中共中央根据"逼蒋抗日"的方针，独立自主地制定了和平解决西安事变的方针。共产国际支持了中共中央和平解决西安事变的方针，并发来了指示信。西安事变的和平解决，成为时局转换的枢纽。从此，十年内战的局面基本结束，初步形成抗日民族统一战线。

全民族抗战爆发后，共产国际领导人担忧中国共产党能否适应国共合作的新环境和新任务，认为"必须派一些新生力量，一些熟悉国际形势的人去帮助中国共产党中央委员会"。于是，一向受共产国际器重的王明于1937年11月被派回国内。在12月召开的中央政治局会议上，王明对1937年8月洛川会议以来中共中央在统一战线问题上坚持独立自主等许多正确的观点和政策提出批评。会后，王明等人去武汉中共代表团和中共中央长江局工作，开始在实际工作中贯彻他的右倾错误主张。他发表的《挽救时局的关键》等文章，提出了许多对国民党无原则迁就退让的错误观点。

1938年3月，中共中央政治局会议决定派任弼时去莫斯科，向共产国际说明中国抗战和国共两党关系的情况，以及中共所采取的方针，使共产国际领导人能更多地了解中国的实际和中国共产党的政策，争取共产国际的支持。任弼时代表中共中央向共产国际提交了书面报告大纲，又作了口头说明和补充。这对共产国际正确认识中国的实际情况和中国共产党的主张，起了十分重要的作用。6月11日，共产国际执委会主席团作出有关决定，充分肯定"中国共产党的政治路线是正确的"，并明确表示："共产国际执委会主席团声明完全同意中国共产党的政治路线。"

1938年6月，中共中央决定王稼祥回国，由任弼时接替中共驻共产国际代表团的工作。7 月初，共产国际执委会总书记季米特洛夫在王稼祥回国前夕，接见他和任弼时的时候明确表示支持毛泽东在中共中央的领导地位。王稼祥回到延安后，在中央政治局会议上传达了共产国际的指示和季米特洛夫的意见。共产国际的指示和这次政治局会议，进一步统一了中央领导层在重大政治、组织原则方面的认识，维护了党的团结和党中央的统一领导。这为坚持党的全面抗战路线，纠正以王明为代表的右倾错误，创造了有利条件；为扩大的中共六届六中全会的顺利召开，做了重要的准备。

1938 年 9 月 29 日至 11 月 6 日，扩大的中共六届六中全会在延安召开。全会基本上克服了党内以王明为代表的右倾错误，进一步确定了毛泽东在全党的领导地位，统一了全党的步调，推动了各项工作的迅速开展。

在抗日战争时期，共产国际大大减少了对中共内部事务的干涉。中国共产党通过延安整风运动，批评了教条主义，极大地提高了全党的马克思主义水平，促进了马克思主义中国化的进程，使全党在政治上进一步成熟，达到了思想上的空前统一，实现了组织上的空前团结。

总的来说，共产国际对中国革命给予了很大帮助，为中国革命事业作出了积极贡献。但是，在帮助中国革命的过程中，共产国际也犯过错误。共产国际虽然最终支持了毛泽东在中共党内的领导地位，但始终不认可以他为代表的中国共产党人探索出来的以农村包围城市、武装夺取政权的中国革命道路。中共历史上的许多错误包括几次重大的路线错误，既与中国共产党的不成熟有关，也与共产国际的错误指导分不开。

第四节　共产国际的解散及其历史地位

随着各国共产党的成长壮大并日益走向成熟，共产国际高度集中的组织形式不再适应各国革命斗争的需要。尤其是随着苏联反法西斯战争的不断胜利和推动建立世界反法西斯统一战线的需要，共产国际的解散便被提上日程。

一、共产国际的解散

20 世纪 40 年代的国际共产主义运动，与共产国际成立初期相比，情况已发生很大变化。各国共产党已成长起来并日益走向成熟，大多能独立自主地根据本国实际制定正确的方针政策，而共产国际面对各国的复杂情况却难以及时作出正确的判断和指导，这预示着它的解散已成必然。

1943年5月8日，共产国际领导人季米特洛夫和曼努伊尔斯基与苏联领导人莫洛托夫进行协商，之后季米特洛夫和曼努伊尔斯基起草了共产国际执委会主席团关于解散共产国际决议草案。5月13日，共产国际执委会主席团举行会议，讨论了解散共产国际的问题，并于5月15日形成了《关于提议解散共产国际的决定》。接着，共产国际向部分国家的共产党发出建议解散共产国际的电报，并要求在最短时间内予以答复。22日，苏联《真理报》全文刊载了这一决定。

6月8日，执委会主席团共收到中共、德共、法共、意共、西共等31个支部同意解散共产国际的宣言和声明。同日，执委会主席团召开最后一次会议，决定解散共产国际。6月10日，《真理报》公布了季米特洛夫代表主席团签署的共产国际执委会主席团关于解散共产国际的通告。7月5日，共产国际机关刊物《共产国际》出版了最后一期。

二、共产国际的历史地位

共产国际的创立和活动反映了第一次世界大战后国际工人运动发展的要求。它作为国际共产主义运动的组织者和领导者，在存在的24年中，活动遍及世界各大洲，做了大量工作，取得了巨大的成就，为世界被压迫阶级和被压迫人民的解放事业作出了重大贡献。

第一，共产国际积极支援了俄国十月革命建立的苏维埃政权。共产国际一成立，就发出了《告世界工人书》，号召各国无产者行动起来，保卫苏维埃俄国。共产国际还发动了一个几乎席卷欧美的“不许干涉苏维埃俄国”运动，并联络各国工人、共产党人和进步人士反对帝国主义对苏维埃俄国的干涉、包围和封锁。共产国际支援了苏俄的社会主义建设，在宣传苏联社会主义建设成就、扩大苏联的世界影响方面做了大量工作。

第二，共产国际帮助了许多国家建立无产阶级革命政党。共产国际建立之初，大多数国家的无产阶级还没有自己的革命政党。即便是参加共产国际成立大会的不少党派和团体，当时也还不是严格意义上的共产党，而只是一些激进的工人组织或共产主义派别和小组，有些甚至是无政府工团主义组织。这显然不适应领导革命斗争的需要。共产国际成立后，以各种方式积极帮助各国革命者建立共产党。共产国际每次召开代表大会时，总有一批新的共产党建立并加入进来。到 1943 年共产国际解散时，全世界已有 68 个共产党和 400 多万党员。帮助各国建立共产党是共产国际的一大历史功绩。

第三，共产国际指导和支持了十月革命后爆发的欧洲革命运动。共产国际还从政治、思想、道义和物资等方面积极声援和帮助欧洲国家的工人运动。

第四，共产国际积极指导和帮助了殖民地、半殖民地国家的民族解放运动，并制定了许多正确的政策策略。在共产国际的指导和帮助下，国际共产主义运动突破了欧美国家的范围，使殖民地、半殖民地国家的民族解放运动成为国际共产主义运动的一支重要力量，并由此促成无产阶级革命运动与民族解放运动两股力量的汇合。共产国际提出的“全世界无产者和全世界被压迫民族联合起来”的口号，是对《共产党宣言》提出的“全世界无产者，联合起来!”的国际主义口号的发展。

第五，共产国际对中国革命运动的发展以及中国共产党的成长起过一定作用。在共产国际的指导下，中共从中国革命的实际情况出发，制定了民主革命纲领，实现了第一次国共合作，推动了大革命的发展。在大革命失败到土地革命兴起、国内革命战争向全民族抗日战争转变的过程中，从理论、方针、策略的制定，到干部的培养和活动经费的提供，共产国际都给予中国共产党一定的指导和帮助。

第六，共产国际指导和推动了世界人民的反法西斯斗争。共产国际把组织群众抵抗法西斯主义看成各国共产党的重要任务。在共产国际指导和推动下，各国把民族解放运动与世界反法西斯斗争结合起来，进行了不屈不挠的斗争，最终战胜了法西斯主义，实现了民族的独立与自由。

共产国际在指导各国革命的过程中积累了大量的经验，同时在不同时期、不同阶段也犯过一些错误。

第一，忽略各国革命的特殊性，把马克思主义教条化、把共产国际指示和苏联经验神圣化。马列主义理论必须同各国具体实际相结合，根据各国不同情况具体地加以运用。共产国际在指导各国革命时，往往没有根据各国不同的情况，没有考虑到各国的政治、经济、文化以及民族特点，制定出适合每个国家情况的方针政策，相反，却要求各国共产党都要根据一个决议、一个指示去行动。共产国际“左”倾教条主义的泛滥，给许多党造成了难以弥补的损失。中国共产党在这方面有着深刻的教训，“把马克思主义教条化、把共产国际决议和苏联经验神圣化的错误倾向，曾使中国革命几乎陷于绝境”①。

第二，在组织上，共产国际过分强调集中统一，忽略和压制各国共产党的独立自主性。从《共产国际章程》有关条文的规定，到共产国际推行的“布尔什维克化”运动，无不反映了这一点。其结果是对各国共产党做了过多的干涉。在一段时间内，从欧洲一些共产党领导人的频繁更换，到王明等人担任中共领导人，都是共产国际强力干涉的结果。

第三，不适当地强调和照顾苏联的利益，忽略其他国家革命运动的特殊情况和民族利益，让共产国际的政策和策略服务于苏联的需要。这一点在它指导中国革命的过程中也表现得十分明显。20世纪20年代末和30年代初，在中苏两国发生冲突和日本侵略中国东北的情况下，共产国际不适当地要求中共提出“武装保卫苏联”的口号，使中共严重脱离了广大民众，极大地损害了中共的形象。苏德战争爆发后，为了减轻来自日本的压力，共产国际和苏联又不切实际地要求八路军切断日军通往北平（今北京）、张家口、包头的铁路交通线，牵制日本军队向这些地点集结。

第四，在制定革命战略策略时犯了“左”倾冒险和关门主义的错误。列宁逝世后，共产国际提出的“第三时期”理论和进攻路线，完全脱离了世界革命的客观实际，给许多国家的共产党及其领导的革命造成了重大的损失。共产国际曾经坚持“左”倾关门主义政策，始终把中间的社会政治力量当成主要敌人和打击的主要方向，而不是团结争取的对象，实际上削弱了自己、壮大了敌人。这是许多国家的共产党不能顺利发展的一个重要原因。

总之，共产国际在国际共产主义运动史上作出了不可磨灭的贡献，积累了重要的经验，但也存在严重的失误，为国际共产主义运动留下了深刻的教训。

思考题：

1. 试析共产国际建立的历史必然性。
2. 简要分析共产国际中后期战略策略原则的内容及其作用。
3. 怎样看待共产国际对中国革命的作用？
4. 如何评价共产国际的历史地位？

---

① 《三中全会以来重要文献选编》（下），人民出版社1982年版，第825—826页。

第六章　20世纪20—30年代苏联的社会主义建设

俄国十月社会主义革命胜利后，列宁领导布尔什维克党和苏俄人民，将马克思主义普遍真理同苏维埃俄国的具体实际相结合，努力探索经济、文化比较落后的国家建设社会主义的道路。新生的苏维埃政权和工农红军战胜了帝国主义的武装干涉和国内反革命势力的进攻，捍卫了俄国十月革命的成果。在国内建设中，实现了从战时共产主义向新经济政策的转变，社会主义建设取得初步进展并积累了宝贵经验。斯大林领导苏联人民实现了社会主义工业化和农业集体化，开展大规模的社会主义经济、政治、文化和社会建设并取得巨大成就，基本上巩固了社会主义制度，并为苏联在第二次世界大战中取得卫国战争的胜利奠定了坚实基础。这一时期形成的苏联社会主义经济、政治和社会体制，也存在许多弊端和问题。苏联社会主义建设实践的经验，对国际共产主义运动的发展产生了深远影响。

第一节　苏联社会主义建设道路的初步探索

列宁领导布尔什维克党和苏俄人民，在严峻的国际国内形势下，经过3年浴血奋战，夺得了粉碎国外武装干涉和国内战争的胜利，成功地巩固了苏维埃政权，并对社会主义建设进行了艰辛探索，取得了初步成果和宝贵经验。

一、苏维埃国家政权的巩固与发展

（一）争取和平的国际环境，捍卫和巩固新生的苏维埃政权

夺取政权以后，捍卫和巩固新生政权成为布尔什维克党和苏俄人民面临的紧迫任务。当时，新生的苏维埃政权在外部处于帝国主义国家武装干涉和重重包围中，内部面对着各种反动势力反抗新政权的联合进攻。正如列宁指出的："现在的任务，就是用先进阶级即无产阶级的实践来证明工农政府的生命力。"① 而当时，苏俄社会千疮百孔、百废待兴。列宁和布尔什维克党认为，为

---

① 《列宁选集》第3卷，人民出版社2012年版，第281页。

了捍卫和巩固新生的苏维埃政权，恢复经济，首先必须摆脱帝国主义战争和赢得必要的“喘息”时机，争取一个有利的国际环境。

和平外交也是苏维埃国家外交政策的原则。因此，苏维埃政权成立的第二天就颁布了《和平法令》，呼吁与沙俄交战国停止战争，缔结不割地不赔款的公正的和约。但这一建议遭到了协约国拒绝。当时对苏维埃政权威胁最大的是德国。具有战略眼光的列宁，决定与德国单独谈判。谈判于 1917 年 12 月 3 日在俄国的布列斯特—里托夫斯克（今布列斯特）开始。德国在谈判中提出了非常苛刻的条件，但列宁认为，为了维护苏维埃政权，必须作出必要的让步和妥协，同德国签订和约，以尽快结束俄国参与的对外战争，赢得时机进行和平建设。然而，当时党内多数人包括一些重要领导人，没有认识到同德国缔结和约的必要性，反对列宁的建议。布哈林等人就认为，对德国的妥协和让步在原则上是不允许的，坚决反对签约，并设想德国革命很快就会成功，同德国继续作战就是支持德国革命。托洛茨基则主张“不战不和”，并作为俄国首席谈判代表拒绝在《布列斯特—里托夫斯克和约》（即《布列斯特和约》）上签字。德国便借机向苏俄发起全面进攻，俄国大片领土陷落。苏维埃俄国陷入生死存亡的危境。

列宁领导红军举全国之力抗战，同时在党内展开了紧张而艰苦的说服工作。最后大多数同志接受了列宁的正确主张，1918 年 2 月 23 日中央通过了同意签订和约的决议。3 月 3 日，《布列斯特和约》正式签署生效。其主要内容包括：承认德国已经占领的俄国部分土地；俄国放弃对波兰、立陶宛等地的管辖并承认乌克兰、芬兰为独立国，实际上认可了德国对这些地方的控制；俄国付给德国 60 亿马克的战争赔款；德国承诺不干涉苏俄内政，不从芬兰方面进攻俄国。同年 11 月 11 日，第一次世界大战结束，德国成为战败国。13 日，全俄中央执行委员会宣布废除《布列斯特和约》。《布列斯特和约》的签订，是列宁巧妙地利用帝国主义国家的矛盾，实行革命妥协的成功策略，使新生的苏维埃政权赢得了“喘息”时机，为恢复经济、建立和扩大红军提供了宝贵的时间和条件。

然而，国际国内各种反革命势力不甘心苏维埃政权的存在和发展。1918 年夏至 1920 年年底，以英、法、美、日等帝国主义国家为首，勾结俄国国内反动势力不宣而战，对苏维埃俄国进行武装干涉，相继占领了俄国大片领土，并策动和支持沙皇反动将领高尔察克、邓尼金、尤登尼奇和弗兰格尔等白卫军先后向苏维埃政权发动了三次疯狂进攻。为捍卫苏维埃政权，粉碎敌人的进攻，以列宁为首的布尔什维克党果断采取“战时共产主义”政策，建立国家战时体制，动员全国一切力量，领导俄国民众进行了顽强的军事斗争。1919 年，红军解放了乌拉尔、西伯利亚、北高加索和中亚细亚等地。1920 年 4 月，波兰入侵俄国，协约国发动新一轮进攻。红军组织全面反攻。10 月底，红军在北塔夫里亚地区发动总攻，消灭了反动势力的精锐武装，基本上结束了国内战争。在布尔什维克党的领导下，苏维埃俄国经过 3 年艰苦卓绝的斗争，终于赢得了抗击国外武装干涉和国内战争的胜利，使新生的苏维埃政权站稳了脚跟，社会主义革命的胜利成果得到巩固。

（二）建立新型无产阶级政权和苏维埃社会主义联盟国家

列宁领导布尔什维克党和俄国人民在抵御国内外反革命势力进攻、捍卫和巩固苏维埃政权的同时，积极开展建立新型国家政权的艰巨工作。

第一，摧毁旧国家机器，建立人民广泛参加的新型国家机构。1917 年 11 月，全俄中央执行委员会和人民委员会颁布法令，废除了俄国旧有的一切等级、身份、封号和官僚制度，宣布全体人民一律享有平等、自由和民主的权利。人民委员会还颁布法令，撤销各级旧法院和旧警察，建立人民法院和工人民警，规定地方审判员民主选举产生，号召人民坚决同怠工的旧政府机关的官员、职员和破坏社会主义建设的反革命势力作斗争。1918 年 1 月 28 日和 2 月 11 日，先后颁布了建立红军和红海军的命令，开始建立工农红军。与此同时，大力吸收来自基层的优秀工人、士兵参与新型国家机关建设，并积极扩大和农民的联系，壮大布尔什维克党在广大农村地区的力量，巩固地方苏维埃政权。

第二，建立无产阶级专政的苏维埃国家政权。布尔什维克党提出，无产阶级专政的国家政权是无产阶级民主的最高形式，是取代资产阶级议会制共和国的新型国家政权，要把政权交给工兵代表苏维埃。1918 年 1 月，解散了拒绝承认苏维埃政府的立宪会议，在全俄苏维埃第五次代表大会上通过了俄罗斯苏维埃联邦社会主义共和国宪法，把十月革命的伟大成果用法律形式固定下来。无产阶级专政的国体和苏维埃代表大会的政体、废除资本主义私有制和地主土地私有制的措施、保证俄国境内各民族平等权利的主张等，都有了可靠的法律保障，无产阶级专政国家政权的基本原则也得以确立。

第三，成立苏维埃社会主义共和国联盟国家。列宁领导的布尔什维克党提出，苏维埃政权保障俄国境内各民族拥有真正的民族自决权，建立独立的民族国家。各个苏维埃共和国在自愿平等、民主联合的基础上建立了社会主义联邦制国家。苏维埃政权发布了《俄国各族人民权利宣言》，宣布在俄国消灭民族压迫，实现各民族的平等和自由直至实行民族自决。1920年年底到1921年年初，俄罗斯苏维埃联邦社会主义共和国与乌克兰、白俄罗斯、格鲁吉亚、阿塞拜疆、亚美尼亚五国分别缔结了条约，形成了军事、经济上的同盟关系。为了进一步加强联合与合作，1922年12月30日，全苏苏维埃第一次代表大会决定，由俄罗斯联邦、乌克兰、白俄罗斯和外高加索联邦四个苏维埃社会主义共和国组成苏维埃社会主义共和国联盟（简称“苏联”），确定11月7日为国庆日。1923年7月13日，苏联中央执行委员会主席团发布《为苏维埃社会主义共和国联盟成立告各国人民和世界各国政府书》，向世界各国宣告苏联正式成立。1925年，全苏苏维埃第三次代表大会又接纳土库曼共和国和乌兹别克共和国加入苏联。截至1925年年底，共有6个加盟共和国、15个自治共和国和16个自治州加入苏联。

第四，积极开展外交活动，争取世界各国对新兴社会主义国家政权的承认。苏维埃社会主义共和国联盟的成立，大大提高了其国际地位和声望，为进一步积极开展外交活动，同世界各国建立外交关系奠定了坚实基础。1924年2—3月，苏联与英国、意大利、挪威、希腊、奥地利和瑞典相继建交；5月31日，与中国建交；之后又与丹麦、阿尔巴尼亚、墨西哥建立外交关系；10月28日，与法国建立了外交关系。1925年1月，同日本建立外交关系。此时在资本主义大国中，只剩下美国拒不承认苏联。苏联在外交战线上的胜利，结束了十月革命以来在国际上的孤立状态，赢得了同资本主义国家较长时期和平共处的外部环境，无产阶级国家政权得以进一步巩固。

（三）实行土地改革及初步的经济改造措施

十月革命胜利后，苏维埃政权立即采取一系列经济措施，并努力建立新的经济关系，为迅速恢复经济、巩固新生政权提供必要的经济条件和保障。

开展土地改革。在革命胜利后第二天，全俄工兵代表苏维埃第二次代表大会通过《土地法令》，宣布“立刻废除地主土地所有制”，一切土地“一律无偿地取消原主所有权，成为全民财产并交给一切耕种土地的劳动者使用”，从而实现了土地国有化。第一阶段的土地改革在1917年11月至1918年春这段时间进行，主要任务是消灭地主土地所有制，把土地按劳动力或人口分配给当地农民使用。第二阶段的土地改革在1918年夏秋之际进行，主要针对富农。当时俄国粮食供应已经极端困难，而富农存有余粮，却不肯按固定价格卖给国家，还和白卫军私下勾结。于是苏维埃政权采取措施，剥夺富农多余的土地、农具和牲畜，把没收富农的部分粮食分配给贫农。到 1918 年年底，俄国大部分地区都完成了土地改革。农民通过这场改革分得了 2 亿公顷的土地和大量的农具、牲畜，也免除了因土地而承担的一切债务，物质生活条件得到显著改善，生产积极性大大提高。通过土地改革，俄国消灭了封建农奴制的残余和土地私人所有制，为解决粮食困难、恢复经济以及解放农业生产力创造了前提条件，对于加强工农联盟、赢得国内战争的胜利和巩固苏维埃政权也具有重大意义。

在土地改革的基础上，还产生了第一批社会主义性质的农业组织，即国营农场和集体农庄。苏维埃政府不仅提供组织集体农庄的专门资金，还把一些经济技术条件比较优越的地主庄园拨给国营农场和集体农庄使用。到 1918 年 10 月，全国共有 400 多个国营农场。到 1918 年年底土地改革基本结束时，全国的集体农庄已发展到 1500 多个。

在工业和商业方面，苏维埃政权实行了初步的国有化措施。从 1917 年 11 月起，苏维埃政府先后颁布了关于银行、铁路、外贸、商船、大工业企业国有化的法令。到 1918 年 5 月底，全部银行都实现了国有化，国有化的工业企业达到 512 个。其中，绝大多数属于冶金矿山、金属加工、电机等对国民经济具有重要意义的大型企业。这就初步奠定了社会主义国营经济的基础。为有效管理经济，苏维埃政府设立了最高国民经济委员会，职权是组织国民经济，管理国家财政，制定和调节全国经济生活总规划，协调中央和地方、各经济部门的经济活动。

苏维埃政权还实行对私营企业的工人监督制度。根据 1917 年 11 月颁布的《工人监督条例》，凡是使用雇佣劳动的企业，都要对其产品和原料的生产、买卖与储存以及财务活动实行工人监督。工人通过自己选出的监督机构工厂委员会参加监督工作。企业主必须向工人监督机关提供一切新旧账簿和报表，服从工人监督机关的决定。对于抵制监督，采取怠工、停产和同盟歇业等手段加以抗拒的企业主，则采取没收其财产的措施。实行工人监督，是实现工人阶级在经济领域当家作主的第一步，是逐步改变资本主义企业管理方式、变革资本主义经济关系的重要步骤。

总之，列宁领导布尔什维克党和俄国人民在革命胜利后，在政治、经济、军事和外交等方面付出了巨大的努力，成功地捍卫和巩固了新生的苏维埃政权，建立了世界上第一个无产阶级专政的社会主义国家，并采取有效措施对旧的经济、政治和社会关系进行社会主义改造，初步奠定了社会主义建设的基础。

二、从“战时共产主义”政策到新经济政策

（一）“战时共产主义”政策的实施及其后果

在 1918 年夏至 1920 年年底的国内战争时期，苏维埃政权为了击退国内外反革命武装的进攻，提出了“一切为了前线，一切为了胜利”的指导原则。在经济上，苏维埃政权被迫实行了一些非常的措施和政策。这些措施和政策具有按照军事共产主义原则调整产品生产和分配的特点，因而被称为“战时共产主义”政策。“战时共产主义”政策的主要内容是：（1）实行余粮收集制。根据国家的粮食最低需要量，采取由上而下逐级摊派的办法，按固定价格征购农民的全部余粮。加强粮食垄断，禁止个人粮食买卖。最初的余粮收集制只适用于粮食和饲料，后来又扩大到肉、油、蛋、奶以及棉、麻、毛、皮等产品。（2）禁止私人自由贸易，实行配给制。随着内战迅速扩大，食品、日用品的供应日益紧张，政府对商品的分配和居民的供应实行集中控制。国家将私营批发商业机构收归国有，居民的供应完全由国家和合作社的分配网点按计划进行，私人商业被禁止，自由市场被关闭。（3）实行工业的全部国有化，在经济领域推行总管理局制，颁布了大工业企业国有化法令。内战结束后，中小企业也实行国有化。为了管理这些企业，开始推行高度集中的“总管理局制”，在最高国民经济委员会下设若干总管理局，直接给其下属企业下达指令性生产计划，统一供应企业所需的原材料、燃料和生产设备，统一分配各企业生产的产品。在财政上统收统支，企业所需的资金由国家预算拨给，企业的收入则全部上缴国家。（4）实行普遍劳动义务制。普遍劳动义务制最初只是针对资产阶级分子，规定他们的劳动任务，如不履行劳动义务，就无权领到配给的口粮。后来由于劳动力极端缺乏，劳动义务制的实行就逐渐扩大到一般居民。他们也要按照劳动义务制完成必要的劳动任务。

客观上看，“战时共产主义”政策是苏维埃政权建立初期，在战争环境和非常时期采取的一种非常手段和临时性政策。它的实行，使苏维埃政权在物质极度匮乏的情况下，能够集中全国有限的物力、财力和人力用于捍卫和巩固新生政权的斗争，对于粉碎外国武装干涉和国内反革命力量的进攻，无疑是非常

必要的。它为保卫苏维埃国家提供了必要的物质前提，也使工农联盟经受住了严峻考验。在当时的战争环境和条件下，“战时共产主义”政策的指导方针和措施基本上是正确的。

然而，“战时共产主义”政策毕竟是非常时期的非常政策，当国内战争结束，环境和条件发生变化时，继续采取这种经济政策，就暴露了它的弊端，也产生了消极后果。由于缺少社会主义建设的经验，苏维埃政权在国内战争结束后，设想把“战时共产主义”政策由战时的临时性措施变成苏维埃国家直接过渡到共产主义的具体措施。这就超出了战时需要的界限，也超过了农民所能容忍的限度，超越了社会发展阶段。特别是农民对战后延续余粮收集制产生了严重的不满情绪，以致发生了遍及全国的农民骚乱。加上反动势力的利用和煽动，1920 年下半年到 1921 年年初全国各地的农民暴动此起彼伏，造成严重社会经济危机。同时造成了工人的不满，有些工业中心地区出现了工人罢工事件。1921 年 2 月，还发生了喀琅施塔得水兵叛乱。参加叛乱的水兵很多是新入伍的农民。他们提出了“不要布尔什维克政权”，要“贸易自由”等口号。虽然骚乱和叛乱得到平息，但事实说明，如果不调整政策，苏维埃政权会面临更大的危机。在这样的情况下，列宁指出：“我们计划（说我们计划欠周地设想也许较确切）用无产阶级国家直接下命令的办法在一个小农国家里按共产主义原则来调整国家的产品生产和分配。现实生活说明我们错了。”① 因此，布尔什维克党果断终止了“战时共产主义”政策的实行。这就是苏俄政府经济政策转变的原因。

（二）新经济政策的实施及其重要意义

列宁和布尔什维克党废除“战时共产主义”政策之后，开始实行新的经济政策。1921 年 3 月举行的俄共（布）第十次代表大会，通过了列宁《关于以实物税代替余粮收集制的报告》，宣布废除对农民的余粮收集制，实行粮食税政策。列宁随后又撰写了《论粮食税》一文，对实行新经济政策作了深入全面的阐述。

新经济政策的主要内容是：（1）以粮食税代替余粮收集制。减轻农民的赋税，允许农民在向国家纳税后所剩粮食全部归个人自由支配，并在一定范围内恢复贸易自由。粮食税的重点征收对象是富农和富裕农户，中农纳税额较小，

① 《列宁全集》第 42 卷，人民出版社 2017 年版，第 187 页。

贫苦农民则部分或全部免征。(2) 恢复私人自由贸易和大力发展商业。给予农民经营自由和周转自由，容许农民可以利用纳完税后剩余的农产品到集市交换所需商品。(3) 支持私人小工业企业的发展。终止国内战争时期关于工业企业普遍国有化的措施，允许私人经济存在。国家或者将小企业归还原业主经营，或者将小企业通过租赁合同，租给私人企业家或者合作社经营。(4) 以租让制、租赁制、合作制、代购代销制等形式发展国家资本主义。国家把难以开发和经营的矿产、企业，租让给外国资本家，或者与外国资本家建立联合股份公司，利用资本主义的资金和技术发展社会主义经济。(5) 实行“统一领导、分级管理”的体制，扩大企业经营自主权，实行国营企业的经济核算制，废除平均主义的实物供给制。

在实行新经济政策之初，布尔什维克党内的意见并不一致，而且发生了激烈争论。一些人反对列宁提出的新经济政策建议，认为新经济政策可能使资本主义在俄国复辟，还有人甚至以退党方式表示对新经济政策的抗议。比如布哈林就认为，无产阶级专政建立后，商品失去了其价值属性，货币正在进行“自我否定”，“工资变成没有内容的虚假的值”。布哈林还把“超经济”强制合理化，认为它是“劳动人民自我组织的表现”。他坚决反对国家资本主义政策，认为这是“向资产阶级投降”。面对党内关于新经济政策的分歧，列宁以巨大的勇气和耐心，反复阐述新经济政策的实质以及实行这一政策的必要性和意义。他指出：“为了作好向共产主义过渡的准备（通过多年的工作来准备），需要经过国家资本主义和社会主义这些过渡阶段。不能直接凭热情，而要借助于伟大革命所产生的热情，靠个人利益，靠同个人利益的结合，靠经济核算，在这个小农国家里先建立起牢固的桥梁，通过国家资本主义走向社会主义”①。经过列宁的理论宣传和教育批评，原来持反对意见的人大多转变立场，支持和拥护新经济政策。

新经济政策实施一年后，取得了明显成效。用粮食税代替余粮收集制，不仅减轻了农民的负担，而且也保证了他们的经济利益和自由，从而大大激发了农民生产的积极性，促进了农业经济发展，成效十分显著。新经济政策实施的第二年即1922年，苏俄工业总产值增长了36.6%。农业尽管遭受了自然灾害，但谷物生产量仍然增加了20%。新经济政策的实施也使私营商业迅速发展起

① 《列宁全集》第42卷，人民出版社2017年版，第187页。

来，自由贸易突破了地方范围的限制，发展为全国范围的商品流通。利用商品货币关系使小商品生产逐步过渡到社会主义经济，有效地推动了农业和整个国民经济的发展。正如列宁指出的，“商业是千百万小农与大工业之间唯一可能的经济联系”。① 通过实行新经济政策，苏维埃国家基本上摆脱了经济、政治危机。这进一步坚定了布尔什维克党和广大人民巩固和发展苏维埃政权、建设社会主义的信心和决心。

由“战时共产主义”政策到新经济政策的转变，是苏维埃俄国社会主义建设史上一次具有战略意义的转折。新经济政策的实质，是在无产阶级掌握政权和建立巩固的工农联盟的条件下，通过商品、市场和货币关系迅速恢复经济，发展自由贸易，利用国家资本主义，逐步过渡到社会主义的一种探索。按照列宁的说法，这是一种“战略退却”，即从“战时共产主义”的直接过渡变为利用资本主义，通过市场迂回过渡到社会主义的道路。列宁认为，只要沿着这条道路走下去，新经济政策的俄国将变成社会主义的俄国。

新经济政策的实行，反映了俄共（布）根据苏俄经济文化比较落后的国情对社会主义建设新途径的探索。马克思、恩格斯设想的在资本主义高度发达基础上实现的社会主义（共产主义初级阶段），其基本特征是公有制、计划经济、按劳分配（共产主义高级阶段实行按需分配），没有商品和货币等。然而，世界上第一个社会主义国家是在经济文化比较落后的俄国诞生的，完全不同于马克思、恩格斯设想的情况。因而，如何根据变化了的条件和情况，将马克思主义普遍真理与本国实际相结合，创造性地探索在经济文化不发达的国家建设社会主义的正确道路，是一个崭新的课题。新经济政策为小农经济占优势的国家建设社会主义探索出一种具体途径和方法，为苏维埃俄国实现从资本主义向社会主义过渡创造了有利条件。从这个意义上说，新经济政策是对科学社会主义理论和实践的重大创新，进一步丰富和发展了马克思、恩格斯关于无产阶级革命胜利后向社会主义过渡的理论；同时为经济文化相对落后的国家在革命成功后，如何改造旧的经济关系、向社会主义过渡、发展社会主义经济，提供了宝贵的经验和重要的启示。

三、列宁关于社会主义建设的理论

在苏维埃政权基本得到巩固之后，列宁和布尔什维克党坚持将马克思主义

---

① 《列宁全集》第42卷，人民出版社2017年版，“前言”第Ⅳ页。

普遍真理与俄国具体实际相结合，带领全国人民积极探索经济文化比较落后的国家建设社会主义的道路。他不断总结新的实践经验，创造性地提出了一系列建设社会主义的新思想。

（一）社会主义必须发展经济，建立雄厚的物质基础

列宁认为，在俄国这样的国家建设社会主义，必须首先发展生产力，变小生产为大生产，变落后的生产为先进的生产。他指出，建设社会主义社会最重要的是建立它的物质基础，社会主义唯一的物质基础只有一个，就是同时也能改造农业的大工业。列宁强调："不挽救重工业，不恢复重工业，我们就不能建成任何工业，而没有工业，我们就会灭亡，而不能成为独立国家。……重工业是需要国家资助的。如果我们找不到这种资金，那我们就会灭亡，就不能成为文明国家，更不用说成为社会主义国家了。"① 而要发展大工业，就必须发展电气化，现代大工业意味着全俄的电气化。列宁因而提出了"共产主义就是苏维埃政权加全国电气化"这一著名公式。1920年12月，列宁还领导制定了《俄罗斯苏维埃联邦社会主义共和国电气化计划》，并将其称为"第二个党纲"。

为实现工业化和电气化，为实现社会主义，列宁反复强调布尔什维克党要把工作重点转移到社会主义经济文化建设上来。他说："我们不得不承认我们对社会主义的整个看法根本改变了。这种根本的改变表现在：从前我们是把重心放在而且也应该放在政治斗争、革命、夺取政权等等方面，而现在重心改变了，转到和平的'文化'组织工作上去了。"②

列宁还认为，经济建设的任务比军事斗争更困难、更复杂。为了发展经济和实现工业化，必须依靠广大群众，开展社会主义劳动竞赛；必须加强劳动纪律，采用先进的科学管理方法；必须掌握和运用先进的科学技术，团结和利用科学家、技术专家，充分发挥他们的作用；等等。

（二）必须充分利用商品货币发展社会主义经济

列宁根据实践的发展，不断总结经验，逐渐形成了关于利用商品经济和价值关系发展社会主义的思想。在十月革命以前，列宁基本坚持马克思、恩格斯关于共产主义社会商品和货币不再存在的观点，认为"只要还存在着市场经济，只要还保持着货币权力和资本力量，世界上任何法律都无法消灭不平等和

① 《列宁全集》第43卷，人民出版社2017年版，第286—287页。
② 《列宁全集》第43卷，人民出版社2017年版，第371页。

剥削”[①]。在实施“战时共产主义”政策时期，列宁曾试图在实践中取消商品和货币，但事实证明这是行不通的。实行新经济政策以后，列宁认识到小农和工业相结合的关键点是贸易自由。随着实践的发展，他进一步认识到发挥商品、货币作用的重要性。

列宁关于社会主义条件下发展商品经济的思想主要有：一是把发展商品经济和商业作为无产阶级政党必须紧紧抓住的重要环节。他指出：“商业正是我们无产阶级国家政权、我们居于领导地位的共产党‘必须全力抓住的环节’。如果我们现在能紧紧‘抓住’这个环节，那么不久的将来我们就一定能够掌握整个链条。否则我们就掌握不了整个链条，建不成社会主义社会经济关系的基础。”[②] 二是国营企业要按照商业原则，实行经济核算。在新经济政策下，国营企业运用商品货币关系实行经济核算，应是一种主要的形式。“在容许和发展贸易自由的情况下，这实际上等于让国营企业在相当程度上改行商业的即资本主义的原则。”[③] 三是党员应重视和熟悉商业。列宁严厉批评一些党员轻视经商的想法，认为这是不可容忍的，轻视经商就等于不执行自己的经济任务。他说：“无产阶级国家必须成为一个谨慎、勤勉、能干的‘业主’，成为一个精明的批发商”[④]。

（三）通过合作制引导农民走向社会主义

俄国是一个传统农业大国，引导农民走上社会主义道路，巩固农村社会主义阵地，是一项极其重要的任务。十月革命胜利后，列宁曾设想在农业领域直接组织生产资料共有、集体劳动、统一分配的农业公社，但是很快发现这对于农民来说不容易接受。国内战争时期，列宁提出了向共耕制过渡的思想。在总结了“战时共产主义”政策的经验教训之后，列宁认识到合作社是农民易于接受的形式。他提出，要建立“以联合劳动与联合消费”为原则的合作社，逐渐把农民群众引导到社会主义建设的轨道。1923 年，在《论合作社》一文中，列宁总结了实行新经济政策以后发展消费合作社和农业合作社的实践经验，比较系统地阐述了农业社会主义合作化的理论。

列宁认为，合作社是吸引农民参加社会主义建设、对农业进行社会主义改

---

① 《列宁全集》第 13 卷，人民出版社 2017 年版，第 124 页。
② 《列宁专题文集　论社会主义》，人民出版社 2009 年版，第 292 页。
③ 《列宁专题文集　论社会主义》，人民出版社 2009 年版，第 299 页。
④ 《列宁专题文集　论社会主义》，人民出版社 2009 年版，第 247 页。

造的一种有利形式，可以把劳动农民的个人利益和社会利益结合起来，逐步引导农业走上社会主义轨道。他写道："在实行新经济政策的条件下，使俄国居民充分广泛而深入地合作化，这就是我们所需要的一切，因为现在我们发现了私人利益即私人买卖的利益与国家对这种利益的检查监督相结合的合适程度，发现了私人利益服从共同利益的合适程度，而这是过去许许多多社会主义者碰到的绊脚石。"① 通过这种合作社制度，可以培养农民的合作意识，逐渐养成他们集体化的生活习惯，便于时机成熟时向生产合作社发展。列宁还提出，实行合作化必须坚持自愿互利的原则，采取积极支持、稳步前进的方针，不能用强制手段。如果违背了自愿的原则，不仅会造成生产的破坏和衰退，还会损害工农联盟，有损国家政权的巩固。他认为，实现全体居民的合作化是一个长期的过程，"为了通过新经济政策使全体居民人人参加合作社，这就需要整整一个历史时代。在最好的情况下，我们度过这个时代也要一二十年"②。

（四）利用资本主义文明成果建设社会主义

在如何对待资本主义经济和发展成果的问题上，列宁的认识随着实践的发展不断深化。在实行"战时共产主义"政策时期，他曾坚持"赤卫队进攻资本"的方针。但是，经过一段时间的实践，他认识到单靠"剥夺剥夺者"是不行的。随着新经济政策的实行，他明确提出利用资本主义发展社会主义。他指出："我们应该利用资本主义（特别是要把它纳入国家资本主义的轨道）作为小生产和社会主义之间的中间环节，作为提高生产力的手段、途径、方法和方式。"③ 他认为，与中世纪制度和小生产、官僚主义相比，资本主义是幸福；国家资本主义是落后国家过渡到社会主义的桥梁。针对党内外一部分人对国家资本主义一词的不解，列宁指出，"国家资本主义，就是我们能够加以限制、能够规定其范围的资本主义"④，对此不必惊慌失措。

列宁认为，除了利用资本主义的经济形式外，还要借鉴和吸收资本主义的文明成果和一切有益的东西。他强调，俄国社会主义能否实现，就取决于把苏维埃政权和苏维埃管理组织同资本主义最新的、进步的东西结合得好坏。为此，列宁提出了"苏维埃政权+普鲁士的铁路秩序+美国的技术和托拉斯组

① 《列宁专题文集 论社会主义》，人民出版社2009年版，第349页。
② 《列宁专题文集 论社会主义》，人民出版社2009年版，第351页。
③ 《列宁专题文集 论社会主义》，人民出版社2009年版，第225页。
④ 《列宁专题文集 论社会主义》，人民出版社2009年版，第324页。

织+美国的国民教育等等等等++=总和=社会主义”① 这个非常形象的公式。他根据俄国现实的经济情况，认为国家资本主义在经济上大大高于俄国现实的经济，工人阶级把私人资本主义的发展纳入国家资本主义的轨道，根据国家资本主义原则来整顿好全国性的大生产组织，就可以消除无秩序、经济破坏和松懈现象，使苏维埃政权通过最可靠的道路走向社会主义。

（五）加强苏维埃国家政权建设

列宁非常重视苏维埃国家政权建设，特别是在其晚年的《宁肯少些，但要好些》《我们怎样改组工农检查院》等一系列文章中，提出了丰富的社会主义国家政权建设的思想。他认为，苏维埃政权是无产阶级进行社会主义革命和建设的主要工具，必须把政权建设放在直接关系到社会主义前途的重要性上去认识。针对当时苏维埃政权中存在的弊端，他强调：“只有彻底清洗我们的机关，尽量削减机关非绝对必要的一切，我们才能够有十分把握地坚持下去。”②

列宁关于加强和完善苏维埃国家政权建设的思想主要包括：一是积极建设和改善苏维埃民主制度。1918 年春，列宁阐述了苏维埃民主制的特点。他说：“苏维埃民主制即目前具体实施的无产阶级民主制的社会主义性质就在于：第一，选举人是被剥削劳动群众，排除了资产阶级；第二，废除了选举上一切官僚主义的手续和限制，群众自己决定选举的程序和日期，并且有罢免当选人的完全自由；第三，建立了劳动者先锋队即大工业无产阶级的最优良的群众组织，这种组织使劳动者先锋队能够领导最广大的被剥削群众……从而第一次着手使真正全体人民都学习管理，并且开始管理。”③ 二是改革干部政策，严格选拔具有真正现代素质的人才。列宁强调，要注重国家机关的质量，加强干部队伍建设，改革干部政策。其中一项重要措施，就是坚持政治考量和业务考试相结合。另一项重要措施就是要求国家机关干部把学习文化、研究理论和提高业务结合起来。他提出：“为了革新我们的国家机关，我们一定要给自己提出这样的任务：第一是学习，第二是学习，第三还是学习，然后是检查，使我们学到的东西真正深入血肉，真正地完全地成为生活的组成部分”④。三是改革和完善对国家机关的监督制度。他认为，无产阶级在建立自己的国家政权后，还要

---

①《列宁专题文集　论社会主义》，人民出版社 2009 年版，第 381—382 页。
②《列宁专题文集　论社会主义》，人民出版社 2009 年版，第 380 页。
③《列宁专题文集　论社会主义》，人民出版社 2009 年版，第 110—111 页。
④《列宁专题文集　论社会主义》，人民出版社 2009 年版，第 368 页。

建立来自劳动人民的有效监督，以防止国家机关工作人员滥用权力，由人民的公仆变为人民的主人。为此，十月革命后成立了苏维埃监督委员会，后来改为国家监察人民委员部，之后又与工农检查委员会合并为工农检查院。为了更好地发挥工农检查院的作用，列宁强调加强对中央国家机关的监督和改组工农检查院，提出改组后的工农检查院还要吸收高度熟练的专家，集中优秀人才，使其成为“多种品质和各种优点”的集合体，成为人数不多但效率极高的检查集合体。四是精简机构，裁减冗员，提高工作效率，防止官僚主义。针对当时的苏维埃机关机构庞大、开支庞大、工作效率不高的情况，列宁提出要合并或撤销一部分国家机关，缩小国家机关的编制，同时注重提高机关工作的质量。

（六）开展社会主义文化建设

列宁认为，只有建立高度发展的文化与科学，才能建成真正的社会主义国家。当时俄国是一个文盲占多数和文化异常落后的国家，相当一部分人中存在愚昧和轻视文化的现象。针对这种局面，列宁提出，在这样“一个文盲的国家里是不能建成共产主义社会的”①。他创造性地提出了“无产阶级文化”的概念，从科学方法论上深刻阐述了无产阶级文化建设，必须是在无产阶级专政条件下，通过吸收和改造两千多年来人类思想和文化发展中一切有价值的东西来实现的。列宁提出“无产阶级文化应当是人类在资本主义社会、地主社会和官僚社会压迫下创造出来的全部知识合乎规律的发展”② 的光辉论断。

列宁指出，文化建设主要包括提高人民的科学文化水平和提高人民的思想觉悟、道德素质两大方面。就提高人民的科学文化水平而言，应把发展国民教育“提到首位”。鉴于俄国人民大众的文化现状，列宁指出国民教育既要发展正规的学校教育，也要注重发展业余的社会教育。在城乡开办识字学校，在红军中举办扫盲大学，通过各种形式帮助工人和劳动人民自学自修，还要注意发展职业教育。国家的财政应首先满足初级国民教育的需要，即使在极为困难的情况下，也要想方设法削减其他方面的开支来保证国民教育的经费。除了政府投入外，还应动员社会力量，开辟其他办学筹资渠道。此外，还要加强教师队伍的培养，提高教师的地位，吸收他们参加国民教育的管理工作，使他们为苏维埃制度服务。

---

① 《列宁专题文集　论无产阶级政党》，人民出版社2009年版，第290页。
② 《列宁专题文集　论无产阶级政党》，人民出版社2009年版，第281页。

为了提高人民的思想觉悟和道德素质，列宁指出，要把科学知识的启蒙和理想信念教育有机地结合起来，用共产主义思想教育人民大众，抵制封建主义、资产阶级思想的影响，克服各种旧的陋习。他认为，旧社会文化中愚昧腐朽的东西是不会随着新政权的建立埋入坟墓的。工人在建设新社会，但他们还站在旧世界的污泥里面。只有用共产主义思想、道德和情操来教育人民大众，才能战胜资产阶级文化和旧习惯、旧风气。在具体方式上，不能机械地进行意识形态灌输，而是要和科学知识启蒙结合，注重旧习惯和旧的思维方式的改造。

（七）加强执政党建设

十月革命胜利后，布尔什维克党成为执政党。列宁深入总结了布尔什维克党领导社会主义建设的实践经验，对无产阶级执政党建设问题进行了创造性的探索，提出了系统的执政党建设理论，进一步丰富和发展了马克思主义建党学说。主要内容是：

执政党要更加重视党的思想建设，注重党员质量和党的队伍的纯洁性。他尖锐地指出："徒有其名的党员，就是白给，我们也不要。世界上只有我们这样的执政党，即革命工人阶级的党，才不追求党员数量的增加，而注意党员质量的提高和清洗'混进党里来的人'。"① 为了保证党员质量，列宁提出采取一系列具体措施，如严格入党的条件，加强对新老党员进行马克思主义、共产主义教育和随时清除"混进党里来的人"，等等。

坚持党的集体领导原则，健全党的集体领导体制。列宁认为集体领导是无产阶级政党领导的最高原则。为了加强集体领导，俄共（布）八大在《关于组织问题》的决议中规定，中央委员会设立如下机构：政治局、组织局、书记处。为了使中央两个执行机构工作协调、互相联系，由中央书记兼任两局委员，同时要避免个人决定一切重大问题、削弱集体领导的现象。列宁认为，贯彻集体领导原则必须同个人负责相结合，绝不能把集体领导的机关变为空谈的场所。

必须不断密切执政党和群众的关系。列宁认为，对于执政的共产党来说，"最严重最可怕的危险之一，就是脱离群众，就是先锋队往前跑得太远，没有

---

① 《列宁专题文集　论无产阶级政党》，人民出版社 2009 年版，第 222 页。

‘保持排面整齐’，没有同全体劳动大军即同大多数工农群众保持牢固的联系”①。他非常严厉地批判了当时党内存在的各种脱离群众的现象，如官僚主义、特权思想、腐化堕落、违法乱纪、骄傲自满、不负责任等。

建立对无产阶级执政党的监督制度。革命胜利后，俄国布尔什维克党作为执政党，党员中很多人担任苏维埃政权中央和地方各级领导机构的负责工作，掌握了较大权力。列宁认为必须对各级党组织和党员干部进行严格的监督。列宁认为，无产阶级执政党代表无产阶级和劳动人民掌握国家的权力，为了使党的各级组织和党员干部不脱离群众，保证为大多数人的利益服务，必须在党内建立一套民主监督制度，把党自身的建设置于广大群众的严格监督之下。因此，从 1920 年开始，设立了党的监察机关中央监察委员会。根据列宁的建议，俄共（布）九大的决议规定，中央监察委员会与中央委员会平行，由代表大会选出；有权接受和协同中央委员会审理一切控诉，必要时可以同中央委员会举行联席会议或把问题提交党的代表大会讨论决定。

必须明确地划分党和苏维埃政权的职责。列宁认为，党的任务是对所有的国家机关的工作进行总的领导，不是像以往那样进行过分频繁的、不正常的、往往是琐碎的干预。列宁提出了党政职能分开的若干原则。比如，只有苏维埃才能颁布法律，而党的任何机关都没有这种权力。各级党组织必须严格遵守苏维埃的办事程序，不得越过政府部门把问题直接提交给党中央等。列宁进一步强调无产阶级执政党必须在宪法和法律的范围内活动并成为守法的典范，党的主张和政策要变为国家意志，也要由立法机关按照一定的程序来作出决定。列宁认识到，要巩固俄共（布）的执政地位，单纯依靠党的政策是远远不够的，还要依靠国家宪法和法律。他说：“我们的政权愈趋向稳固，民事流转愈发展，就愈需要提出加强革命法制这个坚定不移的口号”②。

总之，列宁在领导布尔什维克党进行社会主义建设的过程中，提出了关于社会主义经济、政权、文化、执政党建设等一系列重要思想和原则，初步形成了社会主义建设理论，丰富和发展了马克思主义，不仅对俄国，而且对经济文化比较落后的国家建设社会主义也具有普遍的指导意义。

1924 年 1 月，列宁因病逝世，终年 54 岁。列宁是新型无产阶级政党——

---

① 《列宁专题文集 论无产阶级政党》，人民出版社 2009 年版，第 343 页。

② 《列宁全集》第 42 卷，人民出版社 2017 年版，第 364 页。

俄国布尔什维克党的缔造者。他领导了十月革命，建立了世界上第一个社会主义国家，并领导了苏联早期的社会主义建设。在新的历史条件下，列宁在领导俄国革命和建设的长期实践中，把马克思主义基本原理与俄国的具体实际和时代特征相结合，科学回答了一系列新课题，在无产阶级政党、无产阶级革命、无产阶级专政、民族和殖民地问题、帝国主义的历史地位、过渡时期和社会主义建设等问题上提出了许多新观点、新论断，深刻揭示了帝国主义和无产阶级革命时代的特征及其发展规律，极大地丰富和发展了马克思主义，把马克思主义发展到一个新的阶段即列宁主义阶段。与马克思主义一样，列宁主义的普遍原理是世界无产阶级及其政党的指导思想，至今仍然是指导无产阶级革命和社会主义建设的行动指南，因此，常常与马克思主义一起被合称为马克思列宁主义。

第二节　从落后农业国向世界工业强国的过渡

20 世纪 20 年代中期到 30 年代末，是苏联开展大规模社会主义建设并取得重要进展的时期。列宁逝世后，斯大林领导苏联党和人民实现了社会主义工业化和农业集体化，基本上确立了社会主义制度，在短短十几年时间里使苏联从一个落后的农业国变为世界工业强国，为在第二次世界大战中取得反法西斯战争胜利、维护国家主权和独立奠定了坚实的基础。这一时期，苏联的社会主义经济、政治、文化和社会建设都取得很大成就，充分展示了社会主义制度的巨大优越性。在实践过程中，苏联逐渐形成了一整套以高度集中为主要特征的经济、政治和文化体制。它既有其形成的客观时代、社会背景和历史合理性，同时也存在历史局限和严重的弊端、问题。苏联建设社会主义的经验与教训，值得认真总结和借鉴。

一、20 世纪 20—30 年代苏联面临的国内外形势

当时，苏联的国际地位逐渐巩固起来。到 1925 年，世界上除美国外的主要资本主义国家先后承认苏联政府并与之建立了外交关系。与此同时，资本主义国家同苏联的矛盾与斗争也日益复杂化。当时西欧的无产阶级革命运动遭到资本主义统治者镇压后步入低潮，苏联的社会主义建设处于资本主义重重包围之

中，帝国主义国家加强了对苏联的经济封锁和政治高压，并策划对苏联进行新的武装干涉。

1929—1933年，资本主义世界发生了有史以来最严重的经济危机。这场危机涉及范围之广、持续时间之长、破坏性之大，在资本主义历史上是空前的。股市暴跌，银行倒闭，工厂破产，大量工人失业，广大劳动群众陷入贫困。危机几乎席卷整个资本主义世界。世界资本主义工业生产下降44%，损失达2500亿美元。经济危机带来世界市场的需求绝对缩小，1933年世界贸易流转额比危机前减少2/3，几乎整个国际贸易和财务联系都被破坏。资本主义国家的统治集团和工商界为摆脱危机，避免国内社会矛盾的激化，极力通过海外掠夺获取经济补偿，把危机造成的损失转嫁国外。经济危机引起了严重的政治危机，资本主义国家内部的阶级矛盾日益尖锐和激化，而资本主义国家间的矛盾与斗争也迅速加剧。

在资本主义危机之中，德国、意大利和日本的法西斯主义力量抬头并迅速发展起来，成为社会主义苏联的主要威胁。德国在经济危机中受到的损失很大，几十万家中小企业倒闭，1932年全国失业人数高达600多万，加上一定数量的半失业者，几乎占全国工人总数的一半。德国的农业也遭受沉重打击，大批农民破产，工人农民起而反抗，社会矛盾日趋尖锐。1933年，代表垄断资产阶级利益的纳粹党领袖希特勒在德国建立了法西斯独裁政权。纳粹党被宣布为德国唯一政党，共产党、社会民主党等左派政党和组织被解散，共产党员和社会民主党进步人士遭到血腥镇压。纳粹党叫嚣马克思主义是“犹太人的理论”，应彻底取缔。它还提出，为争取德意志民族的“生存空间”，应该消灭俄国，把东欧各国变成德国的殖民地。纳粹党公开提出“以大炮代替黄油”的口号，疯狂扩军备战，实行国民经济军事化，积极准备发动侵略战争。从1933年到第二次世界大战全面爆发时，纳粹德国军费开支相当于同期国民收入的1/4，军火工业得到迅速发展，为发动对外侵略战争准备了物质基础。纳粹德国成为欧洲最大的战争策源地。1922年10月，意大利法西斯党通过政变夺取了国家政权，随后颁布了《法西斯特别法》等一系列法令，镇压意大利共产党，取缔国内一切反对党和工会组织，建立法西斯独裁政权。对外则主张民族扩张，发动侵略战争，成为欧洲一个战争策源地。在亚洲，日本统治者提出了对外军事扩张战略。他们认为，克服经济困难的根本政策就是向海外发展，同时对内实行国家改造，即“法西斯化”。1931年9月18日，日本发动侵华战争，占领了中国东北三省；1932 年 1 月 28 日武装进攻上海，同年 3 月又策划建立了伪满洲国。接着，日本宣布退出国际联盟，准备发动全面侵略战争，成为亚洲的战争策源地。由于相似的社会政治制度和意识形态，而且在对外扩张中具有共同利益，1936 年 11 月 25 日，纳粹德国和日本缔结了《日德关于共产国际的协定》。意大利于 1937 年 11 月 6 日宣布加入该协定，从而最终形成了所谓“柏林—罗马—东京法西斯轴心”，把矛头公开指向共产国际和社会主义苏联。

法西斯势力的嚣张使苏联面临更加严峻的国际环境和外部威胁。1931 年，日本在发动侵华战争的同时，已开始策划“北上”进攻苏联、“南进”夺取南洋诸国。1936 年，德国法西斯进入中立的莱茵地区，逼近法国边境。法西斯势力更加嚣张，新的世界战争危险越来越近。面对法西斯的种种侵略行径，英、法等西方主要国家采取了绥靖政策，企图将法西斯的“祸水”引向社会主义苏联。

从国内发展状况看，俄国十月革命后建立起来的世界上第一个社会主义国家，经济发展水平与先进资本主义国家相比还很落后，工业基础薄弱，农业以小农经济为主。20 世纪 20 年代初，在国民经济恢复基本完成后，苏维埃俄国仍然是一个只能输出农产品、输入机器装备的落后的农业国。1913 年，俄国在发电量、燃料开采、生铁和钢、合成橡胶几项工业生产总量上，仅占美国的 12%、英国的 48.8%、德国的 47%、法国的 87.6%。由于第一次世界大战以及国内战争的破坏，到 1928 年，这几个数字又进一步降低，分别为 6.8%、38.8%、29.8%、49%。俄国十月革命后，虽然苏维埃政权实行土地改革，农民生活有所改善，但并没有完全改变农民的经营状况，多数农业地区的生产仍然十分落后。

苏联当时面临特殊的国内外环境，应采取什么样的社会主义建设方针，党内存在严重分歧。20 世纪 20 年代后期，联共（布）内部经过激烈争论，确定了国家建设目标：加紧建设社会主义现代化大工业，使苏联在较短时间内由农业国变为工业国，以保证国家的经济独立与国防安全。

二、联共（布）党内关于一国建设社会主义问题的争论

苏联实行新经济政策之后，国民经济在一定程度上有较大恢复，苏维埃政权得到巩固和发展，文化和社会发展初步走上正常轨道并取得较大成绩。但是列宁逝世后，政治经济领域又出现了新的情况和问题。随着大规模社会主义建

设工作的展开，围绕苏联一国能否建成社会主义、选择怎样的社会主义建设道路等重大问题，联共（布）领导层内部出现了严重分歧，先后发生了两次大的争论。一次是斯大林、布哈林等人与托洛茨基为首的“左翼”反对派之间，以及斯大林与以季诺维也夫、加米涅夫为代表的“新反对派”之间的争论；另一次是斯大林与布哈林、李可夫等人之间的争论。

第一次争论的核心问题是苏联一国能否建成社会主义。托洛茨基、季诺维也夫等反对派，反对一国能够建成社会主义。他们机械地理解马克思和恩格斯关于社会主义革命只能首先在几个主要资本主义国家同时发生的设想，断言经济文化比较落后、农业人口占全国人口绝大多数的俄国不具备实现社会主义的客观基础。他们否认新经济政策是建设社会主义的正确途径，认为这会导致资本主义。托洛茨基的一个结论是：“俄国社会主义经济的真正高涨只有无产阶级在欧洲几个最重要的国家内获得胜利以后，才会是可能的。”[①] 他还提出“不断革命论”，认为解决无产阶级夺取政权后面临的内外问题的出路，是把革命推向欧洲，只有西方无产阶级取得胜利后对俄国实行直接的国家援助，苏联才能建成社会主义。

斯大林在批判托洛茨基等人的观点过程中，阐述了一国建成社会主义的观点。他认为，在世界革命不可能马上来到的情况下，苏联能够依靠自己的力量，依靠国内的经济和文化资源，通过实行社会主义计划经济来建设社会主义，而且一定能够在苏联建成社会主义。无产阶级专政的建立，奠定了建设社会主义的政治基础，把农业和社会主义工业结合成一个整体经济，从而建立起社会主义的经济基础。由于无产阶级掌握着国家政权和经济命脉，因而会引导和吸引广大农民参加社会主义建设，使一国建设社会主义具备重要的内部条件和保证。关于工业化问题，斯大林批判了托洛茨基等人的“超工业化”政策，提出不能把农民当作殖民地和剥削对象，而要靠国有化的土地、工业、运输、信贷、贸易等为工业化积累资金。

第二次争论主要围绕苏联工业化速度和农业集体化等问题进行，在以斯大林为首的多数派同以布哈林为首的少数派之间展开。斯大林认为，在工业化发展道路上，工业化的核心和基础就是发展重工业（燃料、金属工业等），不可能走世界其他国家从轻工业开始的道路；在资金来源上，也不能采用资本主义

① 《斯大林选集》上卷，人民出版社1979年版，第338页。

掠夺殖民地的方法，只能依靠本国积累，通过调整国家预算、居民储蓄，特别是从农业、从农民手中拿到一种类似“贡税”的资金，即他们“在购买工业品时多付一些钱，而在出卖农产品时少得一些钱”①，通过这种工农产品价格“剪刀差”来获得工业发展的资金，并通过加速推进农业集体化来解决工业化所需的劳动力和商品粮问题；在工业化的发展速度上，他认为：“我们比先进国家落后了五十年至一百年。我们应当在十年内跑完这一段距离。或者我们做到这一点，或者我们被人打倒。”② 主张采用比五年计划“最低方案”的各项主要指标高约20%的“最高方案”，来加速实现工业化。

布哈林等人反对斯大林优先和高速度发展重工业的方针，主张应首先大力发展农业，然后再大力发展工业，或者至少实行工农业并举的方针。他们认为，过于强调优先发展重工业，势必耗费大量人力、物力和财力，破坏国民经济各个部门之间的比例关系，造成粮食紧张和商品奇缺。他们明确反对每年最大限度地把资金从农业抽调到工业领域，批评那种以为这样就“能够保证整个工业的最大发展速度”的想法是“幼稚的”。他们认为征收“贡税”是对农民的剥夺，会阻碍农业的发展。在五年计划中，他们支持“最低方案”。

斯大林和布哈林等人还就农业集体化与新经济政策问题展开激烈争论。1927年，苏联爆发了大规模的严重粮食收购危机，国家通过原来的市场采购方式无法获得保障城市居民，首先是工人所需的商品粮，工业建设所需的原料也难以保证，新经济政策陷入困境。要解决这一问题，斯大林认为首先必须克服社会主义工业化与分散落后的农村小商品经济之间的矛盾，其途径就是消灭富农阶级，加快集体化步伐。布哈林等人则认为不能用强制手段“把农民赶进公社”，加速集体化将导致富农和中农反对苏维埃政权，集体农庄不能拯救一切。他们反对大规模集体化，主张发展合作社，按经济规律引导农民走向社会主义。在贸易自由问题上，斯大林认为苏联在实行第一个五年计划后，新经济政策的“退却”任务已经完成，应该转为向资本主义的“进攻”，限制商品经济发展和私人贸易自由。而布哈林等人则认为新经济政策是长期的政策，应该继续发展商品经济，活跃市场，使市场经济“常态化”。

这两次争论都以斯大林一方的胜利而告终，并对失败的一方做了严厉的组

---

① 《斯大林选集》下卷，人民出版社1979年版，第149页。
② 《斯大林选集》下卷，人民出版社1979年版，第274页。

织处理。在当时的形势下，斯大林建设社会主义的方式尽管比较严酷，但却是不得不作出的选择。这两场激烈争论和斗争，对苏联社会主义建设道路及其后来形成的体制，产生了重要而深刻的影响。

三、苏联社会主义建设的开展及主要成就

从1928年起，苏联相继实行两个五年计划，在探索中开始大规模的社会主义建设，社会主义工业化和农业集体化加速推进。到苏德战争爆发前，苏联的经济社会发展取得了巨大成就。

（一）苏联社会主义工业化方针的制定和实施

苏联社会主义工业化方针的制定、计划的实施，经历了探索、实践、调整的过程。1925年，联共（布）第十四次代表大会确定了苏联社会主义工业化发展方针：使苏联从一个输入机器和设备的国家变成生产机器和设备的国家，从而使苏联在资本主义包围环境下绝不会变成资本主义世界经济的附庸，而成为一个按社会主义方式进行建设的独立经济单位。其具体内容主要有：大力发展社会主义的工业和农业，保证社会主义的经济形式战胜私人经济形式；大力发展生产资料的生产，即贯彻重工业优先的原则，特别是发展电力、钢铁、有色冶金、化工、煤炭、石油等部门以及机器制造业、造船业、电气工业、金铂工业等；强调加强新技术生产部门的发展，如机床、汽车、涡轮、航空、人造纤维、稀有元素、无线电、镭的采掘等，这为苏联后来强大的工业发展奠定了坚实基础。

为使社会主义工业化有计划地展开，苏联制定了国民经济发展的五年计划。1927年年底，联共（布）第十五次代表大会通过的《关于制定发展国民经济五年计划的指示》规定：要正确处理积累和消费的关系，以保持整个国民经济体系的平衡；力争消除工业与农业间、工业品与农产品价格间、工业原料（农产品）需求与供应间的不平衡现象；在工业生产中，要注意生产资料生产和消费品生产的比例关系；注意轻、重工业部门的比例关系。应该说，联共（布）在这个时期已经注意到建设社会主义大工业过程中可能出现的比例失衡问题。不过，这一年的国际形势与两年前相比有了一些新变化。联共（布）中央认识到："由于各资本主义国家与苏联关系的尖锐化，国民经济五年计划必须经得起国际因素的特殊压力。"于是规定，苏联的五年计划必须对国际关系中的非经济因素有足够的考虑，并随着国际局势的变化而随时更改，这成为

后来五年计划的指标多次调整的主要原因。1929 年 4 月，联共（布）第十六次全国代表大会通过了《关于发展国民经济的五年计划》，并经苏联苏维埃第五次代表大会审议批准。实际上第一个五年计划从 1928 年起已经开始实施。

第一个五年计划取得了很大成功。在这期间，在苏联历史上首次建立了拖拉机、汽车、航空、化工和机床制造等新的工业部门，建设了一批大型机器制造工厂、冶金工厂和发电站。如哈尔科夫拖拉机厂、斯大林格勒拖拉机厂、乌拉尔重型机器制造厂、马格尼托哥尔斯克和库兹涅茨克钢铁联合企业、第聂伯河水电站等。这些基础工业建设为苏联国民经济的发展奠定了基础。

第二个五年计划同样取得很大成功。苏联在乌拉尔、西伯利亚、哈萨克、中亚以及巴什基尔等地区建立起新的工业基地，对原有大型工业技术设备进行了改造。采矿、冶金、化工等部门的生产水平和发展速度都有了很大提升，建立起有一定规模、结构齐全的军事工业综合体。

第三个五年计划的制定和执行与前两个五年计划有所区别。由于法西斯战争的威胁日益临近，苏联必须继续加强重工业建设，尤其是军事工业的建设，同时工业化建设速度迅速加快。由于法西斯德国的入侵，苏联第三个五年计划只进行了三年半。电力、矿产、冶金等重工业部门的生产基本完成计划，军事工业产品产量有极大提高，但轻工业品和食品工业的生产没有完全达到计划要求。

从 1928 年到 1941 年，苏联先后进行了三个五年计划的建设，基本完成了社会主义工业化的任务。第一，工业化程度大大提高。第二个五年计划末，苏联工业生产水平较 1913 年增长了 8. 2 倍。革命前的俄国工业产值仅占世界份额的 2. 6%，而此时苏联工业产值已经达到全世界的 13. 7%，1937 年工业产值已占到整个国民经济的 77. 4%；工业生产水平由 1913 年的世界第五位和欧洲第四位跃为世界第二位和欧洲第一位。第二，建立起比较完整的工业体系。通过近三个五年计划的建设，苏联建立起一些新工业部门，如重型机器制造、汽车和拖拉机制造、大型军事工业与航空工业、机床、仪表等，苏联成为当时世界上少数几个能够生产全部工业产品的国家。第三，对原有的采矿、冶金、化工、交通运输业进行了彻底的技术改造，技术水平有了极大提高；通过劳动竞赛以及加强对工人的培训，劳动生产率和工人技术水平也有了极大提高，国家整体经济实力和国力大幅提升。

（二）农业集体化的实行

1927 年，联共（布）第十五次代表大会正式确定了农业集体化方针，决定加快农业集体化步伐。不过，当时只是强调“把分散的农民经济在农民进一步合作化的基础上逐步转上大生产的轨道”，并没有提出实行全盘集体化。1925 年，全国农业生产值已经达到第一次世界大战前产值的 80%。1927 年，苏联粮食生产获得了丰收，但是在农业中却出现了收购困难，一些农民特别是富农不愿把粮食卖给国家。而此时的国营农场和集体农庄很少，在粮食生产方面仍处于无足轻重的地位。它们总共生产了 8000 万普特（普特是俄罗斯的重量单位。1 普特等于 16. 38 千克）粮食，提供的粮食只占全部商品粮的 6%。1929 年，资本主义世界发生经济危机，苏联政府加紧粮食出口，以换取外汇和大批进口西方国家的机器设备。为了保证粮食收获量和出口量，苏联政府加速推进集体化，以便把分散的小农经济联合起来，有利于粮食收购，支援工业化和城市用粮。大规模的集体化运动正是在这样的背景下展开的。1929 年夏秋时节，开始出现整村、整乡、整区并入集体农庄的现象。到 1929 年 11 月，全国集体农庄数量达到 6. 74 万个，有 191 万农户加入集体农庄，占总农户的 7. 6%。斯大林在 11 月 7 日出版的《真理报》上发表文章《大转变的一年》，对集体化运动给予充分肯定。随后召开的联共（布）中央委员会全体会议的决议中宣布：苏联已进入了对农村普遍进行社会主义改造和建设社会主义大农业的时期，并认为集体化运动还需要加紧进行。

1930 年 1 月 5 日，联共（布）中央委员会通过了题为《关于集体化的速度和国家帮助集体农庄建设的办法》的决议。之后，全盘集体化运动在苏联轰轰烈烈地快速开展起来。到 1933 年，全国已建立 22. 45 万个集体农庄，有 1520 万农户加入农庄，占总农户的 65%。斯大林宣布：“集体农庄已经最终地永远地取得了胜利。”① 到 1937 年年底，苏联全国共有 24. 37 万个集体农庄，联合了 1850 万农户，占全部农户的 93%，集体化耕地占全国耕地面积的 99. 1%。当第二个五年计划宣告提前完成时，农业集体化运动也基本完成了。

农业集体化是苏联为保证社会主义工业化的完成而在农村进行的一场社会主义改造运动，其目的在于把分散落后的个体小农经济改造成社会主义的国家所有制经济。通过农业集体化，农民几乎全部被纳入到集体经济中，政府用国

① 《斯大林全集》第 13 卷，人民出版社 1956 年版，第 287 页。

营农场和集体农庄把原来分散的农民组织起来。集体化期间在各地建立起农业拖拉机站，为集体农庄的生产提供了机械帮助。各地拖拉机站的建立以及拖拉机、联合收割机等农用机械的使用，改变了以小农经济为主、手工劳动或人畜并用的落后生产状态，推动了农业生产从个体经营向大机器生产的转变。通过集体化，实行农副产品的义务交售制，国家在农村收购的粮食数量大幅提高。1928—1931 年苏联主要谷物播种面积逐年增加，谷物产量也在增加。与往年比较，1930 年是粮食达到产量最高的年份。1933 年，尽管全国粮食总产量没有增加，国家还是收购了 11.3 亿普特商品粮，基本保证了工业化建设的原材料和粮食供应。此外，农业集体化不仅为工业化积累了大量资金，还节省了大批劳动力。在集体化过程中，有约 1/3 的农民进城当了工人，成为城市中的建设者。然而在集体化进行过程中，也出现了“消灭富农”、没收富农财产、强制迁移富农等粗暴做法和过火行为。有些地方为了完成集体化的指标，没有遵循自愿、互利的原则，强迫农户加入集体农庄。一些地方为完成国家粮食征购任务，用强制手段把农民手里的粮食收走，致使一些地区出现了饥荒，一些农民被饿死。这些做法严重损害了农民的生产积极性，对苏联农业的长期发展产生了消极影响。尽管在集体化初期，国家的粮食产量有一定提高，但从整个苏联时期看，农业长期发展缓慢，有些时期甚至出现停滞，追根溯源，加快推进农业集体化运动中一些政策的失误不能不说是一个重要原因。

（三）苏联的社会建设成就

苏联在工业化和农业集体化取得重大进展的过程中，社会建设也取得显著成就。国家的教育、科技、文化和人民生活水平都有了很大提高。

第一，人民群众物质生活水平明显改善。第一个五年计划开始后，随着社会主义建设的开展，各个地方都加快了建设步伐。在远东和中亚地区，一大批新城市开始涌现。在 20 世纪 30 年代经济危机时期西方主要资本主义国家普遍存在失业的情况下，苏联第一次整体消灭了失业。从 1928 年开始，苏联逐步推行 7 小时工作制，30 年代初有 80%的企业实现了 7 小时工作制，对有损健康和地下作业的工种实行 6 小时工作制。国家十分关心劳动人民的休息和健康，实行了免费医疗、社会保险、退休金制度等。在第一、第二个五年计划期间，国家用于社会保险的开支增加了 3 倍多，卫生保健开支增加了 2 倍多，教育开支增加了 5 倍。

第一个五年计划期间，由于国家将主要财力物力投入基础建设、工业特别是重工业部门中，对农业和轻工业的投入比例较低，农民的生活水平相对不高。30 年代下半期，这种情况有了很大改观。到 1939 年，莫斯科居民的食品供应量比 1932 年翻了几倍：肉提高了 4 倍，奶油提高了 6 倍，鸡蛋提高了 16 倍，糖提高了 2 倍。1937 年农村居民的主要食品（如肉、鱼、油脂、糖、糖果点心类食品）的供应比 1933 年提高了 2 倍。随着物质生活条件的改善，劳动者的平均寿命也有所提高。1940 年职工实际工资比 1913 年增加了 5 倍。

第二，人民群众的教育文化水平有了较大提高。在文化领域，苏联在普及教育和扩大识字率方面有了巨大进步。1930 年 8 月，苏联宣布在全国普及初等义务教育，推动了各地方的学校建设。仅在 1933—1937 年，就开办了 20000 多所新学校，相当于沙皇俄国近 200 年开办学校的总和。1918—1928 年，全国受到中等教育，或受过完全、不完全的普通和职业教育的人有 738 万人，1929—1932 年间这个数字就达到 877 万人，1933—1937 年为 1109 万人，1938—1940 年为 1405 万人。到第二个五年计划结束时，苏联在培养大学专业人才方面从一个欧洲最落后的国家跃居世界第 1 位。1937—1938 学年，苏联大学生人数超过英国、德国、法国、意大利和日本大学生人数的总和。1939 年全国识字的劳动居民的比例已经达到 97%，基本上扫除了文盲。国家注重从德育、智育、体育、美育几方面培养学生，加强共产主义思想道德教育，为社会主义建设培养了大批高素质的新人。

第一个五年计划时期，大批优秀的文学作品也纷纷出现。如高尔基的《阿尔达莫诺夫家的事业》《克里姆·萨姆金的一生》，阿·托尔斯泰的《苦难的历程》三部曲，肖洛霍夫的《静静的顿河》《被开垦的处女地》，法捷耶夫的《毁灭》，奥斯特洛夫斯基的《钢铁是怎样炼成的》，等等。这些世界名著影响了一代代人。第二个五年计划时期，苏联掀起了全国性社会主义劳动竞赛运动——斯达汉诺夫运动。这一运动不仅通过掌握新技术、提高劳动生产率为国家建设创造了巨大物质财富，还对形成良好社会风气，提高民众科学文化素质，树立集体主义、爱国主义精神，都起了重要作用，苏联人民的精神风貌有了巨大改变，积极向上的社会风气蔚然形成。

第三，科学技术取得巨大进步。社会主义建设全面展开，也推动了科学技术的普及与职业教育的迅速发展。苏联从西方国家进口了大批先进机器设备，建立起拥有先进技术和设备的现代化大工厂，需要大量的新型技术人才和管理人才，因此，斯大林号召青年通过学习，熟练地掌握技术，并十分内行地运用技术，创造奇迹。之后，苏联掀起了学习新技术的热潮。国家建立了一大批工人夜校以及职业技术培训学校，为工业建设培养了大量人才。1935 年 5 月，仅在重工业系统就有 130 多万人参加学习，以提高技能。到 1936 年年末，在大工业中，有 2/3 的工人通过国家技术测验。在农村，1938 年年初，集体农庄中有 100 万名左右的拖拉机手，20 万名以上的联合收割机手和副手，10 万名以上的汽车司机、机械工和钳工，120 万名集体农庄领导人员。

在开展社会主义工业化建设的同时，苏联也加强了科学技术研究队伍的建设。1929 年，苏联成立了以列宁命名的全苏农业科学院，包括 14 个研究所。到 1935 年，苏联在位于列宁格勒和莫斯科的苏联科学院基础上，又建起苏联科学院远东分院，以及乌拉尔分院、外高加索分院、哈萨克分院、阿塞拜疆分院等。1932 年，全国科学工作者有近 5 万人。

1929 年 7 月，联共（布）中央委员会通过决议，把在最短的时间内建成达到世界先进水平的航空工业作为最重要的任务。据此，苏联建立起两个最大的国家实验设计中心，极大地推动了飞机制造和航空工业的发展。一些新兴工业部门也建立起来，各项科学技术的研究迅速发展，苏联在分子物理学、晶体物理学、核物理学、化学肥料、合成橡胶等学科的研究方面，都取得了显著成就。

总之，苏联在严峻的国际条件和艰难的国内环境中，仅在十多年的时间里，把一个经济文化比较落后的国家建设成世界上强大的社会主义国家。

四、苏联社会主义建设的经验与教训

苏联是人类历史上第一个社会主义国家，又是在资本主义重重包围和战争环境下进行社会主义建设的。在这一过程中形成的苏联社会主义制度和体制，既有体现社会主义建设客观规律的具有普遍意义的内容，也有反映时代和历史条件局限的因素；既有取得巨大成就的宝贵经验，也有挫折和失误的深刻教训。

（一）把大力发展社会生产力作为无产阶级夺取政权后的根本任务，积极探索社会主义经济建设的规律和方法

马克思、恩格斯在《共产党宣言》中明确指出，无产阶级在夺取政权以后，必须“把一切生产工具集中在国家即组织成为统治阶级的无产阶级手里，

并且尽可能快地增加生产力的总量”①。十月革命胜利后不久，列宁就指出：“在任何社会主义革命中，当无产阶级夺取政权的任务解决以后，随着剥夺剥夺者及镇压他们反抗的任务大体上和基本上解决，必然要把创造高于资本主义的社会结构的根本任务提到首要地位，这个根本任务就是：提高劳动生产率”②。他提出，布尔什维克党的中心任务要从“夺回俄国”向“管理俄国”转变。在列宁和布尔什维克党领导下，苏维埃政权粉碎了外国武装干涉和国内反革命叛乱之后，迅速开始恢复经济、发展生产，并提出要建立高度发达的大工业，实现电气化，千方百计利用发达国家的先进技术和管理经验来建设社会主义。之后，斯大林和联共（布）继续领导苏联人民，最大限度地集中全国的人力、物力和财力，开展了大规模的社会主义建设，实现了国家的工业化和农业集体化，奠定了强大的社会主义物质基础。同时，确立了以全民所有制和集体所有制为主要形式的生产资料公有制和按劳分配方式，实行高度集中的计划经济体制，建立起社会主义的基本经济制度。这一时期，苏联经济建设取得的巨大成就，与20世纪20年代末30年代初资本主义经济危机形成了鲜明对照，也保证了卫国战争的最终胜利，充分显示了社会主义制度的优越性。

从当时面临的国际国内环境看，苏联充分发挥公有制经济的优越性，促进社会主义经济高速发展，坚持优先发展重工业，实行计划经济，在当时是完全必要和正确的。但是，在实践过程中，有不顾实际生产力发展水平、片面强调单一公有制的倾向，甚至采取强制手段消灭非公有制经济成分，一些做法过于简单粗暴；实行高度集中的计划经济，过分强调计划的指令性，统得过死、集中过多，使用行政手段管理经济，而忽视经济杠杆和市场调节作用；奉行重工业优先的方针，忽视了国民经济各部门间的比例关系，影响了农业、轻工业、消费品生产的发展，从而导致国民经济比例失调，1929年至1955年，生产资料的生产始终占全部工业产值大约70%以上，而消费资料仅仅占工业产值不足30%，两者差距悬殊。农业投资也一直呈下降趋势。在第一个五年计划（1928—1932年）期间，农业还占国民经济总投资额的15.6%，到“二五”（1933—1937年）期间则降为11.8%，“三五”（1938—1942年）期间约再降至10.8%，导致农产品短缺，消费用品匮乏，人民群众的日常生活受到较大影

① 《马克思恩格斯文集》第2卷，人民出版社2009年版，第52页。

② 《列宁专题文集 论社会主义》，人民出版社2009年版，第96页。

响。这些失误的出现，在一定程度上是违背客观规律的结果，加之长期得不到纠正和解决，极其不利于经济的发展。

可见，在经济文化比较落后的国家，无产阶级夺取政权后，必须把发展生产力作为根本任务，遵循生产关系必须适应生产力发展要求的客观规律，探索有效的经济管理制度和体制，为确立、巩固和发展社会主义制度奠定坚实的物质基础。

（二）坚持无产阶级专政，巩固工农联盟，科学分析国内阶级状况和正确处理各阶级间的关系

坚持无产阶级专政，巩固工农联盟，是建设社会主义的重要保证。在建立社会主义国家政权的过程中，列宁遵循马克思主义原则，根据俄国革命和建设的经验，深刻阐明了实行无产阶级专政以及建立工农联盟的必然性和必要性，建立了以工人阶级为领导的、以工农联盟为基础的苏维埃政权，初步探索出一套体现专政与民主相结合的苏维埃组织机构和活动方式，并强调要加强法制建设。斯大林在社会主义建设中，坚持马克思列宁主义的无产阶级专政理论和国家学说，强调无产阶级专政的重要性，重视巩固工农联盟，提出工农联盟是苏联建成社会主义最重要的保证，实行社会主义民主，调动广大群众的革命积极性，在实践中成功确立了新型的社会主义政治制度和体制，保证了社会主义建设事业的顺利进行。

但另一方面，在大体解决了剥夺剥夺者也即消灭阶级的任务之后，斯大林等联共（布）领导人没有正确认识和处理好人民内部矛盾的问题，片面强调阶级斗争，甚至提出社会主义愈胜利阶级斗争愈尖锐化的错误观点，严重混淆了社会主义时期两类不同性质的矛盾，导致肃反扩大化和党内斗争扩大化，伤害了一大批干部和普通群众，损害了苏联、联共（布）和社会主义的形象；过分强调专政职能，忽视民主和法制建设以及人民群众的民主和合法权利；在对待农民问题上出现违背农民意愿、忽视农民利益的偏差，挫伤了农民的生产积极性，削弱了工农联盟。

苏联社会主义政权建设的经验教训说明，社会主义制度确立后，仍然必须坚持无产阶级专政，巩固工农联盟，必须对国内阶级斗争形势作出科学的分析和符合实际的判断，严格区分两类不同性质的矛盾，采取正确的方针和方法，妥善处理阶级矛盾，决不能搞阶级斗争扩大化；坚决反对各种破坏民主法制的行为，把坚持专政与发扬民主、健全法制有机结合起来，使社会主义愈发展，

民主和法制也愈完善。

（三）把提高人民的物质文化生活水平作为社会主义建设的根本目的，努力满足人民群众日益增长的物质生活和精神生活需要

苏联党和政府把保证最大限度地满足整个社会不断增长的物质和文化需要作为社会主义生产的目的；强调在发展生产的基础上逐步提高人民的生活水平，使劳动者从物质利益上关心社会主义事业；强调只有建设高度发展的文化与科学，才能建成真正的社会主义国家，文化建设主要是提高人民的科学文化水平和思想觉悟、道德素质。在苏联党和政府领导人民进行社会主义建设期间，人民群众的基本医疗、教育、工作等条件大为改善，生活水平得到较大提高，整个社会的精神风貌焕然一新。

苏联在实践中也出现了一些偏差。过分强调用行政手段来管理思想文化工作，忽视人民群众文化追求和精神生活的多样性。为根除学术界的所谓资产阶级和小资产阶级理论，苏联不断开展学术批判运动，甚至在自然科学领域贯彻阶级路线，混淆了学术争论与政治斗争的界限，挫伤了知识分子的积极性，影响了社会主义文化的繁荣和发展。

苏联社会主义物质文化建设的经验教训说明，社会主义生产的根本目的，就是满足人民群众不断增长的物质和文化需要。要按照社会主义经济发展的客观规律，正确处理积累与消费、生产与生活、物质生产与精神生产的关系，在大力发展生产力的基础上，逐步提高人民群众的物质文化生活水平。

（四）坚持无产阶级政党的领导，同时改善党的领导，加强党的建设，保证社会主义建设顺利进行

苏联作为社会主义国家之所以能够建立并逐渐强大起来，关键在于联共（布）的坚强领导。正是在联共（布）的领导下，苏联在被资本主义包围的恶劣国际环境中生存下来，在极短的时间内从一个落后的农业国变为一个具有强大工业基础的国家，社会政治稳定，国家政权巩固，人民建设社会主义的热情高涨，在经济、政治和文化建设等各个方面都取得了辉煌成就。

作为历史上第一个执政的共产党，联共（布）领导社会主义建设没有现成经验可资借鉴，只能在摸索中前进。而在积累执政经验的同时，领导体制、领导方式和领导作风等方面，也出现了一些问题，具体表现是：党政不分，以党代政，党的权力过分集中，形成了事实上的领导职务终身制，个人迷信日渐盛行，官僚主义、任人唯亲等不正之风滋长蔓延。特别是党的民主集中制一度遭

到严重破坏，践踏社会主义民主和法制，伤害了大量无辜的人民群众，造成了极为严重的后果。

联共（布）建设的经验教训说明，无产阶级政党的领导是社会主义事业不断走向胜利的根本保证。必须坚持和发展马克思主义，不断加强党的建设，改善党的领导，坚持民主集中制，正确处理民主与集中的关系；健全和完善党的各项制度，维护党的团结和统一；理顺党和政府的关系，不能以党代政，要充分发挥党在社会主义建设中的领导核心作用。

（五）实行正确的对外政策，妥善处理对外关系，争取社会主义建设的良好外部环境

为了争取社会主义建设的胜利，苏联遵循列宁提出的和平共处方针，努力同资本主义各国建立正常的外交关系，争取同它们发展贸易经济联系。在认识和处理社会主义与资本主义的关系问题上，列宁强调要同资本主义国家进行经济技术合作，要向西方先进的资本主义国家学习，充分借鉴资产阶级在国家管理方面的经验，利用资本主义建设社会主义。斯大林也多次提出，俄国科学技术水平落后，要向西方资本主义学习先进的生产技术，甘当学生。在实践中，当时的苏联政府曾经派遣2000多人到国外考察和学习，并引进了2万多名外国技术人员到苏联各部门工作。尽管当时苏联被资本主义国家包围和孤立，缺乏充分对外开放的条件，无法全面地充分利用西方的科技成果和管理经验，也无法与其他国家发展正常的交往，但在对外关系方面还是不断地取得了进展。

在处理与其他国家共产党的关系上，列宁提出过一些正确的指导原则。例如，针对共产国际工作中出现的凌驾于其他党之上的苗头进行严厉批评，列宁强调“决不要从莫斯科发号施令”，主张各国无产阶级政党既要坚持无产阶级国际主义原则，又要坚持独立自主，认为只有这样才能推动无产阶级革命事业向前发展。然而，这种正确的主张在后来苏联的对外交往实践中没有得到坚决贯彻。苏联从“世界革命”理论出发，过分强调社会主义革命和建设的普遍规律，而忽视各国党及其所在国家具体国情的差异，并且把苏联、联共（布）一国一党的经验神圣化、绝对化、教条化，在相当程度上奉行大党、大国主义，损害了国与国之间，以及各国共产党之间的正常关系，给国际共产主义运动带来了不利的影响。

总之，苏联是在战争与革命成为时代特征的特定历史条件下进行社会主义建设的，并形成了社会主义国家的基本制度和体制。作为人类历史上第一个社

会主义国家，苏联的社会主义建设是一项崭新的伟大事业，无论是成功的经验，还是出现的不足和失误，都是国际共产主义运动的宝贵财富。苏联一国建设社会主义的经验教训，对于后来各国的社会主义建设既有积极的也有消极的重要影响。后来的社会主义国家一开始大多效仿苏联社会主义建设的做法，建立起高度集中的社会主义政治经济体制，人们习惯称之为“苏联模式”。如何评价这个模式？“列宁逝世以后，斯大林在领导苏联社会主义建设中，逐步形成了实行单一生产资料公有制和指令性计划经济、权力高度集中的经济政治体制。苏联模式在特定的历史条件下促进了苏联经济社会快速发展，也为苏联军民夺取反法西斯战争胜利发挥了重要作用。但由于不尊重经济规律等，随着时间推移，其弊端日益暴露，成为经济社会发展的严重体制障碍。”① 习近平的这段话清楚地对“苏联模式”作出科学定位，对“苏联模式”经验教训作出精辟的总结。

思考题：

1. 叙述新经济政策的主要内容。苏维埃政权为什么要用新经济政策取代“战时共产主义”政策？
2. 列宁有关社会主义建设理论的主要内容有哪些？
3. 苏联社会主义建设取得了哪些主要成就？如何看待苏联社会主义建设的经验与教训？

---

① 中共中央宣传部编：《习近平总书记系列重要讲话读本》，学习出版社、人民出版社 2014 年版，第 7 页。

第七章　第二次世界大战与战后初期国际共产主义运动的新发展

第二次世界大战是世界反法西斯同盟和各国人民共同参与的反法西斯战争，它对国际共产主义运动产生了重大影响。共产国际和各国共产党人坚定不移地站在反法西斯的立场上，用实际行动为反法西斯战争的胜利和各国人民的解放事业作出卓越的贡献。共产党在反法西斯战争中威信不断提高，力量逐步壮大。战后，欧亚一系列国家建立了人民民主政权，走上了社会主义道路，并极大地影响和推进了殖民地、半殖民地国家的民族解放运动。中华人民共和国的成立，是继俄国十月革命后国际共产主义运动史上又一伟大事件。在以美国为首的西方国家发起冷战后，社会主义国家加强联系与合作，形成了强大的社会主义阵营，国际共产主义运动得到极大拓展。

第一节　共产党领导和参与的反法西斯斗争

20 世纪 30—40 年代，德、意、日法西斯统治集团在欧、亚、非三大洲发动了一系列侵略战争，并导致了第二次世界大战全面爆发。第二次世界大战爆发后，联共（布）领导苏联人民进行了伟大的卫国战争；欧洲其他各国人民在共产党领导下，开展了各种形式的反法西斯斗争；中国共产党和亚洲许多国家的共产党，独立自主地领导和参与了本国人民抗击日本侵略者的斗争。各国共产党为世界反法西斯战争的胜利作出了重大贡献。

一、苏联和欧洲国家共产党领导的反法西斯战争

（一）联共（布）领导苏联人民的反法西斯战争

1941 年 6 月 22 日凌晨，德国法西斯撕毁《苏德互不侵犯条约》，向苏联发动突然袭击。该条约的签订为苏联备战赢得了一些时间，但也使苏联领导人错误地认为纳粹德国的进攻会推迟，导致准备不足。德军的突然袭击使战争初期苏联遭受重大损失：苏联被占领土达 150 万平方公里，全国 40%的人口陷入敌占区，工农业产值的 2/3 遭到损失，苏军伤亡和被俘人员达几百万，敌军围困

了列宁格勒、兵临莫斯科城下。苏联社会主义制度面临巨大威胁。在这危急关头，苏联人民在以斯大林为首的联共（布）领导下，进行了伟大的卫国战争，并最终赢得了战争的胜利。

第一，共产党是苏联卫国战争的坚强领导核心。战争爆发后，联共（布）中央领导成立了抗击法西斯的各种战时组织机构。为了克服战争初期准备不足的困难，根据联共（布）中央政治局的决议，1941 年 6 月 30 日，成立了以斯大林为首的国防委员会，行使国家的全部权力。8 月 8 日，斯大林被正式任命为苏联武装力量最高统帅，掌握军事指挥的最高领导权和最后决策权，加强对武装力量的战略领导。联共（布）号召苏联人民紧密地团结在党和政府周围，保卫苏联的每一寸土地。党和政府采取了一系列紧急措施，动员全国一切资源抵抗侵略，使国家从根本上转入了战时轨道。为了加强武装力量和提高战斗力，根据苏联最高苏维埃主席团的命令，迅速动员预备役人员，至 1941 年 7 月 1 日前共动员了 530 万人。联共（布）还组织部署了在敌人占领的后方开展抗击德国法西斯的斗争。7 月 18 日，联共（布）中央通过了《关于组织德军后方斗争的决议》。

为了贯彻共产国际的统一战线政策，赢得反法西斯战争的胜利，苏联党和政府十分重视对外政策。为了打破纳粹德国当局在国际上孤立苏联的计划，组成击败德军的国际统一战线。1941 年 7 月，苏联政府与英、捷、波三国政府先后签订了共同对德作战协定。1941 年 9 月 29 日—10 月 1 日，苏、英、美三国代表就相互提供武器、军用物资和原材料问题举行莫斯科会议。此后不久，三国结成了反法西斯同盟。联共（布）领导制定和实施了抵抗德国法西斯的军事战略。1944 年，苏联红军集中兵力对德国法西斯及其仆从军发动了 10 次重大的战略性进攻，史称“10 次斯大林式打击”，彻底改变了战争局势。德国法西斯在苏军猛烈的打击下，被全部逐出苏联国土。苏军越出国境，进入东欧各国。1945 年 5 月 2 日，苏军攻克柏林，彻底打败了德国法西斯。

第二，共产党在卫国战争中是苏联人民的精神支柱。卫国战争爆发后，为了激发苏联人民炽烈的爱国主义热情和苏联军人坚毅勇敢的精神，党做了大量卓有成效的宣传鼓动工作，坚定了苏联军民必胜的信心。战争爆发后的当天上午，联共（布）中央和苏联政府就指示苏联人民委员会第一副主席莫洛托夫用无线电广播发表了《告人民书》，号召全体苏联人民保卫自己的祖国。《告人民书》的结束语是：“我们的事业是正义的。敌人必然要失败，胜利一定属于我们。”这两句话成为苏联人民的战斗口号。1941 年 7 月 3 日，国防委员会主席斯大林发表具有历史意义的广播演说，揭露了希特勒军队入侵苏联的罪恶目的，指出了苏联人民必定战胜法西斯的前景，号召苏联人民团结在党和政府的周围，以忘我精神支援红军，粉碎敌人，争取胜利。这个演说极大地坚定了苏联军民保卫祖国的决心。1941 年 7 月 16 日，联共（布）中央和苏联最高苏维埃主席团发布了《关于改组政治宣传机关及在工农红军中实行政治委员制度》的命令。军事委员制的实施，对培养苏军战士热爱祖国的感情、巩固和提高苏军战斗力发挥了重大作用。联共（布）的政治宣传工作也在工人、农民、知识分子中广泛开展，成千上万的苏联人自愿加入陆、海军，留在后方的人们响应联共（布）提出的“一切为了前线，一切为了胜利”的战斗口号，迸发出巨大的劳动热情。苏联人民和苏联军人在极其困难的条件下表现出了艰苦卓绝的革命英雄主义以及对党和社会主义祖国的赤胆忠心，成为战胜德国法西斯的重要条件。

第三，共产党员在卫国战争中发挥了先锋模范作用。为了提高军队的战斗力，联共（布）中央动员党的骨干力量在战争爆发之日就开赴前线。在战争的头 6 个月里，有 6 万名共产党员和 4 万名共青团员作为政治战士被派到作战部队。整个卫国战争期间，总计约有 510 万人成为预备党员。在战斗中，共产党员勇往直前，给普通战士和苏联人民树立了英勇战斗和自我牺牲的革命英雄主义榜样，极大地提高了苏联军队的战斗力。苏联卫国战争中，在获得“苏联英雄”称号的成员中有 3/4 人是共产党员和共青团员，300 多万共产党员为国捐躯。

第四，共产党领导取得的巨大社会经济成就是苏联卫国战争取得胜利的坚实基础。从 1928 年开始，经过 3 个五年计划的建设，苏联快速实现了工业化。1940 年，苏联工业总产量超过 1913 年水平 11 倍，其中机器制造业超过 49 倍。战争爆发后，联共（布）中央和国防委员会直接领导了苏联国民经济的改组工作，制定了保障国防的战时经济计划，把西部的重要工业设备和人员迁至伏尔加河以东，在东部建立新的国防工业基地，把许多民用企业改为国防企业。苏联的生产资料公有制和计划经济管理体制在国民经济迅速转入战时轨道方面显示出了优势。1941 年下半年，从遭受战火威胁的西部地区撤往东部地区的大型企业有 1300 多个。1942 年中期，苏联完成了国民经济转入战时轨道的改组工作，保障了坦克、飞机、火炮以及弹药等军用品的生产。1941 年 7 月 1 日至

1945年9月1日，苏联共生产飞机13.41万架、坦克和自行火炮10.28万辆、火炮和迫击炮82.52万门。仅1942年和1943年，苏联制造的坦克就比纳粹德国多2.6万辆，生产的飞机也比纳粹德国多2万架。迅速增长的战时经济，充分保证了苏联红军对军事技术装备的需求。

苏德战场是第二次世界大战的主战场之一，苏联军民是歼灭德国法西斯的决定性力量。在苏德战场，苏联消灭了德军607个师，占德军士兵的80%、德军武器装备的75%。苏联军民为胜利付出巨大代价，战争夺走大约2700万苏联人民的生命。联共（布）领导苏联人民取得反法西斯战争胜利具有重大的世界历史意义。首先，它证明了社会主义制度的优越性和强大生命力。苏联卫国战争实质上是社会主义制度与法西斯制度之间的较量。“战争的教训证明，苏维埃制度不仅是和平建设年代组织国家经济文化高涨的最好形式，而且也是战争时期动员人民的全部力量回击敌人的最好形式。”① 其次，它为世界反法西斯战争的胜利奠定了基础，使许多民族免除了法西斯的威胁，拯救了人类文明，保卫了世界和平。再次，它提高了社会主义的威望，吸引了欧亚一系列国家走上社会主义道路。最后，它极大地鼓舞了亚非拉殖民地、半殖民地人民的民族解放运动，沉重地打击了帝国主义殖民体系。

（二）欧洲国家共产党领导和参与的反法西斯斗争

第二次世界大战爆发后，德、意法西斯的铁蹄几乎踏遍欧洲。欧洲各国共产党始终站在反法西斯斗争的最前列，为争取民族生存、国家独立而领导人民开展抵抗运动。有些国家的共产党领导人民坚持武装斗争，并主要依靠自己的力量赶走了法西斯；有些国家的共产党利用苏军反攻的有利时机，领导人民举行武装起义，并在苏军的帮助下解放了祖国；有些国家的共产党则坚持各种地下宣传活动，对加速法西斯的崩溃发挥了重要作用。

南斯拉夫共产党和阿尔巴尼亚共产党是领导本国人民反法西斯斗争的核心力量。1941年4月，纳粹德国军队入侵南斯拉夫。国王彼得二世和政府流亡国外。铁托（1892—1980）和南斯拉夫共产党领导人民发动武装起义，南共中央发表《告南斯拉夫人民书》，号召全国人民武装抵抗侵略者。在长达4年的民族解放战争中，南共领导南斯拉夫人民解放军击败了敌人7次大规模进攻，并且主要依靠自己的力量最终解放全国。

---

① 《斯大林文集》，人民出版社1985年版，第395页。

1939 年 4 月，阿尔巴尼亚被意大利占领。国王索古逃亡国外。1941 年 11 月 8 日，阿尔巴尼亚共产党宣告成立，积极领导人民开展反意武装斗争。1943 年 9 月，意大利投降盟国后，德军开进阿尔巴尼亚。阿尔巴尼亚人民同新入侵者展开更为激烈的斗争。阿尔巴尼亚共产党领导这个仅有 100 万人口的小国，进行游击战，抗击了 10 万意大利法西斯军队和 7 万德国法西斯军队，歼灭敌军 5.3 万余人。阿尔巴尼亚人民在阿共领导下主要依靠自己的力量解放了全部国土。

波兰被纳粹德国占领后，共产党人于 1942 年 1 月在华沙秘密建立波兰工人党。1943 年 12 月 31 日至 1944 年 1 月 1 日，波兰工人党、社会党左派、农民党等党派的代表召开全国人民代表会议，积极倡导建立反法西斯民族阵线，建立波兰人民军，开展反法西斯游击战争，打击德国法西斯。苏德战争爆发后，在苏联的波兰侨民组成波兰第一师，同苏军并肩作战。这样，波兰反法西斯武装力量的总人数多达 200 万人。1944 年 7 月，苏军攻入波兰。波兰人民军与苏军浴血奋上，于 1945 年 1 月解放了华沙。

1939 年 3 月，捷克斯洛伐克被纳粹德国吞并。前总统贝奈斯在伦敦组织临时政府。苏德战争爆发后，临时政府得到苏联的承认。1943 年，捷克斯洛伐克共产党在国内建立第一支游击队。1944 年 10 月，苏军攻入捷克斯洛伐克，捷共领导的游击队空前活跃和壮大起来。1945 年 5 月，捷共领导人民举行布拉格起义，并在苏军的帮助下取得了胜利。

罗马尼亚、保加利亚和匈牙利等国的反动政府加入了德、意、日法西斯战争集团。这些国家的共产党在极其困难的条件下开展反法西斯斗争。1941 年 10 月，纳粹德国军队开进罗马尼亚。罗马尼亚共产党组织工人罢工，开展游击战争。1944 年 8 月，罗马尼亚共产党利用苏军进抵罗马尼亚的大好时机，领导人民举行武装起义，解放了首都布加勒斯特。1941 年 3 月，德军开进保加利亚。保加利亚工人党组织游击队，袭击敌军仓库，破坏敌人交通。1944 年 9 月，苏军攻入保加利亚。保加利亚工人党也利用有利时机领导人民举行起义，推翻了德国法西斯傀儡政权，将全部德寇驱逐出境。同年 3 月，德国法西斯对匈牙利实行军事占领。匈牙利共产党组织游击队进行抵抗。10 月，苏军攻入匈牙利。匈共配合苏军开展游击活动，取得反法西斯斗争的胜利。

西欧、北欧、南欧等许多国家的共产党在反法西斯斗争中也发挥了重要作用。法国沦亡后，法国共产党发起成立民族解放阵线，开展反法西斯游击战争。1941 年，以法共领导成员杜蒙为首的共产党人在法国东南部萨瓦开辟了第一个游击根据地。1944 年 5 月，法共倡议成立内地军，总人数达 50 万人，其中，法共领导的游击队有 25 万人，是内地军的主要组成部分。法共掌握着地下抵抗组织的领导权。同年 8 月，法共领导巴黎人民举行武装起义，解放了首都。荷兰共产党、比利时共产党也组织游击队，开展了反法西斯武装斗争。

1940 年 4 月 9 日，纳粹德国向丹麦和挪威发动突然袭击。丹麦共产党出版地下报纸，揭露本国投降政府和纳粹的欺骗宣传，并组织游击队破坏为德国法西斯服务的工业和交通运输。挪威共产党是国内唯一致力于武装斗争的组织。1942 年 8 月 21 日，挪共领导的游击小组炸毁了首都奥斯陆的警察大楼。

1941 年 4 月，德国法西斯占领雅典。希腊共产党建立民族解放阵线，组织人民解放军，开展武装斗争。在整个反法西斯战争期间，希腊人民解放军抗击了近 30 万法西斯侵略军，为世界反法西斯斗争的胜利作出了突出贡献。

德国共产党和意大利共产党在战争期间，勇敢地揭露本国法西斯政府的罪行，与法西斯进行了不屈不挠的斗争。1933 年 3 月，德共领导人恩斯特·台尔曼被法西斯逮捕入狱。台尔曼在狱中坚贞不屈，英勇就义。第二次世界大战爆发后，德共发表声明谴责德国法西斯的侵略行径。1943 年 7 月 12 日，德共建立自由德国全国委员会。在战争的最后阶段，自由德国全国委员会领导的反法西斯运动多次制止了纳粹德国军队的垂死抵抗。

1943 年 9 月，德国法西斯占领罗马和意大利北部。意共组织游击队，开展反法西斯武装斗争。1945 年 4 月，意共领导游击队发起反攻，解放了都灵、热那亚等 200 多个城市。

欧洲国家共产党领导和参与反法西斯斗争，为世界反法西斯战争的胜利和人类文明发展作出了不可磨灭的贡献。战争结束后，欧洲国家共产党在人民群众中的威信大大提高，普遍争得了合法地位。波兰、南斯拉夫、阿尔巴尼亚、匈牙利、捷克斯洛伐克、保加利亚、罗马尼亚等东欧国家的共产党先后成为执政党，领导人民走上了社会主义道路。法国和意大利等西欧国家的共产党在战后选举中得到了广大人民的支持，不同程度地参加了多党联合政府。

二、中国共产党和亚洲其他国家共产党领导和参与的反法西斯斗争

（一）中国共产党领导的反法西斯斗争

1931 年，日本帝国主义发动九一八事变。国民党蒋介石集团推行不抵抗主

义，鼓吹“攘外必先安内，统一方能御侮”，导致东北沦陷。日本侵略者在巩固和加强对东北统治的同时，又进一步把侵略的矛头指向华北，民族危机进一步加深。1937 年 7 月 7 日，日军炮轰宛平县城，进攻卢沟桥，发动了全面侵华战争。日本帝国主义灭绝人性，实施烧光、杀光、抢光的残酷暴行，中国陷入前所未有的民族灾难之中。日本侵略者企图凭借强大的武力一举灭亡中国，把中国变为日本的殖民地，进而吞并亚洲，称霸世界。面对日本法西斯的野蛮侵略，中国人民同仇敌忾，毅然奋起，浴血奋战，共御外侮。中国抗日战争的全面爆发，揭开了世界反法西斯战争的序幕。

在中华民族生死存亡的紧急关头，中国共产党发挥了中流砥柱的作用，领导中国人民取得了抗日战争的伟大胜利，实现了国家独立和民族解放，为夺取世界反法西斯战争的胜利、维护世界和平作出了不可磨灭的贡献。

1. 中国共产党率先举起了抗日战争的光辉旗帜，成为救亡图存的民族先锋

九一八事变发生后的第三天，中共中央就发表了《中国共产党为日本帝国主义强暴占领东三省事件宣言》，揭露了日军侵华的罪行，号召中国工农兵士劳苦民众一致反对日本帝国主义强占中国东三省。中国共产党领导的东北抗日武装力量，在白山黑水之间开展游击战争，沉重地打击了日本侵略者，鼓舞了全国人民抗日斗争的信心和勇气。1933 年年初，日军侵占山海关，进犯热河和长城各口。1 月 7 日，中国共产党和中国共青团联合发表《中共中央、共青团中央为日本帝国主义占领山海关和进攻华北告全国民众书》，号召工人以及劳苦群众组织反日义勇军，以民众武装的民族革命战争驱除日本帝国主义。中国共产党帮助国民党西北军将领冯玉祥在张家口组织察哈尔民众抗日同盟军，300 多名共产党员加入同盟军，并成为同盟军的核心力量。察哈尔民众抗日同盟军收复了数座县城，包围并攻克了重镇多伦，狠狠地打击了日军的嚣张气焰。1935 年夏，日本帝国主义企图吞并华北，中国共产党发表了《中国苏维埃政府、中国共产党中央为抗日救国告全体同胞书》（即《八一宣言》），号召全体同胞“为民族生存而战!”这个宣言在中国社会各阶层中引起了强烈反响，有力地推动了全国抗日救亡运动的发展。12 月 9 日，中国共产党领导北平大中学生举行游行示威，反对日本帝国主义策划的“华北自治”，促进了中华民族的觉醒，抗日救亡运动的烈火在全国各地熊熊地燃烧起来。卢沟桥事变发生后的第二天，中共中央通电全国，号召全国人民团结起来，筑成民族统一战线的坚固长城，抵御日寇的侵略。中国共产党领导的红军和南方八省红军游击队分

别改编为国民革命军第八路军和陆军新编第四军，开赴抗日的最前线。1937 年 9 月 25 日，八路军在平型关设下埋伏，重创日军坂垣师团一部，歼灭日军 1000 多人，取得了中国军队抗战以来的第一个大胜利，极大地鼓舞了全国人民抗战的勇气。

2. 中国共产党积极倡导建立并坚决维护抗日民族统一战线，为抗日战争的胜利奠定了坚实的政治基础

九一八事变后，在中华民族处于生死存亡的危急关头，中国共产党从民族大义出发，捐弃前嫌，率先提出武装抗日和建立民族统一战线的主张。1935 年 12 月 17 日至 25 日，中共中央在陕北瓦窑堡召开政治局会议，确定了建立中国共产党领导的抗日民族统一战线的新策略。1936 年 12 月，爱国将领张学良、杨虎城在西安对蒋介石发动“兵谏”。中国共产党从抗战大局出发，力促西安事变和平解决，推动了全国抗日民族统一战线的初步建立。卢沟桥事变爆发后，中国共产党通电呼吁：“全中国同胞，政府与军队，团结起来，筑成民族统一战线的坚固长城，抵抗日寇的侵掠！国共两党亲密合作抵抗日寇的新进攻！”1937 年 7 月 15 日，中国共产党向蒋介石提交了《中共中央为公布国共合作宣言》。鉴于日军侵华的严峻形势，9 月 22 日，国民党公布了这个宣言；次日，蒋介石发表《对中国共产党宣言的谈话》，事实上承认了中国共产党在全国的合法地位。这标志着以国共两党合作为基础的抗日民族统一战线正式形成。尽管抗日民族统一战线的发展并非一帆风顺，但是，中国共产党始终以中华民族的根本利益为重，先后粉碎了国民党顽固派发起的 3 次反共高潮，巩固了抗日民族统一战线，从而保证了全民族抗战能够坚持到底。

3. 中国共产党明确提出并坚持实行全民族的全面抗战和持久抗战的战略总方针，为夺取抗日战争的胜利指明了正确的方向

全国抗战一开始，中国共产党就主张开放民主，改善民生，发动群众，实行全体人民参加战争和支援战争的全面抗战路线。1937 年 8 月 22 日，中共中央在陕北洛川召开政治局扩大会议，通过《抗日救国十大纲领》，对全面全民族抗战进行了具体阐述。而国民党的最高战略是持久消耗战，其战略思想是以空间换时间。国民党还曾把阻止日军侵略的希望寄托在第三国和国际外交活动上。这种保守落后的军事思想和片面的抗战路线，决定了国民党不可能实行真正意义上的全民族抗战和持久抗战。而且，在国民党上述片面思想影响下，国内舆论中存在着“亡国论”和“速胜论”。为了阐明持久战的问题，1938 年 5

月，毛泽东依据马克思主义基本原理，结合中国抗日战争的实际，总结了抗战10个月以来的经验，并集中全党的智慧，发表了著名的《论持久战》。这是指导中国抗日战争的纲领性文献，它论证了持久战将经历战略防御、战略相持和战略反攻三个阶段，预测了全国抗战的进程，进一步阐述了全民族抗战和人民战争的抗战路线，提出了持久战的具体作战方针和指导原则，有力地批驳了“亡国论”和“速胜论”，极大地鼓舞和坚定了中国人民争取抗战胜利的信心。

4. 中国共产党开辟和发展敌后战场，广泛开展游击战争，创造了有利于全国抗战的战略格局

抗战初期，中国国民党领导的军队在正面战场组织了淞沪、忻口、徐州、武汉等战役，抗击了侵华日军的主要兵力，给日军以沉重的打击，正面战场成为战略防御阶段中国抗战的主战场。但由于国民党推行单纯依靠政府和军队的片面抗战路线和消极防御的作战方针，没能给日军以更有力的打击，华北、华中、华南大片国土相继沦陷，战局日益恶化。中国共产党领导的八路军、新四军、华南人民抗日游击队和东北抗日联军等抗日武装，深入敌后，动员、组织和武装群众，积极开展抗日游击战争，开辟了华北、华中、华南和东北四大敌后战场，把敌人的后方变成抗日的前线。敌后战场的开辟，与正面战场相互策应，构成了中国抗日战争两个战场的战略格局。这对抗战胜利进程产生了重大影响。

1937年11月，日军攻陷太原，国民党军队向西南撤退。八路军和新四军遵照中共中央的指示，深入广大敌后地区开辟抗日根据地，牵制了日军大量的兵力，极大地减轻了国民党军队在正面战场上所承受的压力。1938年10月，日军攻陷武汉、广州以后，已经力不从心，中国的抗日战争进入战略相持阶段。为了尽快结束战争，日本向国民党政府发动强大的政治诱降攻势，并将其主要兵力用于打击共产党领导的八路军、新四军等人民抗日武装。日军实行以铁路为链、公路为环、据点为锁的“囚笼政策”，企图用封锁、分割、蚕食和分区“扫荡”的办法消灭抗日根据地。八路军依靠广大群众，破坏铁路、公路交通，分兵袭扰敌人，使敌人陷入人民战争的汪洋大海。仅1939年6月至1940年5月，八路军即歼敌11万余人。1940年8月20日至12月5日，八路军出动100余个团近20万兵力，进行大小战斗近2000次，毙、伤日伪军约3万人，攻克日伪据点近300个，破坏铁路近500公里、公路1500余公里。这次战役史称“百团大战”。敌后抗日游击战争的蓬勃发展，使解放区战场上升为中

国抗日的主要战场。

抗战进入相持阶段后，敌后战场抗击了在华日军的50%—60%、伪军的95%。1941年12月，日本法西斯发动太平洋战争。为了把中国变成太平洋战争的后方基地，日军对抗日根据地发动更加疯狂的“扫荡”。中国共产党领导的抗日根据地进入极端困难时期。在反“扫荡”斗争中，抗日根据地军民创造了麻雀战、破击战、地雷战、地道战等战法，出其不意地袭击敌人。

1943年，随着世界反法西斯战争形势发生根本变化，中国共产党领导的抗日根据地也摆脱了严重困难的局面，开始发动局部反攻。1945年春，八路军和新四军发展到90万人，民兵200万人，拥有19个解放区，面积近100万平方公里，人口近1亿，并将日军压缩到中心城市。8月8日，苏联参加对日作战。第二天，毛泽东发表《对日寇的最后一战》，中国共产党领导的八路军和新四军向日军发动全面反攻。8月15日中午，日本天皇裕仁广播《停战诏书》，宣布接受《波茨坦公告》所规定的各项条件，无条件投降。9月2日，日本政府在投降书上签字。日本签字投降后，解放区军民继续攻歼拒降之敌。至1945年年底，共歼敌近40万，收复县以上城市250余座，取得了歼灭拒降之敌的重大胜利。

中国人民经过长达14年艰苦卓绝的斗争，取得了中国人民抗日战争的伟大胜利。抗日战争是近代以来中国抗击外敌入侵的第一次完全胜利，中国人民以落后的武器装备打败日本帝国主义，彻底粉碎了日本军国主义殖民奴役中国的图谋，一洗中华民族百年耻辱，成为中华民族由衰败走向振兴的重大转折。中国的抗日战争是世界反法西斯战争的重要组成部分，是世界反法西斯战争的东方主战场，中国伤亡人数超过3500万，中国人民以巨大民族牺牲为世界反法西斯战争胜利作出了重大贡献。中国人民取得抗日战争的伟大胜利，宣告世界反法西斯战争的完全胜利。在中华民族处于生死存亡的危急关头，全体中华儿女万众一心、众志成城，各党派、各民族、各阶级、各阶层、各团体同仇敌忾，共赴国难。中国人民抗日战争的胜利，是中华民族团结奋斗的结果，也是中国人民同世界反法西斯同盟并肩战斗的结果。中国共产党是中国抗日战争的中流砥柱。以毛泽东同志为主要代表的中国共产党人，把马克思列宁主义的基本原理同中国革命的具体实际相结合，创立了毛泽东思想，对抗日战争的胜利发挥了战略指导作用。抗战胜利后，中国共产党在人民群众中的威望得到极大的提高，越来越多的人把实现民族独立、国家富强、人民民主的希望寄托在中国共产党身上。

（二）亚洲国家共产党领导和参与的反法西斯斗争

朝鲜在1910年就沦为日本的殖民地。1932年，金日成建立朝鲜抗日人民游击队，这也是朝鲜的第一支抗日游击队。1934年，改编为朝鲜人民革命军。为了扩大抗日力量，1936年，朝鲜成立了抗日民族统一战线组织——祖国光复会。1937年6月，朝鲜人民革命军从长白山根据地出发，突破鸭绿江，奇袭日军战略要地普天堡，捣毁日本警察所，沉重地打击了日本法西斯的嚣张气焰。1945年8月，朝鲜人民革命军利用苏联对日作战的有利时机，大举反攻，配合苏军解放了朝鲜北部，结束了日本帝国主义对朝鲜长达35年的殖民统治。

越南原是法国的殖民地。1940年6月，日军趁法国投降德国法西斯的机会侵入越南。以胡志明为首的印度支那共产党（1951年2月改名为越南劳动党）领导越南谅山省北山县人民举行武装起义，组织北山游击队，揭开了反抗日本法西斯斗争的序幕。1945年8月，印度支那共产党领导越南人民举行全国总起义，赶走日本占领者，在全国建立了人民革命政权——越南民主共和国。

1941年12月，日本法西斯发动太平洋战争，占领泰国、马来亚、菲律宾、荷属东印度（今印度尼西亚）和缅甸等东南亚地区。这些地区的共产党领导人民纷纷开展抗日斗争。1942年12月，泰国共产党第一次代表大会通过的政治和组织纲领提出，当前党的民族民主革命路线是建立抗日民族统一战线，开展抗日斗争。缅甸共产党发表《缅甸解放宣言》，倡议成立缅甸反法西斯人民自由联盟，开展广泛的游击战争，配合中、美、英等盟国军队作战。1945年3月，缅甸反法西斯人民自由联盟发动武装起义，赶走了日本法西斯。1942年3月，菲律宾共产党领导的游击队在邦板牙省坎达巴的曼地里村伏击日本巡逻队，开始了菲律宾人民的抗日武装斗争。在反法西斯战争时期，菲律宾共产党领导的抗日武装作战1000余次，解放了大片领土，并在约100万人口的地区建立了人民政权。1942年1月，马来亚共产党在雪兰莪州建立马来亚人民抗日军，开展反法西斯游击战争。马来亚人民抗日军发展到8个独立大队，人数达7000人以上。日军侵入泰国后，泰国共产党人创办地下报纸，宣传抗日思想，组织群众开展怠工、罢工斗争，破坏日本军需生产，并领导了反抗日本侵略和占领、挽救民族危亡的群众运动。日军占领荷属东印度后，印度尼西亚共产党人先后建立反法西斯人民运动和自由印度尼西亚运动等组织，开展抗日秘密工作。从1943年起，在爪哇、安南、三垄、新卡巴尔、苏门答腊等地发动武装起义，直到反法西斯斗争胜利。印度尼西亚共产党坚决反日的态度，赢得了印度尼西亚民众的尊重，扩大了影响力，战后成为政府重要的组成部分。

总之，亚洲各国共产党在反法西斯斗争中领导人民坚持武装斗争，倡导和建立民族抗日统一战线，为世界反法西斯战争的胜利作出了重要的贡献。第二次世界大战结束后，中国、朝鲜、越南等国家的人民在共产党的领导下，经过武装斗争，为取得民主革命的胜利奠定了基础。马来亚、菲律宾、印度尼西亚、缅甸等国家的人民经过斗争，赢得了民族解放和国家独立。

第二节 战后初期人民民主和社会主义事业的发展与中华人民共和国的成立

第二次世界大战末期和战后初期，欧洲和亚洲一系列国家先后建立人民民主政权，并逐步走上社会主义道路，社会主义实现了从一国到多国的发展，在全球的影响日益扩大。中华人民共和国的成立，标志着占人类 1/4 人口的世界大国走上了社会主义道路。

一、东欧人民民主国家的建立

在反法西斯战争胜利的基础上，东欧先后有 8 个国家建立人民民主政权，走上社会主义道路。它们是：南斯拉夫、阿尔巴尼亚、波兰、捷克斯洛伐克、匈牙利、罗马尼亚、保加利亚和德意志民主共和国。由于在第二次世界大战中的经历和国情不同，这些国家的解放和人民政权的建立各有特点。大体上有三种类型：一是有些国家的共产党在反法西斯战争过程中一直掌握着武装斗争的领导权，主要依靠本国人民的斗争，并得到苏联的某些援助，取得反法西斯战争的胜利，解放了自己的国家，建立了人民民主政权。这些国家的共产党在战后国内的政治生活中居主导地位，如南斯拉夫和阿尔巴尼亚。二是一些国家在苏军追击法西斯推进到本国的有利条件下，共产党领导和参加了本国的武装起义，与苏军共同推翻法西斯政权，在苏联的影响和帮助下建立起人民民主政权，如波兰、捷克斯洛伐克、匈牙利、罗马尼亚和保加利亚。三是在苏联军事占领下建立起来的新政权，如民主德国。总体上，东欧各人民民主国家在建立的过程中，普遍受到了苏联的帮助和影响。

在南斯拉夫，以铁托为首的南斯拉夫共产党领导人民进行了长达 4 年的人民解放战争，把驱逐法西斯占领者同建立工人阶级领导的革命政权结合起来，1945 年 5 月解放了全国。根据苏、美、英《雅尔塔协定》，南斯拉夫在 1945 年 3 月，成立以南共为主体，包括前王国政府和战前各政党参加的南斯拉夫民主联邦临时人民政府，铁托任总理。11 月 11 日，全国举行立宪议会选举，南共在选举中取得决定性的胜利，得到 90.48%的选票。11 月 29 日，立宪议会的第一次会议宣布取消君主制，成立南斯拉夫联邦人民共和国。1946 年 1 月 31 日通过了《南斯拉夫社会主义联邦共和国宪法》，明确规定国家权力属于人民。

阿尔巴尼亚共产党自 1941 年 11 月成立之时起便领导全国人民进行反对德、意占领军的斗争，并依靠自身的力量解放了全部国土。1944 年 5 月成立了以阿共中央总书记恩维尔·霍查为首的执行临时政府职能的民族解放委员会；10 月，民族解放委员会改为阿尔巴尼亚民主政府。1945 年 1 月，全国举行人民议会选举，12 月又举行了制宪会议选举，阿共领导的民主阵线的候选人得到 93.13%的选票。1946 年 1 月 11 日，制宪会议通过新宪法，宣布阿尔巴尼亚为人民共和国。

波兰工人党领导的人民政权是在苏联的直接支持下建立的。1944 年 7 月，苏联红军和在苏联境内成立的波兰第一军解放了波兰部分领土。7 月 21 日，波兰工人党在苏联的支持下成立了波兰民族解放委员会，这是波兰历史上的第一个人民政府。7 月 22 日，民族解放委员会发表宣言，宣布波兰是以工农联盟为基础的人民民主国家。年底，该委员会改称临时政府。后又根据 1945 年 2 月的《雅尔塔协定》，吸收流亡政府成员参加，组成波兰民族团结临时政府。战后波兰工人党和右翼的波兰农民党长期对峙，相持不下。1947 年 1 月，波兰举行正式议会选举，以工人党为主体的各民主党派联盟获胜。2 月，立法议会宣布废除君主制度，正式建立波兰人民共和国。1948 年 12 月 15 日，波兰工人党和波兰社会党合并为波兰统一工人党，它是波兰人民共和国和波兰人民的领导力量。1952 年，波兰公布了新宪法，确立了社会主义的基本制度。

1945 年 4 月 4 日捷克斯洛伐克全国解放前夕，在苏联红军解放的科希策，贝奈斯领导的捷克流亡政府和以捷克斯洛伐克共产党为核心的民族阵线联合，共同组成了有 6 个政党参加的民族阵线政府。1946 年 5 月，在制宪国民议会选举中，共产党成为第一大党，但右翼政党仍具有相当影响，同共产党不时发生矛盾和冲突。1948 年 2 月 20 日，右翼政党的 12 名部长向贝奈斯总统集体辞职，企图制造政治危机排斥共产党人，迫使政府下台。共产党不甘示弱，立即进行反击，组织群众进行游行示威。24 日，全国 250 万工人举行一小时罢工，强烈抗议 12 名部长的阴谋活动。迫于形势，贝奈斯只得接受 12 名部长的辞呈，另组以共产党领导人哥特瓦尔德为首的新政府。右翼势力彻底失败并退出政治舞台，标志着人民民主制度在捷克斯洛伐克的确立。1948 年 5 月举行的国民议会选举中，以捷共为核心的民族阵线取得了决定性的胜利。5 月 9 日，制宪会议通过了新宪法，规定捷克斯洛伐克共和国实行人民民主和建设社会主义。6 月，贝奈斯下野，总统职务由哥特瓦尔德担任，曾任中央工会理事会主席的安托宁·萨波托茨基被任命为总理，奉命组织新内阁。至此，捷共开始牢固地控制全国的政局。1948 年 6 月 27 日，捷克斯洛伐克共产党和社会党合并，组成统一的工人阶级政党，仍称捷克斯洛伐克共产党。

1945 年 4 月，在苏联红军的帮助下匈牙利全境解放。1945 年 11 月，坚决反共的小农党在议会选举中获得 57% 的选票，匈牙利共产党只获得 17% 的选票，所组成的政府由小农党领导。在匈牙利共产党的推动下，1946 年 2 月，国民议会宣布废除了君主制，宣告匈牙利为共和国。1947 年 8 月，在英、美政府的支持和干涉下，小农党和其他右翼政党在议会选举中再次获胜，并在政府中继续占有优势。1948 年 6 月，共产党和社会民主党联合组建匈牙利劳动人民党后，左翼力量开始在匈牙利政治生活中占上风。1949 年 5 月，以匈牙利劳动人民党为核心的人民独立阵线在议会选举中获胜。同年 8 月 20 日，匈牙利人民共和国正式宣告成立。

1944 年 8 月 23 日，在苏军攻入罗马尼亚国境时，罗马尼亚爆发起义，推翻了安东尼斯库的亲纳粹政权，成立了资产阶级军政府。后来，军政府在苏联的压力下于 1945 年 3 月倒台，建立了工人阶级和农民在其中占优势的民主政府。经过一年多的复杂斗争，1946 年 11 月，罗马尼亚举行议会选举，民主力量获得绝对优势，选举后组成的政府由爱国民主人士和共产党人担任要职。1947 年 12 月 30 日，议会通过决议，废除君主立宪制，宣布罗马尼亚人民共和国成立。1948 年，罗马尼亚共产党和社会民主党合并，成立罗马尼亚工人党（1965 年改称“罗马尼亚共产党”）。

1944 年 9 月，苏军逼近保加利亚。保加利亚工人党领导人民举行武装起义，推翻了法西斯政权，成立了由保加利亚工人党（即共产党）领导的祖国阵线政府。这是一个由民主力量联盟组成的政府，但在形式上保留了君主政体。保加利亚农民联盟等右翼政党组成的反对派在美英支持下多次掀起政治风波，但均未能动摇祖国阵线政府。1945 年 11 月，祖国阵线在议会选举中获胜，获得了 88%的选票。1946 年 9 月，保加利亚通过全民投票废除了君主制。9 月 15 日，保加利亚人民共和国宣告成立。1948 年，保加利亚共产党和社会民主党合并为保加利亚共产党。1950 年，保加利亚新宪法颁布，确立了社会主义基本制度。

德意志民主共和国是在德国被分区占领的情况下建立起来的。1945 年 5 月纳粹德国投降后，德国被美英法苏分区占领，形成了四个占领区，实行军事管制。在德国东部的苏占区，建立了由德国共产党和社会民主党占主导地位的民族联盟，两党于 1946 年合并为德国统一社会党，并在当年举行的东德地方选举中获胜。1947 年 12 月和翌年 3 月，统一社会党在德国东部先后召开第一次和第二次人民代表大会，并选出了德国人民委员会。但美国和西方为了控制德国，于 1948 年 6 月发布公告，在西占区实行币制改革，发行新马克，召开制宪会议，制定宪法，策划在美、英、法三占领区建立德意志联邦共和国。作为回应，1949 年 5 月，人民委员会在第三次人民代表大会上通过了新宪法，为建立德意志民主共和国作准备。在 1949 年 9 月 20 日波恩宣布建立德意志联邦共和国（简称“西德”）后，德国人民委员会于 10 月 7 日宣布建立德意志民主共和国（简称“东德”）。

东欧各国人民民主政权的建立，是本国共产党领导人民进行革命斗争的结果，也与社会主义苏联强有力的支持和帮助密不可分。第二次世界大战中，东欧各国人民先后展开了各种形式的反法西斯斗争，成立了各种名称的民族解放阵线，其中坚力量大多是共产党。共产党在领导人民革命斗争中赢得了群众支持，人民民主国家的建立是这些国家的人民作出的选择。苏联在第二次世界大战中的巨大贡献，以及战争后期苏联军队追击法西斯军队进入东欧各国，彻底摧毁了各国的法西斯势力，帮助各国实现了民族独立和解放，这体现了苏联社会主义制度的优越性，对东欧各国人民民主政权的建立并选择社会主义发展道路产生了重要影响。第二次世界大战前，东欧 8 国中有 5 个是王国，即阿尔巴尼亚、保加利亚、罗马尼亚、匈牙利和南斯拉夫，德国处于纳粹党的统治下，波兰和捷克斯洛伐克是资产阶级共和国。东欧人民民主国家的建立，对这些国家来说是一个巨大进步，使东欧地区的政治面貌发生了根本变化。

二、越南、朝鲜、蒙古和古巴人民民主革命的胜利

第二次世界大战后，随着反法西斯战争的胜利，亚洲的越南、朝鲜、蒙古

等国在取得民主革命胜利和国家独立的基础上先后走上了社会主义发展道路，社会主义阵营和社会主义力量不断发展壮大。

越南民主共和国是抗日战争胜利后亚洲最早建立的人民民主国家。1945 年 8 月，越南人民在印度支那共产党的领导下，发动“八月革命”，推翻了阮氏王朝，越南全国解放。8 月 16 日召开了越盟阵线国民大会，成立了越南临时政府——民族解放委员会，胡志明（1890—1969）当选为主席。9 月 2 日，胡志明代表越南民主共和国临时政府在河内发表《独立宣言》，宣告越南民主共和国正式成立。但法国殖民主义者不甘心在越南失去统治地位，于 1945 年 9 月重新入侵越南，占领西贡（今胡志明市）。越南军民奋起反抗，迫使法国当局与越南民主共和国进行谈判，签订了协定，承认越南民主共和国为独立自由的国家。1946 年 12 月，法国殖民主义者撕毁协定，发动了对越南的全面武装侵略，并扶持保大皇帝建立了傀儡政权。越南人民进行了 9 年的抗法战争。越南人民的抗法战争得到中国政府和人民的大力支持。1954 年，越南军队取得了具有重大影响的奠边府战役的胜利，迫使法国政府于当年 7 月签署了关于恢复印度支那和平的《日内瓦协议》，规定越南以北纬 17 度为界，南北分治。至此，越南人民抗法战争胜利结束。1955 年 7 月 17 日，美国又支持南方傀儡政权发动对越南北方的战争。越南劳动党领导人民开展了长期的抗美救国战争，迫使美国在 1973 年 1 月签订《关于在越南结束战争、恢复和平的协定》，之后美国从南方撤离。1975 年，越南民主共和国打败了南方傀儡政权，实现全国统一，1976 年改名为越南社会主义共和国。

朝鲜人民革命军在苏联军队的帮助下，推翻了日本帝国主义长达 35 年的殖民统治，解放了朝鲜北部，但南部却被美军占领。1945 年 10 月 10 日，朝鲜共产党北方组织委员会在平壤成立，金日成任中央责任书记。1946 年 2 月，朝鲜北方成立了人民政权，建立了以金日成为首的临时委员会。同年 8 月，北朝鲜共产党与朝鲜新民党合并，成立了北朝鲜劳动党；1949 年 6 月，北朝鲜劳动党与南朝鲜劳动党合并为朝鲜劳动党，金日成任中央委员会委员长。1947 年 2 月 17 日，朝鲜人民委员会代表大会召开。大会选出朝鲜人民会议作为最高权力机关，选出以金日成为委员长的朝鲜人民委员会作为最高执行机关。1948 年 5 月 10 日，朝鲜南方单独举行选举，8 月 15 日建立大韩民国。9 月 9 日，朝鲜北方宣布成立朝鲜民主主义人民共和国，选举产生了以金日成为首相的中央政府。

蒙古人民共和国国土原为中国的一部分，清末、民国时期有“外蒙古”之称。1921 年 3 月 1 日，蒙古人民党成立。同年秋天，蒙古在苏俄红军帮助下建立了人民政权。1924 年 11 月 26 日，在苏联的支持下，成立蒙古人民共和国。1925 年，蒙古人民党改为蒙古人民革命党。1945 年 2 月 11 日，美、英、苏三国首脑背着中国签订《雅尔塔协定》，规定“外蒙古（蒙古人民共和国）的现状须予维持”，作为苏联参加对日作战的条件之一。同年 8 月 14 日，外蒙古脱离中国独立。1960 年颁布的宪法规定，蒙古人民共和国是社会主义国家，蒙古人民革命党是蒙古的唯一政党，在国家政治和经济生活中居于领导地位。

古巴是西半球唯一的社会主义国家，位于美洲加勒比海的西北部。第二次世界大战后，古巴处于亲美的巴蒂斯塔政权统治之下。1953 年 7 月 26 日，菲德尔·卡斯特罗率领 100 多名青年攻打蒙卡达兵营，失败后建立了革命组织“7·26 运动”。1959 年 1 月，卡斯特罗领导的革命军推翻了巴蒂斯塔独裁政权。1961 年 4 月，美国派雇佣军入侵古巴吉隆滩。在打败雇佣军入侵后，5 月 1 日，总理卡斯特罗和总统多尔蒂科斯总统发表公告，宣布古巴革命是社会主义革命，古巴宪法是社会主义宪法。1961 年卡斯特罗领导的“7·26 运动”与古巴人民社会党等革命组织合并为“古巴革命统一组织”，1965 年 10 月改称古巴共产党，卡斯特罗任中央第一书记。1959 年至 1963 年，古巴通过颁布国有化法令和两次土地改革法，使经济基础和社会结构发生了重大变化，标志着古巴革命完成了由民族主义革命向社会主义革命的转变。

三、中国新民主主义革命的胜利

抗日战争胜利后，中国共产党的力量不断发展，全中国人民都渴望改变半殖民地半封建的旧中国面貌，建立一个独立、和平、民主的新中国。中国共产党提出建立联合政府，但是，国民党反动派在美帝国主义支持下，妄图消灭共产党，继续其独裁统治。苏联担忧中国内战打破雅尔塔会议商定的战后世界格局，敦促中国共产党和国民党谈判。一些民主党派人士也幻想走“第三条道路”。蒋介石采取了假和谈、真备战的反革命两手策略，电邀毛泽东赴重庆谈判，妄想在谈判桌上让共产党交出人民军队和解放区。面对复杂的国际国内形势，中国共产党一方面组成以毛泽东为首的代表团飞赴重庆同国民党谈判，努力争取和平民主的前途；另一方面充分估计到蒋介石破坏和谈、发动内战的可能性，以革命两手来对付蒋介石的反革命两手。重庆谈判于 1945 年 10 月 10 日签署了《政府与中共代表会谈纪要》，即《双十协定》。然而蒋介石毫无和谈诚意，在和谈的同时积极进行内战准备，会谈刚结束，即撕毁《双十协定》，拒绝组织联合政府。国民党军于 1946 年 6 月底进攻中原解放区，发动全面内战。

在这种情况下，中国共产党被迫奋起回击国民党反动派发动的进攻，把人民自卫战争变为人民解放战争。1946 年 7 月至 1947 年 6 月，解放战争处于战略防御阶段，粉碎了蒋介石对解放区的全面进攻和重点进攻。1947 年 6 月起，解放战争进入战略反攻阶段。1948 年 9 月开始战略决战，到 1949 年 1 月期间，连续发起辽沈、淮海和平津三大战役，基本消灭了国民党军队的主要力量。1949 年 4 月 23 日，中国人民解放军解放了国民党反动统治的中心南京，延续 22 年的国民党统治宣告覆灭。

随着新民主主义革命的基本胜利，成立新中国的任务提上日程。1949 年 6 月 15 日至 19 日，中国共产党和各民主党派、各人民团体以及无党派民主人士的代表，在北平召开新政治协商会议筹备会第一次全体会议。同年 9 月 21 日至 30 日，中国人民政治协商会议第一届全体会议在北平举行。会议通过了《中国人民政治协商会议共同纲领》（简称《共同纲领》）等文件。起临时宪法作用的《共同纲领》规定，中华人民共和国的性质，是新民主主义即人民民主主义的国家，实行工人阶级领导的、以工农联盟为基础的人民民主专政。10 月 1 日，中华人民共和国举行了开国大典。

中华人民共和国的成立，标志着中国新民主主义革命的胜利，是继俄国十月革命和世界反法西斯战争胜利之后的又一重大历史事件，对世界政治局势产生了重大影响，在国际共产主义运动史上具有十分重要的意义。

第一，实现了民族独立和人民解放，为中国迈向社会主义奠定了坚实的基础。中华人民共和国的成立，结束了中华民族 100 多年来半殖民地半封建社会的屈辱历史，标志着中国人民实现了梦寐以求的国家独立统一和民族团结的局面。正如毛泽东在中国人民政治协商会议第一届全体会议开幕词中所言：“我们的民族将再也不是一个被人侮辱的民族了，我们已经站起来了。我们的革命已经获得全世界广大人民的同情和欢呼，我们的朋友遍于全世界。”中华人民共和国的成立，改变了旧中国四分五裂的局面，结束了极少数剥削者统治、压迫广大劳动人民的历史，使中国的历史进入一个全新的时代——人民民主时代，开辟了中国历史上人民当家作主的新纪元。中华人民共和国成立后，逐步建立了人民代表大会制度、共产党领导的多党合作和政治协商制度、民族区域自治制度，为社会主义基本制度的建立，为当代中国一切进步奠定了根本政治前提和制度基础。

第二，开辟了一条把马克思主义基本原理与本国实际相结合的独特的革命道路。以毛泽东同志为主要代表的中国共产党人，把马克思列宁主义的基本原理同中国革命的具体实际相结合，探索中国革命的规律和特点、道路和方法，提出了在半殖民地半封建国家进行民主主义革命的新民主主义理论，形成了毛泽东思想，丰富和发展了马克思主义，是马克思主义发展史上的科学理论成果，为发展马克思主义作出了重大贡献。把马克思主义基本原理与本国实际结合，独立自主地探索开创革命道路，是中国革命取得胜利的一条基本经验，对其他国家共产党排除大党主义干涉和教条主义束缚、独立自主地探索本国革命道路提供了光辉的范例。

第三，壮大了社会主义的力量，极大地改变了世界政治格局。中华人民共和国的成立，是继俄国十月革命之后国际共运史的又一成功范例，改变了社会主义与资本主义的力量对比。占世界人口 1/4 的中国革命的胜利，有力增强了世界人民民主阵线与社会主义阵营的力量，冲破了帝国主义的东方阵线，打击了整个资本主义世界，削弱了帝国主义的世界体系，使世界范围内政治力量的对比发生了有利于国际共产主义运动的根本变化。

第四，鼓舞并支持了全世界被压迫民族和人民争取独立和解放的斗争。中华人民共和国的成立，促进了其他国家的民族解放运动，对国际局势和世界人民争取社会进步的斗争具有深远的影响。中国革命在一个半殖民地半封建大国的胜利，丰富了殖民地、半殖民地国家无产阶级和革命人民解放斗争的经验，激励了亚非拉受帝国主义、殖民主义剥削压迫国家的人民斗争的信心，促进了广大殖民地、半殖民地人民争取民族独立和人民解放的伟大斗争。

第三节 东西方对峙和世界社会主义阵营的形成

第二次世界大战结束后不久，就出现了东西方对峙的局面。以美国为首的西方资本主义国家发动了针对以苏联为代表的社会主义国家的冷战，随即成立了庞大的军事集团——北大西洋公约组织（简称“北约”）。为了应对威胁，在苏联的倡议和主导下，先后成立了欧洲共产党和工人党情报局、经互会和华约组织，加强了苏联和东欧社会主义国家之间的政治、经济和军事等联系，形成了社会主义阵营。社会主义阵营的形成在团结各国进步力量、抵御帝国主义侵略、维护世界和平、巩固国际共产主义运动的成果等方面，发挥了重要作用。

一、美国的“遏制”战略与冷战的爆发

（一）美国的“遏制”战略

美国的“遏制”战略，即“遏制共产主义”战略，是战后特定的历史条件下的产物。战后初期，美国拥有资本主义世界工业产量的53.4%（1948年）、出口贸易的32.4%（1947年）、黄金储备的74.5%（1948年），以及世界谷物收获量的1/3，是世界最大的资本输出国和债权国。它的军队分驻世界50多个国家，并独家垄断核武器。美国凭借其控制和操纵着联合国和国际经济组织，一手拿美元，一手拿原子弹，骄横不可一世，公然谋求世界霸权，声称要“领导世界”，要全世界采取美国制度，要掌控国际经济格局和金融体系。

美国谋求世界霸权，面临着严重障碍和一系列严峻的挑战。美国认为三股力量对其霸权野心构成严重的障碍和挑战。一是经受了第二次世界大战考验的社会主义制度越出一国范围，社会主义力量迅速扩展；二是在反法西斯战争中成长起来、由共产党或民族主义政党领导的民主进步力量在一些主要资本主义国家，如法国、意大利、希腊等国蓬勃发展；三是进行反帝国主义、殖民主义斗争日益觉醒的亚非拉各国人民。美国把这些挑战归咎于共产主义“渗透和颠覆的结果”，而苏联则是其主要堡垒。美国统治者认为共产主义“成为世界上一切邪恶的根源”。在这种背景下，美国政府抛出了以冷战为基本特征、以欧洲为战略重点、以苏联为主要对象的“遏制共产主义”战略，以达到维护资本主义社会和美国自身利益、称霸世界的目的。

（二）冷战的爆发

“冷战”① 是指美国对苏联等社会主义国家采取除战争以外的一切敌对活动和对抗形式进行遏制的政策。冷战的爆发直接源于美国和苏联在社会制度和意识形态方面的根本对立。

最先发出“冷战”信号的是以反共著称的英国首相丘吉尔。1946年3月5日，他在美国密苏里州的富尔敦发表了题为《和平砥柱》的演讲，用“铁幕”

---

① “冷战”一词，最早出现于1947年4月美国总统顾问、参议员伯纳德·巴鲁克在国会的答辩中。

一词公开把矛头指向苏联，声称苏联威胁了欧洲的安全、和平，鼓吹美英联盟对抗苏联。丘吉尔的“铁幕演说”揭开了战后冷战的序幕。

杜鲁门主义的出现是美国开始执行冷战政策的标志。杜鲁门当选美国总统后，改变了以往罗斯福的大国合作政策，强调要对苏联采取强硬政策。1947 年 3 月 12 日，杜鲁门在国会两院联席会议上宣读了后来被称为“杜鲁门主义”的国情咨文，发表了敌视社会主义国家的讲话，表示要援助受到共产主义“严重威胁”的希腊、土耳其，抵制共产主义的扩张。杜鲁门主义的出台，是美国对外政策的转折点，是美国冷战政策在政治上的具体表现。它公开举起了反共、反苏的旗号，标志着美苏战时同盟关系正式破裂、美苏之间的冷战开始。

杜鲁门主义出台后，美国又于当年 6 月 5 日由国务卿马歇尔提出“欧洲复兴计划”，亦称“马歇尔计划”。美国提出，要凭借其在第二次世界大战后的雄厚实力，帮助其欧洲盟国恢复因世界大战而濒临崩溃的资本主义经济体系，并抗衡苏联和共产主义势力在欧洲的进一步渗透和扩张。“马歇尔计划”于 1947 年 7 月正式启动，持续了 4 个财政年度之久。在这期间，西欧各国通过参加经济合作与发展组织，总共接受了美国包括金融、技术、设备等各种形式的援助，合计 130 亿美元。“马歇尔计划”是冷战政策在经济上的具体表现，它采用隐蔽的经济手段来稳定资本主义制度，为美国控制西欧铺平了道路，并联合西欧各国共同反共反苏。同时，美国将日本作为在亚洲推行其“遏制”战略的前哨基地和反共堡垒，一方面从政治、经济、军事、外交上控制日本；另一方面，采取各种措施积极扶植日本军国主义势力，先后解除了对原战犯和军政要员的制裁，并让其在日本政府中担任要职。

美国还通过建立北大西洋公约组织，使资本主义世界各国在军事上结成战略同盟。1949 年，西方 12 国代表在华盛顿签署《北大西洋公约》，建立了北大西洋公约组织。北约成立后，美国从军事上加强了对西欧的控制，把西欧各国纳入了美国全球战略的轨道。北约的矛头针对苏联和东欧国家，实行集体防卫原则，成为遏制苏联的军事、政治集团，是美国冷战政策在军事上的体现。北约的成立标志着资本主义阵营的形成，加剧了冷战的程度。

二、共产党联系的加强与世界社会主义阵营的形成

（一）欧洲共产党和工人党情报局

在美国大肆反苏反共、推行“遏制”战略与和平演变战略、企图颠覆苏联

和东欧各国的社会主义政权、实行全球扩张、称霸世界的情况下，为了动员和联合民主与社会主义力量，保卫新生的人民民主政权，反对以美国为首的帝国主义侵略和战争政策，苏联和各人民民主国家及欧洲各国共产党之间迫切需要加强联系、交流情报、统一行动，以应对各种威胁。

1947 年 9 月 22—27 日，在联共（布）授意下，由波兰工人党中央出面，邀请南斯拉夫、保加利亚、罗马尼亚、匈牙利、波兰、苏联、法国、捷克斯洛伐克、意大利 9 个国家的共产党和工人党代表，在波兰西南部西里西亚什克拉尔斯卡—波伦巴的小温泉场举行会议。会议代表首先听取了与会各党中央委员会工作情况的介绍，然后由联共（布）代表日丹诺夫作国际形势报告。日丹诺夫在报告中指出，在战后世界舞台上活动的国际政治力量已经分化形成了两大阵营，一个是以美国为首的帝国主义反民主阵营，另一个是以苏联和人民民主国家为基础的反帝国主义民主阵营。杜鲁门主义援助一切积极反对民主国家和人民的反动政权，具有公开的侵略性质；而马歇尔计划是一种更为隐蔽的扩张政策。会议讨论了日丹诺夫的报告，并通过了《关于国际形势的宣言》，强烈谴责了美国的帝国主义政策。会议决定成立情报局，情报局由与会 9 国党的中央委员会各派 2 名代表组成，没有常设机构，没有纲领和章程；通过的《关于出席会议的各国党之间交换经验和协同行动的决议》规定，情报局的任务是组织经验交流，必要时在互相协商的基础上协调各党的行动。情报局总部最初设在南斯拉夫首都贝尔格莱德，后改在罗马尼亚首都布加勒斯特。1948 年 1 月中旬，情报局在贝尔格莱德召开了第二次会议，决定出版情报局机关刊物《争取持久和平，争取人民民主!》，初为半月刊，后改为周刊。欧洲 9 国共产党和工人党情报局的成立，得到了各国共产党的欢迎和支持。毛泽东指出：“欧洲九个国家的共产党和工人党，业已组成了情报局，发表了号召全世界人民起来反对帝国主义奴役计划的檄文。这篇檄文，振奋了全世界被压迫人民的精神，指示了他们的斗争方向，巩固了他们的胜利信心。全世界的反动派，在这篇檄文面前惊惶失措。”①

但是，后来苏联和南斯拉夫在很多问题上意见不一，发生激烈争论，引发了苏南冲突。联共（布）通过情报局对南斯拉夫共产党发号施令，推行大党主义和大国沙文主义。1948 年 6 月，情报局在布加勒斯特召开第三次会议，通过

---

① 《毛泽东选集》第四卷，人民出版社 1991 年版，第 1260 页。

了《关于南斯拉夫共产党状况的决议》，将南共开除出情报局，造成第二次世界大战后国际共产主义运动的第一次分裂。1949 年 11 月 19 日，情报局在匈牙利举行第四次会议，通过了关于保卫世界和平、反对战争及加强工人阶级团结统一的决议，同时再次通过了关于南斯拉夫的错误决议。会后，除了继续出版发行机关刊物以外，很少开展其他活动。1956 年 4 月 18 日，保加利亚、罗马尼亚、匈牙利、波兰、苏联、法国、捷克斯洛伐克、意大利 8 个国家的共产党和工人党中央委员会发表联合声明，宣布解散情报局，并停止出版机关刊物。

欧洲共产党和工人党情报局存在了近 9 年时间，在这期间，它正确分析了国际形势，加强了各国共产党和工人党之间的联系，这对于反对帝国主义、保卫世界和平与争取人民民主等方面发挥了积极作用。但有关南斯拉夫问题作了错误的决议和处理，破坏了兄弟党之间平等的原则和国际主义团结，带来了严重的消极影响。情报局的错误再次表明，随着国际共产主义运动的发展，各国党的成熟，走向社会主义道路的多种选择以及各国情况的千差万别，再由一个中心来指挥是行不通的，是必定要犯错误的。

（二）经互会和华约组织的建立

为了反击以美国为首的资本主义阵营咄咄逼人的攻势，打破封锁和包围，苏联和新建立的欧亚社会主义国家在政治、经济和军事各方面加强联系，先后签订了一系列双边和多边的友好合作和同盟条约，巩固了社会主义国家之间的团结与合作。第二次世界大战结束后，苏联与罗马尼亚、匈牙利、保加利亚等国家签订了友好合作互助条约。与此同时，欧洲各社会主义国家之间，也缔结了一系列友好互助合作条约。在第二次世界大战结束前后，欧洲社会主义国家之间一共缔结了 35 个同盟条约。1949 年 10 月 1 日，中华人民共和国成立；1950 年 2 月 14 日，中苏签订友好同盟互助条约。这大大增强了社会主义阵营的力量。

为应对西方资本主义国家的经济封锁，1949 年 1 月 5 日，保加利亚、匈牙利、波兰、罗马尼亚、苏联和捷克斯洛伐克 6 国代表在莫斯科举行会议，决定成立经济互助委员会（简称“经互会”）。后来，被接纳为经互会成员国的还有阿尔巴尼亚、民主德国、蒙古国、古巴和越南等社会主义国家。经济互助委员会奠定了社会主义国家之间多边经济合作的基础，经互会成员国在共产党或工人党的领导下，依靠各国人民的创造性劳动，初期的经济发展速度大大超过资本主义国家。

为了从军事上遏制苏联和东欧社会主义国家，以美国主导的西方 12 国于 1949 年成立了军事集团性质的北大西洋公约组织。1955 年 5 月 5 日，美、英等国不顾苏联的强烈抗议，重新武装联邦德国，并将其纳入北大西洋公约组织。为了应对北约的威胁，5 月 14 日，苏联与波兰、匈牙利、捷克斯洛伐克、罗马尼亚、保加利亚、阿尔巴尼亚、民主德国等人民民主国家在华沙召开会议，缔结了友好合作互助条约，通称《华沙条约》。《华沙条约》生效时正式成为军事政治同盟——华沙条约组织（简称“华约”）。该条约规定，当任何一个缔约国遭到武装进攻时，其他成员国给予包括军事援助在内的一切必要援助。经互会和华沙条约组织的建立，标志着社会主义阵营的最终形成。

社会主义阵营的形成，具有重大的历史意义：一是大大加强了社会主义国家之间的团结与合作，壮大了世界社会主义的力量；二是有效抵御了以美国为首的西方国家进行的颠覆和破坏，巩固了各国社会主义革命的成果；三是形成了抗衡帝国主义的强大力量，维护了世界和平；四是鼓舞了反帝反殖的民族解放运动，加速了帝国主义殖民体系的瓦解；五是激励了各国无产阶级的解放斗争，动摇了资本主义的统治。社会主义从一国到多国的发展，以及社会主义阵营的形成，是战后国际共产主义运动取得的巨大成就，改变了当代世界的政治格局，推动了人类历史的进步和发展。

第四节　亚非拉民族解放运动的发展

第二次世界大战的胜利促进了世界民族解放运动的发展。广大殖民地、半殖民地人民经受了反法西斯战争的锻炼和洗礼，增强了民族独立意识和力量；苏联在世界反法西斯战争中的巨大贡献，鼓舞了殖民地、半殖民地人民争取民族独立的精神；法西斯帝国主义国家战败，英、法等老牌殖民国家被严重削弱。第二次世界大战结束后，广大殖民地、半殖民地人民立即开展了不同形式、不同规模、声势浩大的反帝反殖斗争，一场横跨亚非拉广大地区的民族解放运动蓬勃兴起。

一、亚洲民族解放运动的发展

第二次世界大战后，整个亚洲兴起了伟大的民族解放运动。印度、印度尼西亚、缅甸、锡兰（1972 年更名为斯里兰卡）、菲律宾、马来亚（今马来西亚）等国，经过人民革命斗争，赢得了民族解放和国家独立，沉重打击和削弱了帝国主义和殖民主义的世界体系。

印度是英国在亚洲最大的殖民地。19 世纪中叶，英国完成了对整个印度的占领。印度人民不断开展反殖斗争，掀起了一次次民族解放运动浪潮。在第二次世界大战期间，印度人民在“圣雄”甘地的领导下，开展了非暴力不合作运动，进行反抗斗争。随着世界反法西斯战争的胜利，印度人民掀起了反英斗争的高潮，罢工斗争迭起。1945 年，印度共发生了 848 次罢工，参加者达 78 万多人。除经济原因外，罢工斗争具有鲜明的反殖性质。罢工队伍喊出了“英国人滚出印度”和“印度独立万岁”的口号。与此同时，在印度国民大会党、穆斯林联盟和共产党的号召下，印度各大城市举行群众集会和游行示威，抗议英国当局动用印度军队镇压东南亚民族解放运动。印度军人也投入反殖斗争浪潮中。1946 年 1 月，驻孟买空军举行罢工，反对种族歧视，要求英印军人地位平等。同年 2 月 19 日，2 万驻孟买海军士兵进行游行，高呼“打倒英帝国主义”“印度必胜”“革命万岁”等口号。2 月 21 日，驻孟买海军士兵举行起义。虽然这次起义在英国的武装镇压下最终失败了，但起义激起了广泛的罢工抗议活动，极大地动摇了英国的殖民统治。英国首相艾德礼被迫于 1947 年 2 月 20 日在下议院宣布，英国政府最迟不晚于 1948 年 6 月把政权移交给印度人，并任命前东南亚盟军最高统帅蒙巴顿为印度总督。1947 年 6 月 3 日，蒙巴顿公布了实施印巴分治的“蒙巴顿方案”。同年 8 月 14 日，巴基斯坦自治领宣告成立；8 月 15 日，印度自治领也宣告成立。印度的独立解放斗争终于取得胜利，但是，由于英国分而治之的政策，印度分成两个独立的国家，即印度和巴基斯坦。

第二次世界大战前，印度尼西亚是荷兰的殖民地。太平洋战争爆发后，日本军队侵占印度尼西亚，荷兰殖民军被迫投降。在日军占领期间，印度尼西亚人民进行了英勇的反抗斗争，迫使日军当局于 1944 年 9 月表示同意印度尼西亚“在近期内”独立。1945 年 3 月，日本占领军当局宣布成立印度尼西亚独立准备调查会；8 月 7 日，宣布成立印度尼西亚独立筹备委员会，由苏加诺任主席、哈达任副主席。日本投降后，印度尼西亚抗日组织青年代表举行集会，要求苏加诺和哈达立即宣布印度尼西亚独立。8 月 17 日，苏加诺和哈达代表印度尼西亚在雅加达签署了独立宣言。但 8 月 24 日，英国与荷兰就重新占领印度尼西亚达成协议。9 月 29 日，第一批英军在雅加达登陆，随后占领西爪哇首府万隆和东爪哇首府泗水。荷兰殖民主义者凭借军事上的优势，于 1947 年 7 月 21 日和 1948 年 12 月 19 日两次向印度尼西亚共和国发动全面战争。荷军攻陷印度尼西亚共和国临时首都日惹市，将苏加诺、哈达及内阁成员逮捕。但印度尼西亚人民并未屈服，印度尼西亚共和国在苏门答腊岛武吉丁宜市成立了临时政府，继续抗击荷军。1949 年 2 月，荷兰被迫同意恢复谈判。11 月 2 日，双方签署“海牙圆桌会议协定”。该协定规定，印度尼西亚共和国将与其他邦共同组成印度尼西亚联邦共和国；荷兰最迟于 1949 年 12 月 30 日将印度尼西亚主权无条件移交给印度尼西亚联邦共和国；印度尼西亚联邦共和国为荷兰印度尼西亚联邦成员，以荷兰国王为最高元首。印度尼西亚人民要求彻底的独立和解放，掀起了反对联邦制的运动。1950 年 5 月，印度尼西亚各邦代表一致同意取消联邦制，制定新宪法，建立统一的印度尼西亚共和国。8 月 15 日，苏加诺总统宣布统一的印度尼西亚共和国成立。

缅甸于 19 世纪沦为英国的殖民地。太平洋战争爆发后，缅甸民族解放运动的领导人昂山等人为了从英国殖民统治下获得独立，曾寻求日军的支持，在泰国成立了缅甸独立军。后来，由于对日军的法西斯统治不满，昂山与缅甸共产党领导人德钦丹东等人于 1944 年 8 月成立了缅甸反法西斯人民自由同盟。自由同盟配合盟军的反攻，于 1945 年 3 月发动了全国抗日武装起义。5 月，解放了首都仰光。与此同时，英国军队却以盟军身份回到缅甸。缅甸人民为了争取独立、解放，进行了罢工斗争。在缅甸人民的斗争下，英国不得不与缅甸于 1947 年 1 月签订了“艾德礼—昂山协定”。该协定规定，缅甸可以自行决定留在英联邦内或脱离英联邦而独立。4 月 9 日，缅甸举行制宪会议选举。6 月 16 日，制宪会议通过了关于缅甸独立的决议。7 月 19 日，缅甸自由同盟主席、临时政府总理昂山遇刺身亡，但缅甸的独立进程并未中断。1947 年 9 月 24 日，缅甸制宪会议通过了缅甸联邦宪法。10 月，缅英双方签订了“吴努—艾德礼协定”，英国承认缅甸为完全独立的主权国家。1948 年 1 月 4 日，缅甸宣布独立，但没有加入英联邦。1953 年，缅甸联邦政府废除了英缅防御协定，缅甸的独立得到巩固。

锡兰是英国在南亚地区印度洋上的一块殖民地。锡兰人民从一开始就反对英国的殖民统治，锡兰人民的斗争迫使英国于 1931 年在锡兰推行宪制改革，对民族资产阶级作了较大让步，这次改革是锡兰走向自治的重要一步。第二次世界大战后，由于亚非拉民族解放运动的兴起，锡兰人民要求摆脱英国的统治。

在这种情况下，英国政府于 1946 年 5 月制定了新的有关锡兰宪法的枢密院敕令，进行新的宪制改革，但仍不承认锡兰独立。1947 年 2 月，英国宣布将让印度独立。印度独立鼓舞了锡兰人民的斗争，在左翼力量的推动下，锡兰统一国民党领导人森纳那亚克提出了独立要求。英国政府于 1947 年 6 月 18 日宣布，锡兰将获得“英联邦内的完全责任制地位”。1948 年 2 月 4 日，锡兰独立，加入了英联邦。

菲律宾曾经是西班牙的殖民地，美西战争后沦为美国的殖民地。太平洋战争爆发后，日本占领菲律宾，扶植了傀儡政权。菲律宾人民在共产党和民主组织领导下，开展了抗日武装斗争。1945 年 2 月，美军打败日军，恢复了对菲律宾的殖民统治。美国殖民当局从反共的立场出发，宣布菲律宾人民抗日军为非法，下令解除其武装。为了争取独立，菲律宾人民进行了英勇的斗争，共产党是菲律宾独立运动的坚强领导。在共产党倡导下，菲律宾成立了各界爱国团体的统一战线组织——民主同盟。民主同盟提出了争取菲律宾独立的要求，并于 1945 年 9 月在马尼拉组织示威游行和群众集会活动。同时，工人罢工运动和农民运动蓬勃发展。由于工农运动高涨和共产党力量壮大，美国被迫同意菲律宾独立。1946 年 7 月 4 日，菲律宾宣布独立，成立菲律宾共和国。

马来亚是英国的殖民地。太平洋战争爆发后，日军击败英军，占领了马来亚。马来亚共产党组织人民抗日军，奋起抗战。日本投降时，马来亚共产党已成为马来亚强大的政治力量。1945 年 9 月，英军重新占领马来亚，不久即解除了人民抗日军武装，解散了人民委员会。为了巩固和加强殖民统治，英国于 1946 年决定成立马来亚联邦。1948 年，英国解散了马来亚联邦，组织了马来亚联合邦。以马来亚共产党为代表的政治力量反对成立马来亚联合邦，认为成立联合邦是少数马来人统治者同英国殖民当局勾结的产物。马共组织了罢工等形式的反抗殖民统治的斗争。1948 年 6 月中旬，英国殖民当局宣布马来亚进入“紧急状态”，宣布马共为非法组织，并用白色恐怖手段镇压马来亚人民的反抗斗争。1949 年 2 月 1 日，马共在各地的武装力量组成了马来亚民族解放军，坚持反抗英国殖民统治。在马来亚民族解放军的打击下，英国殖民当局不得不考虑权力移交问题。英国一方面调动大军血腥镇压马共领导的人民武装斗争，另一方面不得不谋划把权力移交给马来亚温和的民族主义政党。1955 年 7 月举行选举，马华印联盟（即后来的马来西亚联盟党）获得绝大多数选票，马来民族机构主席东古·阿卜杜勒·拉赫曼任首席部长。1957 年 8 月 31 日，马来亚联合邦获得独立，拉赫曼为总理。

二、非洲民族解放运动的发展

非洲被称为“沉睡的大陆”，从 15 世纪起，葡萄牙、西班牙、荷兰、英国、法国等欧洲殖民者相继入侵，进行野蛮的殖民统治。直到第二次世界大战结束，除埃塞俄比亚、利比里亚等独立国家外，其余仍被列强分割为若干块殖民地，其中主要是英、法两国的殖民地。非洲人民在世界反法西斯战争中得到锻炼，逐步觉醒。随着战后世界形势的发展，非洲人民掀起了迅猛异常、波澜壮阔的民族解放运动。

埃及曾是英国的“保护国”。1922 年，英国被迫承认埃及独立，但保留了一些特权。第二次世界大战结束后，英国拒不撤军，埃及法鲁克王朝利用英国的支持实行专制统治。埃及人民在华夫脱党的领导下，为了争取民族独立，掀起了反英浪潮，迫使英国废除了殖民保护制度，促成了君主立宪制的建立，为埃及民族解放运动的进一步发展奠定了基础。1946 年 3 月 4 日，爆发了反英大示威。英军被迫撤出开罗和亚历山大，退入苏伊士运河区。在 1948 年的第一次中东战争（巴勒斯坦战争）中，埃及被以色列打败，加剧了埃及广大民众对法鲁克王室和政府腐败无能的不满。1951 年 10 月，在人民斗争的压力下，埃及议会宣布废除 1936 年的英埃条约等条约。英国不承认埃及议会的决议，并增兵运河区，袭击和占领埃及的一些城市和战略要点。英国的无理行径激起了更大的反英风暴。1952 年 1 月 26 日，开罗群众举行大规模反英游行示威。1952 年上半年，埃及政局动荡不定，最终爆发了由埃及秘密组织——自由军官组织领导的“七月革命”。法鲁克国王被迫宣布退位，流亡意大利，其幼子被扶上王位。“七月革命”成功后，自由军官组织的执行委员会改组为革命指导委员会，着手进行土地改革。1953 年 6 月 17 日，革命指导委员会下令废除君主制。次日，埃及共和国成立，纳吉布任总统兼总理，纳赛尔任副总理兼内政部部长。1956 年 6 月，根据新宪法，纳赛尔正式当选为埃及共和国总统。

阿尔及利亚于 19 世纪 30 年代开始沦为法国殖民地。第一次世界大战后，在俄国十月革命的影响下，阿尔及利亚民族解放运动兴起，一些民族主义政党也随之诞生。第二次世界大战期间，阿尔及利亚人民参加了世界反法西斯战争，为法国的解放和世界反法西斯战争的胜利作出了重要贡献。第二次世界大战后，法国坚持对阿尔及利亚的殖民统治。阿尔及利亚人民为了争取国家的独立和民族的解放，进行了长期斗争。1945 年 5 月 1 日和 8 日，阿尔及利亚人民举行大规模示威游行，要求结束殖民统治、实现国家独立。在斗争中，阿尔及利亚人民成立了争取民主自由胜利党。在左翼力量的推动下，1949 年召开了争取民主自由胜利党代表大会。大会决定，由穆罕默德·本·贝拉担任党的政治机关负责人兼特别组织负责人。1954 年 3 月，争取民主自由胜利党中央委员会召集原特别组织的一些成员和赞成采取直接行动的人员，成立了秘密军事组织——团结与行动革命委员会。1954 年 10 月，团结与行动革命委员会决定成立阿尔及利亚民族解放阵线，举行武装起义。1954 年 10 月 31 日，阿尔及利亚全国范围的人民武装起义爆发。经过数年的浴血奋战，阿尔及利亚终于在 1962 年赢得了国家独立。

利比亚在第二次世界大战之前是意大利的殖民地，战争期间成为非洲的一个重要战场。1943 年，英、法打败意大利后，进入利比亚，分别建立了各自控制下的军政府。战后，根据对意和约，意大利不再享有对利比亚的统治权，利比亚由联合国托管。1949 年，英、意又签订协定，企图以托管形式继续占领利比亚，遭到利比亚人民强烈反对，利比亚国内爆发了大规模游行示威。1951 年 12 月 24 日，根据联合国大会的决议，利比亚宣布独立。

战后初期，北非的突尼斯和摩洛哥也掀起了反帝反殖斗争高潮。1950 年年底，突尼斯工人举行抗议法国殖民统治的总罢工。1951 年 12 月，爆发了武装起义。1954 年年初，突尼斯成立了民族解放军，开展抗法游击战争。摩洛哥人民也强烈要求独立，但在 1951—1952 年遭到法国殖民当局的残酷镇压，摩洛哥独立党人和共产党人遭到逮捕，几十万人被投入监狱和集中营。1954 年年初，摩洛哥爆发了武装反抗斗争；次年年初，成立了解放军。在突尼斯、摩洛哥人民坚持不懈的反抗斗争下，法国殖民主义者被迫走向谈判桌，于 1956 年 3 月承认突尼斯、摩洛哥两国独立。

尼罗河上游国家苏丹曾被英国、埃及“共管”，实际上是英国的殖民地。战后，苏丹各政党组织强烈要求结束英埃“共管”，建立独立国家。1951 年 10 月，埃及宣布废除 1899 年的英埃共管苏丹协定，但英国拒不承认。苏丹人民掀起了反英示威浪潮。1952 年，埃及发生“七月革命”，新政府随即承认苏丹享有自决权。英国也被迫改变政策。1956 年元旦，苏丹正式独立。在撒哈拉沙漠以南地区，战后初期，民族解放运动也得到了发展。黄金海岸是英国的殖民地，是战后撒哈拉沙漠以南非洲独立运动发展较早的地区之一。1949 年 6 月，人民大会党成立，民族主义领导人恩克鲁玛成为该党领袖，人民大会党提出了“现在就实现完全自治”的口号。1950 年 1 月，人民大会党开展积极行动，组织大罢工，遭到英国殖民当局镇压，但英国也被迫在黄金海岸加快了宪制改革步伐。1956 年 8 月 3 日，黄金海岸立法大会通过了独立动议。1957 年 3 月 6 日，黄金海岸独立，国名为加纳。这是战后撒哈拉沙漠以南非洲地区第一个获得独立的国家。

英属东非的肯尼亚，在 20 世纪 50 年代初爆发了要求土地和自由的、反对英国殖民统治的“茅茅运动”。1952 年 10 月 7 日，肯尼亚发生了暗杀酋长的事件。1952 年 10 月 20 日，英国殖民当局宣布实施“紧急状态”，采取了大规模的镇压行动。英国调集大军对起义者进行“围剿”。到 1955 年止，至少有 1.1 万名肯尼亚人被杀害，6.2 万名肯尼亚人被关进监狱和集中营。虽然“茅茅运动”在 1957 年最终被平定下去，但它沉重打击了英国殖民统治，推动了肯尼亚的独立进程。

20 世纪 50 年代末 60 年代初，非洲民族解放运动掀起了新的高潮。1960 年，非洲有 17 个国家获得独立，这一年被称为“非洲年”；1961—1968 年，又有 15 个非洲国家获得独立。在战后国际共产主义运动高潮推动下，随着世界上社会主义国家的建设取得巨大成就，社会主义思潮在非洲一度盛行，涌现出了一些具有非洲特色的社会主义。不少非洲新生国家的领导人主张或公开宣称奉行社会主义，其中著名的有埃及纳赛尔提出的“阿拉伯社会主义”、加纳恩克鲁玛提出的“泛非社会主义”、坦桑尼亚尼雷尔提出的“乌贾马社会主义”，还有刚果、莫桑比克等国提出的“非洲科学社会主义”。这些主张和宣称奉行社会主义的非洲国家领导人在一定程度上模仿了社会主义国家的一些做法，如实行国有化、实行农业集体化、进行土地改革、实施计划经济等等。但是，这些国家缺乏共产党领导和科学社会主义指导，在主客观条件尚不成熟的情况下，很难根据本国实际，成功地进行具有本国特色的社会主义建设实践。非洲的各种社会主义思潮在实践中经历了重大挫折。

三、拉丁美洲民族解放运动的发展

长期以来，美国视拉丁美洲为自己的后院。第二次世界大战前后，美国进一步从经济、政治和军事上加强了对拉美国家的渗透与控制。例如，1945 年 2 月，在美洲国家外长会议上，美国制定了“克莱顿计划”，推进“自由贸易”“自由投资”“自由企业”，加速了对包括拉美国家在内的落后国家的经济渗透。在政治和军事上，美国加强了对拉美国家的干涉和操纵。美国打着“防止共产主义威胁”的幌子，残酷镇压拉美国家的革命运动。

1949 年 1 月，美国总统杜鲁门提出了“第四点计划”，对拉丁美洲国家进行军事援助，通过组建军事集团、建立军事基地、派遣军事代表团等方式，加强对拉美国家的控制。1947 年，美国和拉美国家签订了共同防务条约，建立了泛美防御同盟。因此，战后初期拉丁美洲民族解放运动的显著特点是反对美国的控制和干涉，争取和维护国家的独立和主权。

阿根廷是这方面表现比较突出的国家之一。1946 年，胡安・多明戈・庇隆在竞选中获胜，成为阿根廷总统。庇隆提出了以政治主权、经济独立和社会正义为核心的“庇隆主义”。在庇隆政府期间（1946—1955），阿根廷采取了争取经济政治独立的国有化措施。1947 年，阿根廷发表了经济独立宣言，明确宣布要把阿根廷从“监护、控制和支配它的外国资本主义势力下彻底解放出来”。为此，阿根廷政府先后购买了美资在阿根廷的电话公司，英资和法资在阿根廷的铁路公司，还建立了国家石油垄断公司和国家外贸垄断公司。与此同时，庇隆政府努力推行独立自主的外交政策，常常不顾美国的阻挠，独立地处理国际事务。庇隆政府于 1946 年与苏联建立了外交关系，使阿根廷成为拉丁美洲与社会主义国家建交最早的国家之一。

位于中美洲的危地马拉，第二次世界大战前长期受美国控制。在右翼军官乌维科统治时期（1931—1944），实际上沦为美国的附庸国。1944 年，危地马拉爆发了反对亲美独裁政权的革命运动，推翻了乌维科政权，胡安・阿雷瓦洛当选为危地马拉总统。阿雷瓦洛任总统期间，采取了一些改革措施。1950 年 11 月，阿雷瓦洛任期届满，阿本斯当选为新总统。阿本斯政府坚持独立自主的外交政策，反对美国干涉内政，为摆脱外国公司控制，推行国有化，进行了一系列斗争。美国联合果品公司控制着危地马拉 25% 的土地面积，俨然国中之国。1951 年 3 月，阿本斯政府修建了一条与该公司控制的铁路平行的公路，以发展独立的运输业。1953 年 10 月，又接管了该铁路。阿本斯政府积极推行土地改革，1952 年 6 月颁布了土改法。土改法规定：地主和外国公司的土地中凡面积超过 90 公顷的未耕地，均由国家征收，以分给无地和少地的农民。这一改革举措沉重地打击了美国联合果品公司和国内封建势力的利益，促进了民族经济的发展。

实行国有化是拉丁美洲战后初期民族解放运动的一项主要内容。除阿根廷和危地马拉外，拉美一系列国家，如玻利维亚、巴西、委内瑞拉等国，也都实行了国有化政策。例如，玻利维亚于 1952 年 10 月将以美资为主的三大锡矿公司收归国有，建立国营玻利维亚矿业公司。

拉美地区有一些地方仍然是西方国家（主要是英国）的殖民地。战后初期，独立运动发展强劲的是英属圭亚那。英属圭亚那人民进步党对共产主义思想采取欢迎态度，得到了广大民众的支持。在 1953 年殖民当局举行的选举中，人民进步党获胜，领导人契迪·贾根成为政府总理。人民进步党参政后，采取民主改革措施，以求早日结束殖民统治。其举措触犯了殖民主义者包括英国糖业主的利益。1953 年 10 月 9 日，英国总督宣布“紧急状态”，中止宪法，对人民进步党采取镇压行动，贾根和人民进步党的许多党员被捕入狱。20 世纪 60 年代中期，英国被迫撤离圭亚那时，仍尽力阻止人民进步党掌握政权，而扶植了较为温和的政党上台。

四、战后初期亚非拉民族解放运动的特点

第二次世界大战后初期，广大亚非拉殖民地、半殖民地国家开展的强大的民族解放运动，猛烈地冲击了西方资本主义殖民统治体系，使许多国家获得了独立和解放。这些运动具有以下明显特点。

（一）亚非拉民族解放运动，明显受到了国际共产主义运动的影响

苏联在第二次世界大战中为打败德国法西斯作出了重大贡献，增强了社会主义的国际影响。东欧一系列社会主义国家的诞生，鼓舞了殖民地、半殖民地国家的民族解放运动。中国、朝鲜、越南等东方国家在无产阶级政党的领导下，也取得了民族解放斗争的胜利，沉重地打击了帝国主义和殖民主义体系。同时，社会主义阵营给广大殖民地、半殖民地人民提供了极大的物质支持，并利用国际舞台积极声援和支援亚非拉人民的反帝反殖斗争，极大地促进了亚非拉的民族解放运动。

（二）无产阶级政党发挥了重要作用

广大亚非拉殖民地、半殖民地国家的无产阶级政党，领导或参加了反法西斯战争，并作出了重要贡献，赢得了人民的尊敬和信任，增强了它们在民

族解放运动中的地位和作用。例如，中国、朝鲜和越南的无产阶级政党直接领导本国民族解放运动走向胜利。印度尼西亚共产党、缅甸共产党、马来亚共产党都积极参加并领导了本国的武装反帝反殖斗争。印度共产党积极联合民族主义政党，为推翻殖民统治、争取民族独立发挥了重要作用。同时，许多国家的民族主义者，如恩克鲁玛、纳赛尔、苏加诺、庇隆等，在反法西斯战争中不断觉悟，并受到社会主义国家影响，积极地领导了本国民族解放运动。

（三）武装斗争形式与其他斗争形式相结合

战后初期，殖民主义者的暴力行径，迫使亚非拉地区的广大人民拿起武器进行武装斗争。例如，东南亚的马来亚和印度尼西亚，非洲的阿尔及利亚、突尼斯、摩洛哥、马达加斯加和肯尼亚，都爆发了不同规模的反对殖民主义的武装斗争，用鲜血为民族解放铺设道路。在民族解放运动中，除了采取武装斗争形式外，还采取了罢工罢课、游行示威和议会斗争等其他斗争形式。与此同时，民族主义者和民族主义组织还积极利用各种方式，开展反殖斗争，迫使殖民当局作出让步。

（四）广大殖民地、半殖民地人民的反帝反殖斗争相互呼应、相互支持

战后初期的亚非拉民族解放运动，与第二次世界大战之前的民族解放运动相比，一个鲜明的特点是形成了一股世界范围内的浪潮，许多殖民地、半殖民地国家同时爆发不同形式和规模的争取民族解放的斗争。这分散和牵制了帝国主义的力量，客观上起到了相互呼应、相互支持的作用，使帝国主义国家在阻止和镇压民族解放运动中应接不暇。在民族解放运动中，亚非国家还团结起来捍卫民族解放斗争的成果。1955 年 4 月，来自亚洲和非洲的 29 个国家和地区在印度尼西亚的万隆举行会议，这是亚非国家第一次自行召开的国际会议。会议发表公报，宣布殖民主义的一切表现都是一种应当迅速予以根除的祸害，并提倡尊重基本人权、尊重联合国宪章等十项原则，这也被称为“万隆精神”。周恩来率中国代表团出席万隆会议并发表重要讲话，为万隆会议的成功发挥了重要作用。万隆会议体现了亚非人民团结一致、反对帝国主义和殖民主义、争取和维护民族独立、保卫世界和平和各国人民间友谊的精神。万隆会议既展示了民族解放运动的胜利成果，又进一步促进了民族解放运动，极大地鼓舞了亚非拉人民的反帝反殖斗争。

战后初期，争取民族独立和解放的运动成为不可抗拒的历史潮流。在亚非

拉民族解放运动的冲击下，帝国主义殖民体系土崩瓦解，催生了一大批独立的民族国家，增强了民族民主革命的力量，极大地改变了世界政治格局。

思考题：

1. 试述各国共产党在世界反法西斯斗争中的作用。
2. 试述中华人民共和国成立的伟大意义。
3. 试述世界社会主义阵营形成的背景及其意义。
4. 试述第二次世界大战后亚非拉民族解放运动高涨的原因和特点。

第八章 20世纪50—80年代社会主义国家对社会主义建设道路的探索

20世纪50年代开始，社会主义国家进入全面建设并积极探索社会主义建设道路的新时期。各国的社会主义建设取得了巨大成就，综合国力迅速增强，人民群众生活水平不断提高，显示了社会主义制度的优越性，社会主义在世界范围的影响不断扩大。由于时代条件和国际局势的变化，以及社会主义各国没有处理好学习借鉴苏联模式与结合本国实际的关系，各国的社会主义建设出现了不同程度的曲折。同时，一些国家对社会主义建设道路的认识出现严重分歧，加之复杂的历史原因，社会主义阵营出现分裂，国际共产主义运动经受了巨大波折。

第一节 苏联等国调整社会主义建设道路

苏联在迅速完成战后重建的任务后，开始进入社会主义建设的新阶段。其他走上社会主义道路的各国，在医治战争创伤、巩固新生的人民民主政权、建立社会主义制度后，也开始了大规模的社会主义建设。起初，这些国家大多照搬苏联的社会主义建设模式。随着苏联社会主义建设模式的弊端在实践中日益显现，一些社会主义国家开始探索符合本国国情的社会主义建设道路，虽历经困难和曲折，甚至出现了严重失误，还是取得了显著成就，获得了宝贵经验。

一、苏联社会主义建设模式的初步调整

随着第二次世界大战后经济的恢复，苏联高度集中的政治经济体制弊端越来越明显。从20世纪50年代中期到80年代前期，苏联进行了不同程度的调整和改革，但并没有从根本上触动高度集中的计划体制。20世纪70年代中期以后，苏联社会主义建设积累的问题越来越多，人民生活水平提高缓慢。

（一）战后经济恢复和斯大林对社会主义建设规律的探索

第二次世界大战使苏联的国民经济遭到巨大破坏，人口死亡2700多万，无数城镇村庄被毁，全国物质损失按战前价格计算共约2.6万亿卢布。西方曾经

预言，苏联要恢复被战争破坏的经济至少需要几十年时间。但是，在联共（布）的领导下，苏联主要依靠本国广大人民的积极努力，充分发挥社会主义经济、政治、文化制度的强大优势，开启了世界历史上从未有过的新的现代化模式，高速度地恢复并发展了社会主义经济，到第四个五年计划（1946—1950）结束时，苏联国民经济发展的主要指标都达到或超过了战前水平，人民物质文化生活水平有了较大提高，充分显示了社会主义制度的优越性。苏联科学界还打破了美国的技术垄断，掌握了原子能技术，1949年8月29日成功进行了第一次核爆炸，1954年6月27日建成第一座原子能发电站。苏联经济不仅恢复到战前水平，而且在科技、军事等领域都进入世界前列。

这一时期，斯大林和联共（布）对社会主义建设的规律作了进一步探索，取得了一些成果。1952年，斯大林发表《苏联社会主义经济问题》，总结了苏联社会主义建设的经验，认识到社会主义制度下经济规律的客观性，概括出社会主义的基本经济规律："用在高度技术基础上使社会主义生产不断增长和不断完善的办法，来保证最大限度地满足整个社会经常增长的物质和文化的需要。"① 斯大林还提出，社会主义阵营的出现使社会主义国家在经济上结合起来，使统一的无所不包的世界市场瓦解，形成了资本主义和社会主义两个平行的、对立的市场，社会主义国家必须优先发展重工业，在经济互助的基础上共同发展。提出社会主义制度下经济规律的客观性，是斯大林和联共（布）对马克思主义的重要发展。但是，斯大林只是从发挥科学技术和生产力作用方面来阐释基本经济规律的客观性，没有重视商品和市场的作用，因而苏联高度集中计划体制继续存在并不断得到强化。"两个平行市场"理论是在冷战背景下提出的，马歇尔计划的实施以及北约集团的形成，造成资本主义世界与社会主义世界的对立与斗争，迫使社会主义国家为了自身生存而走上合作互助之路。不过，这个理论否认了社会主义和资本主义经济上的相互依存关系，在外部封锁的情况下把社会主义国家的建设自我封闭起来，长远看不利于社会主义国家的发展。特别是经济互助委员会要求各成员国的经济计划必须同苏联的计划一致，按照国际分工的原则，实行专业化生产和全面经济合作，结果导致出现不平等的政治经济关系，恶化了一些成员国与苏联的矛盾。

（二）赫鲁晓夫时期的调整

1953年3月5日，斯大林逝世，苏联开始进入政治经济政策调整时期。马

① 《斯大林文集（1934—1952年）》，人民出版社1985年版，第628页。

林科夫等苏共领导人针对苏联经济社会发展中存在的经济发展不协调的问题，特别是苏联农业发展缓慢、工业发展缺乏活力等情况，提出应加速发展轻工业，大力发展农业，以保证迅速提高人民的物质文化生活水平。在1953年9月召开的苏共中央全会上，赫鲁晓夫作了《关于进一步发展苏联农业的措施》的报告。全会正式推选赫鲁晓夫为苏共中央第一书记。之后，苏共中央多次召开会议，讨论农业问题，提出了一系列农业管理体制的调整措施，主要有：大幅度提高农产品收购价格，取消了个人副业农副产品的义务交售制，放宽对自留地和自养牲畜的限制，降低个人副业税率，以减轻农民的税收负担，鼓励发展家庭副业；改革基层劳动组织形式，推广小组的包工奖励制度；把农业机械转卖给集体农庄，撤销拖拉机站；改革农业计划管理体制，扩大农庄、农场的自主权。这些调整措施在一定程度上调动了农民的生产积极性，苏联粮食产量开始有较大幅度提高，农业状况有所改善。

1956年2月，苏联共产党召开第二十次代表大会。大会结束期间，根据苏共中央主席团的决定，在不邀请外国共产党代表团参加的情况下，苏共中央第一书记赫鲁晓夫作了题为《关于个人崇拜及其后果》的“秘密报告”。这个报告尖锐地揭露和批判了斯大林在领导苏联社会主义建设中所犯的一些重大错误，以及对他的个人崇拜所造成的严重后果，触及了当时苏联党和国家政治生活中存在的一些无法回避的问题。苏共在二十大上批判了对斯大林的个人崇拜，提出党政最高职务分开，恢复集体领导原则，恢复中央主席团和书记处在领导党的日常工作方面的职能；改变以往不定期召开中央机关各级会议的做法，按期召开党代会和中央全会。早在斯大林逝世之初，苏共就着手纠正肃反扩大化的错误，在苏共二十大后，平反了一大批冤假错案，为无辜受害者恢复名誉。在这个过程中，苏共对国家安全机关进行整顿，通过了一系列新的立法纲要，健全司法制度，恢复检察机关的职权，扩大地方法院的权力。苏共对干部结构作了调整，根据文化专业水平和实际能力选拔和使用干部，把大批受过专门教育的科技人员以及有较高文化素质的干部充实到各级领导岗位，实行干部的定期轮换制度。

苏共着手平反冤假错案，纠正肃反扩大化的错误等，对缓和社会矛盾有一定的积极作用，批判对斯大林的个人崇拜，纠正斯大林时期的错误做法，促进了苏联内外政策的调整。但是，赫鲁晓夫批判斯大林具有很大的片面性和局限性，缺乏辩证的、历史的态度，采取历史虚无主义和全盘否定的做法，造成了苏联党和人民群众思想混乱和社会动荡，并对世界各国共产党和左翼力量造成重大冲击，成为社会主义阵营分裂的重要诱因。“秘密报告”外泄，也为西方资本主义国家攻击社会主义提供了口实。西方敌对势力趁机在世界范围内掀起了反共、反社会主义的狂潮，给国际共产主义运动带来了严重的消极后果。毛泽东曾经说过，赫鲁晓夫对个人崇拜的揭露和批判“揭了盖子，又捅了娄子”，其意是指，它既有积极的一面，又有消极的一面。

1957 年 3 月，苏联开始从工业和建筑业入手，进行经济管理体制调整。主要内容有：改变中央对国民经济管理权力过度集中的状况，加强经济体制运行中的民主集中制管理，把全国划分为 105 个经济行政区，苏联开始从“部—管理总局—企业”的管理体制过渡到“经济行政区国民经济委员会—管理局—企业”的管理体制，主要经济管理权由中央转向地方。1961 年，苏共二十二大提出扩大企业权限，充分利用各种经济杠杆，加强经济核算，以一定程度的经济刺激手段管理经济活动，进一步扩大地方在企业运行中的管理权、财政经营权和计划权，减少中央下达给地方和企业的指标。1962 年，苏共决定按照生产原则，自下而上地改组党的领导机构，在各级设立分别领导工业和农业生产的党的领导机关。

赫鲁晓夫时期，虽然力图革除以行政命令手段为主的旧体制的弊病，但在解决这个问题时，没有借助经济手段，没有遵循经济发展的规律，而是有意无意地沿用旧的工作方法，依靠行政干预的方式管理经济，忽视经济运行的自身规律，导致政令反复无常。例如，1960 年，中央又收回了部分计划权和管理权。工业体制的改革经过一番曲折，基本又回到原起跑线上。1962 年，设立“工业党”“农业党”的本意是要加强对工农业的领导和直接管理，实际上却引起各级党组织在管理上的混乱。不过，这次改革力图改变高度集中的经济管理体制的弊端，扩大地方及企业的经营自主权，推进集约化生产，把经济改革与改善社会福利相配套等措施，为以后的经济改革预示了某种方向，也为后来社会主义各国相继开展的改革提供了一些启示。

（三）勃列日涅夫时期的改革

1964 年 10 月，勃列日涅夫就任苏共中央第一书记。他对赫鲁晓夫时期的改革进行了总结，认为是不成功的。因此，他对赫鲁晓夫时期的改革措施进行了调整，在前期实行了一些比较稳健的改革。

1965 年 10 月 4 日，苏共中央和苏联部长会议通过了《社会主义国营生产企业条例》，从此开始了由时任苏联部长会议主席柯西金主持的经济体制改革，目标是调动企业生产经营的主动性，主要内容是：改进工业管理机制，在保证国家集中计划管理的前提下，扩大企业经营管理的自主权；完善计划工作，扩大企业的计划管理权，减少国家指令性指标的数量；扩大企业和联合组织经营的独立性与主动性，提高企业作为基本经济单位的作用；发挥经济杠杆的作用，用价格、利润、奖金、贷款等手段加强对生产过程的经济刺激，推动企业和工人关心生产成果，开始用经济手段管理经济。这些措施统称为“新经济体制”，从 1966 年起在苏联全国逐步推行。但到了 20 世纪 70 年代初，苏联工业发展速度减缓，“新经济体制”的实施走入困境。国家给企业制定的计划指标重新增加，企业的自主权受到很大限制。

勃列日涅夫在任 18 年，经济社会一度发展较快，苏联成为与美国并驾齐驱的世界超级大国，综合国力达到了顶峰。到 20 世纪 70 年代末，城市化基本完成，1960 年城市人口占全国总人口的 49.9%，1978 年达到 62.4%；1966—1971 年，工业产值扩大 50%，建立起当时世界上最大的水力发电厂等。建立了完整的社会保障体系：职工延长休假，实行每周 5 天工作制；职工月工资从 1968 年的 40—50 卢布，提高到 1980 年的 168.9 卢布。但勃列日涅夫未能把握住机遇，对高度集中的体制进行全面彻底的改革。他推行的改革大都是体制上的修修补补，并没有使体制发生根本性变化。相反，在同西方发达国家开展军备竞赛的过程中，他还使苏联发展中的一些弊端进一步放大，使苏联由发展的顶峰开始滑向危机的边缘。苏联始终以争夺世界霸权为其全球战略，庞大的军费开支和援外负担使苏联力不从心；当发达国家开始进行新科技革命的时候，苏联却依旧把增加重工业产品的产量作为赶超西方国家的战略目标，并继续沿用粗放型的发展模式。

20 世纪 70 年代中期以后，苏共最高领导层年龄老化，思想僵化，不思进取，党内甚至整个社会充满惰性，保守主义、官僚主义日益增长，苏联经济社会发展开始进入缓慢甚至停滞状态。

勃列日涅夫于 1982 年 11 月逝世，安德罗波夫继任苏共中央总书记。他继任不久就推出了一些改革措施，如对勃列日涅夫的发达社会主义理论进行修正，提出发达社会主义起点的理论，重新认识苏联所处的社会发展阶段；针对勃列日涅夫时期机构臃肿、人员老化状况，着手进行人事调整，提拔了一批年轻干部；通过扩大企业经营自主权、采用经济杠杆来调动企业和工人的积极性；等等。由于健康原因，他只在任一年零三个月，有很多改革措施未来得及实行。

二、南斯拉夫的自治社会主义道路

第二次世界大战结束后，南斯拉夫联邦人民共和国效仿苏联，建立了社会主义制度。但南斯拉夫共产主义者联盟很快发现，这一体制不适合南斯拉夫的国情。南斯拉夫联邦人民共和国在铁托和南共联盟的领导下，开始在工人自治和社会自治的基础上探索建设社会主义的“南斯拉夫道路”，后来称之为自治社会主义道路。

早在第二次世界大战期间，苏联一直承认南斯拉夫的流亡政府，而对南共领导的革命力量则不给予相应的援助。战后，在南斯拉夫和意大利的领土争端、南斯拉夫和保加利亚建立巴尔干联邦特别是在南斯拉夫国内建设等问题上，苏联与南斯拉夫的矛盾不断加深。苏联从狭隘的自身利益出发，以领导党自居，要求南斯拉夫按照苏联模式进行建设，反对南斯拉夫走自己的路；苏联垄断南斯拉夫的重要资源，要求南斯拉夫按照苏联的经济发展规划产业布局；在两国合营的公司中严重损害南斯拉夫的利益。南斯拉夫要求坚持平等原则，按照自己的意志探索适合本国国情的道路，建立完善的民族工业体系。随着矛盾的不断积累和深化，苏南冲突终于爆发。苏联不仅于1948年3月单方面撤走在南斯拉夫的全部专家，公开批评和指责南斯拉夫，而且单方面把苏南冲突提交给实际由苏联掌控的欧洲共产党和工人党情报局，企图以集体制裁的方式惩罚南斯拉夫。6月20—28日，情报局举行第三次会议，严厉指责南斯拉夫走了错误的路线，并通过了谴责南共的决议，实际上将南斯拉夫开除出情报局。苏南冲突和情报局对南斯拉夫的处理，一度使南斯拉夫陷入严重的经济危机和政治困境，造成了第二次世界大战后国际共产主义运动内部的第一次分裂，削弱了社会主义阵营的力量；同时，也在客观上促使南斯拉夫摆脱对苏联的依赖，另辟新径，独立探索适合本国国情的社会主义建设道路。

南斯拉夫共产党在与情报局发生冲突后，对苏联体制进行了深入批判，并对如何在南斯拉夫建立社会主义新体制进行了研究，提出了“工人自治”思想，决定走自治社会主义道路。他们认为，这一思想来源于马克思主义，也是对国际共产主义运动经验的总结。

从20世纪50年代初到80年代，南斯拉夫的自治社会主义大体经历了工人自治—社会自治—联合劳动三个发展阶段。

1950年到1963年是工人自治阶段。主要做法是：将企业交由工人管理，通过工人自己选举产生工人委员会、管理委员会和经理对企业进行管理，由生产者直接决定和管理生产资料、劳动条件和劳动成果。1949年年底，南联邦政府颁布了《关于在国营经济企业建立工人委员会及其活动的指示》，正式提出成立工人委员会。随后，在斯普利特水泥厂成立了第一个由13名工人组成的工人委员会，进行工人自治的试点。1950年6月，南联邦议会公布了《关于劳动集体管理国营经济企业和高级经济联合组织的基本法》，即通常所说的《工人自治法》，标志着南斯拉夫自治社会主义制度的开始。该法对工人自治作了如下规定："工厂、矿山、交通、运输、商业、农业、林业、公用事业和其他国营经济企业，成为全民的财产，将由劳动集体代表社会，在国家经济计划的范围内，按照法律和其他法规确定的权力和义务进行管理。"到1950年年中，南斯拉夫各地有529个企业成立了工人委员会，占全国工业企业总数的12%。

1953年1月，南联邦议会通过关于南斯拉夫联邦人民共和国社会和政治制度基础的宪法性法律，宣布社会制度的基础是社会所有制和生产者自治。1963年的新宪法再次将实行自治制度视为南斯拉夫社会主义社会的一项基本原则，确认工人自治已经从经济部门扩展到社会生活的各个方面。除党和军队机关外，国家机关和社会事业单位都实行自治原则。

在工人自治时期，计划体制也发生变化，要求以分散的社会计划代替高度集中的国家计划。社会计划只规定总的范围和基本比例，国家不再给企业规定包罗万象的各种指标；企业可以独立经营管理，独立进行经济核算；重视和加强市场的作用。在政治体制方面，也进行了改革，缩小联邦的权力，给予共和国和下属地方以更大的自主权。

1964年到1971年是社会自治阶段。主要做法是：进一步扩大工厂企业的权力，使其拥有独立商品生产者的一切权限。这一时期对经济作了较大改革，加强劳动集体的作用和责任，使它们成为整个社会再生产的基本承担者，特别是投资和扩大再生产的决定者，增强集约经营的吸引力；国家主要通过税收、价格、信贷、外汇外贸等方面的经济政策和经济法令进行调节。在政治体制方面，加强共和国和自治省的权力与责任，即在共和国和自治省实现主权，而联邦只是履行宪法明确规定的那些主权，并且要以得到所有共和国和自治省的同意为依据。在这一时期，自治制度开始扩大到国家机关和社会事业单位，从而把自治制度推广到社会领域。

1971年之后，自治社会主义发展到了联合劳动阶段。主要做法是：在工矿企业、商业、农工联合企业普遍建立起劳动联合组织。联合劳动作为一项原则或基本方针，于1969年召开的南共联盟九大上正式提出，1971年宪法修正案予以肯定。1974年写进新宪法，1976年又通过联合劳动法。联合劳动组织分为三个层次：联合劳动基层组织、联合劳动组织、联合劳动复合组织。其特点是：在完全自愿的基础上结合而成，可以自由加入或退出；它们之间没有行政隶属关系，联合劳动基层组织是最基本的经济实体，联合劳动组织和联合劳动复合组织无权干预联合劳动基层组织的活动。劳动者不仅通过工人委员会管理企业，而且通过其代表团参与国家和社会事务。

南斯拉夫共产党人一向以改革著称。从1945年到1988年的40多年里，南联邦政府共进行了各种改革60余次。这些改革的一项主要内容是促使南斯拉夫经济改变高度集中的管理模式，发挥市场在经济发展中的作用。在一系列社会经济改革措施的推动下，到20世纪70年代下半期，南斯拉夫已成为具有中等经济发展水平的工农业国家，属于战后经济增长率最高的国家之一。

实践证明，自治社会主义是南共联盟对社会主义建设道路的有益探索，打破了社会主义只有一种模式的狭隘观念，使南斯拉夫经济社会发展取得了长足的进步。但是，频繁的改革也使南斯拉夫的民族主义和分立主义倾向加剧，削弱了南联邦政府的控制力和权威。随着自主权的不断扩大，到1980年以后，各共和国已经不同程度地形成了经济结构、发展水平、经济利益和政策主张各不相同的“民族经济”，贸易保护主义十分严重，各共和国之间的资金流动微乎其微，全国统一大市场趋于瓦解。由于没有建立起一套行之有效的宏观调控机制，经济运行中存在的问题越积越多。例如，投资和消费长期超过本国生产能力，重消费轻积累的倾向日趋严重；基础工业长期落后于加工工业，能源和原材料主要依赖进口，外贸逆差不断增大，产业结构不合理的现象长期没有得到纠正；外债负担沉重，到1980年外债已达到国际公认的警戒线。到20世纪80年代中后期，由于国际大环境的影响，南斯拉夫建设自治社会主义的道路受挫，南联邦最后解体。

三、波兰和匈牙利社会主义建设的曲折发展

波兰和匈牙利是东欧国家中较早尝试经济体制改革的国家，特别是1956年的波兰波兹南事件和匈牙利“十月事件”，促使它们开始反思社会主义建设道路。由于受到国内外政治局势的影响，它们的改革历尽坎坷。

（一）波兰社会主义建设的曲折发展

1945年12月，波兰工人党在华沙召开了第一次代表大会，制定了恢复和发展国民经济的三年计划，提出了“通向社会主义的波兰道路”。到1947年，国民经济恢复任务基本完成。1948年12月，波兰工人党和社会党合并为波兰统一工人党，贝鲁特当选为中央委员会主席。统一工人党制定了六年计划（1950—1955），提出了实现社会主义工业化和进行农业社会主义改造的任务，效仿苏联，建立起了高度集中的体制。与此同时，在苏联以及欧洲共产党和工人党情报局的压力下，主张走社会主义“波兰道路”的领导人哥穆尔卡受到打击。

波兰内部僵化的社会与经济体制，造成党群关系疏松、经济发展缺乏活力、人民生活改善缓慢，而苏共二十大引起的思想震动又加剧了波兰的社会矛盾。1956年6月28日，波兰西部城市波兹南的工人提出增加工资、减税和改善劳动条件等要求，遭到政府拒绝。波兹南工人举行反对政府、反对苏联的大规模示威游行，参加者达10万多人。在一些谣言的推波助澜下，人们情绪失控，和平游行示威引发骚乱，并酿成流血事件。这就是波兹南事件，是第二次世界大战后波兰发生的第一次危机。由于事件发生时正值一年一度的国际展览会在波兹南举办，也引起了世界的瞩目。事件平息后，统一工人党在同年7月举行的中央全会上及时总结教训，作出了密切党群关系、提高人民生活水平，并对社会主义体制进行改革的决定。

赫鲁晓夫在苏共二十大的“秘密报告”中，披露了共产国际对波兰共产党的大清洗，以及解散波兰共产党是根据虚假材料作出的错误决定。这使波兰人深感震惊，也引起了波兰统一工人党内的思想混乱和激烈争论。许多人要求修正全盘苏化政策，摆脱苏联的控制和苏联模式的束缚，走独立自主的发展道路。

1956年10月，波兰统一工人党举行二届八中全会，哥穆尔卡当选为党中

央第一书记。哥穆尔卡重新提出“波兰道路”，着手改革经济体制，主张建立工人委员会、扩大议会权力、发展多种形式的农民自治经济。他强调，这三个方针构成了“波兰走向社会主义道路的重要因素”。改革的内容包括：在政治上，下放中央权力，加强议会的作用，调动民众参政的积极性，调整国家与教会①的关系。在经济上，尝试工人自治，扩大企业的经营自主权，对农村和农民实行宽松的政策。1957年6月，成立了以经济学家奥斯卡·兰格为主要领导的波兰经济委员会，提出了系统的经济体制改革规划。在文化管理上，改革完善高校管理制度和课程设置，扩大高校自主权，打破以往的研究禁区，鼓励宽松的研究氛围。这些改革措施维护了政治稳定，促进了经济发展。1960年，波兰的工业生产比1955年增长了59.6%，农业生产增长了20%，职工的实际工资增长了23%。尽管如此，波兰的政治、经济体制并没有发生根本性变化。

哥穆尔卡的改革措施遭到国内部分势力的抵制和苏联的非难。到20世纪60年代后期，波兰被迫放弃改革，又重新恢复了优先发展重工业、高度集中的发展模式，经济形势不断恶化，人民生活改善缓慢。1969年和1970年，波兰农业歉收，加剧了群众生活困难，引发了社会不满。1970年12月，政府宣布提高45种食品和日用品的价格，引发波兰沿海城市格但斯克、索波特、格丁尼亚工人大罢工，造成全国性的骚乱，发生了流血悲剧。这是社会主义波兰的第二次危机。重病中的哥穆尔卡因此被迫下台，宣布辞去波兰党中央第一书记职务。

1970年12月20日，盖莱克就任波兰党中央第一书记。他采取了一系列措施稳定国内局势，特别是加强同群众的对话，争取人民群众的理解和支持。为扭转哥穆尔卡担任波兰党中央第一书记后期人民生活水平提高不大、群众不满的情况，缩短与西方发达资本主义国家的差距，尽快实现波兰工业现代化，盖莱克不顾波兰实际，提出了高速发展战略，实行高速度、高积累、高消费的“三高”政策。为此，波兰不惜向西方大举借债，所借外债超过了国家的承受能力。在“三高”政策的刺激下，波兰一度出现了生产和消费同步高速增长的非常局面，1971—1973年国民收入增长了近30%。20世纪70年代上半期，波兰在居民消费、医疗保健等方面已接近世界发达国家的水平。但是，高速发展

① 宗教主要是天主教在波兰的影响较大。波兰统一工人党允许党员信教，教徒在党员中占有很大比例。

战略脱离了波兰生产力发展的实际水平，过分地依赖西方的优惠贷款、技术和国际资源市场，而缺乏对经济体制作相应的深层改革，加之积累率过高、工农业比例失调，波兰很快便陷入了严重的经济危机。1973 年，国际市场上能源和原材料价格大幅度上涨，导致波兰的贸易逆差急剧扩大，再加上国内农产品连年歉收，食品供应趋于紧张，政府不得不大量向国外贷款，波兰的国际收支严重失衡，债台高筑。到 1976 年年初，经济危机的征兆已经显现出来。经济形势的不断恶化，使财政赤字增加，通货膨胀压力剧增，罢工示威时有发生，政治上开始出现反对派。1978 年，瓦文萨在格但斯克建立自由工会组织，后来演变成波兰自治团结工会。1980 年 7 月，因政府大幅度提高消费品价格，波兰爆发了持续两三年的全国性罢工浪潮。在西方国家的支持下，瓦文萨组织反对党团结工会，与执政的统一工人党公开对抗，工潮愈演愈烈，波兰经济社会危机加剧。1981 年 12 月，团结工会召开秘密会议，企图趁机夺取全国政权，波兰政府不得不实行军事管制。这是社会主义波兰的第三次危机，也是规模最大、延续时间最长的一次危机。

1981 年 10 月，雅鲁泽尔斯基大将接任波兰党中央第一书记。为缓解日益严重的经济社会危机，他继续贯彻波兰党“社会主义革新路线”，推行经济政治改革。经济上，取消对企业的指令性计划，进一步削弱中央高度集中的管理权。政治上，进一步扩大社会主义民主、加强社会立法和社会监督；发挥各党派的作用，建立联合执政体制；实行党政分开，完善党的领导；加强民主集中制，密切党同群众的联系。这些改革措施取得了一定成效，但并未从根本上解决波兰的经济发展和社会稳定问题。

（二）匈牙利社会主义建设的曲折发展

匈牙利从 1947 年开始实施恢复国民经济的三年计划，对私营经济进行社会主义改造：工业企业实行国有化，把大银行和部分企业收归国有；废除大地产私有制，把土地分给农民。到 1949 年，三年计划胜利完成。之后，匈牙利又制定和实施了发展国民经济的第一个五年计划，国民经济取得较大发展，重工业增长两倍多，轻工业增长 90%。但随着实践的发展，照搬苏联模式的弊端逐渐暴露出来，权力高度集中，经济结构失衡，影响了人民生活水平的提高。

针对社会主义建设出现的问题，时任匈牙利部长会议主席的纳吉·伊姆雷大胆提出了走匈牙利式社会主义道路的设想，为此进行了改革尝试，即过渡时期的“新方针”。纳吉认为，把工业化作为匈牙利过渡时期社会主义建设的总路线是不适宜的，而应该“用发展农业的办法，力求建立国民经济的正确比例”，并在这个基础上建设社会主义。他强调，要放弃苏联模式在匈牙利的实践，运用新经济政策进行社会主义建设。他提出：降低五年发展计划指标，扩大对农业、轻工业和食品工业的投资比例，扭转国民经济比例失调现象；通过鼓励农民发展个体经济或在自愿基础上组成合作社，促进农业发展；利用资本主义因素在零售业、手工业等个体私营行业活跃市场，促进商品流通；实现党内生活和社会生活的民主化，改善党群关系；改革党政关系，使党政职责分明；巩固和保证法律制度与秩序，保障公民的权利和义务；平反冤假错案，稳定政治局势。纳吉的“新方针”在改革苏联模式弊端、探索匈牙利社会主义道路方面前进了一大步，收到了一定效果。但他的“新方针”存在计划不周、考虑不全面、涉及面太广等问题，一些调整和改革措施也在不同程度上触犯了一些人的利益，遭到国内许多人的反对，也面临着来自苏联干预的压力，这无疑影响了“新方针”的实施效果。“新方针”到1954年年底被搁置。1955年4月，纳吉下台，匈牙利的社会发展又回到以往的老路上。

1956年2月苏共二十大后，匈牙利劳动人民党和人民群众中滋长一种情绪，要求批判党内个人崇拜和破坏法制的现象，反对在经济建设等方面的教条主义和宗派主义。在当时国际范围内反共、反社会主义浪潮的推动下，匈牙利政治形势开始恶化。1956年10月23日清晨，布达佩斯10余万市民举行示威游行，要求进行政治经济体制改革，提高人民生活水平，反对苏联大国沙文主义。一些人乘机煽动闹事，挑起冲突，武装袭击国家广播大楼，之后攻占电台、国际电信局、《人民自由报》编辑部以及一些武器仓库和警察哨所，进而残酷杀害公安部队人员和共产党人。

11月初，在匈牙利党组织完全陷于瘫痪的情况下，卡达尔·亚诺什等党的领导人决定重建党的组织，并将匈牙利劳动人民党改名为匈牙利社会主义工人党。11月4日，以卡达尔为总理的匈牙利工农革命政府成立。应新政府要求，苏联出兵匈牙利帮助稳定秩序，逐步平息骚乱。由于冲突、罢工和秩序混乱，匈牙利工业遭受了高达90亿福林的损失。

以卡达尔为首的匈牙利社会主义工人党，在深刻总结匈牙利事件经验教训的基础上，继续进行社会主义建设的探索。稳定国内局势后，卡达尔开始进行稳步、渐进和由点到面的“静悄悄的改革”，收到了很好的效果。

在政治上，实行广泛的“联盟政策”，扩大爱国人民阵线的作用。1961年

12 月，卡达尔提出了“谁不反对我们，谁就和我们在一起”的口号。1962 年 12 月，匈牙利社会主义工人党举行第八次代表大会，宣告剥削阶级已经最终从社会中消失，已没有那些在利益上与社会主义相矛盾的阶级、阶层，并完整地提出了团结各阶级、阶层的“联盟政策”。其基本内容是在工人阶级领导下，实现工人、农民、知识分子和其他劳动阶层及党外人士的大团结。联盟政策的实施，有效地发挥了工人阶级的领导作用，促进了社会主义建设力量的联合，加强了民族团结，为经济体制改革创造了一个稳定的政治局面。

在经济上，推行“计划与市场相结合”的经济体制改革。在反思过去照搬苏联模式的弊端和 1956 年“十月事件”的基础上，从 20 世纪 50 年代末，匈牙利社会主义工人党逐步调整经济政策，并着手对经济管理体制进行局部改革。改革从调整农产品的价格开始，1957 年匈牙利政府取消了义务交售制，只保留收购价格和自由价格，并对收购价格作了调整以刺激生产的发展。1962—1963 年，匈牙利在一部分工商企业中进行了局部的改革试验。1966 年 5 月，匈牙利社会主义工人党中央全会通过了《关于经济体制改革的指导原则》和《关于经济体制改革的决议》，这是指导后来改革的重要文件。1967 年，匈牙利党的九大正式通过了关于经济改革的决议。经过几年的前期改革和充分准备，从 1968 年 1 月 1 日起，匈牙利开始实施经济体制的全面改革。核心内容是：第一，促进计划和市场的有机结合。在生产资料社会主义所有制的基础上，把中央对国民经济有计划的领导同商品关系和市场的积极作用有机地联系在一起。国家仍是在商品生产基础上组织各项经济活动的中心，同时有意识地利用市场机制的调节作用，把原来国家控制的大部分经济决定权转给企业。这一经济体制改革被称为市场社会主义改革。第二，使企业成为自主经营、自负盈亏的经济实体。在保持国家对企业拥有支配权的前提下，增加企业经营的自主权、决定权，把企业经营的效果同企业和每个劳动者的实际利益挂钩，让企业自主地制定经营和生产计划。

这一改革在初期取得了较好成效，匈牙利出现了经济繁荣、政局稳定、人民团结和社会安定的良好局面。1968—1973 年是匈牙利发展的黄金时期，国民收入和工业增长率都在 6%以上，人民消费水平每年提高 5%—6%。

1973 年世界石油危机之后，匈牙利的经济陷入困境，加上国内外反对势力的阻挠，改革一度处于停滞状态。为了经济的稳定和发展，进入 20 世纪 80 年代，匈牙利把改革侧重点放在对“一大二公”所有制结构的变革上，大力发展

“第二经济”。政府鼓励和支持兴办各种形式的私营小手工业和个体零售商店等服务性行业，鼓励居民从事第二职业活动，并扩大向西方开放的步伐。但这次改革始终受到国内外环境的制约，改革进程缓慢。到 80 年代中期，经济发展出现严重困难，国内生产总值年均增长率在 1% 上下浮动，人民生活水平明显下降。

匈牙利对社会主义建设道路的探索，为其他东欧国家改革高度集中的政治经济体制起了带头作用，提供了有益经验。但匈牙利的改革历程充满荆棘，道路并不平坦，最终未能取得成功，除了因受到国际条件的制约和党内反对意见的影响外，没有完全突破苏联模式的束缚，也是导致改革失败的重要原因。

四、保加利亚、罗马尼亚、捷克斯洛伐克、民主德国和阿尔巴尼亚的社会主义建设道路

（一）保加利亚的社会主义建设道路

1948 年 12 月，保加利亚共产党召开第五次代表大会，制定了社会主义建设的总路线，提出实现国家的工业化和农业社会主义改造。从 1949 年至 1965 年，保加利亚共实施了四个五年计划，取得了显著成就，使得保加利亚从落后的农业国开始变成一个工业—农业国。保加利亚建国初期，受苏联影响，在经济方面实行集中管理，这对迅速恢复国民经济起了一定的作用。但随着经济的发展，集中管理的弊端逐渐暴露出来，管理权限过于集中，企业权限太小，严重影响了企业生产经营的积极性和创造精神。

从 1959 年年底起，保加利亚开始对高度集中的管理体制进行改革。1963 年 5 月，保加利亚颁布了改组国民经济计划工作和领导体制的决议，并于 1964 年 4 月起在 50 家企业进行新体制的试点。在试点与实践的基础上，1965 年 12 月正式通过《国民经济计划和领导工作新体制》。从 1966 年起，保加利亚在工业、交通、运输、商业和建筑等部门推行“国民经济领导新体制”。其主要内容有：坚持完善计划体制，减少指令性计划指标；企业实行经济独立核算和完全的自负盈亏；利用经济刺激手段，使劳动报酬与经济活动的最终成果挂钩；灵活地运用价格、利润、信贷、税收、合同、外汇等经济杠杆；建立生产联系和合同联系新组织，更好地发挥贸易对生产的积极影响；对国民经济实行部门领导——建立国营经济联合公司。1968 年 6 月，保共中央全会总结了“试行经验”，并决定从 1969 年 1 月起，在全国一切经济部门和经济活动中推行“新体

制”。保共中央强调，保加利亚经济发展的主要方向，应是在专业化的基础上实行“生产的集中化和集约化”，经济机构和经济发展的比例要根据党的政策目标和任务，并依据国家计划由中央作出规定。此外，保加利亚也十分重视农业管理体制方面的改革，在坚持计划制度的同时也运用市场机制，并把行政办法和经济办法结合起来。这一经济体制改革从20世纪60年代中期持续到70年代中期，虽然取得一定成效，但仍然存在权力过分集中和使用行政手段过多的现象，没有从根本上克服经济效益低、浪费大的弊端。

保加利亚在反复实践和总结经验的基础上，自1978年后较全面地推行新经济体制。1978年，保加利亚部长会议通过了《扩大经济组织权限和责任》的决议，决定用4年时间在国民经济各个部门实行新经济机制。1981年10月，保加利亚领导人指出，国家所有制和合作社所有制正在接近和融合，并提出国家是社会主义财产的所有者，而生产集体和劳动者是社会主义财产的经营者。为贯彻落实社会主义财产所有权与经营权分离的目标，必须建立一种新的经济管理机制。于是，1981年年底，保加利亚将19项单项经济法加以综合，制定统一的经济管理法规，称为《经济机制章程》。从1982年1月1日起，在全国社会、经济的一切领域中普遍实行“新经济体制”。

保加利亚的经济体制改革，一定程度上缓解了管理高度集中带来的矛盾，促进了经济社会的发展。从1956年到1985年，保加利亚国内生产总值增长了7倍，国民经济固定资产增长了9倍，社会劳动生产率提高了7.4倍。1985年，人均粮食已经超过1吨，实现了粮食和农副产品自给有余。这时，保加利亚人均国内生产总值列全球第30位左右。

从20世纪80年代中期起，保加利亚逐步深化了对社会主义的认识，认为建设“发达社会主义社会”比预期的时间要长，因此决定进一步推进改革。但在戈尔巴乔夫“新思维”的影响和冲击下，社会上反政府活动加剧，党内分歧和矛盾不断加深，保加利亚的政治经济形势趋于恶化。

（二）罗马尼亚的社会主义建设道路

1948年，罗马尼亚制定了工业国有化和农业社会主义改造方针。到20世纪50年代初，罗马尼亚逐步实现了企业的国有化和农业的集体化，确立了中央集中管理的计划经济体制和优先发展重工业的方针。1953年，罗马尼亚工人党领导人格奥尔基·乔治乌-德治意识到照搬“苏联模式”的弊端，开始放松对经济领域的控制，强调集体领导的作用，更多地关注人民生活问题。经过

1955—1965年两个五年计划，罗马尼亚国营经济和集体经济在国民经济中已占主导地位，社会主义改造取得完全胜利。

1965年3月22日，齐奥塞斯库就任罗马尼亚工人党中央第一书记。齐奥塞斯库采取了一些旨在完善社会主义民主的政策和措施，改变了罗马尼亚建国初期完全依附于苏联的对外政策，强调独立自主。这使他很快赢得了民心，大大提升了其在国内的政治声望。1965年7月，罗马尼亚工人党召开九大，把罗马尼亚工人党恢复为罗马尼亚共产党，宣布罗马尼亚“进入全面发展的社会主义社会的新阶段”，确立了快速实现社会主义工业化的奋斗目标。8月，罗马尼亚大国民议会通过新宪法，强调国民经济是建立在生产资料社会主义所有制基础上的社会主义经济，国家所有制和合作社所有制是社会主义所有制的主要形式，并将罗马尼亚人民共和国改名为罗马尼亚社会主义共和国。

1967年12月，罗共召开中央全会，全面讨论了改革国民经济体制的问题并且通过了相应的决议，揭开了罗马尼亚第一次改革的序幕。罗马尼亚全面改革的内容包括：改革计划体制，减少中央下达的计划指标，加强计划的预测工作；扩大地方和企业权限，以广泛调动积极性；建立企业民主管理机构，扩大工人参与管理的权利；改革信贷体制，发展企业与银行之间的关系；建立工业中心，负责生产的专业化和企业之间的协作；设立国营农业企业，增加对农产品收购的长期合同。这些改革措施，虽然使国家管理经济的方式方法更加灵活，实践中也取得了一定效果，但没有从根本上触动高度集中的体制。

从1970年到1980年，罗马尼亚实施了两个五年计划，突出强调优先发展重工业和实行高积累、高速度的方针。优先发展重工业战略，促进了经济的高速发展和工业经济的繁荣，但也带来了经济结构失衡和生活消费品匮乏的问题，影响了经济快速发展。从20世纪70年代中期以后，罗马尼亚的经济增长率开始下降。为保持经济发展的速度，罗马尼亚大举向西方借债，背上了沉重的债务包袱。为偿还西方债务，罗马尼亚采取严厉的紧缩政策，使人民群众的生活水平和生产积极性受到严重影响。

齐奥塞斯库在其担任罗共中央第一书记的后期，拒绝实行改革，导致积压多年的弊病始终得不到根本解决。他还大搞集权统治和个人崇拜，许多重大决策不顾群众的利益和呼声，因而逐渐失去民心。20世纪80年代中期以后，罗马尼亚出现严重的经济困难，社会矛盾日益尖锐。

（三）捷克斯洛伐克的社会主义建设道路

1948 年 5 月，捷克斯洛伐克共产党在苏联的支持下，取得了对国家的领导权。在建国初期，捷克斯洛伐克基本上照搬“苏联模式”，国民经济有了很大的发展，但同时也导致权力高度集中，经济结构失衡，群众生活改善缓慢。

捷克斯洛伐克从 1949 年开始执行第一个五年计划，主要是优先发展重工业，实现工业、农业以及交通运输业的装备设备现代化，取缔个体小企业和私有经济。第一个五年计划进展得比较顺利，捷克斯洛伐克工业迅速发展，从 1949 年到 1953 年，生产性国民收入年均增长率为 9. 7%，工业生产年均增长率为 14. 1%。但是在苏联的影响下，捷共于 1951 年对原计划进行了修改，大大提高了计划指标，结果不仅没有完成修改后的指标，而且造成了国民经济比例失调，导致消费品工业的增长速度远远落后于生产资料工业的增长速度，农业生产发展缓慢，市场供不应求，人民群众不满情绪上升。1953 年 6 月，斯柯达汽车厂工人进行大罢工，并引发骚乱事件。

鉴于这些情况，1953 年 9 月，捷共决定停止执行修改后的五年计划，进行为期两年的经济调整。1954 年，捷共十大又对经济管理体制进行了批评。1956 年，捷共决定简化国民经济管理体制，逐步下放中央权力。与此同时，社会主义阵营连续发生了几个重大事件：1956 年 2 月，苏共二十大召开；6 月和 10 月，波兰发生了波兹南事件和“十月事件”；10 月，爆发了匈牙利事件。这些事件在捷克斯洛伐克引起了巨大震动和强烈反响。在国内外压力下，捷共领导人诺沃提尼决心对经济管理体制进行调整。在 1958 年 2 月召开的中央全会上，捷共提出了进行国民经济管理体制改革的设想，如减少管理层次，以劳动生产率等指标取代总产值指标，给企业一定的自主权，实行普遍的奖励制度，从物质利益上对企业和职工进行刺激等。经过这次改革，捷克斯洛伐克劳动生产率有所提高，国民收入平稳增长。但这些改革并没有触动高度集中的经济管理体制，而且在苏联的影响下，捷克斯洛伐克宣布国家进入了发达的社会主义正在向共产主义过渡的新阶段，并提出了一些不切合实际的高指标，导致新的经济困难。捷共认为，经济困难是经济管理改革的结果。因此，20 世纪 60 年代初，捷共决定放弃改革，恢复中央集权的管理体制。

第三个五年计划（1961—1965）期间，捷克斯洛伐克的国民收入年均增长率只有 2%，国内要求改革的呼声越来越高。虽然捷共此后提出了一系列改革经济管理体制的措施，但并没有从根本上改变国家经济比例失调的局面，人民生活也没有得到明显的改善。1967 年，捷克斯洛伐克的经济遇到困难，工农业总产值连年下降，供应紧张，人民生活水平下降，群众不满情绪增长，社会矛盾激化。在这种情况下，党内外要求捷共领导人诺沃提尼下台和要求改革的呼声日益高涨。1968 年 1 月，捷共中央全会选举杜布切克为党中央第一书记。4 月，捷共中央通过了著名的“行动纲领”，决定全面开展政治、经济体制改革，“着手建设新的、高度民主的、符合捷克斯洛伐克条件的那种模式的社会主义社会”。国际社会把这场改革运动称为“布拉格之春”。

这一改革方案主要表现在以下几个方面：第一，改革党的领导体制。主张实行党政适当分开，而不应当以党代政，否则，会削弱各个机构的主动性和责任心，损害党的威信。第二，改革国家的政治体制。主张权力不宜过分集中于某一环节、某一机构或某个人，要加强法制建设和法律监督，以防止独断专行。第三，改革旧的经济体制。努力振兴经济和使经济过渡到集约化发展，发挥社会主义市场的积极作用，实行有计划的市场经济，实行多层次的社会所有制。要更有效地参加国际分工，使捷克斯洛伐克的经济逐步向世界市场开放。第四，执行独立的对外政策。强调应该对重大国际问题提出自己的主张，要在“互相尊重、主权平等和国际主义团结”的基础上，进一步加强同苏联和社会主义大家庭各国的关系，同时实行更积极的欧洲政策。

但是，随着改革的深入，捷克斯洛伐克的社会舆论和媒体开始失控。在西方和平演变策略的挑动下，国内反社会主义势力也蠢蠢欲动。社会矛盾的激化加剧了党内的斗争。捷克斯洛伐克出现反苏情绪，要求冲破“苏联模式”，摆脱苏联和苏共的控制。这超出了苏联“容忍”的底线。苏联对捷克斯洛伐克的改革由关注转向施压，继而干预，并最终出兵武力干涉，所谓的“布拉格之春”夭折，捷克斯洛伐克的全面政治、经济体制改革也随之告终。“布拉格之春”失败后，捷克斯洛伐克经济社会发展又回到了苏联模式上。虽然继任捷共中央第一书记的胡萨克对国民经济管理体制又进行了一些调整，但基本上无关痛痒。

1986 年 3 月，捷共十七大提出加速经济发展战略，要求继续进行经济和政治体制改革。例如，精简机构，注意党政分工；加强立法与执法；发扬和完善社会主义民主，广泛吸收劳动人民参与管理国家和公共事务等。但领导层在改革问题上存在分歧，反对派的活动日益加剧，改革缺乏稳定的社会环境，收效甚微。同时，在条件不成熟的情况下进行政治体制改革，也为反对派力量的壮大创造了条件。

（四）民主德国的社会主义建设道路

第二次世界大战后，德国苏占区宣告成立德意志民主共和国，一般简称“民主德国”，也称“东德”。民主德国是在特殊国际环境下开始社会主义建设的，始终处于社会主义和资本主义两大阵营的斗争前沿。

1950 年 7 月下旬，德国统一社会党（1946 年由苏占区的德国共产党和德国社会民主党合并而成）召开党的三大，决定实行第一个五年计划（1951—1955），优先发展重工业，确立了高度集中的计划管理体制。从 1956 年春开始，民主德国对如何从本国实际情况出发建设社会主义进行了讨论，并开展了一系列实践，如对工业管理体制进行改组，设立国家经济委员会统一管理国民经济，在同类企业较为集中的地方组建新的国营企业联合公司，管理原先由中央管理的工业企业等。从整个 20 世纪 50 年代来看，民主德国的社会主义建设虽然经历了许多困难和曲折，但仍然取得了很大成就。到 1959 年年底，民主德国人均国民生产总值达 1800 美元，人民生活水平有了较大改善，全国普及了十年制义务教育，培养了一大批技术工人队伍。

20 世纪 60 年代初期，民主德国经济发展速度相对减慢，而且受本国居民多年来持续不断逃亡联邦德国的影响，社会不安定因素增长。针对这种状况，1963 年 1 月，德国统一社会党召开六大，提出要根据民主德国的实际情况，改善国民经济管理体制，进行经济改革，如扩大联合公司的管理权限，以利润作为评价企业经营的主要标准，调整工业品价格，实行新的农业价格体系等。这次改革促进了民主德国的经济发展，国民收入、工业生产、居民消费水平等都得到较大提高。

1971 年，德国统一社会党召开八大，提出执行“经济政策和社会福利政策相统一”的方针，要“根据我国的具体条件，创造性地建设社会主义”。同时，大会还通过了《关于在德意志民主共和国建设发达社会主义社会及其主要任务的决议》。1976 年，德国统一社会党召开九大，提出实行以集约化和合理化为中心的建设方针，努力发展科技研究和应用。20 世纪 70 年代以来，民主德国的智力投资年均增长率为 10%，投资总额占国民收入的 7%—8%。到 80 年代初，民主德国全国就业人员中受过职业教育的人高达 80.2%。科研经费也逐年增加，1980 年，科研经费占国民收入的 4.3%。对教育和科研的重视和投入，是 70 年代后半期民主德国经济实现稳步增长的一个重要原因。

1981 年，德国统一社会党十大提出了“80 年代经济战略”，认为简化管理体制、建立联合企业是经济改革的一项重要内容。到80年代中期，全国由中央领导的工业、建筑业、交通运输业和邮电事业的联合企业达到170多个。1987年，德国统一社会党提出要使民主和中央管理相适应，以提高企业的自主权，提高经济效益和产品质量。

（五）阿尔巴尼亚的社会主义建设道路

从1944年到1985年，恩维尔·霍查一直担任阿尔巴尼亚党政军的最高领导人，长达42年之久。在霍查的领导下，阿尔巴尼亚实行高度集中的政治、经济体制，反对进行改革，并坚持认为阶级斗争“是社会主义建设的基本条件”，是争取革命胜利、建设社会主义和向共产主义过渡的主要动力。这一观点成为阿尔巴尼亚劳动党制定政治路线和开展各项工作的基本指导思想。

1948年，阿尔巴尼亚劳动党举行一大，通过了发展国民经济的两年计划（1949—1950），决定改造和发展工农业和运输业。两年计划基本完成后，作为欧洲落后农业国家的阿尔巴尼亚，国民经济中工农业的比重出现巨大变化，工业总产值在国民经济中的比重达到40.6%。1952年，阿尔巴尼亚劳动党召开二大，通过了“一五”计划（1951—1955），规定党在这一阶段的主要任务是巩固工农联盟，加强工人阶级领导，加大对重工业基础设施的投资和建设，以更快的速度把阿尔巴尼亚从落后的农业国转变为农业—工业国。“一五”计划结束后，阿尔巴尼亚基本上形成了高度集中的经济管理体制。在第二个五年计划（1956—1960）期间，阿尔巴尼亚决定主要依靠并利用现有生产能力和调动潜力发展工矿业，通过农业生产的社会主义改组迅速发展农业生产，加速实现农业集体化。“二五”计划完成后，阿尔巴尼亚农业集体化耕地达到87%，但农业指标完成不理想，粮食还没有达到自给的水平。此后，经过几个五年计划的建设，到1980年年底，阿尔巴尼亚的经济有所发展，电力、煤炭、矿石、造纸等部门的生产有较大增长，但经济状况不佳、资金外汇短缺、生产技术落后等情况并没有得到明显改善。

1985年，阿利雅当选为阿尔巴尼亚劳动党中央第一书记，在政治、经济领域采取了一些灵活务实的做法。理论上，提出摆脱教条主义，批判宗派主义；实践上，重视发展轻工业和食品业，放宽对市场的管制，要求领导干部转变作风、深入实际。但阿利雅多次表示要永远按照霍查的路线进行工作，因此，阿尔巴尼亚并没有发生实质性的变化。

总之，战后东欧各国走上了社会主义道路，在社会主义建设中进行了艰辛的探索，都取得了一定的成绩。南斯拉夫在苏南冲突后主动进行改革，形成了自治社会主义制度，探索了一条不同于苏联模式的建设道路；匈牙利、波兰和捷克斯洛伐克的经济体制改革和政治体制改革同步进行，收到一定效果，但遭到苏联的粗暴干涉，陷入被动，改革曲折艰难；罗马尼亚和保加利亚注重改革经济体制，而几乎没有涉及政治体制改革；民主德国和阿尔巴尼亚的领导人对改革不够积极，在内外压力下被迫进行了局部改革。这些国家的改革都没有从根本上突破苏联的僵化模式，不够彻底，留下了很多社会问题。

五、越南、朝鲜、老挝、古巴、蒙古等国的社会主义建设

第二次世界大战后，越南、朝鲜、老挝、古巴、蒙古等国在苏联、中国等国的影响和帮助下，走上了社会主义道路，开始了社会主义建设，取得了重要成就。

（一）越南的社会主义建设

1945 年 8 月，印度支那共产党领导“八月革命”。9 月 2 日，建立了越南民主共和国，共产党在越南北方执掌政权。11 月，因斗争形势变化，印度支那共产党宣布“自动解散”。1951 年 2 月，印度支那共产党召开第二次全国代表大会，将党的名称更改为越南劳动党，并恢复公开活动，胡志明当选为越南劳动党中央委员会主席。1976 年 12 月，越南劳动党召开四大，将越南劳动党改名为越南共产党。

越南民主共和国成立后，法国不甘心失去印度支那的殖民地，发动了全面侵越战争。越南劳动党领导越南人民经过 9 年抗法战争，于 1954 年取得胜利，解放了越南北方地区。

北方恢复和平以后，越南民主共和国大力恢复国民经济，进行了大规模的土地改革运动，铲除了封建的生产关系，调动了农民的生产积极性，巩固了工农联盟。210 多万农户分得了 80 多万公顷土地，占土地改革地区总户数的 72.8%。同时，对过去法国资本控制的企业实行征用和征购，并努力新建了许多企业，使得国营工业迅速增长。1956 年，国营工业的产值为 1955 年的 412%；1957 年为 1956 年的 156.2%，比 1955 年增加了 5 倍多，在产值上超过了战前最高水平。从 1958 年开始，越南进入发展和改造国民经济的三年计划时期，基本上完成了对农业、手工业和资本主义工商业的社会主义改造，发展和巩固了国营经济成分。1961 年，越南开始实施第一个五年计划，取得了巨大成

就。工业总产值每年增长14%，粮食产量比历史最高水平的1939年增加了2倍，畜牧业增加了1倍，经济作物总产值增加了6倍。

1964年8月，美国扶植的南方傀儡政权挑起了对北方的战争，企图消灭越南劳动党领导的人民政权。越南人民在越南劳动党的领导下，经过10多年的抗美救国战争和解放战争，于1975年实现了南北统一。1976年12月，越南劳动党召开四大，制定了经济路线和第二个五年计划。越共认为，越南已"进入了社会主义过渡时期"，采取了"加速社会主义改造"、迅速"从小生产走上社会主义大生产"的方针，提出尽快取消各种非社会主义成分经济。这种急于完成社会主义过渡时期任务的认识和做法，脱离了越南实际，不符合社会主义发展规律，使得越南经济日趋恶化，国民生产总值增长率由1976年的11%降到1979年的不到1%，第二个五年计划的经济指标都没有完成。

越南在20世纪70年代末陷入了严重的经济社会危机，生产效率低下，粮食、日用品等严重短缺，城乡居民生活困难，国际上日益孤立。1986年12月，越南共产党召开了第六次全国代表大会，对过去10年进行了反思和总结，承认党和国家的"领导和管理工作在战略指导思想和政策方针方面，特别是在经济政策方面犯了严重的错误"；认为越共没有充分认识到社会主义过渡时期是一个相当长的历史过程，指出越南的社会主义过渡时期必定长期又充满困难，现在仍处在社会主义过渡时期的初级阶段，应特别注意掌握并正确运用关于生产关系必须与生产力性质和水平相适应的规律，要在更新思维的基础上深入进行生产结构的调整和经济管理体制的革新，坚决废除集中统包制；主张充分发挥包括私人资本主义在内的各种经济成分的积极作用，发展"以国营经济为主体的有计划的商品经济"。随着越共六大全面革新路线的确立，越南开始进入革新开放的历史进程，越南社会主义发展进入了一个新的时期。

（二）朝鲜的社会主义建设

1953年7月，朝鲜战争结束后，朝鲜劳动党立即领导朝鲜人民积极投入医治战争创伤、恢复国家经济的艰巨斗争。1953年8月，朝鲜劳动党中央委员会召开第六次全体大会，讨论并决定了恢复和发展国民经济的方针，确定了战后经济建设的基本路线，即"优先发展重工业，同时发展轻工业和农业"。按照这个基本方针，在中国、苏联等社会主义国家的无偿援助下，朝鲜从1954年起实行恢复和发展国民经济的三年计划。到1956年年底，国营工业和合作工业的总产值已超额完成计划22%，比1953年增长1.8倍，比1949年增长80%；农业的恢复和发展也取得了很大成就，粮食总产量连年增长，达到 287.3 万吨，比 1953 年增产 24%；人民生活水平有了显著提高，1956 年国民收入比 1953 年增加了 1.1 倍，比 1949 年增长 40%以上，职工和农民的实际收入都超过了战前水平。

经过艰苦奋斗，朝鲜人民提前并超额完成了三年计划提出的各项任务。1956 年，社会主义经济成分在工业生产中的比重已达到 98%。这不仅恢复了遭受战争严重破坏的经济，而且显著改变了原来殖民地经济的畸形状态，初步奠定了民族经济的基础，从根本上改变了社会的经济结构，巩固了社会主义经济基础。

1957—1961 年，朝鲜开始执行发展国民经济的第一个五年计划，继续优先发展重工业，1958 年年底基本完成社会主义改造。1961—1967 年，朝鲜执行发展国民经济七年计划，并延长了 3 年，工业生产大幅度发展，经济结构发生明显变化。1956—1970 年，工业总产值增长 10.6 倍。1970 年 11 月，朝鲜劳动党召开五大，宣布朝鲜已完成社会主义工业化的历史任务。1971—1976 年、1978—1984 年，朝鲜先后完成发展国民经济的六年计划和第二个七年计划，各项社会主义建设事业取得重大进展，工业部门有了飞跃性的发展。1979 年，工业生产总值比 1970 年增长 3.8 倍，消费资料生产增长 3.7 倍；1984 年，粮食产量达 1000 万吨，人均 550 公斤左右；从 1975 年开始，全面实行普遍的十一年制义务教育。

（三）老挝的社会主义建设

老挝是迄今世界上最晚建立的社会主义国家，成立于 1975 年。作为以社会主义为方向的老挝，执政党是由前印度支那共产党演变而来的老挝人民革命党，宗旨是领导人民进行民主革命斗争，建设和发展人民民主制度，建立和平、独立、民主、统一和繁荣的老挝，为逐步进入社会主义创造条件。1975 年 5 月，在越南、柬埔寨的抗美救国战争相继取得胜利的大好形势下，老挝人民革命党号召老挝人民奋起开展夺权斗争，并于 9 月由秘密走向公开。老挝党的领导人、政府总理凯山·丰威汉代表党和政府宣布，“老挝已完成了民族民主革命”，“开创了走向独立、民主和社会主义的新纪元”。老挝在 1975 年 12 月建立起的政治制度带有社会主义性质，尽管还不是真正意义上的社会主义国家，但老挝人民革命党始终认为，其执政的国家是以社会主义为方向的。

1976 年，老挝开始实行社会主义改造，在农村全面开展合作化运动，对农民的余粮实行国家收购政策。1979 年，老挝人民革命党提出老挝在走向社会主义过渡时期。这种超越阶段的做法，脱离老挝实际，造成经济停滞，国家经济和人民生活没有摆脱十分落后和贫困的状态。

1986 年 11 月，老挝人民革命党召开四大，总结了以往的经验教训，认为党在社会主义改造问题上存在主观急躁思想，经济管理体制上存在过分集中、官僚、统包和不充分考虑经济效益等问题，提出实行“革新开放”政策。经济上，在农村推行家庭承包制，加大对农业的投入，加强农业立法，并逐步实现水利建设的系统化；政治上，积极稳步地推进政治体制改革，如精简机构，提高办事效率，完善干部制度，提高干部素质，逐步实现高级领导层的新老交替，重视干部队伍的革命化、知识化和年轻化建设，加强廉政建设，加强民主法制建设；对外关系上，积极扩大对外开放，制定改善国内投资环境的法律、法规，吸引外资，并对外国的投资活动进行适当的引导，加强同各国的贸易往来。“革新开放”政策的实施，使老挝经济得到较快发展。

（四）古巴的社会主义建设

经过长期的武装斗争，古巴人民在菲德尔·卡斯特罗的领导下推翻了亲美的巴蒂斯塔独裁政权的统治，于 1959 年 1 月建立了革命政府。从 20 世纪 60 年代开始，古巴实行社会主义改造，首先将大企业和外资企业全部收归国有，接着用支付补偿费的办法将大中型商店收归国有。1968 年开展“革命攻势运动”，将私营商业和手工业国有化。通过实行土地改革，将全国 70%的土地收归国有并组织农业生产合作社。从此，古巴开始了“全面建设社会主义”的历史阶段。

古巴从 20 世纪 60 年代初就开始对食物和日用必需品实行配给制，如面包、大米、食用油、黑豆、咖啡、鸡蛋等由政府提供补贴，民众象征性地支付费用购买。对 7 岁以下、70 岁以上人群及有特殊需要的病人适当照顾。20 世纪 70 年代到 80 年代初是古巴商品供应最好的时期，也是民众生活较富裕的时期，除供应日用必需品外，还供应衣服鞋帽、儿童玩具、雪茄烟酒等工业品。由于美国的政治颠覆、经济封锁、外交孤立，以及古巴在社会主义建设实践中“犯了唯心主义错误”、违反了客观经济规律，几十年来，古巴的经济发展并不快，除 1971—1975 年经济增长达到 10%以外，其余年份的经济增长率不高，一直在 2%左右徘徊。古巴实行的社会福利闻名于世，尤其是长期实行免费教育、免费医疗和社会保险，使广大群众得到实惠，扩大了社会主义的影响。到 80 年代末，古巴进入“和平时期的特殊阶段”，工业品配给被取消，食品和日用必需品配给也开始减少，但仍坚持配给制。直到 20 世纪 90 年代中期以后，古巴实行政策调整，经济发展逐渐走出低谷。

（五）蒙古国的社会主义建设

从 1948 年开始，蒙古人民共和国顺利实施了七个发展国民经济的五年计划和一个三年计划。在苏联、中国等社会主义国家的援助下，蒙古国进行了社会主义改造，最大限度地利用国内资源，全力发展生产力，提高劳动人民的物质文化生活水平，大力发展保健、文化教育事业，使由单一的畜牧业国逐渐变成拥有矿业、动力、燃料等工业体系的现代工业国。社会总产值由 1960 年的 27 亿图格里克增加到 1980 年的 64 亿图格里克，增加了 1.4 倍；人均产值 1980 年比 1960 年增长了 95%；工业总产值 1980 年比 1960 年增长了 34.9 倍，工业总产值占社会总产值的比值由 1960 年的 24.5%增长到 1980 年的 42.5%；城市人口比重从 1956 年的 21%上升到 1989 年的 55.7%，职工平均工资 1980 年比 1960 年增加了 30%；1976 年 16—49 岁的人中受过初等及以上教育的人占 92.8%，中等专科学校数 1978 年比 1960 年增加了 60%，学生人数增加了 1 倍。

在社会主义建设过程中，蒙古国仿效苏联的政治、经济体制，内政外交基本上受苏联控制。进入 20 世纪 80 年代后，受其他社会主义国家改革影响，蒙古人民革命党提出要扩大企业自主权，实行经济核算制，开放农牧业产品自由市场，鼓励社员发展家庭副业。1986 年 5 月，蒙古人民革命党十九大决定全面实行经济体制改革，改革计划管理体制和财政金融体制，推行承包制，鼓励个体经济，大力吸引外国投资，收到一定效果，但总体上没有解决经济效益和产品质量低下问题，日用消费品短缺，对苏联和经互会依赖严重。

第二节　中国共产党对社会主义建设道路的探索

1949 年，中华人民共和国的成立，开启了中国历史发展的新纪元，壮大了世界社会主义阵营的力量，对于国际共产主义运动的发展具有重大而深远的意义。中国共产党由此肩负起领导全国各族人民进行社会主义革命和建设的历史重任。以毛泽东同志为主要代表的中国共产党人，继续把马克思列宁主义基本原理同中国具体实际相结合，带领全国人民积极探索适合本国国情的社会主义改造和社会主义建设道路，取得了令人瞩目的伟大成就，为中国的经济发展和社会进步奠定了坚实的基础。中国共产党对社会主义建设道路的创造性探索，是国际共产主义运动发展历史上的重要一页。

一、中苏建交与借鉴苏联经验

中华人民共和国成立伊始，就面临着严峻的形势和挑战。国民党反动派在大陆留下一个千疮百孔的烂摊子，国家一穷二白，民不聊生、百废待兴。如何在经济文化相当落后的条件下进行社会主义建设，是摆在中国共产党人面前的一个崭新而又严峻的课题。苏联是世界上第一个社会主义国家，1949 年中华人民共和国成立时，苏联在社会主义的道路上已经走过了 30 多年，在建设社会主义的理论和实践上都取得了许多重要成就，在国际共产主义运动中发挥了重要的示范作用。因此，借鉴苏联经验，与苏联结盟，争取苏联政治上的支持和经济上的支援，对于当时中国的社会主义建设是十分必要的，也是刚刚夺取全国政权的中国共产党所面临的必然选择。

在中华人民共和国成立前夕的 1949 年 6 月，毛泽东发表了《论人民民主专政》一文。毛泽东指出，欲达到胜利和巩固胜利，必须一边倒。积 40 年和 28 年的经验，中国人不是倒向帝国主义一边，就是倒向社会主义一边，绝无例外。中华人民共和国成立后，执政的中国共产党提出向以苏联为首的社会主义阵营“一边倒”的外交方针。这是毛泽东等中国共产党人在总结中国革命历史经验的基础上，从当时整个国际战略格局出发作出的战略决策。中华人民共和国成立后特别是朝鲜战争之后，美国等帝国主义国家对中华人民共和国采取了政治上孤立、经济上封锁、军事上包围的政策。而且，美国竭力阻挠其他国家承认中华人民共和国，阻挠中华人民共和国恢复在联合国的合法席位。

1949 年 10 月 2 日，中华人民共和国成立第二天，苏联政府宣布正式与中华人民共和国建立外交关系并派遣大使，成为世界上第一个承认中华人民共和国的国家。同年 12 月 6 日，毛泽东率团前往苏联进行长达两个多月的访问。1950 年 2 月 14 日，《中苏友好同盟互助条约》等文件在莫斯科签订，标志着两国同盟的正式建立。毛泽东曾强调指出：“这次缔结的中苏条约和协定，使中苏两大国家的友谊用法律形式固定下来，使得我们有了一个可靠的同盟国，这样就便利我们放手进行国内的建设工作和共同对付可能的帝国主义侵略，争取世界的和平。”① 中苏结盟对国际共产主义运动的发展具有重大意义。在苏联的

① 《批准中苏条约及协定》，《人民日报》1950 年 4 月 13 日。

带动下，一批新生的人民民主国家相继与中国建交。中苏结盟不仅使欧亚社会主义在地理上连成一片，而且在政治上也实现了联合，增强了社会主义阵营的力量。中苏结盟也有利于世界各国无条件承认中华人民共和国，废除旧约，签订新约，从而巩固中华人民共和国的国际地位。苏联的经济援助，使中国突破了帝国主义的封锁，为中华人民共和国成立初期的经济发展奠定了坚实的基础。

学习借鉴苏联经验，建设新中国的问题很快被提上日程。1950 年 2 月，毛泽东在结束访苏的临别演说中强调，苏联经济文化及其他各项重要的建设经验，将成为新中国建设的榜样。1953 年 2 月，在全国政协一届四次会议闭幕会上，毛泽东指出："我们要进行伟大的五年计划建设，工作很艰苦，经验又不够，因此要学习苏联的先进经验……应该采取真心真意的态度，把他们所有的长处都学来，不但学习马克思列宁主义的理论，而且学习他们先进的科学技术，一切我们用得着的，统统应该虚心地学习。""应该在全国掀起一个学习苏联的高潮，来建设我们的国家。"① 关于学习苏联，毛泽东在 1957 年第二次访问苏联时再次强调指出："中国共产党所领导的人民革命，从来就是十月革命所开始的世界无产阶级社会主义革命的一个组成部分。中国革命有自己民族的特点，估计到这些特点是完全必要的。但是不论在革命事业中和社会主义建设事业中，我们都充分地利用了苏联共产党和苏联人民的丰富经验。"②

1953 年 5 月，中苏签署《关于苏维埃社会主义共和国联盟政府援助中华人民共和国中央人民政府发展中国国民经济的协定》等文件，规定苏联援助中国新建和改建 91 个工业项目。加上 1950 年已确定援建的 50 个项目，共有 141 个项目。1954 年 10 月，苏联政府又增加了 15 个援助项目，由此形成中国"一五"时期苏联援助建设的 156 项重点工程。"二五"时期，苏联又向中国援助了 100 多个成套设备项目。这些项目以及东欧国家提供的 100 多套成套设备，构成了 20 世纪 50 年代中国工业建设的核心和骨干。

总之，作为世界上第一个社会主义国家，苏联的实践经验和做法对中国的社会主义建设产生了重要影响。中国共产党一方面认真学习借鉴苏联经验，另一方面认真研究本国国情和具体实际，积极探索具有本国特点的社会主义改造

① 《毛泽东文集》第六卷，人民出版社 1999 年版，第 263—264 页。
② 《毛泽东文集》第七卷，人民出版社 1999 年版，第 314 页。

和建设道路。

二、过渡时期总路线和社会主义改造的胜利

在中国实现社会主义，是中国共产党自成立起就确定的奋斗目标。但是，中国半殖民地半封建社会的性质，决定了实现社会主义必须分两步走，即必须经过新民主主义革命才能转入社会主义革命。早在中华人民共和国成立前夕，中国共产党就提出由新民主主义过渡到社会主义的设想，即先经过一个“相当长时期”的新民主主义社会，待工业发展了，国营经济壮大了，再采用社会主义的步骤，实行私人资本主义经济的国有化和个体农业的集体化。

中华人民共和国成立后，中国共产党在不断巩固人民政权的同时，又致力于建立新的经济秩序，作出争取国家财政经济状况基本好转的重要部署；完成反封建的土地改革和各项民主改革，彻底废除封建土地制度，在全社会兴起民主改革运动；新民主主义经济方针得到认真贯彻，农业互助合作事业得到初步发展，民主建设、文化建设和党的建设都得到加强。经过1949—1952年三年的努力，在着重完成包括土地改革、镇压反革命等在内的民主革命遗留任务的同时，中国共产党领导人民致力于恢复被长期战争破坏了的国民经济，国家和社会生活发生深刻变化。

到1952年，中国经济关系呈现出一系列重大变化：公私经济比重有根本性变化，社会主义性质的国营经济在整个国民经济中的领导地位进一步增强，为中国逐步过渡到社会主义奠定了物质基础。在全国工业（不包括手工业）总产值中，国营工业从1949年的34.2%上升到1952年的52.8%，私营工业从63.3%下降到39%。在社会商品批发总额中，国营商业从1950年的23.2%上升到1952年的60.5%，私营商业则从76.1%下降到36.3%。私营工商业经过调整，有相当一部分被纳入国家资本主义轨道，接受国家不同程度的管理和监督。土地改革任务基本完成，农业互助合作运动在广大农村普遍开展，参加互助组的农户占农户总数的40%。与此同时，中国经济社会发展过程中也出现一些新的矛盾和问题。国家开始有计划地进行大规模经济建设，对资源、资金和技术的需求很大，而土地改革后个体农民扩大再生产的能力有限，私人资本主义经济同国营经济存在矛盾和冲突，不能满足大规模经济建设的要求。从国际环境看，大多数资本主义国家还处于战后的恢复和不景气状态，而以苏联为首的社会主义国家正显示着向上发展的活力。在这样的形势下，中国共产党根据

实践的发展和情况的变化，适时制定和实施党在过渡时期的总路线。1952 年 9 月，毛泽东提出了向社会主义过渡的问题。

经过深入调研、反复酝酿和准备，1953 年 12 月，毛泽东对过渡时期总路线作了完整的表述："从中华人民共和国成立，到社会主义改造基本完成，这是一个过渡时期。党在这个过渡时期的总路线和总任务，是要在一个相当长的时期内，逐步实现国家的社会主义工业化，并逐步实现国家对农业、对手工业和对资本主义工商业的社会主义改造。这条总路线是照耀我们各项工作的灯塔，各项工作离开它，就要犯右倾或'左'倾的错误。"①

1954 年 2 月，中共七届四中全会正式批准了这条总路线。过渡时期的总路线，是中国共产党依据中华人民共和国成立后经济、政治条件的新变化而作出的重大决策，符合当时社会发展的实际和规律，成为动员和团结全国各族人民为建设社会主义新中国而奋斗的纲领，在中国社会主义发展史上具有重大的意义。

这条简称为"一化三改"的过渡时期的总路线，曾被形象比喻为"一体两翼"的总路线，其主体或根本任务是逐步实现社会主义工业化，两翼分别是对农业、手工业的社会主义改造和对资本主义工商业的社会主义改造。推进社会主义工业化和两种性质不同的社会主义改造，三者是彼此联系、相互促进、不可分割的有机整体，体现了解放、保护和发展生产力与变革生产关系的辩证统一。

根据党在过渡时期的总路线，逐步实现社会主义工业化是改变中国落后面貌并走向富强的关键所在，而制定第一个五年计划则是完成这一历史任务的重要步骤。从 1951 年开始，中国着手编制"一五"计划。1955 年 3 月，中国共产党全国代表会议原则通过了"一五"计划草案。7 月，第一届全国人民代表大会第二次会议正式审议通过了"一五"计划，认为这个计划是全国人民为实现过渡时期总任务而奋斗的具有决定意义的纲领，是和平的经济建设和文化建设计划。

"一五"计划的基本任务是：集中主要力量发展重工业，建立国家工业化和国防现代化的初步基础；相应地发展交通运输业、轻工业、农业和商业；相应地培养建设人才；有步骤地促进农业、手工业的合作化；继续进行对资本主

① 《毛泽东文集》第六卷，人民出版社 1999 年版，第 316 页。

义工商业的改造；保证国民经济中社会主义成分的比重稳步增长，同时正确地发挥个体农业、手工业和资本主义工商业的作用；保证在发展生产的基础上逐步提高人民物质生活和文化生活的水平。在“一五”计划的实施过程中，全国城乡形成了参加和支援国家工业化的热潮，工人阶级以主人翁的姿态展开了热火朝天的劳动竞赛，广大知识分子和科技人员积极响应国家号召奔赴工业建设第一线，6万多名干部转入工业战线，全国各条建设战线喜报频传。在全国人民团结一致的艰苦奋斗中，“一五”计划顺利实施，中国工业化快速发展起来。

在建设社会主义工业化的同时，实行对生产资料私有制的社会主义改造的任务也提上日程。过渡时期总路线的实质在于解决所有制问题，就是使生产资料的社会主义所有制成为国家和社会的经济基础。中国共产党创造性地提出了对个体农业、个体手工业、资本主义工商业进行社会主义改造的基本理论和政策，走出一条适合中国国情的社会主义改造道路。对个体农业，主要是遵循自愿互利、典型示范和国家帮助的原则，重点发展半社会主义性质的初级农业合作社，再发展到社会主义性质的高级农业生产合作社；对个体手工业，也采取了类似的改造办法；对资本主义工商业，则从委托加工、计划订货、统购包销、委托经销等国家资本主义的初级形式，逐步向高级形式的公私合营过渡。

到1956年，生产资料私有制的社会主义改造取得了决定性的胜利。农业合作化加速完成，农村集体所有制得以确立；手工业合作化基本完成，手工业生产合作社加快发展；资本主义工商业实现全行业公私合营，企业的生产潜力得到充分发挥。农业、手工业个体所有的私有制，基本上转变为劳动群众集体所有的公有制；资本家所有的资本主义私有制基本上转变为国家所有即全民所有的公有制。这样，全民所有制和劳动群众集体所有制这两种形式的社会主义公有制经济，已经占有绝对统治的地位。总的来看，完成对生产资料私有制的社会主义改造，在中国这个当时有几亿人口的大国，实现了生产关系的深刻变革，标志着社会主义基本制度在中国的初步确立。这是一个具有伟大历史意义的事件，也是国际共产主义运动史上的一个壮举。党根据中国的实际创造了一系列从初级到高级向社会主义逐步过渡的形式，从而成功地实现了马克思、列宁曾经设想的对资产阶级的“和平赎买”，使中国的社会主义道路具有了自己的特色，并以新的经验丰富了科学社会主义理论。但是，在推进社会主义改造过程中，特别是在社会主义改造后期，也存在不少缺点和偏差，比如要求过急、工作过粗、改变过快、形式过于单一等，以致在长时间内遗留了一些问题。

在中华人民共和国成立之后的这一时期，中国社会主义政治制度、文化制度等也基本形成。在政治方面，中国共产党的领导核心作用不断巩固，工人阶级在整个国家的领导地位不断加强，工农联盟在新的社会主义制度的基础上也进一步巩固。1954 年 9 月，《中华人民共和国宪法》颁布实施，人民代表大会制度正式实行，中国共产党领导的多党合作和政治协商制度继续发展。在思想文化方面，马克思列宁主义、毛泽东思想在全党全国的指导地位进一步加强，社会主义的民族的、科学的、大众的文化建设全面展开。在社会建设方面，社会主义新型的社会关系初步形成，社会面貌为之一新。由此，中国的发展进入了全面建设社会主义的新的历史阶段。

三、《论十大关系》的发表和中共八大的召开

1956 年，社会主义改造基本完成以后，如何领导全国各族人民在新建立的社会主义制度的基础上迅速发展生产力，实现国家富强和人民富裕，成为摆在中国共产党面前的最重要的历史任务。经过“一五”计划实施后三年多的实践，中国共产党深刻认识到，苏联经验并非都是成功的经验，而且即使是成功的经验也不一定都适合中国的国情。随着我国社会主义建设事业的推进，苏联经验和做法的一些弊端在实践中逐渐暴露出来。

在苏共二十大召开之前，以毛泽东为主要代表的中国共产党人就开始思考中国社会主义建设道路的走法和社会主义建设的做法问题。1956 年 2 月苏共二十大的召开，推动中国共产党人进行更深入的思考。在苏共二十大上，赫鲁晓夫尖锐地揭露和批判了斯大林在领导苏联社会主义建设中所犯的一系列重大失误和错误，在国际社会特别是社会主义国家内产生了极大震动。毛泽东指出，对苏共二十大，重要的问题在于我们从中得到什么教益。最重要的是独立思考，把马列主义的基本原理同中国革命和建设的实际相结合。民主革命时期我们在吃了大亏之后才成功地实现了这种结合，取得了新民主主义革命的胜利。现在是社会主义革命和建设时期，我们要进行第二次结合，找出在中国怎样建设社会主义的道路。

以苏为鉴，总结经验，努力探索一条适合中国国情的社会主义建设道路，就历史性地提到了全党工作的议事日程上。毛泽东《论十大关系》的发表和中共八大的召开，是这一探索的良好开端。

1956年2—4月，毛泽东用43天的时间，共听取国务院34个部门的工作汇报。在深入调查研究的基础上，毛泽东形成了一些对中国社会主义建设具有长远指导意义的思想。1956年4月25日，毛泽东在中央政治局扩大会议上作了《论十大关系》的报告。这个报告是毛泽东在对我国国情进行系统考察的基础上完成的，也是对苏联建设社会主义的经验教训进行深入思考的结果，是中国共产党开始比较系统地探索本国建设社会主义道路的重要标志。《论十大关系》向全党明确地提出了“以苏为鉴”的问题。毛泽东强调，我们必须坚持马克思列宁主义的基本原理同中国革命的具体实践相结合，根据本国国情走自己的道路。这就进一步明确了中国共产党关于社会主义建设的基本指导思想。

毛泽东论述的十大关系，包括重工业和轻工业、农业的关系，沿海工业和内地工业的关系，经济建设和国防建设的关系，国家、生产单位和生产者个人的关系，中央和地方的关系，汉族和少数民族的关系，党和非党的关系，革命和反革命的关系，是非关系，中国和外国的关系。这十大关系涉及生产力和生产关系、经济基础和上层建筑各方面，是当时以毛泽东为主要代表的中国共产党人对适合中国国情的社会主义建设道路进行系统思考的重要成果，对当时及以后的社会主义建设实践具有重要的指导意义。

《论十大关系》发表后不久，1956年9月，中国共产党第八次全国代表大会召开。这次会议是中国共产党取得全面执政地位后召开的第一次全国代表大会，是我国进入全面建设社会主义时期后的一次重要会议。中共八大正确分析了国内形势和社会主要矛盾的变化，提出了中国共产党今后的根本任务，在经济、政治、文化、外交等方面，作出了一系列重大决策。大会通过的《中国共产党第八次全国代表大会关于政治报告的决议》，强调：“我们国内的主要矛盾，已经是人民对于建立先进的工业国的要求同落后的农业国的现实之间的矛盾，已经是人民对于经济文化迅速发展的需要同当前经济文化不能满足人民需要的状况之间的矛盾。这一矛盾的实质，在我国社会主义制度已经建立的情况下，也就是先进的社会主义制度同落后的社会生产力之间的矛盾。党和全国人民的当前的主要任务，就是要集中力量来解决这个矛盾，把我国尽快地从落后的农业国变为先进的工业国。”① 大会明确提出，党和国家的主要任务是在新的

① 《中共中央文件选集（一九四九年十月——一九六六年五月）》第24册，人民出版社2013年版，第248页。

生产关系下保护和发展生产力，要在经济、政治、文化等方面采取正确的政策，团结国内外一切可以团结的力量，利用一切有利的条件，来完成这个伟大的任务。

中共八大通过的一系列报告和决议，提出的许多方针和政策，是毛泽东在《论十大关系》等著作中提出的基本思想的进一步展开。大会确定了社会主义建设的战略目标：尽可能迅速地实现国家工业化，有系统、有步骤地进行国民经济的技术改造，使中国具有强大的现代化的工业、现代化的农业、现代化的交通运输业和现代化的国防。大会提出了坚持既反保守又反冒进、在综合平衡中稳步前进的经济建设方针和第二个五年计划的基本任务：在政治方面，强调加强人民民主专政，进一步扩大人民民主，反对官僚主义，加强对国家工作的监督，保障民族平等的权利，加强各民族团结，巩固人民民主统一战线，建立健全社会主义法制；在文化方面，坚持“双百”方针，保证科学和艺术的繁荣，发展教育文化和科技事业；在执政党建设方面，通过了新党章，提出要提高全党的马列主义水平、坚持民主集中制原则、坚持群众路线、实行党代会常任制等。

总之，中共八大从根本任务、经济建设方针以及政治、文化、执政党建设等各方面作了较为全面的部署，它所制定的党的路线是正确的，提出许多富有创造精神的新的方针和设想，是中国共产党探索中国自己的建设社会主义道路取得的重要而初步的成果。

四、探索社会主义建设道路的艰辛与曲折

中共八大开启了全面建设社会主义的新的历史时期。在中共八大以后的探索实践中，中国共产党带领全国人民发愤图强，在各方面都取得了巨大成就。但是，由于社会主义建设在中国是前无古人的伟大事业，具有相当的复杂性和艰巨性，而且党对国际共产主义运动和国际形势的判断也存在偏差，因此，党在指导方针上也发生过严重失误，使中国社会主义建设道路的探索出现重大曲折。

社会主义改造的完成使中国的经济结构和阶级阶层结构发生了很大变化，而这样的大变化必然会反映到人们的思想中来。社会的深刻变革导致各方面人民内部矛盾的出现，国际上的波兰、匈牙利事件也对国内产生影响，导致1956年秋冬国内出现一些不安定的苗头。1956年9月到1957年3月，由于粮食、

肉类和日用品短缺，以及学生升学、工人就业和复员转业军人安置等遭遇困难，我国发生数十起罢工、请愿事件。毛泽东等中国共产党人对波匈事件的经验教训，以及我国一些地方闹事反映出的矛盾和问题，进行了认真总结和反思，认为国内出现的矛盾归根到底还是社会主义社会敌我矛盾和人民内部矛盾的反映，其中大量表现的是人民内部矛盾。

1957 年 2 月，毛泽东在最高国务会议第十一次扩大会议上发表了《如何处理人民内部的矛盾》的讲话。后来经修改，以《关于正确处理人民内部矛盾的问题》为题于 6 月发表。在这篇著作中，毛泽东深入阐述了社会主义社会的矛盾问题，在国际共产主义运动史上第一次提出了两类不同性质的矛盾，并就如何认识和处理这些矛盾作出了科学回答。毛泽东指出，矛盾是普遍存在的，社会主义社会也充满矛盾。正是这些矛盾推动社会主义社会不断向前发展。社会主义社会的基本矛盾仍然是生产力和生产关系、经济基础和上层建筑之间的矛盾，不过社会主义社会的矛盾同旧社会的这些矛盾具有根本不同的性质和情况，可以经过社会主义制度本身的自我调整和完善，不断地得到解决。社会主义社会存在敌我之间和人民内部两类性质根本不同的矛盾，前者需要用强制的、专政的方法去解决，后者只能用民主的、说服教育的、“团结—批评—团结”的方法去解决，绝不能用解决敌我矛盾的方法去解决人民内部矛盾。社会主义社会的矛盾主要是人民内部矛盾。毛泽东提出的社会主义社会矛盾学说，是对马克思主义的重大理论贡献，是中国共产党人探索社会主义建设道路所取得的重要成果。

为正确处理人民内部矛盾，缓和党同人民群众在某些方面的紧张关系，以波匈事件为鉴戒，中共八届二中全会决定开展全党“整风”运动。1957 年 4 月，中共中央正式下达《关于整风运动的指示》，号召对党和政府及党员干部工作中的错误和缺点进行批评。毛泽东希望通过“整风”达到这样的目标：形成一个又有集中又有民主，又有纪律又有自由，又有统一意志又有个人心情舒畅、生动活泼的政治局面。开始时，“整风”运动顺利开展，党内外的广大干部群众所提的绝大多数批评意见是诚恳的，受到了肯定和欢迎。但是，随着“整风”运动的广泛展开，“整风”中的情况越来越复杂，除了对党的工作提出批评意见，有许多意见涉及对党的领导地位和社会主义基本制度等重大问题的评价，甚至出现怀疑、否定共产党领导和社会主义制度的右倾思潮。极少数人要求共产党退出机关、企业和学校，攻击人民民主专政制度，甚至发表一些具有煽动性的言论。1956年波匈事件发生之初，毛泽东认为这是斯大林时期大国沙文主义和大党主义造成的一个后果，中国国内出现的问题主要还是人民内部矛盾。随着国际上反共高潮的兴起，帝国主义插手匈牙利事件，使毛泽东产生了对中国可能出现波匈事件的忧虑。毛泽东对波匈事件的看法逐渐发生了实质性的变化，认为东欧一些国家的基本问题就是阶级斗争没有搞好。这也导致毛泽东对国内阶级斗争和右派进攻的形势作了过于严重的估计。1957年5月中旬开始，“整风”运动的主题由正确处理人民内部矛盾转向对敌斗争，由党内“整风”转向反击右派进攻的斗争。由于当时我们党对阶级斗争形势的估计过分严重，认定右派的标准过于宽泛，反右派斗争被严重地扩大化。“整风”运动结束时，划定右派达55万人。

从1957年反右派斗争扩大化开始，“左”倾错误逐步积累和发展，经济社会发展的急躁冒进情绪日益突出。1957年冬，各地掀起了冬季农业生产高潮，揭开了“大跃进”的序幕。中共八大二次会议制定了“鼓足干劲，力争上游，多快好省地建设社会主义”的总路线，并制定了工业、农业等方面的一系列高指标，全面发动了“大跃进”运动。为此，提出了一些不符合实际的也不可能实现的高指标和高目标，导致浮夸风、瞎指挥和生产关系急于向共产主义过渡的“共产风”。在“大跃进”的同时，还掀起了人民公社化运动，在没有认真试点的情况下，短短几个月时间内就在全国农村普及了人民公社，这实际上是生产关系上的“大跃进”。“大跃进”运动和人民公社化运动，是中国共产党人在缺乏建设经验的情况下，对在中国进行社会主义建设的艰巨性和复杂性估计不足、对掌握经济规律和科学知识的重要性认识不足的情况下，试图以熟悉的群众运动方式更快地搞经济建设，更快地向共产主义过渡，是探索社会主义建设道路过程中的严重失误。“大跃进”和人民公社化运动，打乱了正常的生产和生活秩序，不仅造成人力物力财力的巨大浪费，而且造成国民经济比例严重失调。

从1958年11月起，中共中央用9个月时间纠正“左”倾错误，取得了一定的成效。与此同时，毛泽东领导全党在社会主义建设的探索认识上提出了一些正确观点和理论成果，比如社会主义还要有商品生产，要承认价值规律作用，社会主义社会是相当长的历史阶段，必须按劳分配，压缩生产指标等。虽然认识有深入，但是由于对“左”的错误的严重性缺乏足够清醒的认识，纠“左”措施远未落实，纠“左”不能突破“大跃进”和人民公社化运动的框架，形势没有得到根本好转。由于在对“大跃进”和人民公社化运动带来的严重问题的认识上发生严重分歧，1959 年 7 月召开的本来是纠“左”的庐山会议发生转向，由纠“左”变为反右。随后召开中共八届八中全会，号召全党全民开展反右倾斗争。这场斗争历时半年，造成了严重后果，使阶级斗争进一步升级，严重破坏了党内民主生活，中断了经济建设领域的纠“左”进程，导致国民经济更加失衡。

20 世纪 60 年代初，因中苏关系恶化，加上国内自然灾害，国民经济和人民生活出现严重困难。严峻的现实使毛泽东等领导人不得不反思过去几年的工作，着手调查研究，纠正错误，调整政策，重新探索社会主义建设道路。1960 年 11 月，中共中央发出《关于农村人民公社当前政策问题的紧急指示信》。1961 年 1 月，中共八届九中全会决定国民经济实行“调整、巩固、充实、提高”的八字方针。这两件事，标志着这一时期党的指导方针发生了重要变化，国民经济进入全面调整时期。这一时期的探索成果，主要体现在调整国民经济的各项政策措施上，比如，调整农业的《农业六十条》、调整手工业的《手工业三十五条》、调整商业的《商业四十条》、调整工业的《工业七十条》、调整科学的《科学十四条》、调整文艺的《文艺八条》等。这些措施的贯彻落实，有力地推动了农业、工业、商业及科学文化等领域的调整。中共中央也开始对党员干部进行甄别平反，制定加强统一战线和民族团结的政策，调整党同知识分子的关系等。

这一时期，虽然纠正了经济建设中许多“左”的错误，但是党在指导思想上“左”的错误并未从根本上得到纠正，党内对形势和政策的许多看法还存在分歧。在经济困难时，认识上的分歧暂时潜伏下来，在经过调整、经济状况和国内形势好转后，加上中苏论战激化以及与周边国家和地区关系紧张加剧，党内对形势估计上的分歧又显露出来。当“左”的思想占据主导地位后，产生了政治认识的逆转，对社会主义建设道路的探索又出现新的波折。

1962 年 9 月，毛泽东在中共八届十中全会上作了关于阶级、形势、矛盾和如何对待党内修正主义的讲话，把一定范围内存在的阶级斗争扩大化和绝对化。全会公报提出了关于阶级和阶级斗争的新论点：“在无产阶级革命和无产阶级专政的整个历史时期，在由资本主义过渡到共产主义的整个历史时期（这个时期需要几十年，甚至更多的时间）存在着无产阶级和资产阶级之间的阶级斗争，存在着社会主义和资本主义这两条道路的斗争。”① 这种“以阶级斗争为纲”的错误指导思想，使政治思想文化领域“左”的错误再度泛滥。中共八届十中全会之后，开始了“反修防修”的实践，国际上将一些社会主义国家的内部改革斥责为“修正主义”，国内开展了城乡社会主义教育运动和思想文化领域的批判斗争。阶级斗争的矛头更加直接地指向党内，最终导致从 1966 年 5 月开始长达十年的“文化大革命”，对社会主义建设道路的正确探索被迫中断。“文化大革命”给党、国家和全国人民带来沉重灾难，留下了极其惨痛的教训。

五、中国社会主义道路探索的成就和基本经验

从 1956 年 9 月中共八大到 1966 年 5 月“文化大革命”前，中国共产党领导全国人民在全面建设社会主义的伟大实践中，取得了很大成就，但也经历了许多曲折甚至严重挫折。这一时期取得的积极成果，为后来的社会主义建设和发展奠定了重要基础；探索中的失误和曲折，也为后来提供了深刻教训。

在这一时期，经济建设在曲折发展中取得较大成就。1965 年社会总产值达到 2695 亿元，国民收入达到 1387 亿元。1965 年同 1957 年相比，主要工业产品的产量，钢增长 1.29 倍，原煤增长 77.1%，发电量增长 2.5 倍，原油增长 6.75 倍，天然气增长 14.71 倍，水泥增长 1.38 倍。这一时期，新建、扩建了一大批重要企业，如十大钢铁厂、一批重要的有色金属冶炼厂、几十个煤炭企业和发电厂。中国初步建成具有相当规模和一定技术水平的工业体系。农业基本建设和技术改造取得一定成绩，农产品产量也有较大提高。从 1965 年起实现了石油全部自给。冶金、采矿、电站、石化等工业设备制造以及飞机、汽车、工程机械制造等基本行业逐步形成并初具规模，而且能够独立设计和制造一些大型设备；电子、原子能、航天等新兴工业逐步发展起来，成为重要新兴部门。交通运输业也取得重要成就，1958—1965 年，全国新增铁路运营里程 7900 多公里，公路、水运、航空等事业也有较大发展。科学技术的发展取得世界瞩目的成绩，以原子弹、导弹、人造卫星（统称为“两弹一星”）为代表的国防尖端科学技术成果最为显著。1965 年，我国首次完成人工合成牛胰岛素，处于世界领

① 中共中央文献研究室编：《建国以来重要文献选编》第 15 册，中央文献出版社 1997 年版，第 653 页。

先地位。教育、卫生、新闻出版、广播影视、文化艺术、体育等各项事业也都取得长足发展。1957—1966年，全国普通高等学校毕业生和中等专业学校毕业生，分别为1950—1956年的4.9倍和2.4倍，教育质量有了较大提高。党的建设和干部队伍建设也取得一定进展。另外，我们党在外交上提出和制定了和平共处五项原则等一系列富有创造力的方针和政策，为维护中国的主权和争取有利于建设的外部环境进行了不懈的努力。

总之，这一时期所取得的各项成就，为后来的社会主义建设奠定了重要基础。1981年6月，中共十一届六中全会作出《关于建国以来党的若干历史问题的决议》，充分肯定了这一时期社会主义建设的成就："我们现在赖以进行现代化建设的物质技术基础，很大一部分是这个期间建设起来的；全国经济文化建设等方面的骨干力量和他们的工作经验，大部分也是在这个期间培养和积累起来的。这是这个期间党的工作的主导方面。"这一时期，中国共产党在领导大规模社会主义建设过程中，形成了一系列正确的方针政策和认识，积累了宝贵经验。比如，在经济建设方面，提出将党和国家的工作重点转到技术革命和发展生产力上来；以工业为主导，按农轻重次序安排国民经济计划；提出自力更生为主，争取外援为辅的方针等。在经济体制方面，提出生产关系的变革要适应生产力发展，不能超越历史发展阶段；社会主义要发展商品生产，尊重价值规律，坚持按劳分配；提出正确处理中央与地方的关系，充分发挥两个积极性。在政治建设方面，提出要调动一切积极因素，团结一切可以团结的力量，共同建设社会主义；要正确区分和处理两类不同性质的矛盾，把正确处理人民内部矛盾作为国家政治生活的主题；提出共产党与各民主党派实行"长期共存、互相监督"的方针；国家政治生活要形成一个既有集中又有民主，既有纪律又有自由，既有统一意志又有个人心情舒畅、生动活泼的政治局面。在教育、科技和文化事业方面，提出我国知识分子的大多数是劳动人民的一部分，提出"百花齐放、百家争鸣"的繁荣发展文艺和学术的方针。在党的建设方面，强调坚持民主集中制和集体领导制度，反对个人崇拜，加强党内监督，发展党内民主，加强党和人民群众的联系，大兴调查研究之风等。这些正确认识、基本经验和方针政策，是党和人民的宝贵财富，对于社会主义建设和改革事业具有长远的借鉴意义。

这一时期党在领导社会主义建设过程中发生的曲折和失误，有着主客观方面的原因。党在全国范围执政的时间不长，对于如何治国理政和开展大规模建设，缺乏足够的思想认识和经验。社会主义建设实践刚刚开始，社会主义建设的规律还没有充分显现，在处理不断出现的新情况新问题过程中缺乏实践经验。中国是在外部封锁的状态下建设社会主义的，外部压力很大，对国际形势和环境的判断有时过于严重。总之，复杂的主客观方面的原因，导致党在关系全局的两个问题上犯了严重的“左”的错误，一个是社会主义条件下的阶级斗争问题，一个是社会主义建设中的规模速度问题。在社会主义建设探索过程中的失误导致的后果是严重的，造成的损失也是巨大的。特别是十年“文化大革命”的沉痛教训，在中国进行社会主义建设的长时期里，值得深刻反思和借鉴。但无论如何，这一时期中国社会主义建设道路的艰辛探索和取得的成就，在中国当代历史和国际共产主义运动历史上都具有重要的地位，对于我们不断深化对社会主义建设规律的认识和坚定建设中国特色社会主义具有重要的启示意义。

第三节　中苏论战与国际共产主义运动的分裂

20 世纪 60 年代的中苏论战是国际共产主义运动和国际政治中的重大事件，对中苏关系的走向和国际共产主义运动的发展都产生了转折性的重大影响。这场论战打破了国际共运中苏共一统天下的至尊地位，也使中国共产党人坚定了独立自主探索社会主义建设道路的决心，有利于以后各社会主义国家根据自己国情建设社会主义。但是，中苏论战也促使中苏关系由联盟走向对抗，加速了社会主义阵营的解体和国际共产主义运动的分裂。

一、中苏论战的起因

赫鲁晓夫在苏共二十大上的“秘密报告”的有关内容被披露出来后，在社会主义阵营和国际共产主义运动内部引起了巨大的震动，在广大人民群众中造成了不同程度的思想混乱。西方国家趁机掀起世界性的反共反社会主义浪潮，给国际共产主义运动带来极大困难。

中共中央对苏共二十大采取了极为慎重的态度，并多次召开会议研究苏共二十大及其影响。毛泽东认为，赫鲁晓夫的“秘密报告”（《关于个人迷信及其后果》）一方面表明苏联、苏共、斯大林并不是一切都正确，这就破除了迷信，不要再硬搬苏联的一切了，有利于反对大国主义和教条主义。另一方面，“秘密报告”无论在内容上还是方法上都有严重错误，主要是不恰当地过分否定了斯大林。考虑到斯大林在苏联、国际共产主义运动乃至整个世界的巨大影响，对斯大林的错误，应当通过对斯大林问题的正面阐述加以补救，可以考虑发表文章，表明我们党的原则立场。

1956 年 4 月 5 日，《人民日报》发表经毛泽东审阅和修改，并由中共中央政治局扩大会议讨论通过的编辑部文章《关于无产阶级专政的历史经验》。文章不同意赫鲁晓夫“秘密报告”中对斯大林的评价，明确指出，斯大林是一个伟大的马克思列宁主义者，但也是一个犯了几个严重错误而不自觉其为错误的马克思主义者，对于斯大林的正确和错误应作出全面的和适当的分析，从而吸取有益的教训。不久，毛泽东在中共中央政治局扩大会议上评价斯大林，认为他是三分错误，七分成绩。这表明，中苏两党从如何评价斯大林开始出现严重分歧。

苏共二十大后，1956 年 6—10 月，东欧先后出现了波兰和匈牙利事件。中共中央一直密切关注东欧事态的发展。在局势发展的紧要关头，中苏两党进行了磋商。中共中央和中国政府先后派出代表团赴莫斯科会谈，中国政府代表团还对波兰、匈牙利等东欧国家进行了访问，为解决波兰和匈牙利事件、调解苏联与东欧国家的关系和维护社会主义阵营内部的团结做了大量而及时的工作。同时，也对苏联过去在处理社会主义兄弟国家关系问题上所犯的大国主义、大党主义的错误，给予了批评。1956 年 10 月 30 日，苏联政府发表宣言，承认过去在处理同社会主义国家的关系方面犯有错误，表示今后将遵守互相尊重主权和平等的原则。对此，中国政府发表声明表示支持，并首次强调社会主义国家的相互关系应该建立在和平共处五项原则的基础上。但是，苏联领导人并未真正认识和承认自己的错误。12 月 29 日，中共中央以《人民日报》编辑部的名义公开发表《再论无产阶级专政的历史经验》一文，总结了波匈事件的教训，强调我们无论什么时候也不能忘记敌人和我们之间的严重斗争，要加强无产阶级的国际团结，击退帝国主义的猖狂进攻，在坚决反对教条主义的同时要坚决反对修正主义。文章还指出，正确地认识和对待斯大林错误的问题，已经成为影响许多国家共产党及党与党之间的相互团结的重大问题；对斯大林的错误应该批评，但必须在肯定和维护他正确方面的前提下进行。

1957 年 11 月，毛泽东率领中国代表团赴苏联参加十月革命胜利 40 周年庆典。随后，中国共产党代表团又于11月中旬参加在莫斯科召开的12个社会主义国家共产党、工人党代表会议和68个共产党、工人党代表会议。会议期间，为了保持社会主义阵营的团结，协调某些东欧国家共产党、工人党同苏联共产党的关系，中共代表团在各社会主义国家的共产党、工人党之间做了大量工作，中国共产党的威信和地位得到很大提高。但是，在会议宣言起草过程中，中苏双方明显地感到在一系列有关国际共产主义运动的重大理论和实践问题上，存在着不同程度的分歧。除对斯大林的不同评价外，最主要的是中共不同意苏共过分强调某些资本主义国家可以"和平过渡"到社会主义的提法，也不同意苏共把"和平共处"说成是社会主义国家对外政策的总路线。虽然会议期间中苏两党之间就一些分歧通过谈判达成妥协，基本维持了社会主义阵营的团结和原有的格局，但双方并未达成共识。中苏关系变得更加微妙和复杂。

1958年，苏联领导人赫鲁晓夫相继提出了关于中苏共建长波电台和建立共同舰队等要求，遭到中国方面的拒绝。随后，赫鲁晓夫对中国炮击金门、马祖的行动虽公开表示支持，但实际上心怀不满，甚至担心这种行动发展下去会引起美苏冲突。上述事件的出现，表明中苏之间的矛盾已经涉及关系中国主权的重大敏感问题。毛泽东后来说，中苏闹翻实际上是在1958年，他们要在军事上控制中国，我们不干。1959年6月下旬，苏联以正与美国等西方国家谈判关于禁止试验核武器协议为由，中断向中国提供原子弹样品的有关技术资料等项目。同年9月8日，苏共中央致函中共中央，对中国政府在中印边境冲突中所采取的方针提出异议。随后，苏联政府又发表声明，对中印边境冲突表示"遗憾"。苏联作为中国的盟国，第一次公开不支持中国，把双方的分歧暴露在全世界面前。

1958—1959年间发生的一系列事件，在中苏两党、两国之间造成明显的裂痕。此后，中苏两党分歧逐步公开，两国关系也迅速恶化。

1960年4月，在纪念列宁诞辰90周年时，中国出版了《列宁主义万岁》。这个小册子收录的《列宁主义万岁》《沿着伟大列宁的道路前进》《在列宁的革命旗帜下团结起来》3篇文章，集中阐明了中国共产党关于时代、战争与和平、无产阶级专政、反对现代修正主义等一系列重大问题的观点，点名批判南斯拉夫"现代修正主义"，实际是对赫鲁晓夫的一系列观点进行不指名的批驳。苏联报刊随即作出激烈反应，由此拉开了中苏论战的序幕。

中苏论战的发生不是偶然的，而是多种因素、多种矛盾相互交织、相互作用的产物。

第一，意识形态的分歧是中苏论战的直接起因。中苏意识形态的分歧与20世纪50年代以后特定的国际政治背景和社会历史背景有关。这一时期，从社会主义与资本主义关系来看，美苏关系有所缓和，但是社会主义和资本主义两大阵营仍然处于对抗态势，全面和平的条件并不成熟；从社会主义阵营内部来看，苏联模式的一些弊端逐渐暴露，各国开始探索符合本国国情的社会主义建设道路。时代的发展和形势的变化，给各国共产党人提出了如何认识时代主题的变化及其主要矛盾、如何认识和对待资本主义、如何认识和建设社会主义等重大问题。对于这些问题，中苏存在重大分歧。苏共以大党主义、大国主义态度对待中共，并把这些争执同国家利益联系起来。1958年后两国意识形态分歧进一步扩大，并被上升到关乎马克思主义命运和国际共产主义运动前途的高度来认识，提升到马克思列宁主义和修正主义、机会主义路线斗争的高度来处理，双方遂展开了一场大论战。

第二，国家利益的冲突是中苏论战的深层原因。20世纪50年代，中苏两国面临不同的国际战略环境。苏联确立了与美国平起平坐的世界大国地位，美苏力量对比朝着有利于苏联的方向发展。中国被排斥在联合国之外，受到以美国为首的西方国家的封锁禁运和军事威胁。因此，中苏两国的战略任务和战略谋划出现了重大差异。苏联明确了以和平共处、和平竞赛、和平过渡为核心的对美缓和战略，要求中国牺牲国家利益服从苏联战略构想，达到苏美共同主宰世界的目的。以反对美国侵略扩张为主要战略方针的中国当然不会接受苏联的"苏美合作"方针和"三和"路线。苏共的大党主义、大国主义与中共的独立自主方针的矛盾以及两国之间的控制与反控制的斗争愈演愈烈。1958年后，随着对外政策的分歧不断加深，中苏两国在战略利益上的巨大差异日益暴露，由此爆发了一系列严重损害中国国家利益的事件。在这一系列事件中，苏方的言行侵犯了中国的主权，侵犯了中国在本国主权范围内按照自己的愿望处理内政问题的合法权利。苏联的国际战略需要与中国的国家民族利益之间的尖锐冲突，是中苏矛盾发生、发展的核心和关键，进一步引发了意识形态分歧的升级和激化，从而最终导致了中苏论战的爆发。

第三，历史积怨是中苏论战的重要动因。中苏论战的产生并非一时突变，还有着深刻的历史原因，是两党历史上的矛盾不断积累的结果。在中苏论战之前，斯大林时期的苏共在对待中国革命和建设的问题上同样表现出大党大国主义和民族利己主义。王明在第二次国内革命战争后期的“左”倾冒险主义和抗日战争初期的右倾机会主义，均源于斯大林对中国革命的错误指导。解放战争时期，斯大林和苏共对中国革命力量及前途的估计严重右倾悲观。在中华人民共和国成立后中苏两国关系的“蜜月时期”内，中苏两国也仍然存在分歧。1950 年 2 月 14 日，中苏两国新签订的《中苏友好同盟互助条约》并非中苏间完全平等的友好合作条约，而且在斯大林的强大压力下，中国又被迫与苏联签订了秘密的《补充协定》①，国家利益遭到损害。中苏两党的一些历史积怨为中苏论战的爆发埋下了隐患，也是引发中苏论战的不可忽略的重要原因。正如邓小平在后来会见苏共领导人时说的：“应该说，从六十年代中期起，我们的关系恶化了，基本上隔断了。这不是指意识形态争论的那些问题，这方面现在我们也不认为自己当时说的都是对的。真正的实质问题是不平等，中国人感到受屈辱。”②

二、中苏论战的过程及论战的主要问题

1960 年 6 月下旬，在罗马尼亚首都布加勒斯特举行的社会主义国家共产党和工人党代表团会议上，赫鲁晓夫带头向中共代表团发起围攻，激烈攻击中国共产党内政、外交等方面的政策。中共代表团同苏共领导人展开针锋相对的斗争。会后，为向中国施加压力，苏联采取了恶化两国关系的行为。7 月 16 日，苏联突然照会中国政府，单方面决定全部召回在华苏联专家。在一个多月的时间内，苏联将在华担负重要任务的 1390 名专家全部撤回，同时撕毁了两国政府签订的 12 项协定和两国科学院签订的 1 个议定书以及 343 个专家合同和合同补充书，废除了 257 个科学技术合作项目。苏联的这一系列恶化中苏关系的行为，使中国蒙受巨大的经济损失，也极大地伤害了中国人民的感情，给中苏关系造成难以弥合的创伤。

此后，双方虽然采取相关措施，暂时缓和了中苏关系，但分歧却在进一步发展。1961 年 10 月，苏共召开二十二大，在苏共二十大“三和”（“和平共处”“和平过渡”“和平竞赛”的对外战略）路线的基础上，提出了“两全”

---

① 《补充协定》规定：在苏联的远东和中亚地区、中国的东北和新疆不给予外国人租让权利，并不准第三国的资本或其公民以直接或间接形式参加工业的、财政的、商业的及其他的企业、机关、会社与团体的活动。

② 《邓小平文选》第三卷，人民出版社 1993 年版，第 294—295 页。

（“全民党”“全民国家”）的观点。毛泽东和中国共产党认为，这是典型的修正主义纲领。在赫鲁晓夫的亲自带动下，大会尖锐地批判了阿尔巴尼亚劳动党，实际上是在影射中国共产党。大会再一次谴责和集中批判斯大林搞个人崇拜的严重错误，而且作出了《关于弗·伊·列宁墓的决定》，认为在列宁的墓中保留斯大林的水晶棺是不适宜的。不久，苏联有关部门即把斯大林的遗体迁出列宁墓。苏共二十二大做的这两件事，很快在国际共产主义运动内部激起了新的波澜。苏共二十二大期间，周恩来同赫鲁晓夫等苏共领导人进行了 9 个小时的长谈，就苏阿关系、苏共二十大等问题，详细阐明中国的看法。赫鲁晓夫完全拒绝接受中国方面的意见。这样，苏共二十二大结束了中苏之间的短暂缓和，两国关系又重新紧张起来。

不久，中苏两国关系又出现了一些新的摩擦。1962 年 4—5 月间，新疆伊犁、塔城地区的中国公民出现了逃往苏联的事件。1962 年 10 月，美苏之间爆发了古巴导弹危机①，中印之间爆发了大规模的边境冲突。赫鲁晓夫在苏联最高苏维埃会议发表讲话时，指责中国在加勒比海危机和中印边境冲突中采取的原则立场。中苏矛盾和对立由此变得更加尖锐。1962 年冬，东欧一些国家的共产党相继召开代表大会，苏共领导人利用这些会议指名攻击中共。受苏共影响，围攻中共代表团的兄弟党越来越多。

在这种情况下，中共中央决定发表一系列答辩文章进行反击。从 1962 年 12 月 15 日到 1963 年 3 月 8 日，中国共产党以《人民日报》和《红旗》杂志社论等形式相继发表了 7 篇理论文章，进一步阐述了中国共产党关于当代世界的矛盾、关于战争与和平、关于国家与革命、关于反对现代修正主义、关于国际共产主义运动的内部团结等一系列重大国际问题的看法。

这一轮交锋的一个显著特点，是双方从以往的内部交换意见演变为公开争论。双方都指责对方的路线方针政策，给对方扣上反马克思列宁主义的帽子；双方的着眼点也不再限于相互之间的意识形态分歧和两国国家利益之间的矛盾，而是以此为基础扩大到社会主义阵营和国际共产主义运动内部的纲领路线之争。

不过，当论战开始时，中苏双方仍在为举行两党会谈的问题反复磋商。

① 1962 年 9 月，苏联在古巴部署中程导弹，从而引发古巴导弹危机。10 月，美苏关系处于冷战期间最紧张的状态，双方都采取了“战争边缘政策”。11 月，苏联被迫撤走在古巴的导弹和中程轰炸机，同时美国保证不入侵古巴并撤除在土耳其的导弹基地，这场危机才告结束。

1963年2月21日，苏共中央致信中共中央，提出举行两党高级会谈。3月9日，中共中央在复信中表示同意举行会谈。中共中央还决定，从这一天起，对兄弟党针对中共的指名攻击暂时停止作公开答辩。然而，3月30日，苏共中央给中共中央的答复信虽表示愿意协商解决争论，但又强调说："今后我们在共产主义运动的理论和策略的原则性的根本问题上仍将不会调和，并将进行反对修正主义和宗派主义的斗争。"① 这封信还详细阐述了苏共关于国际共产主义运动总路线问题的一系列观点，并建议以这些观点作为中苏两党会谈的基础，从而表明了苏共领导人准备长期公开争论下去的决心。

1963年6月14日，中共中央发表对苏共中央来信的复信，即《关于国际共产主义运动总路线的建议》。这份包括25条内容的建议，实际上是中国方面准备论战的纲领性文件。复信指出，莫斯科宣言和莫斯科声明是国际共产主义运动的共同纲领，必须坚决捍卫。复信提出了"逐步实现无产阶级世界革命的完全胜利，建立一个没有帝国主义、没有资本主义、没有剥削制度的新世界"的目标，并指出："在我们看来，这就是现阶段国际共产主义运动的总路线。"② 复信还批驳了苏共纲领中关于"和平共处""和平竞赛""和平过渡"的观点，逐条阐述了中共与苏共在关于当代世界革命和国际共产主义运动一系列重大问题上存在的原则分歧。

1963年7月5—20日，邓小平率中共代表团赴苏联参加中苏两党高级会谈。会谈是在激烈的互相指责中进行的。7月14日，苏共中央公布了《给苏联各级党组织和全体共产党员的公开信》，逐条批驳了中共提出的建议。在双方会谈期间，苏联与美、英开始了部分禁止核武器试验问题的谈判。这样，中苏两党会谈因无法取得任何进展而中途破裂。

为答复苏共中央的公开信，从1963年9月到1964年7月，中共中央连续发表了总称为《关于国际共产主义运动总路线的论战》的9篇文章（通常简称为"九评"）。它们是：《苏共领导同我们分歧的由来和发展》（1963年9月6日）、《关于斯大林问题》（1963年9月13日）、《南斯拉夫是社会主义国家吗?》（1963年9月26日）、《新殖民主义的辩护士》（1963年10月22日）、《在战争与和平问题上的两条路线》（1963年11月19日）、《两种根本对立的

① 《苏共中央三月三十日给中共中央的信》，《人民日报》1963年4月4日。
② 《关于国际共产主义运动总路线的论战》，人民出版社1965年版，第5—6页。

和平共处政策》（1963年12月12日）、《苏共领导是当代最大的分裂主义者》（1964年2月4日）、《无产阶级革命和赫鲁晓夫修正主义》（1964年3月31日）、《关于赫鲁晓夫的假共产主义及其在世界历史上的教训》（1964年7月14日）。

总体上讲，中苏论战主要围绕5个重大问题展开：一是如何评价斯大林的功过问题；二是已经取得政权的无产阶级政党如何建设社会主义的问题；三是各国共产党之间和社会主义国家之间的关系问题；四是如何看待时代、战争与和平问题；五是如何看待社会主义革命和民族解放运动问题。

这9篇文章回顾了中苏两党自1956年苏共二十大以来分歧和矛盾发展的过程，着重批判了苏共领导对待亚、非、拉民族解放运动的政策；揭露了苏共强加于人的“老子党”作风和把本国利益凌驾于兄弟国家利益之上的大国沙文主义，同时提出苏共领导演变为修正主义和分裂主义是国内资产阶级因素泛滥的产物；阐明了中国共产党在关于斯大林评价、战争与和平、和平共处等重大问题上的基本看法，以及中苏两党在这些问题上的原则分歧。文章还论述了无产阶级专政的学说，并从总结无产阶级专政历史经验的角度出发，试图回答怎样才能防止资本主义复辟，怎样才能防止和平演变的问题。

这9篇文章的基本结论是：“在伟大的十月革命的故乡，在具有几十年建设社会主义历史的苏联，也发生了赫鲁晓夫修正主义集团篡夺党和国家领导的事件，也出现了资本主义复辟的严重危险”①，这是帝国主义推行“和平演变”政策的结果。文章还认为赫鲁晓夫修正主义体系的标志，在对外政策方面是反对无产阶级革命的所谓“和平共处”“和平竞赛”“和平过渡”的理论；在对内政策方面是宣布无产阶级专政在苏联已不必要的所谓“全民党”和“全民国家”的理论。苏联方面也发表了一系列论战文章进行反驳。这样，中苏两党之间的论战达到高潮。

1964年10月，赫鲁晓夫因苏联领导层内部矛盾而被迫下台，勃列日涅夫和柯西金上台。中国希望能以此为契机改善中苏关系，派出党政代表团赴苏联参加十月革命47周年庆祝活动。然而，由于苏联领导人缺乏诚意和坚持原来的立场，并挑起新的事端，中国改善中苏两党两国关系的愿望无法实现，中苏分裂的局面已无法挽回。

---

① 《关于国际共产主义运动总路线的论战》，人民出版社1965年版，第433页。

此后，中苏之间不但在意识形态方面继续进行公开论战，而且在援越抗美等问题上发生分歧。1966 年 3 月，中国正式拒绝苏联的邀请，没有派代表团出席苏共二十三大。这是中苏关系史上的一个转折点，两党关系由此断绝。中苏两国虽然没有正式断交，但也已走到彻底破裂的最后边缘。

三、中苏论战对国际共产主义运动的影响

中苏论战及其结局对国际共产主义运动的发展产生了重大影响。

第一，它加速了社会主义阵营及国际共产主义运动的分裂，使一些国家共产党的发展遭受严重损失。赫鲁晓夫在给各国共产党和工人党的公开信中，给中共扣上了"教条主义""拒绝和平共处""希望战争""制造紧张局势""'左'倾冒险主义"等大帽子，给一些国家的共产党和进步力量带来了极大的思想混乱。随着中苏论战公开化，苏联共产党利用其"领导"地位，率先纠集一些"兄弟党"对中共发起围攻，先后有四十多个国家的党加入对中共的攻击中来，实际上造成统一的社会主义阵营的解体。由于中苏双方无法通过论战达成谅解，中苏两党的思想分歧鸿沟无法弥补，导致支持中苏双方的国家和政党之间的对立情绪越来越激烈，甚至关系恶化并出现军事紧张对抗，留下了不少后遗症。当然，中苏大论战客观上也有利于国际共产主义运动实践的多样性发展。

第二，论战双方在主要指导思想上都存在不少错误和不当之处。大论战对中国共产党关于国际形势的判断和社会主义的认识也产生了较大影响，进而又影响到对国内形势的判断。例如，由于当时认识的局限性，中国把苏联进行的经济体制改革探索不恰当地批判为修正主义；虽然正确地指出了社会主义与资本主义之间存在对抗，要防止帝国主义和平演变的危险，但过分强调了与资本主义斗争的这一面，忽视了需要与其共处这一面。对此，邓小平在 1989 年 5 月会见苏共中央领导人戈尔巴乔夫谈到中苏论战时评价说："多年来，存在一个对马克思主义、社会主义的理解问题。从一九五七年第一次莫斯科会谈，到六十年代前半期，中苏两党展开了激烈的争论。""经过二十多年的实践，回过头来看，双方都讲了许多空话。马克思去世以后一百多年，究竟发生了什么变化，在变化的条件下，如何认识和发展马克思主义，没有搞清楚。"①

---

① 《邓小平文选》第三卷，人民出版社 1993 年版，第 291 页。

第三，这场论战破除了对苏共和苏共领导人的迷信，促使各国共产党更加自主地探索具有本国特色的社会主义建设道路。论战本身反映了各国共产党改变国际共产主义运动中存在“老子党”、打破苏共“一统天下”的迫切要求，表明苏共和苏联不再是始终正确的或者唯一正确的，各党不再唯苏共和苏联马首是瞻，开始把马克思列宁主义基本原理与各国实际相结合，独立思考，探索自己的路，力求自主地解决自身的问题。中国共产党提出了正确处理社会主义国家之间和各国共产党之间的关系、防止和平演变等重要学说和论断，推动中国共产党吸取苏联共产党的经验教训，坚定了中国共产党人独立自主探索适合自己国情的社会主义建设道路的信心和决心，从而对国际共产主义运动的发展产生重大的深远影响。

思考题：

1. 试述赫鲁晓夫与勃列日涅夫时期苏联调整与改革的主要措施。
2. 如何评价南斯拉夫的自治社会主义道路？
3. 中国社会主义建设道路的探索有哪些基本经验和教训？
4. 试析中苏论战的起因以及对国际共产主义运动的影响。

第九章 20世纪50—80年代发达资本主义国家和发展中国家的共产主义运动

第二次世界大战后，发达资本主义国家和发展中国家的共产党，为探索走向社会进步和社会主义作出了不懈努力，虽历经曲折但也取得了不同程度的发展，扩大了国际共产主义运动的影响。

第一节 发达资本主义国家的共产主义运动

第二次世界大战结束后，一些主要发达资本主义国家的共产党，根据战后国际形势和国内条件的发展变化，努力寻求符合本国国情的通向社会主义的道路。以意大利共产党（以下简称“意共”）、法国共产党（以下简称“法共”）、西班牙共产党（以下简称“西共”）为代表的“欧洲共产主义”对社会主义理论与实践进行了有益探索。社会民主党对这一时期的共产主义运动也产生了较大影响。

一、发达资本主义国家共产党的曲折发展

在世界反法西斯战争中，发达资本主义国家共产党积极动员和领导人民同法西斯势力进行了不屈不挠的斗争，为战争的最终胜利作出了重要贡献，赢得了广大人民群众的拥护，自身力量也得到了空前发展。法国共产党在1947年的党员数达到历史最高的90.8万人，是1937年的近3倍；意大利共产党在1943年有党员1.5万人，1947年猛增到200万人；瑞典共产党在1948年党员人数达到5.2万人，是历史上最高纪录。其他地区的一些共产党，如加拿大共产党、日本共产党等，也都比战前有了较大发展。1921年成立后曾长期处于非法状态的加拿大共产党，1943年取得合法地位后全力支援反法西斯战争，1947年党员人数增加到2.3万人；第二次世界大战结束前一直处于非法状态的日本共产党，战后进行了重建，党员数量从1945年12月初日共“四大”召开时的1083人，增加到1946年2月底日共五大召开时的6847人，更在1948年2月日共六大召开时发展到6万人，1949年发展到了10万人。

在自身力量取得较大发展的同时，发达国家共产党为探索社会主义的道路，也进行了战略策略的重大调整。它们根据二战后国际环境和本国政治形势的变化，先后提出了放弃武装斗争，采用和平、民主的手段，通过议会斗争道路逐步过渡到社会主义的设想。意大利共产党在1945年年底、1946年年初召开的第五次代表大会上，提出了“民主改革纲领”，号召全党从武装斗争时期转入公开合法斗争时期；1948年召开的第六次代表大会宣布，在宪法规定的民主和自由的基础上进行活动。日本共产党在1946年2月召开的第五次代表大会上宣布，将“用和平民主的方法”完成资产阶级民主革命。当然，也有一些国家的共产党强调把武装斗争与议会斗争结合起来，譬如希腊共产党在1946年召开的七届二中全会上要求，把武装斗争与经常性的政治斗争和群众斗争结合起来；瑞典共产党于1946年提出，走以民主和社会的和平发展为基础的和平过渡道路，但同时强调并非绝对放弃使用暴力和强制手段；葡萄牙共产党在1946年7月召开的第四次代表大会上强调，要把合法斗争与非法斗争结合起来。在实践中，大多数发达国家的共产党纷纷解散战时建立和领导的游击武装力量，在合法斗争的基础上积极进行议会内外活动。有些党还广泛开展群众性民主运动，加强工人阶级的团结和统一。在此期间，不少国家的共产党与社会党合作，订立了共同的行动纲领。各国工会也在很大程度上实现了统一，并逐步确立了共产党在各国工会中的重要领导地位。在日本，共产党领导的、拥有156万会员的工会组织“全日本产业别工会会议”1946年8月宣告成立，到1946年年底，日本基层工会达1.2万多个，会员368万人，日本共产党在组织工人参加工会方面发挥了巨大作用。在意大利，共产党与社会党和天主教民主党各自领导下的工会实行合作，建立了总工会。到1947年6月，意共直接控制了80%的省级以上工会。在法共的努力下，法国的工会也逐步统一起来，所有的大产业联合工会和县联合会几乎都处于法共领导之下。工人阶级力量的统一，增强了共产党的实力和影响，奠定了国际共产主义运动进一步发展的基础。

许多发达国家的共产党积极参加议会选举和政府组阁。法共在战后连续几次议会选举中的得票率稳步增长，在1946年11月的国民议会选举中，一举得到28.6%的选票和183个议席，成为议会第一大党。从1944年9月至1947年5月，法共参加了5届政府，有8位领导人先后担任政府副总理和内阁部长。意大利共产党7次参与组阁，并在1946年的选举中得到了18.9%的选票和104个议席，在议会中居第3位。其他一些国家共产党的议会斗争也取得较好成果，如比利时共产党1946年的得票率为12.7%，拥有23个议席，并在后来长达39年的时间里一直拥有议会席位。日本共产党在1946年4月举行的战后日本第一次大选中，获213万张选票和5个席位，首次进入议会。总之，战后初期是发达资本主义国家共产党议会斗争的鼎盛时期。然而，这种局面没能持续多久。

20世纪中叶，随着科技革命的发展，资本主义国家也进行了较大幅度的自我调整，资本主义经济政治和社会关系都发生了很大变化，工人阶级和广大群众的生活水平得到了较大提高，阶级斗争和阶级矛盾有所缓和。与此同时，随着美国“遏制”战略和“冷战”政策的实施，发达国家共产党面临的处境日益恶化，特别是苏共二十大以及波匈事件后，国际共产主义运动内部出现分歧，许多发达国家的共产党出现思想混乱和组织分裂，并迅速转入低潮。

这一时期，发达国家共产党发展的低落具体表现在：

一是共产党遭到排挤。美国在欧洲推行“遏制”共产主义和“复兴欧洲”的马歇尔计划，在西欧地区形成了美国占主导权的经济和军事集团，这一集团具有强大的控制力量，各国共产党战时赢得的政治力量和群众基础迅速减弱。在美国支持下，许多国家的右翼政党纷纷上台，奥地利、法国、意大利、芬兰等国参与执政的共产党先后被各国亲美势力排挤出政府，一些和共产党结盟的政治派别也随之右转或趋于保守。

二是共产党员受到各国反动势力的大肆迫害。在右派政府的镇压下，发达国家共产党大批领导人和党员被迫流亡国外，党组织处于非法状态。譬如，1947年9月，希腊共产党被宣布非法，其领导的国内武装斗争也于1949年宣告失败，6500多名共产党人被杀害，大批党员流亡国外；1948年7月14日，意大利共产党总书记陶里亚蒂被枪伤，军警还借机逮捕了几千名参加游行的工人和共产党员；1949年3月，葡萄牙共产党总书记库尼亚尔被捕并被关押了长达11年之久。

三是共产党员数量迅速下降。意共党员数比高峰期下降了约25%；法共的党员数是30万人，比高峰期下降了约60%；荷共党员数比高峰期下降了80%，只有1万人。受到国际形势变化的影响，其他一些力量较弱的共产党，如美国、加拿大、澳大利亚、新西兰等国的共产党，也有较大萎缩。美国共产党人受到政府的政治高压，1947年6月，国会通过了《劳工管理法》（又称《塔夫脱-哈特莱法案》，是以提出该法案的两位议员的名字命名），规定共产党人不得担任工会职务，取消了共产党领导下的工会的集体谈判权。此后，美国众议院“非美活动调查委员会”又大肆活动，非法逮捕了两位美共领导人。1954 年 8 月，美国众参两院先后通过《共产党活动管制法》，致使美共处于半合法地位。

当然，这一时期也有一些共产党在曲折反复中得到了一定程度的发展。日本共产党虽然曾在 1951 年遭到镇压，并于 1952 年失去了其在国会中的全部议席，但整体上看力量还是有所发展。到 20 世纪 60 年代，日共党员数达到 30 万人，是 1949 年高峰时的 3 倍。

虽然发达国家共产党总的来说处于困境中，但它们并没有停止实践和理论探索，而是表现出越来越独立自主发展的倾向。

20 世纪 60 年代末 70 年代初，由于席卷西欧发达资本主义国家激进的学生及工人运动，也因为资本主义发生了新一轮经济危机，发达资本主义国家的共产主义运动出现了转机。1968 年 5 月，法国爆发了由大学生和工人为主体发动的反政府的“五月风暴”，一时间“造反”运动风靡西方。青年学生、妇女、绿色人士、反战和平人士等纷纷走上街头，掀起了针对资本主义制度的大规模抗议活动。由法国共产党和工人民主联盟支持的法国总工会号召实行总罢工，短短一个月内，参加罢工的工人发展到 1000 万人，占法国总人口的 1/5，这在法国历史上是罕见的。在意大利，学生运动和工人运动相继出现高潮，1969 年秋，意大利工人要求增加工资，改善工作条件的罢工运动高涨，对资本主义经济和社会造成巨大冲击。在英国，1974 年的全国性矿工大罢工，导致保守党内阁垮台。在西班牙、瑞典、丹麦等国，也都发生了不同规模的工人罢工和反抗运动。美国的黑人民权运动蓬勃发展，日本的工人运动也高涨起来。在整个发达资本主义社会，出现了有利于开展工人运动和社会主义斗争的社会条件和环境，发达资本主义国家共产党也迅速发展起来，党的组织力量有所恢复。到 20 世纪 70 年代末，法国共产党党员人数由 60 年代低谷时的 30 万人猛增至 70 万人；意大利共产党党员数量也从 150 万人增加到 181 万人；西班牙共产党 1975 年转为合法前只有 1.5 万党员，到 1977 年已增至 24 万人，在 1979 年 3 月大选中获 23 个席位，成为议会中第三大党；葡萄牙共产党 1974 年处于地下时期时只有几千人，1975 年达到 10 万人。20 世纪 70 年代，西欧地区的共产党员总数最高达到 200 多万，拥有选民上亿人。其他地区的共产党，如日本、美国、澳大利亚等，党员数也有小幅增加，对工人运动和群众组织产生了积极影响。

进入 20 世纪 80 年代后，随着国际经济政治形势的变化，新自由主义经济政策和政治政策逐渐占据主导地位，右翼政党纷纷上台执政，发达资本主义国家共产党的发展再次陷入困境，共产党活动和工人运动处境艰难。一些国家的共产党向社会民主党妥协退让，如法国共产党在1981年的选举中支持法国社会党选举组阁，而使自己的得票数和议会席位数大大减少，最后遭到社会党的孤立和排挤。意大利共产党也在1980年11月改变了其曾经于1975年通过的与天主教民主党实行“历史性妥协”的战略，提出了新的“民主替代”战略，声明将同社会党以及其他民主进步党派联合取代以天主教为中心的政权制度，但最后也遭到排挤。这一时期，由于思想混乱和党内派系斗争，许多共产党发生组织分裂，党员数量大大下降。到20世纪80年代末90年代初，西班牙共产党仅有8万左右党员，法国共产党只有20多万党员，意大利共产党党员数降至143万人。同时，各党的选举得票率也急剧下降，法共在1981年总统选举和议会选举中得票率接近20%，并在1981—1984年参加政府。而在1986年3月的国民议会选举中得票率跌至10%以下（为第二次世界大战后的最低点），在1988年的总统选举中法共候选人仅获6.7%的选票。其他国家共产党的力量也出现了不同程度的分裂和下降。美国共产党发生分裂后，党员数到90年代初减少了1/3。澳大利亚共产党发生严重分裂，最终解散。日本共产党也发生了分裂，到1980年先后分裂为5个工人政党。总之，战后发达资本主义国家共产党经历了曲折发展的过程。发达资本主义国家共产党努力从其所处社会现实出发，探寻适合本国环境条件及实际情况的斗争方式，以及由资本主义走向社会主义的发展道路。

二、“欧洲共产主义”的探索及基本主张

以意大利共产党、西班牙共产党、法国共产党为代表的西欧发达资本主义国家共产党，经过长期的探索，在如何走向社会主义等问题上逐渐达成了一些共识并付诸实践。人们把这些共产党探索走向社会主义道路的理论和实践称为“欧洲共产主义”。

“欧洲共产主义”的出现不是偶然的。早在20世纪20年代，葛兰西就曾提出，欧洲的政治上层建筑不同于沙俄，中欧、西欧必须有一个不同于俄国的战略策略。这一思想对欧洲共产主义的形成具有很大影响。

20世纪70年代，意大利共产党、西班牙共产党和法国共产党（即“欧洲共产主义”的三个核心成员党）经常举行双边或多边会谈，就国际共产主义运动的重大问题交流意见，探讨欧洲国家争取实现社会主义的道路问题。1975年

6月，意共总书记恩里科·贝林格和西共总书记圣地亚哥·卡里略在里窝那会晤，同年11月，法共总书记马歇和意共总书记贝林格在罗马会晤，两次双边会晤均发表联合声明，表明他们将实行“在和平与自由民主中走向社会主义”的路线方针。1976年6月，意共总书记贝林格和法共总书记马歇在巴黎发表演说，贝林格第一次使用了“欧洲共产主义”这个词。1976年6月29—30日，欧洲29个共产党和工人党组织在东柏林举行会议，贝林格和卡里略在大会发言中阐明了“欧洲共产主义”的基本主张。在共产党和工人党国际会议上，“欧洲共产主义”第一次被正式用以表达西欧共产党的政策观点。1977年3月2—3日，意共、法共和西共总书记在马德里会晤，发表了被人们称为“欧洲共产主义宣言”的联合声明，对三党几年来形成的基本原则作了系统阐发。1977年4月，西共总书记卡里略出版了《“欧洲共产主义”与国家》一书，系统地阐述了“欧洲共产主义”的基本理论和策略主张。随后，1978年4月至1979年5月相继召开的西共第九次代表大会、意共第十五次代表大会和法共第二十三次代表大会，分别把“欧洲共产主义”一词及其理论原则写入党章，确定为党的纲领、路线和政策。

“欧洲共产主义”的主要内容包括：

一是走向社会主义的和平议会道路。“欧洲共产主义”认为，由于国情不同，各国走向社会主义的道路必然是多样的。在工业发达、民主传统深厚的西欧国家，国家垄断资本主义的发展为向社会主义过渡提供了充分成熟的经济条件，工人阶级和劳动人民的力量已经十分强大，因此，完全有可能通过和平的、渐进的道路而非暴力革命方式夺取政权。他们认为，当代资本主义国家在发展进程中，国家职能有所变化，不再仅仅是资产阶级镇压被统治阶级的工具，管理社会的职能越来越占主要地位。在这种情况下，工人阶级可以逐步改变现存国家政权的阶级性质，使资产阶级国家机器的主要部分逐渐民主化。

二是建立广泛的群众联盟。“欧洲共产主义”主张利用议会民主和平夺权的同时，也强调要开展广泛的群众运动，把议会斗争与群众斗争结合起来，建立广泛的群众联盟。“欧洲共产主义”主张建立广泛的社会联盟和政治联盟。所谓社会联盟，就是建立以工人阶级为领导的，“以劳动力量和文化力量联盟”为基础的民主联盟，其中包括工人、农民、知识分子、青年、妇女和一切受垄断资本迫害的社会力量。所谓政治联盟，就是共产党同所有反对垄断资产阶级的政党，首先是同社会党结成联盟。在“欧洲共产主义”各党看来，“只有在互让、对话和自主的基础上同世界观不同的其他社会、政治力量实行广泛结盟的政策，才能沿着民主道路通向社会主义”①。

三是建设“新型群众性政党”。“欧洲共产主义”对马克思主义的无产阶级政党理论进行了重新阐释。在党的指导思想方面，认为列宁主义不适合西方国家，多数党不再提“列宁主义”，而使用“马克思主义”“马克思思想”或“科学社会主义”等；在党的性质方面，强调党的群众性和人民性，主张扩大党的群众基础，建设一个以工人阶级为主体的群众性政治先锋党；在组织原则方面，强调在坚持民主集中制原则的同时，丰富党内的民主生活，允许在党内开展不同意见的争论和保留不同的思想观点，但不允许在党内搞有组织的派别活动；在党的作用方面，虽然仍强调党的领导作用，但不再使用“党是无产阶级的最高组织形式”的提法，强调党不能对国家和社会实行绝对领导，而主张通过政治联盟来领导，共产党在政治联盟中起政治引导作用。

四是建立“民主的”社会主义模式。“欧洲共产主义”强调社会主义模式的多样性，认为社会主义没有固定模式，主张从自己的国情出发，建立具有本国特色的社会主义模式。比如，法共的“建设法国色彩的社会主义”、意共的“在政治民主基础上的社会主义”、西共的“民主的、多元化的社会主义”等。虽然各党主张的社会主义模式存在差异，但其目标都是要“从欧洲资本主义的特殊条件出发，寻求社会主义的道路。它不同于欧洲社会民主党所走的道路，也不同于苏联东欧已有的模式”②。即从西方社会现实出发，强调社会主义社会的民主特色。在政治制度上，推行以代议制为基础的议会民主制，实行政治生活民主化和政治领导多党制。在经济制度上，主张限制和逐步战胜垄断资本，将其转为社会所有，实行民主的国有化，建立公有制占优势的多种经济并存的混合型经济，实现全社会的完全公有制；消灭资本主义剥削，实行按劳分配；实行经济管理和计划管理民主化。在社会制度上，强调充分保障和发展公民的权利和自由，保障新闻言论自由。正如卡里略所说：“在欧洲共产主义潮流的行列里的党一致认为需要走向这样一个社会主义：它实行民主，实行多党制、

---

① ［德］沃尔夫冈·莱昂哈德：《欧洲共产主义：对东西方的挑战》，张连根等译，人民出版社1980年版，第8页。

② 《贝林格同志在中外记者招待会上说：将广泛地发展意中两党的关系 双方坦率的会谈，促进了更好的相互了解》，《人民日报》1980年4月23日。

议会和代议制机构。它通过普选定期行使人民的最高权力。”①

五是倡导独立自主和新国际主义。“欧洲共产主义”主张独立自主地把马克思主义应用于本国实际，探索本国社会主义革命和建设的独特道路。鉴于苏共打着国际主义的旗号推行大党主义，欧共不再提“无产阶级国际主义”，而是大力倡导新国际主义。新国际主义的核心是：“承认差异，尊重自主”，主张各党完全独立自主，反对大党中心主义、领导党和国际领导中心；坚持各国党之间完全平等、互相尊重，反对外来干涉和控制；倡导在多样化中求团结，对存在的分歧和差异采取平等对话和讨论的办法解决。

“欧洲共产主义”在20世纪70年代到80年代的欧洲曾风靡一时，西欧28个共产党和共产主义组织中，自称赞成或虽未明确表态而实际实行“欧洲共产主义”主张的党就有11个，党员人数为280万人，占西欧共产党员总人数的9/10。“欧洲共产主义”在世界范围内也有较大影响。日本、澳大利亚、墨西哥等非欧洲国家的共产党也赞同“欧洲共产主义”。在其发展高潮阶段，信奉“欧洲共产主义”的共产党员达330万人，占资本主义国家党员总数的75%以上，在各国议会中占有300多个席位。

然而，当时在内外部因素的重重压力下，信奉“欧洲共产主义”的共产党遭遇一系列困难和挫折。除党员人数和议会选票大幅降低外，各党内部还存在许多矛盾和斗争，形成了不同的政治派别，出现了严重的组织分裂，逐渐走向衰落。其主要原因是：第一，“欧洲共产主义”政党未能清醒地判断资本主义的发展形势和自身面临的挑战和困难，对参加政府和过渡到社会主义的前景过于乐观，不能及时地调整其纲领和战略策略。第二，西欧各主要共产党在各自国内政治舞台上面临不同的问题，难以长期协调一致，难以形成统一的力量和共同行动。第三，美国和西欧等主要资本主义国家右翼势力的联合压制和破坏，使左翼力量遭受严重削弱，增加了欧洲共产主义政党生存和发展的难度。

20世纪80年代中期起，“欧洲共产主义”这一概念已很少有人谈起了，一些党甚至回避使用它，到20世纪90年代初，随着苏联解体、东欧剧变的发生，一些“欧洲共产主义”政党或解散，或改名易帜。“欧洲共产主义”从总体上

① ［西班牙］圣地亚哥·卡里略：《“欧洲共产主义”与国家》，钟琦译，商务印书馆1982年版，第99页。

已不存在了，但其提出的主要问题仍是西方国家共产党继续探索的主题。可以说，“欧洲共产主义”是发达资本主义国家共产党在一个时期适应资本主义政治经济形势的新变化，对走向社会主义道路进行的一种探索。虽然探索未能获得成功，但也留下了值得总结的经验教训。

三、共产党与社会民主党的关系及其对国际共运的影响

第二次世界大战后特别是20世纪50年代以后，信奉民主社会主义的社会民主党（有的称“社会党”或“工党”）借助社会党国际组织不断扩大影响，发展成为发达资本主义国家中的一支重要政治力量。发达资本主义国家共产党在探索本国社会主义道路的过程中，不可避免地面临着如何处理与社会民主党的关系问题。整个冷战时期共产党与社会民主党的对立和较量多于对话和合作。两者之间的关系状况和发展演变，对世界政治力量的对比、国际工人运动和共产主义运动的发展均产生了重大而深刻的影响。

在战后冷战气氛日趋浓厚的背景下，第二次世界大战中停止活动的欧洲各国社会民主党重整旗鼓，于1951年6月底7月初在联邦德国法兰克福召开代表大会，重新建立社会民主党的国际组织——社会党国际，有34个成员党和组织，党员近千万，其力量和影响较前都有显著增长，是西欧的第一大政治派别和国际舞台上的一支重要政治力量。该组织继承并发扬第二国际右翼社会民主党和社会主义工人国际的社会改良主义传统，公开打出民主社会主义的旗号，支持西方的“冷战”和“马歇尔计划”，采取亲美反苏反共的一边倒立场，同资产阶级政党一起不遗余力地攻击共产党和共产党执政的社会主义国家。

社会党国际在成立大会上通过了题为《民主社会主义的目标与任务》的原则声明（又称《法兰克福声明》），鲜明地打上了反对共产主义（社会民主党人一般把苏联和东欧国家的社会主义称为“共产主义”）的烙印，它指责“共产主义造成了国际劳工运动的分裂，并使社会主义在许多国家中的实现推迟了几十年”，攻击共产主义“妄称继承了社会主义传统。但事实上，它歪曲了这个传统，使它面目全非”，认为共产党人“只是为了建立一党专政”，而有意使阶级的对立尖锐化，甚至宣称：“国际共产主义是新帝国主义的工具。不论在什么地方，只要它获得政权，它就破坏自由与获得自由的机会。它的基础是建立在军事官僚和警察恐怖之上的。由于造成财富和特权的鲜明悬殊，它已创立

了一种新的阶级社会。”①

为了表明与共产党和共产主义运动的截然不同，社会党国际突出强调了“民主社会主义”，在《法兰克福声明》中比较系统地阐述了民主社会主义的基本原则及其在政治、经济、社会、文化和国际问题上的基本主张与政策。

在指导思想上，强调社会主义思想来源的多样性，认为马克思主义只是社会主义的思想来源之一，古典哲学、人道主义和宗教（特别是基督教）教义等也是社会主义的思想渊源，奉行多元主义，主张世界观的多元性，反对单一的思想理论基础，否认马克思主义是唯一科学的社会主义理论，从而放弃了马克思主义指导地位；在奋斗目标上，信奉伦理社会主义，认为社会主义是自由、公正、团结互助等某些基本价值的实现，强调主观动机和伦理因素的作用，把社会主义视为一种价值追求而不是客观发展规律和一种新的社会制度，否认社会主义取代资本主义的历史必然性；在实现社会主义的道路和方法上，主张在议会制民主共和国的框架内，通过和平的、民主的、改良的道路走向社会主义，把通过普选取得议会多数作为掌握国家政权的唯一方法，把实行政治民主和经济民主作为变革社会的唯一途径，否认国家的阶级性，反对暴力革命，反对打碎旧的国家机器，反对无产阶级专政；在基本经济制度上，认为社会主义并不以生产资料公有制为先决条件、完全可以在不改变资本主义私有制的条件下实现，反对以生产资料所有制关系来区分社会主义和资本主义，否认公有制的主体地位；在党的性质上，社会民主党不再以工人阶级为基础，而是把自己从面向产业工人的党变为“容纳一切人”的“全民党”。1959 年，德国社会民主党在哥德斯堡特别代表大会上通过的《德国社会民主党的现行基本纲领》（亦称《哥德斯堡纲领》）即宣布自己已经从“一个工人阶级的政党变成了一个人民的政党”，“一个思想自由的党”，一个“由具有不同信仰和思想的人组成的”共同体，否认自己政党的工人阶级性质。

由于社会民主党的民主社会主义与共产党的科学社会主义相对立，加上东西方走向冷战的紧张形势，使得 20 世纪 50—60 年代共产党与社会民主党的关系处于严重对立和对抗状态。许多国家的社会民主党联合其他政治力量竭力打击和排挤本国共产党。同时，赞同西方资产阶级和各国政府对共产党和社会主

① 社会党国际文件集编辑组编：《社会党国际文件集（1951—1987）》，黑龙江人民出版社 1989 年版，第 3 页。

义国家采取敌视政策，尤其是利用苏共二十大、波匈事件、国际共产主义运动内部的分歧和分裂、苏联出兵捷克斯洛伐克事件等大做文章，丑化社会主义国家，并完全拒绝同共产党人接触和进行任何形式的合作。在当时社会党国际的各种文件中，反对共产主义的论调远远高于反对资本主义的。因此，各国共产党从国际共产主义运动的立场和视角，认为社会民主党是改良主义政党、修正主义政党，是“资本家的帮凶”“工人阶级事业的叛徒”，因而各国共产党反对与社会民主党进行交往和合作。

1956 年 2 月，苏共二十大提出与社会民主党改善关系、进行接触和合作的主张后，各国共产党开始改变对社会民主党的完全否定态度。1957 年 11 月，在莫斯科召开的社会主义国家共产党和工人党国际会议发表的宣言指出：“无论是在改善劳动人民的生活条件、扩大和维护他们的民主权利、争取和保卫民族独立、争取国际间的和平的斗争中，或者在夺取政权和建设社会主义的斗争中，共产党都主张同社会党建立合作。”但是，社会党国际多次发表声明拒绝同共产党合作。1956 年 4 月，社会党国际执行局伦敦会议通过一项《关于社会主义与共产主义的声明》，声称：“社会主义与共产主义毫无共同之处。共产党人完全歪曲社会主义思想。”社会党国际“坚决拒绝同独裁政党建立任何统一战线或任何其他形式的政治合作”①，再次表明了社会民主党对共产党的敌视态度。在实践中，社会党国际认定美国是“自由与民主的主要支柱”、北大西洋公约组织“是和平的强大堡垒”，“东西方对立多半是共产党领导人强加于这个并不情愿对抗的世界的”②，并采取了一系列紧跟美国、反苏反共的对外政策，包括支持美国发动侵朝战争，支持西方各国增加开支重整军备，并借波匈事件掀起国际反共高潮，等等。

20 世纪 60 年代末 70 年代初，国际形势发生重大变化，多极化趋势加强，冷战出现缓和迹象，尤其是德国社会民主党主席维利·勃兰特出任联邦德国总理后，社会党国际逐步调整僵硬的反苏反共和追随美国的政策，推行“以接近求改变”的“新东方政策”，社会民主党与共产党的紧张关系以及东西方关系有所松动和缓和。与此同时，一些信奉“欧洲共产主义”的西欧国家共产党提

① 社会党国际文件集编辑组编：《社会党国际文件集（1951—1987）》，黑龙江人民出版社 1989 年版，第 72 页。

② 社会党国际文件集编辑组编：《社会党国际文件集（1951—1987）》，黑龙江人民出版社 1989 年版，第 146 页。

出了与社会民主党合作建立欧洲左翼联盟的倡议。1971年5月召开的社会党国际理事会会议上，许多社会民主党的代表虽然仍不认同在本国范围内与共产党合作，但同意在国际舞台上，特别是“在保障欧洲安全和解决其他紧迫问题方面”与共产党进行合作。1972年4月，在阿姆斯特丹召开的社会党国际执行局会议通过一项决议，规定社会党国际的成员党有权自由地决定同任何政党建立双边关系。同年6月召开的社会党国际十二大上，时任社会党国际主席的布鲁诺·皮特曼在开幕词中表示，应允许各成员党自由地决定他们自己同包括共产党在内的其他政党发展双边关系。

1976年1月，欧洲国家社会民主党政府首脑和党的主席的秘密会议，最终明确了各国社会民主党可以自主决定与共产党关系的立场，实际上解除了社会党国际长达20年不准与共产党合作的禁令。1976年11月，社会党国际十三大以后，社会民主党与共产党开始超越意识形态的分歧，与苏联和一些国家的共产党有了接触和往来，并在可能范围内，在反对国际资本、维护世界和平等诸多问题上，与共产党开展合作。尤其是欧洲各国共产党与社会民主党开始寻求对话和合作，减少政治分歧，直至建立选举联盟，共同抗衡中右翼政党，实现联合执政。

自20世纪80年代起，欧洲共产党与社会民主党的联系进一步加强。法国共产党和社会党在1981年总统选举前夕再次合作，共同推举密特朗为统一的总统候选人，取得了同年5月总统选举和6月议会选举的双重胜利。密特朗成为法兰西第五共和国的第一位左翼总统，社会党还组成了有法共参加的左翼联合政府。在联邦德国，社会民主党领导人勃兰特积极主张在国际上与意共及其他共产党合作。德国共产党也改变了对社会民主党的态度，肯定社会民主党的纲领和政策，希望与社会民主党合作并结成反对垄断资本主义的联盟。

此外，西欧社会民主党与世界各国共产党之间的国际交往不断加强。1986年，丹麦社会党、荷兰工党、秘鲁社会党与保加利亚共产党、民主德国统一社会党、匈牙利社会主义工人党，在布达佩斯就欧洲形势与维护共同安全问题举行了圆桌会议。苏联共产党与联邦德国、法国等国的社会民主党也进行了多次接触和对话。

由于东西方冷战，中国共产党与社会民主党之间的关系也曾处于全面对立状态。但自20世纪50年代起，中国共产党对于少数社会民主党人则采取区别对待的态度。1954 年，毛泽东主席会见了英国工党领袖艾德礼率领的社会党国际代表团，明确提出只要共产党与社会民主党双方愿意就可以和平共处，并进而提出因为都要和平，都要通商，所以完全可以合作。毛泽东甚至表达了希望西方社会民主党人能消除对苏联和苏共的敌视，从而缓和东西方关系以结束冷战的愿望，认为“中国、苏联、英国和其他各国彼此都靠拢些，观点不要一成不变，情况就可以改善”①。中国共产党从 20 世纪 50 年代起就与属于西方社会民主党阵营的日本社会党建立了友好关系。从 80 年代初起，中国共产党本着“超越意识形态的差异，谋求相互了解与合作”的方针，坚持独立自主、完全平等、互相尊重、互不干涉内部事务的原则，与各国社会民主党及社会党国际积极发展关系，到 80 年代末，已与世界上 40 多个社会民主党建立了联系，进行接触、交往和对话。1986 年 6 月，社会党国际十七大破例邀请唯一来自共产党国家的代表——中国共产党代表团列席大会。

20 世纪 80 年代末 90 年代初，社会党国际积极推动了苏联东欧国家的和平演变。1989 年 6 月，苏东剧变前夕召开的社会党国际第十八次代表大会，公开主张通过自由化和民主化改造共产党国家，公开支持苏联东欧社会主义国家的共产党向民主社会主义方向演变，对苏东剧变起到了推波助澜的作用。在民主社会主义传统深厚的波兰、匈牙利和捷克斯洛伐克表现得尤为突出。在 20 世纪 50 年代和七八十年代的改革浪潮中，民主社会主义思潮在苏东国家多次显露，至 80 年代末 90 年代初，这些国家发生共产党的“社会民主党化”。当年极端反苏和反共、因不同意与共产党合并而被迫流亡西欧的一些原东欧国家的右翼社会民主党人，成立中东欧社会党联盟，与社会党国际保持联系，为社会党国际的东欧政策出谋划策。80 年代东欧改革时期这些“流亡社会民主党人”通过发表声明、组织演说、参加社会党国际重要会议、与东欧各国国内反对派直接联系甚至回到东欧从事渗透活动等多种形式，与东欧各国国内的民主社会主义思潮相呼应，积极推动东欧各国的“政治多元化”进程，加速了东欧剧变。

总之，20 世纪 50—80 年代，共产党与社会民主党的关系经历了复杂曲折的发展过程，两者之间既有敌视、对立、矛盾和斗争，又有和解、接触、对话和合作。但总体而言，共产党与社会民主党相互对抗、较量的时候多，相互往来、协作的时候少。

---

① 《毛泽东文集》第六卷，人民出版社 1999 年版，第 341 页。

造成共产党与社会民主党之间对抗和斗争多于交往与合作的直接原因是客观形势的发展变化，尤其是冷战局势的发展变化使得共产党和社会民主党作出了不同的历史选择。第二次世界大战以后，欧洲社会民主党抵不住马歇尔计划 170 亿美元经济援助的巨大诱惑，迫不及待地接受了这一计划，同时完全接受了美国的政治要求。1949 年 4 月，当有“冷战工具”之称的北大西洋公约组织成立时，10 个西欧创始成员国中有 7 个是由社会民主党人单独执政或参与执政的国家，由此可见一斑。至 1951 年社会党国际重新建立，社会民主党已经完成了其亲美反共的基本政治立场的选择。共产党则对倒向西方阵营并与自己强烈敌对的社会民主党采取了针锋相对的全面对立、坚决批判的态度。直到 20 世纪 70 年代，随着国际局势的变化、东西方关系的缓和，两者的关系才逐渐从敌视、对峙转向接触、对话和有条件的合作。

造成共产党与社会民主党之间对抗和斗争多于交往与合作的深层原因在于：信奉科学社会主义的共产党与信奉民主社会主义的社会民主党在指导思想、阶级基础、组织原则、纲领路线、奋斗目标和斗争策略等方面存在巨大差异和根本分歧，甚至截然对立。社会民主党虽然起源于工人运动，曾以马克思主义为指导，但在后来的发展中却与工人运动和马克思主义渐行渐远，已由无产阶级政党蜕化为社会改良主义政党。社会民主党植根于资本主义制度，以管理和改良资本主义社会为己任，是资本主义制度的维护者和资本主义“病床旁的医生”；共产党以消灭资本主义制度，建立和不断完善社会主义制度，并最终实现共产主义为历史使命，是资本主义社会的掘墓人，是社会主义、共产主义新社会的建设者。20 世纪 70 年代以后，双方的紧张关系虽然有所缓和，并有了对话与合作，但是社会民主党的民主社会主义思想体系没有变，敌视共产主义、批评共产党和社会主义国家的立场没有变。因此，双方在开展对话与合作的同时，又存在着严重的矛盾与斗争。

但是，共产党与社会民主党在意识形态上的明显差异和分歧，并不妨碍双方在坚持各自主张的前提下进行接触，建立联系，开展交流、对话，甚至合作。共产党与社会民主党之间的接触、对话和合作有利于推进社会进步事业和包括工人阶级在内的广大劳动人民的利益，而两者的长期对立和矛盾，客观上分散了工人运动的力量，分散了反对国际垄断资本斗争的力量，从而也影响了国际工人运动和共产主义运动的发展。

鉴于社会民主党在发达资本主义国家有一定的群众基础，对选民有很大的影响力，在世界政治舞台上占有重要地位，因此各国共产党需要处理好与社会民主党的关系。既对社会民主党的改良主义立场进行坚决批判和斗争，捍卫科学社会主义原则，维护工人阶级的根本利益，又同社会民主党进行接触、对话和合作，积极争取国际工人运动的主导权和主动权，推动国际共产主义运动的健康发展。

第二节　发展中国家的共产主义运动

发展中国家的共产主义运动与民族解放运动是紧密联系在一起的。第二次世界大战后，发展中国家的民族解放运动空前高涨，一批殖民地半殖民地国家赢得了政治独立。各国共产党在反帝、反殖民主义斗争中，积极争取社会主义革命的胜利，一些经济文化相对落后的国家走上了社会主义的道路并取得了社会主义建设的巨大成就。战后世界社会主义力量的迅速壮大，不仅为广大亚非拉发展中国家的民族解放运动创造了极为有利的国际条件，而且也对这些国家独立后探索社会主义道路产生了巨大的激励作用。就亚非拉发展中国家的共产主义运动而言，各个国家和地区的革命斗争很不平衡，但大都经历了极其曲折的发展过程。

一、亚洲国家的共产主义运动

第二次世界大战，亚洲一些国家的共产主义运动蓬勃发展。各国共产党积极投身于民族独立运动和社会进步事业，力量有所上升，但发展不平衡，有的走上议会斗争道路，有的选择武装斗争方式。南亚国家的共产党多数取得合法地位，成为本国政治舞台上的重要力量。东南亚国家的共产党受到亲美反共政权的打击和镇压，大多采取武装斗争方式。西亚一些共产党由于脱离本国民族主义运动，实行盲动政策，频频失误，力量受到重创。

（一）南亚国家和地区的共产主义运动

1920 年 10 月，在共产国际帮助下创立的印度共产党（以下简称“印共”），是南亚地区最大的工人阶级政党。南亚地区的共产党除斯里兰卡共产党外，都与印共有着历史渊源。

印共成立初期主张武装斗争，提出了“反对英国帝国主义统治”和“解放印度”、“争取印度工人阶级和劳动人民的彻底解放”等口号，发动和领导全国性的工人、农民运动，开展民族独立和解放斗争。在第二次世界大战中，印共因支持英国政府反法西斯战争而获得合法地位，党员数量由1934年的150人发展到1945年的3万人。1946年7月，印共领导海德拉巴地区的农民进行武装斗争和土地革命，并一度在土邦特仑甘纳建立了人民政府。国大党临时中央政府宣布禁止印共活动，派兵镇压了这次农民武装斗争。面对失败，印共不得不思考改变斗争策略。1951年10月，印共举行全国代表会议，决定放弃武装斗争，主张通过选举，用和平方式取得政权，建立民主联合政府。从印度1951年首届大选开始，印共就积极投身选举，并在前三届大选中都有较好表现，成为议会中的主要反对党之一。1957年，印共在喀拉拉邦议会选举中取得了多数席位，建立了印度历史上第一个共产党执政的地方政府。

南亚各国共产党除巴基斯坦共产党外，都于第二次世界大战后陆续进入合法斗争时期。在尼泊尔，成立于1949年3月的尼泊尔共产党，参加了1959年举行的尼泊尔有史以来第一次议会大选，并获得了4个席位。在斯里兰卡（原锡兰），共产主义运动一度活跃。在20世纪30—40年代摆脱英国殖民统治、争取民族独立的过程中，一些具有民族主义、社会主义思想的知名人士就成立了多个共产党组织，其中人数最多的是锡兰共产党。这个党在斯里兰卡独立初期，追求所谓的“非资本主义发展道路”，曾多次参加议会选举，并与其他反对党结成人民联合阵线。

20世纪50年代中期以后，由于受国际共运大论战的影响，南亚国家的共产党普遍发生分裂。1958年，印共五大确立了“和平过渡”路线后，党内在一些重大问题上产生分歧，导致分裂。1964年10月底11月初，以孙达拉亚、南布迪里巴德为首的一派在加尔各答召开印共七大；同年12月，以丹吉、拉哲斯瓦尔·拉奥为首的一派在孟买召开印共七大，印共正式分裂。以孙达拉亚为首、在国际共产主义运动争论中支持中共的一派，于1966年改称印度共产党（马克思主义）（以下简称“印共（马）”），丹吉派仍沿用“印度共产党”名称。印共分裂后，两党在坚持社会主义目标的前提下，都能顺应国内外形势变化，灵活务实地调整政策，在印度人民院中均占有一定席位，但印共（马）发展相对较快，多数时间居第三大党地位，长期主导左翼阵线。1967年5月，印共（马）又发生分裂，西孟加拉邦大吉岭县的革命派在查鲁·马宗达等人的领导下，在该县的纳萨尔巴里发动了农民武装斗争，并于1969年

4 月成立印度共产党（马克思列宁主义），但该党在随后的十几年中又发生过多次分裂。印共（马）在国际共产主义运动中坚持独立自主，主张把马克思主义基本原理同印度具体情况相结合，从实际情况出发制定自己的路线方针和政策，通过和平手段过渡到社会主义。自 1967 年开始到 20 世纪 80 年代末，印共（马）先后在西孟加拉邦执政三次，在喀拉拉邦执政两次，在特里普拉邦执政一次。

20 世纪 60—70 年代，尼泊尔实行无党派评议会制度，国王独揽权力，禁止一切政党活动，包括共产党在内的各政党被迫转入地下。这期间，尼泊尔共产党内部也发生分裂。1962 年尼泊尔共产党三大召开后，先后发生过两次大的分裂：第一次是当时亲苏派总书记拉伊玛吉与亚马吉派的分裂；第二次是以普什帕拉尔为代表的“亲中派”和以阿玛蒂亚为首的“亲苏派”的分裂。20 世纪 70 年代尼泊尔共产党贾帕县一些党员开展武装斗争，后于 1978 年成立尼泊尔共产党（联合马列）。1978 年，锡兰改国名为斯里兰卡民主社会主义共和国，锡兰共产党也易名为斯里兰卡共产党。此时，斯里兰卡共产主义运动的分裂状态进一步加剧，出现了许多打着共产党旗号的激进小团体组织，但都没有什么影响，很快被淘汰。斯里兰卡共产党继续坚持自己的奋斗目标，在多党民主制度下开展议会斗争，捍卫工人阶级和劳动人民的利益。由上可以看出，这一时期南亚国家的共产党，大都是在多党制框架内进行活动，在争取到合法地位后，坚持马克思主义的指导地位和社会主义方向，走议会道路，用和平方式开展同资本主义的斗争，维护广大劳动人民的利益。它们一直活跃在本国政治舞台，是国际共产主义运动中的一支有生力量。

（二）东南亚国家和地区的共产主义运动

共产主义运动在东南亚国家有着较长历史，大多数国家都有共产党组织存在。第二次世界大战结束后，东南亚国家的一些共产党凭借其抵抗日本侵略者的贡献，一度取得合法地位，积极参与本国政治活动，影响日益扩大。但不久，各国政府在美国等西方国家的支持下，普遍推行反共政策，肆无忌惮地镇压共产党。由于在国内处于非法地位，议会道路行不通，为了维护本国劳动人民的利益和实现无产阶级革命的奋斗目标，各国共产党不得不走武装斗争道路。受内外部因素影响，武装斗争一波三折，都没有成功。

印度尼西亚共产党（以下简称“印尼共”）是 20 世纪 50—60 年代东南亚地区最大的共产党。在印尼 1955 年的第一次普选中，印尼共成为国内第四大党，在 1957 年地方议会选举时上升为第一大党，并成为苏加诺总统提出的建立“纳沙贡”① 政府的积极支持者。1960 年 6 月，印尼共发展最盛时，印尼成立合作国会，印尼共在其中占有 36 席。印尼共党员达到 300 多万人，青年团员也达到 300 多万人，成为当时仅次于苏联共产党和中国共产党的世界第三大共产党。1965 年，发生了残酷镇压共产党人的“9・30 事件”②，共产党组织被取缔，印尼共绝大部分领导人遇难，大批共产党人被杀害或被投进监狱。一些幸存下来并坚持共产主义信念的共产党人被迫走向丛林，开展反抗军政权的武装斗争。由于力量悬殊，其武装力量很快被军政府消灭。20 世纪 60—70 年代，印尼出现了若干共产党的小组织和团体，如印尼共的马列主义小组、印尼共国外委员会等，它们均以印尼共的名义，开展研究和宣传马克思主义活动。

第二次世界大战后菲律宾共产党（以下简称“菲共”）曾一度放弃自成立以来坚持的武装斗争，并参加了 1946 年的大选，议会斗争失败后，菲共于 20 世纪 50 年代初走上了武装斗争道路，积极开展游击战争，进而提出进行持久人民战争的战略思想。由于菲共中央求战心切，实行冒险主义，结果在军事上遭到惨重失败，党组织也蒙受很大损失。1956 年受中苏论战的影响，菲共内部在革命道路选择问题上出现严重分歧，并分裂为主战派和主和派。1968 年 12 月，主张武装斗争的何塞・玛利亚・西松召开重建大会，将重建后的菲共称为新菲共。新菲共以马列主义、毛泽东思想为指导，主张广泛借鉴中国共产党农村包围城市的斗争经验，开展游击战和武装割据活动。到 20 世纪 80 年代中期，新菲共党员数量达到近 3 万人，其领导的新人民军战士也发展到 23 万多人，开辟了 59 个游击区，在全国 73 个省中的 50 多个省内都有活动。从 80 年代末开始，菲律宾当局加大对新菲共的打击力度，对新人民军大力清剿，新菲共领导人部分遭逮捕，部分流亡国外，党内也发生了严重的政治分裂，导致新菲共及其领导的新人民军力量急剧衰落，新菲共党员从鼎盛时期的近 3 万人减少到苏联解体时的 1.38 万人。

① “纳沙贡”（NASAKOM），印尼语“民族主义者”、“伊斯兰教徒”和“共产主义者”三个词第一个音节的缩写。纳沙贡政府即以上述三种力量为核心组成的互助合作政府。

② “9・30 事件”是指 1965 年 9 月 30 日，印尼爱国进步军官为反对右派军官政变阴谋而发动对右派军官的突然袭击，但最终失败。右派军人集团便在全国实行白色恐怖，对印尼共和革命群众大肆镇压。

和菲律宾共产党相似，缅甸、泰国、马来西亚的共产党也在20世纪50—70年代开展武装斗争，影响很大。第二次世界大战期间，缅甸共产党（以下简称“缅共”）积极领导人民开展抗日武装斗争，曾掌握数万人的武装。1948年缅甸独立后，吴努政府宣布缅共为“非法组织”，派出大批军警搜捕缅共党员，缅共转入地下，被迫进行推翻政府的武装斗争。20世纪40年代末50年代初，缅共领导的革命武装占领了一些大中城市和部分农村地区，建立了多个解放区。此后，缅甸政府与缅共之间进行了多次和谈，但均未能成功，双方展开了长期的围剿与反围剿斗争。1964年9月，缅共提出了“赢得战争、夺取政权”的战略方针，全力进行武装斗争。从20世纪70年代后期起，由于国内力量对比和外部环境发生变化，缅共领导的武装斗争陷入困境。1989年缅甸共产党内部分裂，一些军事领导人先后脱离缅甸共产党另立组织，1990年，缅共失去最后的武装力量和根据地，不得不自动解散。

泰国共产党（以下简称“泰共”）成立于1942年，曾为驱逐日寇和争取国家独立自主进行过不懈的斗争。第二次世界大战结束后，泰国政府倒向西方，实行反共政策，并于1952年重新实施曾一度被废止的《防止共产主义行为条例》，泰共从此完全转入地下。1961年9月，泰共召开三大，确定了开展武装斗争、实行农村包围城市、最后夺取政权的路线。为此，泰共积极发展力量，筹备武装斗争，并得到明显发展。1965年8月，泰共在泰国东北部山林地区发动起义，创建根据地，正式走上了武装斗争的道路。到20世纪70年代末，泰共领导的各种武装力量已达1万多人，在全国1/3以上的地区开展反政府活动，争取建立爱国民主联合战线。但由于泰国政府当局的围剿和国内外形势尤其是印度支那形势的变化，泰共力量自1978年年底开始明显削弱，武装斗争随之迅速跌落，根据地和活动区遭到不断挤压。1979年，泰共党内发生严重分裂，很多知识分子脱离泰共领导的武装斗争队伍。1987年4月，泰共中央领导人相继被捕，中央领导机构遭到巨大破坏，武装斗争被扑灭，游击区丧失，泰共基本处于停滞状态。

1949年1月，马来亚共产党（以下简称“马共”）提出了“驱逐英帝国主义出马来亚，建立马来亚人民民主共和国”的纲领，同年2月发表建军宣言，宣告马来亚民族解放军（后来改名为“马来亚人民解放军”）及其总部正式成立。马共领导的军事力量长期在马来西亚与泰国接壤的边境地区进行游击战争，其目的是要通过武装起义夺取全国政权，最终在马来亚实现社会主义。然而，马共开展武装斗争的条件和环境十分恶劣，且内部矛盾和分裂不断，武装斗争连连失利，不得不与政府进行谈判。1955 年 12 月，因政府坚持要求马共投降而未达成协议，谈判破裂。不久，马共领导的民族解放军迅速衰败，被迫退出马来西亚，转移到马泰边境泰国一侧，境内党的地下组织也遭受严重破坏。1968 年 6 月，马共中央向全党发出“团结起来，加强斗争特别是武装斗争”的号召，以制止党内不断出现的分裂现象。但党内分裂的势头并未减弱，进入 20 世纪 70 年代，马共有两部分人先后脱离中央领导，分别成立马来西亚[①]共产党（革命派）和马来西亚共产党（马列派）。20 世纪 70 年代中期，马共立足马泰边境地区，避免与政府军正面冲突，武装力量有所回升，一度有 2000 人。1989 年，马共与马、泰两国政府达成和平协议，次年，马共正式解散自己的部队，放弃了武装夺取政权的斗争。

（三）西亚国家和地区的共产主义运动

西亚大多数国家信奉伊斯兰教，一些国家实行君主立宪政体，政党政治发展缓慢，马克思主义传播和共产党建立都遇到许多困难。第二次世界大战前，这一地区只有叙利亚、伊拉克、黎巴嫩、伊朗等少数国家建立了共产党，但一直没有形成具有一定规模的共产主义运动。第二次世界大战后，这一地区共产党的数量有所增加，甚至在一些君主制国家也成立了共产党，如约旦共产党、沙特共产党等。

西亚各国共产党都宣称以马克思列宁主义为指导，主张推动社会进步，争取民族民主革命胜利，最终过渡到社会主义、共产主义。这一地区的共产党一直受苏联共产党的影响比较大，无论在思想路线还是在发展模式上，都存在盲目追随苏联共产党、脱离本国国情的状况。因此，从总体上看，这一地区共产党的力量都不是很强，大都选择通过合法途径参与国家政治，以实现社会主义目标。

叙利亚共产党（以下简称“叙共”）创建于 1924 年 10 月，曾是推动西亚地区共产主义运动的重要力量。1946 年叙利亚独立后，叙共积极维护民族独立，进行反帝反封建的斗争。1954 年后，叙共与民族主义政党组成民族联合阵线，参加议会选举，总书记哈立德·巴格达什当选为议员。从 1966 年起，叙共开始寻求与执政的阿拉伯复兴社会党进行合作，参加政府并成为叙利亚主要参

---

① 1963 年，马来亚联合邦联同新加坡、沙巴州及砂拉越组成新的联邦制国家马来西亚（1965 年新加坡退出马来西亚）。

政党。1973 年年底，由于政见分歧和权力之争，叙共分裂为两派，一派以叙共总书记哈立德·巴格达什为首，认为叙利亚阿拉伯复兴社会党是民族进步党，应与之合作并参加政府，在国际上追随苏联；另一派以叙共政治局委员亚德·图尔克为首，指责巴格达什在党内搞专横统治和个人崇拜，反对完全听命于苏联，主张叙共政策应有阿拉伯民族的特点。1986 年 7 月，叙共六大前夕，巴格达什不顾多数中央委员的反对和其他阿拉伯国家共产党的劝告，单方面召开第六次全国代表大会，改选中央领导机构，自己仍担任党的总书记，而将叙共副总书记费萨尔排除在新的领导机构之外。此举遭到多数中央委员会委员的谴责，导致叙共进一步分裂。叙利亚共产党分裂为叙共（巴格达什派）和叙共（费萨尔派）后，两派都宣称自己是叙利亚工人阶级有觉悟、有组织的先锋队，以马列主义为指南，坚持无产阶级国际主义，反对帝国主义、犹太复国主义和反动派，宗旨是消灭人剥削人和人压迫人的社会制度。

1955 年，出于冷战的需要，美国以伊拉克为核心促成了巴格达条约组织，总部设在巴格达。目的是对付“共产主义扩张”，抵御苏联向中东地区的渗透，防止以埃及总统纳赛尔为旗帜的阿拉伯民族主义运动的蔓延。伊拉克共产党（以下简称“伊共”）号召人民坚决反对《巴格达条约》，进而提出打倒封建王朝，建立“民族民主政权和人民民主政权”的口号。这一主张得到伊拉克许多人的拥护和支持，党的组织也得到较快的发展。1956 年 9 月，伊共积极开展声援埃及人民抗击英国、法国、以色列发动侵略战争的活动，但遭到政府镇压。1958 年 7 月，伊共支持卡塞姆军人集团发动的武装起义，推翻了费萨尔封建王朝。此后，伊共取得半合法地位，可以公开建立和扩大群众组织，党的力量一度获得较大发展，党员达到 4 万多人。为争取合法地位和参加政府，1959 年 6 月，伊共向卡塞姆政权交出了人民抵抗部队的武装。1961 年 12 月，伊共党中央作出了放弃武装斗争、争取政权“和平过渡”的决议。1963 年，阿拉伯复兴社会党在伊拉克发动军事政变，推翻了卡塞姆政权，不仅处决了卡塞姆，而且对伊共领导人和广大党员进行镇压。1970 年，伊共召开第二次全国代表大会，决定改变策略，对复兴社会党采取既支持又批评的方针，把争取政党合法、开放民主作为党的任务。1973 年 7 月，伊共与复兴社会党组成“全国民族进步阵线”，并表示通过“非资本主义发展道路向社会主义前进”。由于伊共的势力发展迅速，加之伊共与复兴社会党之间的矛盾日益激化，1978 年 8 月，复兴社会党政府宣布将伊共开除出全国民族进步阵线。伊共转向支持库尔德反政府运动，共同进行推翻复兴社会党政权的活动。之后伊共因暴力反抗政府，屡遭镇压，处境极其困难。

二、非洲国家的共产主义运动

20世纪50—60年代，在苏联社会主义建设的巨大成就和中国革命胜利的鼓舞下，非洲国家利用第二次世界大战后的有利国际形势，在反对西方殖民主义的斗争中取胜，获得了独立的地位。非洲国家共产党对如何走向社会主义进行了积极探索。

（一）非洲国家和地区共产党的发展状况

由于非洲国家和地区长期受西方殖民主义统治，社会经济发展比较落后，阶级关系不够成熟，无产阶级力量比较薄弱，因此，共产主义运动在非洲的发展受到很大限制，绝大多数非洲国家都没有成熟和强大的无产阶级政党。与其他国家和地区相比，非洲国家共产党的力量和共产主义运动的发展比较弱。

非洲国家的共产党不仅数量不多而且力量薄弱，冷战期间，除留尼汪共产党和南非共产党之外，为数不多的非洲国家共产党，大都处于非法状态。例如，成立于1922年的埃及共产党，长期处于非法状态，活动非常困难。该党于1964年宣布自动解散，其成员以个人身份加入了当时的执政党阿拉伯社会主义联盟。阿尔及利亚和突尼斯的共产党成立时，都是法国共产党的支部，受法共影响较大，还没有形成适合本国国情的方针政策。1954年，阿尔及利亚爆发民族起义时，阿尔及利亚共产党公开谴责起义是冒险主义，并把参加起义的党员开除出党，失去了人民的支持。非洲共产党中组织比较完备、影响比较大的有南非共产党、留尼汪共产党和摩洛哥共产党。

南非的共产党成立于1921年7月，是撒哈拉沙漠以南非洲的第一个无产阶级政党，该党于1953年改称南非共产党。南非共产党长期以非暴力的、合法的形式开展争取工人权益和经济社会平等权利的斗争，同主要民族主义组织非洲人国民大会进行合作。1950年，南非当局颁布《镇压共产主义条例》，宣布南非共为非法。南非共被迫转入地下，其领导人以个人身份担任南非非洲人国民大会（以下简称“非国大”）等民族主义政党和团体的领导职务。1960年3月震惊世界的南非白人种族主义政权大规模屠杀非洲人的“沙佩维尔惨案”爆发后，南非共号召以武装斗争推翻南非反动政权，并于1961年同非国大共同组织了军事组织“民族之矛”，开展反对白人种族主义政权的武装斗争。不久，南非共遭当局镇压，许多党员被捕入狱，主要领导人流亡国外，建立了党的国外组织，继续领导国内斗争。这种状况一直持续到 1990 年 2 月南非共恢复合法地位。

留尼汪共产党的前身为法国共产党留尼汪支部，后成立留尼汪省委组织，名为“留尼汪共产主义联盟”，直接受法共中央殖民部领导。1959 年 5 月，该组织召开第六次代表大会，在征得法共中央同意后，决定成立留尼汪共产党，并将此次大会作为该党第一次代表大会。会议制定了党章，通过了以“内部自治”为主要内容的《提纲草案》作为党的行动纲领，成立了党的机构并选举保罗・维尔吉斯为党的总书记。留尼汪共产党成立后的近 20 年间，坚持主张实行自治，号召留尼汪的人民肩负起管理自身事务的责任。1980 年召开的留尼汪共产党五大，要求加强党的组织建设、提高党的战斗力，在谋求人民民主自治的同时发展留尼汪的社会经济。20 世纪 80 年代末，留尼汪共产党摒弃了“自治”的主张，提出了“平等”与“发展”的目标，确定把争取留尼汪人民享有同法国本土人民相同的权利和大力发展留尼汪社会经济，作为党的主要任务来抓。

成立于 1943 年 11 月的摩洛哥共产党曾是法国共产党的一个支部，在法国殖民统治时期一直处于非法状态，直到 1956 年摩洛哥独立后才取得合法地位。该党在成立初期主要遵从法共路线，后立足本国实际调整政策主张，将党的任务确定为“建立一个公平、正义、民主、进步的社会”。1960 年摩洛哥共产党被该国政府取缔后，为了求得合法地位，摩洛哥共产党决定实行最大的灵活性，于 1968 年将党改名为“解放与社会主义党”。在其建党宣言中不再提马克思列宁主义，而以“阿拉伯理性主义”和“伊斯兰社会主义”作为党的思想基础，1974 年 8 月又将党名改为“摩洛哥进步与社会主义党”，并对其政治纲领进行了修改，从而获得了合法地位，成为合法反对党。1979 年召开党的二大，宣布通过民族民主革命，实现社会主义。

（二）非洲共产党对社会主义的探索

在苏联、中国等社会主义国家的影响和支持下，非洲出现了主张以马克思主义为指导，走社会主义道路、积极加强与社会主义国家友好合作的非洲共产主义。它们强调非洲传统文化与精神价值，即非洲是一个有共同利益的“大家庭”，需要团结与统一，防止新殖民主义出现，必须走社会主义道路。

大多数非洲国家共产党接受了党是无产阶级先锋队的思想和苏联共产党的建党模式，提出把实现社会主义作为党的奋斗目标。如安哥拉人民解放运动——劳动党自称“工人阶级的先锋队”、莫桑比克解放阵线自称“工人和农民的先锋队”、贝宁人民革命党自称“人民革命的先锋队”。一些党还改变了名称，如莫桑比克解放阵线于1977年2月召开三大，将该组织名称改为莫桑比克解放阵线党，宣布该党以科学社会主义为指导，提出要彻底变革社会生产关系和发展经济，建立和发展社会主义所有制，积极发展与苏联共产党、中国共产党等各国共产党的友好关系。安哥拉人民解放运动于1977年召开第一次全国代表大会，改名为“安哥拉人民解放运动——劳动党”，自称“工人阶级的先锋队”，并以科学社会主义为指导思想，其目标是经过人民民主的过渡阶段，建立社会主义社会。

从非洲国家共产党的纲领、章程以及初期实践看，其对社会主义的探索主要包括以下方面：其一，明确规定党是“社会的领导力量”，主张按照民主集中制原则建党，把党作为国家的核心和最高力量，创建无产阶级政权。其二，宣称坚持科学社会主义，反对各种民族主义性质或具有地区特点的社会主义。如刚果劳动党章程规定，“指导刚果劳动党思想和行动的理论基础就是马克思列宁主义”；莫桑比克解放阵线党纲领规定，“指导党的行动和发展的思想理论基础是莫桑比克人民革命斗争的经验和马克思列宁主义”。其三，主张采取国有化、计划化和合作化发展民族经济，信奉平均主义原则，致力于建立真正独立的国民经济和社会主义经济。

非洲共产党大多主张奉行独立的和平外交政策，强调不断加强同社会主义国家的友好合作关系，向苏联及民族民主革命运动组织靠拢，反对帝国主义和殖民主义。由于这些党的纲领、路线和政策都深受苏联影响，与苏联保持密切关系，一些党还出席或列席苏联的党代表大会，自称属于社会主义阵营，接受苏联的经济和军事援助。同时，由于这些国家与中国的社会发展状况和民族解放历程存在许多相似之处，它们赞同马列主义、毛泽东思想，并把中国人民在长期革命和建设中取得的“独立自主”“自力更生”等经验，作为其重要理论原则和从事社会主义建设的重要方针。

非洲国家共产党所奉行的社会主义，虽然解释各异、各有特色，但都是将社会主义与本国民族传统相互结合。所以，在当时社会主义是非洲人民向往的理想社会制度。

三、拉丁美洲国家的共产主义运动

拉丁美洲是共产主义运动起步较早的地区之一。早在第二次世界大战前，拉丁美洲的共产党已达19个，其中10个加入了第三国际，但大多数都处于地下或半地下状态。随着反法西斯斗争胜利和世界上一批社会主义国家的建立，拉美同情和支持共产党的人数不断增加，共产党在一些国家的地位和作用开始回升，力量和影响也得到较大增强。

（一）拉丁美洲国家共产党的发展状况

到20世纪50年代，几乎所有拉美国家都成立了共产党，主要从事合法斗争，有些共产党还在本国的议会大选中获得了较多选票。譬如，第二次世界大战后巴西共产党不仅得以合法化，而且党员人数也由战前的几千人，迅速发展到20万人。在巴西1945年大选中，共产党候选人获得了10%的选票。巴西共产党总书记普列斯特当选为参议员，党的另外15位领导人当选为联邦众议员，巴西共产党成为国内一支重要的政治力量。在1946年的智利大选中，共产党参加的人民阵线获胜，3名共产党人参加政府担任了部长职务。智利共产党还在1947年的市政选举中获得了18%的选票。这一胜利使得智利右派惊恐不已。1948年，智利国会通过法令，宣布智利共产党为非法组织。在1956年4月召开的十四大上，智利共产党再次提出和平过渡思想，公开表示要在智利打开一条和平道路，并于1958年得以恢复合法地位。成立于1950年的圭亚那人民进步党，在其一大通过的党章中，便公开表示信奉马列主义，主张建立社会主义社会。1953年首次参加大选便一举获胜成为执政党，半年后因英国殖民政府干预被迫下台。后又于1957年、1961年两次获胜组阁。第二次世界大战后获取合法地位的拉丁美洲共产党还有巴拿马人民党、厄瓜多尔共产党、巴拉圭共产党等。但是，由于受冷战和美国麦卡锡主义的影响，拉美一些国家对共产党进行了限制和镇压，许多国家的共产党被宣布为非法。

（二）拉美共产主义运动的动向及特点

这一时期拉美的共产主义运动主要呈现出以下动向和特点。

一是由于受中苏大论战和社会主义阵营发生分裂的影响，拉美大多数国家的共产党也都发生了政治和组织的分裂，许多共产党都分裂为两个甚至多个派别。譬如，早在1960年巴西共产党五大期间，党内就围绕《关于国内外形势和巴西革命问题》这一文件展开过公开辩论。1961年8月，巴西共产党为争取合法地位，修改党章，将党的名称改为“巴西的共产党”。原巴西共产党的部分成员强烈反对中央的新路线新策略，于1962年2月召开全国特别代表大会，宣布重新成立巴西共产党。又如，秘鲁共产党于 1964 年分裂为秘鲁的共产党（团结）和秘鲁的共产党（红旗），后者主张走农村包围城市的武装斗争道路，1969 年从秘鲁的共产党（红旗）中又分裂出秘鲁的共产党（红色祖国）。此外，玻利维亚共产党于 1965 年分裂出玻利维亚共产党（马克思列宁主义者）；一贯主张和平过渡的阿根廷共产党，在 20 世纪 60 年代的国际共产主义运动大论战中，也遭遇了党内斗争激烈、分裂不断的局面，并于60 年代末分化出阿根廷革命共产党；巴拉圭共产党也在中苏大论战的背景下发生分裂，支持中国的党员于 1967 年另组“巴拉圭共产党（马列）”；等等。分裂后的拉美各国共产党大致可分为三种类型：其一是承认苏共为国际共产主义运动中心的老党，其二是受格瓦拉主义、阿尔巴尼亚极左思潮和中国“文化大革命”影响的新党，其三是在苏联入侵捷克斯洛伐克后出现的具有“欧洲共产主义”倾向的一些党。

二是受古巴革命和格瓦拉思想的影响，拉美地区出现了一股游击中心主义之风。一些拉美国家共产党纷纷建立城市和农村游击队和根据地，走武装斗争的道路。这一时期，在拉美颇有影响的古巴社会革命家和理论家切・格瓦拉，曾在 1959 年与卡斯特罗一起发动了“7・26 运动”，通过武装起义推翻了亲美的巴蒂斯塔独裁政权。他对拉美国家如何完成向社会主义过渡，迅速走上社会主义道路的问题进行了较为系统的探讨。在总结古巴革命经验的基础上，他通过对南斯拉夫游击队和越南抗法游击队经验的研究，以及对毛泽东关于游击战争论著的研究，系统地阐述了“游击中心主义”理论。他认为，古巴社会主义革命的方式对美洲以及全世界被压迫人民的革命具有普遍意义，社会主义道路几乎在所有国家都要经历枪林弹雨。他强调，“游击中心”是开展游击战的基本形式。游击中心就是指组织几十个不怕死的人，选择一个农村作为游击中心，起革命小马达的作用，以带动整个拉丁美洲革命这个大马达。游击队是革命中的“人民的战斗的先锋队”，是革命的最高组织形式；游击队员是“以人民解放事业为己任的战士”，是人民解放希望的实现者。切・格瓦拉的“游击中心主义”理论一度在拉美国家迅速传播，一些拉美国家的共产党因此搞起了农村游击中心，掀起了农村游击战的高潮。最早以共产党名义开展武装斗争的是萨尔瓦多共产党。1932 年该党就发动过以贫苦农民为主体的人民武装起义。1961 年，萨尔瓦多共产党再度开展武装斗争并组建了“人民解放军”。1980 年 10 月，“人民解放军”与其他左派游击队联合组成“法拉本多·马蒂民族解放阵线”，一度拥有6000人的军队和2万名民兵，控制了1/4国土。

三是拉美共产党的统一战线和结盟工作取得了较大发展，不少国家的共产党和左翼党结成联盟，成立统一的领导和协调机构，共同开展议会斗争或武装斗争。1970年，智利共产党与社会党、激进党、社会民主党、统一人民行动运动和独立人民行动运动组成的人民团结阵线，联合参加总统竞选并在选举中获胜，社会党主席萨尔瓦多·阿连德当选为总统，智利共产党入阁，在众议院150个席位中占25席，参议院50个席位中占6席，并得到财政、劳工和公共工程3个部长以及6个省长和1个市长的职位。阿连德表示要建立世界上“第一个以民主、多元化和自由为模式的社会主义”，主张实行重要工业部门国有化、土地改革和广泛的福利措施。当时包括苏联在内的许多国家的共产党都把阿连德通过竞选执政称为“智利道路”，并把“智利道路”看成是“通过宪法途径取得政权的典型”，是“和平进入社会主义的样板”。但是阿连德奉行的社会主义性质的和平道路和一些激进的社会改革政策，深深触动了智利右派的利益。1973年9月，在美国等外部势力干预下，以皮诺切特为首的右翼军人发动政变，推翻了阿连德政府，阿连德本人也惨遭杀害。他的社会主义实验以失败告终。智利共产党遭到取缔，大多数党的领导人被捕或流亡国外。此后，智利共产党又与左派革命运动、社会党的一部分、基督教左派建立了人民民主运动。墨西哥共产党、人民党、社会主义革命党、社会主义行动和团结运动、人民行动运动等5个政党和组织也于1981年合并成立了墨西哥统一社会党，宣称自己是墨西哥工人阶级和一切城乡体力和脑力劳动者的党，并提出了“为争取民主和社会主义而斗争”的口号。

进入20世纪80年代，拉美的民主化呼声不断高涨，拉美许多共产党积极参与要求军政府还政于民的斗争，促使一些国家军政府下台。拉美共产党的生存环境逐步改善，力量和影响有了一定增长。自称共产党和马克思主义政党的组织开始增加。处于非法状态的共产党或某个共产党派别进行武装斗争，合法存在的共产党主要从事议会斗争，积极参加竞选，有不少已进入议会。为了加强联系，相互支援，拉美各国共产主义政党和组织纷纷举办多国共产党参加的会议，如1985年举行过南美12国共产党会议等。苏东剧变前，拉美有共产党组织40多个，党员也恢复到50万人左右（不包括执政的古巴共产党）。

拉美地区的共产党人为实现社会主义进行不懈斗争，逐渐把拉美地区分散的左翼力量凝聚起来，不仅是拉美左翼运动中的重要内容，而且对拉美共产主义运动起到引领和推动作用，在拉美共产主义运动史上书写了辉煌的一页。

思考题：

1. 叙述“欧洲共产主义”的基本主张，分析其20世纪80年代后走向衰落的主要原因。
2. 分析第二次世界大战后至20世纪80年代共产党与社会民主党之间关系的演变及其原因。

第十章　苏联解体东欧剧变及其对国际共产主义运动的影响

20 世纪 80 年代末 90 年代初，苏联解体、东欧剧变，国际共产主义运动遭受重大挫折，世界社会主义事业受到巨大冲击，极大地影响了国际形势的发展。认真考察这一事件发生的历史过程，分析其原因和条件，总结其历史教训，有着深刻的理论意义和现实意义。

第一节　苏联解体东欧剧变的过程

1989—1991 年年底，在短短的两三年间，波兰、匈牙利、捷克斯洛伐克、民主德国、保加利亚、罗马尼亚、南斯拉夫、阿尔巴尼亚等东欧社会主义国家，执政党倒台、政权更替，社会主义制度被放弃。在这同时，社会主义的苏联解体，有着 90 多年历史的苏联共产党被瓦解，这一重大历史过程被称为"苏东剧变"。表面上看，苏东剧变是从东欧开始的，但实际上，整个过程都是在苏联领导人的影响下发生的。

一、苏联解体的基本经过

几十年来，苏联的政治经济体制和社会管理模式凝固僵化，积弊甚多，虽经几度改革，但见效甚微。至 20 世纪 80 年代中期，苏联社会矛盾不断积累，严重影响了苏共的执政地位和苏联的国家发展，进行经济社会领域的改革迫切地摆在苏共面前。1985 年 3 月，被寄予改革希望的戈尔巴乔夫接任苏共中央总书记。他上台伊始就打起了"全面改革"的旗帜，在之后的六年多时间里，先是提出经济"加速战略"，遇挫后转向政治改革，提出"公开性和多元化""民主化、多党制"等口号，推行"人道的、民主的社会主义"，在对外政策中宣扬"新思维"，对西方世界妥协退让，结果造成思想混乱、社会动荡、民族分裂，苏共丧失政权，统一的联盟国家分崩离析。

苏联解体的过程和演变轨迹大体如下。

（一）第一阶段："加速战略"经济改革的实施及其困境

1985年4月，戈尔巴乔夫沿用前几位苏共领导人的思路，提出了"加速战略"（即"加速国家社会经济发展战略"），由苏共中央全会通过，并为苏共二十七大肯定。其主要目标是在1986—2000年的15年内，集中财力和物力，大力发展机械制造业，引进西方技术，实现工业部门的快速增长，使国民收入翻一番（年均增长4.7%）。"加速战略"反映了苏联人民要求发展经济和缩小与西方国家差距的愿望。不过，在发展战略上仍然是不计投入，只强调增长速度、忽视经济结构的调整等做法，没有摆脱优先发展重工业和粗放增长的老路，而且措施不力，收效甚微。

1987年6月至年底，苏联先后通过了《根本改革经济管理的基本原则》《苏联国营企业（联合公司）法》，发布了关于计划、价格、财政、信贷、金融、物资技术供应、外贸等10个改革配套文件。这些改革措施的基本思路是，改革经济管理体制，下放权力，使企业实现"三自一全"（自筹资金、自负盈亏、企业自治，完全的经济核算）。1988年和1989年，苏联还通过了《苏联合作社法》《租赁法》，试图以法律条文来保证改革措施的落实。然而，这些措施由于脱离当时苏联的实际，不仅没有带来经济发展的增速，反而导致经济增速下降。戈尔巴乔夫执政前的1981—1985年，年均增速为3.2%，而1986—1988年年均增速下降到2.8%，1989年又下降到2.4%，1990年出现了2%的负增长。再加上管理失控、物价飞涨、商品短缺、通货膨胀等严重问题，引发职工群众日益不满，1989年前7个月有500多个厂矿企业先后爆发罢工。

面对"加速战略"成效不佳以及越来越困难的经济社会局面，1990年前后，苏共高层围绕进一步改革方案展开激烈争论。8月初，身为苏联总统的戈尔巴乔夫与身为俄罗斯最高苏维埃主席的叶利钦达成原则协议，共同决定委托经济学家沙塔林院士组织制定全苏向市场经济过渡的具体计划。在西方顾问的"指导"和帮助下，沙塔林用了不到一个月的时间提出了《向市场经济过渡——构想与纲领》，提出要用500天时间实现向市场经济过渡，这个文件被称为"500天计划"。"500天计划"公布后，遭到了众多批评，雷日科夫政府也不同意。戈尔巴乔夫就让政府在沙塔林方案的基础上提出另一个向市场经济过渡的方案，被称为"总统方案"。由于戈尔巴乔夫的方案也不切实际，而各种改革方案变化频繁、矛盾重重，实施的结果不但没有达到目的，反而使新旧问题叠加，经济发展速度继续下降，市场供应更趋紧张，社会动荡进一步加剧。

面对这种情况，戈尔巴乔夫把“加速战略”未见成效和经济改革进展缓慢的主要原因归咎于所谓“保守力量”的阻碍和苏联社会根本制度的阻滞，因而主张将改革的重点由经济领域转向政治领域。

（二）第二阶段：“民主化、公开性”的政治改革与意识形态领域的混乱

1986 年 7 月 31 日，戈尔巴乔夫在视察哈巴罗夫斯克时正式提出了“政治体制改革”的任务，他说：“目前正进行的改革不仅包括经济方面，也涉及社会生活其他领域：社会关系、政治体制、思想意识形态等等。”他声称，必须在政治、经济、社会和精神领域中进行根本改革，由此把“政治改革”放在了首位。

在 1987 年 1 月的苏共中央全会上，戈尔巴乔夫提出了要在社会生活中推行“民主化”和“公开性”原则；同年他出版了《改革与新思维》一书，再次提出在思想领域推行“民主化、公开性”。1988 年 6 月召开的苏共第十九次全国代表会议通过了《关于苏联社会民主化和政治体制改革的决议》《关于公开性的决议》等，在全国全面开始了以“民主化、公开性”为标志的政治改革。

戈尔巴乔夫等苏共领导提出的“公开性”，就是主张在苏联搞离开马克思主义指导，脱离党的领导，无区别、无界限的“广泛的、彻底的、最大限度的公开性”，结果在意识形态领域形成了一股所谓“多元化”的思潮，舆论批评的矛头直接引向了苏共、苏共历史和社会主义制度。在戈尔巴乔夫的默许和纵容下，当时主管新闻宣传工作的苏共中央书记雅科夫列夫有意识地放任对舆论的管理和引导，甚至鼓励社会上的一些势力将批判的矛头集中对准苏共和苏联社会的“阴暗面”。在此期间，一批有争议的文艺作品被“解禁”，公开出版。一些有影响力的报刊的编辑部也进行了大幅调整，一批有亲西方倾向、对苏联社会不满的人开始把持舆论喉舌，发表了大量攻击苏共、否定苏联社会主义制度和苏联历史的文章，苏共和苏联社会主义制度的形象一落千丈，许多党员和人民群众对党、对社会制度产生困惑，失去了信心，造成严重的思想混乱。

在“政治民主化和多元化”口号的鼓励下，苏联各地纷纷建立了各种非正式社会组织，仅在 1987 年 12 月就达到 3 万个，1989 年 2 月增加到 6 万个，1990 年发展到 9 万个。其中大多是有目标、有组织的反共反社会主义政治组织。它们的活动地点有的在波罗的海地区，有的在高加索地区，有的在苏联的心脏——莫斯科和列宁格勒，几乎遍及全国。这些组织或打着维护本民族利益

的旗号，或打着自由民主的旗帜，或要求复辟沙皇贵族统治等，斗争矛头一致对准苏共和苏联社会制度。在这些政治组织的煽动和策划下，各地爆发了一系列大规模的针对苏共和苏联政府的群众抗议活动。1988 年，苏联共发生 2600 次大规模示威活动，参加人数达 1600 万人。1989 年，全苏共发生 5300 次群众性集会，有 1260 万人参加，造成了极大的社会动荡。

（三）第三阶段："人道的、民主的社会主义"的总路线与苏联政治制度和国家性质的改变

1988 年 6 月，苏共召开第十九次全国代表大会，戈尔巴乔夫在讲话中提出建立"人道的、民主的社会主义"目标，后来在苏共二十八大将它定为党的总路线。其内容主要涉及政治体制、经济体制、思想意识等各个方面的改变：提出"取消极权的斯大林体制"；"建立自由人的公民社会"；"根本改造上层建筑，建立维护人权、自由选举、多党制的真正民主"；"取消意识形态专制，实现自由思考、公开性"；把"过于集中化的国家"变成"民族自决和自愿统一的联盟国家"等纲领。

1. "人道的民主的社会主义"总路线的主要举措

首先是改变了苏共的法定领导地位。苏联 1936 年宪法第六条规定："苏联社会的领导力量和指导力量及其政治制度、国家和社会组织的核心是苏联共产党。" 1990 年 3 月 14 日，第三次苏联人民代表大会正式通过《关于设立苏联总统职位和苏联宪法（根本法）修改补充法》，对苏共领导地位的规定作如下修改："苏联共产党、其他政党以及工会、共青团、其他社会团体和群众运动通过自己选入人民代表苏维埃的代表并以其他形式参加制定苏维埃国家的政策，管理国家和社会事务"，苏共必须通过参选才能参政，至此苏共不再具有法定执政党地位。同时规定"苏联公民有权结成政党、社会团体"，确认了多党制。

其次是取消了原国名"苏维埃社会主义共和国联盟"中"社会主义"一词，导致苏联社会主义国家性质的改变。当时在意识形态领域掀起一股完全否定苏联社会主义制度的思潮，认为过去的社会主义是"扭曲、变形的社会主义""兵营式的社会主义"。戈尔巴乔夫甚至提出以前的社会主义的理论模式和实践模式已经站不住脚，导致反共反社会主义政治组织纷纷要求改变国家发展的社会主义方向。1990 年 12 月 23 日，戈尔巴乔夫向第四次苏联人民代表大会提交新联盟条约草案，把国名改为"主权苏维埃共和国联盟"；1991 年 3 月 8

日，苏联政府正式公布“主权苏维埃共和国联盟”修订稿。

同时批判民主集中制，实行三权分立。早在 1987 年戈尔巴乔夫《改革与新思维》一书就提出要重新认识民主集中制。认为“以往的全部实践已使这条原则声名狼藉”。1990 年，苏共二十八大决议明确指出：“苏共坚决否定在行政命令体制下形成的那种民主集中制，那种僵硬的集中制”。根据大会提出的“走向人道的、民主的社会主义纲领性声明”，为了避免篡夺毫无限制的权力，防止滥用权力，能明确地分清权限和责任，宣布国家实行“立法、行政、司法三权分立”的政治制度，极大地削弱了苏共中央和共和国中央权威。

苏共领导地位和苏联社会主义方向的改变，造成了苏联社会的思想混乱和党的分裂，加重了社会矛盾，使党和政府的威信急剧下降，失去群众的信任和支持。

2. 苏共领导地位的削弱

首先，表现在苏共领导层的分裂。苏共党内出于对“改革”方向的不同主张形成 20 多个不同派别，其中主要有所谓“激进派”“保守派”“传统派”几大派别。在苏共主要领导人戈尔巴乔夫、利加乔夫、雷日科夫、叶利钦等之间围绕政治权力、改革方案等产生了激烈争斗。由于对苏共二十八大决议产生分歧，在大会上苏共中央委员、俄罗斯联邦最高苏维埃主席叶利钦宣布退出苏共，苏共“民主纲领派”等 20 多人也在大会上宣布与苏共“决裂”，莫斯科市苏维埃主席波波夫和列宁格勒市苏维埃主席索布恰克则宣布退出苏共。第二，苏共政治局、中央书记处职能的弱化。原苏共中央下设的 23 个部被取消，割断了苏共领导政府的纽带。在地方选举中，许多苏共地方党组织也纷纷败北。先是在莫斯科和列宁格勒两个主要城市的苏维埃选举中，苏共的主要反对派获胜，之后，在波罗的海三国、摩尔达维亚、乌克兰西部、格鲁吉亚等地，共产党的领导权落入分离主义派别分子手中。甚至在一些企业、工厂、车间的选举中，共产党基层党组织的候选人也多数未能当选。第三，地方共产党组织的独立。由于苏共二十八大决议确认了对过去所谓“单一制”联盟国家体制的批判，还批判了联系中央和地方关系的“民主集中制”，确认“各加盟共和国共产党的独立性”，强调“党将执行加强各加盟共和国主权的路线”，使已经开始的地方共产党组织的独立浪潮一浪高过一浪。继 1989 年立陶宛共产党宣布独立、脱离苏共后，爱沙尼亚共和国共产党、拉脱维亚共和国共产党等都宣布独立于苏共中央，苏共由此四分五裂。

3. 社会进一步失控和混乱

苏共各级组织的崩塌和国家管理机构的瘫痪，给国家社会经济发展造成了灾难性的损失。1990 年 1 月 27 日，国家统计委员会发表苏联社会经济发展情况公报，国家经济和社会发展年度计划的许多最主要指标都没有完成。国家预算超支 920 亿卢布，内债高达 4000 亿卢布。1990 年年初，国家控制的 1100 种商品，只有 50 种勉强维持供应，商店空空如也。1991 年 5 月 16 日，苏联总统戈尔巴乔夫签发一道命令，承认国民经济处于危急状态，生产下降，国民收入已减少 10%。经济联系的中断使几千家企业有停产危险，千百万人可能失业。由于政局动荡，社会秩序混乱，犯罪率也急剧上升。

（四）第四阶段："8·19 事件"后的民族分裂和联盟解体

经济危机、政局动荡和社会混乱加剧了民族矛盾，1986 年 12 月的阿拉木图事件①，是戈尔巴乔夫担任苏共中央总书记后发生的首次大规模民族骚乱。1988 年 2 月，亚美尼亚共和国与阿塞拜疆共和国因纳戈尔诺-卡拉巴赫州归属问题发生的冲突持续多年，1988—1991 年，除土库曼共和国之外，苏联境内 14 个加盟共和国发生了 175 起程度不同的民族冲突事件，数万人死伤，几十万人背井离乡。这些民族冲突多是由民族分离主义势力背后操纵的，他们同党内的激进势力和社会上的政治反对派汇合在一起，迅速发展成动摇瓦解联盟的政治力量。

面对民族分裂势力和地区分立势力的进攻，以戈尔巴乔夫为首的苏共中央表现得优柔寡断、畏首畏尾，一味迁就退让，更加纵容了各地民族主义分裂势力。1991 年 5 月以后，波罗的海三国、俄罗斯、乌克兰、白俄罗斯、亚美尼亚、土库曼、塔吉克斯坦等共和国相继宣布拥有"国家主权"。

为阻止联盟解体，1991 年 8 月 19 日，副总统亚纳耶夫等部分苏联高层领导，借戈尔巴乔夫外出休假之机，制造了震惊世界的"8·19 事件"，成立"紧急状态委员会"，宣布代行总统的最高权力。紧急状态委员会宣布，在全国实行"紧急状态"并采取一些措施力图控制局势。由于"紧急状态委员会"成员缺乏坚强的政治意志，也没有采取有效的军事行动，这次事件以失败告终。

---

① 1986 年 12 月，苏共中央决定由根·瓦·科尔宾（俄罗斯族）取代长期担任哈萨克共产党中央第一书记的丁·阿·库纳耶夫（哈萨克族）的职务，引起哈萨克斯坦首都阿拉木图民众不满，发生了主要由哈萨克族学生发动的反俄罗斯族骚乱，造成 200 多人伤亡，这一事件被称为"阿拉木图事件"。

"8·19 事件"是在苏联政治、经济和民族危机日益深重的背景下发生的，它非但没能挽救联盟，反而加快了国家解体的进程。8 月 24 日，回到莫斯科后的戈尔巴乔夫为保住总统职位，宣布辞去苏共中央总书记的职务，并要求苏共中央自行解散。成立 93 年、有 74 年执政历史的苏联共产党就这样被瓦解了。

"8·19 事件"后，苏联加速走向解体。1991 年 12 月 8 日，俄罗斯联邦、乌克兰、白俄罗斯三个加盟共和国的领导人在白俄罗斯边境附近的别洛韦日森林里秘密召开会议，决定摆脱戈尔巴乔夫和联盟，宣布苏联作为一个"地缘政治体停止存在"。12 月 21 日，以叶利钦为代表的原苏联 11 个主权共和国领导人在哈萨克斯坦首都阿拉木图签署议定书，决定创建"独立国家联合体"，以代替苏联。12 月 25 日晚，戈尔巴乔夫发表电视讲话，宣布辞去苏联总统职务，苏联最终解体。

二、东欧剧变的基本经过

在苏联解体前后，原东欧的社会主义国家也发生了剧变，执政党下台，社会主义制度改变。东欧剧变首先是从波兰、匈牙利开始的，然后蔓延到东欧其他社会主义国家。

（一）波兰：统一工人党与团结工会的较量

长期以来，照抄照搬苏联模式阻碍了波兰经济社会的发展，严重的经济社会问题引发波兰社会内部矛盾不断激化，在西方势力公开或隐蔽的支持、策动下，也由于波兰执政党和政府的失误，波兰反对派不断发展，逐渐成为与执政的波兰工人党相抗衡的政治力量，由此导致了日益激烈的政治动荡。

1980 年 7 月初，波兰政府决定提高肉类食品的售价，在一些人的策动下，引起了大规模的工人罢工浪潮。8 月 31 日，来自波兰各地的 36 个独立自治工会的代表在格但斯克开会，宣布成立团结工会，瓦文萨当选为团结工会全国协商委员会主席。11 月 10 日，团结工会的登记申请被波兰最高法院批准。团结工会一成立，就制定夺权纲领，攻击统一工人党，挑拨人民群众与党和政府的关系，号召举行大规模的游行示威，甚至建立武装卫队。他们迅速发展会员，最多时高达 1000 万人。团结工会的活动得到了西方政要的喝彩和公开支持，并得到西方政治上的支持和经济上的援助，成为波兰政治动荡的总根源。由于团结工会的活动加剧了国内形势的恶化，波兰党和政府 1981 年 12 月 13 日采取断然措施，宣布进入战时状态，取缔团结工会，禁止其活动，拘捕了包括瓦文萨在内的团结工会主要领导人，迅速恢复了全国秩序。1983 年 7 月，波兰政府鉴于局势已经稳定，又急于与西方缓和关系、减少西方经济制裁带来的损失，决定取消军管，实行大赦，团结工会又开始了公开活动。

西方将波兰视为“和平演变”社会主义的“领头羊”“样板”和工作重点，不断增加对团结工会的政治支持和经济援助。瓦文萨被授予诺贝尔和平奖，团结工会负责人布雅克等被美国授予罗伯特·肯尼迪人权奖。西方领导人还频频访问波兰，美国总统布什称瓦文萨是“时代的英雄”。在西方国家的支持和怂恿下，瓦文萨于 1988 年 4—9 月间组织了大规模全国性罢工，提出更为强硬的口号和要求。

在波兰局势日益复杂和严峻的情况下，戈尔巴乔夫和苏共不仅没有抵制和反对西方国家对社会主义波兰的公然颠覆和演变，没有支持波兰党和政府及时采取稳定局势的措施，反而赞同团结工会等反对派提出的“政治多元化”“议会民主”和允许“反对派”参政等主张。面对团结工会的步步紧逼，戈尔巴乔夫甚至建议波兰统一工人党在必要时候向团结工会及其他反对派让步。于是，波兰党和政府无原则地与反对派举行圆桌会议，并在中央全会上通过了《波兰统一工人党中央委员会关于政治多元化和工会多元化的立场》文件，正式承认反对派的合法地位，从而为反对派夺取政权铺平了道路。根据圆桌会议的协议，1989 年 6 月，波兰进行议会和参议院选举，结果反对派在议会中获得按比例分配给它的全部 161 个议席，在参议院 100 个席位中占了 99 个（另一席为无党派人士），团结工会的马佐维耶茨基出任总理，组成了波兰战后第一个非共产党联合政府，这也是在东欧出现的第一个非共产党人领导的政府。

1990 年 1 月 27 日，波兰统一工人党召开了十一大，宣布党终止活动。一个执政 45 年、曾拥有近 300 万党员的大党就这样结束了政治生命。1990 年 12 月，波兰议会通过宪法修正案，取消了宪法中统一工人党在国家政权中起领导作用的条款，并更改国名、国徽、国庆日，社会主义波兰消失。波兰剧变是苏东剧变的序幕和裂口，产生了巨大影响。

（二）匈牙利：社会主义工人党内部的分裂

匈牙利与波兰不同，反对派主要出现在党内。1988 年 5 月，匈牙利社会主义工人党召开全国代表大会。总书记卡达尔和总理格罗斯在政治体制改革、国内形势、经济困境等问题上发生分歧，卡达尔被解除总书记职务，格罗斯当选总书记，波日高伊、涅尔什进入政治局，他们主张实行西方式的多党制、三权分立的议会民主制。这一切都有苏共和戈尔巴乔夫思想主张的背景。此后，党内反对派进入最高领导层，党代会通过了实行政治多元化的决议，使社会主义工人党走向分裂。

在1989年2月提前召开的中央全会上，通过了实行多党制的决议。同年6月，匈牙利工人党召开有反对派参加的“民族圆桌会议”，决定取消宪法中关于工人党的领导地位、国家的社会主义性质等条款。这在工人党内造成极大混乱，先后有12万党员退党，占党员总数的14%。

1989年10月，匈牙利社会主义工人党召开十四大，决定改变党的性质，并把党改名为社会党，放弃马克思主义的指导原则，以民主社会主义作为党的奋斗目标。但是还有一部分社会主义工人党党员反对改变党的名称和性质，他们于1989年12月17日重新召开十四大，宣布另建新的社会主义工人党（1993年更名为匈牙利工人党）。1989年10月18日，匈牙利国会通过宪法修正案，取消了关于马克思主义政党领导作用的条款，并改国名为“匈牙利共和国”，实行议会民主和市场经济。戈尔巴乔夫很快对这一变化表示支持，并对涅尔什担任社会党主席表示祝贺。

匈牙利政治体制的演变也受到美国等西方国家的支持和鼓动。1988年7—9月，美国向波兰、匈牙利提供了2.19亿美元援助，欧共体援助约4.46亿美元。联邦德国外长根舍公开表示，西方提供援助的条件“必须是自由、宽容、人权、对话、民主”。美国还给予匈牙利最惠国待遇，总统布什在签署这份文件时说：“匈牙利在这笔交易中尽到了它的责任，我在这里尽我们的责任。”

在1990年3月实行多党制后的首次大选中，社会党得票率仅占8.5%，社会主义工人党得票率也仅占4%，匈牙利的国家政权完全落入反对派手中。1988—1990年，匈牙利“和平地”实现了政权更迭。

（三）捷克斯洛伐克：反对派“街头政治”的得逞

在戈尔巴乔夫“民主化”“公开性”政治改革的影响下，捷克斯洛伐克的反对派势力得以滋长。以“七七宪章”① 运动为代表的反对派大肆活跃起来。他们建立组织，创办报纸刊物，寻求西方支持，同宗教势力联合，向捷克斯洛

① “七七宪章”运动是由捷克斯洛伐克国内持不同政见者，以维护“人权”和“公民自由”为名，在1977年1月1日发表《七七宪章声明》，开展反政府活动而得名，后遭到政府当局的镇压，许多成员逃亡国外，留在国内的也处于秘密活动状态。苏联的“民主化”“公开性”改革，鼓舞了捷克的反对派，从1987年开始，“七七宪章”运动又转为公开，并加紧活动。

伐克共产党和政府施压。他们以重新评价“布拉格之春”作为反对捷克斯洛伐克共产党和政府的突破口。1989 年 11 月，“七七宪章”等 12 个反对派组织建立了“公民论坛”，组成全国委员会，开展了大规模的群众游行示威活动，提出了追究参与镇压“布拉格之春”者的责任、捷克斯洛伐克共产党（以下简称“捷共”）领导人下台等政治要求。在反对派组织的煽动下，捷克斯洛伐克社会动乱不断升级，出现了严重的无政府状态。持续的危机动摇了捷共的基础，党内斗争也激烈起来。在 11 月 24 日召开的捷共非常会议上，捷共领导层被迫全体辞职，国家政局逐步失控。

1989 年 12 月 20—21 日，捷共召开非常代表大会，正式为“布拉格之春”平反，通过了实现民主社会主义的行动纲领，由此党的性质发生了根本性变化。11 月 29 日，联邦议会批准修改宪法，取消关于捷共领导地位的条文。12 月 29 日，联邦议会选举反对派组织“公民论坛”领导人哈韦尔为共和国总统。这样，捷共不仅改变了性质，而且丧失了政权，最终遭受被取缔的命运。1990 年，修改后的宪法删除了国名中“社会主义”的字样。

（四）民主德国：外部压力下的演变

20 世纪 80 年代，尽管民主德国国民生产总值和经济增长率在东欧国家中一直居于首位，不过，同联邦德国相比，经济差距还是很大，其经济社会发展也面临改革的压力。但民主德国统一社会党总书记昂纳克认为，民主德国不能实行戈尔巴乔夫式的改革。他曾在 1986 年断言，戈尔巴乔夫的改革只适用于苏联，接受苏联的改革，“将使德意志民主共和国彻底完蛋”。

1989 年 5 月，匈牙利拆除了同奥地利的边防设施，允许两国公民凭护照自由往来，这为民主德国公民经过匈牙利外逃打开了方便之门。民主德国几个大城市随之爆发了大规模群众示威游行，要求实行改革，放宽出国限制，改善日用品供应和公共服务。当局与群众的对抗不断升级。社会民主党等反对派组织纷纷建立，提出了明确的政治纲领。

1989 年 10 月，戈尔巴乔夫参加民主德国 40 周年国庆，发表讲话，宣扬“公开性、民主化、多元化”和政治改革，并对民主德国党的领导人施加压力。他在会见德国统一社会党全体政治局成员时，警告民主德国党领导人“不要误了革新的最后一节火车”，“否则将是很危险的”。这给反对派很大激励，使他们更加有恃无恐，在游行示威中甚至喊出了“戈尔比（戈尔巴乔夫）救救我们”的口号。

在苏联和反对派的强大压力下，党内矛盾升级。在 1989 年 10 月 17 日召开的中央政治局会议上，昂纳克被迫辞职，克伦茨接任总书记。11 月 8—10 日，德国统一社会党召开十一届十中全会，中央政治局全体成员辞职。11 月 9 日，隔离东西柏林 28 年之久的“柏林墙”倒塌，两德边界全部开放，两天内就有 400 万人涌向联邦德国，民主德国形势大乱。12 月，统一社会党举行特别代表大会，决定将党名改为“德国统一社会党—民主社会主义党”，不久又改名为“民主社会主义党”。在 1990 年 5 月的大选中，民主社会主义党得票率仅为 16. 33%，沦为在野党。同时，两德合并的步伐加快，1990 年 10 月 3 日，民主德国正式并入联邦德国，结束了 41 年的两德对峙历史。

（五）保加利亚：民族问题引发局势动荡

戈尔巴乔夫推行“民主化”“公开性”的影响和东欧各国的剧变，给保加利亚造成巨大的震荡和冲击，也使其国内民族矛盾日益突出。20 世纪 70 年代起，保加利亚政府实行强制同化土耳其族政策，引起土耳其族人的极大不满。1989 年 5 月，保加利亚宣布开放边界，允许公民持新护照自由出入境。这造成保加利亚的土耳其族人大批外逃，也使各种社会矛盾更加激化，持不同政见者和反对派组织乘机活跃起来，进一步加剧了社会动荡。

同年 10 月，反对派联合成立“民主力量同盟”，向共产党发起挑战。11 月，保加利亚共产党（以下简称“保共”）召开中央全会，中央总书记、国务委员会主席日夫科夫被迫辞职，信奉民主社会主义的姆拉德诺夫当选为总书记。与此同时，反对派展开强大的政治攻势，提出反共、反社会主义的口号。面对反对派越来越强硬的政治进攻，保共不断妥协，致使党的领导地位逐步削弱，议会和政府名存实亡，其职能被圆桌会议所取代。

1989 年 12 月，保共中央全会主动建议议会讨论修改宪法，取消宪法中关于保共领导地位的条文，并建议举行自由选举。1990 年 2 月，保共十四大通过《保加利亚民主社会主义宣言》，主张实行多党制、议会民主制和民主社会主义。4 月 3 日，保共更名为保加利亚社会党。同日，国民议会选举姆拉德诺夫为总统。在 1990 年 6 月的大选中，社会党获 211 个议席，占议会席位的 52. 75%，取得大选胜利，继续执政。由于反对派在议会内外发动了一次又一次的夺权斗争，姆拉德诺夫被迫辞去总统职务。单独组阁的社会党政府成立仅 70 天就宣布结束，上演了执政党不攻自垮的一幕。之后，反对派完全夺取了政权。11 月，保加利亚人民共和国改名为保加利亚共和国。

（六）罗马尼亚：武力对抗式的剧变

罗马尼亚的剧变不同于其他东欧国家，是以非和平的方式进行的。其中既有苏联、东欧各国剧变和西方影响的因素，也是齐奥塞斯库为首的罗马尼亚高层不顺应民意进行改革，采取高压政策，从而导致矛盾激化的结果。齐奥塞斯库执政初期，曾奉行正确的内外政策，促进了国内的经济发展和社会稳定，提高了罗马尼亚的国际地位，赢得了人民的拥护。然而，从 20 世纪 60 年代末 70 年代初开始，罗马尼亚在国家发展战略上出现了严重失误，导致国家债台高筑，工农业生产无法达到预期目标，人民生活每况愈下。齐奥塞斯库集党政军大权于一身，大搞个人崇拜，任人唯亲，夫妇当政，长期在党内国内实行高压统治，引起党内外强烈不满，社会矛盾不断加深。

1987 年 5 月，戈尔巴乔夫访问罗马尼亚，对齐奥塞斯库施压，要求罗马尼亚仿效苏联，进行“深刻而彻底的改革”，但齐奥塞斯库不予理睬。1989 年 11 月，在罗马尼亚共产党十四大上，齐奥塞斯库再次拒绝实行改革。6 位曾担任党和国家要职的领导人联名上书，强烈要求齐奥塞斯库放弃错误政策，改变社会困境，但遭软禁。这一事件在国内外引起强烈反响，掀起了反齐、倒齐波澜，齐奥塞斯库则下令全国武装力量进入紧急状态，结果进一步激化了矛盾，恶化了局势。

1989 年 12 月 16 日，抗议活动首先在西部城市蒂米什瓦拉爆发，并迅速蔓延全国。示威者包围了总统府，齐奥塞斯库下令开枪镇压。西方国家借机煽动所谓“人权问题”，攻击罗马尼亚政府，加剧了罗马尼亚的混乱局面。在事件的处理过程中，警察和军队宣布倒戈，站到群众一边，并和支持齐奥塞斯库的安全部队发生激战。反对派很快取得胜利，控制了全国局势。仅 10 天时间，执政 25 年的齐奥塞斯库政府被推翻，齐奥塞斯库夫妇被处决。

12 月 23 日，罗马尼亚临时政府“罗马尼亚救国阵线委员会”成立，接管政权。救国阵线委员会宣布实行多党制、三权分立、自由选举等，并把罗马尼亚社会主义共和国改名为罗马尼亚共和国。1990 年 5 月，救国阵线领导人伊利埃斯库当选为总统，并表示将仿效瑞典模式，把罗马尼亚建成民主社会主义国家。

（七）南斯拉夫：民族矛盾引发国家解体

20 世纪 80 年代初铁托逝世以后，南斯拉夫的自治社会主义由于过于宽松和缺乏制约，社会凝聚力下降，民族分立主义势力抬头，中央政权逐步削弱。

80年代中期以后，南斯拉夫经济持续衰退，民族关系紧张，引起政局不稳，社会动荡。1988年年底，为摆脱危机，联邦政府推出“一揽子”改革计划，但是由于计划本身的缺陷和执行不力，改革没有成功。

南斯拉夫是个多民族国家，历史上民族关系比较复杂。为了保持国家的统一和稳定，南斯拉夫共产党领导人始终不赞成实行多党制。在1989年10月以前，尽管国内也出现一些群众示威游行和政治反对派组织，但影响有限。由于东欧其他国家政局变化的影响和南共内部的压力，1989年10月，南斯拉夫共产党联盟召开中央全会，通过了《政治体制改革纲领》，决定实行多党制。多党制使南斯拉夫共产党联盟内部的民族分立主义势力活跃起来，一切只从本民族利益出发、各自为政的势头上涨。1990年1月，南斯拉夫共产党联盟第十四次非常代表大会召开，不少代表拒绝参加会议，大会决定终止南斯拉夫共产党联盟中央委员会的活动。此后，各共和国共产党联盟也纷纷更改党的名称，重新制定纲领和路线，坚持多党制，把民主社会主义作为奋斗目标。这些政党实际上已经变为具有强烈民族主义色彩的社会民主党。反对派乘机迅速崛起，六个共和国先后举行了地方选举，由原共产党联盟演变而来的社会党在四个共和国中丧失执政地位。

为解决民族危机，南联邦主席团召开会议，讨论国家体制问题，六个共和国观点对立，无法达成一致。之后，克罗地亚、斯洛文尼亚、波黑、马其顿宣布独立，塞尔维亚和黑山两个共和国宣布建立“南斯拉夫联盟共和国”。这样，南斯拉夫社会主义联邦共和国分裂为五个独立国家。联邦分裂后，共和国之间、共和国内部不同民族之间出现了种种纷争，内战不断，给人民带来了巨大灾难。

（八）阿尔巴尼亚：改革的突然转向导致国家剧变

阿尔巴尼亚自从1960年和苏联断交以后，一直重申不和苏联建立任何关系，长期奉行“左”的内外政策。1985年，阿利雅担任党的第一书记，多次声明完全反对戈尔巴乔夫的各项政策，拒绝苏联的整个改革纲领，以维护国内政治秩序和原有社会制度。

但阿尔巴尼亚在经济领域片面推行公有制，消灭了非公有制经济成分，分配上搞平均主义，反对利用外资；在政治领域大搞阶级斗争，为巩固统治不断制造“敌人”；对外关系上四面树敌，与世隔绝，造成了社会发展受阻，人民生活水平在欧洲倒数第一，社会危机加深。内部困难加上苏联、东欧各国的局势影响，阿尔巴尼亚再也无法抵挡各国剧变引起的风暴。1990 年 2 月以后，成千上万的示威者走上街头，表达对政府的不满。阿尔巴尼亚劳动党在 1990 年 11 月召开中央全会，阿利雅的思想发生了急剧转变，由极左转向极右，对政策进行了重大调整，提出修改宪法中关于“劳动党是国家唯一的领导力量”的条款，放弃了党的领导权，同时承认政治多元化。这一转变不仅没有缓和国内局势，反而搞乱了自己，使反对派政治力量迅速发展起来，骚乱、冲突频繁不断，政局更加不稳。

在 1991 年 3 月举行的首次议会大选中，阿尔巴尼亚劳动党虽然获胜，但反对党民主党成为议会第二大党，并在议会内外展开激烈的夺权斗争。5 月，劳动党被迫与民主党组成联合政府。1991 年 6 月，阿尔巴尼亚劳动党更名为社会党，放弃了马克思列宁主义的指导，把民主社会主义作为党的奋斗目标。之后，新人民议会通过了取消社会主义制度、实行三权分立、国家机构实行“非党化和非政治化”等重要决定，国家性质根本改变。1992 年 3 月，阿尔巴尼亚举行第二次议会选举，民主党取得执政地位，社会党沦为在野党。

第二节　苏联解体东欧剧变的原因和教训

苏联解体东欧剧变作为 20 世纪的重大政治事件，原因十分复杂，后果和影响也极其深远。从苏东剧变过程来看，既有某种必然性的因素在起作用，也有极大的偶然性影响了历史进程。总结其中的原因和教训，既要看到这是在特定历史环境下发生的深刻、广泛而迅速的政治剧变，又要看到这一剧变发生的历史根源。

一、苏联解体东欧剧变的现实原因和教训

以戈尔巴乔夫为首的苏共以及东欧各国领导人在推行改革时实行了错误的思想路线、政治路线和组织路线，背离了社会主义的发展方向，加深并最终引发了社会的全面危机，是导致苏东剧变发生的主要的、现实的原因。

（一）放弃了马克思主义的指导

苏东剧变的原因很多，首要一点就是放弃了马克思主义的指导。在苏联改革过程中，戈尔巴乔夫明确提出必须从经济基础到上层建筑根本改造整个社会

大厦，后来他又说要“炸毁”这座大厦。他提出所谓“人道的、民主的社会主义”，要害在于抛弃马克思主义的指导地位，放弃科学社会主义的基本原则。早在1988年6月，苏共召开第十九次全国代表会议时，戈尔巴乔夫就提出“公开性”、“民主化”和“多元化”，鼓吹摒弃“意识形态限制”，反对“精神垄断”。他在一些报告和讲话中，极力规避列宁主义，甚至歪曲马克思列宁主义。1990年7月召开的苏共二十八大，把建立“人道的、民主的社会主义”作为党的指导思想和追求目标，鼓吹“全人类的利益高于阶级利益”。民主社会主义思潮的实质在于宣扬“人道主义和全人类价值”，反对马克思主义的阶级斗争和无产阶级专政。戈尔巴乔夫和苏共放弃马克思列宁主义的旗帜，也就放弃了对各种非马克思主义思潮的限制和斗争，使苏共自动解除了思想武装，也使广大党员干部和群众丧失了识别能力，引起思想混乱，这就从根本上摧毁了苏共和苏联社会主义制度的理论基础，必然导致苏联的演变。

由于戈尔巴乔夫和苏共的纵容或施压，波兰、匈牙利、捷克斯洛伐克、民主德国、保加利亚、罗马尼亚、南斯拉夫和阿尔巴尼亚等东欧国家的共产党也先后宣布放弃马克思主义，转而奉行民主社会主义，甚至全盘接受西方资产阶级政治理念。

苏东剧变的教训说明，马克思主义是无产阶级求得自身解放和全人类解放的根本思想武器，是社会主义事业的理论基础。放弃了马克思主义的指导，否定了科学社会主义的基本原则，必然会背离社会主义方向，使党和国家走向失败的歧途。要始终不渝地把马克思主义作为行动的指南，而不是一成不变的教条，并在实践中不断丰富发展，才能保证社会主义从胜利走向胜利。

（二）放弃了共产党的领导地位

苏东剧变同这些国家的共产党或工人党软弱、混乱与瓦解密不可分。戈尔巴乔夫执政初期还表示要坚持共产党的领导，但1987年后他逐渐将阻碍改革的原因归结于党内，将改革的矛头指向苏共，直到最后否定共产党的领导地位。在1988年6月召开的苏共第十九次全国代表会议上，戈尔巴乔夫提出要进行政治体制改革，实行政治多元化，建立多党制。1988—1989年，由于苏共领导层的放纵，苏联社会“厌恶苏共”的思潮兴起，同时出现了层出不穷的各种反苏共组织，苏共的思想基础和社会基础发生了严重动摇。1990年2月，在苏共中央召开的全会上，戈尔巴乔夫明确提出，党的地位不应当依靠宪法强行合法化，声称“苏联共产党并不想享有垄断权”，提出取消宪法第六条关于苏共是社会领导力量和政治体制核心的规定。1990 年 7 月，苏共二十八大建议修改宪法，删除了关于共产党领导地位的规定，承认社会团体的多元化，允许各种社会团体独立活动，其中就包括不承认，甚至反对苏共领导的社会团体。1991 年 4 月，戈尔巴乔夫在苏共中央全会的闭幕词中公然宣称，苏共是“有意识地放弃了自己几十年对政权的垄断”。苏共的领导地位被取消后，出现了退党风潮，党的力量被极大地削弱，许多反共政党和组织纷纷成立，并大肆攻击苏共和社会主义制度，引发了全面的社会危机。

东欧一些国家的执政党，也由于放弃了共产党的领导地位，在与反对派的较量中丧失了政权。波兰统一工人党在十中全会上通过了“政治多元化与工会多元化”的建议，有条件地承认了被取缔的团结工会，并决定召开圆桌会议与团结工会谈判。在随后的谈判中，波共放弃党的领导地位，允许反对派参政，导致团结工会上台。在匈牙利工人党发生分裂以后，1989 年 10 月，匈牙利国会通过宪法修正案，取消了关于马克思主义政党领导地位的条款。1989 年 11 月 29 日，捷克斯洛伐克联邦议会批准了宪法修正案，取消了共产党的领导地位，导致共产党最终在议会选举中失败。在保加利亚，保共在第十四次全国代表大会上提出取消党的领导地位，实行多党制、议会民主和民主社会主义，不久就失去了政权。阿尔巴尼亚劳动党于 1990 年提出修改宪法中关于“劳动党是国家唯一的领导力量”的条款，放弃了党的领导权，同时承认政治多元化的原则，之后在议会选举中沦为在野党。

苏东剧变的教训说明，无产阶级政党作为工人阶级的先锋队，始终是社会主义革命和建设的领导核心，坚持无产阶级政党的领导是社会主义建设和改革不断胜利的根本保证。放弃无产阶级政党的领导，必然造成各种反马克思主义政党和敌对势力的猖獗，最终导致社会主义事业失败。

（三）放弃民主集中制涣散党的各级组织

苏东剧变得以发生，无一例外都伴随着这些国家执政党的组织涣散，党的各级机构不作为、不起作用，党员群众离心离德，不关心党的存亡，甚至有些党组织和党员公开支持反对派。戈尔巴乔夫的“民主化”口号是在讨论干部问题时提出的。刚开始他所倡导的“民主化”还是有条件的民主。但是，1988 年，他开始说我们要的是“无条件的民主”。1990 年，他提出“重新认识民主集中制原则”，在上下级关系上，推行党组织“自愿原则”，在中央和地方关系上，加盟共和国如果不同意苏共中央的决议，可以不执行，这就大大削弱了党的集中统一领导。苏共瓦解、苏联解体就是从一些加盟共和国党中央声明脱离苏共、一些加盟共和国政府宣布脱离联盟一步步开始的。

戈尔巴乔夫奉行极端民主化的组织路线，但在干部政策上，却实行个人专断，大力扶植亲信，以所谓“不适应”改革形势的借口排斥异己。在他执政的几年内，苏共中央书记处成员、党中央各部部长和苏联部长会议主席团的成员几乎全部更换，叶利钦、雅科夫列夫等人被提到关键职位。

极端民主化路线使得苏共党内以叶利钦为首的激进民主派在思想上组织上分裂党的活动公开进行，却没有得到苏共中央有效的制止，其中许多人后来成为推动苏共瓦解、苏联解体的中坚力量。极端民主化路线也造成中央与基层组织的联系日益松散，党的基层组织涣散，广大党员离心离德，最终丧失对党的信任，大批党员退党。从 1989 年 1 月到 1991 年 1 月，苏共党员就减少了 290 万人，大部分基层组织或解散或停止了活动。苏共早年在有 20 万党员时能够夺取政权，在有 200 万党员时能够打败法西斯侵略者，而在有近 2000 万党员时却丢失了政权、丢失了自己。很重要的一个原因是政治纪律被动摇了。这就深刻揭示了一个道理：吸取苏共亡党教训，必须加强党的政治纪律和组织建设。

同苏共一样，东欧各国党也出现了不同程度的组织涣散问题。比如南斯拉夫由于长期实行自治社会主义，地方的权力比较大，南共中央的领导相对较为宽松。20 世纪 80 年代末，受戈尔巴乔夫和苏联改革的影响，南斯拉夫地方分立主义势力抬头，最终导致南共停止活动，联盟解体。

苏东剧变的教训说明，无产阶级政党必须有坚强统一的各级组织特别是基层组织。党的基层组织是党的全部战斗力的基础，是党的生命力的源泉，只有坚持民主集中制，实现党内高度民主和团结一致，才能始终保持党的强大凝聚力，保持党的生机和活力。党的领导权必须始终掌握在忠诚于马克思主义、忠诚于党和人民的人手里。

（四）放弃了党对新闻舆论的领导权，历史虚无主义盛行

苏联和东欧各国共产党放弃对舆论宣传的领导，放任各种反党反社会主义势力和其他势力占领宣传阵地，是苏东剧变得以发生的重要原因。

戈尔巴乔夫倡导所谓公开性运动，是苏共瓦解和苏联解体的一个重要原因。1988 年，戈尔巴乔夫宣布开始搞全面的公开性运动，之后苏共主动放弃了对新闻媒体的领导，1989 年 12 月，苏联国家教育委员会颁布命令，全部取消大学和其他高校学生必须学习的马列主义课程，1990 年苏共中央全会通过的

《行动纲领草案》强调"坚决摒弃对其他观点与思想的意识形态限制、教条主义和不容忍态度"，1990 年 6 月 12 日，戈尔巴乔夫批准《新闻出版法》，宣布"新闻自由"，"不允许垄断任何一种舆论工具"。放弃苏共对新闻舆论管理的结果，导致历史虚无主义盛行，攻击、谩骂共产党和社会主义制度的言论纷纷出笼，社会上掀起了一股"历史反思热"，大肆揭露苏联历史上的阴暗面。十月革命被称为"暴力和罪恶"，苏联社会主义制度被称为"极权主义"，苏共被说成是历史"罪人"，社会主义制度被说成是"万恶之源"，给人民群众造成了巨大的思想困惑和心理震撼。各种反马克思主义思潮的猖獗，严重动摇了苏共和社会主义制度的思想政治基础，为从思想上瓦解苏联打开了闸门。

在"公开性"的推动下，东欧一些国家与苏联的历史"旧账"被重新翻出来，导致苏联与东欧国家关系愈加复杂化。苏联党和国家在东欧各国的形象受到严重损害，也极大地影响了各国党和政府在本国民众心目中的形象，广大民众的不满情绪日益增长。

苏东剧变的教训说明，舆论导向关系党和社会主义制度的生命。正确的舆论导向能统一思想，团结人民群众，维护社会稳定；错误的舆论导向会搞乱思想，引发信仰危机，给敌对势力以可乘之机。

（五）放任西方敌对势力的演变和颠覆

苏东剧变得以发生的一个重要的外部原因是，这些国家的党和政府没有采取有力措施抵制和反对西方"和平演变"及"西化分化"战略，到后来有的领导人为了博得所谓"民主派""改革派"等名声，甚至一味迎合西方公然的颠覆和分化，使西方敌对势力在这些演变中发挥了重要作用。

戈尔巴乔夫提出所谓"新思维"之后，西方国家抓紧全面对苏联和东欧的"和平演变"和思想文化渗透。既利用经济援助对苏东各国软硬兼施，又利用所谓"人权外交"扶植政治反对派，为他们颠覆共产党政权推波助澜。西方敌对势力曾明确声称，谁同我们站在一起，谁就会得到支持。1987 年，美国给波兰团结工会 100 万美元活动经费，1988 年，又提供 500 万美元的资金。在美国强有力的支持下，团结工会得以与共产党政权抗衡。在匈牙利，也有类似的事情发生。自 1988 年以来，西方将波兰、匈牙利视为"和平演变"的工作重点，不断增加附带政治条件的经济援助。

同时，西方国家利用无线电广播和电视等各种传播渠道大肆攻击社会主义制度，灌输西方的价值观，极力宣扬西方的政治、经济、文化模式和生活方式；利用文化交流、学术讨论、贸易往来和外交关系等各个领域的接触，加强资产阶级的思想渗透和政治影响；利用宗教势力削弱和对抗马克思主义意识形态，煽动和支持教徒与党和政府对抗。

面对西方的颠覆和演变活动，戈尔巴乔夫和东欧一些国家的领导人不仅没有给予足够的重视和警惕，反而不断妥协。1988 年 12 月中旬，苏联停止了对过去被视为反动电台的几家西方电台的干扰，开放了 7930 种禁书。同时决定，拨款 400 万卢布外汇，进口 20 种西方国家报刊。在苏共的压力下，波兰和匈牙利等国执政党也采取了妥协、放任政策。以放弃意识形态领域斗争的方式来谋求和平，实际上是在西方的进攻面前自毁长城和自动解除武装，这极大地助长了国内反对派的势力，使国内外的敌对势力沆瀣一气，相互勾结，遥相呼应，加速了苏联的解体和东欧国家的剧变。

苏东剧变的教训说明，实施和平演变、颠覆社会主义政权是西方国家对社会主义国家的既定战略，即使在和平与发展的时代主题下，这一战略也不会从根本上改变。社会主义国家反和平演变的斗争是长期的、艰巨的、复杂的，一定要在扩大对外开放的同时，对西方敌对势力分化、瓦解的图谋保持高度警惕，坚决抵御西方敌对势力的渗透破坏活动，维护国家的意识形态安全和经济、文化、信息等安全。

二、苏联解体东欧剧变的历史根源和教训

苏东剧变得以在有着上千万共产党员，并在军事、政治力量上足以同西方相抗衡的社会主义阵营发生，应当说是不可思议的。上述几方面的现实原因能够在这些国家出现，更令人深思。“冰冻三尺，非一日之寒”，苏东剧变不是一朝一夕发生的，这场剧变还有深刻的历史原因，是各种因素由量的发展到质的变化的结果。

（一）长期教条式地对待马克思主义，僵化地对待社会主义建设模式

十月革命后，苏维埃政权对社会主义建设道路进行了艰辛探索，在 20 世纪 20—30 年代逐渐形成了苏联社会主义建设模式。这种模式对苏联的社会主义建设曾经起过重要作用，但随着时间的推移，其弊端日益暴露，成为经济社会发展的严重体制障碍。

第二次世界大战后，多数东欧社会主义国家参照实行苏联的社会主义建设模式，在巩固无产阶级专政的国家政权、调动人民群众的劳动热情、建立社会

主义的工业基础等方面发挥了重要的推动作用。但是，由于这些国家在学习苏联模式的过程中，背离了马克思主义关于理论必须与实践相结合、必须从各国具体实际和基本国情出发建设社会主义的基本原则，而是照搬照抄苏联做法，导致苏联社会主义建设中出现的一些弊端不仅没有得到克服，在有些方面甚至被放大。例如，根据马克思主义唯物史观，生产关系的建立应该符合生产力的性质、现状及发展要求。东欧各国在建立社会主义国家政权时，生产力发展水平普遍较低，实行单一公有制，并不利于生产力的发展，“一大二公”的所有制结构逐渐成为生产力发展的羁绊。在这个过程中，苏联以自己的模式作为社会主义的唯一标准，要求各国照搬照抄，否则就是“背离”社会主义，也在理论上和实践上起了消极作用。

20 世纪 50 年代中期起，苏联东欧国家开始了改革的探索，其目的是改变高度集中的政治经济管理体制。在改革之初，苏联东欧国家总体上坚持了社会主义方向，但基本上局限于对原有体制的修修补补，并没有从根本上实现对经济体制的突破和创新。70 年代中后期，苏联东欧国家经济发展日趋缓慢，甚至出现滑坡，人民群众没有从改革中得到应有的实惠和利益，高度集权的政治体制又使官僚主义滋生膨胀，导致特权腐败现象日益严重，社会问题越来越多。到 80 年代末 90 年代初，苏联东欧各国决心进行改革，但在改革过程中又发生了思想路线上的严重偏移，由原来的把马克思主义教条化、绝对化，转向否定社会主义制度，放弃马克思主义路线，走资产阶级自由化道路。

苏东剧变的教训说明，社会主义建设的道路是多种多样的，任何一种建设道路或建设模式都是在特定的历史和国情下产生的，不可能一成不变，而要随着形势的发展通过改革不断完善。但改革绝不是改向，必须把马克思主义基本原理与本国实际相结合，在坚持社会主义方向的前提下，探索适合时代条件和本国国情的社会主义建设道路。

（二）长期忽视经济全面发展和人民物质文化需要

20 世纪 20—30 年代，通过社会主义工业化建设，苏联建立起比较完整的工业体系。在建设工业强国和军事大国的同时，苏联也建立起当时世界上独一无二的社会保障体系，苏联人民享受了免费医疗、社会保险、退休金制度、普及初等义务教育等广泛的社会福利。第二次世界大战后，在东欧各国建立起了社会主义政权，从 50 年代初到 60 年代末，苏东国家的社会主义建设取得了巨大成就，显示出社会主义制度的优越性，社会主义的吸引力大大增强。

苏联社会主义建设前期，由于帝国主义战争威胁，实行重工业优先的战略，将主要财力和物力投入到重工业中，虽然是不得已而为之，但在初期有其合理性。后来，为了与美国争霸，没有考虑国民经济的平衡发展，片面大力发展重工业和军事工业，导致经济结构单一，人民生活水平提高缓慢。20 世纪 70 年代中期以后，由于不按客观经济规律办事，高速发展重工业带来的后遗症日益显现，苏东各国经济发展速度开始减缓。进入 80 年代，苏东国家的经济更是每况愈下，通货膨胀率不断提高，外债负担加重，人民生活水平明显下降，与西方的差距进一步拉大。由于经济状况不断恶化，社会不满情绪增长，政治上的不稳定因素随之增加，在国内外敌对势力的挑唆利用下，社会危机不断加剧。

苏东剧变的教训说明，满足人民群众不断增长的物质文化需要，是社会主义建设的根本目的。社会主义国家必须把大力发展社会生产力作为根本任务，把不断提高人民群众的物质文化生活水平作为社会主义建设的根本目的，不断巩固社会主义物质基础和社会基础。只有这样，社会主义制度的优越性才能充分显示，社会主义的凝聚力和吸引力才能不断增强，人们对社会主义的信念才能不断坚定。

（三）社会主义民主和法制建设滞后，党内缺乏民主，执政党日益脱离群众

列宁继承和发展了马克思恩格斯的建党思想，明确将民主集中制作为无产阶级政党的根本组织原则。俄国十月革命后，由于国内外环境极其严酷，为战胜内外敌人，列宁更多地强调党要有铁的纪律和高度集中的组织原则，以保持党的凝聚力和战斗力。这一做法理应随着内外形势的变化有所改变，应更多地发扬党内和社会上的民主，形成比较宽松、民主的政治氛围。但斯大林错误地把特定时期不适宜发展党内民主的特殊情况当作无产阶级政党固有的特征继承下来，把党内民主与党的集中统一对立起来，片面地强调党的统一和铁的纪律，忽视甚至破坏党内民主。正是在这种错误认识下，忽视社会主义民主建设，践踏社会主义法制，造成了大量冤假错案，严重伤害了一大批干部群众，也损害了党和国家的声誉，成为国内外反共、反社会主义者攻击共产党和社会主义的把柄。此后的苏联领导人鉴于践踏民主法制的严重后果，采取了一些措施加以改正，但并没有健全和完善民主机制，没能从根本上解决党内缺乏民主的问题。他们反对斯大林的个人迷信，又大搞自己的个人迷信，领导人大权独揽，缺乏监督和制约，官僚主义现象严重，执政党及其领导人越来越脱离群

众。这些问题也不同程度地存在于东欧各国。戈尔巴乔夫提出了“民主化”口号后，宣称要发扬社会主义民主，实行“无条件的民主”。实际上，他所主张的民主不是要扩大党内民主、加强社会主义民主，而是要取消党的领导、实现资产阶级民主、推行资产阶级的多党制和三权分立。在戈尔巴乔夫的“民主化”浪潮的推动下，苏联和东欧群众性的集会和游行示威不断，反对派则打着“民主化”旗号，大肆从事反共、反社会主义的破坏活动，政治危机日益严重，各国共产党逐渐失去民心，以致纷纷垮台。

苏东剧变的教训说明，无产阶级政党必须正确处理民主与集中的关系，高度重视党内民主建设，不断扩大党内民主，以党内民主带动人民民主。社会主义国家必须重视民主和法制建设，正确处理民主与专政，党与政府、社会等的关系。为了从根本上保障无产阶级和劳动人民的利益，要把发扬人民民主同坚持和改善党的领导结合起来，加强社会主义民主，健全和完善社会主义法制，坚持走适合本国国情的社会主义民主政治发展道路。

（四）在民族问题上缺乏正确的认识，没有制定正确的民族政策，积累了诸多矛盾

苏联是有着 100 多个民族的多民族国家，民族问题由来已久，十分复杂。苏维埃政权成立初期，鉴于大俄罗斯民族主义根深蒂固，民族分离主义倾向也比较严重，列宁曾明确提出要反对大俄罗斯主义和民族分离主义，要求党的领导干部坚持民族平等原则，正确处理民族关系。当时的民族问题处理得比较好，民族关系较为稳定。后来，苏联在民族政策和民族工作中又开始出现大俄罗斯主义，民族政策出现许多失误。例如，第二次世界大战期间借口国家安全，强制实行民族迁徙政策，命令一些少数民族整体迁出世代居住地，对民族矛盾采取高压手段等，引起少数民族不满，恶化了民族关系。苏联领导人还错误地将民族问题等同于阶级问题，认为消灭了阶级也就消灭了民族问题，从理论和实践上不承认国内还存在民族矛盾和问题。1967 年，勃列日涅夫在庆祝十月革命 50 周年的报告中，提出苏联已经建成“发达的社会主义”，苏联的民族矛盾已经“一劳永逸地得到解决”。

戈尔巴乔夫改革时期，在揭露历史“空白点”过程中，一些原来潜藏或被压制的民族问题暴露出来，不断加重的社会政治经济危机也加剧了民族矛盾，形成全面的民族危机。苏共领导人对此却缺乏清醒的认识，对于所出现的民族冲突，没有及时采取有力措施加以解决，导致矛盾激化，民族冲突不断，民族

关系紧张，民族分离主义泛滥，各少数民族共和国先后宣布独立，联盟最终完全解体。

东欧各国多数都是非单一民族国家，在社会主义建设时期，民族政策的失误也不同程度的存在。如，罗马尼亚曾不顾民族差别，实行乡村合并，引起少数民族不满；保加利亚曾对少数民族实行同化政策，导致民族矛盾不断升级；南斯拉夫则无视民族地区发展的不平衡状态，长期放纵地方民族主义，民族冲突不断。到20世纪80年代后期，受苏联的影响，东欧各国的民族矛盾不断激化，成为引发社会动乱和国家解体的重要因素。苏东剧变的教训说明，社会主义国家必须高度重视民族问题，正确处理民族关系。要全面贯彻马克思列宁主义民族观，制定正确的民族政策，巩固和发展平等、团结、互助的社会主义民族关系，既反对大民族主义，又坚决反对民族分离主义，以促进各民族共同繁荣和进步，维护国家团结和统一。

（五）对外政策背离社会主义原则，严重损害了党和国家的威信

20世纪60年代以后，苏联逐渐走上了与美国争夺全球霸权的道路。为了获得对美优势或与美国平起平坐的地位，苏联不顾国民经济的承受能力，与美国开展军备竞赛，严重影响了经济发展和人民生活的改善。同时，苏联与美国在全球展开了争夺势力范围的激烈较量，到处出兵，甚至发动侵略战争，严重败坏了社会主义的声誉。这一错误的对外战略严重损害了苏联的国家形象，削弱了国家实力，也使自己背上了沉重的经济和政治负担。

在与东欧国家的关系上，苏联始终以东欧的解放者自居，长期推行大党大国主义，干涉其他党和国家的内政。如，1948年，粗暴干预南斯拉夫内政，甚至殃及东欧几国党和国家领导人；1968年，以捍卫社会主义阵营的“安全”为名，悍然出动50万大军，武力扼杀捷克斯洛伐克的改革，并强行更换、拘禁捷克斯洛伐克领导人。苏联对东欧的外交政策不仅完全背离了无产阶级国际主义原则，也违背了社会主义国家之间、各国共产党之间平等相处的原则。多数东欧国家政府由于长期听从苏联的指挥，在内外政策上依附于苏联，也逐渐失去了本国民众的信任。

戈尔巴乔夫上台后，在外交政策上提出“新思维”，片面地、抽象地强调全人类的利益，不惜对美国等西方国家作出各种让步。在东欧局势恶化时，戈尔巴乔夫先是干涉，后又纵容，甚至在某种程度上迎合或配合了西方的和平演变，加速了东欧国家的剧变。

苏东剧变的教训说明，社会主义国家必须始终不渝地奉行独立自主的和平外交政策，反对大党大国主义和霸权主义，反对各种战争，维护世界和平。同时，社会主义国家还必须坚持对外开放，把对外政策的出发点始终放在为社会主义建设创造有利的国际环境上，使对外政策有效地服务于国家发展。

（六）放松对党员群众的思想理论教育，导致理想信念淡化、是非观念模糊

从形式上看，苏联东欧国家相当重视对党员进行马克思列宁主义教育，建立了一套比较完整的思想政治教育体系，通过各种方式对党员干部和人民群众进行思想政治教育。国家出版了不少教科书，建立了各级正规党校，并开设了业余课程，将思想政治教育贯穿各级各类学校教育始终。但由于长期以来僵化地对待马克思列宁主义，教条主义严重，“本本主义”盛行，不注重党的思想理论创新，整个理论界死气沉沉，缺乏新鲜感和创造精神，人们的思想受到严重束缚，理论教育越来越失去针对性、越来越没有说服力。思想教育工作表面上搞得轰轰烈烈，实际上内容单调、空洞无物、千篇一律，宣传教育的内容与实际生活存在明显的反差。各国党则满足于已有的成绩和表面的思想一致、舆论一律，不能准确把握时代的脉搏和社会的变化，不能把握人们的社会心理动态，没有对广大人民群众做耐心细致的思想教育工作。空洞的思想教育，使党员干部对党的路线、方针、政策以及党的建设和发展越来越不关心，共产主义理想信念淡薄，明辨是非的能力下降。结果，在一场猛烈的风暴来袭的时候，多数党员和群众不知所措，失去了前进的航标。

苏东剧变的教训说明，面对西方敌对势力的意识形态渗透，必须重视意识形态工作，加强马克思主义的思想教育，向党员干部和人民群众灌输无产阶级的世界观、人生观和价值观，帮助他们树立共产主义的理想信念。同时，必须敏锐把握时代发展变化，大力推进党的理论创新，准确把握党员干部和人民群众的思想脉搏，做好思想教育工作，关心人、理解人、尊重人，切实解决广大人民群众最关心、最直接、最现实的利益问题。

苏联东欧在几十年的社会主义建设中，存在一些比较严重的弊端。但这些弊端并非不可克服，更不意味着社会主义制度必然失败。任何一种新生的社会制度都要经历一个不断改革完善的过程，社会主义制度也不例外。苏联东欧存在的这些深层次弊端和问题，完全可以在坚持马克思主义和社会主义制度的前提下，通过深化改革，逐步加以解决。而以戈尔巴乔夫为代表的苏共以及东欧一些国家的领导者，实行了一条错误的改革路线，直接葬送了各国的社会主义

制度。苏联解体、东欧剧变，最深刻的教训是：放弃了社会主义道路，放弃了无产阶级专政，放弃了共产党的领导地位，放弃了马克思列宁主义，结果使得已经相当严重的经济、政治、社会、民族矛盾进一步激化，最终酿成了国家解体、制度剧变的历史悲剧。

因此，苏联解体、东欧剧变的主要原因既不是科学社会主义的失败，也不是社会主义制度的失败，而是苏共等共产党领导人蜕化变质、背离了马克思主义、背离了十月革命开辟的社会主义道路的结果。

第三节 苏联解体东欧剧变对国际共产主义运动的影响

苏东剧变不仅是20世纪人类社会的一个重大历史事件，也是国际共产主义运动遭受的一次巨大挫折。剧变的直接后果是十月革命所诞生的世界第一个社会主义国家政权易手，第二次世界大战后在东欧先后建立的一批社会主义国家垮台，蒙古国等一批社会主义国家相继变色，亚非拉民族社会主义发展势头受到遏制，世界范围内共产党及其党员数量大为减少，成千上万的共产党人受到程度不同的打击和迫害。苏东剧变虽然给世界社会主义力量带来巨大损失，但并没有改变人类社会进步的大趋势。世界各国共产党人通过对社会主义经验教训的深刻总结，通过对社会主义未来的深入思考与探索，努力从低潮中探寻未来的发展与复兴之路。

一、苏联解体东欧剧变导致世界格局的变化

苏联解体、东欧剧变造成国际格局的最大变化是雅尔塔体系的瓦解和冷战的结束，美苏争霸、两极对立的世界格局和全球战略平衡体系被打破，美国一超独霸，新自由主义全球化思潮泛滥。

首先，经济互助委员会（以下简称“经互会”）和华沙条约组织相继解散，社会主义阵营在经济和军事上失去了对抗西方资本主义阵营的重要支撑。经互会是与西方主导的经合组织相抗衡的社会主义阵营内部的经济联合组织，自创立后的几十年里，对内部成员国之间开展经济贸易合作，反制西方对社会主义国家的贸易歧视和制裁，促进各国的经济发展，起到了一定作用。但该组织与外部世界封闭，不按市场规律运作，不能有效参与国际市场竞争。1991 年 1

月，经互会成员国在莫斯科召开会议，认为经互会的使命已经结束。同年6月28日，在布达佩斯召开的经互会第46次会议上，该组织正式宣布解散。华沙条约组织是当时以苏联为首的社会主义阵营在军事上同美国主导的北约集团对峙的武装集团，它对维系东西方战略平衡，确保原苏东国家的集体安全发挥了重要作用。在冷战时期，由于北约军事力量受到华约军事组织的制约，北约的主要功能是保持对社会主义国家的威慑，维护西方及其盟国的战略利益，防止以苏联为首的社会主义阵营的“入侵”。1990年，随着两德统一提上日程，民主德国于同年9月宣布退出华约集团。1991年2月25日，布达佩斯召开的华约政治协商委员会非常会议决定，从4月1日起终止华沙条约范围内所签订的军事协定的效力，废除华沙条约的军事机构。同年7月1日，华约缔约国在布拉格举行会议，宣布华沙条约组织正式解散。随着苏联解体、华约解散，国际力量对比严重失衡，地缘政治日益突出。以美国为首的北约成为世界最强大的区域性军事政治组织，也开始演变为西方国家推行霸权政治的主要军事工具。

其次，以美国为代表的西方国家乘机收割剧变红利，扩展在东欧和中亚地区的政治、安全空间，加快欧洲一体化和北约东扩进程，削弱俄罗斯的影响。原苏联15个加盟共和国中的波罗的海三国独立后即向西靠，很快加入北约和欧盟，其他一些加盟共和国组成独立国家联合体。由于西方国家插手干预，剧变的一些东欧和独联体国家政局动荡、国家分裂、战乱不止。政治和经济转型所引发的矛盾冲突、民族极端势力和宗教极端主义迅速发展，造成一系列内战和流血冲突。前南斯拉夫地区的波斯尼亚和黑塞哥维那发生了数年内战，阿塞拜疆与亚美尼亚为争夺“纳戈尔诺-卡拉巴赫”地区而发生武装冲突，格鲁吉亚因民族矛盾发生内乱，俄罗斯因车臣独立而出兵镇压。这些战争持续多年，不仅给当地居民带来生命和财产损失，而且改变了地缘政治，影响到地区乃至世界局势稳定。

以美国为代表的西方国家采取遏制、颠覆、武力威胁甚至战争的方式，企图改变别国的社会制度尤其是社会主义制度和意识形态，谋求建立以西方为中心的单极世界。苏东剧变后，以美国为首的西方国家的霸权主义和强权政治又有新的表现，它们在欢呼“历史终结”的同时，对一些认为是“异类”的国家不断加大渗透、颠覆的力度，企图把自己的社会制度、发展模式和价值观念强加于全世界。这些西方大国一意孤行地奉行单边主义，追求建立单极世界，试图建立以西方为中心的世界秩序，以自己的理论和价值观塑造整个世界。美国一度推行“新干涉主义”，动辄干涉别国内政，甚至挑动“颜色革命”，导致了一些国家和地区矛盾激化、局势紧张，对世界和平与发展构成严重威胁。

世界发展不平衡，不公正、不合理的国际政治经济旧秩序没有根本改变，南北差距仍在不断扩大。发达国家损害发展中国家利益的现象还很普遍，并非所有国家都能从经济全球化中受惠。世界各国远未实现共同繁荣，经济财富日益向少数人集中，贫富悬殊愈来愈大，贫困、环境恶化、毒品、恐怖主义等问题不断滋长，科技特别是信息发展上的差距造成的“数字鸿沟”同样令人担忧。

二、各国共产党遭受严重冲击

苏东剧变后，世界共产党数量由180多个减至130多个，除中国共产党以外的世界各国共产党人数从原来的4400多万人骤降到1000多万人，共产党执政的社会主义国家由15个减少到5个。原执政的共产党有的解散，有的蜕变成社会民主主义的政党，党的名称、性质、指导思想、政治原则、奋斗目标等都发生了根本改变。剧变后的苏东地区各国政治上实行多党制，搞民主化；经济上反对公有制，实行全盘私有化；意识形态上取消马克思主义的指导地位，信奉民主、自由、人权等资产阶级思想观念，改变了国名、国旗、国徽和国家宪法，全面转向资本主义制度。各国当政者竭力排斥共产党在国家生活中的影响，纷纷通过修改宪法和法律，在政治上确立多党选举、三权分立的权力体系；在法律上禁止共产党活动；在经济上改变以公有制为基础的社会主义经济体制，实行私有化和资本主义市场经济制度；在意识形态上放弃马克思主义指导地位，搞自由化和多元化，排斥社会主义价值观和思想理念，打压前共产党人和左翼分子，清除一切可能展示共产党正面形象的标识与建筑物，竭力消除一切社会主义影响与痕迹。

第一，1991年“8·19事件”后，叶利钦发布“暂停俄罗斯联邦共产党活动”命令，宣布共产党组织非法，作为苏联共产党组成部分的俄罗斯苏维埃社会主义共和国联邦共产党被禁止活动，组织被解散，财产被没收。当时俄共一度处于瓦解状态，党员人数从800多万人迅速下降到50万人左右。俄共在严酷的环境下，并没有屈服。1991年12月，30多名俄共的人民代表向俄罗斯宪法法院提出申诉，指控“禁共令”违反宪法。宪法法院共开庭52次，经过近一年的审理，直到1992年11月底才最终作出折中的裁决：判定叶利钦关于停止俄共在俄活动的决定"符合宪法"，但解散其基层组织是违法的。尽管这一判决没有根本推翻"禁共令"，但为俄罗斯共产党组织的重建提供了一定的法律依据。1993 年 2 月，俄共在莫斯科召开第二次（非常）代表大会，代表全国 50 万党员的 651 名代表参加了大会。大会宣布重建俄罗斯联邦共产党，通过了"政治宣言"等文件和决议，选举产生了中央领导机构——中央执行委员会。重建后的俄罗斯联邦共产党虽为合法政党，但在国家政治生活中渐渐边缘化。乌克兰共产党 1991 年被宣布禁止活动，1993 年得以重新建党，党员人数比苏联时期大大减少。1994 年该党在选举中成为第一大党，但在当时环境下不可能上台执政，只能在议会内发挥一定作用。白俄罗斯共产党在苏东剧变后的几年间，经历了新建、被禁止，再到恢复活动的曲折过程。1993 年 2 月，白俄罗斯解除"禁共令"，共产党开始恢复重建。1995 年的议会选举中，该党力量有所回升，成为议会第一大党。阿塞拜疆、亚美尼亚、哈萨克斯坦、塔吉克斯坦等国家的共产党，都在 20 世纪 90 年代初重建并获得合法地位，但力量已大大削弱。

第二，东欧各国共产党都被排挤出国家政权体系之外，右翼势力竭力消除共产党在本国政治、经济和社会生活中的影响。一些国家当政者对共产党进行严厉清算，掀起了一股打击、迫害共产党人的政治风潮。如在波兰，列宁的铜像被焚烧；在保加利亚，全国公共建筑物上镶刻的党旗、党徽被铲除。保加利亚的日夫科夫，捷克斯洛伐克的胡萨克、雅克什等前共产党领导人，都曾被当局拘留审查，甚至受到审讯。波兰、斯洛伐克、罗马尼亚、保加利亚、阿尔巴尼亚等国一度颁布法律或通过行政措施，取缔共产党组织，并没收财产和禁止活动。一些极端分子甚至声称，要"把所有的共产党都吊死在树上"。

第三，西方国家的共产党组织进入"严冬"。一些共产党被迫改名，一些共产党力量被削弱。意大利共产党原来拥有近 150 万党员。1991 年宣布改名为左翼民主党，但仍有 15 万党员坚持共产党性质不变，以"意大利重建共产党"名称继续开展斗争。瑞典共产党、芬兰共产党、丹麦共产党、英国共产党、荷兰共产党等十来个西方国家的共产党组织或被迫改名或宣布解散。法国、意大利、西班牙等国共产党的力量明显下滑。

第四，苏东剧变对亚非拉地区的社会主义事业带来了重大消极影响。20 世纪 80 年代，除了苏东国家及中国、朝鲜、越南、老挝、古巴、蒙古国外，还有柬埔寨、南也门、贝宁、刚果、安哥拉、莫桑比克、埃塞俄比亚、索马里等十几个亚非拉国家都宣称信奉科学社会主义，也是社会主义阵营的成员。苏东剧变后，这些国家相继放弃这一政治诉求，先后停止了在本国进行社会主义实验，改行资本主义。苏东剧变对亚非拉国家的共产主义政党组织产生了严重的消极影响。东南亚一些国家执政当局借苏东剧变之机“整治”共产党。缅甸共产党中央领导人遭拘捕，菲律宾共产党被迫与政府签署放弃武装反抗的协议，宣布解散属下的武装组织。在南亚，巴基斯坦、锡兰共产党自行分裂消亡，尼泊尔共产主义政党数次分裂，出现多个共产党派别。1991 年尼共（联合马克思列宁主义）成立，并在 1994 年成为议会的第一大党，组成该国历史上第一个共产党人领导的政府。同年，信仰毛泽东思想的尼共（毛）从尼泊尔共产党另外一大派别——尼共（团结中心）中分化出来，并于 1996 年 2 月开始发动“人民战争”，试图用“以农村包围城市”的战略在尼泊尔实现“新民主主义”，之后再进一步实现社会主义。印度共产党（马克思主义）在逆境中保持发展势头，党员人数增加，在全国议会中的议席也略有上升，保持议会第三大党位置并在西孟加拉等邦多年执政。

第五，拉美地区共产党的组织力量出现分化，有的仍然保留了组织，有的转为其他左翼政党，但巴西共产党力量与影响依然保持。拉美地区除共产党外，还有几十个其他左翼政党与左派力量。苏东剧变对拉美左翼力量带来重大影响，尤其是对那些由本国共产党、左翼政党所领导和支持的游击队冲击更大。这些以苏联、古巴为榜样的武装力量，在苏东剧变、冷战结束的不利背景下普遍陷入混乱和危机，其斗争方式失去了对民众的吸引力，力量与影响急剧下降。像危地马拉游击队从 20 世纪 80 年代的 1 万多人，到 90 年代初减少到不足千人。为此，拉美多数游击队武装不得不调整战略，加速转型，包括智利爱国阵线、哥伦比亚“4 · 19”运动、厄瓜多尔的阿尔法罗永存运动等相继在 80 年代末 90 年代初与本国政府签订和平协议，放下武装被迫解散后，以政党形式参加本国的民主进程。由于当时不利的内外环境，尽管拉美左翼政党及组织积极参加本国多党选举，但大都以失利告终。巴西劳工党、尼加拉瓜桑地诺民族解放阵线、墨西哥革命民主党等在当时的总统选举中均落败。

第六，非洲地区共产党力量在 20 世纪 90 年代出现两极分化，有的走向消亡，有的继续坚持活动。非洲地区的一些左翼政党在 80 年代大都是本国唯一的政党。苏东剧变后，这些执政党在内外形势压力下不得不开放党禁，实行多党制，在本国纷纷涌现了众多政党，尤其是反对党在政治上对这些传统左翼政党的挑战愈加明显，它们不仅在选举中占据一定比例的议席，甚至向左翼政党的执政地位发起挑战。这些左翼政党如坦桑尼亚革命党、埃塞俄比亚人民革命阵线、埃及民族民主党、莫桑比克解放阵线党等不得不进行一系列的政策调整和改革，尤其是在政党属性上淡化意识形态或者朝社会民主主义方向靠拢。

三、马克思主义真理性被质疑

由于冷战结束导致国际政治力量对比严重失衡，各种反社会主义的社会思潮和政治力量得势，不断丑化社会主义形象，质疑马克思主义真理性和前途命运。西方国家在庆贺冷战“胜利”的同时，还通过其报刊、广播电视等舆论机器，发表大量反马克思主义的言论，鼓吹“马克思主义的终结”，应该“扔进历史的垃圾堆”，叫嚣“马克思主义已经破产”“马克思主义已失败”，宣称 20 世纪 90 年代是马克思主义的“最后一个十年”。西方反共、反社会主义势力借机加大对现存社会主义国家的思想渗透，除了在意识形态领域极力丑化马克思主义、社会主义之外，还通过宗教及文化交流、非政府组织活动等多种途径，侵蚀社会主义国家的思想阵地，挑战共产党所坚持的马克思主义意识形态。

苏东剧变后，马列主义在这些转型国家受到“思想清算”，右翼势力把马列主义置于政治“被告”地位，竭力进行攻击、诋毁。如时任阿尔巴尼亚民主党领袖、总统贝里沙声称：“马克思主义是阿尔巴尼亚的地狱之门”，“是反民主的最丑恶的理论”。他还下令把马列主义经典著作一律销毁。西方一些共产党也出现对社会主义的质疑，对社会主义信仰出现危机。丹麦社会主义人民党在 1990 年的年会文件中表示，“马克思主义的基本方针也属于不断修正之列”。一些著名的西方马克思主义刊物受到奚落，西方马克思主义许多流派这时也陷入失语境地。以宣传马克思主义理论著称的法国共产党重要理论刊物《思想》，在 1989—1991 年间发表的马克思主义理论文章寥寥无几，有关马克思主义的学术研讨会也极少召开。苏东剧变同样给亚非拉地区一些共产党带来严重的思想混乱和迷茫，它们大都对马克思主义的理论信仰发生动摇。莫桑比克解放阵线党在 1989 年 7 月的五大党纲中，删除了所有马列主义的词句。贝宁人民革命党宣布不再以马列主义为“正式的意识形态”和“官方思想”。智利共产党、巴西共产党等则分别在 1990 年、1991 年的党代会上放弃“马克思主义指导思想”的提法，甚至认为“马列主义过于狭隘”。

越南、朝鲜、老挝、古巴四国执政党在苏东剧变初面临强大的政治压力和严峻考验。越共党内一度出现思想混乱，党内出现对国家发展和党的走向的争论，“自由派”主张实行政治多元化和多党制。越南内外敌对势力共同勾结，多次掀起大规模骚乱，冲击政府机关，直接挑战越南党和政府权威。老挝人民革命党内部也有一些人主张搞“自由化和民主化”。老挝部分少数民族多次发动武装骚乱，1989—1992年间，美国等支持的反动分子曾三次对老挝进行武装颠覆活动。朝鲜劳动党在1993年的六届二十一中全会上宣布朝鲜进入了“国内外形势最为复杂和尖锐的时期”。苏东剧变严重冲击古巴政治经济社会各方面，形势一度非常严峻。1995年，古共第一书记卡斯特罗特别强调，“古巴的问题是如何对付社会主义大家庭的消失和苏联解体对古巴带来的灾难”。从此，古共认识到，“经济具有头等重要的意义”，要对国内经济进行改革，提出要建设有古巴特色的社会主义。

四、对社会主义的反思和探索

恩格斯曾指出：“没有哪一次巨大的历史灾难不是以历史的进步为补偿的。只有活动方式在改变。”① 苏东剧变虽然给世界大多数国家共产党带来程度不同的冲击，对国际共产主义运动造成严重的不利影响，但逆境与低潮也促使许多国家共产党进行反思和政策调整，并加快推进马克思主义的本国化、时代化步伐，努力实现社会主义的振兴。正如邓小平所说：“一些国家出现严重曲折，社会主义好像被削弱了，但人民经受锻炼，从中吸收教训，将促使社会主义向着更加健康的方向发展。”② 认真总结国际共产主义运动的经验与教训，根据本国实际进行理论和政策调整，不断探索和振兴社会主义，是苏东剧变后各国共产党人的共同任务和必然选择，社会主义替代资本主义仍是各国共产党和左翼力量的普遍诉求。

苏联解体、东欧剧变对中国共产党和中国社会主义建设产生了深远的影响，促使中国在反思中总结和吸取苏东剧变的深刻教训，为探索中国特色社会主义道路提供借鉴。正是在苏联解体这一历史背景下，邓小平提出要冷静观察、善于总结、沉着应对的要求，强调要坚持社会主义道路、坚持改革开放的方针不变。在1992年年初的南方谈话中，邓小平提出了社会主义本质论、社会主义市场经济论以及“三个有利于”判断是非标准论等一系列鲜明而又极具创

---

① 《马克思恩格斯文集》第10卷，人民出版社2009年版，第665页。

② 《邓小平文选》第三卷，人民出版社1993年版，第383页。

新性的理论观点，为随后党内出现的思想和理论创新奠定了坚实的基础。实践证明，邓小平的很多观点对于稳定党心民心、打开中国特色社会主义建设的新局面起到了极为重要的推动作用。

越南、朝鲜、老挝、古巴始终坚持社会主义制度，保持了共产党的执政地位。社会主义国家的执政党更加重视加强对人民群众特别是青年的思想政治教育，坚决抵制资产阶级思想侵蚀，坚定对马克思主义、社会主义理想的信仰。同时，各国根据时代变化和本国国情，强调要探索社会主义新的发展道路，但四国执政党对本国国情、本国社会主义所处的阶段的看法各异，对什么是社会主义，如何建设本国社会主义的理解并不相同，对经济政策的调整也各有侧重。1991 年 6 月，越南共产党召开七大，强调越南是在跨越了资本主义制度的条件下建设社会主义的，必然要经历一个较长的过渡时期；明确提出在社会主义过渡时期初级阶段，要以马列主义和胡志明思想为党的思想基础和行动指南，坚持共产党领导和社会主义制度不变，建设民富国强的社会主义国家。随着革新开放不断深入，越共对社会主义本质和社会主义根本任务的认识不断深化。1996 年的越共八大宣布，“过渡时期初级阶段制定的为工业化准备前提的任务已基本完成，越南转入推进工业化、现代化时期”，目标是把越南建成民富、国强、社会公平、文明的国家。越南以建立以社会主义为定向的市场经济为目标，进行经济体制革新，推进革新开放。朝鲜劳动党认为，苏东剧变后，他们“处于国内外形势最为复杂和尖锐的时期”，“给朝鲜革命和建设造成了严重影响”。1998 年年初，朝鲜党报正式提出“先军政治”口号，认为只有坚持“先军政治”的路线，走自己的社会主义道路，建设“强盛大国”，才能保证思想、政治制度和国家稳定。老挝人民革命党对国家所处的发展阶段、引入市场机制、实行多种所有制形式等问题有了新的认识，强调坚持马列主义、坚持党的领导、坚持社会主义不动摇。古巴长期以来把坚持社会主义同维护国家主权、独立、人民自决和反对帝国主义的斗争紧密结合起来，不断粉碎国内外妄图颠覆古巴社会主义政权的各种阴谋活动。古共认识到，“经济具有头等重要的意义”，应对国内经济进行改革，提出要建设有古巴特色的社会主义。

苏东剧变后该地区重建的共产党，多数声称是前共产党的继承者，其中力量较大的是俄罗斯联邦共产党、摩尔多瓦共产党人党、捷克和摩拉维亚共产党和乌克兰共产党等。这些党根据本国历史传统和社会环境，注重利用合法手段进行斗争，强调将在宪法和法律范围内为劳动者的权利而斗争，通过党在国家权力机关中的代表实施自己的政策。它们坚持把建立以社会公正、集体主义、自由平等为原则的社会主义作为党的奋斗目标，认为社会主义的原则不能放弃，强调革新社会主义。

发达国家多数共产党尽管遭到各国反共势力的歧视和打压，但仍坚持马克思主义和共产主义信仰，继续开展反对资本主义、维护工人利益的斗争。同时，关注资本主义社会的各种现实问题，主张革新和发展马克思主义，探索在资本主义社会中生存和发展之路。希腊共产党、葡萄牙共产党等一些西方国家共产党通过举办世界共产党和工人党国际会议等多种方式，探讨马克思主义对资本主义批判的现实有效性，对资本主义危机、资本主义演进过程、资本主义新形态及本质进行了深入分析，对资本主义结构性矛盾以及生产方式矛盾、阶级矛盾、社会矛盾等进行了批判性揭示。法国共产党等主张通过民主变革，改造现行资本主义社会，“超越”资本主义，最终实现社会主义。

发展中国家的共产党多数坚持共产党性质和社会主义方向不变，在吸取苏东剧变教训的基础上，对超越阶段实行社会主义的“革命急躁病”进行了深刻反思，认为目前不具备革命形势，通过暴力革命夺取政权不现实，纷纷放弃过去坚持的武装夺取政权的道路。提出从国情出发分阶段走向社会主义的设想，主张在现有政治制度下进行议会民主斗争，通过议会选举、与国内左翼力量联合以及开展无产阶级的国际合作等多种斗争形式来扩大党的影响，最终实现社会主义。发展中国家一些非执政的共产党勇敢地以各种方式捍卫马克思主义，并加快推进马克思主义与本国实际相结合的步伐，在各自独立探索中稳步前进。1992 年印共（马）十四大明确提出，“马列主义并没有过时”。该党在 1993 年马克思诞辰 175 周年期间，召开有 20 个国家 21 个共产党组织参加的国际研讨会，讨论马克思主义的有效性问题。巴西共产党在 1992 年的十大中提出要坚持马克思主义的基本原则。1995 年俄共三大通过《俄共纲领》，明确提出俄共要以建立社会主义为奋斗目标，以实现共产主义为长远理想。南非共产党 1990 年 2 月获得合法地位后，与非国大、南非工会大会结成政治同盟，公开为争取民族独立和人民解放而斗争。南非共坚持以马列主义为指导思想，以共产主义为奋斗目标，认为民主、平等、主要经济成分社会化是社会主义三大核心要素。在发展理念上强调公平优先，要求采取更激进政策维护穷人利益。在政策主张上坚持独立自主，突出共产党的特色。

苏共解散和苏联解体的一个重大影响，就是促进了世界社会主义力量的分化与组合，世界上各种反对资本主义、主张社会主义价值取向的政治组织和人士，都纷纷以不同方式追求人类进步事业，在揭露资本主义弊端和探索社会主义发展前景的过程中，对社会主义提出了新的不同看法。社会主义思潮不仅没有随着“多米诺骨牌效应”而“烟消云散”，反而随着西方资本主义危机频发，不断涌现新的社会主义思潮。在20世纪90年代出现的新社会主义思潮和新兴社会运动中，拉美左翼及“玻利瓦尔社会主义”思潮崛起令人瞩目。1998年，委内瑞拉第五共和国运动在大选中获胜，查韦斯当选为委内瑞拉总统。查韦斯领导的左翼政府对过去实行的新自由主义政策进行“纠偏”，实行“玻利瓦尔社会主义”改革。查韦斯领导的左翼上台执政后，在“玻利瓦尔社会主义”的基础上，提出“21世纪社会主义”理念，受到拉美许多左翼政党的追捧。拉美左翼倡导发起“圣保罗论坛”和“世界社会论坛”，与资本主义发达国家主导的“世界经济论坛”分庭抗礼。拉美左翼提出的“马克思主义没有失败，社会主义没有失败”，“另一个社会主义的新世界是可能的”，表明世界社会主义运动在多样性中不断发展，社会主义在当今仍具有吸引力和生命力。

思考题：

1. 简述苏联解体东欧剧变的基本过程。
2. 分析苏联解体东欧剧变的原因与教训。
3. 苏联解体东欧剧变给国际共产主义运动带来了怎样的影响？

第十一章　中国的改革开放与中国特色社会主义的开创和发展

1978 年 12 月 18 日，中国共产党十一届三中全会召开，实现了中华人民共和国成立以来中国共产党的历史上具有深远意义的伟大转折，开启了中国改革开放和社会主义现代化建设的伟大征程。中国共产党作出实行改革开放的历史性决策，是基于对党和国家前途命运的深刻把握，是基于对社会主义革命和建设实践的深刻总结，是基于对时代潮流的深刻洞察，是基于对人民群众期盼和需要的深刻体悟。中国特色社会主义是改革开放以来党的全部理论和实践的主题。中国的改革开放和中国特色社会主义也是世界社会主义 500 年特别是科学社会主义发展的重大成果，开拓了马克思主义发展的新境界，展现了社会主义的优越性和强大生命力，为世界社会主义发展作出了重大贡献、积累了重要经验，在国际共产主义运动史上具有重大意义。

第一节　改革开放新时期的开启和邓小平理论的创立

中共十一届三中全会以来，以邓小平同志为主要代表的中国共产党人，总结中华人民共和国成立以来正反两方面的经验，解放思想、实事求是，实现全党工作中心向经济建设的转移，实行改革开放，开辟了社会主义事业发展的新时期，逐步形成了中国特色社会主义的路线、方针、政策，阐明了在中国建设社会主义、巩固和发展社会主义的基本问题，创立了邓小平理论。

一、中共十一届三中全会与改革开放新时期的开启

中国共产党从 20 世纪 50 年代中后期开始的社会主义建设道路的初步探索，取得了令世人瞩目的成就，积累了十分宝贵的经验。但是，由于受到一系列“左”的错误特别是“大跃进”和“文化大革命”等的严重干扰，也遭到了重大的挫折，留下了深刻教训。正如邓小平所指出的，“文化大革命”使党、国家和人民遭受到严重挫折和损失，就整个政治局面来说，是一个混乱状态；就

整个经济情况来说，实际上是处于缓慢发展和停滞状态，人民温饱都成问题。彻底扭转“文化大革命”的错误和“十年动乱”造成的严重局势，加紧转变不利于生产力发展的体制机制，大力推进经济发展，加快改善人民群众的生活，使党和国家从危难中重新奋起，是中国共产党必须担当的重大任务。

1976 年 10 月，中共中央一举粉碎了“四人帮”篡党夺权的阴谋，挽救了中国共产党和中国的社会主义事业。在全党的要求下，1977 年 7 月召开的中共十届三中全会决定恢复邓小平在 1976 年被撤销的党内外一切职务。1977 年 8 月召开的中国共产党第十一次全国代表大会，宣告“文化大革命”结束，重申 20 世纪内把中国建设成为社会主义现代化强国的根本任务，但仍然肯定了“文化大革命”的错误理论和实践。从 1978 年 5 月开始，一场针对“两个凡是”① 的关于真理标准问题的大讨论在全国展开。这场讨论，强调实践是检验真理的唯一标准，极大地解放了人们的思想，为党重新确立实事求是的思想路线，进而为党拨乱反正、作出改革开放的重大抉择、实现历史性的转折奠定了十分重要的思想理论基础。

中国的改革开放也是在严峻而复杂的国际形势下作出的必然选择。20 世纪 60—70 年代出现的新科技革命浪潮给世界产业结构和经济发展方式带来了重大而深刻的变化。资本主义国家迫于生产力的发展要求，对经济社会体制和管理方式不断作出调整，促进了其经济实力和综合国力的上升发展，这给社会主义国家造成了巨大的压力和冲击，客观上要求社会主义国家进行深入的改革。同时，在世界范围掀起以电子计算机技术和信息技术为标志的新技术革命中，大量新技术广泛应用于生产，致使西方主要发达国家又普遍面临着经济滞胀局面，急于进行产业结构调整，为过剩的资本和技术设备寻找出路。科技进步日新月异，世界经济快速发展，这也为中国提供了难得的发展机遇。中国共产党正是在对世界形势的发展变化、对中国同世界先进水平的巨大差距清醒认识的基础上，产生了加快中国现代化步伐的迫切愿望。

在真理标准问题讨论的思想基础上，邓小平等中共领导人提出要实事求是地重新观察世界发展趋势、深刻思考中国的发展道路，认真总结历史经验，并提出了实行对外开放和改革经济管理体制的主张。1978 年下半年，国务院先后

---

① “两个凡是”，即“凡是毛主席作出的决策，我们都坚决维护，凡是毛主席的指示，我们都始终不渝地遵循”。参见《学好文件抓住纲》，《人民日报》1977 年 2 月 7 日。

召开一系列会议，提出学习和借鉴国外先进管理经验、引进国外资金和先进技术、改革经济体制等建议，并要求经济工作实行相应的转变。9 月，邓小平提出，要解放思想、实事求是，一切从实际出发，把党和国家的工作重点转移到现代化建设上来。他的建议很快得到中央政治局常委的赞同。在 11 月 10 日至 12 月 15 日召开的中央工作会议上，邓小平作了题为《解放思想，实事求是，团结一致向前看》的讲话。这个讲话实际上成了随后召开的中共十一届三中全会的主题报告。邓小平指出，不改革就没有出路。过去搬用别国的模式，结果阻碍了生产力的发展。必须进行全面的彻底的改革，“如果现在再不实行改革，我们的现代化事业和社会主义事业就会被葬送”①。这些重要论断为随后召开的中共十一届三中全会作了充分的思想和舆论准备。

1978 年 12 月 18—22 日，中国共产党召开第十一届中央委员会第三次全体会议。这是在“文化大革命”结束后，党和国家面临向何处去的重大历史关头召开的一次历史性会议。全会取得了一系列具有深远影响的重大成果，主要是：冲破长期“左”的错误的严重束缚，彻底否定了“两个凡是”的错误方针，高度评价了关于真理标准问题的讨论，果断停止使用“以阶级斗争为纲”的口号，确立了解放思想、实事求是的指导方针，实现了党的思想路线的拨乱反正；作出了把全党工作重点转移到经济建设上来和实行改革开放的战略决策，实现了党在政治路线上的拨乱反正；形成了以邓小平同志为核心的党的第二代中央领导集体，实现了组织路线的拨乱反正。总之，中共十一届三中全会重新确立了马克思主义的思想路线、政治路线、组织路线。从此，中国改革开放拉开了大幕。改革开放是中国共产党的一次伟大觉醒，是中国人民和中华民族发展史上的一次伟大革命，是近代以来实现中华民族伟大复兴的一大里程碑。正是在这个意义上，中共十一届三中全会实现了党和国家历史上具有深远意义和影响的伟大转折，成为中国进入社会主义事业发展新时期的标志，揭开了中国特色社会主义事业的新篇章。

中共十一届三中全会后，以邓小平同志为核心的中共中央全面进行了一系列拨乱反正的工作，恢复了实事求是的思想路线，坚决否定“文化大革命”的错误理论和实践，审查解决了历史上遗留的一些重大问题，平反了大量冤假错案；妥善调整了社会关系；针对国民经济长期存在的比例失调现象，提出对国

① 《邓小平文选》第二卷，人民出版社 1994 年版，第 150 页。

民经济实行“调整、改革、整顿、提高”的方针，端正了经济建设的指导思想，全党工作的重心转移到社会主义经济建设上来。1981 年，中共十一届六中全会通过《关于建国以来党的若干历史问题的决议》，科学评价毛泽东的历史地位，提出必须完整、准确地掌握毛泽东思想的科学体系，充分肯定了毛泽东思想的指导作用。毛泽东思想是马克思列宁主义在中国的运用和发展，是被实践证明了的关于中国革命和建设的正确的理论原则和经验总结，是中国共产党集体智慧的结晶。对待毛泽东思想，一是要把作为科学概念的毛泽东思想同毛泽东个人晚年的错误思想、“文化大革命”的错误区别开来；二是要防止历史虚无主义的错误倾向。中华人民共和国成立之后，中国共产党人在毛泽东思想的指导下领导全国各族人民进行社会主义革命和建设并取得巨大成就，积累了宝贵经验。因此，拨乱反正与坚持毛泽东思想的指导思想地位、科学评价毛泽东的历史地位并不是矛盾和对立的关系。

1978 年年底，改革开放开始起步。安徽和四川等省农村开始探索、推行家庭联产承包责任制。城市经济体制改革的探索也开始了，如逐步进行扩大企业自主权试点。对外开放迈出了较大步伐，如在有条件的沿海地区创建经济特区。在经济体制改革的同时，在政治领域迈开了党和国家领导制度改革的步伐。所有这一切，为中国的经济和社会发展注入了新的活力，带来了新的变化。

经过两年多的全面拨乱反正，党和国家终于从“文化大革命”造成的困境中摆脱出来，社会主义建设重新呈现出勃勃生机。农村改革的突破、城市改革的试点、经济特区的创建，再加上政治体制改革的启动，这些不同领域的全新实践，标志着改革开放已经迈出了坚定的步伐。改革开放开始成为当代中国最鲜明的特点。尽管各项改革尚处于起步阶段，来自各方面的阻力和困难仍然很多，但它所产生的初步成效已经展现出新的光明前景。

二、中国特色社会主义的开创

在拨乱反正任务基本完成和改革开放取得初步成效的形势下，中国共产党提出了“走自己的道路，建设有中国特色的社会主义”的重大命题和伟大号召，制定了全面开创社会主义现代化建设新局面的奋斗纲领，中国的改革开放由此全面展开。

1982 年 9 月，中国共产党召开第十二次全国代表大会。大会主要通过对拨乱反正历史性胜利的总结，确定继续前进的正确道路、战略步骤和方针政策，制定全面开创社会主义现代化建设新局面的纲领。邓小平在大会的开幕词中强调："我们的现代化建设，必须从中国的实际出发。"① "把马克思主义的普遍真理同我国的具体实际结合起来，走自己的道路，建设有中国特色的社会主义，这就是我们总结长期历史经验得出的基本结论。"② 这个基本结论，是中国共产党对中国社会主义建设客观规律的正确认识和总结。"走自己的道路，建设有中国特色的社会主义"，成为新时期指引全党和全国人民前进的基本口号。坚持和发展中国特色社会主义，成为此后中国共产党全部理论和实践的主题。

中共十二大提出，中国共产党在新的历史时期的总任务是：团结全国各族人民，自力更生，艰苦奋斗，逐步实现工业、农业、国防和科学技术现代化，把中国建设成为高度文明、高度民主的社会主义国家。中共十二大以后不久，1982 年 11 月至 12 月召开的五届全国人大五次会议，审议关于宪法修改草案的报告，通过《中华人民共和国宪法》。这部新宪法的公布实施是我国社会主义法制建设史上重要的里程碑，标志着我国法制建设恢复工作的基本完成。

中共十二大以后，改革开放进入全面展开阶段。农村中的家庭联产承包责任制得到进一步巩固和完善，城市中进行的经济体制改革试点也逐步向广度和深度发展。1984 年 10 月，中共十二届三中全会通过了《中共中央关于经济体制改革的决定》（以下简称《决定》）。《决定》明确指出，中国社会主义经济是在公有制基础上的有计划的商品经济，要有步骤地适当缩小指令性计划的范围，适当扩大指导性计划的范围。这是中国共产党在社会主义理论问题上的新突破，是对马克思主义政治经济学的新发展。此后，改革重点开始从农村转向城市，对外开放由点到面、由沿海向内地逐步推进，沿海 14 个城市的对外开放，海南建省办特区，对外开放呈现出新的格局。在进行经济体制改革的同时，精神文明建设、民主法制建设和政治体制改革以及科学技术、教育等其他领域的体制改革得到全面推进，党的思想、作风和组织得到全面整顿，干部队伍的革命化、年轻化、知识化、专业化得到全面实现，为改革开放和社会主义现代化建设的顺利进行提供了有效保障。此外，党根据新的国际形势，对国防和外交的方针也进行了调整。通过这一系列措施，党探索中国特色社会主义的

---

① 《邓小平文选》第三卷，人民出版社 1993 年版，第 2 页。
② 《邓小平文选》第三卷，人民出版社 1993 年版，第 3 页。

发展道路取得了重大突破。

1987 年 10 月，中国共产党召开第十三次全国代表大会。大会的主题是沿着有中国特色的社会主义道路前进。大会的中心任务是加快和深化改革，总结经验，坚持和发展中共十一届三中全会以来的路线，进一步确定经济建设、经济体制改革和政治体制改革的基本方针。中共十三大明确指出，中国正处在社会主义初级阶段。正确认识中国社会所处的历史阶段，是建设有中国特色的社会主义的首要问题，是制定和执行正确的路线和政策的根本依据。中国正处在社会主义初级阶段，这个论断包括两层含义：第一，中国社会已经是社会主义社会，必须坚持而不能离开社会主义；第二，中国的社会主义社会还处在初级阶段，必须从这个实际出发，而不能超越这个阶段。这是由中国生产力落后、商品经济不发达的条件决定的。从生产资料私有制的社会主义改造基本完成到社会主义现代化的基本实现，至少需要上百年时间。这一时期，都属于社会主义初级阶段。

在深刻分析基本国情的基础上，根据社会主义初级阶段的理论，中共十三大明确概括了党在社会主义初级阶段的基本路线，即：领导和团结全国各族人民，以经济建设为中心，坚持四项基本原则，坚持改革开放，自力更生，艰苦创业，为把中国建设成为富强、民主、文明的社会主义现代化国家而奋斗。这一基本路线的主要内容被简称为“一个中心、两个基本点”。社会主义初级阶段理论和党的基本路线的提出，为中国改革开放和社会主义现代化建设的进一步发展奠定了理论基础，这表明中国特色社会主义道路已初步开辟。

中共十三大确定了“三步走”的经济发展战略部署：第一步，到 1990 年，实现国民生产总值比 1980 年翻一番，解决人民的温饱问题；第二步，到 20 世纪末，使国民生产总值再增长一倍，人民生活达到小康水平；第三步，到 21 世纪中叶，人均国民生产总值达到中等发达国家水平，人民生活比较富裕，基本实现现代化。这一战略部署，是邓小平经过反复思考后最先提出并被中共十三大所采纳的。包括“三步走”的经济发展战略及相关政策的制定，进一步解决了中国现代化建设的目标、步骤等关系全局的重大问题，既体现了中国共产党和中国人民勇于进取的雄心壮志，又反映了遵循客观规律的求实精神，成功开创了中国特色社会主义。中共十一届三中全会以来的实践历程，正是“三步走”的现代化建设宏伟蓝图逐步变为现实的过程。

20 世纪 80 年代末 90 年代初，国际国内形势发生了巨大变化。随着苏联解体、东欧剧变，世界社会主义出现低潮，同时两极格局瓦解，冷战结束。这种复杂的形势使相当一部分干部和群众的思想产生了困惑。一些人对中国的改革开放产生疑惑，对坚持党的基本路线产生了动摇，对社会主义的前途失去信心。也有人提出改革开放究竟是姓“资”还是姓“社”的问题，担心搞市场经济、创办经济特区、发展非公有制经济等会导致资本主义。与此同时，治理整顿完成后，尽管中国经济环境和经济秩序有了很大改善，但是经济发展速度却有所减缓。

在此关键时刻，邓小平于1992年1月18日至2月21日，先后视察武昌、深圳、珠海、上海等地，并发表了著名的“南方谈话”。邓小平强调，党在社会主义初级阶段的基本路线要管一百年，动摇不得；革命是解放生产力，改革也是解放生产力；不坚持社会主义，不改革开放，不发展经济，不改善人民生活，只能是死路一条；要坚持“三个有利于”，即是否有利于发展社会主义社会的生产力，是否有利于增强社会主义国家的综合国力，是否有利于提高人民的生活水平，并以此作为判断改革和各方面工作得失的标准；计划多一点还是市场多一点，不是社会主义与资本主义的本质区别，计划经济不等于社会主义，资本主义也有计划；市场经济不等于资本主义，社会主义也有市场，计划和市场都是经济手段；社会主义的本质，是解放生产力，发展生产力，消灭剥削，消除两极分化，最终达到共同富裕；要抓住时机，发展自己，关键是发展经济；社会主义要赢得与资本主义相比较的优势，就必须大胆吸收和借鉴人类社会创造的一切文明成果，包括当今资本主义发达国家的一切反映现代社会化生产规律的先进经营方式和管理方法；中国的事情能不能办好，关键在人，关键是共产党内部要搞好；中国要警惕右，但主要是防止“左”；社会主义经历了一个长过程发展后必然代替资本主义；等等。邓小平的这些重要论述，科学总结了中共十一届三中全会后中国改革开放的基本实践和基本经验，从理论的高度深刻回答了困扰和束缚人们思想的许多重大认识问题，集中反映了中国共产党对社会主义建设规律的深刻认识，体现了共产党人坚持和发展马克思主义的政治勇气和理论智慧，是推动改革开放和现代化建设进入新阶段的又一个解放思想、实事求是的宣言书。邓小平南方谈话不仅对当时的改革和发展具有十分重要的指导作用，而且对整个社会主义现代化建设事业也产生了重大而深远的影响。

三、邓小平理论的创立

在开辟中国特色社会主义道路的过程中，以邓小平同志为主要代表的中国共产党人，团结带领全党全国各族人民，坚持把马克思列宁主义的基本原理同中国国情和时代特征相结合，深刻总结中国社会主义建设正反两方面经验，借鉴世界社会主义历史教训，提出了一系列具有开创意义的思想，创立了邓小平理论，揭开了中国特色社会主义理论体系的篇章。

邓小平理论继承和发展了马克思列宁主义、毛泽东思想，在新的实践基础上继承前人又突破陈规，开拓了马克思主义发展的新境界。邓小平指出："我们搞改革开放，把工作重心放在经济建设上，没有丢马克思，没有丢列宁，也没有丢毛泽东。老祖宗不能丢啊！"① 他强调，既要坚持马克思主义基本原理，坚持辩证唯物主义和历史唯物主义的立场、观点、方法，也要结合社会主义建设新的实践经验和新的时代要求，用新的思想观点发展马克思主义。只有解放思想，坚持实事求是，一切从实际出发，理论联系实际，社会主义现代化建设才能顺利进行，马克思列宁主义、毛泽东思想也才能顺利发展。正是坚持解放思想、实事求是，确立和发展马克思主义思想路线，中国共产党才能在新的历史条件下把继承、坚持同发展、创新辩证地统一起来，发出"走自己的道路，建设有中国特色的社会主义"的伟大号召，使马克思主义在当代中国进入了新境界，达到了新高度。

邓小平理论坚持用马克思主义的宽广眼界观察世界，对当今时代特征和总体国际形势进行正确分析，作出了新的科学判断。20 世纪 70 年代以后，国际形势和世界政治格局发生了重大变化，美苏争霸仍然是世界的主要矛盾。但是，经历了两次世界大战和长期的冷战，世界各国人民深刻认识到维护世界和平、促进共同发展的重要性和紧迫性，渴望共同维护和平与发展的意愿日益增强，和平与发展逐渐成为世界潮流和时代主题。邓小平指出："现在世界上真正大的问题，带全球性的战略问题，一个是和平问题，一个是经济问题或者说发展问题。和平问题是东西问题，发展问题是南北问题。概括起来，就是东西南北四个字。南北问题是核心问题。"② 他还强调指出："应当把发展问题提到全人类的高度来认识，要从这个高度去观察问题和解决问题。"③ 正是在这样的大背景下，邓小平指出，世界政治力量对比出现重要变化，和平因素的增长超过战争因素的增长，世界大战短期内打不起来，争取一个较长时期的和平与发

① 《邓小平文选》第三卷，人民出版社 1993 年版，第 369 页。
② 《邓小平文选》第三卷，人民出版社 1993 年版，第 105 页。
③ 《邓小平文选》第三卷，人民出版社 1993 年版，第 282 页。

展环境是可能的。他精辟地分析了和平与发展成为时代主题的新形势，阐明了争得较长时间和平环境进行国内建设的必要性和可能性，研究了世界许多国家搞社会主义的经验教训，指出当今世界是开放的世界、任何国家的发展都离不开世界这个时代的趋势。正是根据世界形势的发展变化，从战略的高度对世界基本矛盾和国际格局作出了科学判断，中国共产党才能在复杂变幻的国际局势中冷静沉着、科学制定路线方针政策，有力地推动了改革开放和社会主义现代化建设。

邓小平理论贯穿解放思想、实事求是的思想路线，第一次比较系统地初步回答了“什么是社会主义、怎样建设社会主义”的重大问题，用新的思想、观点，继承和发展了马克思主义。中共十一届三中全会后，以邓小平同志为主要代表的中国共产党人紧紧抓住这个重大问题进行深入探索，明确我国仍处于并将长期处于社会主义初级阶段的基本国情；提出社会主义的本质，是解放生产力，发展生产力，消灭剥削，消除两极分化，最终达到共同富裕；以经济建设为中心，坚持四项基本原则，坚持改革开放；发展是硬道理，集中力量发展社会生产力，科学技术是第一生产力；通过“三步走”，基本实现现代化；社会主义也有市场经济，计划和市场都是经济手段；没有民主就没有社会主义，就没有社会主义的现代化，要发展社会主义民主、健全社会主义法制；物质文明和精神文明都搞好，才是中国特色社会主义，要坚持“两手抓，两手都要硬”；和平与发展是当代世界的两大问题，要坚持独立自主的和平外交政策，坚持反对霸权主义、维护世界和平；用“一国两制”的科学构想解决台湾问题和香港问题、澳门问题；要团结一切可以团结的力量，巩固和扩大新时期爱国统一战线；建设强大的现代化正规化的革命军队；中国问题的关键在于党，坚持和加强党的领导，必须努力改善党的领导；等等。这一系列新思想、新观点，在社会主义发展道路、发展阶段、根本任务、发展动力、外部条件、政治保证、战略步骤、领导力量和依靠力量、祖国统一等重大问题上，既坚持了科学社会主义基本原则，又赋予其鲜明的中国特色，构成了邓小平理论的基本内容。

1992年，中共十四大对这些理论观点进行了归纳，并把它概括为“邓小平同志建设有中国特色社会主义理论”。1997年，中共十五大又进一步将其概括为“邓小平理论”，并作为指导思想载入党章。邓小平理论是马克思列宁主义的基本原理同当代中国实践和时代特征相结合的产物，是毛泽东思想在新的历史条件下的继承和发展，是马克思主义在中国发展的新阶段，是当代中国的马克思主义，是中国共产党集体智慧的结晶，引导着中国社会主义现代化事业不断前进。

第二节 改革开放跨入21世纪和“三个代表”重要思想的形成

中共十三届四中全会之后，以江泽民同志为主要代表的中国共产党人，在国内外政治风波、经济风险、自然灾害等严峻考验面前，高举邓小平理论伟大旗帜，团结带领全党全国各族人民，坚持和捍卫中国特色社会主义，继承和发展改革开放伟大事业，形成了“三个代表”重要思想，成功地使改革开放和社会主义现代化建设跨入21世纪。

一、苏东剧变后当代世界和中国发展变化的新要求

20世纪80年代末90年代初，苏东剧变后，世界社会主义出现严重曲折；中国改革和发展进入了关键阶段，1989年春夏之交国内发生严重政治风波和经济风险，中国社会主义事业的发展面临巨大的困难和压力，中国共产党面临严峻的挑战和考验。

1989年6月，中共召开十三届四中全会。全会分析了国内发生的政治风波的性质和原因，初步总结了经验教训，明确了中国共产党面对新形势的基本方针和任务。全会选举江泽民同志为中共中央总书记。全会强调，要继续坚决执行中共十一届三中全会以来的路线、方针和政策，继续坚决执行中共十三大确定的“一个中心、两个基本点”的党在社会主义初级阶段的基本路线。全会认为，四项基本原则是立国之本，必须毫不动摇、始终一贯地加以坚持；改革开放是强国之路，必须坚定不移、一如既往地贯彻执行。

中共十三届四中全会之后，以江泽民同志为主要代表的中国共产党人采取一系列重大措施，诸如，根据邓小平关于聚精会神地抓党的建设的要求，从解决面临的突出问题入手，在深化改革的过程中不断加强党的领导，并采取有效措施密切党与人民群众的联系；从党和国家生死存亡、改革开放兴衰成败的高度，加强党风和廉政建设。通过上述工作，中国共产党的建设取得明显成效，

党的领导得到切实加强和改善，有力地保证了国家政治和社会局面的稳定，经济形势趋于好转，同时也为在经济领域继续治理整顿、推进改革创造了重要条件。

面对西方国家对中国的“制裁”和国际形势的急剧变化，以江泽民同志为核心的党的第三代中央领导集体根据邓小平提出的指导方针，坚持独立自主，顶住西方压力，通过实行睦邻外交和打破西方国家的“制裁”，成功开辟了外交工作的新局面。

中国共产党加强了经济领域的治理整顿工作，实行了一系列深化改革和扩大开放的新举措。经过三年治理整顿，不但扭转了一度相当严峻的经济形势，恢复了经济发展的势头，而且创造了一个相对宽松的经济环境。在改革开放方面，相继建立了上海和深圳证券交易所，有力地推动了股份制的发展，同时，作出了开发和开放上海浦东的重大决策。

治理整顿的完成和改革开放的进一步深化，标志着中国的改革开放和社会主义现代化建设成功走出了 1989 年以来的困境，进入一个新的发展阶段。

二、改革开放和中国特色社会主义事业的跨世纪发展

1992 年 10 月，中国共产党第十四次全国代表大会召开。大会确立了邓小平建设有中国特色社会主义理论在全党的指导地位，概括了建设有中国特色社会主义理论的主要内容。大会明确提出，中国经济体制改革的目标是建立社会主义市场经济体制。大会还要求全党抓住机遇，加快发展，集中精力把经济建设搞上去。

以邓小平南方谈话和中共十四大为标志，改革开放和现代化建设事业进入新阶段，由此打开了中国经济、政治、文化发展的崭新局面。

中共十四大后，中共中央、国务院围绕建立社会主义市场经济体制的改革目标，制定了逐步建立社会主义市场经济体制的总体规划，并相应进行了一系列配套改革，使经济体制逐步适应发展社会主义市场经济的要求。

1993 年 11 月，中共召开十四届三中全会，审议并通过了《中共中央关于建立社会主义市场经济体制若干问题的决定》，明确了建立社会主义市场经济体制的基本任务和要求，进一步勾画了社会主义市场经济体制的基本框架，规定了国有企业改革的基本方向，这是 20 世纪 90 年代中国共产党推进经济体制改革的行动纲领。根据这一总体规划，经济体制改革开始向建立社会主义市场

经济体制的目标大步推进。根据发展社会主义市场经济的要求，对财税制度、金融体制、外贸体制、价格管理体制和国有企业等进行了更深层次的改革。这些改革，加快了中国向社会主义市场经济体制转轨的步伐，使市场在资源配置中的基础性作用明显增强，极大地增强了经济发展的活力，同时也为改善宏观调控、保持经济健康发展创造了有利条件。

在推进市场化改革的过程中，针对国民经济高速发展以及经济体制转轨中出现的突出矛盾和问题，中共中央和国务院果断采取加强宏观调控的措施。经过近三年的努力，经济过热的势头得到有效遏制，宏观调控取得了显著成效。1996 年，中国经济在推进改革和建立社会主义市场经济体制的过程中，成功实现了从发展过快到“高增长、低通胀”的“软着陆”，既保持了经济的较快增长，又有效抑制了通货膨胀，从而避免了大起大落。

在党的建设方面，中国共产党采取一系列重大措施，继续加强和改善党的领导。1994 年 9 月，中共十四届四中全会作出了《中共中央关于加强党的建设几个重大问题的决定》，明确提出了党的建设新的伟大工程的总目标和总任务。全会之后，中国共产党按照党的建设总目标和总任务，从思想、政治、组织等各个方面进一步加强党的建设，为中国改革开放和社会主义现代化建设提供了有力保证。

在推进改革和发展社会主义市场经济的新形势下，中国共产党坚持“两手抓、两手都要硬”的方针，从加强思想道德建设与发展教育科学文化事业等方面入手，采取了一系列重大措施，继续推动社会主义精神文明建设。1996 年 10 月，中共召开十四届六中全会，通过了《中共中央关于加强社会主义精神文明建设若干重要问题的决议》，强调要以科学的理论武装人，以正确的舆论引导人，以高尚的精神塑造人，以优秀的作品鼓舞人，培养有理想、有道德、有文化、有纪律的社会主义公民。这标志着中国共产党对精神文明建设的认识提高到了一个新的水平。宣传思想工作的加强，科学教育以及文化事业的发展，公民道德建设的深入，使社会主义精神文明建设得到全面推进，为继续推进改革开放、加快现代化建设提供了日益强大的精神动力和智力支持。

在祖国统一大业方面，从 20 世纪 80 年代中后期至 90 年代末，中国共产党制定并贯彻实施“一国两制”的构想，于 1997 年、1999 年先后实现了香港与澳门的顺利回归，这是对中华民族的历史性贡献。香港和澳门的如期回归，是中国在完成祖国统一大业道路上迈出的重要一步。在香港和澳门顺利回归过程中，中国大陆和台湾地区的关系也逐渐朝着“一国两制”、和平统一的方向发展，中国政府坚定地开展了反“台独”、反分裂斗争，有力地打击了台湾分裂势力的气焰。经过海峡两岸同胞、港澳同胞和海外侨胞的共同努力，中国大陆与台湾地区在人员往来以及经济、文化、体育等各领域的交流蓬勃发展。尤其是两岸经贸往来，已经成为两岸关系中最积极、最活跃的因素和稳定两岸关系的重要力量。

经过20年的改革开放，特别是经过20世纪90年代初抓住机遇、加快发展，中国的改革开放和现代化建设在建立社会主义市场经济体制的变革中取得了举世瞩目的成就。到20世纪末，中国的社会生产力、综合国力和人民生活水平又上了一个新的台阶。

1997年9月，中国共产党召开第十五次全国代表大会。大会的主题是：高举邓小平理论伟大旗帜，把建设有中国特色社会主义事业全面推向二十一世纪。江泽民在大会报告中高度评价和全面阐述邓小平理论，系统论述了党在社会主义初级阶段的基本路线和基本纲领，提出建设有中国特色社会主义的经济、政治和文化的基本目标和基本政策。在世纪之交的关键时刻，大会明确回答了中国的改革开放和现代化建设继续向前发展的一系列重大理论和实践问题，从思想上、政治上、组织上为中国特色社会主义事业的跨世纪发展提供了根本保证。

在迈向新世纪的征途上，中国共产党按照十五大确定的部署，在纷繁复杂的国际国内条件下，面对各种严峻挑战，坚定地推进改革开放和现代化建设，成功化解了1997年爆发的亚洲金融危机，使经济社会发展取得了一系列重大胜利。

在改革开放方面，以建立现代企业制度为重点的国有企业改革攻坚全面展开。农村改革也适应发展社会主义市场经济的新形势继续推进，相继深化了粮食流通体制改革，对农业结构实施战略性调整，实施扶贫攻坚计划。根据世界经济全球化的新趋势和中国改革开放的发展进程，中共中央在20世纪、21世纪之交及时提出并实施了对外开放“引进来”和“走出去”相结合的战略，推动对外开放形成全方位、多层次、宽领域发展的新格局。2001年12月，中国加入世界贸易组织，进一步融入经济全球化进程，获得了更广阔的发展空间。这标志着中国的对外开放进入一个新阶段。

在政治建设方面，中国的民主监督制度进一步完善。农村民主选举村民委员会的工作在全国广大农村全面展开，村民自治制度逐步完善。城市社区的居民自治制度建设也有条不紊地展开。企业各级工会和职工代表大会普遍建立，覆盖面日益扩大。在依法治国基本方略指导下，中国的法制建设进一步加强。通过精简，为建立办事高效、运转协调、行为规范的政府行政管理体系作了有益的探索，向实现转变政府职能的改革目标迈进了一大步。

在外交方面，面对世界形势的急剧变化，中共中央从国家改革开放和现代化建设的大局出发，妥善应对复杂多变的国际环境。根据和平与发展的时代主题，一如既往地坚持独立自主的和平外交政策，积极发展面向 21 世纪的对外关系。

从 1997 年下半年开始，亚洲金融危机爆发。中共中央和国务院针对亚洲金融危机，及时采取了一系列措施，实现了经济的稳步回升，并履行了人民币不贬值的承诺，为缓解这场金融风暴作出了积极贡献，向全世界展示了一个负责任大国的良好形象，获得了国际社会的高度赞扬。1998 年，面对长江、嫩江和松花江等流域发生的历史上罕见的特大洪涝灾害，中共中央和国务院周密部署，全国上下紧急动员，军民协同作战，创造了在特大洪水情况下将受灾损失减少到最低限度的奇迹。

2002 年 11 月，中国共产党召开了第十六次全国代表大会。大会的主题是：高举邓小平理论伟大旗帜，全面贯彻“三个代表”重要思想，继往开来，与时俱进，全面建设小康社会，加快推进社会主义现代化，为开创中国特色社会主义事业新局面而奋斗。江泽民代表第十五届中央委员会作了大会报告，对新世纪社会主义现代化建设和党的建设作了全面部署。大会总结了党领导人民建设中国特色社会主义的十条基本经验。这些基本经验，集中体现了中国共产党在中国特色社会主义实践中形成的重大认识和重大方针，对于党和国家事业发展具有长远的指导作用。大会选举了以胡锦涛为总书记的新一届中央委员会。

在中共十三届四中全会以后的 13 年里，以江泽民同志为核心的党的第三代中央领导集体坚持以马克思列宁主义、毛泽东思想、邓小平理论为指导，紧紧依靠全党和全国各族人民，从容应对来自各方面的困难和风险，坚持中共十一届三中全会以来的路线不动摇，坚持以经济建设为中心，坚持四项基本原则，坚持改革开放，推进党的建设新的伟大工程，全面推进社会主义现代化建设，开创了全面改革开放新局面。在中国共产党领导下，中国人民战胜了来自国际国内、经济社会多方面的挑战和考验，坚持和捍卫了中国特色社会主义，确立了社会主义市场经济体制的改革目标和基本框架，确立了社会主义初级阶段的基本经济制度和分配制度，中国综合国力大幅度跃升，经济实现了持续、快速、健康发展，社会长期保持安定团结，出现了政通人和、繁荣发展的良好局面，圆满实现了“三步走”发展战略的第二步目标，人民生活总体上实现了由温饱到小康的历史性跨越，开启了全面建设小康社会的新征程。

三、“三个代表”重要思想的形成

中共十三届四中全会以来，以江泽民同志为主要代表的中国共产党人高举邓小平理论伟大旗帜，在建设中国特色社会主义的实践中，加深了对什么是社会主义、怎样建设社会主义和建设什么样的党、怎样建设党的认识，积累了治党治国新的宝贵经验，形成了“三个代表”重要思想。

面对20世纪80年代末90年代初国际国内严峻的政治形势和国内改革发展的繁重任务，以江泽民同志为核心的中共中央强调，必须始终坚持党的十一届三中全会以来的路线和基本政策，一是要坚定不移，毫不动摇；二是要全面执行，一以贯之。他指出，建设中国特色社会主义是“一篇大文章”，邓小平理论为它确定了基本思想和基本原则，今后的任务就是要继续把这篇文章做好。江泽民始终关注两大问题：一是在新的历史条件下不断加强党的建设、巩固党的执政地位；一是坚持党的基本路线、加快社会主义现代化建设。江泽民指出，社会主义现代化建设是党的中心任务，而要抓好现代化建设，“关键是加强和改善共产党的领导”①。“建设什么样的党、怎样建设党，是一个重大现实问题，直接关系到我们党和国家的前途命运。”② 正是在对这两个问题的长期思考和探索中，形成了“三个代表”重要思想。

2000年2月25日，江泽民在广东考察工作时指出，总结中国共产党70多年的历史，可以得出一个重要的结论，这就是：中国共产党之所以赢得人民的拥护，是因为它在革命、建设、改革的各个历史时期，总是代表着中国先进生产力的发展要求，代表着中国先进文化的前进方向，代表着中国最广大人民的根本利益，并通过制定正确的路线、方针、政策，为实现国家和人民的根本利益而不懈奋斗。这是他第一次完整地提出“三个代表”的重要思想。同年5月

① 江泽民：《在庆祝中国共产党成立七十周年大会上的讲话》，《人民日报》1991年7月2日。
② 《江泽民文选》第三卷，人民出版社2006年版，第44页。

14日，江泽民在江苏、浙江、上海党建工作座谈会上的讲话中进一步指出，始终做到“三个代表”，是中国共产党的立党之本、执政之基、力量之源，必须把“三个代表”的要求贯彻落实到党的全部工作中去。2001年7月1日，在中国共产党成立80周年大会上的讲话中，江泽民全面总结了中国共产党80年的光辉历程和基本经验，系统阐释了“三个代表”重要思想的科学内涵，深刻回答了新的历史条件下加强和改进党的建设的重大理论和实践问题。这一讲话，集中了全党智慧，反映了全党意志，从根本上回答了新的历史条件下建设一个什么样的党和怎样建设党的问题。2002年11月，中共十六大高度评价“三个代表”重要思想的历史地位和重要作用，把“三个代表”重要思想同马克思列宁主义、毛泽东思想、邓小平理论一道确立为中国共产党必须长期坚持的指导思想，并写入党章，实现了党的指导思想的又一次与时俱进。

第一，“三个代表”重要思想是在准确把握国际国内形势深刻变化基础上形成的。随着苏东剧变，世界社会主义出现严重曲折；世界多极化和经济全球化的趋势在曲折中发展。虽然和平与发展仍是当今时代的主题，但霸权主义和强权政治又有新的表现，恐怖主义危害上升，一些地区的冲突和争端时起时伏，世界很不安宁。同时，科技进步日新月异，极大地改变了人们的生产、生活方式和国际经济、政治关系，以经济为基础、以科技为先导的综合国力竞争更为激烈。从国内来看，中国在胜利实现了现代化建设“三步走”战略前两步目标以后，进入了全面建设小康社会、加快推进社会主义现代化新的发展阶段。改革进入攻坚阶段，发展处于关键时期，中国社会主义事业的发展面临新的巨大困难和挑战。随着改革开放和社会主义市场经济的发展，社会经济成分、组织形式、就业方式、利益关系和分配方式日益多样化。加入世界贸易组织，给中国经济社会带来深刻影响。改革开放以来特别是中共十三届四中全会以来中国特色社会主义建设的伟大探索，是“三个代表”重要思想形成的实践基础。

第二，“三个代表”重要思想是在科学判断党的历史方位和总结历史经验的基础上提出来的。20世纪80年代末以来，尽管中国共产党所面临的时代主题、中国社会的主要矛盾和党的主要任务没有根本性的改变，但是，国际、国内和党内的情况都发生了重大的变化，党所处的地位和环境、党所肩负的历史任务、党的自身状况，都出现了许多新的情况。中国共产党历经革命、建设和改革，已经从领导人民为夺取全国政权而奋斗的党，成为领导人民掌握政权并长期执政的党；已经从受到外部封锁和实行计划经济条件下领导国家建设的党，成为实行对外开放和发展社会主义市场经济条件下领导国家建设的党。进一步提高党的领导水平和执政水平，提高拒腐防变和抵御风险的能力，是中国共产党必须解决好的两大历史性课题。这就要求中国共产党坚持从新的实际出发，以改革的精神加强和改进党的建设，使党在世界形势深刻变化的历史进程中始终走在时代前列，在应对国内外各种风险考验的历史进程中始终成为全国人民的主心骨，在建设中国特色社会主义的历史进程中始终成为坚强的领导核心。“三个代表”重要思想正是立足于党的历史、总结党的历史经验得出的重要结论。

第三，“三个代表”重要思想是在建设中国特色社会主义伟大实践的基础上形成的。“三个代表”重要思想在建设中国特色社会主义的思想路线、发展道路、发展阶段和发展战略、根本任务、发展动力、依靠力量、国际战略、领导力量和根本目的等重大问题上取得了丰硕成果，用一系列紧密联系、相互贯通的新思想、新观点、新论断，进一步回答了什么是社会主义、怎样建设社会主义的问题，创造性地回答了建设什么样的党、怎样建设党的问题。中国共产党必须始终代表中国先进生产力的发展要求，代表中国先进文化的前进方向，代表中国最广大人民的根本利益。这是对“三个代表”重要思想的集中概括，也是“三个代表”重要思想的核心观点。“三个代表”重要思想的主要内容包括：发展是党执政兴国的第一要务，建立社会主义市场经济体制，全面建设小康社会，建设社会主义政治文明，推进党的建设新的伟大工程等。“三个代表”重要思想还包括关于大力弘扬与时俱进的精神，社会主义初级阶段的基本纲领，中国特色社会主义改革开放的理论，建立巩固的国防、加强军队的革命化现代化正规化建设的思想，坚持和发展爱国统一战线理论，推进祖国完全统一、提出发展两岸关系八项主张的理论等。总之，“三个代表”重要思想涵盖了社会主义经济建设、政治建设、文化建设、社会建设和党的建设以及国防和军队现代化建设、祖国统一、国际战略和外交工作等各个领域，涉及改革发展稳定、内政外交国防、治党治国治军等各个方面，是一个完整的科学的思想体系。

“三个代表”重要思想是对马克思列宁主义、毛泽东思想、邓小平理论的继承和发展，反映了当代世界和中国的发展变化对党和国家工作的新要求，是加强和改进党的建设、推进中国社会主义自我完善和发展的强大理论武器，是中国共产党集体智慧的结晶，是中国共产党必须长期坚持的指导思想。

第三节 改革开放站在新起点和科学发展观的形成

中共十六大以后，以胡锦涛同志为主要代表的中国共产党人，面对新世纪新阶段复杂多变的国际环境和艰巨繁重的改革发展任务，高举邓小平理论和“三个代表”重要思想伟大旗帜，团结带领全党全国人民，战胜各种困难和风险，形成了科学发展观。

一、21世纪初中国发展的阶段性特征

进入21世纪，中国特色社会主义建设面临的国内外环境发生了新的深刻变化。

从国际环境来看，世界处于大变革大调整之中，中国发展既面临着前所未有的机遇，也面临着巨大的挑战。一方面，和平与发展仍然是时代主题，世界多极化不可逆转，经济全球化深入发展，科技革命加速推进，全球和区域合作方兴未艾，国际文化交流空前扩大，国际安全合作日趋加强，国与国相互依存日益紧密，发展中国家在世界舞台上的作用和影响迅速上升，国际力量对比朝着有利于维护世界和平的方向发展，和平与发展的大局总体稳定。另一方面，国际环境中不稳定和不确定因素明显增多，中国发展的外部条件复杂多变。霸权主义和强权政治仍然存在，国际战略竞争更趋激烈，地区冲突和热点问题此起彼伏，国际恐怖主义活动猖獗，传统安全威胁和非传统安全威胁相互交织。世界经济发展很不平衡，南北差距拉大，经济的结构性矛盾加剧，贸易和投资保护主义抬头，能源和资源压力增大，经济发展中的潜在风险增多，气候变化、重大自然灾害、严重传染性疾病危害加大。共同推进国际关系民主化，推动经济全球化朝着均衡、普惠、共赢方向发展，促进人类文明繁荣进步，维护世界和平稳定，呵护人类赖以生存的地球家园，是世界各国人民的共同心愿。深刻把握国际形势和世界发展趋势的新变化，顺应时代发展的新要求，坚持走科学发展、和谐发展、和平发展道路，成为中国发展进步的必然选择。

从国内环境来看，改革开放以来，中国特色社会主义取得了举世瞩目的发

展成就，从生产力到生产关系、从经济基础到上层建筑都发生了意义深远的重大变化，但是，中国仍处于并将长期处于社会主义初级阶段的基本国情没有变，人民日益增长的物质文化需要同落后的社会生产之间的矛盾这一社会主要矛盾没有变，中国是世界上最大发展中国家的国际地位没有变。在新的历史阶段，中国进入了发展的关键期、改革的攻坚期、矛盾的凸显期，经济社会发展呈现出一系列新的阶段性特征，主要表现在：一是经济实力显著增强，同时生产力水平总体上还不高，自主创新能力还不强，长期形成的结构性矛盾和粗放型增长方式尚未根本改变；二是社会主义市场经济体制初步建立，但影响发展的体制机制障碍依然存在，改革攻坚面临深层次矛盾和问题；三是人民生活总体上达到小康水平，同时收入分配差距拉大的趋势还未根本扭转，城乡贫困人口和低收入人口还有相当数量，统筹兼顾各方面利益难度加大；四是协调发展取得显著成绩，同时农业基础薄弱、农村发展滞后的局面尚未改变，缩小城乡、区域发展差距和促进经济社会协调发展任务艰巨；五是社会主义民主政治不断发展、依法治国基本方略扎实贯彻，同时民主法制建设与扩大人民民主和经济社会发展的要求还不完全适应，政治体制改革需要继续深化；六是社会主义文化更加繁荣，同时人民精神文化需求日趋旺盛，人们思想活动的独立性、选择性、多变性、差异性明显增强，对发展社会主义先进文化提出了更高要求；七是社会活力显著增强，同时社会结构、社会组织形式、社会利益格局发生了深刻变化，社会建设和管理面临诸多新课题；八是对外开放日益扩大，同时面临的国际竞争日趋激烈，发达国家在经济科技上占优势的压力长期存在，可以预见和难以预见的风险增多，统筹国内发展和对外开放的要求更高。这些阶段性特征是社会主义初级阶段基本国情在新世纪新阶段的具体表现，反映了中国经济社会发展面临的新形势、新矛盾和新问题。如果不深刻把握这些阶段性特征，不抓紧采取措施解决前进中的突出矛盾和问题，必将对中国经济社会发展特别是长远发展产生重大影响。

世界各国发展的实践表明，发展绝不仅仅是经济增长，而应该是经济、政治、文化、社会的全面协调发展，应该是社会公平随着社会财富增加得到更好实现的发展，应该是统筹国内国际两个大局的发展，应该是人与自然和谐相处的可持续发展。作为发展中的社会主义大国，中国要完成工业化和信息化的双重任务，担负着增加社会财富和使人民共享发展成果、实现社会公平的双重使命，面临着促进经济发展和节约资源、保护环境的双重压力，这就决定了中国不能重复其他国家走过的老路，而必须走出一条具有本国特色的新途。

二、中国特色社会主义发展的新起点和新成就

中共十六大以后，为加快全面建设小康社会步伐，推进中国特色社会主义，中共中央相继作出一系列重大决策：进一步加强和完善宏观调控，完善社会主义市场经济体制，形成区域协调发展总体战略，制定和实施“十一五”规划，建设社会主义新农村，建设创新型国家，促进社会主义和谐社会建设，推动经济和社会的科学发展。

2003 年上半年，中国经受了一场抗击非典疫情的严峻考验。同年 7 月，胡锦涛在全国防治非典工作会议上，阐述了加强经济社会协调发展、统筹城乡经济社会发展的要求。同年 10 月，中共十六届三中全会提出了坚持以人为本，树立全面协调可持续的科学发展观。2004 年 3 月，胡锦涛在中央人口资源环境工作座谈会上，进一步阐明了科学发展观。

从 2003 年下半年开始，中共中央进一步加强和完善了宏观调控，在信贷、土地、农业生产等方面采取有针对性的调控措施，抑制了经济运行中的不健康不稳定因素，避免了经济发展的起落，保持了国民经济持续快速增长的势头。

中共中央高度重视社会主义新农村建设。2002 年 12 月，中央政治局会议强调要把“三农”问题作为全党工作的重中之重。中央连续多年下发有关“三农”问题的“一号文件”，就完善农村税费改革、增加农民收入、提高农业综合生产能力、深化农村改革等作出部署，提出了一系列支农、惠农政策，加快社会主义新农村建设的步伐。2005 年 12 月，第十届全国人大常委会第十九次会议决定，自 2006 年 1 月 1 日起，正式废止《农业税条例》。农业税的取消，结束了 2000 多年中国农民种地缴税的历史，减轻了农民负担，极大地调动了农民生产积极性。

中共中央和国务院逐步形成了区域协调发展战略，强调要继续推进西部大开发，振兴东北地区等老工业基地，促进中部地区崛起，鼓励东部地区率先发展，形成合理的区域发展格局。

在国防和军队建设方面，中国人民解放军沿着中国特色的精兵之路进一步加快了改革步伐。继 20 世纪 80 年代中期百万大裁军和 90 年代中后期裁军 50 万之后，2003 年 9 月，中国政府决定，到 2005 年前再裁减军队员额 20 万。在精减军队员额的同时，国家加大了对国防建设的投入。全军官兵军政素质得到

较大提高，武器装备和国防科技事业也有了突飞猛进的发展。

中共中央高度重视社会和谐。胡锦涛指出：“社会和谐是中国特色社会主义的本质属性。”① 2004 年 9 月，中共十六届四中全会首次明确提出构建社会主义和谐社会的重大任务。2005 年 2 月，胡锦涛在中共中央党校省部级主要领导干部“提高构建社会主义和谐社会能力”专题研讨班上，进一步阐明了社会主义和谐社会的科学内涵和基本要求。2006 年 10 月，中共十六届六中全会作出《中共中央关于构建社会主义和谐社会若干重大问题的决定》，对建设社会主义和谐社会的目标任务、方针原则、政策举措等作了深入阐释和全面部署。

中国外交工作显示出新的气象。中国共产党强调，中国外交工作的主要任务是维护好重要的战略机遇期，为全面建设小康社会服务。中国共产党人还积极倡导和推动建设“和谐世界”的主张，进一步开展了全方位外交。中国外交双边与多边并行，传统安全与非传统安全并重，政治、经济、外交、军事、文化等各方面相得益彰、互为促进、全面发展的新型模式已经初步形成。作为一个负责任的大国，中国在国际事务中正发挥着越来越大的作用。

中共中央严格按照“一国两制”方针处理香港和澳门特别行政区问题，并根据港、澳发展的新形势，实施了一些重要举措。在两岸关系上，中共中央积极应对台海局势新变化，采取了一系列重大而积极的步骤，反对“台独”、维护国家主权的斗争取得了新进展。

2007 年 10 月，中国共产党第十七次全国代表大会召开。这次大会的主题是：高举中国特色社会主义伟大旗帜，以邓小平理论和“三个代表”重要思想为指导，深入贯彻落实科学发展观，继续解放思想，坚持改革开放，推动科学发展，促进社会和谐，为夺取全面建设小康社会新胜利而奋斗。大会强调，深入贯彻落实科学发展观，要求始终坚持“一个中心、两个基本点”的基本路线。党的基本路线是党和国家的生命线，是实现科学发展的政治保证。以经济建设为中心是兴国之要，四项基本原则是立国之本，改革开放是强国之路。大会要求全党必须始终保持清醒头脑，坚持把以经济建设为中心同四项基本原则、改革开放这两个基本点统一于发展中国特色社会主义的伟大实践。大会鲜明地向党内外、国内外宣示了在改革发展关键阶段中共举什么旗、走什么路、

---

① 中共中央文献研究室编：《十六大以来重要文献选编》（下），中央文献出版社 2008 年版，第 673 页。

以什么样的精神状态、朝着什么样的目标继续前进等重大问题，提出了中国特色社会主义事业总体布局，清晰地勾画了未来发展的宏伟蓝图。

2008 年，由美国次贷危机引发的国际金融危机全面爆发。为应对危机，中共中央果断决策，及时调整宏观政策取向，把保持经济平稳较快发展作为经济工作的首要任务，实施积极的财政政策和适度宽松的货币政策，陆续制定和实施了一系列经济政策和产业振兴规划，形成并不断完善应对国际金融危机冲击的“一揽子”计划和政策措施，稳增长、促改革、调结构、惠民生取得明显成效，在世界率先实现经济回升向好。

国际金融危机使中国转变经济发展方式的问题更加凸显。2010 年 2 月，中共中央举办省部级主要领导干部专题研讨班，专题研究深入贯彻落实科学发展观、加快经济发展方式转变问题。2010 年 10 月，中共十七届五中全会通过了“十二五”规划建议，强调以科学发展为主题、以加快转变经济发展方式为主线，着力保障和改善民生，促进社会公平和正义。这是中国共产党在世情、国情发生深刻变化，中国经济社会发展呈现新的阶段性特征的条件下作出的具有深远意义的重大战略决策。

中共十七大以后，中国成功举办了举世瞩目的北京奥运会、北京残奥会、上海世博会、广州亚运会，成功发射了“神舟”系列飞船、“嫦娥”系列探月卫星、“天宫一号”空间实验室，成功研发了“银河”系列巨型计算机，成功突破了杂交水稻技术难题等，向世界展示了中国改革开放取得的巨大成就，赢得了国际社会的高度评价和普遍赞誉。与此同时，成功应对了南方低温雨雪冰冻，四川汶川、青海玉树特大地震，甘肃舟曲特大山洪泥石流等一系列重大自然灾害，彰显了中国共产党和中国政府以人为本的理念、执政为民的情怀和卓越的组织能力。

早在 2004 年 9 月，中共十六届四中全会就通过了《中共中央关于加强党的执政能力建设的决定》。从 2005 年 1 月开始，根据中共中央的部署，分三批在全国陆续开展保持共产党员先进性教育活动，取得了重要的实践成果、理论成果和制度成果。党的十七大之后，从 2008 年开始，全党深入开展了学习实践科学发展观活动，广大党员干部贯彻科学发展观的自觉性和坚定性明显增强。2009 年 9 月，中共十七届四中全会进一步提出了加强和改进党的建设的总体要求、目标任务、重要举措，对新形势下党的建设作出了战略部署。

2011 年 10 月，中共十七届六中全会通过了《中共中央关于深化文化体制

改革　推动社会主义文化大发展大繁荣若干重大问题的决定》，深刻总结中国文化改革发展的实践和经验，研究部署深化文化体制改革、推动社会主义文化大发展大繁荣，提出进一步兴起社会主义文化建设新高潮，夺取全面建设小康社会新胜利、开创中国特色社会主义事业新局面。

从 1978 年中共十一届三中全会召开之后到 2012 年中共十八大召开之前特别是进入 21 世纪以后，中国改革开放和现代化建设取得了巨大成就，具体来说，主要是：国民经济保持持续快速健康发展，人民生活总体上达到小康水平，现代化建设事业稳步推进，综合国力和国际竞争力显著提高；社会主义市场经济体制初步建立并不断完善，各项改革事业取得重大进展；全方位对外开放取得新突破，形成全方位、多层次、宽领域的对外开放格局；社会主义民主政治建设取得重要进展；社会主义精神文明建设成效显著；民族政策和宗教政策得到全面贯彻；推进国防和军队建设；祖国统一大业取得重大进展；积极开展全方位外交；全面推进党的建设新的伟大工程。总之，中国特色社会主义已发展到新阶段。

三、科学发展观的形成

中共十六大以来，以胡锦涛同志为主要代表的中国共产党人，坚持以邓小平理论和“三个代表”重要思想为指导，根据新的发展要求，深刻认识和回答了新形势下实现什么样的发展、怎样发展等重大问题，形成了以人为本、全面协调可持续发展的科学发展观。

科学发展观经历了一个从逐步形成到不断充实丰富再到进一步走向成熟的过程。2003 年初，非典疫情突如其来且迅速蔓延，凸显了中国经济社会发展中存在的薄弱环节和不协调等突出问题。同年 4 月，胡锦涛在广东考察时针对非典肆虐带来的严重损失，提出了“全面的发展观”概念。7 月，他在全国防治非典工作会议上强调“要更好地坚持全面发展、协调发展、可持续发展的发展观”。8 月 28 日至 9 月 1 日，在江西考察时他明确使用“科学发展观”的概念，提出要牢固树立协调发展、全面发展、可持续发展的科学发展观。10 月，中共十六届三中全会召开，通过《中共中央关于完善社会主义市场经济体制若干问题的决定》，其中指出：“坚持以人为本，树立全面、协调、可持续的发展观，促进经济社会和人的全面发展。”① 正式提出了科学发展观。胡锦涛在全会上讲

① 《改革开放以来历届三中全会文件汇编》，人民出版社 2013 年版，第 120 页。

话强调："树立和落实全面发展、协调发展、可持续发展的科学发展观，对于我们更好坚持发展才是硬道理的战略思想具有重大意义。"① 2004 年 2 月在中共中央党校举办的省部级主要领导干部"树立和落实科学发展观"专题研讨班上，3 月在中央人口资源环境工作座谈会上，5 月在江苏考察时，他进一步深刻阐明了科学发展观提出的背景、意义，明确界定了"以人为本""全面发展""协调发展""可持续发展"的深刻内涵和基本要求，并对如何树立和落实科学发展观提出了明确要求。2007 年 10 月，中共十七大系统阐述了科学发展观的历史地位、时代背景、科学内涵、精神实质和根本要求，并将科学发展观写入《中国共产党章程》。2012 年 11 月，中共十八大指出科学发展观同马克思列宁主义、毛泽东思想、邓小平理论、"三个代表"重要思想一道，是中国共产党必须长期坚持的指导思想。

科学发展观是以中国社会主义初级阶段的基本国情和新世纪新阶段的阶段性特征为现实依据提出和形成的。仍处于并将长期处于社会主义初级阶段是中国的基本国情，它要求人们认清全面建设小康社会、基本实现现代化的长期性和艰巨性，提高一切从实际出发、实事求是的自觉性。进入新世纪新阶段，随着经济体制深刻改革、社会结构深刻变动、利益格局深刻调整、思想观念深刻变化，中国进入发展关键期、改革攻坚期和矛盾凸显期，经济社会发展呈现出一系列新的阶段性特征。这些阶段性特征，是社会主义初级阶段基本国情在新世纪新阶段的具体体现，反映了中国经济社会发展面临的新形势、新矛盾和新问题。解决好这些突出矛盾和问题，保持中国经济社会发展良好势头，是对执政的中国共产党人的重大考验。

科学发展观是以改革开放以来特别是中共十六大以来坚持和发展中国特色社会主义的成功探索、宝贵经验为实践基础提出和形成的。改革开放以来特别是进入新世纪以来，中国共产党在创造性实践中，推动中国经济社会发展取得了新的成就，积累了丰富的宝贵经验，即必须把坚持马克思主义基本原理同推进马克思主义中国化结合起来；必须把坚持四项基本原则同坚持改革开放结合起来；必须把尊重人民首创精神同加强和改善党的领导结合起来；必须把坚持社会主义基本制度同发展市场经济结合起来；必须把推动经济基础变革同推动上层建筑改革结合起来；必须把发展社会生产力同提高全民族文明素质结合起

① 《胡锦涛文选》第二卷，人民出版社 2016 年版，第 104 页。

来；必须把提高效率同促进社会公平结合起来；必须把坚持独立自主同参与经济全球化结合起来；必须把促进改革发展同保持社会稳定结合起来；必须把推进中国特色社会主义伟大事业同推进党的建设新的伟大工程结合起来。

科学发展观是以当代世界发展大势、国外发展的经验教训为时代背景提出和形成的。在改革开放的进程中，当代中国同世界的关系已经发生了历史性变化，这就要求中国共产党人坚持用宽广的眼界观察世界，始终站在国际大局与国内大局相互联系的高度，科学审视中国和世界的发展问题，思考和制定中国的发展战略。进入新世纪，和平与发展仍然是时代主题，同时国际环境不稳定不确定因素增多，中国发展的外部条件复杂多变。历史地看，第二次世界大战结束以后，加快经济增长成为世界各国的共识，人类创造了前所未有的经济增长成就。但是，一些国家在社会制度方面存在问题和弊端，单纯追求经济增长，不重视社会发展，不解决社会公平问题，忽视能源资源节约和生态环境保护，致使世界发展遇到了一系列严重的问题。有的国家走了一条先发展、后治理的路子，为解决生态环境严重恶化问题付出了高昂的代价；有的国家由于经济结构失衡、社会发展滞后，导致发展质量不高、后劲不足；有的国家则出现了贫富悬殊、失业增加、社会腐败、政治动荡等问题。世界各国的发展实践表明，发展绝不仅仅是经济增长，而应该是经济、政治、文化、社会全面协调发展，应该是人与自然和谐的可持续发展。面临完成工业化和信息化的双重任务，面临促进经济发展和节约资源、保护环境的双重压力，中国必须走出一条具有自己特色的发展道路，而绝不能重复其他国家走过的老路。

科学发展观具有深刻的科学内涵，第一要义是发展，核心立场是以人为本，基本要求是全面协调可持续，根本方法是统筹兼顾。具体而言，其一，推动经济社会发展是科学发展观的第一要义。胡锦涛指出：“发展是解决中国一切问题的‘总钥匙’，发展对于全面建设小康社会、加快推进社会主义现代化，对于开创中国特色社会主义事业新局面、实现中华民族伟大复兴，具有决定性意义。”① 其二，以人为本是科学发展观的核心立场。以人为本就是以最广大人民的根本利益为本，坚持以人为本，就要坚持发展为了人民、发展依靠人民、发展成果由人民共享，最终是为了实现人的全面发展。其三，全面协调可持续

① 胡锦涛：《在全党深入学习实践科学发展观活动动员大会暨省部级主要领导干部专题研讨班上的讲话》，人民出版社2009年版，第15页。

是科学发展观的基本要求。坚持全面发展，就是要按照中国特色社会主义事业总体布局，正确认识和把握经济建设、政治建设、文化建设、社会建设、生态文明建设是相互联系、相互促进的有机统一体。坚持协调发展，就是保证中国特色社会主义各个领域协调推进。坚持可持续发展，必须走生产发展、生活富裕、生态良好的文明发展道路，还必须建设生态文明。其四，统筹兼顾是科学发展观的根本方法。坚持统筹兼顾，必须正确认识和妥善处理中国特色社会主义事业中的重大关系，统筹城乡发展，统筹区域发展，统筹经济社会发展，统筹人与自然和谐发展，统筹国内发展和对外开放。

科学发展观具有丰富的科学内容，主要是：加快转变经济发展方式，发展社会主义民主政治，推进社会主义文化强国建设，构建社会主义和谐社会，推进生态文明建设，全面提高党的建设科学化水平。此外，科学发展观还在进一步推动改革，推动国防和军队建设科学发展，坚持“一国两制”、推进祖国统一，推动建设持久和平、共同繁荣的和谐世界等方面提出了一系列新思想、新观点、新论断。它们着眼于党和人民事业发展的全局，紧紧围绕建设中国特色社会主义这个主题，紧紧围绕新形势下实现什么样的发展、怎样发展等重大问题，共同丰富和发展了中国特色社会主义理论体系。

科学发展观是同马克思列宁主义、毛泽东思想、邓小平理论、“三个代表”重要思想既一脉相承又与时俱进的科学理论，是马克思主义关于发展的世界观和方法论的集中体现，是马克思主义中国化重大成果，是中国共产党集体智慧的结晶，是发展中国特色社会主义必须长期坚持的指导思想。

思考题：

1. 简述中国特色社会主义开创的时代背景。
2. 简述20世纪、21世纪之交党和国家面临的重大考验与中国特色社会主义的继续推进。
3. 简述新世纪新阶段中国特色社会主义新局面的开拓。

第十二章　中国特色社会主义进入新时代

中共十八大以来，以习近平同志为核心的党中央，准确把握中国特色社会主义的历史新方位、时代新变化、实践新要求，科学地回答了当今时代和当代中国发展提出的重大理论和现实问题，推动党和国家事业取得了历史性成就，创立了习近平新时代中国特色社会主义思想。在中国共产党第十九次全国代表大会上，中共中央总书记习近平庄严宣告："经过长期努力，中国特色社会主义进入了新时代"①。这是中国共产党在科学把握世情国情党情深刻变化的基础上作出的一项关系全局的重大战略考量。它内涵丰富，意蕴深远。

第一节　世界百年未有之大变局

当今世界正处于百年未有之大变局。世界多极格局在大国博弈中日渐显现，国际体系在各种制度、体制、机制的不断蜕变中呈现出新的面貌。以人工智能为代表的"第四次工业革命"如火如荼，全球治理体系深刻重塑，国际格局加速演变。中国的综合国力、国际地位、国际影响力得到了前所未有的提升，极大地推动了国际形势的变化，也对不同社会制度的比较优势和相互关系产生深远的影响。进入新时代的中国深刻改变着世界，世界也深刻影响着中国。中国与世界的关系发生着前所未有的深刻变化，也使国际共产主义运动的发展进入新阶段。

一、国际格局的深刻变化

"世界正处于大发展大变革大调整时期，和平与发展仍然是时代主题。世界多极化、经济全球化、社会信息化、文化多样化深入发展"②。全球治理体系和国际秩序变革加速推进，新兴市场国家和发展中国家快速崛起，国际力量对比更趋均衡，世界各国人民的命运从未像今天这样紧紧相连。同时，当今世界

---

① 《中国共产党第十九次全国代表大会文件汇编》，人民出版社2017年版，第8页。

② 《中国共产党第十九次全国代表大会文件汇编》，人民出版社2017年版，第47页。

政治经济形势加速演变，不稳定不确定性突出，霸权主义、强权政治依然存在，传统安全和非传统安全问题复杂交织，世界大发展大变革大调整机遇与挑战并存。

（一）新一轮科技革命蓄势待发，世界发展格局出现新变化

进入21世纪以来，新一轮科技革命和产业变革蓄势待发，新产业、新技术、新业态层出不穷，一些重大颠覆性技术创新正在创造新产业新业态，信息技术、生物技术、制造技术、新材料技术、新能源技术广泛渗透到几乎所有领域，大数据、云计算、移动互联网等新一代信息技术同机器人和智能制造技术相互融合步伐加快，科技创新链条更加灵巧，技术更新和成果转化更加快捷，产业更新换代不断加快，使社会生产和消费从工业化向自动化、智能化转变，社会生产力将再次大大提高，劳动生产率将再次大大飞跃。互联网发展给人们的生产生活带来巨大变化，对很多领域的创新发展起到很强的带动作用。“未来几十年，新一轮科技革命和产业变革将同人类社会发展形成历史性交汇，工程科技进步和创新将成为推动人类社会发展的重要引擎。”① 一些国家抓住科技革命的难得机遇，实现了经济实力、科技实力、国防实力迅速增强，综合国力快速提升。

（二）发展中国家群体性崛起，世界多极化加速推进

2008年国际金融危机以后，以美日欧为代表的西方国家的整体实力出现相对衰落，对世界事务的主导能力下降，世界多极化加速推进；而以中国为代表的新兴市场国家和一大批发展中国家群体性崛起，进一步改变了国际力量对比，推动了国际格局向着更加均衡的方向发展。以美国为代表的西方发达国家与新兴大国之间既有合作又有竞争，大国关系深入调整和持续互动，相互之间的博弈将加剧，国际形势更趋复杂多变。

美国长期奉行霸权主义和单边主义，在国际事务中粗暴干涉别国内政，导致相关地区的国家常年处于战争边缘，无法集中精力发展经济、改善人民生活。推行单边主义、保护主义只会损害各国共同利益。美国为了维护其世界一超独霸地位，一直防范任何可能追赶上它的国家，特别是对中国经济快速发展和综合国力上升势头进行遏制。美国政府在2017年年底公布的《国家安全战

---

① 习近平：《让工程科技造福人类、创造未来——在2014年国际工程科技大会上的主旨演讲》，《人民日报》2014年6月4日。

略报告》中，正式将中国定义为“战略竞争者”，在贸易、投资、金融、科技、安全等多个领域全力围堵、遏制中国的发展。

以中国、印度、巴西、俄罗斯和南非等“金砖国家”① 为代表的新兴市场和发展中国家群体性崛起，在国际事务中的影响力显著提升，给多边主义带来新的活力。占世界人口 42.6%的金砖国家合作基础日益夯实，领域逐渐拓展，已经形成以领导人会晤为导向，以安全事务高级代表会议、外长会晤等部长级会议为支撑，在经贸、财金、科技、农业、文化、教育、卫生、智库、友城等数十个领域开展务实合作的多层次架构。多年来，金砖国家在重大国际和地区问题上共同发声，积极推进全球经济治理改革进程，大大提升了新兴市场国家和发展中国家的代表性与发言权。金砖国家合作的影响已经超越 5 国范畴，成为促进世界经济增长、完善全球治理、促进国际关系民主化的建设性力量。

发展中国家联合自强的意识不断增强，国际影响力越来越大，在推动七十七国集团和不结盟运动等传统南南合作机制向前发展的同时，建立起金砖国家、上海合作组织等新兴国际合作机制，东盟、非盟等地区合作机制的作用越来越大，在国际贸易规则谈判、国际金融体系改革、气候变化谈判中发出越来越响亮的声音，为世界多极化进程注入新动力。新兴市场国家和发展中国家对世界经济增长的贡献率已经达到 80%。一批经济增速快、发展潜力大的新兴市场国家和发展中国家的群体性崛起，使全球发展更加全面均衡，世界和平的基础更为坚实稳固，极大地推动了世界多极化进程。

21 世纪的世界不是某一个国家称霸的单极世界。构建以合作共赢为核心的新型国际关系，是世界多极化大势发展的必然要求。中国践行正确义利观，推动构建以合作共赢为核心的新型国际关系、打造人类命运共同体，打造遍布全球的伙伴关系网络，走对话而不对抗、结伴而不结盟的国与国交往新路，推动建设相互尊重、公平正义、合作共赢的新型国际关系。

（三）经济全球化持续发展，全球治理体系深刻演变

经济全球化已成为当今世界不可逆转的时代潮流。“世界已经成为你中有我、我中有你的地球村，各国经济社会发展日益相互联系、相互影响，推进互

① 巴西（Brazil）、俄罗斯（Russia）、印度（India）、中国（China）和南非（South Africa）的英文首字母的组合与英语单词的砖（Brick）类似，因此被美国高盛公司首席经济师奥尼尔称为“金砖国家”，这一概念特指世界新兴市场。

联互通、加快融合发展成为促进共同繁荣发展的必然选择。”① 随着信息技术和人工智能的广泛应用，新技术、新产业、新业态、新模式日益引领全球经济跨越式发展，促进社会生产力整体跃升。经济全球化在全球范围内建立的新的国际分工体系，已形成紧密联系的供应链、产业链、价值链，将各个国家的生产、分配、交换、消费等经济活动联结在一起，世界经济重心的逐步多元，国际合作关系更为深入，使世界各国利益和命运更加紧密地联系在一起。

经济全球化也是一把“双刃剑”。不同地区、国家、产业、群体在经济全球化中也经受了不同程度的冲击。发达国家利用不公正、不合理的国际经济旧秩序和在经济全球化趋势中的主导地位损害发展中国家利益的现象还很普遍，并非所有国家都能从经济全球化中受惠。特别是2008年国际金融危机以来，世界经济增长动能不足，增长和分配、资本和劳动、效率和公平的矛盾更加突出，贫富差距、南北差距日益凸显。美国和欧洲一些国家大搞贸易保护主义，四处挑起贸易冲突，使世界经济格局受到严重冲击。再加上全球气候变化、极端主义和恐怖主义、移民难民等全球性问题日益突出，使完善全球经济治理、消解经济全球化负面影响、引导经济全球化朝着开放、包容、普惠、平衡、共赢方向健康发展变得越来越重要。现行全球治理体系不适应的地方越来越多，国际社会对变革全球治理体系的呼声也越来越高，建立国际机制、遵守国际规则、追求国际正义成为多数国家的共识，全球治理体制变革正处在历史转折点上。近些年来，欧美、亚洲、拉美等地区主张解决经济全球化进程中不公正不合理问题，使发展更加平衡、机会更加均等，保证各国人民都能共享经济全球化和世界经济增长成果的呼声日高，追求公正合理、包容普惠的新型经济全球化和全球治理体系，已成为不可逆转的时代潮流。

中国是新兴市场国家和发展中国家的代表，坚持国家不分大小、强弱、贫富一律平等，支持联合国发挥积极作用，支持扩大发展中国家在国际事务中的代表性和发言权。中国发挥负责任大国作用，秉持共商共建共享的全球治理观，倡导国际关系民主化，坚持合作共赢，加强协调合作，共同构建公正高效的全球金融治理格局、开放透明的全球贸易和投资治理格局、绿色低碳的全球能源治理格局、包容联动的全球发展治理格局。积极参与全球治理，推动全球

① 习近平：《开放共创繁荣 创新引领未来——在博鳌亚洲论坛2018年年会开幕式上的主旨演讲》，《人民日报》2018年4月11日。

治理体系变革，已成为中国的必然选择。

（四）国际环境总体稳定，国际安全充满挑战

当今国际环境总体稳定，世界多极化、经济全球化、社会信息化、文化多样化深入发展，各国经济社会发展日益相互联系、相互影响、相互依存，大多数国家主张融入和平、发展、合作、共赢的时代潮流。但这一历史大变革在催生新的机遇的同时，往往充满风险挑战。世界的发展很不平衡，不公正、不合理的国际政治经济旧秩序还没有根本改变，南北差距仍在不断扩大。发展中国家与发达国家之间的不平等经济地位，既表明旧的国际经济秩序成为各国共同发展的障碍，同时也构成危害世界和平的潜在因素。恐怖主义等非传统安全威胁增多，出现了传统安全威胁与非传统安全威胁相互交织的局面。一些国家和地区的人民仍然生活在战争和冲突的阴影之下，很多老人、妇女、儿童依然饱受饥饿和贫穷的折磨。

中共十九大提出的推动构建新型国际关系、推动构建人类命运共同体的理念，呼应了国际社会求和平、谋发展、促合作、要进步的迫切愿望和不懈追求，为破解当下安全与发展难题、推动国际关系健康发展提供了正确思路。面对恐怖主义、网络安全、气候变化等全球性挑战持续蔓延，任何国家都无法独善其身。各国命运紧密相连，利益休戚与共，唯有共担风险，共同应对，才能互利互惠，共赢发展。

（五）各种文明交流互鉴，不同思想文化相互激荡

文明的繁盛、人类的进步，离不开求同存异、开放包容，离不开文明交流、互学互鉴。历史呼唤着人类文明同放异彩，不同文明应该和谐共生、相得益彰，共同为人类发展提供精神力量。伴随着世界多极化、经济全球化，国际关系民主化进程也不断发展。一方面各种政治力量与社会运动竞争并存，世界文明的多样性与发展模式的多样化更加明显，人类社会的相互依存、联系、交流与合作日趋密切；另一方面不同制度模式、发展道路进行着深层竞争和博弈，两种不同制度、不同意识形态的较量仍然存在，且领域扩展，方式多样，斗争形势更加复杂。一些西方国家凭借科技、经济优势，在输出资本的同时，不遗余力地输出西方价值理念和制度模式，在世界各地搞“颜色革命”，以“教师爷”身份鼓动发展中国家搞私有化、自由化。有的国家“中招”后陷入政治内乱、经济停滞的泥潭。伊拉克、利比亚、叙利亚、也门等国长期内战，至今没有结束。目前，以美国为首的西方国家敌视社会主义的本性不但没有改

变，反而表现得更为露骨。如美国恢复同古巴外交关系后，仍不解除对古巴的制裁和封锁。以美国为首的西方国家对越南、老挝的舆论攻势和文化渗透不减，鼓动“持不同政见者”起来闹事，以达到和平演变之目的。事实证明，西方民主推行到哪里，哪里就动乱不断。以民主自由干涉别国内政，已堕落到“人人喊打”的窘境，“普世价值”颜面扫地。

中共十九大对构建人类命运共同体提出基本要求，强调要坚决摒弃冷战思维和强权政治，尊重世界文明多样性，以文明交流超越文明隔阂、文明互鉴超越文明冲突、文明共存超越文明优越。中国共产党始终将推动本国发展同人类进步事业联系在一起，既不“输入”外国模式，也不“输出”中国模式，更不要求别国“复制”中国的做法。中国将在力所能及的范围积极承担更多国际责任和义务，同世界各国一道维护人类良知和国际公理，在国际和地区事务中主持公道、伸张正义，始终是世界和平的建设者和国际秩序的维护者。

二、当代资本主义的制度困境

2008 年国际金融危机后，经济全球化在遭遇逆流中深度调整，国际经济合作和竞争格局加速演变。与此同时，资本主义的基本矛盾不断激化，发展失衡、治理失效、社会失序等问题更加突出，制度困境日益显现。

（一）金融危机激化社会矛盾

金融化是当代资本主义的一个重要特征。西方发达资本主义国家为了缓解国内有效需求不足与生产过剩矛盾，通过实行新自由主义政策，使资本家把投资重点从生产领域转移到金融领域，加速金融资本全球化。由于金融市场上的过度投机和金融监管体制的不健全，以股市、汇市为代表的虚拟经济大大超过了实体经济。一旦货币汇率大起大落，股市急剧动荡，银行破产，以金融体系崩溃为特征的区域性或世界性经济危机随之爆发。2001 年以来，阿根廷等拉美国家的金融危机，以及 2008 年由美国引发的全球金融危机就是活生生的例证。频繁的金融危机不仅引发市场失灵、经济失速等经济问题，而且还造成政治极化、社会失序、治理失效等政治社会问题。日益走向国际垄断的资本主义不仅没有消除资本主义私人占有和生产社会化的固有矛盾，反而使其以新的方式在全球范围积累和扩散，引发资本主义陷入全面的制度性危机。金融危机导致跨国公司内部的高度组织性和计划性与世界市场无政府状态之间的矛盾、世界生产能力无限扩大趋势与世界范围有效需求不足之间的矛盾、资本主义生产无限性与地球资源和生态环境调节的有限性之间的矛盾、跨国垄断资产阶级的统治与世界范围内劳工之间的对立等矛盾激化。西方发达国家虽然采取各种手段试图拯救陷入困境的经济体系，但经济形势始终未能根本改善。西班牙、葡萄牙、希腊等国发生大规模社会风潮，经济危机不断向社会文化等领域渗透。2011 年美国“占领华尔街”运动、2018 年法国的“黄马甲”运动，实际上就是 2008 年国际金融危机向社会领域传导而引发的抗议活动。

（二）财富高度集中与不平等现象突出

随着跨国公司推动产业转移和资本流动，全球财富不断向最发达的少数国家集中，一些国家和民族利益受损，地区间的贫富差距拉大，适者生存、弱肉强食、强者获胜、赢者通吃的社会达尔文主义表现得淋漓尽致。与此同时，国家间激烈的经济竞争加剧了各国劳动者之间的生存竞争，技术革命导致的产业结构的变化使资本主义国家出现了严重的结构性失业和新贫困化现象，失业率长期居高不下，贫困人口不断增多，弱势群体生存状态进一步恶化。2015 年美国顶尖 1% 人群的收入，是其余 99% 人群的 26 倍，而在贫富差距最大的纽约、佛罗里达和康涅狄格州，前 1% 富人的收入分别为剩下 99% 大众的 44. 4 倍、39. 5 倍和 37. 2 倍。非政府发展和救助组织——“国际乐施会”最新发布的报告显示，自 2008 年国际金融危机以来，亿万富翁的数量几乎翻了一番，在 2017—2018 年间，每天都有新的亿万富翁诞生。2018 年，全球最富有的 26 人拥有 1. 4 万亿美元财富，相当于最贫穷的 38 亿人的财富总和，全球财富不平衡状况空前未有。当今世界的物质技术水平已经发展到古人难以想象的地步，但发展不平衡不充分问题仍然普遍存在，南北发展差距依然巨大，新的数字鸿沟正在形成，一些国家和地区的人民仍然生活在战争和冲突的阴影之下，气候变化、重大传染性疾病等依然是人类面临的重大挑战。世界上还有很多国家的民众生活在困境之中，贫困和饥饿依然严重，特别是很多老人、妇女、儿童饱受饥饿和贫穷的折磨。贫困化和社会不公激化社会矛盾，造成了一个贫富悬殊和更加不平等、不公正的世界。

（三）政治极化引发社会分裂

近年来，西方多党民主衍生出政治极化现象，政党博弈制衡开始演变为缺乏理性包容的“否决政治”。美国共和、民主两党的理念和政策分歧越来越大，在总统行政权与国会立法权的争斗中两党互不妥协、缠斗不休。美国枪支泛滥，恶性枪杀案件时常发生，民众要求控制枪支的呼声强烈，但要求对买枪的人进行背景调查的提案始终不能通过国会表决。特朗普上台后推翻奥巴马医改法案，推出限制移民、修建边境隔离墙等极端做法，加剧了美国社会矛盾和政治极化。西方极端政党与民粹主义融合聚变，加速西方政党政治碎片化和资本主义国家政治极化。欧洲融欧和反欧、全球化和反全球化的党派争斗激烈，互不相让，激化各方矛盾。随着当今资本主义陷入制度困境，欧美国家的年轻人和左翼民粹力量更倾向于社会主义。很多人对资本主义结构性矛盾以及生产方式矛盾、阶级矛盾、社会矛盾等进行了批判性揭示，对资本主义危机、资本主义演进过程、资本主义新形态及本质进行了深入分析。近年来，欧美国家广大民众要求消除贫富差别和社会不公的声音日高、各种形式的抗议活动持续不断。资本主义找不到拯救自己体制性困境的灵丹妙药，其制度和体制正面临越来越大的危机和变革压力。

（四）强行移植西方模式恶果频现

以美国为首的西方国家在非洲普及多党制民主，结果引发一些国家政权更迭和政治动荡；在拉美推行新自由主义改革，却带来新的贫富差距扩大和社会矛盾激化；在东欧、中亚频繁制造“颜色革命”，完成民主化转型，导致一些国家解体和民族分裂；在西亚、北非推出“大中东民主计划”，发动伊拉克战争和一系列“街头革命”，结果“阿拉伯之春”变成“阿拉伯之冬”，很多国家并没有因政治转型而变得更好，相反却引发伊拉克、利比亚、叙利亚、也门等国长期内战，至今没有结束。以美国为首的西方国家还以民主失范、选举不公为借口，大肆对伊朗、委内瑞拉等进行干涉和武力威胁，充分暴露其假民主、真霸权面目。目前，美西方敌视社会主义的本性不但没有改变，反而表现得更为露骨。美国总统特朗普甚至在联合国上指责“社会主义带来深重灾难”，呼吁世界各国起来“抵制社会主义”。然而，以美国为首的西方鼓噪的自由民主并不是解决广大发展中国家问题的灵丹妙药，与冷战结束初期许多国家改行资本主义道路的浪潮相比，西方长期引以为傲并不遗余力向别国推销的制度光环黯淡，吸引力越来越小。当今，自称或主张社会主义、对资本主义持批判和否定态度、要求制度替代的社会思潮、社会运动和政党组织遍及全球，非西方发展模式的探索如春潮涌动。

三、中国与世界关系的新变化

中国的发展离不开世界，世界的繁荣也需要中国。中国对世界的影响，从未像今天这样全面而长远；世界对中国的关注，也从未像今天这样广泛而深切。中国积极参与经济全球化进程，日益走近世界舞台中央，将为推动构建人类命运共同体、建设更加美好的世界作出更大的贡献。

（一）中国与世界的联系日趋紧密

人类社会发展的历史证明，开放带来进步，封闭必然落后。开放会带来多赢，封闭只会多输。只有开放，才能使不同国家相互受益、共同繁荣、持久发展；只有坚定不移发展开放型世界经济，在开放中分享机会和利益、实现互利共赢，才能引领世界经济走出困境，实现包容性增长和共同繁荣。当今世界各国的经济发展相互联系、相互影响、相互依存，利益高度融合。任何国家都不能关起门来搞建设，但各国在发展本国经济的同时，不能以损害其他国家的利益为代价。任何形式的单边主义和贸易战，不仅对全球经济产生负面影响，而且会损害国际社会共同利益。中国坚持对外开放的基本国策，实行积极主动的开放政策，形成了全方位、多层次、宽领域的全面开放新格局，既为中国创造了良好国际环境，也为世界经济开拓了广阔发展空间。

经过 40 多年的改革开放，中国经济实力和综合国力发生了前所未有的变化。2018 年，中国国内生产总值首次迈过 90 万亿元人民币门槛，同比增长 6.6%，实现了 6.5%左右的预期发展目标。中国经济增长持续成为世界经济增长最大的贡献者，连续多年对世界经济增长贡献率超过 30%。2018 年，中国有效应对外部环境深刻变化，对外贸易总体平稳，稳中有进，外贸进出口总值 30.51 万亿元人民币，比 2017 年增长 9.7%，继续保持全球货物贸易第一大国地位，为世界市场提供了大量物美价廉的商品。中国制造业出口每增加 1 万美元，世界范围内的就业岗位平均增加 11.52 个。一大批中国企业“走出去”，在国际市场中的资源配置能力、行业引领力、产业话语权与影响力大为增强，促进了各国经济发展和技术进步。

（二）“一带一路”倡议打造国际合作新平台

中共十八大以来，习近平多次在重大外交场合阐述了中国关于全球治理的新理念新思想，提出了中国解决全球治理重要议题的新方案新举措，强调要通过国际社会成员的协商，制定相应的国际规则来治理世界。中国坚定维护以联合国宪章为核心的国际秩序和国际体系，推动联合国朝着规范、合理、有效的方向发展。中国在各种多边组织和机制中发挥积极作用，为推动世界多极化作出贡献。中国发起成立的亚洲基础设施投资银行以及金砖国家新开发银行等区域金融机制，表明中国积极参与构建全球经济金融治理机制，为确保各国在国际经济合作中权利平等、机会平等、规则平等而努力。“发展缺位”是过去全球治理体系的一大弊端，突出表现为拥有世界80%以上人口的发展中国家的发展需求长期得不到有效回应。2013年，中国本着和平合作、开放包容、互学互鉴、互利共赢精神，提出以政策沟通、设施联通、贸易畅通、资金融通、民心相通为目标的“一带一路”倡议。“一带一路”沿线国家和地区既包括充满经济活力的亚太地区和广大非洲发展中国家，也包括经济发达的欧洲国家。“一带一路”建设主动发展与沿线国家的经济合作伙伴关系，不仅造福中国人民，更造福沿线各国人民，是各国合作共赢的康庄大道。目前，“一带一路”已经从理念转化为行动，从愿景转变为实践，160多个国家和国际组织同中国签署了共建“一带一路”合作文件，一大批重大合作项目落地，在全球形成了共商共建共享“一带一路”的强劲势头。

中国“一带一路”倡议具有鲜明的时代特色。它不同于近代以来西方殖民主义的经济掠夺和帝国主义的零和竞争，也不同于第二次世界大战后西方倡导的对外援助等形式的国际合作模式。而是通过“一带一路”建设与各国特别是发展中国家共同参与建立国际经济新秩序，维护世界经济安全，推动世界经济发展。中国坚定维护和平、稳定、公正、合理的国际秩序，以创新推进国际经济金融体系改革和完善多边机制，中国迄今已加入400多项国际多边条约，参加了所有联合国专门机构和大约90%的政府间国际组织，为完善全球治理而贡献中国智慧，彰显了中国作为负责任大国的担当。

（三）“构建人类命运共同体”思想促进世界各国共同发展

2017年1月，习近平在联合国日内瓦总部发表了题为《共同构建人类命运共同体》的主旨演讲，在中共十九大报告中又对构建人类命运共同体提出了基本要求，强调坚决摒弃冷战思维和强权政治，尊重世界文明多样性，以文明交流超越文明隔阂、文明互鉴超越文明冲突、文明共存超越文明优越。当今中国的综合国力、国际地位都达到了近代以来历史的高峰，中华民族以崭新的姿态屹立于世界的东方。中国与世界关系的深刻变化，给中国的发展带来了重大的历史机遇，使其有更强能力实现自身更好发展，也有更强能力去协同解决世界性难题，促进世界各国的共同发展进步。然而，一些国家和国际势力认为中国崛起是对西方社会制度和价值观的挑战，是对现存国际秩序的挑战，竭力渲染“中国威胁论”“中国称霸论”等，不断加大对中国的阻遏和施压。新时代中国的外部环境更加复杂。中国共产党作为世界上最大的政党，中国作为世界上最大的社会主义国家、最大的发展中国家，面对新时代更加严峻的困难和挑战，真心实意、奋力躬行地把实现中国人民的美好生活与构建人类命运共同体更加紧密地结合起来，立志为人类的共同发展进步作出新的更大贡献，鲜明地体现出马克思主义政党、负责任大国的历史担当和雄心壮志。构建人类命运共同体是新时代中国共产党人的伟大梦想，也是中国引领时代发展方向的一面旗帜。中国共产党从人类文明进程和世界未来走向的高度，为构建人类命运共同体勾画了蓝图、规划了路径。习近平以构建人类命运共同体为核心，提出中国积极发展全球伙伴关系、积极促进“一带一路”国际合作、积极参与全球治理体系改革和建设等重要任务，向世界亮明了中国与世界同行的基本价值观，中国对人类未来的进步和发展起着不可替代的作用。构建人类命运共同体顺应了世界发展潮流，契合各国人民共同期盼，蕴含着人类都接受的共同价值，对世界各国、各地区、各民族、各文明共生共存具有普遍借鉴意义，得到国际社会广泛支持。

第二节　中国特色社会主义进入新时代的主要内涵和重大意义

中国特色社会主义进入新时代，这是中共十九大作出的一个重大政治判断，赋予了中国共产党历史使命、理论遵循、目标任务新的时代内涵，为中国特色社会主义新发展提供了时代坐标和科学依据。中华民族迎来了从站起来、富起来到强起来的伟大飞跃，迎来了实现中华民族伟大复兴的光明前景；科学社会主义在21世纪的中国焕发出强大生机活力；中国特色社会主义道路、理论、制度、文化不断发展，拓展了发展中国家走向现代化的途径，给世界上那些既希望加快发展又希望保持自身独立性的国家和民族提供了全新选择，为解决人类问题贡献了中国智慧和中国方案。

一、中国特色社会主义进入新时代的科学依据

中共十八大以来，中国发展的历史性变革、社会主要矛盾的历史性转化、历史交汇期的新发展要求、中国国际地位和国际环境的新变化等，共同塑造了新时代的时空坐标，从而确定了中国特色社会主义进入新时代的历史方位和科学依据。

（一）中国发展的历史性成就、历史性变革是进入新时代的显著标志

20世纪末，中国顶住了苏联解体、东欧剧变的巨大冲击和压力，没有在那场“多米诺骨牌”式的剧变中倒塌，坚守和捍卫了社会主义。中共十八大以来，以习近平同志为核心的党中央，科学把握国内外发展大势，顺应时代潮流、实践要求和人民愿望，带领全党全国人民进行具有许多新的历史特点的伟大斗争，提出一系列新理念新思想新战略，出台一系列重大方针政策，推出一系列重大举措，推进一系列重大工作，推动党和国家事业发生历史性变革。这些变革力度之大、范围之广、效果之显著、影响之深远，在中华人民共和国发展史上、中华民族发展史上具有重要意义，在世界社会主义发展史上、人类社会发展史上也具有重要意义。全方位的、开创性的历史性成就，深层次的、根本性的历史性变革，开创了中国特色社会主义新时代。40多年前，中共十一届三中全会开辟了中国特色社会主义新时期。中共十八大以来的历史性变革开创了中国特色社会主义新时代。新时代既与改革开放40多年来的发展一脉相承，又实现了全方位的、整体性的历史飞跃。

（二）中国社会主要矛盾的历史性转化规定了进入新时代的现实依据

社会主要矛盾状况及其变化是社会发展阶段性划分的重要依据。改革开放前，中共对社会主要矛盾的认识曾出现偏差，一度将阶级斗争作为主要矛盾。中共十一届三中全会后，中国共产党及时地纠正了“以阶级斗争为纲”的路线方针，重新将人民日益增长的物质文化需要同落后的社会生产之间的矛盾确定为中国社会主要矛盾。经过改革开放40多年的快速发展，中国社会生产力水平显著提高，社会生产能力在很多方面进入世界前列。当前社会更加突出的问题是发展不平衡不充分。中国稳定解决了十几亿人的温饱，总体上实现小康，不久将全面建成小康社会，人民美好生活需要日益广泛，对物质文化生活提出了新的更多、更高要求；同时对民主、法治、公平、正义、安全、环境等方面的要求也水涨船高。中国社会主要矛盾已经从人民日益增长的物质文化需要同落后的社会生产之间的矛盾，转化为人民日益增长的美好生活需要和不平衡不充分的发展之间的矛盾。社会主要矛盾的历史性转化是中国特色社会主义进入新时代的重要现实依据，也是重要的决定性因素。然而，社会主要矛盾的变化，没有改变中国共产党对中国社会主义所处历史阶段的判断，中国仍处于并将长期处于社会主义初级阶段的基本国情没有变，中国是世界最大发展中国家的国际地位没有变。

（三）历史交汇期赋予新时代新的目标任务

中国共产党在不同历史时期，总是根据人民意愿和事业发展需要，因时而变、顺时而谋，在不同时期制定出适应时代、符合客观实际的发展目标。从中共十九大到二十大，是“两个一百年”奋斗目标的历史交汇期。中共的十九大综合分析国际国内形势和中国发展条件，对决胜全面建成小康社会提出明确要求，将实现第二个百年奋斗目标分为两个阶段安排。从 2020 年到 2035 年，在全面建成小康社会的基础上，再奋斗 15 年，基本实现社会主义现代化；在基本实现现代化的基础上，再奋斗 15 年，到本世纪中叶把中国建成富强民主文明和谐美丽的社会主义现代化强国，推进中国从世界大国向世界强国转变的进程。这是新时代中国特色社会主义发展的战略安排。历史交汇期的新任务、新目标、新要求，是中国特色社会主义进入新时代的重要特征和直接实践内容，为建成社会主义现代化强国绘出时间表、路线图。

（四）国际地位和外部环境的新变化为进入新时代创造了有利条件

中国特色社会主义进入新时代，其目标是把中国建成社会主义现代化强国和世界性强国。“强起来”是新时代的显著标志。进入新时代，中国已经从过去世界体系的边缘者、旁观者和国际秩序的被动接受者、服从者，转变为参与者、建设者、引领者。我国发展同外部世界的交融性、关联性、互动性也不断增强，中国对世界的影响，也从未像今天这样广泛、深刻、持久，中国的国际影响力、感召力、塑造力、引领力进一步提高，中国发展道路、发展理念、发展经验，中国智慧、中国方案、中国贡献得到国际社会高度赞誉、充分肯定和广泛认同。然而，一些西方国家和国际势力认为中国发展强大是对西方社会制度和价值观的挑战，是对现存国际秩序的挑战，不断加大对中国的施压和阻遏。当今中国的外部环境更加复杂，面对的国际不确定性和挑战也更加严峻。作出中国特色社会主义进入新时代的判断，必须充分考量中国国际地位和外部环境新变化。中国特色社会主义进入新时代，彰显了中国共产党人审时度势、运筹帷幄、准确判断的大智慧，以及把握中国历史方位和发展趋势的高度自觉和高度自信。

总体来说，中国特色社会主义进入新时代这一重大政治判断，是在科学把握时代趋势和国际局势重大变化，科学把握世情国情党情深刻变化，科学把握实现“两个一百年”奋斗目标历史交汇期的新情况新问题新矛盾基础上作出的。这一判断，是改革开放以来我国社会发展进步的必然结果，是我国社会主要矛盾运动的必然结果，更是中共十八大之后全党全国人民推进党和国家事业发生历史性变革的必然结果，也是中国共产党团结带领全国各族人民开创光明未来的必然要求。中国特色社会主义进入新时代，从新的历史起点和时代条件出发谋划党和国家事业新发展，必将赢得中国特色社会主义新胜利的光明未来。

二、中国特色社会主义进入新时代的主要内涵

中国特色社会主义进入新时代，明确了中国发展新的历史方位，意味着中国发展站到了一个新的更高阶段。中国特色社会主义进入新时代这一重大政治判断，不仅具有充分的时代依据、理论依据和实践依据，而且具有丰富而深厚的思想内涵，主要包含以下内容。

（一）中国特色社会主义新时代，是承前启后、继往开来、在新的历史条件下继续夺取中国特色社会主义伟大胜利的时代

中国特色社会主义是中国共产党和中国人民近百年来奋斗、创造、积累的根本成就。坚持和发展中国特色社会主义是一篇大文章，每一代中国共产党人都在这篇大文章上写下了精彩篇章。习近平说："现在，我们这一代共产党人的任务，就是继续把这篇大文章写下去。"① 特别是改革开放以来，党带领人民坚定不移地走中国特色社会主义道路，极大激发了中国人民的创造力，极大解放和发展了社会生产力，极大增强了社会活力，极大提升了中国国际地位，党的面貌、国家的面貌、人民的面貌、军队的面貌、中华民族的面貌发生了前所未有的变化，社会主义在中国展现出强大生命力。习近平明确指出："新时代中国特色社会主义是我们党领导人民进行伟大社会革命的成果，也是我们党领导人民进行伟大社会革命的继续，必须一以贯之进行下去。"② 中国特色社会主义进入新时代，最根本的就是要高举中国特色社会主义伟大旗帜，紧紧围绕坚持和发展中国特色社会主义这个主题，在新的历史方位上实现新时代党的历史使命，继续谱写中国特色社会主义新的伟大篇章，让社会主义在21世纪的中国展现出更强大、更有说服力的真理力量和强大生命力。

---

① 《习近平谈治国理政》第一卷，外文出版社2018年版，第23页。
② 习近平：《以时不我待只争朝夕的精神投入工作 开创新时代中国特色社会主义事业新局面》，《人民日报》2018年1月6日。

（二）中国特色社会主义新时代，是决胜全面建成小康社会、进而全面建设社会主义现代化强国的时代

“两个一百年”奋斗目标，接续实现，催人奋进，可以说是新时代最扣人心弦也最迫切殷切的集结号和动员令。到2020年如期全面建成小康社会，是中国共产党向人民、向历史作出的庄严承诺。必须举全党全国之力不懈奋斗。全面建设社会主义现代化强国，是新时代的乘胜进军号角。中国要用100年时间走完发达国家300年走过的现代化路程，而且要实现全面的现代化，物质文明、政治文明、精神文明、社会文明、生态文明将全面提升。这种转变速度之快、规模之大、变化之广、难度之大，都是前所未有的。因此，坚忍不拔、锲而不舍地为全面建成小康社会、全面建设社会主义现代化强国而奋斗，是新时代的主旋律和最强音。

（三）中国特色社会主义新时代，是全国各族人民团结奋斗、不断创造美好生活、逐步实现全体人民共同富裕的时代

人民对美好生活的向往，始终是我们党的奋斗目标。新时代的一切奋斗，归根结底是为了人民、依靠人民。习近平明确指出：“中国梦是人民的梦，必须同中国人民对美好生活的向往结合起来才能取得成功。”“中国执政者的首要使命就是集中力量提高人民生活水平，逐步实现共同富裕。”① 新时代的这一界定，充分体现了以人民为中心的发展思想，体现了中国共产党全心全意为人民服务的根本宗旨，体现了中国特色社会主义的本质要求。中国共产党的重大任务，就是实现人民对美好生活的期盼和追求，多谋民生之利，多解民生之忧，着力使全体人民在共建共享发展中有更多获得感、幸福感和安全感，使全体人民越来越享有幸福安康的生活。

（四）中国特色社会主义新时代，是全体中华儿女勠力同心、奋力实现中华民族伟大复兴中国梦的时代

实现中华民族伟大复兴，是近代以来中国人民最伟大的梦想，凝聚了几代中国人的夙愿。中华人民共和国的成立，实现了人民解放和民族独立，为民族复兴提供了根本前提；社会主义建设取得的巨大成就，为民族复兴奠定了坚实基础；改革开放这场新的伟大革命，使中华民族大踏步赶上时代，为民族复兴注入强大生机活力，中华民族焕发出新的蓬勃生机，中华民族伟大复兴展现出

① 《习近平谈治国理政》第二卷，外文出版社2017年版，第30页。

光明前景，正在全体中华儿女以时不我待的精神团结奋斗中，成为指日可待的美好现实。只要凝聚起全体中华儿女同心共筑中国梦的磅礴力量，就一定会在新时代谱写中华民族伟大复兴的绚丽华章。

（五）中国特色社会主义新时代，是中国日益走近世界舞台中央、不断为人类作出更大贡献的时代

中华民族具有5000多年的悠久文明，创造了光辉灿烂的文化。近代以来，中国沦为半殖民地半封建社会，政治腐败，经济落后，积贫积弱，民不聊生。为走上民族复兴之路，中国人民进行了艰辛探索。历经了洋务运动、戊戌维新、辛亥革命等多次变革或革命，但都没有找到民族复兴的正确道路。只有信奉马克思主义、主张建立社会主义和共产主义社会的中国共产党，最终找到了救国强国的正确道路。通过几代人的不懈努力，中国如今走出一条成功的中国特色社会主义发展道路。中国特色社会主义道路和制度不仅给14亿多人口的中国带来了巨大成功，而且也对其他发展中国家探索自己的道路提供了有益的经验借鉴。在新时代，中国日益走近世界舞台中央，中国共产党和中国人民以更宽广的世界眼光，倡导并积极推动构建人类命运共同体，致力于为世界的和平与发展、人类的繁荣与进步作出新的更大贡献。

三、中国特色社会主义进入新时代的重大意义

中国特色社会主义进入新时代，迎来了实现中华民族伟大复兴的光明前景，拓展了发展中国家走向现代化的新途径，彰显了科学社会主义在21世纪中国的强大生机活力。

（一）迎来了实现中华民族伟大复兴的光明前景

中国是世界上唯一一个文明没有中断的国家，历史上长期位居领先地位。中国共产党领导中国人民，经过70多年的建设，使中华民族伟大复兴的中国梦开始走近现实。中国不仅生产力状况显著提高，社会生产能力明显增强，物质产品极大丰富，人民生活水平全面改善，而且科技实力、国防实力、综合国力均进入世界前列，中国的国际地位显著提高，世界影响大大增强。在中国与国际社会的互动关系上，中国愈加主动有为，成为国际社会不容忽视、不可或缺的重要力量。中国特色社会主义进入新时代，“意味着近代以来久经磨难的中华民族迎来了从站起来、富起来到强起来的伟大飞跃，迎来了实现中华民族

伟大复兴的光明前景”①。

（二）科学社会主义在21世纪的中国重新焕发活力

170多年来，世界社会主义运动取得从理论到实践、从一国到多国的历史性飞跃，开辟了人类历史的新纪元，极大地改变了世界的基本面貌和历史进程。但在世界社会主义发展史上，社会主义建设探索也经历了许多曲折。中国特色社会主义的伟大实践与巨大成就，成为世界社会主义发展史上的耀眼明珠。道路决定命运，发展道路的选择对一个国家的兴衰成败至关重要。一个有着14亿多人口的大国实现现代化，在人类历史上没有先例可循。中国必须走一条属于自己的道路。中国特色社会主义道路，既没有简单套用马克思主义经典作家设想的模板，也不是其他国家社会主义实践的再版，而是当代中国创造性运用科学社会主义基本原则形成的创新版。当今中国发展取得巨大成功，根本原因就是找到了中国特色社会主义这条正确发展道路并且沿着这条道路坚定不移地走下去。中国特色社会主义进入新时代，成为世界社会主义发展史上的里程碑，充分显示了社会主义是人类社会发展方向的必然趋势。随着中国改革开放在新的时代不断开拓前进，中国特色社会主义必将进入新境界，必将使科学社会主义在21世纪的中国焕发出强大生机活力。在世界社会主义发展史上，中国特色社会主义进入新时代，“意味着科学社会主义在二十一世纪的中国焕发出强大生机活力，在世界上高高举起了中国特色社会主义伟大旗帜”②。

（三）为解决人类问题贡献了中国智慧和中国方案

人类社会的历史是一部不断进步与发展的历史。走向国泰民安、繁荣富强是各国人民的普遍愿望。但人类社会的历史又不是平稳发展的历史，始终充满了血腥与暴力、停滞与重挫。尤其是进入近代社会以来，资本主义在推动社会生产力迅速发展、创造巨大物质财富从而使整个世界连为一体的同时，也使资本主义的内在痼疾充分暴露，使世界广大发展中国家对西方国家的依附性增强。第二次世界大战后发展中国家政治上纷纷独立，开启了现代化建设之路，但结果并不尽如人意。实现整个人类社会共同发展、可持续发展的任务任重而道远。改革开放以来，中国共产党人坚持从本国国情出发，在对外开放中，不

---

① 《中国共产党第十九次全国代表大会文件汇编》，人民出版社2017年版，第8页。
② 《中国共产党第十九次全国代表大会文件汇编》，人民出版社2017年版，第8—9页。

断汲取人类优秀文明成果，走出一条让世界瞩目的社会主义现代化道路。中国在改革开放中正确处理了经济发展与民生改善、政府与市场、改革开放与社会稳定等重大问题，为发展中国家的开放和现代化提供了中国经验。中国开创的新的现代化道路超越了西方的现代化模式，打破了发展中国家对西方现代化的“路径依赖”，探索出一条有别于西方发达国家的现代化之路。新时代中国特色社会主义的起航，用雄辩的事实证明了中国共产党深化了对人类社会发展规律的认识，为世界上那些既希望实现快速发展又希望在经济全球化进程中保持独立自主性的国家提供了新选择，尤其为广大发展中国家走向现代化提供了新路径，为解决世界上复杂多样的社会问题贡献了中国智慧和方案，为人类社会的发展作出了卓越的贡献。

第三节 习近平新时代中国特色社会主义思想及其贡献

世界社会主义500年、马克思主义诞生170多年的历史表明，社会主义始终是随着时代、实践和科学的发展而不断探索前进的。习近平新时代中国特色社会主义思想是在深刻洞察世界发展大势，科学把握共产党执政规律、社会主义建设规律和人类社会发展规律，系统回答新时代坚持和发展什么样的中国特色社会主义、怎样坚持和发展中国特色社会主义这个重大课题的过程中创立并不断丰富发展的，是对马克思列宁主义、毛泽东思想、邓小平理论、“三个代表”重要思想、科学发展观的继承和发展，是马克思主义中国化最新成果，是中国特色社会主义理论体系的重要组成部分，是全党全国人民为实现中华民族伟大复兴而奋斗的行动指南，具有重大的理论意义、实践意义和世界意义。

一、习近平新时代中国特色社会主义思想的创立发展

伟大时代呼唤伟大理论，伟大时代孕育伟大理论。在世界大发展大变革大调整的背景下，以习近平同志为主要代表的中国共产党人，科学把握世界发展大势，坚定不移地贯彻创新、协调、绿色、开放、共享的发展理念，始终不渝走和平发展道路，促进“一带一路”国际合作，推动建设相互尊重、

公平正义、合作共赢的新型国际关系，积极参与引领全球治理体系改革和建设，为解决世界经济、国际安全、全球治理等一系列重大问题提供了新的方向、新的选择、新的方案。中国发展理念、发展道路、发展模式的影响力显著增强，中国日益发挥世界和平建设者、全球发展贡献者、国际秩序维护者的重要作用。习近平新时代中国特色社会主义思想，正是在把握世界发展大势、应对全球共同挑战、维护人类共同利益的过程中创立并不断丰富发展的。

当代中国正处在近代以来最好的发展时期。在中华人民共和国成立以来特别是改革开放以来取得的重大成就基础上，中国发展站到了新的历史起点上。社会生产力水平总体上显著提高，国家经济实力、科技实力、国防实力、综合国力、国际影响力显著提升。中国具备了过去难以想象的良好发展条件，但也面临许多前所未有的困难和挑战。中共十八大以来，以习近平同志为核心的党中央团结带领全党全国各族人民，全面审视国际国内新的形势，坚持统筹推进“五位一体”总体布局、协调推进“四个全面”战略布局，坚持稳中求进工作总基调，对党和国家各方面工作提出一系列新理念新思想新战略，出台了一系列重大方针政策，推出一系列重大举措，解决了许多长期想解决而没有解决的难题，办成了许多过去想办而没办成的大事，推动党和国家事业发生历史性变革、取得历史性成就。习近平新时代中国特色社会主义思想，正是在中华民族从富起来到强起来的伟大飞跃中、在解答新时代坚持和发展什么样的中国特色社会主义的伟大实践中创立并不断丰富发展的。

中国共产党领导是中国特色社会主义最本质的特征，加强党的自身建设是巩固中国共产党领导的保障。以习近平同志为主要代表的中国共产党人，坚持解放思想、实事求是、与时俱进、求真务实，坚持辩证唯物主义和历史唯物主义，紧密结合新的时代条件和实践要求，顺应时代发展，以全新的视野深化对共产党执政规律、社会主义建设规律、人类社会发展规律的认识，推动中国特色社会主义事业取得举世瞩目的伟大成就，以不可辩驳的事实彰显了科学社会主义的鲜活生命力。习近平新时代中国特色社会主义思想，正是在对科学社会主义理论与实践的深邃思考、深刻总结，对坚持和发展中国特色社会主义的不懈探索、砥砺前行中创立并不断丰富发展的。中国共产党在带领中国人民进行伟大社会革命时，不断进行伟大自我革命，勇于面对党面临的重大风险考验和党内存在的突出问题，以顽强意志正风肃纪、反贪惩恶，消除了党和国家内部存在的严重隐患，实现了管党治党从宽松软到严紧硬的深刻转变，党内政治生态明显好转，党的创造力、凝聚力、战斗力显著增强，党的团结统一更加巩固，党群关系明显改善，为党和国家事业发展提供了坚强政治保证。习近平新时代中国特色社会主义思想，正是在不断推进党的自我革命，实现党自我净化、自我完善、自我革新、自我提高的过程中创立并不断丰富发展的。

中共十八大以来，中国取得的全方位、开创性历史成就和发生的深层次、根本性历史变革，根本在于中国共产党的坚强领导和习近平新时代中国特色社会主义思想的科学指导。2017 年 10 月，中共十九大修改党章，把习近平新时代中国特色社会主义思想确立为全党的指导思想，并作为全党全国人民为实现中华民族伟大复兴而奋斗的行动指南，必须长期坚持并不断发展。

二、习近平新时代中国特色社会主义思想的核心内容

习近平新时代中国特色社会主义思想，坚持马克思主义立场观点方法，坚持科学社会主义基本原则，科学总结国际共产主义运动经验教训，根据时代和实践发展变化，系统回答了新时代坚持和发展什么样的中国特色社会主义、怎样坚持和发展中国特色社会主义这个重大课题，以崭新的思想内容丰富和发展了马克思主义，形成了系统科学的理论体系。习近平新时代中国特色社会主义思想内涵十分丰富，其核心内容是“八个明确”和“十四个坚持”。

“八个明确”就是：明确坚持和发展中国特色社会主义，总任务是实现社会主义现代化和中华民族伟大复兴，在全面建成小康社会的基础上，分两步走在本世纪中叶建成富强民主文明和谐美丽的社会主义现代化强国；明确新时代我国社会主要矛盾是人民日益增长的美好生活需要和不平衡不充分的发展之间的矛盾，必须坚持以人民为中心的发展思想，不断促进人的全面发展、全体人民共同富裕；明确中国特色社会主义事业总体布局是“五位一体”、战略布局是“四个全面”，强调坚定道路自信、理论自信、制度自信、文化自信；明确全面深化改革总目标是完善和发展中国特色社会主义制度、推进国家治理体系和治理能力现代化；明确全面推进依法治国总目标是建设中国特色社会主义法治体系、建设社会主义法治国家；明确党在新时代的强军目标是建设一支听党

指挥、能打胜仗、作风优良的人民军队，把人民军队建设成为世界一流军队；明确中国特色大国外交要推动构建新型国际关系，推动构建人类命运共同体；明确中国特色社会主义最本质的特征是中国共产党领导，中国特色社会主义制度的最大优势是中国共产党领导，党是最高政治领导力量，提出新时代党的建设总要求，突出政治建设在党的建设中的重要地位。

“十四个坚持”就是：坚持党对一切工作的领导；坚持以人民为中心；坚持全面深化改革；坚持新发展理念；坚持人民当家作主；坚持全面依法治国；坚持社会主义核心价值体系；坚持在发展中保障和改善民生；坚持人与自然和谐共生；坚持总体国家安全观；坚持党对人民军队的绝对领导；坚持“一国两制”和推进祖国统一；坚持推动构建人类命运共同体；坚持全面从严治党。

“八个明确”和“十四个坚持”有机融合、有机统一，从指导思想与行动纲领层面阐明了习近平新时代中国特色社会主义思想的科学内涵，凝结着中国共产党坚持和发展中国特色社会主义的宝贵经验，反映了以习近平同志为核心的党中央对中国特色社会主义规律性认识的深化、拓展、升华，体现了理论与实际相结合、认识论与方法论相统一的鲜明特色。

习近平新时代中国特色社会主义思想体系严整、逻辑严密、内涵丰富、博大精深，深刻揭示了新时代中国特色社会主义的本质特征、发展规律和建设路径，奠定了实现新时代伟大目标的理论基础，是发展中国特色社会主义必须长期坚持的指导思想，闪耀着马克思主义真理光辉。坚持用习近平新时代中国特色社会主义思想武装全党，对于统一思想认识、明确前进方向、凝聚奋进力量，对于坚持和发展新时代中国特色社会主义、实现社会主义现代化和中华民族伟大复兴，对于21世纪科学社会主义和世界社会主义运动的发展都具有重大现实意义和深远历史意义。

三、习近平新时代中国特色社会主义思想的重大贡献

习近平新时代中国特色社会主义思想，是新时代中国共产党的思想旗帜，是国家政治生活和社会生活的根本指针，是当代中国马克思主义、二十一世纪马克思主义。

（一）为发展马克思主义作出了原创性贡献，开辟了马克思主义新境界

恩格斯曾经指出：“马克思的整个世界观不是教义，而是方法。它提供的

不是现成的教条，而是进一步研究的出发点和供这种研究使用的方法。”① 在坚持马克思主义基本原理的基础上，不断拓展、丰富马克思主义发展的空间是对马克思主义最好的坚持。随着中国特色社会主义进入新时代、面对新的时代课题，必须把马克思主义和中国的具体实践相结合，进一步丰富、发展马克思主义，唯有如此，才能保持马克思主义的活力和生命力。习近平新时代中国特色社会主义思想体系严整、逻辑严密、内涵丰富、博大精深，闪耀着马克思主义真理光辉。这一思想贯通马克思主义哲学、政治经济学、科学社会主义，贯通历史、现实和未来，贯通改革发展稳定、内政外交国防、治党治国治军各领域，既坚持了老祖宗，又讲了很多新话，对共产党执政规律、社会主义建设规律、人类社会发展规律的认识提升到新高度，为科学社会主义理论宝库增添了新内容，为发展马克思主义作出了原创性贡献。

（二）为中国特色社会主义实践提供了根本指南，开辟了中国特色社会主义新境界

中共十八大以来，在习近平新时代中国特色社会主义思想的指引下，在中国共产党的领导下，在全党全国各族人民共同努力奋斗下，中国特色社会主义以更趋稳健、扎实的步伐向前推进，解决了许多长期想解决而没有解决的难题，办成了许多过去想办而没有办成的大事，中国经济实力、科技实力、国防实力、综合国力、国际影响力和人民获得感显著上升，党的面貌、国家的面貌、人民的面貌、军队的面貌、中华民族的面貌都发生了前所未有的变化。中共十九大对全面建成小康社会作出战略安排，第一个百年奋斗目标即将实现，2018 年中国的 GDP 已突破 90 万亿元人民币，人均 GDP 接近 1 万美元。第二个百年奋斗目标也纳入战略步骤之中，2035 年要基本实现社会主义现代化，2050 年建成社会主义现代化强国。以习近平同志为核心的党中央把脱贫攻坚工作纳入“五位一体”总体布局和“四个全面”战略布局，从政策、资金、人才等各个方面集中资源开展精准扶贫、精准脱贫，带领中国人民在共同富裕的道路上加速前进。目前，中国初步构建起世界上规模最大、覆盖人口最多，包括养老、医疗、低保、住房、教育等民生领域的社会保障体系。2018 年年末，全国参加城镇职工基本养老保险人数 41902 万人，参加失业保险人数 19643 万人，参加工伤保险人数 23874 万人，基本养老保险覆盖超过 9 亿人，基本医疗保险

① 《马克思恩格斯选集》第 4 卷，人民出版社 2012 年版，第 664 页。

覆盖超过13亿人，基本实现全民医保。中国贯彻创新、协调、绿色、开放、共享的新发展理念，适应、把握、引领经济发展新常态，加强供给侧结构性改革，经济保持持续健康发展，质量和效益不断提升。国家治理体系不断完善，治理能力显著提高，治国理政迈向新高度。总之，习近平新时代中国特色社会主义思想把中国特色社会主义和全面建成小康社会、基本实现社会主义现代化、全面建成社会主义现代化强国以及中华民族伟大复兴中国梦的实现紧密地结合在一起、有机地贯通为一体，深刻回答了新时代坚持和发展中国特色社会主义的一系列重大问题，在改革发展稳定、内政外交国防、治党治国治军等方面提出了一系列新理念新思想新战略，作出了一系列新决策，推出了一系列新举措，将中国特色社会主义实践推向了更高发展阶段，开辟了中国特色社会主义新境界。

（三）为推动构建人类命运共同体、维护人类共同利益和共同价值作出了重要贡献

2008年国际金融危机以来，世界经济复苏艰难曲折，国际和地区热点问题频发，保护主义、单边主义、民粹主义愈演愈烈，霸权思维、霸凌行径变本加厉，气候变化、战乱恐袭、饥荒疫情等风险日益突出，但开放融通、和平合作的潮流滚滚向前，推进互联互通、加快融合发展、实现合作共赢是应对当今全球挑战、解决人类面临共同问题的必然选择。中国顺应当今和平、发展、合作、共赢的时代潮流，坚持对外开放，从“引进来”到“走出去”，从加入世界贸易组织到共建“一带一路”，为应对亚洲金融危机和国际金融危机作出重大贡献，成为世界经济增长的主要稳定器和动力源，展现了中国的大国担当。习近平秉持“天下一家”的情怀，提出推动构建人类命运共同体的重大理念，以文明互鉴超越文明冲突的鲜明立场，建设持久和平、普遍安全、共同繁荣、开放包容、清洁美丽的世界的美好愿景，汇聚了各国人民对美好生活向往的最大公约数。这些重要理念，传承发扬了中华文明“天下大同”的思想精华，超越了一些人奉行的零和博弈和对抗性思维，成为中国引领时代潮流和人类文明进步的鲜明旗帜。2020年，在全球抗击新冠肺炎疫情斗争中，习近平身体力行推动国际合作，提出构建人类卫生健康共同体的重要倡议，中国尽己所能为有需要的国家提供支持帮助，为携手抗击疫情作出了中国贡献。我们生活的世界充满希望，也充满挑战。构建人类命运共同体顺应世界发展潮流，契合世界人民共同期盼。中国将继续积极参与全球治理体系变革和建设，让人类命运共同

体建设的阳光普照世界。中国所选择的和平发展道路为世界文明进步带来正能量，丰富了人类对未来世界的美好向往。

思考题：

1. 世界百年未有之大变局有何特点？
2. 习近平新时代中国特色社会主义思想的主要内涵是什么？
3. 如何认识中国特色社会主义的历史贡献？

第十三章　21 世纪国际共产主义运动的新发展

21 世纪以来的世界社会主义实践探索各有特色，模式多样。世界范围内社会主义和资本主义两种意识形态、两种社会制度的历史演进及其较量发生了有利于社会主义的深刻转变。发达国家和发展中国家的共产党努力把马克思主义基本原理同本国实际和时代要求相结合，努力探寻社会主义未来发展与复兴之路。亚洲、拉美地区的社会主义国家继续推进政策调整和经济革新进程，建设具有本国特色的社会主义。科学社会主义在 21 世纪的中国焕发出强大生命活力，中国的历史性飞跃充分显示了社会主义制度的优越性，坚定了人们对社会主义的信心，日益成为世界社会主义发展振兴的中流砥柱。

第一节　发达国家和发展中国家的社会主义探索

自《共产党宣言》发表 170 多年以来，共产党始终是国际共产主义和世界社会主义运动的中坚力量。当今世界，以马克思主义为指导、以共产主义为奋斗目标的共产党有 130 多个（不包括非法或冠以其他名称的共产党）。其中有 30 多个共产党人数过万，拥有议席或在国家和地方参政，已是本国政坛的一支重要政治力量。

一、发达国家共产党力量趋于稳定

当今西方发达国家基本上都有共产主义性质的政党，有的国家还有多个共产党。譬如，英国现有英国共产党、新英国共产党、英国共产党（马列主义）等；意大利目前存在 3 个党员人数均过万的共产党，分别是意大利重建共产党、意大利共产党和共产党（意大利）；西班牙亦存在多个共产党，除了西班牙共产党外，还有西班牙人民共产党、西班牙共产党（马列主义）以及西班牙工人共产党等。进入 21 世纪，发达国家共产党结合全球化时代资本主义在经济、政治和意识形态等诸多方面的发展变化，对其党纲、党章和理论政策进行了程度不同的反思和调整。通过这些探索调整，发达国家共产党的党员数量和组织基本得到了稳定，政治影响力也较苏东剧变初期有了显著提高。2008 年国际金融危机后，在传统右翼和民粹政党夹击下，一些发达国家共产党影响力下降，处境艰难。但是，多数共产党在谴责批判资本主义制度、坚守社会主义核心价值的基础上，加强党的自身建设，力量趋于稳定，有的还成了在本国有一定群众基础的政治力量，在议会斗争中发挥重要作用。

日本共产党（以下简称“日共”）是当今发达国家人数最多、组织程度最高、影响较大的共产党，目前有党员30.5万人。2004年，日共二十三大提出“在资本主义框架内进行民主改革”的路线，主张建立“民主而富裕的社会主义日本”。国际金融危机爆发后，日本国民特别是年轻人对现状日益不满，对马克思主义和日共的关注日渐升温。日共以各种方式为劳动者和社会弱者说话，大力抨击资本家剥削年轻劳动力的行径。日共拒绝政府补贴，始终保持共产党特性，吸引许多年轻人入党，力量稳中有升。2014年12月，在日本第47届众议院选举中，日共获21席，在议院有单独提出法案的权利，是日本众参两院的第三大政党。2016年7月，在日本第24届参议院选举中，日共通过与社民党、民进党等在野党建立统一战线，获得6席，加上没有改选的8席，在参议院中共占有14席。2017年1月召开的日共第二十六次全国代表大会，明确提出扩大“在野党统一战线”，以争取在各个选区中增加议席。

美国共产党（以下简称“美共”）在苏东剧变后开始独立自主探索社会主义道路，并将其追求的社会主义界定为“权利法案社会主义”。进入21世纪尤其是国际金融危机爆发后，美共深刻剖析危机的成因和影响，明确指出，当前的经济混乱是20世纪70年代中期以来“金融化”发展的必然结果。它造成了美国和世界经济的不稳定，加剧了工人阶级的贫困，使资本主义新的对抗性矛盾不仅在美国而且在世界范围迅速蔓延，世界资本主义正陷入一场经济危机。美共多次召开全国代表大会及委员会，商讨与美国资本主义统治阶级进行斗争的战略策略。2019年6月召开的美共三十一大，对当前资本主义的剥削与压迫、工人阶级及其斗争、社会进步力量及运动进行了详细分析，并在此基础上，提出美共在新时期开展斗争的具体策略，制定了美国实现社会主义、共产主义必须要经历的斗争阶段和步骤。尽管美共目前仅有5000多名党员，且面临来自极右势力的阻挠和制约，但自2015年以来，美共党员人数正持续稳定增长，党的影响力也有所提升。

希腊共产党（以下简称“希共”）可谓当代国际共产主义运动的一支劲旅。苏东剧变后，希共顶住资产阶级的猛烈进攻，坚持以马克思主义为指导，坚持社会主义发展方向，认为社会主义制度的形成和成熟是一个渐进的过程，并致力于建设一个自由、开放、充满希望的社会主义社会。2008 年国际金融危机爆发后，希共深入剖析危机的成因、本质和影响，强烈抨击资本主义制度弊端。2013 年，希共第十九次全国代表大会通过的新纲领，详细论述了希腊建立社会主义生产关系、希腊社会主义—共产主义经济以及革命工人政权制度的可能性。在 2015 年的议会选举中，希共获得 5.47%的选票、15 个议席。

西班牙共产党（以下简称“西共”）坚持把马克思主义与西班牙的国情相结合，主张建立公平和民主的共和国，强调要以社会主义替代野蛮的资本主义制度。国际金融危机爆发后，西共联合各方左翼力量，发动民众开展抗议活动，党的影响逐渐扩大，现有党员 2 万多人，是西班牙第三大政党。2017 年 12 月，西共召开第二十次全国代表大会。会议重提列宁主义，并重新将民主集中制确立为党的组织原则。

葡萄牙共产党（以下简称“葡共”）坚持把社会主义和共产主义作为党的最高目标。2008 年国际金融危机爆发后，葡共深刻分析了危机的实质和影响，明确指出，危机的爆发更加暴露了资本主义剥削、侵略的本性及其固有的深刻矛盾，资本主义体系非但没有解决人类社会面临的问题，反而使不平等、非正义和贫困进一步恶化。2016 年 12 月召开的葡共第二十次全国代表大会，1200 多名代表全票通过了葡共中央委员会制定的“战略提案”，将促进社会公平、公正和改善民生作为当前葡共的主要斗争目标。目前，葡共参与左翼执政联盟，并在 38 个市单独执政。

2004 年 5 月，由欧洲的共产党、工人党、左翼社会党、红色绿党及其他民主左翼政党组成的政党联合体——欧洲左翼党在罗马成立。该党宣称“回归马克思主义的本源”，坚持社会主义、共产主义和工人运动的价值观和传统，以民主的力量与当今的资本主义社会关系作斗争，把人类从各种形式的压迫、剥削和排斥中解放出来，建立一个没有剥削和战争的新世界。受苏东剧变严重冲击，欧洲一些共产党力量式微，纷纷加入欧洲左翼党以寻机发展。欧洲左翼党现有 27 个正式成员党、8 个观察员党和 3 个伙伴党。在 2019 年 5 月欧洲议会的选举中，左翼联盟党团赢得 5.19%的选票，获 38 个议席。

此外，德国、瑞典、挪威、丹麦、加拿大、澳大利亚等一些发达国家的共产党，在经历苏东剧变导致的党员数量锐减、生存环境恶化的危机后，经过长期不懈的努力，大都顶住来自各方面的压力，顽强地生存下来。虽然这些国家的共产党员人数不多（多则几千人，少则几百人），但组织得到了巩固。

二、发展中国家共产党通过合法斗争扩大影响

在世界现存的一百多个共产党中，发展中国家占了大多数。广大发展中国家的共产党在经过 20 世纪 90 年代初短期的组织分裂和思想混乱后，认真反思苏东剧变原因，积极探索发展中国家如何走向社会主义发展道路。通过及时创新理论，调整政策，多数国家的共产党力量趋于稳定，其中一些党的力量上升、影响扩大，在国内政治舞台上发挥重要作用。

（一）亚洲是发展中国家共产党数量较多的地区

该地区共产党的力量有强有弱，除中国共产党之外，其中力量较强、影响较大的首推印度共产党。印度共产党（马克思主义）坚持共产主义理想信念，根据实际探索自己的革命道路，曾在印度西孟加拉邦连续执政 34 年。近年来，印度共产党（马克思主义）同印度共产党、印度共产党（马克思列宁主义）、印度全印前进同盟、革命社会主义党（印度）等左翼政党组成左翼阵线，共同开展反对资本主义的斗争，印度共产主义力量稳定发展。尼泊尔共产党（毛主义）（以下简称“尼共（毛）”），也是通过武装斗争和议会道路相结合的方式上台执政。尼共（毛）自称其指导思想是马克思、列宁、毛泽东主义和普拉昌达道路，在实现党的最低纲领、争取新民主主义革命胜利的道路问题上，一度信奉“枪杆子里面出政权”，主张走“农村包围城市的道路”。2005 年 2 月，贾南德拉国王宣布亲政后，尼共（毛）与七党联盟摒弃不和，以武装斗争形式，策应七党联盟发动人民运动，最终促成国王交权。尼共（毛）在坚持武装斗争的同时，并不排斥多党竞选和议会道路。尼共（毛）实行武装斗争和议会斗争相结合的策略，在结束帝制、实现执政的过程中发挥了作用，取得了成效。尼共（毛）与尼泊尔政府于 2006 年 11 月正式签署全面和平协议，宣告近 11 年的内战结束，重新回到议会民主道路，但没有完全放弃武装。2007 年 4 月，尼共（毛）作为合法政党加入临时政府并得到 5 个大臣席位。2008 年 4 月，尼泊尔举行制宪会议选举，尼共（毛）赢得多数席位，并被授权组织尼泊尔联邦民主共和国第一届政府，普拉昌达成为总理，尼共（毛）获得执政地位，一年后被迫放弃执政地位。2015 年 10 月 11 日，尼泊尔共产党（联合马列）（以下简称“尼共（联）”）和尼共（毛）组成竞选阵线，获得议会多数支

持，组织政府执政。经过多年努力，尼共（联）同尼共（毛）于2018年5月合并成立尼泊尔共产党（以下简称“尼共”），左翼联盟政府也因此成为尼共政府。尼共及其政府的成立，对尼泊尔内政外交乃至整个国际共产主义运动，都将产生积极影响。塞浦路斯劳动人民进步党（前身为共产党）自称工人阶级和劳动者的先锋队政党，接受马克思列宁主义世界观的指引，坚持社会主义方向。多年来，劳进党积极同帝国主义和本国资产阶级政府进行斗争，通过宣传群众、组织群众、团结一切进步力量，逐渐扩大自己的影响，议会席位不断增加，并通过议会和选举方式，最终夺得了执政权。在2008年2月举行的塞浦路斯第六届总统选举中，该党总书记赫里斯托菲亚斯以53.36%的选票当选为总统，劳进党与民主党和塞浦路斯社会民主运动党组建联合政府。此外，斯里兰卡共产党也曾一度成为参政党，叙利亚共产党（费萨尔派）、叙利亚共产党（巴格达什派）、黎巴嫩共产党等也在国内有一定影响。

（二）非洲是国际共产主义运动最薄弱的地区之一

苏东剧变后，共产主义政党在该地区也得到不同程度的发展。其中有近百年历史的南非共产党（以下简称“南非共”）通过积极主动的策略调整，赢得了更大的生存和发展空间，在争取民族独立和人民解放斗争中不断发展壮大。2012年7月，南非共举行十三大，通过了《2012—2017年南非共政治纲领——南非社会主义之路》，重申要努力“在国家权力、工厂、社区及经济、意识形态和国际领域等方面确立工人阶级的领导权”、呼吁重启国有化，使分配向工人阶级和穷人倾斜，实施免费义务教育等。2014年12月，南非共宣布进入民族民主革命的第二阶段，主要任务是以反帝、反垄断资本为中心，加速南非经济转型，争取黑人经济解放。近年来，南非共的党员人数迅速增加，由2008年的几万人增加到2018年的28.5万人，在非国大和南非各级政府中任职的南非共党员明显增多，有10人出任政府部长、副部长，双双创下该党历史之最。另外，非洲其他国家的一些共产党组织，如塞内加尔独立和劳动党、留尼汪共产党（有近万名党员，是留尼汪最大的参政党，其影响比苏东剧变前有所扩大）、莱索托共产党等，也在本国政治活动中发挥一定的作用。

（三）在有着悠久共产主义运动历史的拉美地区，目前有20多个共产党组织活跃在各国政治舞台上

在当今传统政党力量衰退、年轻人不愿参与政党政治的背景下，巴西、智利、委内瑞拉、厄瓜多尔、秘鲁等国共产党都保持稳定发展，均成为本国政坛

中的一支重要力量。其中，巴西共产党现有党员39万人，是目前该地区仅次于古巴共产党的第二大共产党组织。在2006年的议会选举中，巴西共产党分别在众议院和参议院获得13席和1席，在巴西政府部门和一些市镇都有巴西共产党党员担任部长、市长职务。另外，据2017年4月智利官方统计，智利共产党是智利唯一的党员人数没降反升的传统政党，现有党员4.7万人。总的来看，进入21世纪的拉美共产党相对活跃。然而，拉美政坛的左右之争、左翼联盟中的路线之争以及共产党内部的派系之争，仍然是困扰拉美共产党的棘手问题。

（四）俄罗斯、东欧、中亚国家共产党的力量趋于稳定和恢复，其探索实践逐步重新得到劳动人民群众的肯定和支持

摩尔多瓦共产党人党（以下简称“摩共”）是在苏联解体后成立的。成立之初，该党就宣称坚持马克思列宁主义，坚持以社会主义为方向。在严厉批判“戈尔巴乔夫式改革”、深刻吸取苏东剧变教训的基础上，摩共系统地提出符合本国实际的社会主义理论。摩共认为“社会主义和资本主义的斗争并未历史性地结束，而是进入了一个新的阶段”，并将通过“泛民主主义阶段”和“复兴社会主义阶段”，建立“形式上更新的、符合当代生产力条件、生态安全和社会任务要求的社会主义”。2001年，摩共通过议会选举执政，在2005年大选中，摩共又获胜蝉联执政，成为原苏东地区唯一一个通过合法选举上台执政的共产党，且连续执政八年，2009年因受国内外反对势力围攻而下台。俄罗斯联邦共产党（以下简称“俄共”）是苏联共产党的继承党。作为目前原苏东地区规模最大、组织最健全的共产党组织，俄共自成立以来一直致力于寻求马克思主义与俄罗斯现实结合的方式和途径，试图找到能被广大群众普遍接受的意识形态，重振社会主义在俄罗斯人民心目中的地位。进入21世纪以后，面对内部分化、发展受阻、影响力不断下降的局势，俄共认真反思其理论政策并适时调整其斗争策略。俄共强调要通过建立广泛左翼和爱国主义统一战线，同俄寡头资本主义、官僚资本主义及反苏维埃思潮进行斗争，坚决维护劳动人民利益。2018年，俄共在国家杜马中拥有42席，为杜马第二大党。此外，捷克和摩拉维亚共产党、塔吉克斯坦共产党等一些党在议会选举中也赢得了相应的席位。

绝大多数发展中国家的共产党对社会主义革命形势和道路的看法比较切近实际，认为目前通过暴力革命夺取政权不现实，主张在多党竞争的民主制度内，通过选举和议会斗争方式实现社会主义。在进行合法斗争的具体形式上，主张采取议会内外斗争相结合的和平方式，并同其他左翼力量结成统一战线，

不断壮大自己的力量。但总体上看，发展中国家的共产党力量比较分散，缺乏走上政治前台的实力、途径和方法。

三、资本主义国家共产党的理论反思与政策调整

苏东剧变后，发达国家和发展中国家的共产党，都对苏东剧变的原因进行了深刻反思。它们对于“苏联模式”和苏东剧变原因的认识不尽相同，大致有以下几种观点：(1) 苏东剧变主要是因为苏联模式缺乏民主，在国家管理上的集权和官僚主义导致民心丧失。譬如法国共产党认为，在苏联东欧的社会制度下，共产党成为一种与公民民主国家干预相对立的执政和管理的工具。2000年，法共三十大重申同斯大林主义和苏东模式决裂。(2) 苏东剧变是由于这些国家的主要领导人背离十月革命开辟的道路，偏离了社会主义的本质和主要原则。譬如，希腊共产党、葡萄牙共产党和美国共产党认为，苏东国家的社会主义曾经取得过显著成就，但由于这些国家在后来的建设中偏离了社会主义原则，导致资本主义在这些国家复辟。苏东剧变是特定历史模式的失败。(3) 苏联模式就不是社会主义的，真正意义上的社会主义和共产主义在世界上尚未实现。譬如日本共产党认为苏联解体为坚持科学社会主义立场继续前进的力量消除了障碍。(4) 苏东剧变是帝国主义推行和平演变的结果。一些发达国家的共产党认为，苏联和东欧国家低估了帝国主义的侵略性，片面执行“和平共处”路线，实行阶级和意识形态调和政策，这也是苏东剧变的重要原因。

上述对苏东剧变原因的分析以及对苏联模式的不同评价和立场，是资本主义国家共产党对社会主义发展道路的认识，对它们后来进行的理论方向调整和变革幅度产生了一定的影响。在反思苏东剧变原因、批判资本主义制度弊病的基础上，资本主义国家共产党对其党纲、党章和理论政策进行了程度不同的反思和调整。

一是主张从本国实际出发探索社会主义发展道路。由于各国国情不同，历史文化各异，教条式对待马克思主义，盲目照搬别国的模式注定会失败，各国必须根据本国实际情况独立探索社会主义发展道路。日本共产党明确表示在不偏离科学社会主义理论基础的前提下，采取更加符合日本国情的方针政策，争取在全面继承和发展自由和民主的基础上实现“日本式的社会主义”。欧洲各国共产党力图从本国实际出发重新确立社会主义的目标任务和实践形式。

发展中国家曾因盲目照搬西方发展模式，导致民族工业丧失国际竞争力、贫富分化更为严重、社会矛盾日趋激化。在饱尝新自由主义发展方式的苦果之后，发展中国家的共产党对社会主义一些基本问题进行重新认识和思考，普遍主张采取合法斗争方式，逐步积蓄力量，分阶段实现自己的斗争目标。印共（马）认为，马克思主义应随着历史的发展变化不断创新发展。在对印度社会主义发展道路进行探索的过程中，印共（马）提出了具有印度特色的“人民民主革命”理论。塞浦路斯劳动人民进步党也明确指出，马列主义是行动的指南，需要随着时代的发展、随着经济和政治的发展加以创造性地运用。

二是把民主界定为社会主义的本质特征。资本主义国家共产党普遍将“民主”摆在特别突出的位置。他们认为，要取得社会主义的最终胜利，就必须充分实现民主。美国共产党明确将恢复和扩展“民主”、建立一个真正人道的社会，作为其“权利法案社会主义”的一个重要内容；日本共产党宣称要在全面继承和发展自由和民主的基础上，实现“民主而富裕的社会主义”；欧洲各国共产党都普遍强调民主的重要性，如葡萄牙共产党强调社会主义就是深化民主，并提出“争取先进民主和社会主义”的口号。

发展中国家的共产党也普遍强调民主的重要性。巴西共产党强调，社会主义以具有民主特点的劳动者最广泛参与的机制为基础，它确保给人民以自由，确保对法律以及公民权利的尊重。

三是开始注重共产党自身建设。在资本主义国家的多党民主体制下，共产党的影响大小主要是通过支持者和同情者的多少体现的。共产党如果要上台执政或参政，必须要有一定数量的民众支持，也就是要争取到一定的选票。因此，共产党在任何时候都要把争取民众支持和赢得更多选票作为实现执政目标的重点。苏东剧变后，发达国家和发展中国家的共产党在坚持社会主义方向不变的前提下，把原则的坚定性和策略的灵活性结合起来，积极调整政策，斗争方式比较灵活，在复杂情况下和艰苦环境中站稳了脚跟。近年来，许多共产党深刻认识到党内极端民主化的弊端，吸取教训，重提民主集中制，强化组织建设，特别是重视党的基层组织作用，以争取更多民众支持。为突破发展困境，法国共产党改变以往偏重上层控制的党建模式，重新回归支部堡垒作用，把法共的集体行动建立在充分发挥基层作用的基础上，让基层组织成为党的思想传播者和主要行动者。西班牙共产党等恢复和加强民主集中制，健全党的组织结构，通过强化党的组织建设，保持共产党的先进性和纯洁性。日本共产党、南非共产党、哥伦比亚共产党等党的章程明确规定：党的基层支部应承担宣传、贯彻党的路线方针和政策主张及了解反馈民意的任务；党的高层干部要密切联系群众，要为劳动人民代言；普通党员要积极参加基层组织活动，完成党组织分配的工作任务。不少党注重以党章、党纲和政治决议等明确基层组织的地位、功能和作用，对基层党组织基本任务、目标职能和运作方式都作了细致规定。印共（马）吸取地方执政失败教训，强调要采取有力措施，克服党内腐败和党的基层组织涣散等弊端。当今各国共产党都注重引入信息网络技术，转换基层组织活动方式和影响社会的方式，加强与民众联系和沟通，吸引年轻人参与党的日常活动。一些党还成立基层网络党支部，通过网络增强基层组织活力。

四、加强国际联合与斗争合作成为共产党的发展趋势

国际金融危机后，资本主义经济、政治、社会矛盾更加尖锐，贫富差别和社会不公引发各种抗议风潮，反新自由主义全球化运动方兴未艾，得到民众广泛响应和支持，众多左翼力量、非政府组织和新兴社会运动群体投入其中。

以委内瑞拉查韦斯的“21 世纪社会主义”、巴西劳工党的“劳工社会主义”和玻利维亚总统莫拉莱斯的“社群社会主义”为代表的拉美左翼思潮和政策主张付诸实践。一些环保主义政党如绿党等在各国政坛独树一帜，并成为重要的参政党。西方左翼学者的“马克思热”不断升温，每年都举办大型国际学术研讨会，如在法国巴黎召开过多届马克思大会，在美国纽约连续举办世界社会主义学者大会，来自世界几十个国家的共产党、工人党和工联、工会、女权运动、绿色运动、青年联盟等组织的数千名代表参加。他们谴责和批判资本主义，主张未来世界属于社会主义。“让马克思主义活起来”，已成为这些左翼人士的共识。在《资本论》出版 150 周年、《共产党宣言》发表 170 年和马克思诞辰 200 周年之际，西方社会再次掀起“马克思热”，许多左翼人士对资本主义结构性矛盾以及生产方式矛盾、阶级矛盾、社会矛盾等进行了批判性揭示，对资本主义危机、资本主义演进过程、资本主义新形态及本质进行深入分析，认为全球化与科技进步推动商品和资本双重过剩，资本与劳动关系失衡，贫富差距日益扩大，西方资本主义陷入民主危机、治理危机和制度困境。他们“重新发现”马克思关于资本主义的理论价值，认为马克思主义学说仍具有现实意义。

各种左翼力量和新兴社会运动开展维护中下层民众利益及反资本主义、推动历史进步的斗争，不仅为共产党扩大生存和发展空间提供了机遇，也是共产党可以借重和合作的重要力量。多数共产党已认识到，在反对新自由主义及其全球化进程中，必须加强共产党与各种左翼力量及新社会运动的联合与合作，将各种反资本主义的力量团结起来，形成合力，建立一个广泛的替代资本主义阵线。尊重差异、包容多样，制定正确的战略与策略，扩大左翼统一战线，善于调动和引导各种积极因素，达到凝聚队伍和争取自身发展的目的。欧洲一些共产党主张与各种反对资本主义的力量和运动联合，向所有人开放，扩大党的群众基础。2010 年 6 月召开的法共三十五大提出，继续推进左翼阵线政策，联合其他反资本主义力量，以左翼阵线开展政治斗争，结盟竞选。西班牙共产党发起抗议政府应对债务危机不力、削减社会福利保障等社会运动，成功扩大了影响，提升了西班牙联合左翼的民意支持率。南非共产党与非国大和工会联合组成执政联盟，在南非政坛中地位作用明显。印度共产党在历史上多次分裂，现在，印度共产党（马克思主义）、印度共产党、印度共产党（马克思列宁主义）等党搁置分歧，不计前嫌，同印度全印前进同盟、革命社会主义党（印度）等左翼政党组成左翼联合阵线，以争取更多选民支持。

共产党有国际主义的传统，在历史上曾建立许多不同形式的国际组织，留下了宝贵的经验与教训。苏东剧变后，各国共产党生存发展环境发生了变化，除了继续受右翼的排斥打压外，现在还受到来自民粹主义的挑战。对于是否及怎样建立共产党国际联合，各国共产党内部及共产党之间不同程度地存在分歧，建立类似过去统一的共产党国际存在诸多困难。但多数共产党都认识到，在当前复杂的国际形势下争取实现社会主义目标是一个长期过程，必须建立广泛的左翼联合阵线，特别是要加强共产党之间的团结合作。他们强调加强共产党之间联合和团结合作的重要性。

在进入 21 世纪之际，国际共产主义运动产生了一个新的多边合作平台，即每年召开一次的世界共产党和工人党国际会议。新世纪以来，世界共产党和工人党共举行了 20 次国际会议，有 100 多个共产党参加过其中的活动。希腊共产党在 1999—2005 年连续主办了前七次世界共产党和工人党国际会议，并建立了会议工作小组和会议网站。此后，葡萄牙、白俄罗斯、巴西、印度、南非、土耳其、越南等国共产党先后主办了该会议。2017 年 11 月，为纪念伟大的十月社会主义革命 100 周年，俄罗斯联邦共产党在圣彼得堡举行第 19 次世界共产党与工人党国际会议。来自77个国家103个共产党和工人党的300多名代表与会，会议分析各国共产党左翼力量面临的形势和任务，号召各国共产党弘扬共产主义理想、反对帝国主义战争、捍卫和平及实现社会主义。2018年是希腊共产党建立100周年，第20次世界共产党与工人党国际会议回到创办地举行。73个国家91个共产党和左翼政党的170多名代表参加。会议主题是探讨共产党和工人党在反对剥削和帝国主义战争、争取工人与不同民族权利、争取和平和社会主义中的任务。会议通过了《第20次世界共产党和工人党国际会议呼吁书》。通过世界共产党和工人党国际会议这一平台，各党交流思想和看法，对促进共产党之间团结合作具有一定的积极意义。

实现世界社会主义复苏与发展，除了需要有利的外部环境，还要看共产党主观条件是否成熟和实力是否强大。一些共产党去传统、去意识形态化，导致思想和组织混乱、创新不足、行动能力弱化，成为制约发展的主要因素。共产党及其他左翼政党，今后相当长一段时期内的首要任务就是解放思想，推动党的思想理论和政策主张与时俱进、不断创新。只有加强党的思想和组织建设，不断实现党的组织和活动方式创新，共产党才能凝聚民心，扩大政治影响，从而为实现世界社会主义新发展提供动力和保障。

第二节　越南、朝鲜、老挝、古巴社会主义新发展

进入21世纪以来，越南、朝鲜、老挝、古巴四国坚持党的领导，坚定社会主义信念，努力把马克思主义基本原理同本国实际和时代要求相结合，继续推进政策调整和经济革新进程，探索适合本国国情的社会主义发展道路，同时十分重视加强执政党自身的建设，采取了许多适合本党本国实际的措施，不断加强共产党的领导能力和执政水平，国内政治社会保持稳定，经济出现良好发展势头。

一、越南以社会主义为定向的革新开放

面对苏东剧变的冲击和经济全球化的挑战，越南共产党（简称“越共”）坚持革新开放、坚持马列主义和胡志明思想指导、坚持共产党的领导地位和社会主义方向不变，坚定地实施“以经济建设为重心、以党的建设为关键、以文

化建设为社会精神基础”的战略举措，比较成功地克服了由于经济发展滞后、西方“和平演变”、贪污腐败等带来的各种危机。越南社会主义革新成效显著，基本摆脱贫穷落后面貌，一跃成为中等收入水平的发展中国家。

（一）对社会主义的认识不断加深

越南北方、南方统一后，越共对越南的国情和越南社会主义所处的发展阶段认识不清，思想比较僵化，在高度集中的政治经济体制下，盲目追求速度，结果欲速而不达。到20世纪70年代末80年代初，越南生产效率低下，粮食、日用品等严重短缺，城乡居民生活困难，陷入了严重的经济社会危机。1986年12月，越南共产党召开了第六次全国代表大会，承认党和国家的“领导和管理工作在战略指导思想和政策方针方面，特别是在经济政策方面犯了严重的错误”；认为越南仍处在社会主义过渡时期的初级阶段，应特别注意掌握并正确运用关于生产关系必须与生产力性质和水平相适应的规律，要在更新思维的基础上深入进行生产结构的调整和经济管理体制的革新，坚决废除官僚集中统包制；主张充分发挥包括私人资本主义在内的各种经济成分的积极作用，发展“以国营经济为主体的有计划的商品经济”。越共对本国社会主义所处阶段有了重新认识，提出“社会主义过渡时期初级阶段”的理论，为越南革新事业的顺利推进奠定了坚实的理论基础。

1991年6月召开的越共七大，第一次提出了“胡志明思想”。认为“胡志明思想”的提法符合越南革命实际，符合全党、全民的感情和愿望。同时提出必须坚持“五项基本原则”，即坚持社会主义目标和理想；坚持把马列主义、胡志明思想作为党和国家的思想基础和行动指南；坚持无产阶级专政和党的领导；实行有集中的社会主义民主；坚持将爱国主义与无产阶级国际主义相结合以及民族力量与时代力量相结合。越共九大对胡志明思想给予明确定位，认为胡志明思想是马列主义在越南具体实践中运用并发展创造的产物，继承和发展了民族传统，汲取了人类文化的精华，是解决越南革命基本问题的完整思想体系。越共十大、十一大继续强调，要坚持以马克思列宁主义、胡志明思想为指导。

随着革新开放进程不断深入，越共创立了“社会主义定向的市场经济”理论，进一步丰富了社会主义的内涵。20世纪90年代初，越共就提出要“初步形成由国家管理的、沿着市场经济运行的多种经济成分的商品经济”。越共八大提出建立“遵循社会主义方向、由国家进行管理的市场机制”。2001年4月召开的越共九大就明确提出“社会主义定向的市场经济”，并指出“建立社会主义定向的、由国家管理的、按市场经济机制运行的商品经济就是社会主义定向的市场经济”，认为这是越南社会主义过渡时期的总体经济模式。经过多年的实践，越共认识到，必须以革新为重点，发展社会主义定向的市场经济，实行以公有制为主导，包括个体经济、私人资本主义经济和外资经济的多种经济成分；实行多种形式的分配方式并存，按劳动成果和经济效益分配为主，以及通过社会福利进行分配的多种分配方式。经过 30 多年的革新开放，越南的经济体制和运行机制已发生了很大变化，基本实现了从高度集中的计划经济体制向社会主义定向的市场经济转变，较成功地找到了一条比较适合越南国情的建设社会主义的道路。

越共强调要从本国实际出发，探索适合本国国情的社会主义道路，不断深化对社会主义本质和社会主义根本任务的认识。2001 年 4 月，越共九大明确提出，越南现在处于向社会主义过渡时期，并强调这一时期将是一个长期的过程。在这样的历史阶段，党的思想理论要有经常性的创造并有新的突破，重新认识社会主义。越共九大确立了“建设独立、民主、富强、社会公平文明的越南国家，成功地实现社会主义，最终达到共产主义”的政治目标。2006 年召开的越共十大在全面总结越南革新开放经验的基础上，确立了“越南基本建成社会主义”的理论体系。越共十大将“革新思维”概括为“以经济建设为重点，以道德建设为关键，以文化建设为社会精神基石”，建设民富国强、社会公平、民主文明的社会主义国家。2011 年 1 月，越共十一大将全面推进革新路线、不断加强党的建设视为党的指导方针，提出到 21 世纪中叶，把越南建成民富、国强、民主、公平、文明的社会主义现代化工业国家的任务。越共十一大对越南社会主义社会的特征进行了全面概括：（1）人民当家作主；（2）现代生产力和与之相适应的先进生产关系为基础的高度发达的经济；（3）有浓郁民族特色的先进文化；（4）人民温饱无忧、自由幸福，拥有全面发展所需的条件；（5）各民族团结平等、相互尊重、相互帮助、共同发展；（6）建立共产党领导下的属于人民、来自人民、为了人民的社会主义法权国家；（7）与世界各国人民建立友好合作关系。越共十一大还提出，到 2020 年，越南基本建成现代化的工业国家；到 21 世纪中叶，把越南建成民富、国强、民主、公平、文明的社会主义现代化工业国家。2016 年越共十二大提出以经济社会发展为中心、党的建设为关键、文化和人的塑造为精神基石、国防安全保障为经常性重要任务的工作布局，强调在政治上要坚持党的领导，经济上完善社会主义定向的市场经济体制，文化上全面发展本民族文化，社会建设上要“建设民主、共识的社会”。但越共也清醒地认识到，“越南现在仍属于欠发达国家，经济还比较落后，文化、社会领域和政治系统的建立健全还有很多不足，理论还解答不了革新和社会主义建设实践中的一些问题”。如何从理论和实践上解决什么是社会主义、怎样建设社会主义，仍是越共需进一步深化研究的重大课题。

（二）全面推进政策调整和经济革新

1986 年 12 月，越共六大确立了全面革新路线，提出要在更新思维的基础上深入进行生产结构的调整和经济管理体制的革新。在越共六大确定的全面革新路线指引下，越南逐步调整内外政策，不断探索，勇于实践，积极推进经济体制改革和对外开放，开创了越南社会主义建设的新局面。

从 20 世纪 90 年代初开始，越南对国营企业进行清理、整顿和改组，实行企业面向市场、独立核算、自主经营、自负盈亏的经营机制，对长期亏损、无法维持下去的企业，或出租，或转变所有制形式，或予以破产解体；在全面整顿的基础上对部分企业逐步实行股份化，成立股份企业或股份公司。1991 年 6 月，越共七大进一步完善党的革新路线，重申要发展以社会主义定向的、多种成分并存的商品经济，强调国有经济起主导作用，各种所有制形式，在法律面前一律平等，均自主经营、相互合作和参与竞争。1996 年 6 月召开的越共八大对全面革新路线作出了具体部署，决定进一步深化国企改革，把提高国企经济效益和竞争力作为企业改革的重点。鼓励农村个体经济、庄园经济和私营经济的发展，将农、林、牧、渔业与加工工业结合起来，加快传统农业向现代化农业的转变。实行多种分配方式，以按劳动结果和经济效益分配为主，合理地分配和再分配各种收入，保护劳动者的正当利益，鼓励合法致富，同时积极开展扶贫工作，避免各地区发展水平和各阶层人民生活水平差距过大和各地区发展不平衡。建立就业、医疗、住房、养老等社会保障体系，逐步实现社会公平。在对外开放方面，越南通过完善外国投资法规和涉外政策法规，建立出口加工区、集中工业区和高科技工业园区等措施广泛招商引资，扩大对外出口。

通过多年政策调整和革新，越南国有企业初步实现了经营机制的转换，企业市场化、公司化和股份化的目标基本实现。农村与农业革新迅速扭转了粮食生产下滑的局面，多年来保持粮食丰收和农民收入增长，在较短时间内解决了人民的吃饭问题。2006—2010 年，越南经济年均增长 7%，2010 年人均国内生产总值达到 1168 美元。经过 30 多年的革新开放，越南摆脱了贫穷落后面貌，经济和民生问题都有很大改善。2007 年 1 月，越南正式加入世界贸易组织。此后，连续 10 多年保持 7%以上的经济增长。2017 年，越南国内生产总值达到 2206 亿美元，人均 GDP 翻番，达到 2385 美元，人民生活持续改善，一跃成为中等收入的发展中国家。2018 年在世界经济形势总体复杂多变的情况下，越南进出口贸易总额突破 4750 亿美元，顺差 77 亿美元，经济增长 7.08%，跻身世界经济增速最快国家行列。

（三）革新党的领导方式和工作方式

越南共产党是执政党，在国家政治生活中处于核心地位，是唯一的领导力量。党领导国家、越南祖国阵线和各政治、社会团体，并尊重、发挥其作用。越共对国家和社会的领导是分层次的统一领导，通过党的中央组织、地方组织和基层组织体现出来的。党的各级组织充分发挥凝聚社会、引领民众的作用，率领广大党员为越南革新开放和社会主义现代化建设而努力奋斗。

苏东剧变后，越共坚持以马列主义和胡志明思想为指导，注重在实践中不断加强党的思想、组织、作风建设，特别是加强党的基层组织建设。越共七大强调，在整个革新开放过程中必须坚持共产党领导的原则。越共七届三中全会则集中讨论全面革新时期党的建设问题，通过了《关于革新和整顿党的决议》。1996 年 6 月，越共八大要求在国企改革中发挥党组织的领导作用，打击各种腐败行为。2001 年 4 月，越共九大提出加强政治体制改革和越共自身建设，巩固党的执政地位的任务。2006 年 4 月，越共十大系统总结了革新开放经验，提出全面革新的指导思想，同时强调加强党的建设。坚持共产党领导和无产阶级专政，成为越共十大总结的越南 20 年革新开放的重要经验之一。2016 年 1 月，越共十二大强调，要努力建设纯洁、稳固的党，不断提升党的领导力与战斗力。近年来，越共审慎推进党内民主和社会民主，增强党对政府经济工作的指导，突出党对军队和公安系统的直接领导。

越共以党内民主和基层党组织建设为重点，革新党的领导方式和工作方式，全面加强党的建设，巩固了党的执政地位。1997 年，越南太平省发生大规模农民上访游行事件，此后又发生两次西原少数民族骚乱事件，一度造成社会动荡。越共总结经验教训，认为导致上述事件发生的一个重要原因就是基层党组织涣散，基层民主建设不健全。这促使越共加大了对基层党组织和基层民主建设的重视和建设力度。党的基层组织在群众中的形象如何，直接影响到党的执政基础是否巩固和人民群众对党的支持程度。因此，越共重视党的基层组织建设，着力巩固执政的组织基础，提高党的基层组织的“生活质量”和工作能力，创建“纯洁稳健基层党组织”。2004 年 3 月，越共中央书记处颁布了“各级基层党组织的职能、任务的具体规定”，以此作为开展党的基层组织活动、制定各级党组织工作制度、明确基层党组织与基层政治体系中其他组织之间关系的依据。越共十大继续强调要“建设纯洁稳健的、具有全面的领导能力和高度战斗力的基层党组织”。越共十一大又从提高执政能力和执政水平的高度，再次强调要加强党的基层组织建设，认为党的基层组织是党执政的组织基础，也是党最丰富和最可利用的组织资源。越共扩大党的基层组织覆盖面，将新的经济体和新的社会人群纳入党的组织范围，全面推进基层民主建设。充分发挥基层党组织的纽带特性和监督功能，注意密切党的基层组织与人民群众的直接、经常、密切的联系，深入群众倾听他们的呼声，了解群众的喜怒哀乐，及时向当地政府和上级组织反映群众的愿望和要求。群众也可通过党的基层组织了解党的路线、方针、政策。由于改善和加强了党的基层组织建设，越共各基层党组织健全并较好地发挥了桥梁与监督作用，促进了经济发展和社会稳定。越共中央还专门成立了指导小组，对基层民主制度实施工作加强指导和监督检查，切实保障“人民知晓、人民讨论、人民动手、人民检查”的民主权利落在实处。

随着政治体制改革和党内民主建设的加速推进，越共党内外一些人主张修改宪法，否定马克思主义指导，鼓吹西方多党制，取消共产党一党制，甚至主张军队国家化。西方敌对势力利用越南国内民族宗教问题和干群矛盾，通过非政府组织和互联网，攻击越南政治制度，试图借“民主人士”之手在越南搞“颜色革命”。针对越共党内自由化、民主化思潮及要求加快政治改革的呼声，2011 年越共十一大再次强调坚持党的领导不动摇，明确反对借民主旗号搞多党制。越共党章规定，越共中央总书记担任中央军委主席，地方党委书记任同级军委主席，加强党对军队的领导。越共十一届四中全会审议了《关于当前党建工作的若干紧迫问题的提案》，防止党员干部特别是党政干部政治思想、道德、生活作风蜕化，巩固人民对党的信任；加强各级干部队伍特别是中央高级干部队伍建设，满足工业化、现代化和国际化需要；明确各级党委、政府一把手的职责权限和党委、政府一把手同党委、政府机关的关系，不断改革党的执政方式，提升执政能力。

在实行多种所有制和分配制度及多层次的开放格局中，越共一部分党员干部甚至一些高级干部都存在行贿受贿、贪污腐败、奢侈浪费、腐化堕落等违法乱纪行为。越共认为，这些问题严重妨碍了党的路线、方针、政策和决议的贯彻落实，削弱了党组织的凝聚力和战斗力，极大地损害了党和政府同人民群众的关系，是影响越南社会稳定的首要因素，引起群众强烈不满，成为越南的“国难”。为在新形势下更好地实现党的领导，必须坚决整肃这些严重的消极现象，否则“就会使党变质，就会危及社会主义制度和国家的独立与安全”。为此，越共重拳出击，严厉打击党内腐败分子，主要从健全法律和制度方面入手，严明党规党纪和党的政治纪律，大力开展反腐败、反官僚主义、反浪费现象的斗争，依法严惩党政干部中的官员走私、贪污受贿、挥霍浪费等以权谋私行为。在 2011 年 1 月举行的越共十一大上，反腐败仍是重要议题之一。大会提出要在各行政机关、公共服务机构和国有企业继续推进反腐败斗争，实行反腐一把手负责制，对腐败易发的政府采购、工程建设、土地和公共财产使用等领域加强监管和群众监督。越共十二大以来，阮富仲强调加强党的集中统一领导，高度重视党建和反腐工作，对越南政治体系进行了系统全面的整顿和纠偏，清理党的队伍，净化政治生态，巩固党的领导，反腐工作取得突破性进展。越共十二届三中全会审议并通过“关于抵制官僚主义和贪污腐败措施”的决议，加强对经济领域的检查监管。越共十二届四中全会出台了更具行动力的党建工作决议，明确指出党内存在的政治思想、道德作风蜕化以及“自我演变”“自我转化”的各种表现，要求全体党员对照检查，改正自身存在的问题。近年来，越共以前所未有的力度加强党的建设和反腐工作，出台了许多新的反腐措施，越南国会也通过了新的《反腐败法》，党和国家依法依规处理了一批省部级现任和退休高官，有效遏制了党内政治思想、道德、作风蜕化的“自我演变”“自我转化”现象，进一步巩固了越共执政地位。此外，越南还在官方网站上设立专门网页，鼓励民众在网上检举揭发腐败案件。但应看到，越共党建工作面临的形势依然严峻，反腐斗争任重而道远。

二、朝鲜路线方针政策的新变化

（一）坚持以主体思想为指导

苏东剧变后，朝鲜劳动党在党的思想建设上，始终坚持主体思想，把主体思想提高为党的唯一指导思想。1992 年 4 月召开的朝鲜第九届最高人民会议第三次会议，对 1972 年宪法进行了修改，提出以“主体思想”作为国家活动的指导方针。并逐步形成“思想上树立主体、政治上自主、经济上自立、国防上自卫”的主体社会主义模式。1994年金正日上任后，进一步发展了主体思想。他认为“主体思想是以人为中心的新的哲学思想”，“是以人是一切的主人，人决定一切这一哲学原理为基础的”，“是不能在马克思列宁主义框架内解释的独创的思想”，“是以实现劳动人民群众的自主性为目的的革命学说”。金正日说，朝鲜式的社会主义是“基于主体思想的以人民群众为中心的社会主义”，是“切实体现了人的本质要求的最优越的社会主义”。由金日成创建、金正日丰富发展的主体思想一直是朝鲜劳动党治国的指导思想。在“主体思想”基础上，朝鲜劳动党又提出了“主体社会主义”的基本理念。朝鲜主体社会主义模式基本上是为把金日成主体思想付诸实践。主体思想是这一模式的理论基础。朝鲜领导人强调，要坚定走“朝鲜式社会主义道路”，最终走向共产主义。朝鲜式社会主义和主体社会主义实际上是一致的。

在20世纪90年代初，金正日在提出“主体社会主义”之后，接着提出“先军政治”思想。他指出，只有军队强大，才能安心地进行社会主义建设；如不抓好军队，国家安全就会出现问题，就不能在安全的环境下进行经济建设。1998年9月，朝鲜最高人民会议第十届第一次会议通过了修改的朝鲜新宪法。这次宪法修改，专门增加“国防”一章，把原来隶属于中央人民委员会的国防委员会升格为独立机构，分设了国家主席和国防委员会委员长职位，原属国家主席和中央人民委员会的主要权力，由国防委员会委员长行使。这一修改，充分体现了“先军政治”思想。朝鲜劳动党认为，军队第一主义是朝鲜革命的光荣传统，是朝鲜社会主义的永恒标志。强调军队不但是保卫祖国的主力军，同时也是国家经济建设的主力军。金正恩接班后，坚持金正日先军路线和抓军治国的做法，在强调思想、军事和经济建设的基础上，着重突出对领袖的忠诚，其核心仍是抓军治国。2016年5月6日，朝鲜劳动党召开七大。金正恩在七大报告中强调主体思想、先军政治的重要性，认为主体思想是旗帜、先军政治是胜利之剑，强调高举金日成—金正日主义的旗帜，为社会主义伟业、为祖国的自主统一、为世界和自主化而奋斗。报告还提到，要强化发展世界社会主义运动。报告强调要把党建设成领袖的党、主体的革命党、全党革命思想一色化，把全社会的金日成—金正日主义化作为党的最高纲领。

（二）实行经济建设与发展核武器并进路线

进入21世纪后，朝鲜以“实利”为中心，在计划经济框架内对某些具体的经济政策进行了一定的调整，如国家对企业厉行独立核算、自负盈亏的管理措施，企业可自主制定生产计划，盈利扣除上缴部分后，可由企业自行支配。劳动者多劳多得，奖金与效益挂钩。进一步放松对农贸市场的限制，农贸市场规模逐渐扩大。粮食、鱼肉和服装、鞋帽、日用小商品都可在市场中自由买卖。对合作农场的作业组实行新的管理办法：降低国家计划任务指标，完成国家任务后，允许超产部分由分组进行实物分配。多产多得，并可自由上市销售。要求国民经济各部门按照准确的计划、核算和统计，合理地利用各种经济杠杆，用科学的方法进行经营活动。这些调整只是局部的，力度很小，整个计划经济的经营方式和管理体制没变。朝鲜官方媒体一再强调，社会主义经济的本质是计划经济，只有坚持社会主义计划经济，才能实现建设复兴强国的目标。朝鲜新制定的《人民经济计划法》，规定朝鲜经济是计划经济，不接受市场经济和世界经济"一体化"理论；强调要继续执行"优先发展重工业，同时发展轻工业和农业"的经济建设路线。

朝鲜政策调整和经济建设进展受国际大环境制约。朝鲜一直处在以美国为代表的西方国家制裁封锁和战争威胁中。2005 年 9 月，朝鲜承诺放弃核武器及现有核计划，接受国际原子能机构监督。之后，朝鲜未进行核试验，但美国对朝鲜补偿的承诺未兑现，对朝鲜制裁也未取消，朝鲜感觉受骗。2011 年，西亚北非大变局对朝鲜触动很大，朝鲜因此更加坚信只有拥有强大军事力量，尤其拥有强大的核遏制力，才能有效抵抗外敌入侵。2012 年朝鲜修改宪法，将"拥核"写入宪法。宪法宣称朝鲜为拥有核武器国家，强调核"不能弃""不能换"，将核武力建设上升为党的战略路线。朝鲜成立原子能工业省和国家宇宙开发局，大力推进开发轻水反应堆，发展自立的核动力工业。接着，朝鲜重启宁边核设施，多次发射卫星、试射导弹和进行核试验。虽然联合国安理会相继通过第 2087 号、2094 号决议，对朝核试进行谴责，宣布对朝鲜严厉制裁，但朝鲜仍然坚持拥核国策不变，坚持"先军路线"。

近年来，朝鲜开始调整先军政治，宣布党和国家工作重心从"发展经济与发展核武器"双轨并进向注重经济发展和民生改善的"新战略路线"转变。金正恩在不改变"先军路线"和"唯一领导核心"的前提下，坚持拥核与经济发展并行，重视经济和民生问题。金正恩强调要把发展经济、改善民生作为朝鲜当前面临的最重要任务，提出要建设朝鲜强盛大国。他还要求经济部门要改善和完善经济管理，要在坚持社会主义原则的同时，谋求最大的经济实利。在彻底贯彻计划经济管理原则的同时，确保国家的中央集权和统一领导，充分发挥下级单位的创造性，实现社会主义分配原则。朝鲜劳动党七大提出“2016—2020年国家经济发展五年战略”。其核心任务是解决能源问题，实现国民经济先行部门和基础工业的正常生产，发展农业和轻工业，从根本上改善人民生活。农业领域继续推行“责任田制”，农民可单独或以生产小组方式进行承包经营。工业方面全面推行“厂长经理负责制”，明确管理者权利、责任、利润分配比例，进一步扩大出口企业经营管理权。同时，设立自由经济贸易区和工业园区，积极寻求对外合作机会，借外力发展经济。为缓和朝鲜半岛紧张局势，朝鲜积极谋求改善同美国的关系。2018年6月在新加坡，朝鲜与美国实现了历史性的第一次首脑会晤。2019年2月，金正恩赴越南出席第二次美朝首脑会晤，就美朝关系进行建设性对话。近几年，金正恩多次访问中国，中国国家主席习近平也成功访问朝鲜，中朝传统友谊不断加强。朝鲜首脑和韩国首脑多次会晤，双方开展了一系列交流合作。虽然朝鲜内外政策有所调整，但所处国际环境依然严峻，国内经济建设仍存在诸多困难。

（三）重塑党中央权威

2012年4月，朝鲜劳动党举行第四次代表会议，推举金正恩为朝鲜劳动党第一书记、中央政治局常委、中央军事委员会委员长。这次代表会议修改了党章，将劳动党的指导思想由“金日成革命思想、主体思想”改为“金日成—金正日主义”，规定劳动党为“金日成—金正日主义党”。金正恩被正式确立为朝鲜劳动党最高领导人后，朝鲜劳动党中央的一些职能开始恢复，最高决策逐渐从国防委员会过渡到党中央。

目前，朝鲜劳动党坚持“先军、自主、社会主义道路”，走“经济和核武并进路线”。金正恩在继承金正日先军政治的同时，以党治军，强调党是国家领导核心，突出朝鲜劳动党的地位和作用。为提高朝鲜劳动党领导地位和职能，金正恩对党、政、军关系进行调整，并加强党对群团组织和基层组织的领导和掌控。金正恩提出，凡路线方针等重大决定要由朝鲜劳动党中央政治局或中央军委召开会议研究部署后，再由最高人民会议通过法律予以落实，重要人事任免，需要通过党中央政治局会议，通过决议形式公布。朝鲜劳动党中央在制定经济方针政策时，还赋予党中央各部门指导、监督经济工作和直接参与经济项目运营的权力。

三、老挝经济建设和党的建设的同步推进

在世界最不发达的国家如何建设社会主义，始终是老挝执政党面临的重大

理论和实践问题。老挝人民革命党总结吸取苏东剧变的深刻教训，虚心学习中国和越南改革开放的经验，坚持以社会主义为方向，革新开放，不断加强党的建设。老挝经济社会发展取得可喜变化。

（一）在革新中加深对社会主义的认识

1986年11月，老挝人民革命党召开四大。会议分析了老挝的国情，对本国社会发展阶段重新定位。老挝人民革命党认为老挝仍处在向社会主义过渡的初级阶段，以后还要经过若干阶段和相当长的时间才能过渡到社会主义。老挝人民革命党总书记凯山·丰威汉指出："老挝是从殖民地、封建社会、自给自足的自然经济这样一个起点向社会主义过渡的。这个起点给老挝的社会主义建设已经带来、正在带来、将会带来巨大的困难。"① 凯山强调要根据尚处于社会主义过渡时期的初级阶段这一认识，来制定自己的路线、方针和政策，要求党员干部认真学习马克思主义理论，提高对老挝发展阶段、人民民主制度和革新路线的理解，掌握好党的路线、方针、政策和国家的法律法规，提高自身水平和工作效率。四大还对老挝建国后10多年的经济社会发展进行了回顾和总结，认为党在社会主义改造问题上存在主观、急躁思想，在经济管理上存在过分集中、官僚、统包和不充分考虑经济效益等问题。会议决定老挝推行革新开放的方针，并提出革新经济体制的一些设想。1989年召开的老挝人民革命党四届八中全会明确提出，革新开放必须坚持六项原则，即坚持社会主义，坚持马列主义是党的思想基础，坚持党的领导是一切胜利的决定因素，坚持在集中原则基础上发扬民主，坚持增强人民民主专政的力量和效率，坚持真正的爱国主义和纯洁的国际主义相结合。此后，老挝人民革命党一直坚持"老挝仍处于向社会主义过渡时期的初级阶段，且这个时期是由多阶段构成的漫长时期"② 这一判断和认识，并始终强调坚持社会主义方向不变。

针对革新开放后一些党员干部对马列主义和社会主义理想信念发生动摇、多党制思潮和自由化倾向萌动等现象，老挝人民革命党开展关于马列主义理论，党的路线、方针、政策和无产阶级立场及世界观教育，统一全党对社会主义的认识，坚定社会主义理想信念。老挝人民革命党认为，要始终坚持马克思主义的革命和科学本质，把马克思主义基本原理和科学方法作为党的一切行动

---

① 《凯山·丰威汉文集Ⅱ》，老挝国家出版社1987年版，第201页。

② 《老挝人民革命党第八次代表大会会议文件汇编》，老挝国家出版社2006年版，第13、36页。

的思想基础和指导方针，同时紧紧把握马列主义的革命性和科学性，积极将马列主义创造性地运用于本国实际，将理论与实际和各领域具体工作相结合。老挝人民革命党强调要科学分析本国国情，继续推进有原则的全面革新路线，不断探索适合本国国情的发展道路。2016 年 1 月，老挝人民革命党十大总结了老挝革新开放以来取得的成功经验，即七个坚持：一是坚持党的有原则的全面革新路线并有创造性地运用和发展马克思列宁主义、凯山思想；二是坚持以经济发展为中心，发展社会主义方向的市场经济，确保市场在资源配置中发挥主要作用；三是坚持基层政权建设和农村全面发展；四是坚持在党的领导下团结全国各族人民；五是坚持提高各级党组织贯彻落实党的路线方针政策的能力；六是坚持提升党的领导作用和发挥党员先锋模范作用；七是坚持和平独立友好合作的外交政策。这些观点体现了老挝人民革命党对老挝自身特色社会主义道路探索的理论成果。

经过 30 多年革新实践，老挝人民革命党形成向社会主义目标迈进的基本理论。其要点是：坚持社会主义目标，为实现国家富强、人民富裕、社会公正民主文明创造条件；坚持老挝人民革命党一党领导和执政，不断提高党的领导水平和执政能力。党的首要任务是发展经济、消除贫困，带领国家到 2020 年摆脱欠发达状态；坚持以民主集中制为党的领导的基本原则，坚持理论联系实际、批评与自我批评、密切联系群众、一切为了群众等优良作风，努力建设廉洁、人民放心的党；通过不断提高依法管理国家、管理社会的能力，保证人民当家作主权利，加强全国人民大团结；继续扩大对外合作关系，加快与国际和地区经济接轨。① 尽管老挝人民革命党初步形成对建设老挝社会主义的基本认识，但老挝领导人也承认，他们对如何将马克思主义运用于老挝的实践，以及社会主义市场经济等一系列问题上还认识不清楚，有待进一步思索和探讨。目前，在老挝十大精神指引下，老挝人民革命党牢牢把握社会主义方向，进一步深化革新开放，继续加强党的建设，不断探索符合国情的发展道路。

（二）实行“有原则的全面革新路线”

1986 年，老挝人民革命党四大正式确定“革新开放”的战略方针，从农村入手开始经济改革。1988 年，老挝的经济体制革新全面铺开，政治体制革新也

---

① 参见老挝人民革命党中央书记处书记、中宣部部长征·宋本坎在第二次中老两党理论研讨会上的发言。

随之启动。1991 年，老挝人民革命党五大确立有原则的全面革新路线。1996 年，老挝人民革命党六大进一步重申，老挝继续坚持革新路线。2011 年 3 月，老挝人民革命党举行第九次全国代表大会，强调老挝将继续坚持社会主义道路，推进革新事业，建立社会主义方向的市场经济体制，继续向社会主义目标迈进。强调“各种经济共同发展”，进一步消除贫困，努力提高国家综合实力和人民生活水平，为实现 2020 年摆脱国家欠发达状态，奠定坚实基础。2016 年 1 月，老挝人民革命党十大召开。大会强调坚持党的有原则的全面革新路线、坚持马列主义和凯山·丰威汉思想为党的思想理论基础、坚持以经济发展为中心、坚持提升党的领导作用和发挥党员先锋模范作用等原则，提出加快经济结构调整、形成社会主义方向的市场经济体系、推动经济增长模式从传统农业向贸易和投资拉动转变、加强基础设施建设和支柱产业发展、推进工业现代化的发展战略和方针政策。

老挝加强村级政权建设，重视培养村级干部。加强农村发展和扶贫工作，推进合并村和小城镇建设，尤其加强农村道路、学校、诊所、水电、通信等基础设施建设。加大国家财政对贫困地区扶持力度，使贫困县、村、户数量进一步减少。目前，老挝仍有 40 个贫困县、2300 个贫困村，贫困家庭比例占全国家庭总数的 10. 57%。

近年来，老挝克服国际金融危机冲击的不利影响，全面实行革新开放，大力推动落实到 2020 年摆脱欠发达状态的目标，积极实施老挝农村中长期发展和扶贫战略。老挝通过逐步革新农村和农业经营模式，农业、畜牧业和其他副业生产迅速发展起来，粮食基本实现自足有余。老挝农业生产被纳入市场经济轨道，长期处于自然、半自然经济的农村面貌有所改变。老挝还积极推进城市和企业改革。除电力、邮政、自来水、公路桥梁建设、采矿和军工企业由政府控制的公有企业经营外，其他企业均陆续通过承包、租赁、合资、股份制等不同形式进行经营。企业按市场机制自主经营，政府加强对信贷、货币的监管，对物价、汇率和通货膨胀实行有效控制。改善投资环境，鼓励外商投资电力开发、农林商品生产和加工业、养殖业、手工业、矿产业和服务业等领域。成为东盟成员国后，老挝同周边国家及世界其他国家和地区的贸易往来日益增多，进出口总额逐年上升。近年，老挝重视完善财政预算，稳定货币体系，改善营商环境，实现经济年均增长 7%以上。

革新开放 30 多年来，老挝经济社会发展取得重大成就。老挝国内生产总值保持着年均 7.4%的持续快速增长，2018 年，老挝国内生产总值 179 亿美元，人均国内生产总值 2599 美元。老挝经济结构正在向工业化、现代化方向转变，第二、三产业发展迅速。30 多年来，老挝社会文化事业也取得多项成就，国民教育体系和卫生医疗服务水平得到提升、完善，人民生活状况得到很大改善。老挝人民革命党十大对未来 5 年、10 年发展作出全面部署，并提出未来 15 年远景规划：到 2020 年，争取实现人均国内生产总值达 3190 美元，较 2015 年增长 1.6 倍，解决贫困问题，摆脱欠发达状态。到 2025 年，使老挝成为中等收入的发展中国家，国内生产总值较 2015 年增长 2 倍以上；产业结构向工业化、现代化转变，国家财政基本自主；解决大多数人民群众温饱问题。到 2030 年，使老挝成为中高收入的发展中国家，国内生产总值较 2015 年增长 4 倍以上。未来 15 年老挝经济实现平稳可持续增长，财政实现独立自主；社会主义方向的市场经济体制逐步形成。

（三）不断加强党的执政能力建设

苏东剧变对老挝冲击很大，使党员思想混乱。老挝人民革命党坚持以社会主义为方向，加强党的建设，认为在世界和地区形势发生急剧变化的情况下，许多社会主义理论和执政党的建设问题需要进一步探索和总结，因此党比以往任何时候都更需要自我完善，比以往任何时候都更需要重视党的自身建设。老挝人民革命党八大通过的党章和九大修改后的党章，均提出要以“五项原则”和“三条方针”来加强党的自身建设，即坚持以马列主义和党的优良传统为思想理论基础；以民主集中制为党的组织原则；将团结作为维护党的政治、思想、组织和行动统一的基本原则；坚持以人为本，忠诚服务人民，坚持党的群众路线，依靠群众并通过群众革命运动来建设和发展党；以批评和自我批评作为党存在和发展的规律；从政治、思想和组织三个方面培育和建设一个坚强的党。按照党章规定，老挝人民革命党重点抓党的思想理论和干部素质教育，加强党的作风建设和基层组织建设。

为确保党的强有力领导，老挝人民革命党狠抓干部素质教育，一方面注意吸收青年入党，充实党员队伍，并加强党中央和国家机关干部的交流和年轻化；另一方面要求中央和地方各级基层党组织在政治、思想、组织和领导方法上提高能力，保证党能够胜任各领域的领导工作，要求各级党政领导干部以身作则，敢于领导，勇于承担责任。老挝人民革命党高度重视干部革命化、知识化和年轻化，加强对各级党政干部进行培训，提高干部素质和领导能力，在确保政局稳定的情况下，逐步实现领导层的新老交替。老挝人民革命党七大强调，要坚决执行干部交流制度和在实践中锻炼考察干部制度，对干部实行分级管理，完善干部考核制度。近年来，老挝人民革命党重点培养领导、管理和技术三类干部，把政治立场坚定、德才兼备和有基层工作经验作为选拔任用干部的首要标准，加大干部异地交流、实践锻炼和教育培训。积极推进县级政府机构改革，领导班子年龄梯次化，重视各级各类干部政治理论和行政管理能力培训，提高年轻领导干部比例和干部综合素质。老挝人民革命党采取“请进来，走出去”的做法，请中、越有关专家到老挝举办讲座或组织各种形式的代表团到中、越进行考察学习或培训，通过学习借鉴中国、越南改革开放经验，提高广大党员干部的理论水平和思想认识。

在党的作风建设方面，老挝人民革命党坚决执行民主集中制原则，狠抓廉政建设，从严治党，使党成为政治上、思想上和行动上统一的整体。2006 年 3 月，老挝人民革命党八大修改的党章规定：老挝人民革命党是按照民主集中制、集体领导、分工负责的原则组织起来的有严格纪律的党。党的所有领导机关都要按照民主集中制原则开展活动，采取集体领导与个人分工负责制相结合的领导方式；党的每个决议和每次会议选举必须由多数票通过，表决前，党员有充分发表自己意见的权利；党的各项决议应得到严格执行，保证党员个人服从组织，少数服从多数，下级服从上级，全党服从中央。党的八大还决定，取消中央顾问制，将党的中央主席改为党的中央总书记，形成以政治局为主、书记处为辅、总书记全面主持工作的集体领导机制。老挝人民革命党的八届二中全会出台了中央领导集体工作制度，提出关系国计民生的重大问题必须提交政治局集体讨论通过，在出现意见分歧时要重新开会，只有在充分讨论、意见统一的基础上才能通过重大问题的决议。老挝自革新开放以来，党员干部队伍中不断出现贪污腐败现象，如国家石油公司贪污案贪污金额高达500多万美元等，造成大量国有资产严重流失。特别是一些党的高级干部利用手中的权力牟取私利，在群众中造成恶劣影响。老挝人民革命党认为，以权谋私等腐败行为严重损害了党的形象，干扰了革新事业顺利进行。对此，老挝党和政府设立了党政监察委员会、反贪污专门委员会等，并设有常委专职负责监察党的各级组织及其党员执行党的方针、路线政策和纪律情况，监督政府部门工作人员的行政行为。2005 年 7 月，老挝颁布实施第一部《反贪污腐败法》，党内出台《领导干部政治责任的规定》，完善党内管理和约束机制。反腐败关系到党和国家的前途命运，老挝人民革命党对各级党组织进行整顿，通过加强党群关系来反腐败，狠抓廉政建设，强调对党内腐败分子和违法乱纪行为要严加处理，绝不姑息迁就。

老挝人民革命党重视健全党的各级组织，特别是加强党的基层组织建设。1993年，老挝人民革命党专门举行了全国党支部代表大会，并作出建设“坚强、善于全面领导”党支部的决议，号召在全党开展建设达标党支部活动。党的六大再次强调要以建设“坚强、善于全面领导”的基层党支部为重点，重视党的基层党支部建设。1996年8月，中央政治局又作出各级党委加强领导和建设“坚强、善于全面领导”基层党支部的第11号决议，认为党支部建设是党建工作的一个极为重要的环节。党支部是基层政治制度以及加强党内和群众团结的核心，是宣传和落实党的方针政策的地方，迫切需要加强建设和完善，不断提高党支部的领导质量和战斗力。该决议对基层党支部建设提出明确要求，根据五个标准建设达标党支部，即善于领导党员和群众的思想政治工作；善于领导经济社会发展；善于领导政府和群众组织；善于领导国防和治安工作；善于完善党建、发展党组织和培养干部。通过建设达标党支部的活动，老挝人民革命党的建设和领导质量得到提高，各级党委和政府的协调得到加强。多数党员的政治素养进一步提高，更好地发挥了模范带头作用，从而增强了人民群众对党的信心，为老挝革新开放提供了坚强的组织保障。2006年3月，老挝人民革命党八大再次强调，要继续建设坚强的基层党支部，使党支部能够集中各种力量完成上级交给的政治任务，主动打击个人主义和贪污腐败等消极现象。为此，老挝人民革命党采取了一些具体措施，如建立领导干部、骨干或新干部长期和短期下基层制度，将省委委员、县委委员下派到县和基层任职，指导基层工作，带领基层人民脱贫致富。中央机关和各部委下派干部帮助县、村搞政治经济双扶贫，帮助基层单位选好主要领导，选派大学生到农村基层支部工作，把加强党的基层建设同“文化村”“卫生村”“无毒品村”“无刑事犯罪村”等活动结合起来，将党的组织延伸到基层第一角落，努力使基层党支部成为领导基层各项工作的核心力量。

老挝人民革命党十大还提出建设政治上、思想上、组织上坚强的党的新要求，继续推进“三建”（把省建成战略单位、把县建成全面坚强单位、把村建成发展单位）工作。为解决党内存在的官僚主义、脱离群众、贪污腐败等问题，老挝人民革命党开展全党整风活动，采取多种措施，坚决打击党内腐败，防止党员干部思想道德滑坡，发挥党的先进性和模范带头作用，推动党和国家各项工作健康发展。政府部门重点对财税、国家投资、国有资产、木材等领域开展专项检查，严格监管。2017 年年初，老挝人民革命党出台了《关于抵制官僚主义的贪污腐败的决议》，深入推进党风廉政建设，重点加强对腐败易发多发领域的监督检查力度，改善基层党组织软弱涣散状况，解决党的执政能力不足和官员腐败问题。

四、古巴社会主义模式更新

古巴共产党（以下简称“古共”）在经济政策调整中，坚持社会主义计划经济主渠道，适度引进市场因素，努力使变革成果惠及广大民众。尽管古巴财政紧张，维持过去形成的社会福利保障体系遇到很大的困难，取消了过去长期实行的平均主义配给制，但古共仍坚持免费教育和公费医疗制度，将其作为革命成果加以维护，从而保障了社会的稳定。古共提出要做到三不放弃：不放弃革命原则，不放弃人民政权，不放弃为人民造福的目标；坚持在改革中不断完善社会主义，努力探索古巴特色的社会主义发展模式。

（一）实行政策调整和模式更新

1991 年 10 月古共召开的四大提出，要对国内经济进行改革，在保持国有制经济主体地位的前提下发展多种所有制，逐步加大市场因素在古巴经济中的地位和作用。古巴政策调整和改革逐步推进，大致可分为以下三个阶段。

1991—1997 年，主要实行鼓励个体劳动、开放农贸市场和吸引外资等措施。1993 年，古巴颁布了鼓励发展个体劳动的法令，个体经济随之迅速发展起来。1994 年起逐步开放农贸市场，允许农民出售部分产品，国营、集体企业在完成上缴定额后，多余的产品均可上市，价格自定。1995 年颁布“外资法”，建立免税区和工业园区，允许外资建立独资企业，外资可投入所有的生产部门，且没有定额和股份比例限制。1996 年，古巴取消了文化娱乐、体育等部分免费项目，国民教育、医疗等基本社会福利不变。

1997—2006 年，古巴改革重点在国营企业。古巴国务委员会通过了国营企业改革的基本原则，并把 95 家国营企业作为首批改革的试点，允许企业在资金、原料和劳动力等方面享有一定的自主权，自负盈亏，工人工资和经济效益密切挂钩，适当拉开工资差距。同时强调，企业改革要有计划、有秩序地稳步进行，不要操之过急，不能因改革引起混乱，从而影响社会安定。2006 年劳尔·卡斯特罗接任最高领导人职务后，古巴改革全面推进。2006年7月，菲德尔·卡斯特罗将自己担任的古巴共产党中央第一书记、国务委员会主席以及革命武装力量总司令的职务移交劳尔·卡斯特罗。劳尔上任后，发出“结构性全面改革”的号召，开始加大经济调整力度，采取了一些改革措施。如在农村大部分地区实行家庭承包责任制，把国营农场划成许多自负盈亏的“基层合作生产单位”，允许外国独资、古外合资企业发展，鼓励家庭餐馆、私人出租车、私人修理和服务点等个体经营。2010年8月，古巴人民政权代表大会以法定形式宣布通过了深化改革的一些措施，改革进程不可逆转。9月，古巴工人中央工会宣布将在半年内裁减50万名国企冗员，打破了50年不变的“铁饭碗”。古巴政府将以往29种个体经营职业扩大至178种，并允许其向银行贷款和雇佣工人。政府还取消了香皂、牙膏和洗涤剂等个人清洁用品的配给，鼓励居民去市场购买这些生活必需品。然而，古共中央和政府对出台新的改革措施慎之又慎，对关系群众切身利益的改革更是小心翼翼，避免出现思想混乱和局势失控。

2011年4月，古共召开了具有历史转折意义的第六次全国代表大会，通过了《经济社会政策纲要》，古巴改革已开始进入“深水区”。该纲要提出经济模式更新的主要内容是：发展多种所有制经济，鼓励合作社、个体经营、承包租赁等非全民所有制进入小型国有商业、服务业等非战略性行业；在保留全民公费医疗、免费教育等革命成果的同时，削减不合理不必要的福利；搞活流通体制，简化生产与销售环节，进一步放宽个人消费限制，允许个人购买机动车、住房、建材等；允许个人租赁国有闲置土地；调整税收政策，以销售税、生产税、服务税取代流通税；完善信贷政策，为个体经营者提供信贷和制定特定的社会保障政策，加强知识和技能培训；放宽引资政策，逐步取消货币双轨制，促进外贸发展；等等。古共明确表示苏联和东欧的改革不符合古巴的国情，古巴不能选择它们的模式，不能学苏联那种毁灭国家、毁灭社会主义制度的“改革”。劳尔强调，经济模式的改革和经济结构调整是按照本国既定方针进行的，要在社会主义的框架内有计划地、逐步地展开。

2016年4月，古共召开七大。劳尔·卡斯特罗在大会开幕词中指出，发展经济是古共现在面临的三大任务之一，要求古共在社会主义旗帜引领下，进一步推进经济模式更新和发展对外关系，建设繁荣、可持续的社会主义。他提出要重视市场作用，推进货币与汇率并轨，削减不必要的补贴。古共七大对古巴过去经济模式更新和社会主义经济建设进行了理论总结，引入“中小私营企业”概念，强调“能者多劳，多劳多得”分配原则，首次提出古巴社会经济发展模式理论。古共七大重申要坚持社会主义道路，将古巴建成一个主权、独立、民主、繁荣、可持续的社会主义国家。

古共七大后，古巴加快经济社会模式更新步伐，启动国有企业改革，兴建经济开发区，出台了各种吸引外国投资和外国游客的优惠政策。近年来，古巴个体经济发展迅速，古巴的家庭餐馆、私人出租车、私人修理和服务点等个体经营普遍兴起。据古巴劳动与社会保障部公布的数据，截至2016年年底，古巴共有53.5万名个体从业者，占古巴劳动人口总数的10%左右，个体经济已成为古巴经济社会生活中不可或缺的重要组成部分。在农村大部分地区实行家庭承包责任制，国家将闲置土地分配给集体和个人进行生产经营，国营农场划分成许多自负盈亏的“基层合作生产单位”。外国独资、古外合资企业有所发展。古巴多种经济成分、多种所有制并存的经济格局开始形成。

（二）坚决抵制西方“和平演变”

1991年10月，古共在“和平时期特殊阶段”召开四大，提出“不放弃革命原则、不放弃人民政权、不放弃为人民造福”的“三项原则”，继续实行免费教育、公费医疗和社会保障等基本福利制度。同时，将何塞·马蒂思想作为党的指导思想，提出要建设有古巴特色的社会主义。强调“经济具有头等重要的意义”，应对国内经济进行改革，在保持国有制主体地位的同时，可以发展多种所有制形式。古共认识到，实行改革开放应从本国国情出发，必须重视经济效果和社会效果的统一，把稳定放在第一位，把改革可能带来的冲击限制在社会承受的范围之内。劳尔·卡斯特罗强调，经济模式的改革和经济结构的调整是按照本国既定方针进行的，要在社会主义的框架内有计划地、逐步地展开。强调改革一定要从古巴具体国情和地缘政治条件出发，不照抄照搬别国经验和做法。1997年，古共五大强调“古巴共产党是全民族唯一的政党”，“党的领导是关键”。决定继续推进改革，强调改革要坚持马列主义、社会主义和共产党领导，坚决反对多党制和西方民主。

2016年4月，古共召开七大。劳尔·卡斯特罗在大会开幕词中指出，巩固意识形态是古共现在面临的重要任务，坚持共产党领导地位不变，注重发挥思想政治工作传统优势，在全党开展“思想战”，努力防止“和平演变”。作为社会主义国家，古巴面对更加复杂多变的国际环境，党和国家的前途命运紧密相连。为维护共产党执政地位，确保国家政治安全，古巴把坚持社会主义同维护国家主权、独立、人民自决和反对帝国主义的斗争紧密结合起来，不断粉碎国内外妄图颠覆古巴社会主义政权的各种阴谋活动。古共重视加强党的权威性，特别强调党员要严格遵循党的政治路线，对那些公开与党中央唱反调的党员干部进行严肃处理。古共中央强调，古巴当前进行的经济社会模式更新的目标是努力探索符合古巴国情的社会主义发展模式，在模式更新进程中必须坚持古巴共产党领导作用，必须坚持以马列主义、马蒂思想和菲德尔理论为指导，筑牢抵制西方“和平演变”和颠覆破坏的思想基础，不断提高党的执政能力和执政水平，捍卫国家独立和主权完整，确保社会主义意识形态安全。

（三）加强社会主义民主建设

苏东剧变后，古巴重视社会主义民主建设，密切党和人民群众的联系，加强党风廉政建设，在美国封锁制裁不断强化的恶劣环境中，保持国家政治和社会长期稳定。

重视发挥广大党员和人民群众的民主权利。党和政府每出台一项改革措施，特别是直接涉及人民切身利益的举措，都事先通过党、政、工、青、妇等系统，提交全党、全民讨论，认真听取各方面意见，以争取广大群众对改革的理解和支持，待多数群众认同后再作出决定付诸实施。古共还特别重视发挥广大党员的民主权利，在党的每项重大决策确定和实施前，首先在广大党员中进行讨论、征求意见、集思广益，以凝聚社会共识、提高执政能力、巩固执政地位。如古共五大政治文件草案提前 5 个月就提交党内外讨论，在全党和全国广泛征求意见，约 650 万人参加了这次大讨论。古共六大通过的《经济社会政策纲要》在全党和全国经过了半年时间的讨论，共有 800 多万民众参与讨论。这次讨论提出 76 万条修改意见，涉及草案 65% 的内容。对群众一时想不通的重大决策，暂缓出台。在模式更新中，古共各级党员干部通过各种方式保持同群众的广泛交流，听取对重大革新措施的意见。如对《经济社会政策纲要》落实情况的评估、新投资法、特区建设、古巴未来发展战略等，广泛听取各方意见，同时也就有关政策问题做好解释和引导工作，待意见统一后再对决策加以确定和实施。2019 年 2 月底，古巴对新宪法进行了全民公决。绝大多数民众投票赞成新宪法。古巴共和国新宪法的顺利通过，将有力地巩固 10 多年来古巴国家和社会的改革成果。古共加强社会主义民主的做法，为古共渡过“特殊时期”最困难的历史阶段，赢得广大人民群众的拥护和支持，巩固自己的执政地位，保卫革命政权和推进社会主义事业的不断发展起到至关重要的作用。

加快培养造就高素质干部队伍，稳步推进领导层新旧交替。古共在领导体制上出现积极变化，已确立领导任期制和任职年龄限制，重视对年轻干部、女性干部的培养和使用，实现了党和国家最高领导人平稳交替，初步搭建起老、中、青相结合的新一届中央领导班子。2016 年 11 月 25 日，古巴革命领袖菲德尔・卡斯特罗逝世，享年 90 岁。2018 年 4 月 18 日，古巴举行第九届全国人民政权代表大会，605 名代表全票选举迪亚斯-卡内尔为国务委员会主席兼部长会议主席。古共在选拔和任用各级领导干部时，规定要征求群众意见，群众不信任的人坚决不用。对违纪违法、腐化堕落的干部，不管职位多高，不留情面，严肃处理。古共领导干部生活简朴，不搞特殊化，即使在食品和生活用品严重匮乏的情况下，也没有特殊供应。高级干部同老百姓一样凭证按规定数量购买商品。许多领导干部骑自行车上班，不坐公家配给的小轿车。领导人出国访问，其家属不准陪同，更不能绕道旅行。

当前，古巴政局保持稳定，国家发展方向明确，经济社会模式更新有条不紊地进行。由于美国近年对古巴制裁封锁变本加厉，古巴经济社会模式更新进入困难时期，古巴社会主义探索面临更严峻的外部压力和挑战。

第三节　21 世纪国际共产主义运动发展的总体态势与前景

20 世纪 80 年代末 90 年代初，苏联解体、东欧剧变，国际共产主义运动因而遭受严重挫折，陷入低潮。21 世纪以来，由资本主义核心地带引发的国际金融危机，为国际共产主义运动的复苏和发展创造了一定的客观历史条件。中国特色社会主义健康发展并进入新时代，使国际共产主义运动的发展面临难得的历史机遇，使既有的世界经济政治力量对比发生了有利于社会主义和发展中国家的变化。国际共产主义运动的发展呈现新的态势和新的特点。国际共产主义运动的新发展，社会主义代替资本主义，是一个长期的、客观的历史过程，不可能一蹴而就，需要全世界共产党人、社会主义者及各种进步力量进行长期的、艰巨的奋斗。但是，站在新的历史起点和新的历史高度上看，21 世纪是国际共产主义运动逐步走向振兴的世纪，中国是国际共产主义运动复苏和振兴的中流砥柱。

一、国际共产主义运动发展的主要特点

当今世界格局正处于加快演变的历史进程之中，产生了大量深刻复杂的现实问题，西方资本主义发生了阶段性变化。各国共产党在充分吸收借鉴20世纪国际共产主义运动发展经验教训的基础上，致力于团结和联合追求社会主义的各种力量，不断推进马克思主义本国化，不断探索适合本国实际的社会主义道路。国际共产主义运动有了新的发展，呈现出新的特点。

（一）科技革命和全球化对国际共产主义运动发展的影响越来越大

马克思主义认为，生产力是推动社会进步最活跃、最革命的要素，科学技术和生产力是人类社会发展的根本动力。以人工智能和信息技术为代表的第四次工业革命，不仅改变了生产和管理手段，极大地推动了社会生产力的发展，促进了社会经济结构和社会生活结构的变化，带来了人类生活方式和思维方式的变革，而且强化了各国综合国力竞争，推动了国际政治经济格局调整和全球化进程。

经济全球化是世界生产力发展的客观结果，是不以人的意志为转移的世界发展大趋势。然而，世界的发展很不平衡，不公正、不合理的国际政治经济旧秩序还没有根本改变，南北差距仍在不断扩大。发达国家利用不公正、不合理的国际经济旧秩序和在经济全球化趋势中的主导地位损害发展中国家利益的现象还很普遍，并非所有国家都能从经济全球化中受惠。世界各国远未实现共同繁荣，经济财富日益向少数人集中，造成一个更加不平等、不公正的世界。对解决全球性问题的期待，促使人们能从更深层次上思考社会主义的前途与命运，要求替代资本主义制度的社会思潮、社会运动和政党组织迅速崛起。而要消除两极分化和南北差距，最终解决人类共同面临的问题，需要科技进步和生产力发展，需要人类共同应对，但根本出路在于选择正确的发展模式，也就是说只有用社会主义取代资本主义才能实现这一诉求、达到这一目的。

科学技术的迅速发展、全球性问题的出现与解决，为人们选择社会主义方向开拓了广阔的空间。社会主义国家通过进入国际市场，参与国际分工，引进国际资本和先进技术，产生一种“后发效应”，实现了经济的跨越式发展。正如习近平指出的：“马克思主义必定随着时代、实践和科学的发展而不断发展，

不可能一成不变，社会主义从来都是在开拓中前进的。”① 在对人类未来的思考中，当代世界马克思主义和社会主义思潮，对资本主义结构性矛盾以及生产方式矛盾、阶级矛盾、社会矛盾等进行了批判性揭示，对资本主义危机、资本主义演进过程、资本主义新形态及本质进行了深入分析。这些认知和观点，有助于人们正确认识资本主义发展趋势和命运，准确把握当代资本主义新变化和新特征，加深对当代资本主义发展趋势的理解，进一步坚定社会主义必然胜利、资本主义必然灭亡的信心。

（二）国际共产主义运动呈现民族性与国际性相统一的新特点

21 世纪以来，各国共产党和各种社会主义力量更加独立自主地探索本国社会主义道路，同时进行区域性或世界性的一定形式的协调与联合，或形成一定形式的统一阵线，以此在国际资本主义力量和保守右翼力量的联合进攻面前增强集体行动能力。

目前，各国共产党组织以及社会主义力量经过调整、重组，已基本站稳脚跟，努力谋求新的作为和新的发展，为国际共产主义运动的新发展奠定了一定的组织基础。但是，当前最大的问题，仍然是共产主义政党、社会主义政党及其力量的相对弱小和分散（中国共产党的情况除外）。共产主义、社会主义以及其他左翼力量在地区性或全球范围开展了一些积极的沟通协调，有了一定的联系平台和途径。如共产党和工人党国际会议、“欧洲左翼论坛”、拉美的“圣保罗论坛”、国际马克思大会等。但是，同时也存在一定的局限和问题。如对于社会主义基本理论和方向目标的认识还存在较大分歧；缺少明确的、具有较大程度共识的原则和纲领；在重大问题和重要行动上还不能形成有效的、协调一致的战略策略。有的共产主义政党、社会主义政党组织内部分裂严重，存在派系争斗，削弱了自身力量，从而在一定程度上影响与制约着国际共产主义运动的发展。因此，共产主义政党、社会主义政党以及其他各种左翼组织形成必要的团结和协调行动，形成多种形式的国际统一阵线是符合新发展和新需要的，但不是那种要求各国党必须统一行动的组织，不是那种领导与被领导、指挥与被指挥的上下级组织。

在国际金融垄断资本主导的全球形势下，发达国家和发展中国家的工人阶级都处于同样受剥削的命运和境地。对工人阶级的斗争来说，必须要增强国际

① 《习近平谈治国理政》第一卷，外文出版社 2018 年版，第 23 页。

性的联合。分散在各个国家、地区和行业领域的工人阶级，只有联合起来，加强国际工人阶级组织的建设，凝聚成新的社会主义力量，才能在国际资本主义力量和保守右翼力量的联合进攻面前增强集体行动能力。这种联合是必要的，也是可能的。希腊共产党认为，在今天，《共产党宣言》中“全世界无产者，联合起来!”的口号仍然是适用的。

世界范围工人阶级的这种联合大致表现在：一是国内层面不同政治色彩的左翼政党之间的合作。21世纪以来，除了中左的社会党与激进左翼力量联合组成竞选联盟或在野党统一战线以外，更为常见的是一些欧洲国家传统左翼政党——共产党或社会党与其他左翼政治力量结成竞选或执政的联盟。二是区域性的联合：同一地区相同性质的政党合作或结盟。在欧洲，激进左翼政党为了协调欧洲议会选举政策，把分散在各国的左翼力量整合起来。如2004年15个欧洲国家共产党和其他左翼政党在意大利罗马宣布成立欧洲左翼党。欧洲各国绿党在2004年欧洲议会选举前成立了一个统一组织——“欧洲绿党”，应对欧盟东扩之后“新欧洲”的挑战。在西亚北非地区，2011年在黎巴嫩共产党的组织筹备下成立了“阿拉伯左翼论坛”。该论坛每年集会，已经成为阿拉伯左翼政党之间联系、交流、合作的重要平台。在巴西劳工党的领导和倡议下，1990年拉美13个国家的48个政党和组织成立“圣保罗论坛”，该论坛大约每年举行一次，目前已经发展成为世界左派政治力量的大聚会。三是全球性的联合：注重相同意识形态和政治主张的党派合作。如1998年建立的由希腊共产党倡导的共产党和工人党国际会议，2001年由巴西劳工党发起的反新自由主义全球化的“世界社会论坛”，2004年起每年在美国纽约召开的“全球左翼论坛”等。这些会议和论坛每次都有来自世界各地的共产主义政党、社会主义政党、非政府组织和左翼学者代表与会，分析形势、交流情况、提出任务、协商对策等。

值得关注的是，2019年第21次共产党和工人党国际会议提出，当今世界，劳资矛盾随着资本主义的剥削性、压迫性和侵略性而不断加深，工人阶级一如既往地承担着沉重的负担。全世界成千上万的人的权利遭到剥夺，并且正在经历贫困、失业、难民和移民等问题的恶化。所有这些，都是历史上过时的社会制度导致的结果。这些情况说明了共产党的团结和联合斗争的重要性，说明了共产党联合革命的力量以战胜资本主义这一毫无未来的、具有破坏性世界体系的重要性。世界共产主义、社会主义力量基于国内和区域性乃至全球性的合作需要而重新形成的这种联合组织，不同于第一国际、第二国际、第三国际、共产党和工人党情报局那样高度集中统一的组织。其内容和形式都有新变化，呈现出新的方式：由包括共产党在内的独立的左翼政党、组织通过双边和多边合作，通过会议、论坛进行协调与合作。每一支共产主义、社会主义力量都有独立自主探索自己道路的权利和空间。这种国际左翼力量的联合从总体上展现了世界共产主义、社会主义力量的影响不断扩大。

（三）国际共产主义运动呈现工人阶级运动与群众性运动相结合的新特点

国际共产主义运动的主体力量是各国共产党和工人阶级。20世纪70年代以来，在西方国家出现所谓“工人阶级主体性危机”“告别工人阶级”“中产阶级化”等论调，马克思主义关于工人阶级历史使命和历史地位的学说遭遇质疑与挑战。

20世纪末发生的资本主义危机，使全球范围的阶级矛盾和阶级冲突再次激化、工人阶级境况恶化。西方社会阶级结构也出现了新的变化。“中产阶级的再无产阶级化”现象凸显。许多“中产阶级”人群生活水平和社会地位下降，其幻灭感蔓延。工人阶级从“自在”到“自为”的新型工人阶级意识的形成，使工人阶级的经济斗争、政治斗争、社会解放斗争在新的历史条件下更加自觉地开展，也实现了更好的结合。

全球工人阶级运动的新发展及其与“左翼替代”运动、民主权利运动、和平运动、生态运动、女权运动，以及“占领”运动等各种反资本主义体制和秩序的力量相结合，克服了传统工人阶级运动的狭隘和局限，形成了新的共产主义、社会主义主体力量联盟。

新的社会运动如果不以社会主义和共产主义为诉求目标，不依赖工人阶级的主体斗争，在改变现存社会秩序中就很难有实质的作为；当代工人阶级运动和共产主义、社会主义运动如果不与其他进步社会运动结盟，相互借鉴，彼此促进，也会由于陷入封闭保守、偏狭孤立而难以有新的发展。因此，重新塑造共产主义、社会主义运动的主体，形成以全球工人阶级为主导的、各种进步力量广泛参加的、阶级运动与其他进步社会运动相结合的、反对资本主义的主体力量，是国际共产主义运动发展的新态势。

包括国际共产主义运动在内的工人运动和其他群众性运动的再次勃兴，反映了资本主义社会结构的两极分化和普通民众的普遍不满。而这些民众的抗议示威活动，对资本主义体系构成反思、批判和冲击。包括共产主义运动在内的工人阶级运动已经得到其他群众性运动的有力支持，并有联合起来共同构成反对资本主义主体力量的趋势。共产党领导的世界各地的共产主义运动与以前相比有很大的发展。

（四）国际共产主义运动促进了社会建设与生态文明建设

国际共产主义运动不仅在解决社会矛盾、建立社会和谐上取得新的进展，同时在解决人与自然的矛盾、建立人与自然的和谐上也取得一定的实际成绩。当今的社会主义国家越来越关注环境与生态问题，更加自觉地把实现人与自然的和谐作为社会发展目标。中国共产党则把生态文明建设作为新时代中国特色社会主义“五位一体”总体布局的重要组成部分，作为人类生产方式与生活方式的重大变革工程。

国际共产主义运动既注重社会关系与社会制度的变革，也注重人类的可持续发展和全球美好家园建设。这比以往更全面、更充分地展示了马克思科学预测的“实际日常生活的关系，在人们面前表现为人与人之间和人与自然之间极明白而合理的关系”①。社会建设与生态文明建设相结合的社会主义，是朝着马克思提出的“人和自然界之间、人和人之间的矛盾的真正解决”② 的历史发展最终目标迈出实质性步伐的社会主义。

国际共产主义运动发展的新特点表明，在100余个国家、120余个共产党促进社会主义领导力量的变革、社会主义世界氛围的形成等方面都取得进展的基础上，国际共产主义运动逐步进入谋求复苏和振兴、积聚力量并孕育着新高潮到来的重要历史时期。

二、国际共产主义运动的总体态势

当前国际共产主义运动发展的总体态势，主要表现为世界范围反对资本主义的运动集中开展；各具特色的社会主义本国化趋势与加强协调和联合的国际化趋势并存发展；中国特色社会主义成为国际共产主义运动和世界社会主义发展的一面旗帜且其引领示范作用不断加大；世界资本主义力量与世界社会主义力量的竞争更趋激烈。

（一）社会主义显现了比资本主义更广泛、更显著的制度优势

19世纪国际共产主义运动的发源和中心在欧洲。按照马克思、恩格斯的判

---

① 《马克思恩格斯全集》第42卷，人民出版社2016年版，第61页。

② 《马克思恩格斯全集》第3卷，人民出版社2002年版，第297页。

断，世界革命运动中心的转移将顺次从英国到法国再到俄国。这一时期国际共产主义运动的历史发展，在理论上表现为马克思主义的创立、传播并逐渐占据主导地位；在实践上表现为共产主义运动和工人运动在欧洲广泛开展且影响日益增大。20 世纪国际共产主义运动的中心转移到俄国。国际共产主义运动历史的主题是革命和夺取政权，建立新的社会制度，这在俄国十月革命的胜利以及一批社会主义国家的诞生中得到实现。列宁指出，国际共产主义运动“斗争的最终目的是由无产阶级夺取政权和组织社会主义社会”①。

在 21 世纪，国际共产主义运动历史的主题是，在两种社会制度竞争中不断实现社会主义制度的完善和发展，社会主义以充分的、显著的制度优势证明其巨大优越性。

当代资本主义危机的一个最为集中、最为突出的表现，是资本主义制度的衰败和治理无效的特点日渐突出。资本主义“历史终结论”“制度衰败论”等观点甚至在西方学者中也不绝于耳。他们论证了资本主义政治制度和机制的失灵，以各种方式论述了资本主义民主、自由、平等这些长期以来被视为“永恒法则”的价值信条的破灭。与此形成鲜明对照的是，中国正在通过全面深化改革实现着社会主义制度的完善和发展，推动中国特色社会主义制度更加成熟、更加定型，并推动国家治理体系和治理能力现代化进一步发展、进一步提升。邓小平曾指出：“我们中国要用本世纪末期的二十年，再加上下个世纪的五十年，共七十年的时间，努力向世界证明社会主义优于资本主义。我们要用发展生产力和科学技术的实践，用精神文明、物质文明建设的实践，证明社会主义制度优于资本主义制度，让发达的资本主义国家的人民认识到，社会主义确实比资本主义好。”② 这就是说，到 21 世纪中叶，社会主义在制度方面将赢得比资本主义更广泛、更显著的优势，这也成为国际共产主义运动振兴的最重要标志。正如习近平指出：“随着中国特色社会主义不断发展，我们的制度必将越来越成熟，我国社会主义制度的优越性必将进一步显现，我们的道路必将越走越宽广，我国发展道路对世界的影响必将越来越大。”③

（二）资本主义与社会主义长期竞争的格局开始发生历史性的转折

在国际共产主义运动发展史上，第一个社会主义国家苏联有过赶超资本主

---

① 《列宁专题文集　论马克思主义》，人民出版社 2009 年版，第 96 页。

② 中共中央文献研究室编：《邓小平思想年编（1975—1997）》，中央文献出版社 2011 年版，第 657 页。

③ 习近平：《关于坚持和发展中国特色社会主义的几个问题》，《求是》2019 年第 7 期。

义强国的历史，为后人提供了许多经验教训。

目前中国经济总量位居世界第二，国际舆论普遍预言中国将赶上和超过美国而成为世界第一大经济体，由此将带来两种社会制度、两条道路力量对比发生转折性变化。东西方之间、社会主义与资本主义之间的关系和秩序格局，在新的力量平衡和竞争态势下将被重塑与重组。

社会主义国家的执政党在目睹了苏联解体、东欧剧变的历史惨剧和西亚北非地区的社会动荡之后，尤其是见证了中国特色社会主义在改革开放过程中的巨大成就之后，更加注重结合各自国情，推进改革、革新、开放。这些国家的执政党在政治上继续加强党的建设，强化党的领导核心作用，强调马克思主义的时代化和本土化；在经济上继续强调公有制为主体地位和计划（规划）的作用，但都不拒绝市场经济。越南共产党强调完善社会主义定向的市场经济体制；老挝人民革命党强调完善社会主义方向的市场经济体制；古巴共产党在坚持社会主义方向下开始了巩固、发展和“更新”经济社会模式的进程；朝鲜劳动党也在进行一定程度的市场经济实验，并迈出了允许私人承包的改革步伐。社会主义国家的执政党吸取了苏联模式的教条主义错误以及后来失败的休克疗法的教训，都强调坚持社会主义道路和本国特色，也都注重学习和借鉴中国经验。

资本主义国家的共产主义政党在吸取苏联解体、东欧剧变的教训后，加强对组织形式、活动方式和治理方式的改革、调整，不仅党组织得到巩固和发展，也站稳了脚跟，议会选举成绩日益稳定。譬如在 2019 年 5 月 23 日至 26 日举行的欧洲议会选举中，欧盟各国共产党的力量稳中有升。其中奥地利共产党得票总数为 3 万张，占比为 0. 8%；法国共产党得票 56. 5 万张；捷克和摩拉维亚共产党当选欧洲议员 1 人，总得票数为 15. 2 万张；意大利左翼（主要由意大利重建共产党和意大利左翼党组成）得票 47 万张，意大利共产党得票数为 23. 6 万张；希腊共产党 2 人当选为欧洲议员，总得票数为 30. 3 万张；芬兰共产党总得票数为 0. 4 万张；等等。共产主义政党主动改革和调整的结果，促使两种社会制度力量对比的变化以及国际共产主义运动影响的扩大。

三、中国是振兴国际共产主义运动的中流砥柱

苏联解体、东欧剧变后，“社会主义失败论”“历史终结论”“中国崩溃论”等论调一度甚嚣尘上。但是，中国顶住了巨大压力和挑战，没有在那场“多米诺骨牌”式的剧变中倒塌，坚守和捍卫了社会主义。今天，中国特色社

会主义进入新时代。中国特色社会主义使具有 500 多年历史的世界社会主义、170 多年历史的国际共产主义运动在世界上人口最多的国家开辟出具有高度现实性和可行性的正确道路，科学社会主义和国际共产主义运动在 21 世纪的中国焕发出强大生机活力。中国当之无愧地成为国际共产主义运动振兴的中流砥柱和引领旗帜，为人类社会发展日益作出新的更大贡献。

（一）中国的历史性飞跃坚定人们对社会主义的信念

当前中国经济总量已经达到世界第二位。国内生产总值由 1978 年的 3679 亿元人民币增长到 2018 年的 90 多万亿元人民币，年均实际增长 9.5%，远高于同期世界经济 2.9%左右的年均增速。国内生产总值占世界生产总值的比重由改革开放之初的 1.8%上升到目前的 15.3%左右，成为世界经济增长的动力之源、稳定之锚。中国基础设施建设成就显著：公路成网、铁路密布、高坝矗立、西气东输、南水北调、高铁飞驰、巨轮远航、大飞机翱翔、天堑变通途。同时，中国在增进民生福祉方面也创造了人类历史上的奇迹：7 亿多贫困人口摆脱贫困，对全球减贫的贡献率超过 70%，被国际社会誉为人类历史上前所未有的伟大成就；全国居民年人均可支配收入由 171 元增加到 2.6 万元，从低收入国家跨入中等偏上收入国家行列。中国人民的生活水平实现了质的飞跃。到中国共产党成立 100 周年时，中国人均国民总收入将接近高收入国家水平。作为一个拥有 14 亿多人口的大国实现从站起来、富起来到强起来的历史性飞跃，是人类历史上前所未有的伟大壮举，赢得国际社会普遍赞誉。中国道路、中国经验、中国方案逐渐成为世界关注和研究的焦点。

社会主义在中国取得新进展，也同时提振了世界各国共产党和左翼力量的信心。人们从中看到社会主义的美好未来。拉美一些左翼政党领导人强调，中国共产党致力于探索符合时代要求、契合本国实际的社会主义道路并取得了成功，其意义绝不仅限于一国范围，在世界范围对所有为社会主义进行努力的共产党产生重大影响。欧洲一些左翼政党领导人认为，中国在国际共产主义运动中发挥着“指明灯”作用，是国际共产主义运动复兴的希望之所在。国外共产党和社会主义者认为，中国共产党的成功经验和理论创新成果，给了他们在世界其他国家开展共产主义运动的巨大动力。科学社会主义在中国的坚持和继承、巩固和发展、繁荣和强盛的事实，是对社会主义“历史终结论”的有力驳斥。中国走近世界舞台中央，是对世界社会主义力量的巨大鼓舞，是对国际共产主义运动的重大贡献，开辟了国际共产主义运动的新前景。

（二）中国特色社会主义彰显社会主义制度显著优势和吸引力

中国共产党领导中国人民坚持和拓展中国特色社会主义道路，坚持和丰富中国特色社会主义理论体系，坚持和完善中国特色社会主义制度，坚持和发展中国特色社会主义文化，在世界社会主义发展史上、国际共产主义运动史上书写出华彩篇章。中国国家制度和国家治理体系具有根本不同于西方极化政治的多方面的显著优势，主要是：坚持党的集中统一领导，坚持党的科学理论，保持政治稳定，确保国家始终沿着社会主义方向前进；坚持人民当家作主，发展人民民主，密切联系群众，紧紧依靠人民推动国家发展；坚持全面依法治国，建设社会主义法治国家，切实保障社会公平正义和人民权利；坚持全国一盘棋，调动各方面积极性，集中力量办大事；坚持各民族一律平等，铸牢中华民族共同体意识，实现共同团结奋斗、共同繁荣发展；坚持发挥公有制为主体、多种所有制经济共存和按劳分配为主体、多种分配方式并存，把社会主义制度和市场经济有机结合起来，促进社会生产力发展；坚持共同的理想信念、价值理念、道德观念，弘扬中华优秀传统文化、革命文化、社会主义先进文化，促进全体人民在思想上精神上紧紧团结在一起；坚持以人民为中心的发展思想，不断保障和改善民生、增进人民福祉，走共同富裕道路；坚持改革创新、与时俱进，善于自我完善、自我发展，使社会始终充满生机活力；坚持德才兼备、选贤任能，聚天下英才而用之，培养造就更多更优秀人才；坚持党指挥枪，确保人民军队绝对忠诚于党和人民，有力保障国家主权、安全、发展利益；坚持"一国两制"，保持香港、澳门长期繁荣稳定，促进祖国和平统一；坚持独立自主和对外开放相统一，积极参与全球治理，为构建人类命运共同体不断作出贡献。中国特色社会主义制度的这些显著优势，对国外社会主义及左翼力量形成巨大吸引力。中国特色社会主义制度优越性的成功彰显，不仅充分验证了"只要中国社会主义不倒，社会主义在世界将始终站得住"① 论断的正确性，而且使科学社会主义在21世纪的中国焕发出强大生机活力。

很多国家的民众在对共产主义运动、对资本主义发展模式进行双重反思的基础上，在"中国之治"与"西方之乱"的鲜明对比中，日益认识到资本主义金融危机及其灾难的根源在于资本主义制度，在于资本主义的治理体系出了问题，认识到社会主义制度的优越性和中国特色社会主义的影响力。近年来，世

---

①《邓小平文选》第三卷，人民出版社1993年版，第346页。

界范围的“马克思热”“社会主义热”“中国热”就是例证。当前，西方资本主义模式对发展中国家的吸引力越来越小；中国特色社会主义制度向世界提供了破解政党治理、国家治理、全球治理难题的中国方案；许多发展中国家开始抛弃过去照搬西方的一些做法，转而借鉴中国的发展经验，以探索符合自身实际的发展道路。中国共产党的十九大报告指出：“中国特色社会主义进入新时代，在中华人民共和国发展史上、中华民族发展史上具有重大意义，在世界社会主义发展史上、人类社会发展史上也具有重大意义。”① 中国既是世界上最大的社会主义国家，也是世界上最大的发展中国家。中国力量的增长就是国际共产主义运动力量、世界社会主义力量的壮大，也是发展中国家国际影响力的上升。中国特色社会主义进入新时代，既是中国特色社会主义的伟大胜利，也是国际共产主义运动、世界社会主义运动的伟大胜利。

（三）中国特色社会主义为国际共产主义运动发展作出重要探索和创新

和许多发展中国家一样，中国也处于从传统社会向现代社会转变的过程中。一些西方学者依据现代化起源于欧洲资本主义的历史进程的事实认为，西方工业社会是发展的样板，西方现代化是发展的标准，资本主义是发展的道路。但是，中国特色社会主义的开创破除了这个思维定式。邓小平在20世纪80年代曾经说：“我们的第一个目标是解决温饱问题，这个目标已经达到了。第二个目标是在本世纪末达到小康水平，第三个目标是在下个世纪的五十年内达到中等发达国家水平。我们现在真正要做的就是通过改革加快发展生产力，坚持社会主义道路，用我们的实践来证明社会主义的优越性。要用两代人、三代人、甚至四代人来实现这个目标。到那个时候，我们就可以真正用事实理直气壮地说社会主义比资本主义优越了。”② 改革开放40多年的历史成就印证了这一点，这条道路的社会主义性质和中国特色也彰显出来。更重要的是，中国的发展不仅没有走对外扩张和霸权主义的道路而对世界构成威胁；恰恰相反，随着综合国力的提升，中国在维护世界和平、促进共同发展方面的作用在不断增强。

中国实现现代化，是人类历史前所未有的大变革。在人类社会现代化进程中，当前实现工业化的国家不超过30个、人口不超过10亿。中国这个世界上

---

① 《中国共产党第十九次全国代表大会文件汇编》，人民出版社2017年版，第10页。
② 《邓小平文选》第三卷，人民出版社1993年版，第256页。

最大的发展中国家实现现代化，意味着比现在所有发达国家人口总和还要多的中国人民将进入现代化行列，其影响将是世界性的。当中国成为世界上第一个通过走社会主义道路成功建成的现代化强国时，中国共产党领导人民在中国进行的伟大社会革命将更加充分地展示出其历史意义。中国人民的成功实践昭示世人，通向现代化的道路不止一条，只要找准正确方向、驰而不息，“条条大路通罗马”。

当前一些人对国际共产主义运动能否走出低谷、何时穿越黑暗隧道尽头忧心忡忡，对社会主义制度优越性产生怀疑，对共产主义理想出现动摇。21世纪世界社会主义、共产主义运动的前途和命运在很大程度上取决于中国的地位。中国将继续坚持和巩固中国共产党的领导，从本国实际出发，完善和发展中国特色社会主义。中国共产党人必须通过展望社会主义未来的发展前景，在广大人民中树立中国特色社会主义道路自信、理论自信、制度自信、文化自信，为指引中国人民有目的地创造历史提供强大的精神动力。

当前，中国日益走近世界舞台中央，中国同世界的关系正在发生历史性变化。世界希望听到中国声音，看到中国方案，期盼解决世界性难题，为此中国不能缺席。在新时代，站在新的历史关口、面对世界发展变局，中国共产党将不忘初心、牢记使命，一如既往勇于担负起大国大党的世界责任和时代使命，为国际共产主义运动的发展和人类社会的进步作出更大贡献。中华民族伟大复兴的进程同时就是世界社会主义、国际共产主义运动振兴的进程，二者不可分割。中国把自己的事情办好，也是对世界社会主义、国际共产主义运动的最大贡献。中国特色社会主义理论与实践的最大贡献集中地表现在为国际共产主义运动的发展作出的重要探索和创新，展现了深刻把握人类社会发展规律、社会主义建设规律和共产党执政规律的重要经验和启迪。中国已经成为国际共产主义运动、世界社会主义发展的最大、最稳固的阵地和根据地。

思考题：

1. 资本主义国家共产党是如何实行政策调整的？
2. 如何看越南、朝鲜、老挝、古巴的革新开放？
3. 当今国际共产主义运动的发展有哪些主要特点？

结 束 语

170多年来，国际共产主义运动经历了波澜壮阔的历程，对人类社会进步作出了重要贡献，极大地改变了世界面貌，深刻影响了世界历史的发展。

一、国际共产主义运动是人类社会发展规律的体现

马克思、恩格斯通过研究人类社会的发展规律和资本主义社会的现实，指出资本主义必然灭亡，社会主义必然胜利，社会主义取代资本主义是符合人类历史发展规律的。

人类经过漫长的原始社会，进入奴隶社会。随着对剩余财富的占有和占有的不同，社会出现两大对立的阶级——奴隶主和奴隶。奴隶社会是人类历史上第一个人剥削人、人压迫人的社会。劳动奴隶是奴隶主的工具，没有人身自由。随着社会的发展，奴隶制度逐渐变得严重阻碍社会生产力的发展。于是，奴隶社会逐渐向封建社会过渡，这是历史的进步。但封建社会也是一个人剥削人和人压迫人的社会。封建主占有主要生产资料——土地，属于统治阶级，广大的劳动群体——农奴或农民是被统治阶级。封建社会后期，随着商品经济的不断发展，出现了资产阶级。为了摆脱封建制度的束缚，新生的资产阶级领导了各种形式的革命和改革斗争，使自己成为统治阶级。资本主义社会取代封建社会也是历史的进步，是人类社会生产力不断发展的必然结果。但是，资本主义社会也是私有制占主导地位的社会，资产阶级和无产阶级是两大对抗着的阶级，是剥削与被剥削、压迫与被压迫关系。在资本主义社会，由于生产资料的私人占有和生产的社会化，社会财富的分配出现极大的不平等。这是资本主义基本矛盾的体现。这种矛盾是资本主义无法克服的。只有进入社会主义社会，这种矛盾才可能得到解决。

国际共产主义运动正是推进社会主义社会逐步取代资本主义社会的伟大力量。俄国十月革命是国际共产主义运动的划时代事件，开辟了人类历史的新纪元，在世界范围开启了资本主义社会向社会主义社会过渡的历史进程。苏联的社会主义建设、中国的社会主义建设，都是这一伟大历史进程中的伟大实践活动。“社会主义的本质，是解放生产力，发展生产力，消灭剥削，消除两极分

化，最终达到共同富裕。”① 在社会主义社会的历史时期，随着生产力的不断发展，社会生产的财富将不断丰富，以满足人们的各种需要。随着世界各国各地区逐步走向社会主义或不断推进发达社会主义建设，社会财富将愈加丰富。当社会财富极为丰富、能够实现“按需分配”时，人类社会就具备了迈入“每个人的自由发展是一切人的自由发展的条件”② 的共产主义社会的物质条件。

二、国际共产主义运动对人类社会发展作出了重大贡献

国际共产主义运动是为大多数人谋利益的运动，是人类历史上最伟大最进步的运动。它为实现人类解放艰辛探索和不懈奋斗，作出了不可磨灭的贡献。

第一，在实践中检验和发展了马克思主义。随着国际共产主义运动的不断推进，马克思主义作为工人阶级和广大人民群众争取自身解放的强大思想武器，得到广泛传播并在实践中得到检验、丰富和发展。列宁主义是帝国主义和无产阶级革命时代的马克思主义。它把马克思主义推进到一个新的阶段。马克思主义在与中国革命、建设和改革的具体实际相结合的过程中，形成了毛泽东思想和中国特色社会主义理论体系。习近平新时代中国特色社会主义思想则是马克思主义在实践中不断发展创新的最新成果。其他国家共产党也在坚持马克思主义基本原理的基础上，对马克思主义的丰富和发展作出了重要贡献。马克思主义的真理性在实践中获得越来越广泛的认同、信仰和传播，始终保持强大的生命力。

第二，使科学社会主义由理论变为现实。马克思主义关于社会主义的学说最初是以一种理论形态出现的，即科学社会主义理论。世界上第一个社会主义国家苏联，实现了科学社会主义从理想到现实的巨大飞跃。第二次世界大战后，国际共产主义运动经历过蓬勃发展，东欧一系列国家以及中国等一些亚洲国家和拉丁美洲的古巴成为新生的社会主义国家，实现了社会主义由一国到多国的发展。社会主义制度的建立和不断完善，是国际共产主义运动为人类历史发展作出的巨大贡献。

第三，从根本上动摇了资本主义旧制度，展现了人类社会的新制度。俄国十月革命冲破了帝国主义链条，打破了资本主义一统天下的世界格局，开启了

---

① 《邓小平文选》第三卷，人民出版社 1993 年版，第 373 页。

② 《马克思恩格斯文集》第 2 卷，人民出版社 2009 年版，第 53 页。

社会主义代替资本主义的历史新时代。中华人民共和国的成立，使占世界人口近 1/4 的大国冲破了帝国主义的东方战线，进一步壮大了社会主义力量。社会主义国家的建设成就，又迫使资本主义国家不得不作出某些改变，以缓和其日益尖锐的社会矛盾。世界社会主义的探索、实践和不断发展完善，对资本主义社会的经济制度、政治制度和价值理念等提出了一系列根本性的挑战，使资本主义旧制度受到巨大冲击。科学社会主义作为人类社会崭新的制度体系，无论经过多少困难和曲折，最终必将战胜资本主义。

第四，有力地推动了殖民地、半殖民地的民族解放运动。国际共产主义运动是反对殖民主义和帝国主义的坚定力量。国际共产主义运动的发展，极大地支持和鼓舞了亚非拉民族解放运动的蓬勃发展，促使帝国主义殖民体系瓦解。亚非拉广大殖民地、半殖民地诞生了许多马克思主义政党。这些政党成为民族解放运动的参与者、组织者和领导者，发挥了重要的作用。

第五，在反对帝国主义战争、捍卫世界和平方面发挥了重大作用。帝国主义意味着战争。20 世纪给人类带来巨大摧残的两次世界大战，都是帝国主义国家发动的。国际共产主义运动始终高举反对帝国主义战争的旗帜：十月革命的胜利，加速了第一次世界大战的结束；第二次世界大战期间，苏联、中国和世界许多国家的共产党作为世界反法西斯战争的中流砥柱，为击败和彻底粉碎德、意、日法西斯作出了不可磨灭的贡献。第二次世界大战后，社会主义阵营成为捍卫世界和平的重要力量。社会主义国家对广大殖民地、半殖民地人民反抗斗争的大力支持，制止和挫败了帝国主义国家一系列的侵略行动。当前社会主义中国始终不渝地走和平发展道路，成为维护世界和平与稳定的重要力量。

第六，极大地推动了社会生产力的发展。国际共产主义运动的目标是建立社会主义制度，促进生产力的巨大发展和人民生活的不断改善、人民精神境界的不断提高，逐步实现共产主义。社会主义国家的根本任务是解放和发展生产力。苏联社会主义建设曾经取得了许多重大进展和成就，一度成为与美国并驾齐驱的世界强国。中国通过社会主义建设和改革，推动社会生产力以前所未有的速度发展起来，综合国力、人民生活水平、国际地位大幅度提升；在科学技术创新中也取得了重大成就，推动了人类科学技术的进步与发展。今天中国作为社会主义大国，成为推动世界科技发展的重要力量。

第七，推动了人类精神文明的进步。社会主义和共产主义价值观是人类精神文明的宝贵财富。国际共产主义运动的发展使社会主义和共产主义价值观在全球范围内得到了广泛传播。中国特色社会主义核心价值体系的提出和完善，是中国共产党为人类精神文明进步作出的重大贡献。国际共产主义运动在推动人类社会形成一种全新的、更高水平的思想道德和精神生活方面作出卓越的贡献，社会主义和共产主义价值观的传播也必将指引人类精神文明不断进步。

三、国际共产主义运动历经曲折积累了宝贵经验教训

国际共产主义运动在一个半多世纪的风云变幻中，既有成功与希望，也经历了挫折与低潮。各国共产党在推动国际共产主义运动向前发展，为人类社会的进步作出巨大贡献的同时，也积累了丰富的历史经验和值得吸取的深刻教训。

必须创造性地运用和发展马克思主义，把马克思主义基本原理与各国具体实际和时代特点相结合。在国际共产主义运动史上，无论是僵化地教条式地对待马克思主义，还是偏离或放弃马克思主义，都给革命和建设事业带来严重后果，其教训非常深刻。

必须坚持无产阶级政党的领导，并不断加强党的建设、改善党的领导。无产阶级政党是国际共产主义运动的核心领导力量。坚持党的领导是国际共产主义运动不断发展壮大的根本保证；放弃党的领导，共产主义运动必然遭受挫折甚至失败。无产阶级政党作为工人阶级和劳动人民的先锋队，必须纪律严明和团结统一，必须始终注意加强思想、组织、作风建设；必须要坚持党要管党、从严治党，正视并及时解决党内存在的突出问题，始终保持党的肌体健康，始终坚持党的无产阶级先锋队性质，使全体党员干部始终坚定共产主义理想信念。

必须坚持无产阶级专政，大力发展人民民主和党内民主。马克思主义经典作家关于无产阶级专政的思想，包含对敌对势力的专政和对广大劳动人民实行最广泛的民主两个方面。无产阶级政党实行民主集中制的组织原则，既讲求集中统一，又实行充分的民主。这是党的凝聚力和战斗力的根本保障。巩固社会主义革命和建设的成果，必须调动一切积极因素，团结一切可以团结的力量，共同建设好社会主义国家。要警惕国内外敌对势力的颠覆阴谋和破坏活动，防止“和平演变”，确保国家安全和社会稳定。

必须加强对革命队伍的思想教育，不断巩固党员干部和人民群众的理想信念。无产阶级政党必须不断地对工人阶级和人民群众进行马克思主义教育，帮

助他们树立社会主义意识和共产主义远大理想。要坚持对党员干部开展思想教育，帮助他们深刻认识社会主义代替资本主义的必然性、长期性、复杂性，使他们既不悲观失望，也不好高骛远，矢志不渝地为实现远大理想而坚持不懈地奋斗，脚踏实地地建设社会主义。

必须正确认识和对待资本主义，善于吸收借鉴人类一切有益的文明成果建设社会主义。社会主义要最终战胜资本主义，必须充分吸收借鉴包括资本主义文明在内的一切人类文明的有益成果，创造出高于资本主义国家的社会生产力和物质文化生活水平。学习借鉴资本主义特别是发达资本主义国家创造的一切有益成果，具有重要的历史意义和现实意义。

必须坚持和完善社会主义的基本经济制度。它符合经济基础决定上层建筑这一马克思主义唯物史观的基本原理。无产阶级政党在夺取国家政权后，要筑牢社会主义的经济基础。正如习近平指出："我们要毫不动摇巩固和发展公有制经济，毫不动摇鼓励、支持、引导非公有制经济发展，推动各种所有制取长补短、相互促进、共同发展。同时，我们也要十分明确……公有制主体地位不能动摇，国有经济主导作用不能动摇。这是保证我国各族人民共享发展成果的制度性保证，也是巩固党的执政地位、坚持我国社会主义制度的重要保证。"① 国际共产主义的实践证明：只有巩固和加强社会主义的经济基础，执政的无产阶级政党才能在面对各种国际风云变幻时始终立于不败之地。

必须加强各国无产阶级政党之间的团结与合作。国际共产主义运动是在各国无产阶级加强国际联合的条件下发展起来的。无产阶级政党的国际联合，总体上有力地推动了各国的无产阶级革命，推动了各国的社会主义革命和建设。国际共产主义运动的深入发展，既要继续加强各国共产党之间的团结与合作，开展各种形式的交流与沟通，共同应对挑战；又要坚持独立自主、完全平等、互相尊重、互不干涉内部事务的原则，反对大党主义、大国主义，处理好相互关系。

四、国际共产主义运动必将展现出伟大而光明的前景

170 多年来，国际共产主义运动这一伟大运动取得了载入史册的光辉成就，

---

① 中共中央文献研究室编：《习近平关于全面建成小康社会论述摘编》，中央文献出版社 2016 年版，第 46 页。

也留下让世人铭记的经验教训。我们坚信，无论前进中还要经历多少曲折和风险，科学社会主义揭示的社会主义必然代替资本主义，资本主义必然灭亡、社会主义必然胜利的科学结论是正确的。社会主义和共产主义必将展现出光明的前景。

（一）科学技术的不断创新，将有力地推动人类社会向更高阶段迈进

人类社会是不断向前发展的。生产力是社会发展的根本动力。科学技术是第一生产力；而人是生产力中的决定性因素。随着科学技术的不断创新，生产力水平不断提高，生产关系也不断发展变化，人类社会不断向更高阶段迈进。当今时代，科学技术日新月异，推动社会快速发展，也就推动人类社会整体上逐步地、不断地从资本主义社会向社会主义社会迈进。科学技术越发展，人们创造生活资料的能力就越强，社会总财富也会越多，人类社会整体上就会越发达，离未来的能够实现按需分配的共产主义社会也就越接近。这是人类社会发展的大趋势。

（二）资本主义基本矛盾无法化解

当代资本主义经过自我调节和改良，出现一系列的新变化，在一定范围适应了生产社会化不断扩大的趋势，一定程度上缓和了社会矛盾。但这些新变化并没有消除其基本矛盾。相反，随着经济全球化的日益扩展，贫富分化在一国和全球范围加剧，资本主义基本矛盾不断加深。

一是经济危机不断发生。这说明资本主义的周期性经济危机源于资本主义基本矛盾。只要这个基本矛盾还存在并发挥作用，那么无论资产阶级奉行新自由主义，还是国家干预主义，都不可能从根本上避免经济危机的不断发生。

二是政治矛盾更趋激烈。资本主义存在着一系列的政治矛盾。这种矛盾集中表现在：在当代资本主义制度下，资本主义社会阶级矛盾日益突出，而且随着经济全球化的日益加深和社会贫富差距拉大，工人阶级与资产阶级的对立不断出现新的变化并进一步加剧。

三是社会矛盾日益凸显。资本主义社会最突出的问题是社会贫富两极分化。资本主义私有制和人剥削人的制度的本质决定了社会财富不断向少数人集中。随着贫富分化日益加剧，资本主义国家的社会问题更加凸显。不仅失业人群、边缘人群、外来移民等“下层社会”与上层社会的矛盾加剧，而且所谓“中产阶级”或“白领”阶层与资产阶级的矛盾也在激化，不同利益群体的矛盾、民族矛盾、种族矛盾等将会更趋激烈。

四是南北矛盾走向尖锐。南北矛盾在今天就是发达资本主义国家与广大发展中国家的矛盾。今天的发达资本主义国家仍然占据经济、政治和军事上的优势，利用资金、技术援助等方式掠夺和剥削广大的发展中国家，因此霸权与反霸权的斗争仍然是南北矛盾激化的集中体现。经济全球化促进了国与国之间的财富流动。而财富流动总体上流向发达资本主义国家。广大发展中国家则处于严重的、持久的相对贫困状态。有的国家和地区甚至可能长期陷入绝对贫困状态。同时，一些新兴的发展中国家国力逐渐增强，并在高新科技领域开始占有一席之地，也日益与企图长期控制世界市场和资源的发达资本主义国家产生矛盾。资本主义全球体系越来越难以巩固。

五是发达资本主义国家之间的矛盾呈现加深趋势。在当今世界格局中，发达资本主义国家在总体上利益和立场是一致的，但也存在巨大的分歧和矛盾。以美国为首的发达资本主义大国推行霸权主义，但在分享霸权主义带来的利益上，在争夺市场和资源过程中，也会发生矛盾和斗争。特别是随着世界格局向有利于广大发展中国家的方向逐渐转变，发达资本主义国家掠夺资源和占领市场会变得更为困难，推行霸权主义的代价也会变得更高。它们之间不断产生的新的矛盾和分歧，将会遏制资本主义的发展趋势。

（三）世界社会主义力量在新的历史条件下出现了复兴态势

在经历了20世纪末期苏联解体、东欧剧变重大挫折后，今天世界范围的社会主义力量开始走出低谷，出现复兴势头。国际工人运动有了新的发展；具有共产主义性质的政党的力量得到增强；追求和向往社会主义的左翼力量影响在扩大。它们顶住干扰破坏和压力，并根据国际形势的发展变化，对国内的政治经济政策作出了适当的调整和革新。这些国家在社会主义建设中虽然面临着诸多困难和挑战，但始终没有停止前进步伐，并在社会主义建设实践中取得了可喜的进步和成绩。

（四）新时代中国特色社会主义将有力地推进国际共产主义运动

中国是当今世界上最大的发展中国家，也是最大的社会主义国家。经过长期的发展，中国特色社会主义进入了新时代。进入新时代的中国正在日益走近世界舞台的中央。在中国共产党的坚强领导下，随着中国经济实力不断增强，政治制度不断完善，科学技术创新能力不断提高，军事上向建设世界一流军队迈进，文化在全球范围更加广泛地传播，将对整个世界格局变化产生深刻影响，国际秩序将朝着更加公平公正的方向演进。中国特色社会主义取得的伟大成就和蓬勃发展大势给世界上一切坚持马克思主义和热爱社会主义的政党和人们提供了希望，增强了他们对国际共产主义运动发展前景的信心。

今天，我们生活在一个由资本主义社会向社会主义社会演进的时代。中国特色社会主义的不断高歌猛进，将不断扩大社会主义制度在全世界的影响。过去 170 多年，资产阶级采取各种手段阻止和破坏国际共产主义运动的前进，但国际共产主义运动依然在历史长河中不断奔腾向前。正如习近平在纪念马克思诞辰 200 周年大会上的讲话中指出的："推动马克思主义不断发展是中国共产党人的神圣职责。我们要坚持用马克思主义观察时代、解读时代、引领时代，用鲜活丰富的当代中国实践来推动马克思主义发展，用宽广视野吸收人类创造的一切优秀文明成果，坚持在改革中守正出新、不断超越自己，在开放中博采众长、不断完善自己，不断深化对共产党执政规律、社会主义建设规律、人类社会发展规律的认识，不断开辟当代中国马克思主义、21 世纪马克思主义新境界！"①

国际共产主义运动的前进步伐是不可阻挡的，必将在历史长河中，冲破千难万险，奔向共产主义美好明天！

① 习近平：《在纪念马克思诞辰 200 周年大会上的讲话》，人民出版社 2018 年版，第 27 页。

阅读文献

■ 马克思：《〈政治经济学批判〉导言》，《马克思恩格斯选集》第 2 卷，人民出版社 1995 年版。

■ 马克思：《资本论》第 1 卷（节选），《马克思恩格斯文集》第 5 卷，人民出版社 2009 年版。

■ 马克思、恩格斯：《共产党宣言》，《马克思恩格斯文集》第 1 卷，人民出版社 2009 年版。

■ 马克思、恩格斯：《德意志意识形态》（节选），《马克思恩格斯文集》第 1 卷，人民出版社 2009 年版。

■ 恩格斯：《社会主义从空想到科学的发展》，《马克思恩格斯文集》第 3 卷，人民出版社 2009 年版。

■ 恩格斯：《反杜林论》，《马克思恩格斯文集》第 9 卷，人民出版社 2009 年版。

■ 恩格斯：《路德维希·费尔巴哈和德国古典哲学的终结》，《马克思恩格斯文集》第 4 卷，人民出版社 2009 年版。

■ 列宁：《社会民主党在民主革命中的两种策略》，《列宁选集》第 1 卷，人民出版社 1995 年版。

■ 列宁：《帝国主义是资本主义的最高阶段》，《列宁选集》第 2 卷，人民出版社 1995 年版。

■ 列宁：《怎么办?》，《列宁专题文集　论无产阶级政党》，人民出版社 2009 年版。

■ 列宁：《国家与革命》，《列宁专题文集　论马克思主义》，人民出版社 2009 年版。

■ 列宁：《共产主义运动中的“左派”幼稚病》，《列宁选集》第 4 卷，人民出版社 1995 年版。

■ 斯大林：《论列宁主义的几个问题》，《斯大林选集》上卷，人民出版社 1979

年版。

■ 斯大林：《苏联社会主义经济问题》，《斯大林选集》下卷，人民出版社 1979 年版。

■ 毛泽东：《中国的红色政权为什么能够存在?》，《毛泽东选集》第一卷，人民出版社 1991 年版。

■ 毛泽东：《中国共产党在抗日战争时期的任务》，《毛泽东选集》第一卷，人民出版社 1991 年版。

■ 毛泽东：《战争和战略问题》，《毛泽东选集》第二卷，人民出版社 1991 年版。

■ 毛泽东：《论十大关系》，《毛泽东文集》第七卷，人民出版社 1999 年版。

■ 毛泽东：《关于正确处理人民内部矛盾的问题》，《毛泽东文集》第七卷，人民出版社 1999 年版。

■ 邓小平：《解放思想，实事求是，团结一致向前看》，《邓小平文选》第二卷，人民出版社 1994 年版。

■ 邓小平：《在武昌、深圳、珠海、上海等地的谈话要点》，《邓小平文选》第三卷，人民出版社 1993 年版。

■ 江泽民：《加快改革开放和现代化建设步伐，夺取有中国特色社会主义事业的更大胜利——在中国共产党第十四次全国代表大会上的报告》，人民出版社 1992 年版。

■ 江泽民：《高举邓小平理论伟大旗帜，把建设有中国特色社会主义事业全面推向二十一世纪——在中国共产党第十五次全国代表大会上的报告》，人民出版社 1997 年版。

■ 江泽民：《全面建设小康社会，开创中国特色社会主义事业新局面——在中国共产党第十六次全国代表大会上的报告》，人民出版社 2002 年版。

■ 胡锦涛：《高举中国特色社会主义伟大旗帜　为夺取全面建设小康社会新胜利而奋斗——在中国共产党第十七次全国代表大会上的报告》，人民出版社 2007 年版。

■ 胡锦涛：《在纪念党的十一届三中全会召开 30 周年大会上的讲话》，人民出版社 2008 年版。

■ 胡锦涛：《在庆祝中国共产党成立 90 周年大会上的讲话》，人民出版社 2011 年版。

■ 习近平：《习近平谈治国理政》第一卷，外文出版社 2018 年版。

■ 习近平：《习近平谈治国理政》第二卷，外文出版社 2017 年版。

■ 习近平：《习近平谈治国理政》第三卷，外文出版社 2020 年版。

■ 习近平：《决胜全面建成小康社会　夺取新时代中国特色社会主义伟大胜利——在中国共产党第十九次全国代表大会上的报告》，人民出版社 2017 年版。

■ 习近平：《在庆祝中华人民共和国成立 70 周年大会上的讲话》，人民出版社 2019 年版。

■ 中共中央宣传部编：《习近平新时代中国特色社会主义思想学习纲要》，学习出版社、人民出版社 2019 年版。

人名译名对照表

[德]	马克思	Karl Marx
[德]	恩格斯	Friedrich Engels
[俄]	列宁	Владимир Ильич Ленин
[苏联]	斯大林	И. В. Сталин
[德]	康德	Immanuel Kant
[德]	黑格尔	Georg Wilhelm Friedrich Hegel
[英]	莫尔	Thomas More
[意大利]	康帕内拉	Tommaso Companelle
[法]	圣西门	Comte de Saint-Simon
[法]	傅立叶	Charles Fourier
[英]	欧文	Robert Owen
[俄]	巴枯宁	Mikhail Alexandrovich Bakunin
[俄]	查苏利奇	Вера Ивановна Засулич
[德]	拉萨尔	Ferdinand Lassalle
[德]	伯恩施坦	Eduard Bernstein
[德]	考茨基	Karl Kautsky
[俄]	普列汉诺夫	Валентинович Георгий Плеханов
[苏联]	托洛茨基	Лев Давидович Троцкий
[苏联]	戈尔巴乔夫	Михаил Сергеевич Горбачёв
[苏联]	赫鲁晓夫	Никита Сергеевич Хрущёв
[苏联]	勃列日涅夫	Леонид Ильич Брежнев
[苏联]	安德罗波夫	Юрий Владимирович Андропов
[苏联]	契尔年科	Константин Устинович Черненко
[俄罗斯]	叶利钦	Борис Николаевич Ельцин

第一版后记

《国际共产主义运动史》教材是马克思主义理论研究和建设工程重点教材。在编写过程中，得到了马克思主义理论研究和建设工程咨询委员会的指导，得到了中央有关部门和有关专家学者的帮助和支持。同时，广泛听取了高校国际共产主义运动史课程教师和大学生的意见和建议。

本教材由首席专家吴恩远、吴家庆、柴尚金、俞思念主持编写。参加初稿撰写的有李世安、姜辉、张顺洪、张树华、蒲国良、张全新、祝黄河、刘海涛、宋贵伦、庞晓明。参加统稿修改的有李世安、姜辉、张顺洪、张树华、张全新、祝黄河、刘宋斌、李燕。张磊主持了工程办公室组织的修改和统稿。宋凌云、刘建军、林建华、俞良早、季正聚、邵文辉、何成、田岩、张造群、宋义栋、王燕燕、宫长瑞、武斌、山郁林、任文启、汤荣光、邢云文、唐棣宣、魏学江等参加了修改和统稿工作。曹长盛、张中云参加了全部书稿的审改和统稿。参加教材审看并提出修改意见的有李捷、王学东、钟哲明、黄宗良、李景治、高放、程玉海、李军、张椿年、廖学盛、陈之骅、陈启能、吴雄丞、张文成、俞邃、周荣耀、程伟、马细谱、阚思静、刘邦义、刘淑春、房广顺、谢晓娟、叶庆丰、胡振良、陈占安、闫志民、孙代尧、刘书林、肖贵清、王建民、崔桂田、许宝友、唐海军、王力勇、尚伟、甄小东、刘可扬、忽晓萌、刘敬文等。

2012 年 4 月

第二版后记

组织全面修订马克思主义理论研究和建设工程重点教材，是推动习近平新时代中国特色社会主义思想和党的十九大精神进教材、进课堂、进头脑的重要举措。《国际共产主义运动史》（第二版）是在第一版教材基础上修订而成的。在教材修订过程中，得到了马克思主义理论研究和建设工程咨询委员会的指导，得到了中央有关部门和有关专家学者的帮助和支持。同时，也广泛听取了高校专业课程教师和学生的意见和建议。

教材修订课题组由吴恩远、柴尚金、吴家庆任首席专家，吴恩远主持修订，姜辉、张顺洪、金鑫、吕薇洲、林建华、严文波作为主要成员参加修订。何成主持了工程办公室组织的审改定稿工作。王昆、王勇、石文磊、田岩、冯静、曹守亮、刘一、聂大富等参加了审改。参加集中审阅并提出修改意见的有：闫志民、王学东、韩秋红、余维海、胡振良、蒲国良、刘伟等。

2020 年 8 月